石 杰 · 司志浩 主編

심규호 · 유소영 옮김

이중원

서북국에서의 나날들

東文選文藝新書
393

시중쉰

서북국에서의 나날들

문예신서
393

시중쉰, 서북국에서의 나날들

[원제: 在西北局的日子里]

초판 발행 2017년 8월 28일

지 은 이 스제(石杰)·쓰즈하오(司志浩)
옮 긴 이 심규호·유소영
펴 낸 이 辛成大
발 행 처 東文選
　　　　　제10-64호, 1978년 12월 16일 등록
　　　　　서울 종로구 인사동길 40
전　　화 02-737-2795
팩　　스 02-723-4518
이 메 일 dmspub@hanmail.net

ISBN 978-89-8038-695-6 04910
ISBN 978-89-8038-000-8 (문예신서)

《시중쉰, 서북국에서의 나날들》

한국어판 간행위원회

懷念西北局　서북국을 회념하고
情系延安魂　연안의 혼을 그리워하다
장방잉(張邦英), 2009년 6월 제사

西北岁月

王定國

靜

서북 세월
왕딩궈(王定國), 2012년 11월 제사

激情歲月　격정의 세월을
難以忘情　잊지 못하네
지스린(吉世霖), 2012년 11월 제사

志同道合

乃百仲勛孫作賓二老
革命恃道三根本
曉東 敬書

志同道合　뜻이 같으면 길도 합친다
쑨샤오둥(孫曉東) 2012년 11월 제사

(앉아 있는 사람들, 왼쪽부터) 류정판, 양충위안, 류즈단, 세쯔창, 가오강, 왕타이지, 장충량, 황루빈. (서 있는 사람들, 왼쪽부터) 궁펑춘, 우다이펑, 후옌잉, 황쯔샹, 왕쯔오샹, 양썬, 왕스타이, 장방잉, 시중쉰, 퉁펑윈, 리마오자이, 양지, 왕핑, 황쯔원, 장슈산, 천레이딩, 린랑화, 마원루이. 〈섬감조금품비(陝甘照金豐碑)〉, 장빙룽(張丙東) 유화.

〈당의 이익이 모든 것에 우선하다〉, 유화 제공 장충민(張忠民), 작가 다이하이옌(戴海燕).

〈소비에트의 하늘(蘇維埃的天空)〉, 유화 제공 장충민, 작가 다이하이옌.

1949년 2월 1일, 섬감녕진수연방군구(陝甘寧晉綏聯防軍區)가 서북군구(西北軍區)로 개칭되었다. 허룽(賀龍, 왼쪽)이 사령관, 시중쉰이 정치위원을 맡았다(당시 서북국서기를 맡고 있었다). 〈동심동덕(同心同德)〉, 우바이자오(吳百兆) 그림.

〈병비대도(并轡大道: 함께 말을 타고 대도를 향하다)〉, 유화 제공 장충민, 작가 다이하이옌.

서 언

후더핑(胡德平)

"동쪽이 밝지 않으면 서쪽이 밝고, 남쪽이 어두워지더라도 북쪽이 있다."[1] 홍군은 중앙 소비에트 지역(이하 소구(蘇區)로 간칭), 악예환(鄂豫皖: 호북, 하남, 안휘성. 여기서는 세 군데 성에 걸쳐 있는 대별산(大別山)의 혁명 근거지를 말한다. 중앙 소구의 혁명 근거지에 버금갈 정도로 중요한 곳이다), 상공(湘贛: 호남과 강서. 여기서는 이곳에 자리한 혁명 근거지를 말한다), 상악서(湘鄂西: 호남과 호북 서부에 자리한 상악서 혁명 근거지를 말한다) 등 여러 혁명 근거지에서 철수하여 전략적으로 2만 5천 리를 이동할 수밖에 없는 상황이었다. 과연 어느곳에서 몸을 의탁하고 머물 수 있을 것인가? 천만다행으로 조국(중국)의 서북부 섬서와 감숙이 맞닿아 있는 지역인 '연안(延安)'이 있어, 공산당이 영도하는 홍군은 비로소 발붙이고 살 수 있는 곳을 찾을 수 있었다. 이로부터 서쪽이 밝아오고 북쪽도 밝아오기 시작하면서 중국혁명 또한 우쩍 기운이 솟아 발전하기 시작했다. 마오쩌둥의 말은 섬북(陝北) 홍구(紅區: 홍군이 점령한 혁명 근거지)와 남방 소구의 지역 전환을 뜻하는

---

1) "東方不亮西方亮, 黑了南方有北方." 마오쩌둥(毛澤東)의 《중국혁명전쟁의 전략문제(中國革命戰爭的戰略問題)》에 실린 말이다. 중국은 큰 나라이기 때문에 동쪽이 아직 밝아오지 않아도 서쪽에는 이미 해가 떠오르며, 남쪽은 여전히 어두울지라도 북쪽이 남아 있다는 말이니, 비록 곤궁에 처해 있을지라도 여지가 있다는 의미이다. – 역주

것이니 결코 빈말이 아닌 셈이다.

섬북 홍군은 제2차 국내 혁명전쟁을 치르면서 당정군(黨政軍: 공산당, 정계, 군대)의 중요 영도자들을 배출했다. 예를 들어 류즈단(劉志丹), 셰쯔창(謝子長), 가오강(高崗), 시중쉰(習仲勳), 왕스타이(王世泰), 마원루이(馬文瑞), 장더성(張德生), 장방잉(張邦英), 자퉈푸(賈拓夫), 류징판(劉景範), 장슈산(張秀山), 자오보핑(趙伯平), 왕펑(汪鋒), 쑨쭤빈(孫作賓), 장밍위안(張明遠), 뤼젠런(呂劍人) 등 여러 동지들이 바로 그들이다. 그들은 항일전쟁중 거의 모두 서북국(西北局)에서 활동했다.

환남사변(皖南事變)[2] 이후 국민정부는 섬감녕(陝甘寧) 변구(邊區: 해방, 항일전쟁 시기에 중공이 몇 개 성(省)의 변경 지역에 세웠던 혁명 근거지)에서 군사 포위 및 경제 봉쇄를 실시하는 한편, 팔로군(八路軍)에 대한 군비 및 군량 지급을 중지했다. 특정한 의미에서 이는 우리 당과 군, 그리고 우리 지역의 합법적 지위를 더 이상 인정하지 않겠다는 뜻이었다. 우리 당의 전략 대책은 한편으로 항일·민족통일전선을 지속적으로 견지하고, 다른 한편으로 자력갱생으로 근거지 건설을 하면서 당정군의 생산 운동을 전개하고 농민들이 각종 변공대(變工隊: 중국 농촌에 있었던 일종의 품앗이 조직)·호조조(互助組: 농업생산호조조(農業生産互助組)의 약칭으로 건국 이전과 초기에 농촌에서 노동력을 서로 돕는 품앗이 조직을 말한다)·합작사(合作社: 일종의 협동조합)를 세우도록 독려하고, 각 가정마다 생산 계획을 수립하여 공민 활동을 추진하

---

2) 중일전쟁중인 1941년 중국공산당과 중국국민당이 공동 항일전선을 펼칠 당시에 일어난 사건이다. 1940년 12월, 장제스는 신사군을 안휘성과 절강성에서 철수하여 양자강 이북으로 철수할 것을 명령했다. 이에 예팅(葉挺)이 이끄는 신사군 정예 병력이 양자강을 도하한 후 국민혁명군의 공격을 받았다. 이로 인해 제2차 국공합작이 깨지고 말았다. — 역주

면서 '이류자(二流子: 건달)'에 대한 투쟁을 전개하고, 〈형매개황〉(兄妹開荒: 앙가극(秧歌劇)의 하나로 1943년 루쉰예술학원 앙가대(秧歌隊) 왕다이화(王大化)·리보(李波) 등이 창작한 작품이다. 원명은 〈왕이소개황(王二小開荒)〉이다) 등 가극을 공연하도록 했다. 이리하여 대대적인 생산 운동을 일으키자는 분위기가 불같이 타올랐다. 자체적으로 변구(邊區) 화폐를 발행하여 적 점령 지역 및 국통구(國統區: 국민당 통치 지역)와 무역을 실시했다. 《모택동선집》 제3권에 수록된 환남사변 이후의 문장 가운데 섬감녕 변구와 서북국 공작 임무 배치에 관한 문장과 연설 내용이 적지않다. 그 가운데 유명한 문장으로 〈극히 중요한 정책 한 가지(一個極其重要的政策)〉 〈항일 시기 경제 문제와 재정 문제〉 〈조직하자(組織起來)〉 등이 있다. 정풍(整風) 운동에 관한 첫 번째 글인 〈우리의 학습을 개조하자(改造我們的學習)〉에서 첫 번째로 거론한 실례 역시 변구의 변폐(邊幣: 변구 정부가 발행한 화폐) 문제였다.

연안 정풍 운동이 바로 이 시기에 시작되어 항전 승리 때까지 지속되었다. 그 기간에 서북국에서 고급 간부회의가 개최되었는데, 그 의제 가운데 하나가 바로 섬북 홍군의 노선 문제를 총결하는 것이었다. 노선 문제를 말하자면 당연히 옳고 그름의 원칙 문제를 다루면 되는데, 하지만 동시에 적지않은 동지들의 사사로운 은원(恩怨)이 끼어드는 경우가 적지않았다. 시중쉰 동지는 서북국에서의 경험과 교훈을 총결한 지도 사상에 전적으로 동의하였으며, 자신에 대한 요구가 엄격하고 태도 또한 대단히 성실하고 진지했다. 절대로 개인의 득실을 염두에 두어서는 안 된다. 오로지 한 가지, "당의 이익을 최우선 순위에 두어야 한다." 그는 이렇게 말했다.

해방전쟁 시기의 서북 전투는 누구보다 펑더화이(彭德懷)와 시중쉰이 중공중앙 서북국의 정부 서기를 맡았으며, 이후 두 번에 걸친 조직 개편이 있었지만 시중쉰은 계속해서 서북국 서기를 맡아 영도자로서 능력을 발휘했다. 서북 야전군은 3만 병력으로 후중난(胡宗南)의

25만에 달하는 대군과 접전을 벌였으며, 펑더화이 사령원(司令員: 사령관)의 지휘하에 날로 전투력이 강화되어 포로로 잡은 적군을 대량 아군에 편입시켰다. 당시 시중쉰은 펑총(彭總: 펑더화이 총사령관의 뜻으로 당시 그에 대한 호칭이다)에게 부대 내에서 '소고(訴苦: 구사회와 반동파로 인한 일반 인민의 고통을 호소하는 것)와 삼사(三査: 계급, 사상, 작풍을 검사하는 것)' 교육 운동을 진행하여 자제병과 해방전사들의 계급적 각오를 제고시켜 전투력을 강화할 것을 건의했다. 이후 마오쩌둥은 이를 '신식정군(新式整軍)'으로 개괄했으며, 그 경험을 바탕으로 여러 해방구에서 정군 활동을 추진했다.

1949년 중화인민공화국이 성립한 후 중공중앙 서북국 제1서기로 펑더화이, 제2서기는 시중쉰, 제3서기는 마밍팡(馬明方)이 임명되었으며, 부서기는 마원루이, 상무위원은 자퉈푸 · 장자푸(張稼夫) · 왕펑 · 자오보핑이 맡게 되었다. 서북국은 신생 공화국의 귀한 대접을 받았다. 이는 무엇보다 서북국이 어려움 속에서도 근검, 소박한 대중들의 관점을 견지했음을 반영하는 것이다. 펑더화이는 수차례에 걸친 보고에서 이렇게 말한 바 있다. 지나친 겉치레와 재물, 인력 낭비는 근검하게 나라를 세우는 일에 대항하는 것이고, 집단 이기주의는 통일 영도에 저항하는 일이며, 유격대 시절의 나쁜 습관은 법치 명령에 대항하는 것이다. 괜한 겉치레나 낭비, 심지어 횡령이나 독직은 인민들에 대한 범죄행위나 다를 바 없다. 건국 공신, 원훈(元勳)이 자신들의 공로를 믿고 교만하지 않는다면 휘하 장교나 간부들 가운데 누가 감히 따르지 않겠는가?

서북 지구는 토지가 광활하고 민족이 다양하다. 서북국은 특히 민족 간부 육성을 중시하면서 간부들이 정확하게 종교 문제를 다루도록 교육했다. 1950년 2월 3일 펑더화이는 서북 군정위원회 제1차 회의를 주최한 자리에서 '난주(蘭州) 민족학원' 건립에 관한 문제를 일치 동의로 처리했다. 서북국은 소수민족 출신의 선진적인 인물들을 선발하여 입당시킬 것을 적극적으로 추진했다. 펑더화이는 그들의 각오와 표현을 살펴야지 그들이 종교를 믿는지 여부나 돼지고기를 먹는지 여부만을 보아서는 안 된다고 하면서, 장제스는 돼지고기를 먹지만 혁명에 반대했고, 마부팡(馬步芳: 회족(回族) 출신으로 서북 지역 군벌인 마가군(馬家軍)의 중요 인물이다. 민국 시기에 국민정부 서북군정 장관을 지냈다)은 돼지고기를 먹지 않지만 역시 혁명에 반대했다고 말했다.

청해와 감숙 지역에는 용감하고 순박한 장족(藏族) 동포가 많이 살고 있다. 그들은 주로 고원에서 유목생활을 하며 사회 형태면에서 봉건적 농노제를 그대로 유지하는 경우가 흔했다. 그들 민족의 우두머리나 수령들은 장기간에 걸쳐 반동 정권의 핍박과 기만에 속아 새로운 정권에 대해서도 의혹의 눈길을 거두지 않았기 때문에 반동분자들의 도발에 쉽게 넘어갈 수 있었다. 서북국은 당의 민족 정책을 준칙으로 삼아 장족 우두머리와 수령들에 대해 인내심을 갖고 열정적으로 선무 작업을 진행했으며, 그 과정에서 청해 앙랍(昻拉) 부락의 반란을 성공적으로 해결했다. 수십 회에 걸쳐 반복적인 쟁취 노력과 대화를 통해 앙랍 부락의 천호(千戶)인 샹첸(項謙: 1904-1959년, 장족으로 28세에 부친의 앙랍 천호의 직위를 세습했다)을 귀순하게 만들었다. 이에 대해 당 중앙은 서북국을 표창했으며, 마오쩌둥도 시중쉰을 이렇게 칭찬했다. "자네, 정말 대단하네. 제갈량은 맹획을 일곱 번 잡아 일곱 번 놓아 주었다고 했는데, 자네는 제갈량보다 대단한 인물일세."

1954년 4월 27일 중공중앙은 대행정구(大行政區: 1949년부터 1954년까지 중국에서 설치한 행정구역으로 성급보다 크다. 당시 화북, 서북, 동북, 화동, 중남, 서남 등 6개 대행정구가 있었다) 1급 당정기관(인민정부와 군정위원회) 폐지를 결정하고, 1960년 11월 다시 대행정구 중앙국을 회복시켰다. 필자의 부친인 후야오방(胡耀邦)은 1964년말 서북국에서 일한 적이 있다. 부친은 연안 팔로군 총정치조직부에서 8년 동안 일하면서 서북국, 섬감(陝甘) 지역의 조직 책임자로 일하던 천정런

(陳正人)·장방잉(張邦英) 등과 간부 문제로 자주 만났기 때문에 대단히 친밀한 관계를 유지했다. 아마도 그런 이유 때문에 이 책의 편집자가 나에게 서문을 부탁했을는지도 모른다. 이를 통해 서북국에서 많은 이들에게 존중받았던 여러 원로 선배들을 기념하고 싶었다. 또한 나 자신 역시 연안의 좁쌀을 먹고 자란 사람이기에 근본을 잊지 말아야 한다고 생각한다. 필자는 서북국 원로 동지인 창리푸(常黎夫)의 지도하에 그곳에서 1년을 일한 적이 있다. 참으로 의미 있는 1년이었다. 이에 편집자의 부탁을 받들어 서문을 적어 한청(汗青: 역사)에 바치고자 한다.

2013년 2월 25일

들어가며

이 책의 유래는 5년 전인 2008년으로 거슬러 간다. 그해 춘절 즈음 새해 인사차 서안의 원로 동지들을 찾아갔을 때 우리는 그들이 서북국 시절의 사람들과 당시 일에 대해 회상하는 이야기를 들을 수 있었고, 특히 그들이 깊은 감회에 젖는 것을 보며 호기심이 생겼다. 처음에는 그저 호기심일 뿐이었으나 점점 들을수록 감동을 금할 수 없었으며, 특히 그들이 전하는 중국공산당 중앙위원회(중공중앙) 서북국에서 수많은 이들이 보여준 열정에 매료되었다. 원로 동지 몇 분의 격려와 요청에 따라 우리는 아름다운 서북국 시절의 기록을 남겨야겠다는 의무감마저 들었다. 우리는 분명 행운을 얻은 것이리라. 무엇보다 몇 년 동안 그들과 접촉하면서 일찍이 서북국에서 함께 일하고 생활했던 원로 동지들로부터 그 시절의 격정과 감동을 함께 느낄 수 있었기 때문이다.

본서는 원로 동지들의 구술 자료를 토대로 하고, 서북국에서 일하고 배웠던 원로 동지들의 추억을 주선으로 삼아 당시 서북국 시기에 일어났던 중요한 사건과 감동적인 사례를 발굴하고 정리했다. 이 책을 집필하는 과정에서 많은 원로 동지들께서 깊이 감개하며 우리들에게 말씀하셨다. "여러분들이 하고 있는 이 작업은 당의 진귀한 역사 자료를 구하는 일입니다. 반드시 이 일을 계속해야만 합니다. 가능한 시간을 당겨서 우리들이 책을 직접 만져 보고 펼쳐 볼 수 있기를 바랍니다."

몇 년 동안 우리가 취재했던 동지들 가운데 가장 젊은 분이 83세의 고령이다. 이 책을 정리하는 중에 몇몇 원로 동지들이 서북국에 대한 깊은 회념을 안고 세상을 떠났다. 이는 우리의 가슴을 아프게 했으며, 또한 더더욱 책 출간을 간절히 바라게 되었다. 이 책이 출간됨으로써 당시 서북국에서 생활하고 투쟁했던 원로들에게 잊을 수 없는 추억과 위안이 될 수 있다면, 우리가 5년 동안 분주하게 돌아다니고 애썼던 보람이 있을 것이다. 이는 우리가 이 책을 집필한 가장 근본적이고 가장 큰 바람이다. 본서를 집필하고 출판하는 과정에서 다행스럽게도 이전 세대 혁명가이신 치신(齊心) 동지의 도움과 지도를 받을 수 있었다. 그분은 매우 꼼꼼하게 원고를 읽고 세심한 지도를 아끼지 않았다. 역사에 대한 책임감과 실사구시 정신에 입각하여, 역사적 사건이 발생했던 시간, 장소, 인물 등에 대해 귀한 단서를 제공한 것은 물론이고, 2009년 12월말 친히 교정한 문장에 대한 자신의 견해를 한데 모은 한 편의 문장을 우리들에게 보냈다. 우리는 그녀가 보여준 마음과 자세에 깊이 감동했으며, 아울러 서북국의 역사에 대해 경외의 심정을 지니게 되었다. 그렇기 때문에 우리는 본서를 집필하는 데 감히 추호의 게으름을 피울 수 없었다.

편집위원회 주임 허자이(何載) 동지와 그외에 여러 위원들이 시종일관 본서의 편집 과정에 참여하여 명확한 지도 의견을 제시했다. 그렇기 때문에 본서 집필 역시 보다 신중하고 장중한 분위기에서 이루어졌다. 후더핑(胡德平)·후더화(胡德華)·마핑(馬平)·런원쉬안(任文軒) 동지 역시 서북국 원로 동지들에 대한 진지한 감정을 품고 소중한 건의를 아끼지 않았다. 특히 후더핑 동지는 친히 본서의 서문을 지어 결코 잊을 수 없는 서북국 시절의 격정과 숭고함을 한층 생생하게 느낄 수 있도록 했다.

이외에도 중앙 당사 관련 부서와 섬서성 당사 연구소, 성(省) 신문출판국 역시 우리들의 작업을 충분히 인정하고 적극적으로 지지해 주었다. 섬서성 사법청 전 청장인 루즈챵(路志强), 위남(渭南) 인민대표대회 상무위원회 판공실 주임 추이샤오민(崔曉民), 섬서 사범대학 푸공전(傅功振) 교수, 섬서 사범대학 출판총사 인문출판분사 사장 펑샤오리(馮曉立), 편집자 덩웨이(鄧微)가 본서 출간을 위해 많은 작업을 했다. 본서는 이미 출간된 다른 서적에서 적지않은 자료를 참고했으며, 진귀한 사진이나 문장을 인용했다. 많은 동지들과 기관에서 우리들에게 사심 없이 도움을 아끼지 않았다. 이에 특별히 진심어린 감사의 말씀을 드린다.

편집자, 2013년 3월

차 례

제 I 부 구술 실록

제 II 부 붓 아래 역사

제 III 부 거대한 위업

제 I 부
구술 실록

나와 시중쉰의 섬감 변구 근거지 혁명 세월

장방잉

장방잉(張邦英) 1910년 5월 출생. 섬서 요현(耀縣) 사람. 2016년 6월 29일 병사. 1926년 혁명에 참가하여 1927년 중국공산당에 입당했다. 중공 요현 현위원회 서기, 중공 섬감변특별위원회 조직부 부장, 섬감 변구 혁명군사위원회 위원, 중공 섬감 변남구(邊南區) 구위원회 서기, 섬감 변남구 혁명위원회 주석, 관중특구 소비에트정부 주석, 섬감 영변구 제1차 참의회 부의장, 중공 섬감 영변구 중앙국상무위원, 중공중앙서북국 상무위원, 조직부 부부장, 중공중앙 서북국 비서장, 중공 서북군정위원회 위원, 중공중앙 서북국 농촌공작부 부장, 중공 중앙서기처 제2판공실 부주임, 중공중앙교통공작부 부부장, 중공중앙 화북국 후보서기, 민정부 부부장을 역임했다. 중국공산당 12차, 13차 중앙고문위원회 위원, 제1차 전국인민대표대회 상무위원, 제3, 4, 5차 정국 정치협상위원회 상무위원, 중국공산당 7, 8차 인민대표대회 대표, 중국공산당 14차, 15차, 16차, 17차 특별초청대표(特邀代表)를 맡았다.

편집자 주석: 당시 섬북, 서북국 시절을 떠올리며 100세 노인은 흥분과 격정을 감추지 못했다. 취재 당시 장방잉은 이미 행동이 많이 불편했지만, 이 책의 서명을 써주겠다고 고집했다. 우리 작업에 대한 인정의 의미와 더불어 서북국에 대한 깊은 그리움 때문이었다.

　시중쉰은 내 옛 전우이다.

　그는 1926년 대혁명 시기에 공산주의청년단에 참가했고, 1928년 중국공산당에 들어와 제국주의, 군벌, 관료에 반대하는 학생운동 및 농민운동을 벌였다. 내가 섬서 서안에서 고등학교를 다니던 시절인 1927년에서 1928년까지는 장제스(蔣介石), 왕징웨이(汪精衛)가 줄지어 반란혁명을 일으키고 국민혁명이 침체기에 들어가던 시기였다. 나는 당내에서 그가 삼원현(三原縣) 제3사범 학생으로 학우 몇몇과 본교 반동교직원 반대투쟁에 참가했다가 당국에 체포되었다는 소식을 들었다. 그는 수감 기간 동안 결연한 의지로 공산당원의 품위를 잃지 않았다. 당 조직은 그를 공산당원으로 받아들이기로 결정한 후 보석으로 풀어줬다. 그후로 나는 시중쉰이란 이름뿐만 아니라 그가 섬서 부평현(富平縣) 담촌(淡村) 사람이며, 담촌이 요현(耀縣)에서 2,30리밖에 떨어지지 않은 곳이라는 사실도 알게 되었다.

1932년 가을, 나는 군사동원에 따라 양후청(楊虎城, 국민당 장군) 부대에서 고향으로 돌아와 중공 위북(渭北)특위 지시 아래 당시 공산청년단특별위원회(團特委)에서 일하고 있던 시중쉰과 삼원현 동관(東關)체육장에서 은밀히 접촉했다. 당시 당 조직은 아직 지하활동 상태였기 때문에 투쟁환경이 매우 험악했다. 사람들의 주의를 끌지 않기 위해 우리는 그네 옆에 서서 담소를 나누며 현재 업무와 중요시해야 하는 문제에 대해 짤막하게 이야기를 나누었는데 아직도 그때 기억이 생생하다. 우리는 그렇게 서로 알게 되었다. 그는 과거에 감숙 쑤위성(蘇雨生) 옛 군대에서도 군사동원 업무를 맡았으며, 각자 있었던 부대 사이에 군대편성 갈등으로 인해 전투를 벌였었고, 그후 다시 섬서성 군사위원회 류린푸(劉林圃) 등과 함께 양당병변(兩當兵變, 1932년 4월, 제2차 국공내전 시기 중국공산당 지도하에 서북 지역에서 발생한 무장 군사반란)을 주도했다. 당시 혁명적인 군사반란은 수일 안에 실패로 막을 내렸지만 그 지역에 매우 큰 영향력을 발휘했다.

같은 해 가을, 겨울 사이에 농민운동을 발전시키고 혁명구역을 확대하기 위해 시중쉰은 위북특위의 파견으로 고향 마을 사람들과의 관계를 이용하여 요현 조금(照金) 지역에서 군중활동을 했다. 당시 그 일대에서 활동하던 섬감(陝甘, 섬서와 감숙) 유격대 지도자 류즈단(劉志丹)·셰쯔창(謝子長)과 연락하였고, 이후 위북 소비에트지구에 도착하여 위북 소비에트지구 유격대 정치지도원에 임명되었다. 그곳 일부 향촌에서 농민군중을 이끌어 토호를 공격해 식량을 분배하는 투쟁을 벌임으로써 섬감 유격대의 재개편으로 이루어진 홍26군 제2단은 섬감 변두리 지역인 조금 혁명 근거지를 위한 유리한 조건을 마련했다.

1933년 봄, 시중쉰은 섬감 유격대 정치위원, 섬감변 혁명위원회 주석을 맡아 지역 군중을 이끌어 혁명투쟁에 참여하였다. 근거지를 발전시키고 역량을 키워야 될 때 홍26군정위원회 겸 제2연대 정치위원 두헝(杜衡)의 사상이 형식적으로 '좌'경이었으나 실제로는 '우'의 성향을 보였다. 그는 적과 아군의 투쟁 상황, 건설된 지 얼마 되지 않은 조금 혁명 근거지의 중요성, 당시 험난한 상황에도 불구하고 조금 근거지의 홍2 여단을 적의 핵심통치 지역인 위화 및 낙남(洛南) 지역으로 남하하여 새로운 혁명 근거지를 세웠다. 당시 시중쉰과 류즈단, 왕스타이(王世泰) 등 모두 이를 단호히 반대하였지만 두헝이 고집하여 부대를 남하한 후 두 달도 채 되지 않아 종남산에서 패배했다.

그해 7월, 우리 요현 당 조직은 양후청 부대 기병연대 연대장 왕타이지와 연합해 부대를 이끌고, 요현의 기의 날짜를 결정했다. 요현 유격대(이후 섬감변요현제3지대(支隊)라 명명했고, 나는 지대 당대표를 맡았다)가 조금 근거지로 진입했을 때 시중쉰을 다시 만났다. 당과 혁명 사업을 통해 다시 함께할 수 있어서 정말 기뻤다. 그로부터 우리는 함께 섬감변 혁명 근거지를 건설하여 혁명무장을 발전시키고 당정을 건설하기 위해 4,5년을 분투노력했다.

당시 우리가 만났을 때는 요현 제3지대와 왕타이지가 이끄는 부대 잔여세력 및 위북 유격대가 개편되어 만든 제2단이 남하하여 패배하고, 섬서성위원회가 적에 의해 무참히 파괴되었던 시기이다. 당시 수많은 동지들이 부대의 집중행동이나 분산행동 및 부대의 통일지도 문제에 이견이 발생했다. 이처럼 분산되어 행동하면 적에 의해 섬멸될 가능성이 높았다. 이에 8월에 중공 섬감변 특위의 주관 아래 진가파(陳家坡)에 중요한 의미를 지닌 당정군 연석회의가 개최되었다. 회의에서 대다수 동지들이 집중행동 및 섬감변 홍군 임시총지휘부를 설립하여 이 몇몇 부대의 행동을 통일시키자고 주장했다. 시중쉰은 이번 회의의 집행의장으로 언제나 대다수 동지 곁에 서서 집중 통일지도 주장을 굽히지 않음으로써 회의에서 정확한 결정을 내리는 데 큰 역할을 했다.

1933년 10월, 쉬중신이 섬감변 혁명위원회 부주석을 맡고 있던 당시 내 주력부대가 순읍(旬邑) 장홍진(張洪鎭) 등 전투에서 승리를 얻고 감숙 합수로 북상하여 외선작전을 펼치느라 조금 근거지의 병력이 허술한 틈을 타서 국민당 서안수정공서(綏靖公署, 민국 시기 국민혁명군 지휘기관)가 가강단(加强團, 일반 연대보다 대대 하나가 더 있는 연대)을 이끌고 주위 각 현의 무장단 수천 명을 규합하여 우리 조금 근거지를

시중쉰 등은 감숙 양당현에서 국민당군 한 개 대대를 조직해 군사반란을 일으켰다. 반란부대는 이후 중국공농홍군 섬감 유격대 제5지대로 개편되었으며 시중쉰이 중공 대위(隊委) 서기에 임명되었다. 사진은 양당 군사반란 전 시중쉰.

1940년대의 장방잉(張邦英).

미친 듯이 포위 공격하고 연이어 설가채(薛家寨) 후방에 대해 맹공격을 펼쳤다. 당시 시중쉰은 특위, 유격대 지휘부의 책임자들과 협력하여 수일 동안 적에게 항거한 결과 상대에게 큰 타격을 주었지만 중과부적으로 인해 설가채를 철수하였고, 이에 조금 근거지는 잠시 적의 수중에 들어갔다. 그는 철수 후 한 달 넘게 심하게 앓았고, 지역 주민들의 민간요법 치료를 받은 후 다시 북으로 주력부대를 찾아갔다. 그해 11월 포가채회의(包家寨會議)는 폭넓은 유격전을 펼쳐 남량(南梁) 지구를 중심으로 혁명 근거지를 굳건하게 지키자는 결의 정신을 바탕으로 이미 이 일대로 전입한 지역 활동가들과 함께 군중을 조직, 지도하여 새로운 혁명 근거지를 설립했다.

1934년 2월 하순, 우리 주력부대가 수많은 적을 섬멸하고 계속 승리를 거두는 새로운 상황 아래 남량에 정식으로 섬감변 혁명위원회가 성립되었다. 시중쉰을 주석으로 선발하여 군중 조직에 더 힘을 쏟고 지방 무장을 시켜 유격전을 실시하여 반동세력을 소탕하고 혁명 정권을 수립했다. 또한 중공의 새로운 섬감변 특위 지도 아래 계속해서 섬감변 남구 당정지도기관을 설립해 혁명 근거지를 확대하고, 이를 공고히 하였다. 그해 11월 소련의 10월 혁명기념일에 섬감변구 공농병대표대회가 여원보(荔園堡)에서 개최되어 섬감변 소비에트정부를 성립하고, 시중쉰을 소비에트정부 주석으로 선발했다. 그 기간 동안 나는 남량 섬감변 특위로 자리를 옮겨 당의 조직사업을 맡았다. 정

2009년 6월. 장방잉과 본서의 편집장.

부는 채자만(寨子灣)에 위치했다. 우리는 다시 함께 긴장 속에 한동안 일을 했다.

　　섬감변과 섬북 혁명 근거지의 통일지도가 이루어진 후 1935년 9월에서 11월 사이, 섬감변 홍26군, 섬북 홍27군과 새로 온 악예섬(鄂豫陝) 홍25군이 섬북 근거지에 대한 적의 제3차 '포위 공격'을 분쇄하여 승리가 눈앞에 다가왔을 무렵, 서북 지역에서 활동하던 왕밍(王明)의 '좌'경 기회주의 노선이 소위 '섬북숙반(陝北肅反)'이란 활동을 발기하여 죄명을 날조, 류즈단 등 섬감변 당정군 각급 지도감부를 체포했다. 시중쉰 역시 그 중 하나로 매우 위험한 처지에 놓이게 되었다. 다행히 장정에 나선 마오쩌둥, 당 중앙이 중앙홍군을 이끌고 섬북에 도착하여 늦지 않게 잘못을 바로잡음으로써 시중쉰은 다른 동지들과 함께 석방되어 혁명의 위기를 넘길 수 있었다. 시중쉰은 억울한 누명을 쓰고 박해를 받았지만 혁명의 의지를 꺾지 않았다. 마오쩌둥을 대표로 하는 당 중앙의 정확한 노선 아래 더욱 분발하여 열심히 노력했다.

1934년 남양(南梁) 하구대(河溝臺)의 시중쉰 거처.

　　1936년 1월, 조직에서 시중쉰은 원래의 섬감 남구 기반 위에 새로 설립한 관중 특구로 보내 소비에트정부 부주석을 맡도록 했다. 당시 나는 그 지역에서 정부 업무를 맡고 있었다. 우리는 이렇게 해서 다시 수개월 동안 반(反)동북군 '포위토벌' 투쟁을 위해 함께 분투했다. 이후 그는 다시 중앙 지시에 따라 서쪽 토벌에 나섰다. 시중쉰은 당시 감숙 농동(隴東)의 한 가난한 환현(環縣)이란 마을의 현위원회 서기로 가게 되었다. 9,10월 사이에 중앙은 다시 그를 관중특구 상황을 잘 알고 있는 간부 몇 명을 데리고 관중 소비에트지구로 가서 특위 서기를 맡도록 했다. 당시에는 관중의 많은 지역이 적에게 점령당한 상태였다.

　　극히 어려운 상황에서 그는 지역 간부들을 단결시키고, 각 현 유격대 무장 및 거대한 군중의 힘을 빌려 적과 맞서 기회가 있을 때마다 그들을 공격했다. 서안 '쌍십이사변(雙十二事變, 서안사변)'이 평화적으로 해결됨에 따라 항일은 새로운 상황을 맞게 되었다. 당시 나는 신

섬감 성위원회 조직부 주요 책임자 신분으로 섬감 성위원회 서기인 리웨이한(李維漢)과 함께 관중특구 지도기관 및 우리 홍군 총정치부 소재지인 순요현(淳耀縣)으로 가게 되었다. 그곳에서 관련 지도자들과 만나 남쪽 발전 문제를 함께 논의했다. 우리는 관중특위와 함께 도거하(桃渠河)에 묵으며 시중쉰으로부터 그 지역의 기본 상황과 새로운 상황에서 부딪친 새로운 문제에 대한 업무보고를 듣고 이에 대해 함께 연구하며 당시 한 시기의 행동

2009년의 장방잉(張邦英).

계획을 제안하여 리웨한으로부터 호평을 들었다. 이후 새로운 상황에서 우리는 다시 여러 해 동안 섬감녕 변구 건설과 보위업무를 맡았다.

시중쉰은 오랜 투쟁 경험을 거친 무산계급혁명가이자 충실한 마르크스레닌주의자, 공산주의자이다. 그는 마음이 맑고 솔직했으며, 성실하고 열정적이었다. 또한 매우 능동적인 행동으로 패기가 있었으며 실질적인 기준으로 당의 정확한 노선, 방침, 정책을 고수하며 잘못이 있으면 즉각 규정하고, 자신의 관점을 속이지 않고 의견을 솔직하게 말했다. 당의 이익을 중요하게 생각하여 연령에 관계 없이 능력을 중시하고 전체적인 상황을 두루 살펴 개인의 득실에 치중하지 않았다. 확고한 혁명 의지, 진취적인 개척 정신으로 어려움에 흔들리지 않았으며, 힘써 투쟁하며 동지들을 단결시키고 군중과 하나가 되어 섬감녕 변구 혁명 근거지를 건립하고 혁명정권을 세우고, 혁명무장을 발전시키며 당을 건설하는 데 중대한 공헌을 했다.

시중쉰의 이러한 혁명 정신과 뛰어난 사상, 성품, 업무태도는 이

후 서북국의 중요 책임자이자 당과 국가자의 중요지도업무자로서 서북 해방과 사회주의 건설사업을 추진하는 데 더 큰 공헌, 더 큰 성과를 이루기 위한 사상기초를 굳힐 수 있었다. 그의 혁명투쟁사는 내 마음속에 깊은 인상을 남겼으며, 그때를 떠올리면 마음이 따뜻해진다. 교육적 의미가 있는 투쟁사이다.

중앙 정책 결정에 대한 서북국의 영향

허자이

> **허자이(何載)** 1919년 출생. 섬서 보계(寶鷄) 사람. 1936년에 혁명에 참가
> 하였으며, 연안중앙당교, 마르크스레닌학원, 중앙연구원, 항일군정대학
> 에서 학습하였다. 항전 시기에 계속해서 농촌조사연구와 조직건설사업
> 에 종사했다. 확병증량선교(擴兵征粮宣敎) 공작단 부단장, 단장, 대리현장
> 등을 역임했다. 1944년부터 중공 중앙서북국 조직부에서 간사, 비서, 판
> 공실주임을 맡았다. 신 중국이 성립된 후 중공 중앙서기처 정치비서실,
> 중공중앙판공청 비서실 비서, 주임 등을 맡았으며 당 11차 3중전회 이후
> 중앙조직부 간심국(幹審局, 간부심사국) 국장, 비서장, 제6기 및 제7기 전
> 국정치정협위원, 법제위원회 상무 부주임을 역임했다. 퇴직 이후 가난구
> 제사업에 참가하여 중앙 부빈(扶貧, 빈민구제)기금회 상무부회장, 노촉회
> (老促會, 老區건설촉진위원회) 상무이사, 인권기금회 고문 등 직책을 맡았
> 다. 저서로 《연안의 빛(延安的光輝)》《나에 대한 마오쩌둥의 교육(毛澤東
> 對我的教育)》《제2차혁명》《정성이 일월을 비추다(丹心照日月)》《억울한
> 사건, 조작 사건, 오심은 이렇게 시정된다(怨假錯案是這樣平反的)》《가난
> 구제의 노래(扶貧之歌)》 등의 작품이 있다.

편집자 주석: 취재가 끝난 후 허자이는 정중한 태도로 우리에게 '실사구시'라는 네 글자를 적어 주었다. 우리는 이 네 글자가 서북국 정신을 개괄한 것이자 이 사업을 하는 우리에 대한 구체적인 요구임을 알았다. 공리공담에 머물지 않는 실사구시의 정신이 그것이었다.

난 이제 나이가 많아 제대로 걸을 수도 없다. 그러나 귀는 아직

조금 가까운 곳의 소리는 들을 수가 있다. 그러나 서북국에 대한 이야기라면 나는 기꺼이 말을 하고 싶다. 서북국에 대해서는 할 이야기가 너무 많다. 몇날 며칠이 걸려도 아마 이야기를 다 할 수 없을 것이다.

무엇보다 먼저 분명히 하고 넘어가야 할 것은 역사상 서북국은 모두 세 개가 있었다는 것이다. 첫째는 연안에 위치한 서북국으로 처음 서기가 가오강(高崗), 이후가 시중쉰이었다(1945년 10월, 가오강이 동북으로 이동된 후 시중쉰이 전국이 해방될 때까지 서기직을 맡았다). 두 번째는 서안 건국로에 위치한 서북국으로, 서기는 시중쉰이었다. 마지막은 1960년대 류란타오(劉瀾濤) 시기의 서북국이다. 나는 1943년에 서북국에 들어가 일을 하기 시작했다. 주로 연안 서북국 시절로 얼마 안 돼 서북국을 떠났다. 자세히 생각해 보니 우리는 1949년에 준비하기 시작해 1950년에 전출되었다.

서북국에 대한 기록은 반드시 필요하다

서북국 관련 취재에 응한 것은 이번까지 합쳐 모두 네 번이다. 첫 번째는 영상자료를 준비중이라고 했다. 그들은 이에 관계된 중앙의 동지들을 찾아갔고, 중앙에서도 이를 지지했다. 그들에게 작업을 서두르도록 요구하는 한편, 서북국의 노인들을 몇몇 소개해 달라고 했다. 요구대로 소개를 해주었지만 이후 취재를 다 하지 못한 상태에서 그 중 연로한 사람들 몇 명은 이미 세상을 떠났다. 두 번째는 몇몇 지도자들의 자녀들이었다. 마원루이(馬文瑞) · 마밍팡(馬明方)의 후손들로 지금은 그들도 나이가 들었다. 서로 함께 서북국에 관한 책을 출간하고 영화를 찍으려 했다. 또 한 팀은 섬서의 부평현(富平縣)과 같은 현 몇 곳에서 현지(縣誌) 자료를 모집하기 위해 찾아왔었다. 그리고 다음이 이번 취재이다.

서북국에 대한 내 태도는 명확하다. 서북국에 대한 이야기는 써야 하지만 두 가지 주의할 점이 있다. 첫째, 관련부서의 지지와 지도를 받아야 한다. 그렇지 않을 경우 애써 책을 집필한다 해도 의미가 없고, 그렇게 되면 이를 추진한 이들도 결국 정서적으로 영향을 받을 것이다. 세 부서를 통해 서북국에 대한 집필이 옳다는 평가를 받아야 한다. 특히 공산당은 당의 영광스러운 역사전통 교육과 역할을 중요하게 생각해 왔으며, 올해가 또한 건국 60주년을 맞는 해이기 때문에 만약 관련 지도자와 부서의 지지를 받을 수 있다면 많은 문제들이 풀릴 것이다. 전에 왔던 사람들에게도 이런 말을 했었고, 지금도 이 점이 매우 중요하다는 말을 강조하고 싶다.

두 번째, 관련 부서의 허락을 받은 후 이 작업을 보조해 줄 만한 지도기관이 있어야 한다. 중앙 당사나 중앙문헌연구실이 팀에 협조해야 하고, 중앙 당안관(檔案館, 문서보관소)에서 자료를 제공해야 한다. 설사 단독으로 움직인다 해도 그들의 경험을 바탕으로, 그들의 지도를 받아야 한다. 반드시 당사 관련 부서와 함께 연합해야 제대로 된 책을 집필하고 선전교육 효과를 거둘 수 있다.

한마디로 요약하면, 우리 서북국의 동료들이 이미 나이가 많이 들었기 때문에 점점 세상을 떠나 그 수가 줄어들고 있다. 나는 올해 아흔을 넘겼다. 하루빨리 아직 건재한 노인들을 취재해 서북국에 대한 기억을 남길 수 있도록 해야 한다. 당시 역사를 보존하는 일은 매우 의미 있는 일로 나는 이를 지지한다.

서북국, 중앙의 정책 결정 과정에 큰 역할을 하다

전에 날 찾아왔었다고 말한 세 팀에게도 나는 서북국에 대한 집필은 의미가 있는 좋은 작업이라고 말했다. 서북국은 중앙 정책 결정 과정에 큰 역할을 했기 때문이다. 항일전쟁 시기 중앙의 수많은 방침 정책이 모두 서북에서 탄생했으며, 마오쩌둥이 서북국의 자료를 참고

했는데 일부 자료는 서북국에서 제공한 것이다.

예를 들면 가장 유명한 자료로《항일구국10대강령》《일본제국주의에 반대하는 책략에 대해 논하다(論反對日本帝國主義的策略)》《신민주주의론》《연합정부에 대해 논하다(論聯合政府)》(모두 마오쩌둥 문고에서 가장 중요한 문장들이다)는 국민당 투쟁에 대한 '이치에 합당하고, 유리하며, 절도가 있는' 방침이다. 또한《항일유격전쟁의 전략 문제》라는 군사 자료,《실천론》《모순론》과 같은 철학 자료는 모두 연안, 서북 지역에서 나온 것이다. 근거지에 매우 큰 공헌을 한 자료는《매우 중요한 정책 하나(一個極其重要的政策)》《항일 시기의 경제 문제와 재정 문제》로, 이 역시 당시 섬감녕 변구, 서북국에서 제공한 자료이다. 마오쩌둥이 한 달 넘게 서북 동지들에게 조사 연구를 하도록 하여 완성한 문장이다. 마오쩌둥이 관련 문장을 쓰는 과정에 서북국의 많은 동지들이 참여했다.

서북국의 중요성이 드러난 또 하나의 사례는 1942년 10월 19일에 시작된 중공중앙 서북국 고급간부회의이다. 연안에서 80여 일 동안 열렸던 당시 회의는 당 역사상 매우 중요한 회의였다. 회의의 주요 임무는 당 전체의 정풍 기회를 이용하여 섬감녕 변구 당의 역사와 섬감녕 변구 사업을 검토, 조사하는 것이었다. 이는 전면적으로 섬감녕 변구 당의 역사적 경험과 교훈을 총결하고 당시 당내의 편향된 사상을 바로잡고 당의 지도를 통일하며 당의 단결을 강화시키는 한편, 이후 임무를 명확히 함으로써 섬감녕

1940년대의 허자이(何載).

변구의 정풍운동과 각 사업의 시행을 대대적으로 추진하여 당 전체의 정풍운동에도 촉진제 역할을 했다.

이처럼 영향력이 큰 항일전쟁 시기의 전략, 방침, 정책 모두가 연안에서 나온 것이었다. 물론 이 모두 서북국의 미룰 수 없는 책임이 었지만, 서북국이 역사상 매우 많은 역할을 했다는 사실을 보여주는 증거이다.

서북국은 전국을 지원하고, 전국 역시 서북국을 지원하다

해방 초기, 서북국은 북경에서 화북대학, 화북 인민혁명대학의 젊은 학생들을 대거 받아들였다. 그들은 서북 사업을 지원하러 왔다. 당시 이 학생들은 왜 서북 지역에 파견되었을가? 아마도 당시 참여했던 사람들 중 많은 이들이 세상을 떠났을 것이다. 서북국 조직부 부장 마원루이, 서북국 처장(지금은 국장에 해당) 역시 우리 곁을 떠났다. 왜

1947년 겨울 시중쉰(오른쪽). 왼쪽부터 마원루이(馬文瑞), 장방잉(張邦英), 장징우(張經武), 리쥐란 (李卓然)[앞줄], 쟈튀푸(賈拓夫), 왕웨이저우(王維舟), 린보취(林伯渠), 허롱(賀龍), 양밍쉬안(楊明軒) 등 여러 동지들이 섬북 수덕현(綏德縣) 의합진(義合鎭)에서 찍은 사진.

이처럼 많은 젊은이들을 북경에서 서북으로 보냈을까? 서북이 구 근거지로 전국에 대거 세 번에 걸쳐 간부를 지원했기 때문이었다.

1차는 동북 지역을 차지하기 위해서였다. 당시 나 역시 그 무리에 선발되어 소대장 자격으로 비행장에 갔다. 서사대회(誓師大會, 전투 전 출정의 목적과 의미를 알려주고 적의 죄악을 폭로하여 사기를 고무시키기 위한 활동) 후 나는 다시 돌려보내졌다. 가오강은 지하당의 동지가 갈 수 없는 상황에서 앞으로 섬서 지역 사업을 개척해야 하기 때문에 나는 비행장에서 다시 등짐을 지고 돌아왔다. 당시 중앙위원 17명, 정치국 위원 4명, 서북국 당시 선전부 부장 리줘란(李卓然), 조직부 부장 천정런(陳正人), 비서장 어우양친(歐陽欽) 등 동지가 잇달아 동북 지역으로 갔다. 당시 간부는 갈 수 있는 조건만 되면 모두 차출되었다. 당시 서북 지역에서 대거 사람들이 보내졌다.

2차는 남하했다. 당시 소중전역(蘇中戰役, 해방전쟁 초기 화동야전군이 소북 지역에서 벌인 전투)에서 7차례에 걸쳐 대승을 거둠으로써 화중화동의 넓은 지역을 해방시켰다. 천겅(陳賡) 대군이 황하를 건넜고, 호남과 호북 역시 넓은 지역을 해방시켰기에 간부들이 대거 투입되어야 했다. 이에 서북에서 차출된 사람들이 신속하게 신 해방구로 이동하여 작업에 들어갔다. 심지어 해남도로 파견된 이들도 있었다.

3차는 사천으로 향했다. 허룽(賀龍)이 부대를 이끌고 서남으로 진군하여 사천을 해방시켰다. 당시 섬서는 아직 전면적으로 해방되지 않았기에 서북국에서 다시 간부 한 무리가 파견되었다. 당시 사람들이 얼마나 부족했는가? 어떤 간부들이 데려간 호위병들은 사람이 부족할 때는 직접 현장 직을 맡기도 했다. 당시 확실히 사람이 부족한 상황이었지만 해방을 이룬 거대한 지역에 관리할 사람이 배치하지 않을 수 없었다.

이에 서북국에서 3차에 걸쳐 지원을 나간 사람들이 가장 많았다. 게다가 모두 성과가 적지않았다. 동북, 중원, 서남 등 세 지역의 성위원회 서기 중 여러 사람이 당시 서북국에서 지원을 나간 사람들로 바이루빙(白如冰)·왕피녠(王丕年)·바이둥차이(白棟才) 등이 있었다. 또한 이 지역들의 조직부장, 지역위원회 서기 중에도 상당수가 서북국에서 파견된 이들이었다. 이렇게 3차에 걸쳐 서북국에서 간부가 이동하고 나니 남은 사람들도 많지 않았다. 바로 그때 서북 지역인 난주(蘭州)를 함락시켰고, 서부 전역에서 보계를 해방시키니 서북국에도 간부 등 사람이 부족했다. 이에 중앙에 지시를 요청하자 중앙에서는 세 지역에서 우리에게 인원을 파견해 줬다. 화북대학 학생의 소양이 가장 훌륭했고, 혁명대학, 그리고 당시 정정당교(正定黨校)에서도 사람이 파견되었다. 중앙에서는 당시 서북에 2,100여 명의 간부를 보냈다. 추이광(崔光)·장시바이(蔣錫白)와 세 사람이 북경으로 가서 이들을 데려왔다. 당시 이 학생들이 서북 지역으로 오고 싶은 마음이 들 수 있도록 우리는 연안에서 동원사업을 지도했던 린보취(林伯渠)·둥비우(董必武)·저우양(周揚) 등 동지를 청했다.

이후 서북에 온 학생은 대대 세 개로 편성되었다. 북경에서 석가장까지는 기차가 있었고, 석가장 아래로는 철로가 잘 통하지 않아 때로 도보로 약 수백 리를 걸었다. 이렇게 겨우 풍릉도(風陵渡)에 도착한 후 배를 타고 황하를 건너 서안에 도착했다.

당시 북경에서 대략 20여 일 동안 이 학생들을 훈련시킨 다음 다시 한 달 3일을 걸어 겨우 이들을 서북국으로 데려갔다. 서안에 도착한 후 서북국은 다시 이들을 교육시켰다. 당시 서북국의 시중쉰, 마원루이, 자퉈푸(賈拓夫), 당시 아직 서남에 가지 않았던 허룽 등 지도자들이 모두 강연에 참여하여 대략 3, 4개월을 교육한 다음, 서북 5성 각지에 파견했다.

서북국은 당시 먼저 전국에 일부 해방된 지역에 대한 간부를 지원하느라 서북이 해방된 후 다시 사람이 부족해 중앙에 인원을 요청할 수밖에 없었고, 이에 학생들이 대거 서안으로 오게 되었다. 따라서

實事求是
何載 邵慧
2009.4.28日

▲ 2009년 4월 28일, 본서 편집자와 허자이.
◀ 허자이와 부인이 본서를 위해 쓴 제사.

서북국은 전국을 지원하고, 전국
역시 서북국을 지원했다고 말하
는 것이다.

서북을 지원한 동지,
대 서북의 발전과 건설을 위해 공헌을 하다

화북대학, 혁명대학, 정정당교에서 서북으로 간 학생들은 서북
지역 해방 초기의 경제, 문화, 사회건설 등 여러 분야에 큰 역할을 했
고, 이후 그 중 일부는 성의 1급 중요 지도자가 되었다.

특히 기억에 남는 사람은 서북국 연구실에 파견되었던 사오지야
오(邵繼堯)이다. 그는 학벌도 좋고, 매우 적극적으로 일했으며, 공부

도 열심히 했다. 그들의 지도자도 나와 이야기를 나눌 때 마찬가지 이야기를 했다. 전체적으로 그들은 소양이 매우 높은 이들로 지도자들은 그들을 매우 중시했다.

또 한 사람, 인상이 깊게 남아 있는 인물은 장보싱(張勃興)이다. 그 역시 중앙에 의해 화북대학에서 온 서북 지원 2진 간부였다. 당시 30여 명 정도의 2진 중 왜 장보싱에게 깊은 인상을 받았을까? 당시 그들 중 일부는 집안의 일을 다 마무리하지 못해 대부대를 따라가지 못했다. 그러나 1진이 서안에서 채 배치를 끝내기 전에 바로 2진이 도착했다. 이에 따라 장보싱도 북경에서 서안에 이르렀다. 이후 그는 섬서성위원회 조직부에서 간사로 있다가 그후 잇달아 처장, 조직부장, 부성장, 성장, 성위원회 서기 등을 지냈다. 매우 성실하게 차분하게 하나씩 섬서 인민들을 위해 큰 공헌을 했다. 그 역시 대표적인 인물이니 그에 대한 기억을 남기는 것도 의미가 있다.

언젠가 북경에서 서안에 갔다가 다시 북경으로 돌아갈 때가 되었을 때 수덕지역위원회의 한 간부를 만났다. 그가 말했다. "전 화북대학에서 왔습니다. 우리 대대장이신데 수덕지역위원회 부전원인 제가 오신 걸 몰랐네요. 일찍 알았더라면 벌써 찾아뵈었을 텐데요." 당시 나는 급히 돌아가야 했기에 서둘러 몇 마디 말만 한 채 헤어졌다. 80년대 일로 그후 다시는 그곳에 갈 기회가 없었고, 그 간부들도 만날 기회가 없었다. 그들이 보고 싶다.

당시 그들은 서북에 많은 공헌을 했다. 당시 간부들이 서북국 판공청, 정책연구실, 조직부에 배치를 받았다. 이후 반패권주의, 토지개혁과 '삼반(三反: 탐욕, 낭비, 관료주의에 대한 반대)' '오반(五反, 뇌물, 탈세, 국가재산 도용, 원자재 사취, 국가경제기밀 정취 등에 대한 반대)' 운동에서 모두 큰 역할을 발휘했고, 서북에 대해서도 큰 공헌을 했다. 청해·영하(寧夏)·신강·감숙 등 지역으로 배치되어 일을 한 간부들도 있었고, 먼저 당교 문예단체에 갔다가 이후 영화제작소가 설립될 때 연기자가 되어 우수한 영화에 많이 출연한 사람들도 있었다. 이들은 모두 평범한 업무에서 결코 평범하지 않을 공헌을 했다.

이처럼 많은 청년들이 혁명에 투신하여 힘든 서북 지역에서 열심히 업무를 수행하고자 했다. 또한 지역 간부들과 협력하여 훌륭한 성과를 거둠으로써 서북 지역 건설에 큰 역할을 했으니 서북 당사에 당연히 기록이 남아야 한다. 이러한 각도에서 그들에 대한 글을 쓰면 훌륭한 글이 탄생할 것이다.

현재 서북국 시절 사람들로 북경에 남아 있는 사람들이 이미 많지 않다. 최근 1,2년 동안 몇 명이 세상을 떠났다. 차이즈웨이(蔡子偉), 노동부의 자오소우이(趙守一), 선전부장 친촨(秦川), 서북대학, 당교에 남아 있던 사람들은 대부분 모두 사망했다. 우리 조직부는 더욱 심각했다. 조직부의 사람들은 원래 나이가 좀 많은 편이었다. 지금은 과(科)급 간부도 모두 떠났다. 아마도 서안에 가면 몇 명 찾을 수 있을 것이다. 되도록 빨리 이 책을 출간해야 하며, 또한 잘 써야 한다. 분명히 매우 의미 있는 일이 될 것이다.

시중쉰 서기를 그리며

마쑹린

마쑹린(馬松林) 1922년 출생. 섬서 자주(子洲) 사람. 1937년 혁명에 참가하였고, 1940년 중국공산당에 가입했다. 중앙판공청 속기실, 서북국 속기실, 성도 칠팔사창(七八四廠), 섬서성위원회 판공청 등에서 일했다.

연안 시기 중앙판공청의 속기원이었던 나는 시중쉰 서기에 대한 정이 깊다. 이제 시중쉰 서기에 대한 몇 가지 기억을 글로 남기고자 한다.

'당의 이익이 첫번째'인 사람

나와 시중쉰이 알게 된 것은 1942년 서북국에서 열린 고위간부회의였다. 나는 회의의 기록을 맡았다. 중공 7차대회를 준비하기 위해 당 중앙은 연안에서 각 지구의 소형 역사경험교훈총결회를 개최했다. 여기서 나는 서북국에서 열린 고위간부회 역사경험교훈총결회의 일부 상황을 말하고자 한다.

중앙 지도자는 서북국에서 열린 당시 고위간부회의를 매우 중시했다. 마오 주석 및 중앙의 몇몇 주요 지도자들이 직접 지도했다. 당시 수십 일 동안 열린 서북국 고위간부회의에서 사람들은 섬감 변구가 극좌노선으로 인해 심각한 해를 입었던 상황에 대해 이야기했다. 수많은 우수한 공산당원, 혁명간부, 지식인 및 군사지휘원이 피살되고 생매장되었었다. 류즈단·가오강·시중쉰·장슈산 등 역시 생매장되기 직전이었다. 구덩이는 이미 파놓은 상태이고, 허진넨 등이 모구대(毛口袋, 모포대)에 넣어졌다(허진넨을 '모구대'라고 부르는 것은 여기서 나온 호칭이다). 당 중앙, 마오 주석은 장정을 거쳐 막 섬북에 이르러 이러한 상황을 발견했다. 마오 주석은 과감하게 '목숨은 살려 이후 중앙에서 처리하도록' 하라는 지시를 내렸다.

회의의 열기가 넘쳤다. 발언자가 계속해서 이어졌다. 피해자들은 발언에서 우리가 류즈단 동지의 주장에 따라 적의 통치가 미약한 곳, 관할하는 사람이 없는 곳, 각종 세력의 갈등이 있는 곳에 유격구를 설립하고 적과 투쟁해야 한다고 여러 번 강조했다. '좌'경 노선자들은 "너희들은 죽음을 두려워한다. 혁명 의지가 약하고, 유격의 습성이 강하다"라는 말로 우리에게 '도주주의(逃跑主義)'·'초산주의(梢山主義: 서북 지역 주민들이 산 지역을 이르는 말로, 성위원회의 결정에 복종하여 대도시를 공격하지 않고 산골짜기로 들어가는 행위를 가리킨다)' 등의 굴레를 씌웠다. 만약 당 중앙, 마오 주석이 며칠만 늦게 섬북에 도착했다면 우리들은 그때 이미 이 세상 사람이 아니었을 것이다. 극좌 노선을 집행했던 동지들은 발언에서 '좌'경 노선의 위해성을 인식하여 이에 대한 말과 동시에 이미 죽은 동지와 하마터면 생매장당할 뻔한 동지들에게 사죄했다. 그들은 침통하게 말했다. "만약 당 중앙, 마오 주석이 며칠만 늦게 섬북에 도착했다면 우리는 섬감 변구를 잃을 뻔했습니다." 물론 회의참석자들의 의견이 모두 일치한 것은 아니었다. 궈(郭)×× 같은 경우는 지나치게 자신이 왕밍 노선을 집행했다고 강조하여 자신의 극좌 노선으로 인해 빚어진 악과에 대해 인정하지 않았다.

중쉰 동지는 여러 차례 발언에서 매우 과감한 표현을 했다. 그는 넓은 마음으로 전체적인 상황을 고려하였다. 개인의 이해득실을 따지지 않고 언제나 당의 이익을 최우선에 두었다. 그는 당 중앙, 마오 주석에게 깊이 감동하였다. "만약 당 중앙, 마오 주석이 섬북에 오지 않았다면 섬감 변구는 끝났을 겁니다! 당 중앙, 마오 주석이 며칠만 늦게 왔다면 류즈단과 우리들은 지금 존재하지 않을 겁니다!" 그는 서북국에서 열린 당시 회의가 매우 중요한 의미를 갖는다고 특별히 강조했다. 그 목적은 역사경험교훈을 총결하고, 사상 인식을 통일하고, 당 중앙, 마오 주석의 정확한 노선 아래 단결하여 계속 전진할 것이며 추호도 개인의 득실을 따지지 말고 오직 '당의 이익을 최우선'에 두어야 하며, 우리 혁명의 목적은 바로 인민의 이익을 위해 분투……

또 하나 매우 강력한 발언을 했던 인물은 가오(高)××로, 그는 회의에서 매우 거칠고 오만하게 자신은 류즈단이 주장하는 대표적인 인물이라 여기며 회의에서 궈××를 때리려 했다. 궈씨가 당황하여 마오 주석 뒤로 달려갔다. 마오 주석이 가오××의 이런 불량한 태도를 제지했다.

마오 주석이 말했다. 우리가 이번 회의를 개최한 목적은 역사경험교훈을 총결하기 위한 것으로, 사실을 중시하고 이치를 강조하기 위한 회의이니 그 어떤 폭력적인 성향도 용납하지 않겠다고 말하여 가오××의 거친 태도를 제압했다.

마오 주석은 회의 기간 동안 가오××와 시중쉰에게 다른 견해를 가지고 있었다. 회의중 마오 주석은 중간에 끼어들어 다시 한 번 류즈단 동지를 찬양했다. 마오 주석이 말했다. 동지들 발언 가운데 여러 차례 누군가 류즈단을 체포해 그를 생매장하려 했다고 말했다. 즈단 동지는 이 상황을 정확하게 알고 있지만 변구 당, 변구 무장 세력의 분열을 두려워하여 그저 체포되어 생매장 순간을 기다렸을 뿐이다. 당 전체의 이익을 고려하고, 희생을 두려워하지 않는 그의 고상한 품격은 우리가 학습해야 한다. 이어 마오 주석은 시중쉰 동지에게 찬사를 보냈다. 시중쉰 동지는 우리 회의의 좋은 본보기이다. 그의 언행 곳곳에서 당의 이익을 위한 그의 생각을 엿볼 수 있다. 그는 언제나 당의 이익을 최우선에 두는 사람이다. 1943년 1월 회의 기간 동안 마오 주석은 하얀 천에 시중쉰을 위해 '당의 이익을 최우선에 두다'라는 글을 남겼다. 속기원으로서 당시 수십 일 동안 열린 회의에서 나는 많은 것을 얻었고, 살아 있는 당의 역사를 배웠다.

섬북을 전전하며 전투를 벌이는 동안 펑더화이·시중쉰 두 지도자들이 긴밀히 협력하다

1947년 3월 16일, 장제스와 후중난은 34개 여단 25만 명을 결집시켜 섬감녕 변구를 공격했다. 이밖에 청해의 마부팡, 영하의 마홍쿠이, 유림의 군벌 864사단이 연합하였다. 우리 군은 여섯 개 여단이 다였다(358여단, 교도(敎導) 여단, 독일(獨一) 여단, 359여단, 신사(新四) 여단, 경비(警備) 여단). 여기에 분구 병력을 합쳐 3만 명이었다. 적은 무장 상태가 훌륭했지만, 우리 군은 좁쌀과 보총뿐이었다. 그러나 서북전투에 펑더화이와 시중쉰 두 훌륭한 지도자가 있었다. 두 사람의 사명은 치아까지 무장할 정도로 막강한 수십만 적에게 대항하는 한편 당 중앙, 마오 주석이 섬북을 전전하며 전투를 벌이던 기간 절대적으로 이에 대한 안전을 보장하는 것으로 그 임무가 매우 막중했다.

나는 당시 서북국 시중쉰 서기 및 몇몇 상임위원(자퇴푸·장더성·마원루이), 변구 정부의 류징판(劉景範)을 따라 서북야전군총부에서 일했다.

펑더화이와 시중쉰, 두 명의 서북전장 통솔자는 마음이 잘 맞았다. 펑더화이는 자주 장병들에게 말했다. 외형적으로는 규모도 크고 장비가 좋아 적의 기세가 등등해 보이지만 실제 우리가 그들보다 막강하다. 우리는 변구 인민이라는 최고의 후원자들이 있기에 승리를 보장할 수 있다. 당정, 군민의 전체적인 힘을 발휘할 수 있다. 시중쉰과 기타 몇몇 오랜 동지들은 변구의 인민들과 깊은 정이 있고, 변구의 지리적 환경에 매우 익숙하다. 그들이 있는 한 적은 종이호랑이에 지나지 않는다. 우리는 지연전술로 적을 교란시켜 우리에게 이로운 시기가 되었을 때 적을 한 무리씩 해치울 수 있다. 펑더화이 사령관은 매우 만족스러운 표정으로 자신이 수많은 전쟁을 치렀지만 이처럼 기분이 좋은 적은 처음이라고 했다. 본래 수많은 작업을 우리 지휘원들이 해야 하지만 시중쉰 일행이 많은 도움을 주고 있다고 했다. 군대 정치작업, 후방 지원작업, 작전상 파악해야 하는 지리, 지형, 적의 동태 등을 그들이 일일이 우리에게 제공하고 있기에 우리는 작전 문제만 해결하면 되는 상황이다. 장병으로서 우리는 시중쉰 일행으로 인해 이처럼 훌륭한 작전 상황이 마련되었으니 정말 고마울 따름이다.

시중쉰 등 옛 지도자들의 역할은 다른 이들이 대신할 수 없었다. 변구 인민들이 그들을 대폭 신뢰하고 있기에 그들과 마음이 하나였다. 그들은 변구의 상황은 손바닥 들여다보듯 환하게 잘 알고 있었

연안 시절의 펑더화이(彭德懷).

1947년 3월, 펑더화이와 시중쉰이 함께 작전 배치를 연구하다.

다. 변구 인민들은 서북야전군총부를 당·정·군·민의 총지휘부라 부르며 적극 호응하였다. 총부의 몇몇 옛 동지들은 전투지를 전전하 느라 고생이 이만저만이 아니었다. 그들은 정치, 후방지원, 군중사업 에 있어 시간을 놓치는 법이 없었다. 한 지역에 이를 때마다 간부, 군 중, 당원들의 좌담회를 열고 전방의 승전보를 알려 모두의 투지와 승 리를 향한 자신감을 북돋았다. 전쟁중 군중의 생활과 전방지원사업을 준비하여 펑더화이 총사령관이 작전상 문제에 정신을 집중할 수 있도 록 했다. 그러나 시종일관 시중쉰의 뇌리에서 떠나지 않는 문제가 있 었다. 적들은 그렇지 않아도 가난한 섬감녕변구를 봉쇄하고 끊임없이 지역으로 들어와 약탈과 방화, 살인을 거듭했다. 인민들은 도탄에 빠 졌다. 특히 도처를 돌며 전투를 벌이던 시기에 인민과 자제병들의 식 사 문제는 늘 시중쉰을 골치 아프게 했다. 그러나 변구인민들의 마음 과 시중쉰의 마음은 언제나 함께였다. 그 기간 동안 사람들은 자발적으로 지역간부에게 호응하여 자제병들의 군량을 적절하게 준비하였다. 그들은 차라리 자신이 거친 밥을 먹을지언정 자제병들이 굶주린 배를 쥐어틀고 적을 치도록 하지 않았다. 그들은 목숨 줄과도 같은 남은 식량을 모두 전투 직전의 자제병들에게 내주었다. 변구의 인민과 우리 군은 물고기와 물의 관계 같았다. 우리는 인민을 떠나서는 생존 자체가 불가능했다.

언젠가 시중쉰이 의견을 구하는 간부군중회에서 기울범벅을 갉아먹고 있는 아이를 안은 한 여성을 발견했다. 그는 심장을 칼로 도려내는 것만 같아 눈물을 그렁거리며 말했다. 변구의 형제자매 여러분, 저는 '인민의 심부름꾼'으로서 여러분께 자아반성을 해야 할 것 같습니다. 제가 일을 잘하지 못해 저 어린아이가 기울범벅을 먹게 했습니다. 아이가 기울범벅을 먹고 있다는 것은 여러분은 저것조차 먹지 못하는 상황을 말해 주는 것입니다. 정말 고통스럽습니다. 그는 소리를 내어 울었고, 현장에 있던 우리 역시 주르르 눈물을 흘렸다. 군중 가운데 한 나이 많은 노인이 일어나 말했다. 시중쉰 서기, 중쉰, 마음 아파하지 마시오. 이건 그대들 탓도, 변구의 당의 탓도, 변구 정부의 탓도 아니오. 공산당과 그대들이 오직 한 마음으로 곳곳에서 인민들을 생각하고 있다는 것을 압니다. 그대들의 마음은 변구 인민의 마음과 하나로 연결되어 있지요. 우리 모두 시중쉰 서기가 우리의 자제병과 군중들의 음식 때문에 고통스러워하고 있다는 것을 알아요. 변구의 인민으로서 우리는 아무리 힘들더라도 우리의 자제병이 배를 곯은 채 적을 치러 나가게 할 수는 없는 일 아니오. 자제병의 식량은 우리가 맡겠소. 우리 자신의 식사 문제도 어떻게 해서든지 난관을 극복할 것이오. 시중쉰 서기와 펑 총사령관은 안심하고 온 힘을 다해 전쟁을 지휘해 주시오. 토적을 없애야 변구의 인민들이 좋은 나날을 보낼 수 있소. 그 노인의 말은 확실히 변구 인민들의 마음의 소리였다.

펑 총사령관 역시 마찬가지로 여러 차례 병장들에게 말하길, 변구의 형제들은 그들의 아들과 딸을 우리 군에 보내고 목숨과도 같은 식량을 우리에게 내주었다. 그들은 기울범벅을 먹으며 굶주린 세월을 보낸다. 이런 상황에서 적을 빨리 섬멸하지 않는다면 어찌 얼굴을 들고 그들을 볼 수 있겠는가? 변구 인민들의 사심 없는 이같은 지원은 확실히 군대 전체 장병들의 투지를 진작시켰고, 곧바로 몇 차례 지역을 전전하며 치렀던 전투에 그대로 드러났다. 3월 25일 청화폄(靑化砭) 매복전에서 적 2,900여 명을 섬멸했고, 4월 14일도 양마하(羊馬河)에서 다시 4천 여 명을 무찔렀다. 총부는 재전투에 이롭도록 부대를 잠시 산간 지역으로 이동하기로 결정했다.

당시 펑더화이와 시중쉰은 3, 5, 9사단을 위주로, 다시 각 여단에서 한 소대를 뽑아 마치 전체 주력부대인 것처럼 위장하여 수미(綏米) 일대로 이동시켰다. 적이 우리 주력부대와 당 중앙, 마오쩌둥 주석이 황하를 건너려 하고 있다고 오인하여 후중난이 그의 보급기지에 일개 사단병력을 남겨둔 채 다른 병력을 모두 빼내 수미 일대를 향해 우리 군을 쫓도록 하기 위함이었다. 사실 우리 주력부대는 이미 반룡(蟠龍) 주위에 집합해 있었다. 5월 2일 반룡전투가 시작되었다. 적

반룡(蟠龍) 전투 전적지.

청화폄, 양마하, 반룡 전투 모두를 승리를 이끈 후 펑더화이와 시중쉰은 1947년 5월 21일부터 7월 7일까지 서북국 야전군을 인솔하여 농동(隴東)과 삼변을 공격, 4,700여 명을 섬멸하고 적이 빼앗아 간 지역을 수복했다.

의 진지가 견고해서 연일 이틀 동안 공격을 했는데도 함락시킬 수가 없었다. 적들은 자신들이 속았다는 것을 발견하고 고삐를 돌려 필사적으로 반룡을 향해 내달렸다. 행여 우리 군이 반룡 공격에 성공하여 군수물자를 잃지나 않을까 두려워했다. 적은 비행기로 폭격을 퍼부었다. 우리 군은 보총과 기관총으로 적기 두 대를 추락시키는 등 격렬하게 전투를 벌였다. 적의 주력부대가 코앞에 이르자 당 중앙과 마오쩌둥 주석은 펑더화이와 시중쉰에게 지시를 내렸다.

두 사령관은 전장에서 민주 정신을 발휘하여 병사들에게 공격과 후퇴에 대한 의견을 물었다. 그들은 만장일치로 반룡을 반드시 함락시키고야 말겠다고 소리를 높였다. 5월 4일 전투가 끝났다. 적 6,700여 명을 전멸시켰다. 적의 반룡 기지에는 대량의 총기류, 탄약 및 기타 군용물자가 남아 있었고, 그 덕분에 우리 부대는 장비를 교체했다. 병사들은 신바람이 났다. "장제스, 후중난이 우리 부대 장비를 모두 교체해 줬네." 몰수한 밀가루는 주민들에게 모두 나누어 주었다.

당시 삼전삼첩(三戰三捷)이 성과를 거두어 당 중앙, 마오쩌둥 주석으로부터 찬사를 받았다. 5월 14일 안새(安塞) 진무동(眞武洞)에서 승전축하대회를 열었다. 저우언라이 동지가 당 중앙과 마오쩌둥 주석을 대표해 발언했다. 대회 이후 우리는 농동, 삼변을 향해 밤낮으로 강행군을 했다. 규정에 따라 펑더화이와 시중쉰에게 전용 말이 배정되었지만, 그들은 자신의 말을 타는 대신 언제나 중상을 입은 사람을 태웠다. 그들은 다른 이들과 어울려 상하 구분 없이 웃고 떠들며 한데 어울렸다. 그들은 다만 모든 사람과 각기 일을 나누어 일하는 것뿐으로 모두가 혁명 전우라고 말했다. 사람들도 전혀 구애됨이 없이 함께 그들과 자리를 함께했으니 그 예를 몇 가지 들면 다음과 같다.

행군을 하던 중 탄(譚)씨 성을 가진 기자가 있었다. 그는 눈이 고도 근시라 비가 온 후에는 언제나 밝은 곳을 향해 걸었다. 그런데 사실 밝은 곳은 물이 많이 고여 있는 곳이 많았다. 그래서 비가 오는 날이면 온몸이 진흙투성이가 되었고, 이에 두 사령관은 그를 진흙보살이라 불렀다. 언젠가 뒷일을 보고 돌아온 진흙보살의 얼굴이 무척 고통스러운 것을 보고 펑더화이가 어디 아픈 것이 아닌지 물었다. 진흙보살이 대답하길, 풀밭에서 볼일을 보는데 뭐가 찔렸는지 너무 아파서 견딜 수가 없다고 했다.

중쉰이 그의 말에 껄껄 웃으며 말했다. "진흙보살이 화를 입었네. 어서 가서 바지 벗기게. 독가시를 뽑아 줘야지." 펑더화이가 반문했다. "독가시 때문에 아픈지 어떻게 알았나?" 시중쉰은 자신이 이 일대에서 유격전을 벌일 때 똑같은 일을 겪은 적이 있다고 말했다. 농동, 삼변 일대에는 이런 갈미초(蝎尾草)가 많이 자라고 있다. 갈미초는 뭔가에 닿기만 하면 그 즉시 자동으로 독가시를 뻗어 방어한다. 이런 독초는 말벌이나 전갈과 마찬가지로 독가시를 빼내야 고통이 줄어든다. 이에 사람들은 시중쉰 서기의 말에 따라 진흙보살의 가시를 제법 많이 제거한 다음 약을 발라줬다.

시중쉰은 또한 사람들에게 농동, 삼변 일대에는 물이 부족한 곳이 많아 빗물이나 눈 녹은 물을 저장해 쓰는 경우가 많다는 정보를 줬다. 또한 마시면 배탈이 나는 하천의 물이 많다는 말과 함께 그래도 절대 인민들이 쓰는 저장고의 물을 건드리지 말도록 했다. 군에서 저장고의 물을 먹을 경우, 일반인들이 먹을 물이 없기 때문이다. 펑더화이가 끼어들었다. "중쉰은 진정 우리 군의 훌륭한 지침서와 같은 인물입니다. 민간의 정서를 잘 알고 있으니까요. 이렇듯 전 군대에 군중의 저장고 물을 먹지 말 것과 독이 있는 하천의 물을 음용하지 말 것도 알려줬습니다."

연속(延屬) 지역을 떠난 후 적은 우리의 주력부대가 어디로 향했는지 알지 못하자 비행기를 띄워 정찰에 나섰다. 우리는 농동, 삼변 지역으로 들어가 많은 사막지대를 지나야 했다. 사막지대는 은폐가 어려웠기 때문에 가능한 한 야간에 행군을 했지만 그렇다고 낮에 행군을 전혀 안할 수는 없었다. 낮에 행군하다 적의 비행기 소총 소사 공격을 받고 일부 동지가 목숨을 잃었다. 모두가 매우 비통해하며 전우를 묻었다. 동지들은 오랫동안 그곳에 서서 떠나려 하지 않았다. 두 사령관은 비통한 모습으로 눈물을 머금고 사람들을 위로했다. "동지들, 슬퍼하지 말아요. 눈물 닦고 계속 전진합시다." 사실 그들은 속으로 우리보다 더 고통스러웠을 것이다. 그날 두 사람은 단 한마디도 하지 않았다. 평소 두 사람은 우리 부대의 행군에 힘을 불어넣기 위해 누군가 나서 민가나 북방 지역의 전통 창을 부르도록 했다. 그러다가 대오 앞뒤를 뛰어다니며 모두 발에 물집은 생기지 않았는지, 상처는 조금 아물었는지 살피곤 했다.

중쉰은 사상, 정치 사업을 추진하는 데도 특별히 뛰어났다. 우리

군이 합수에서 마부팡 군대와 교전을 벌이고 있을 때, 마부팡의 병사가 이상하게도 한사코 총을 내놓으려 하지 않아 양측이 모두 상처를 입고, 우리 전사와 일부 지휘관들의 분노를 샀다. 그러나 본부에서는 여전히 포로를 우대하는 등 적잖은 동지들의 불만과 불협화음이 발생했다. 시중쉰 동지는 바로 전투지도원 및 군대 수행업무원 회의를 열고, 교육과 설득을 통해 동지들이 목격하는 것은 본질이 아니라 그냥 현상임을 지적했다. 마부팡의 병사 역시 국민당의 병사와 마찬가지로 모두 강압적으로 붙잡혀 온 노동인민이라는 점이었다. 국민당의 병사는 이미 우리 군과 몇 차례 접전을 벌였기 때문에 우리 당의 포로 정책을 잘 알고 있었다. 이에 비해 마부팡의 병사들은 접전 횟수가 적어 우리의 포로 정책에 대해 충분히 이해하지 못한데다 마부팡의 거짓 선전에 물들어 있었다. 동지들은 홍군 장정 당시 장궈타오와 중앙이 서로 다른 길로 나뉘졌다가 마부팡을 만나 고생을 했던 사실을 알고 있었다. 마부팡은 줄곧 그의 병사들에게 홍군이 복수를 하려고 벼르고 있기 때문에 잡히는 즉시 모두 처형된다고 거짓 선전했다. 이같은 거짓말에 속은 마부팡의 병사들은 합수 전투에서 필사적으로 우리와 맞붙었다. 이는 그들의 본질이 아니었다. 그들은 속임을 당했고, 이에 우리 당의 정책을 이해하지 못했다. 우리는 감정적으로 정책을 무시할 수 없었다. 마오쩌둥 주석은 우리에게 "정책과 책략은 당의 생명이다"라고 가르치며, 어떤 상황에서도 당의 정책을 집행해야 한다고 강조했다. 이는 우리 군이 승리를 거둘 수 있는 든든한 보루이다. 우리는 그들을 우대하며, 그들에게 노자를 주어 돌려보내 주는 식으로 마부팡의 거짓 선전을 폭로했다. 그후 그들은 우리와 교전을 벌일 때 전처럼 완강하게 버티지 않았다. 모두 시중쉰의 말을 들은 후 살아 있는 정책 교육이라는 느낌을 받았고, 당의 정책에 대한 이해와 운영에 있어 우리가 배워야 할 본보기라고 생각했다.

　　이번 좌담회에서 중쉰 동지는 새로운 의제를 내걸고 모두의 의견을 구했다. 그는 우리 서북야전군이 전쟁을 치른 이후 병사 수가 오히려 증가했다고 말했다. 삼전삼첩으로 포로가 된 적의 소대 이하 병사를 모두 우리 군에 합류시켰기 때문에 소양 교육을 실시해야 했다. 나와 펑더화이 총사령관은 적당한 시기에 군대 정비를 통해 부대의 소양과 전투력을 향상시키는 한편, 구 사회와 반동파가 인민에게 준 고통을 호소하고, 계급·사업·투지를 조사하는 '삼사(三査)'를 중심으로 하는 신식 군대정비 운동을 실시하자는 의견을 나눈 적이 있었다. 전투지도요원에게 우리 당이 어떻게 하면 우리 대오의 소양과 전투력을 높일 수 있을지 생각해 줄 것을 요청했다. 시중쉰은 펑더화이 총사령관에게 지시를 부탁했고, 펑 총사령관은 시중쉰의 의견을 받아들여 당시 회의에서 시중쉰을 우리 군의 훌륭한 참모라고 말했다.

서북야전군은 농동에서 섬북 유림(榆林) 부근에 집결하여 사가점(沙家店) 전투를 준비했다. 8월 중순에 사가점에서 대승리를 거두어 36사단 6천여 명을 섬멸하고 적의 기세를 완전히 꺾어버림으로써 우리 서북야전군의 반격을 위한 전환점이 되었다. 전쟁이 끝난 후 우리 군은 수덕산 지구에 대한 단기 휴식, 정비에 들어가 바로 동계 신식군대정비 운동으로 접어들었다. 당시 펑더화이와 시중쉰은 최초로 신식 군대정비를 시도했다. 나는 펑더화이와 시중쉰을 따라 몇몇 고통을 호소하거나 '삼사'를 실시하는 장소를 따라갔다. 가는 곳마다 감동을 받았다. 연대 간부를 포함한 신·구 병사 모두가 앞다투어 고통을 호소하며, 구 사회와 반동파들로부터 받은 수모와 고통을 호소하고 싶어했다. 그들은 지주, 반동파들의 기만과 억압, 패가망신 및 변제를 위해 끌려간 그들의 여자형제들로 인한 고통 등을 호소하며 눈물을 흘렸다. 또한 악덕 지주는 물론 장제스를 타도하고 후중난을 없애…… 고통을 호소하는 자리에서 사람들은 한결같이 고통의 근원이 구 사회와 반동파에 있다고 했다. 온갖 악이 자리한 구 사회를 뿌리 뽑고, 장제스 일가의 통치와 반동파를 없애야 인민이 철저하게 해

시중쉰과 당시 서북야전군 부사령관 자오소우산(趙壽山).

방될 수 있으며, 공산당만이 인민의 구세주라고 말했다. '삼사'는 인민의 고통 호소로부터 시작되었다. 전투지도원이 사상을 분명히 하였다. 인민해방군 가입 사명은 압박받는 인민을 해방시키기 위한 것이며, 신 중국을 건설하기 위함이었다. 서북야전군의 현재 사명은 장제스를 타도하고 후중난과 국민당 장령인 마부팡·마홍쿠이(馬鴻逵)를 없애는 것이다. 동시에 모두 '삼사'를 잘 이해하고 있으니, '삼사'의 핵심은 바로 각오에 대한 조사 작업이었다. 이처럼 전체 '삼사'를 통해 각오, 인식, 투지를 비교하여…… 많은 이들이 입당 신청을 했다. 이런 신식 군대정비를 통해 서북야전군은 소양이 대폭 향상되었고, 투지를 높일 수 있었다. 후중난은 우리 군에 많은 '도움'을 줬다. 병력에 있어서도 우리 군을 보충시켜 줬고, 장비에 있어서도 마찬가지였다. 우리 군은 3만에서 7만으로 확충되어 매번 승리를 거두는 영웅적인 군대가 되었다.

　　사가점 전투가 끝난 후 11월 22일 마오쩌둥 주석은 미지현(米脂

縣) 양가구(楊家溝)로 이동하여 중앙확대회의를 준비했다. 12월 상순, 나는 펑더화이·시중쉰·장더성 등 몇몇 지도자들을 따라가 기록했다. 12월 7일부터 24일까지 먼저 18일 동안 예비회를 열고 분과를 나누어 여러 가지 구체적인 항목에 대해 토론을 벌였다. 정식 회의는 4일 동안 개최되었다. 마오쩌둥 주석은 회의에서 '현재 형세와 우리의 임무'에 대해 보고했다.

서북야전군은 신식 군대정비 이후 1948년 2,3월에 적을 포위하여 적의 지원군을 공격하는 수단으로 의천(宜川)·와자가(瓦子街) 지구에서 일거에 후중난 재편성 주력부대인 1개 군단, 2개 사단, 5개 연대 소속 3만여 명을 섬멸했다. 당시 시중쉰 동지는 내게 당 중앙, 마오쩌둥 주석이 곧 섬북을 떠나야 하는데 서북국에 속기원이 없으니 서북국 판공청에 남아 서북국 속기원 교육반을 운행하라고 했다. 중쉰은 서북 지역은 가난한 곳이지만 인민과 우리는 정이 있다고 말했다. 이렇게 해서 나는 중앙 판공청을 떠나 서북국 판공청으로 들어갔다.

연안 수복으로 집으로 돌아가다

1948년 4월 21일, 우리 군이 연안을 수복했다는 소식이 들렸다. 연안에서 철수한 우리 동지들은 이 소식을 듣고 한껏 흥분하여 너나 할것없이 집으로 돌아가게 되었다고 외쳤다. 시중쉰도 우리와 같이 흥분했다. 우리는 연안에 특별히 정이 있었다. 어쨌거나 당 중앙, 마오쩌둥 주석이 섬북 연안에서 13년 동안 생활하고 전투를 벌였다. 연안은 우리를 키운 혁명의 요람이었다. 시중쉰은 비서장인 차오리(曹力)와 내게 곧바로 연안으로 돌아가도록 했다. 그는 내게 어서 연안으로 돌아가 연안의 어른들과 형제자매들을 만나는 한편, 적들에 의한 연안의 훼손 상태를 파악하도록 했다. 특히 당 중앙, 마오쩌둥 주석 및 중앙의 몇몇 상임위원회가 거주했던 곳을 살펴보도록 했다. 우리 세 사람과 시중쉰의 기사인 펑즈잉이 그 즉시 연안으로 달려갔다. 연안에 도착해 서북국 원래 사무실이 있었던 곳을 보니 적에 의한 훼손 정도가 매우 심각했다. 우리는 다시 왕가평(王家坪) 팔로군 총부로 달려갔다. 연안지구당위원회 동지도 달려왔다. 시중쉰은 곧바로 중앙 지도자가 거주했던 곳들을 둘러보고 싶은 마음이었다. 연안지구당위원회 동지가 말했다. 적이 철수할 때 숱하게 지뢰를 묻었습니다. 현재 우리는 경험이 풍부한 민병을 조직해 지뢰 제거 작업을 하고 있습니다. 지구당위원회 동지와 차오리루 모두 시중쉰이 이곳저곳 둘러보는 일에 반대했다. 지구당위원회 동지와 차오리루는 다음날 지구당위원회 지도자가 시중쉰에게 상세하게 보고를 올리도록 하겠다고 말했다. 차오리루는 시중쉰에게 지뢰 제거와 정리 작업을 신속하게 처리하기 위해 자신은 사람들과 함께 정리 작업을 하러 갈 것이니, 나랑 펑즈잉을 남도록 하는 한편 내게 몇몇 주요 고택이 정리가 되기 전에 절대 시중쉰을 그곳에 가도록 해서는 안 된다는 지시를 내렸다. 만일 그랬다가 사고라도 나면 중앙에 대한 입장이 난처하다는 이야기였다.

차오리루가 맡긴 임무를 지키기가 힘들었다. 시중쉰의 성격을 잘 알고 있던 나였다. 그가 일단 결심한 일은 저지하기가 힘들었다. 그렇지만 차오리루가 맡긴 임무는 또한 당 중앙의 이익에 관계된 대사였기 때문에 반드시 지켜야 했다. 아침이 채 밝기도 전에 시중쉰이 나와 펑즈잉을 불러 양가령에 가보자고 했다. 나와 펑즈잉은 가지 않을 것이니 시중쉰도 갈 수 없다고 말했다. 그는 우리에게 그렇다면 왜 연안행을 서둘렀는지 이유를 물었다. 우리가 가지 않겠다고 하면 자기라도 가겠다고 나섰다. 나는 주요 고택 몇 곳에 대한 정리를 하기 전에는 시중쉰을 그곳에 보내서는 안 된다는 지구당위원회 동지의 말을 알렸다. 차오리루가 내게 맡긴 임무이기도 했다는 말도 덧붙였다. 자리를 뜨려 하는 그를 보고 나는 다급하게 말했다. 즈잉과 나, 시중쉰 모두 당원이니 임시 당조직이라고 할 수 있으므로 이를 표결에 붙여 당 조직 원칙에 따라 소수가 다수의 뜻을 따르자고 제안했다. 내 제안은 효과가 있었다. 시중신은 그대로 걸상에 앉아 아무 말도 하지 않았다. 나와 즈잉도 더 이상 말을 하지 않았다. 시중쉰이 몇 분 후 입을 열었다. "수단이 좋군요. 조직의 원칙 운운하니 감히 그걸 어길 수는 없지." 우리 세 사람은 파안대소했다. 당시 그곳에 도착한 지구당위원회 동지가 우리에게 웃는 이유를 물었다. 시중쉰이 말했다. "양가령에 가보려고 했더니 이 두 사람이 당의 조직 원칙을 들먹이며 한사코 날 가지 못하게 했습니다. 당원으로서 당 조직의 원칙을 지켜야 하니까요." 지구당위원회 동지가 시중쉰에게 적의 연안 점령 상황을 상세히 보고했다. 보고 도중에 시중쉰은 여러 차례 군중의 현재 생활 상태에 대한 물음과 함께 지구당위원회, 현 위원회 및 각지에서 어떤 방법으로 전쟁의 상처를 회복할 것인지에 대해서도 물었다. 이렇게 그의 주의를 집중시켜 지구당위원회 일부 동지와 며칠에 걸쳐 이야기를 하도록 했다. 그동안 차오리루는 지뢰 제거 작업을 끝내고 왕가평으로 돌아와 우리 세 사람 사이에 일어났던 에피소드를 듣고 기뻐했다. "너무 잘됐습니다. 시중쉰은 언제나 당 조직의 원칙을 준수하는 사람입니다. 그를 본받아야 합니다." 그런데 시중쉰은 오히려 차오리루가 언제나 위험하고 어려운 곳에 먼저 가려고 한다고 칭찬했다.

'5·1'절에 연안 군민은 성대하게 집회를 열고 연안 광복을 경축했다. 시중쉰이 연안 인민들의 안부를 묻고, 우리 군이 전국 각 전장에서 거둔 승리의 소식을 선전했다. 또한 연안 인민, 변구 인민을 동원해 그 즉시 전쟁의 상처를 치유하고 생산 운동을 벌이고 있다고 말했다. 경축회가 끝나자마자 시중쉰은 또다시 양가령·조원(棗園)·봉황산 등 중앙지도자 동지가 거주했던 주요 고택에 연속지구당위원회 동지와 동행하자고 제안했다. 차오리루는 연속지구당위원회 동지와 함께 그곳을 시찰했다. 시찰 도중 시중쉰은 거듭 당 중앙과 마오쩌둥 주석 및 중앙의 류사오치·저우언라이·주더·천이 등 상무위원들이

13년 동안 사무를 보며 거주했던 고택을 반드시 잘 보호해야 한다고 당부했다. 물론 그밖에도 보탑산, 청량산(淸凉山) 중앙조직부, 중앙선전부 등 부서의 옛 사무 장소 및 중앙당교, 항일군정대학, 여대(女大), 루쉰예술학원 옛터 등 보호해야 할 곳이 많았다. 연안은 혁명성지로 남니만(南泥灣) 및 연안의 모든 산의 동굴이 혁명의 요람이었다. 연안에서 길러진 동지들은 반드시 그들을 키워낸 집을 돌아와 보고 싶을 것이다. 전국이 승리를 거둔 후 국내외 역시 옌안의 혁명성지를 둘러보고 싶은 사람들이 있을 것이며, 우리의 후손들 역시 이곳을 참배하고 싶을 것이다.

시중쉰이 말했다. 연안은 수차례에 걸쳐 엄청나게 파괴되었다. 항일전쟁 당시 일본군이 연안을 폐허로 만들었다. 1947년 3월 11일부터 국민당이 다시 45대의 전투기로 연안을 향해 59톤의 폭탄을 투하하며 대규모 폭격에 나섰다. 이로써 연안은 산산이 부서졌다. 우리의 린보취(林伯渠)는 섬감변구정부를 주재할 때 우리가 전국적인 승리를 거둔 후 반드시 연안 혁명성지를 아름다운 화원으로 건설하고, 연안 주위의 산을 모두 녹화시켜 온갖 꽃이 만발하는 산으로 만들어야 한다고 했다. 린보취의 이러한 구상과 바람을 실현할 날이 다가왔다. 마오쩌둥 주석이 양가구 중앙확대회의에서 말한 '현재 형세와 우리의 임무'에서 신 중국의 탄생이 머지않았다고 말했다. 우리가 연안에 도착한 후 얼마되지 않아 서북국 기관, 변구정부 요원들이 연이어 연안으로 돌아가면서 시중쉰의 정력은 서북 5성 전국 업무로 옮겨졌다. 시중쉰은 실제에서 출발해 중앙의 방침과 정책을 서북의 실정과 결합하였다. 그는 예를 들면 노구(老區)·반노구(半老區)·신구(新區) 등 서로 다른 상황에 따라 정책을 제정하고, '좌' 편견을 시정하는 의견을 내놓아 중앙과 마오쩌둥 주석의 인정을 받으면서 전국 각 해방구에 이를 전달했다.

서안으로 들어가 서북공작을 통솔하다

서북야전군은 1948년 3월에 의천(宜川)·와자가(瓦子街) 지구에서 후중난 3만 여 명을 일거에 섬멸하였다. 섬북 지역의 형세는 이미 완전하게 탈바꿈하여 전국이 전략적 진공 상태로 접어들었다. 서북야전군은 관중으로 진격하여 1949년 5월 20일에 서안을 해방시키는 한편 위하(渭河) 이남 지역을 통제했다. 시중쉰·허룽·마밍팡 등이 서북·서남 양 지역의 현급 이상 간부를 인솔하여 연안 왕가평에서 출발, 서안으로 진격했다. 시중쉰은 내게 그들을 따라가도록 했다. 우리가 삼원현(三原縣)에 이르자 삼원지하 당조직이 시중쉰 등 지도자에게 서안의 상황을 소개했다. 후중난 주력부대가 이미 서안에서 철수하긴 했지만 적들이 산발적으로 철수중에 있으므로 삼원에 하루 머물 것을 건의했다. 이튿날 우리는 삼원에서 출발하여 서안으로 향했다.

동문을 통해 서안으로 들어가던 우리는 적의 패잔병이 낭패한 모습으로 도주하는 것을 목격했다. 성내 상점들은 일부는 적이 철수할 때 약탈을 하지나 않을까 벽돌로 문을 봉쇄하고 있었다. 우리는 성으로 들어간 당일 신성(新城) 숲에 머물고, 다음날 몇 곳의 지뢰를 제거한 후 각기 신성과 남·북원(北院) 등 지역에 머물렀다. 시중쉰과 허룽·마밍팡 등 지도자는 우리 수행원과 함께 건국로의 서안 시장 왕우직(王友直: 현재는 성 정협판공지이다) 공관이었던 곳에 머물렀다. 연안에서 온 사람들은 모두 호신용 무기를 지니고 있었기 때문에 적은 수의 적은 대응할 수 있었다. 성내의 우리는 무장 역량이 매우 미약했다. 성에 들어가자마자 총과 대포 소리가 끊임없이 울려퍼졌다. 남산으로 철수한 후중난 일부 부대가 서안 성내에 포를 쏘았다. 초탄(草灘) 일대의 마푸팡 무리들 역시 성 안을 향해 포를 날렸다. 성 안, 특히 건국로 일대에서 총포 소리가 끊이질 않았다. 국민당의 여러 조직과 특무가 소란을 피웠다. 어쨌거나 우리가 성으로 진입한 이후 성 안팎으로 총포 소리가 계속해서 이어졌다.

서안이 해방되자마자 우리 주력부대는 위하 남쪽 지역으로 자리를 옮겼다. 후중난 주력부대는 이미 서안을 빠져나가 사천으로 들어갈 준비를 하고 있었다. 그러나 여전히 야심을 버리지 못한 그들은 청해의 마부방, 영하의 마훙쿠이가 이미 관중으로 들어갔기에 상대방의 힘을 빌려 감숙·영하·청해를 해방시키거나 한중으로 남하하려는 우리를 저지할 생각이었다. 이 세 역량을 합치면 20만 정도였다. 그들은 연합하여 우리 서북 야전군을 공격할 생각이었다. 그러나 그들 사이에 갈등이 있었다. 후중난은 장제스의 적계부대이며, 마부방과 마훙쿠이는 지방군벌이었다. 마오쩌둥 주석의 전략 방침은 이 세 세력이 도주하지 못하도록 완전히 몰락시키는 것이었다. 서북야전군이 이 세 세력을 동시에 제거하기는 어려움이 있었다. 마오쩌둥 주석은 제18, 19병단(兵團)에 서안으로 출격하라는 명령을 내리는 한편, 후중난과 마부방·마훙쿠이에 대해 펑더화이와 시중쉰이 동시에 공격하지 못하도록 했다. 후중난을 먼저 공격하고 후에 두 마씨 부대를 공격하든지, 아니면 그 반대로 공격을 실시하는 식으로 나누어 섬멸하라는 이야기였다. 제18, 19병단이 서안에 도착하기 전에 우리 서북야전군은 후중난과 마부팡·마훙쿠이에 대한 연합 공격을 준비중이었다. 이러한 상황에서 서안으로 진격한 우리는 성에 들어가자마자 성 안팎으로 끊임없이 울려퍼지는 총포 소리를 들었다. 연안에서 온 우리들은 전혀 당황하지 않았다. 언제나 적의 총포 소리를 듣고 당시 세월을 보낸 사람들이었다. 그러나 서안의 주민들은 당혹스러웠다. 후중난 주력부대가 서안에서 철수했지만 국민당의 각종 반동 특무조직 및 악덕한 세력들은 여전히 서안에 남아 상인들이 쌓아 온 식량이며 기름을 매점매석하여 가격을 올렸다. 군중은 어려움에 처했다. 온갖 추악한 인간들이 모두 나와 날뛰고 서안 지역의 회교도들이 마부팡과 마훙쿠이 군대와 연합하여 성 안으로 출격했다는 둥, 후중난이 마부팡·마훙쿠이와 연합하여 서안으로 돌아올 거라는 등 유언비어가 판을 쳤다.

성으로 들어간 우리 간부 역시 여러 가지 건의를 했다. 마부팡이 이미 초탄에 들어갔으니 방어 조치를 취해 그들이 성 안으로 난입하지 못하도록 해야 한다는 의견, 우리가 잠시 서안에서 철수해야 한다는 의견도 나왔다. 시중쉰과 허룽 등 지도자는 과감한 조치를 제안했다. 그들은 성에 들어온 간부들을 모아 회의를 열었다. 시중쉰이 첫 번째로 나서서 발언했다. 그는 현재 유언비어가 판을 치니 서안 지역의 회족이 마부팡과 함께 서안성을 공격할 거라고 떠들어대지만, 이런 적의 속임에 놀아나서는 안 된다고 말했다. 서안의 회족들은 우리의 형제로, 그들은 당을 잘 이해하는 한편 후중난과 마부팡·마홍쿠이에 대해서는 원한을 가지고 있다고 말했다. 서안 지역 인민들은 적으로부터 많은 고통을 겪었고, 우리 당을 사랑한다는 말도 덧붙였다. 우리가 잠시 서안에서 철수해 적이 성 안으로 진입할 수 있는 만일의 사태를 피해 가자는 건의는 받아들여지지 않았다. 모두 서안성으로 들어온 간부들이 당 중앙, 마오쩌둥 주석이 연안에서 수년간 교육한 혁명의 씨앗들로 우리가 성 밖으로 철수한다면 적이 그 틈을 이용해 밀고 들어올지도 모를 일이었다. 그렇게 될 경우 만에 하나 우리 간부를 잃게 되면 당 중앙과 마오쩌둥 주석을 대할 면목이 없었다. 마부팡이 성 안으로 진격할 경우를 대비해야 한다는 의견에 대해서는 찬성했다. 방어를 강화하는 것 이외에 우리는 즉시 조치를 취해 성에 들어간 간부가 거리에 나가 시민들에게 우리 서북야전군의 섬북 승전보를 알렸다. 이어 후중난 부대가 패배하여 도주하려고 하는데 우리 서북야전군이 운동을 벌이며 후중난 무리를 모두 궤멸시키려 하고 있고, 또한 마부팡·마홍쿠이 역시 우리 군에 의해 섬멸될 것이라 했다. 전국 각지에서 벌어지는 전쟁의 승전보가 잇따르고 장제스 왕조의 멸망과 더불어 신 중국의 탄생이 코앞에 다가왔으니, 모든 반동분자들은 최후의 날이 임박한 지금 계속 악행을 저지르면 죄가 한없이 무거워

1948년 5월, 서북야전군에서 제2차 확대회의를 소집했을 당시 시중쉰이 연설하는 모습.

진다고 경고했다. 시중쉰은 거리로 나간 간부들에게 마오쩌둥 주석이 또 다른 주력부대인 제18, 19병단이 머지않아 서안에 이를 것임을 알리도록 했다.

우리 동지들은 시중쉰의 지시에 따라 시민들을 대상으로 선전 활동을 하여 사람들의 마음을 고무시켰다. 시중쉰은 또한 성에 들어간 동지들에게 지하당과 협력하여 성 안에 남아 있는 국민당 반동조직, 악인 및 국민당 특공 세력에 대한 대대적인 체포 작업을 벌이도록 하였다. 이러한 조치들을 취한 후 성 안의 총성이 멈췄고, 상점 역시 벽돌로 막아뒀던 문을 열고 영업을 개시했다.

서안으로 들어간 지 10여 일이 지났지만 매일 거리에서 만두와 짠지를 사서 뜨거운 물과 함께 먹고 하루하루를 보냈다. 성 안의 총성이 그친 후 거리의 음식이 다시 선을 보였다. 때는 이미 단오절이 들어 있는 달이었다. 이에 허룽이 말했다. "우리 입도 호강을 좀 시켜야죠." 시중쉰도 말했다. "서안에 온 후 요리가 있는 식사를 못하고 그저 찐빵에 끓인 물만 먹었습니다. 단오절도 지내야 하니 음식 사서 고기랑 같이 먹읍시다." 마밍팡이 말했다. "서안의 살구가 벌써 시장에 나왔으니 살구 좀 사서 단오절에 먹어야겠네요."

6월 중순, 제18, 19병단의 선두부대가 서안의 한 여단에 도착했다. 고생이 이만저만이 아니었다. 완전무장을 한 채 밤낮을 가리지 않고 1백 리가 넘는 길을 걸었다. 모든 지휘원과 전사가 땀으로 범벅이 되었고, 발에서는 피가 흘렀다. 그들은 서안에 들어온 후에도 서안 거리를 모두 돌아다니며 서안 사람들에게 그들이 왔음을 알렸다. 정말 감동적이었다. 인민 군중이 거리 양쪽에 서서 그들을 환영했다. 사람들은 그들을 피 흘리는 사람, 땀 흘리는 사람이라고 불렀다. 이어 두 병단이 며칠 사이에 모두 서안과 함양에 도착했다. 당시 남산과 초탄의 총포 소리도 모두 그쳐, 시민들도 모두 마음을 내려놓은 상태였다.

7월 중순 서북야전군이 부풍·미현 지구에서 후중난의 남부 4개 군 4만여 명을 섬멸했다. 연안의 서북국과 변구 정부기관 사람들이 계속해서 7,8월 사이에 서안에 도착했다. 서북국 기관은 건국로 옹촌(雍村)의 신(新) 성에 자리를 잡았다. 8월 20일 난주가 해방되고 마부팡 주력부대 27,000여 명을 섬멸했다. 9월 23일에 은천(銀川)을 해방시키니 마홍쿠이 부대가 모두 전멸했다. 9월 25일과 26일, 타오츠웨(陶峙岳)와 바오얼한(包爾漢)이 기의를 선포하고 신강을 평화롭게 해방시켰다. 당시 펑더화이 총사령관과 시중쉰은 서북 5성에 대한 도시 인수 작업, 새로운 사회 질서 확립, 전쟁 상처 치료, 비적 소탕, 반패권주의, 반혁명운동 진압, 삼반오반(三反五反, 삼반은 부패, 낭비, 관료주의에 반대하는 운동. 오반은 뇌물, 탈세, 국유재산침해, 예산 집행의 허위 보고, 국가기밀 누설에 반대하는 운동), 토지 개혁 등의 업무를 맡고 있었다. 펑더화이 총사령관은 서북국 제1서기 겸 서북군정위원회 주석이었고, 시중쉰은 서북국 서기 겸 서북군정위원회 부주석이었다. 펑더화이 총사령관은 서안에 머문 지 얼마되지 않아 북한 전선으로 향했다.

서북군정위원회 주석은 시중쉰이 대행하여 계속 집단 영도를 고수했다. 주요 문제와 결정은 모두 서북국상임위원회와 서북군정위원회의 토론을 거쳐 결정하였다(내가 서북국상임위원회의 기록을 맡았다). 시중쉰은 장즈중(張治中)을 가장 존중하였다. 수많은 중요한 일에 대해 장즈중을 전면에 내세움으로써 그 자신이 직권을 가지고 있다는 사실을 확인시켰다. 서북 5성이 해방된 후 두드러진 문제는 비적 토벌, 악질 토호 청산 작업이었다. 서북은 다민족 지역으로 비적 토벌과 민족·종교에 관한 일이 한데 얽혀 있었다. 청해 마부방의 잔당이 반란을 일으킨 후 이를 평정한 후에도 그 틈을 빠져나간 이들이 샹첸을 끌어들여 반란을 일으켰다. 바로 장족 부락의 수령이 반란을 주도한 것이다. 이에 시중쉰은 서북국상무위원회에서 사람들을 소집해 여러 차례 토론을 벌였다. 어떻게 하면 정확하게 앙랍(昻拉) 부락의 반란을 해결할 수 있을 것인가. 이는 앙랍 장족의 해방과 관계가 깊을 뿐만 아니라 청해에서의 우리 당의 사업과도 관련된 일이었다. 심지어 감숙·사천·강장구(康藏區) 및 티베트에도 영향이 있었다. 서북국상임위원회는 군사 준비에 관한 일뿐만 아니라 정치적 쟁취를 위주로 하여 앙랍 부락 천호를 쟁취, 샹첸의 귀순 투항을 이끌어내려 했다. 서북국은 2년 여 동안 계속해서 십여 차례 시도를 한 결과 결국 샹첸을 투항시켰다. 이 문제를 처리하는 데 있어 시중쉰은 계책을 세우느라 많은 애를 썼다. 일이 마무리된 후 마오쩌둥 주석은 시중쉰에게 이렇게 말했다. "중쉰 동지, 대단하오. 제갈량은 맹획을 일곱 번 사로잡았는데, 중쉰 당신은 제갈량보다 더 대단하구려."

　　시중쉰은 조사 연구를 매우 중요하게 생각했다. 이러한 그의 사상 업무 태도는 일관되게 유지되었다. 그는 기관 사람들에게도 똑같은 요구를 했다. 서안이 해방되고 서북국 기관 사람들이 서안에 도착하자 그는 곧바로 이들에게 조사 연구를 실시하도록 했다. 그는 자오소우이(趙守一)와 내게 서안 공장의 일을 정확하게 파악하도록 했다. 당시 서안에는 공장이 별로 없었다. 대화(大華) 방직공장, 밀가루 공장, 발전소 등 몇 곳뿐이었다. 조사 결과 문제가 적잖음을 발견했다. 노사 관계도 불안해서 노동자들은 시급히 해결해야 할 문제를 대거 지적했다. 나는 자오소우이에게 조사 자료를 정리하도록 했다. 시중쉰은 다시 우리에게 서안 성 안의 기생에 대한 상황을 조사하도록 했다. 당시 나는 그런 곳에 가고 싶지 않다고 고개를 저었다. 내 마음을 꿰뚫어본 시중쉰 동지가 말했다. 용감한 사람 아니었습니까? 청화 편의 첫번째 전투에서 적의 소대 이상의 포로를 후방에 압송하려 할 때 우리 주력부대는 실로 처참할 정도로 수가 적었습니다. 그 당시 자오화이비와 동지에게 민중극단 일부를 데리고 이들을 압송하라고 했을 때도 용감하게 받아들이지 않았습니까? 동지들이 떠난 후 마음이 안 놓였습니다. 적의 여단장도 포함되어 있었던 그 포로들은 그야말로 살아 있는 호랑이나 마찬가지였습니다. 압송 도중 무슨 일이라도 벌어지지 않을까 걱정을 하느라 동지들이 돌아오고 난 후에야 마음을 놓았습니다. 기생집 상황 조사가 뭐가 두렵습니까? 이 기생들은 우리의 자매들입니다. 그들은 가장 깊이 고통을 받는 사람들입니다. 서안에는 기생집도 많고, 기생도 상당히 많다고 들었습니다. 모두 구 사회 국민당이 만들어 놓은 죄악입니다. 하루빨리 그들을 불구덩이에서 구해내야 합니다. 동지들의 업무는 세상을 구원하는 보살과 같은 역할입니다. 상황을 자세히 조사하고 적절한 처리 방법을 내놓는다면 그들을 불구덩이에서 구해낼 수 있습니다.

중쉰의 말을 들은 후 나와 자오소우이는 임무를 수행하러 나갔다. 개원사(開元寺) 대문에 이르자 기생집의 여주인이 손님을 받으라고 고함을 쳤고, 그의 소리에 기녀들이 여러 명 몰려나왔다. 자오소우이와 내가 이구동성으로 말했다. "우린 가족을 만나러 왔습니다. 여주인께서는 다른 일 보십시오." 마당에 서 있던 기생들이 가족을 만나러 왔다는 말에 대체 누굴 만나러 온 건지 빤히 우리를 쳐다봤다.

우리가 말했다. "안으로 들어가 앉아요. 여러분 모두가 우리 친족입니다. 여러분과 함께 집안 이야기를 하고 싶어서요." 이야기를 나누기 시작하자 그들이 눈물콧물을 흘리며 그들의 처지를 읍소했다. 그들 대부분은 강제로 팔려 온 사람들이었다. 손님을 받지 않으려 하면 매질이 가해졌다. 이렇게 해서 우리는 진짜 친족이 되었다. 그들은 자발적으로 우리에게 여러 가지 상황을 말해 주었고, 이는 우리가 순조롭게 당시 상황을 조사하는 데 도움이 되었다. 각 기생집의 상세한 상황을 알아보기 위해 우리는 이어서 남원문(南院門)의 보길항(保吉巷)·민락원(民樂園园)·파파갱(巴巴坑) 등 8,9곳의 기생집을 돌아 상세히 조사하고, 이 기녀들의 문제를 해결하기 위한 건의를 내놓았다. 시중쉰 동지는 우리의 조사 자료를 살펴본 후 군정위원회 비서장 창리푸에게 전화를 걸었다. 그는 창리푸에게 군정위원회 판공청이 책임을 지고 공안·민정·위생·재정·부녀연합회 등 부서를 소집해 회의를 열고, 구체적인 계획을 써준 다음 즉각 행동에 옮기도록 했다. 이렇게 해서 서안의 기생집을 폐쇄시키고 고통받는 여성들을 몇몇 장소로 모은 후 성병을 치료하는 한편 결혼을 할 수 있도록 했다. 이는 당시 사회에서 매우 호평을 받았던 일로 사람들이 모두 공산당에 대한 찬사를 보냈다.

시중쉰 동지 서북을 떠나다

1952년 9월, 중앙에서는 시중쉰 동지에게 중앙선전부 부장 겸 정무원 문교위원회 부주임을 맡겼다. 당시 서북 5성의 주요 지도자는 서안 지원(止園)에서 자그마한 송별회를 열었다. 당시 서북국의 우카이장(武開章) 비서장은 내게 기록을 하도록 했다. 좌담회에서 5성의 지도자들은 모두 서북을 떠나는 시중쉰을 못내 아쉬워했다. 그들이 말했다. "중쉰이 서북 인민들을 떠날 수 있겠습니까? 수년간 함께 일한 동지와 전우들을 떠날 수 있겠어요? 5성 인민과 동지들 모두 당신을 떠나보내고 싶지 않습니다. 왜 중앙과 마오쩌둥 주석에게 서북에 남게 해달라고 부탁드리지 않습니까?"

시중쉰이 우리 말을 들은 후 나지막이 말했다.

"서북 인민들에게 정이 깊습니다. 정말 서북 인민들을 떠나고 싶지도, 수년간 함께했던 여러분을 떠나고 싶지도 않습니다. 진지하게 마오쩌둥 주석에게 말했어요. 나 정도 경력으로 어찌 전국의 문화교육선전사업을 맡을 수 있겠느냐고요. 마오쩌둥 주석이 경고하더군요. 뱀은 보기에는 무섭지만 인도 사람들이 뱀을 그렇게 자유자재로 가지고 노는 것을 보라고 했습니다. 정말 겸허하게 객관적인 사물의 규율을 받아들인다면 어떤 일이든 잘할 수 있다고 했어요. 나를 새로운 자리로 보내 단련을 시키려는 마오쩌둥 주석의 마음을 이해할 수 있었습니다. 동지들, 특히 5성의 인민들의 양해를 바랍니다. 마오쩌둥 주

어린아이를 안고 있는 사람 왼쪽이 우카이장(武開章) 비서장.

석의 가르침대로 겸허한 자세로 처음부터 다시 학습하여 되도록 빨리 새로운 작업에 익숙해지도록 노력할 겁니다. 또한 여러분이 이후 작업에서 서북 5성의 특징과 다민족 지역이라는 실제 상황을 잊지 않고 민족의 풍속 습관, 종교 신앙을 존중하고, 각 민족, 종교 지도자와 좋은 관계를 유지해 실사구시 정신으로 솔직하고 성실하게 만나길 바랍니다. 또한 민주인사들을 존중하고 그들을 사랑하는 마음으로 단결하여 허심탄회하게 그들의 의견을 경청하여 그들 스스로 직권이 있다는 느낌을 받게 해야 합니다. 서북 지역은 가난한 지역입니다. 특히 옛 지역은 생활하는 데 많은 어려움이 있습니다. 반드시 군중의 식생활 문제를 점차 개선해 나가야 합니다. 우리는 모두 오래된 친구입니다. 모두 날 잘 알고 계시죠. 난 단순한 사람입니다. 융통성이 없어요. 당 안팎에서 언제나 실사구시 정신에 따라 솔직하게 사람을 만나면 서로 마음의 말을 나눌 수 있습니다. 내 잘못은 상대가 지적하고, 상대가 잘못이 있으면 내가 지적하는 것, 이것이 바로 내가 사람들을 만나는 원칙입니다. 아마도 내 지도력의 결핍이라 할 수도 있습니다. 난 결점이 많습니다. 동지들이 많이 지적해 주십시오."

좌담회를 통해 사람들은 시중쉰 동지가 마음이 호탕하고 공명정대하며 대중을 위한 당을 이끌면서 겸허하고 성실하며 친절하여 모두 그를 가까이하고, 그와 함께 이야기를 나누고 싶어한다는 데 공감했다. 그는 간부들에 대한 깊은 애정을 가지고 있었지만, 또한 그만큼 엄격한 잣대를 가지고 있었기 때문에 일을 잘못했을 경우 인정사정없이 이를 비판했다. 하지만 상대가 잘못을 인식하고 이를 고칠 경우에는 기쁨을 감추지 못했다. 명망 있는 그가 서북을 떠난다는 소식에 서북의 인민, 간부, 각 민족과 종교 우두머리, 민주 인사들이 못내 아쉬움을 감추지 못했다. 더구나 그의 곁에서 오랫동안 일한 나는 더더욱 그를 떠나보내고 싶지 않았다. 그는 배우고 또 배워도 다 못 배울 그런 덕망을 갖춘 인물이었다.

잊을 수 없는 마지막 만남

1989년 시중쉰은 서안으로 돌아가 인민대하(人民大廈: 인민빌딩)에 정착했다. 1952년 중앙으로 옮겨 일을 하기 시작한 이후, 그가 중앙선전부 부장 겸 정무원 문화교육위원회 부주임, 국무원 비서장, 국무원 부총리를 지냈던 30여 년 동안 나는 단 한번도 그를 만날 수 없었다. 연안에서의 고달픈 세월, 섬북을 전전하며 전쟁을 치렀던 때부터 서안이 해방되기까지 나는 그의 곁에서 기록 업무를 담당했다. 그가 중앙으로 이동한 후 나는 항상 그를 그리워하며 교육적인 부분에 대한 그의 도움을 떠올렸다. 그가 서북국을 떠난 후 나는 1954년 모 국방무기생산공장에서 1963년까지 일했다. 그 기간에 북경에 자주 회의를 하러 갔었고, 그때마다 그를 만나고 싶었지만 공무로 바쁜 그를 번거롭게 해서는 안 된다는 생각에 계속 연락을 하지 못했다. 1959년부터 1962년까지 펑더화이 총사령관과 시중쉰이 비판 투쟁의 대상으로 서북의 두 '흑선(黑線: 반동노선)'이 되었다. 이 두 '흑선'의 남은 반동을 제거하기 위해 아래에 지표가 하달되었는데, 당시 나 역시 지표의 대상이었다. 펑더화이 사령관과 시중쉰의 인품과 태도에 깊은 감명을 받았던 나는 그들에 대한 호감을 드러내면서 반동세력으로 연루되었고, 이에 더욱 그를 만나기가 어려웠다.

1989년 시중쉰이 서안으로 돌아왔다. 기쁜 마음에 한시라도 빨리 그를 만나고 싶었지만, 그를 만나고자 하는 사람이 줄을 섰다는 말을 듣고 그의 휴식을 방해하지나 않을까 하는 생각에 그가 서안을 떠나기 하루 전에야 류완싱(劉萬興) 부비서장(당시 성위원회에서 시중쉰을 접대하도록 파견된 인물)과 연락해 그를 만나러 갔다. 당시 시중쉰은 호되게 나를 나무랐다. 그가 바로 내게 전화를 걸었다. "이게 뭔가, 자네 날 잊었나. 난 언제나 자넬 생각했는데. 우리는 혁명전우가 아닌가. 연안 시절 힘겹게 투쟁했던 날들, 섬북에서 허구한 날 전쟁의

서안에서 마쑹린(馬松林, 오른쪽 두번째)과 그의 부인 마수팡(馬淑芳), 시중쉰.

산동 제남에서 마쑹린과 서북국유아원 원장 원꾸이팅(溫桂亭, 우카이장 부인).

마쑹린(馬松林)과 치신(齊心).

포화가 끊이질 않던 시절을 잊지 말아야 하지 않겠나. 이별한 지 30년이 넘었네. 자네가 국방전선으로 갔는지 물어본 적이 있었지. 북경에 올 기회가 있을 때도 자넬 만날 수가 없었네. 우리 때문에 고생을 했다는 이야기를 듣고 행여 원망이 생기지 않았나 걱정스러웠네. 구체적인 이야기는 만나서 하지. 사람들을 시켜 차를 보내겠네." 이에 나와 아내를 비롯하여 장전방(張振邦)·저우춘(周淳)이 함께 인민대하로 시중쉰을 만나러 갔다.

우리가 인민대하에 도착하자 시중쉰과 부인 치신(齊心)이 매우 반갑게 우리를 맞이했다. 서로 얼굴을 본 지 오랜 세월이 지난 만큼 하고 싶은 이야기도 끝이 없었다. 이야기를 나누던 중 시중쉰이 1969년 '문화대혁명' 기간에 서안에 돌아갔을 때 조반파가 그를 오랫동안 잔혹하게 다루었다는 이야기를 했다. "건국로 북쪽에 내 비판투쟁 단상을 만들어 각 대학에서 돌아가며 비판투쟁을 했어. 당시 몸이 망가질 대로 망가져서 도저히 지탱할 수가 없었지. 마오쩌둥 주석에게 편지를 통해 '문화대혁명'의 노 간부에 대한 비판투쟁이 당시 지주에 대한 탄압보다 더 지독하니 이대로 가다간 도저히 수습할 수 없을 지경이 될 것이라고 했다네. 또한 저우언라이 총리에게도 편지를 보냈지. 총리가 나를 보호하기 위해 섬서성 군구로 보내 감찰보호를 받게 했고, 이후 다시 북경 경비 지역으로 보내 감찰과 심사를 받도록 했지. 당시 자네들은 당연히 날 만날 수 없었네."

이렇게 이야기를 나누는 모습을 누군가 촬영했고, 시중쉰은 우리에게 사진을 찍자고 제안한 후 사진 한 장씩을 나누어 주었다. 11시가 되어서야 우리는 그에게 휴식을 권한 후 오후에 차에 올라 섭섭한 마음으로 작별했다. 2002년 5월 24일, 나와 내 아내 마수팡(馬淑芳)은 시중쉰의 사망 소식을 듣고 슬픔에 잠겼다. 훌륭한 지도자, 선배를 잃었다는 생각에 한동안 눈물만 흘릴 뿐 말을 잇지 못하고 그를 애도했다.

시중쉰 선생과 함께 보낸 잊지 못할 20년

장즈궁

> **장즈궁(張志功)** 1927년 출생, 중앙통일전선부 판공청 주임을 역임했다. 1950년 3월부터 1964년까지 시중쉰이 청년단 서북공산당공작위원회에서 중공중앙서북국으로 이동한 이후와, 그후 1978년 4월부터 1984년 5월까지 광동성위원회 서기 시절 모두 두 차례에 걸쳐 시중쉰의 비서를 지냈다.

편집자 주석: 장즈궁(중앙통일전선부 판공실 주임 역임)은 시중쉰의 비서로, 그의 곁에서 모두 20년 동안 일했다. 본 글은 이후 일부를 수정, 보충하여 《시중쉰 혁명생애》라는 책에 실렸고, 편집자는 시중쉰을 기념하기 위해 이에 관련된 역사적 배경의 사진을 선별하여 수록했다.

세월이 참으로 빠르다. 시중쉰 곁에서 일했던 20년의 세월이 주마등처럼 머리를 스쳐 지나가며 감개가 무량하다. 1950년 3월, 서안에 있던 나는 청년단서북공작위원회에서 중공중앙서북국으로 자리를 옮긴 후 1964년까지 시중쉰의 비서로 일했다. 1962년 당 8차 10중전회 당내 투쟁이 이유가 되어 시중쉰은 무고하게 '반당분자'의 오명을 뒤집어쓰고 하남 낙양으로 하방되었다. 나 역시 가족 모두와 산동 제남(濟南) 지역으로 하방되었다. 그로부터 우리는 멀리 14년 동안 떨어져 있었다. 1978년 4월, 그는 광동성위원회 서기직에 임명되자 다시 나를 그의 곁으로 불러 1984년 5월까지 비서로 임명했다. 나는 내심 나에 대한 시중쉰의 무한한 신뢰와 관심에 깊이 감격했다. 말과 행동을 통한 그의 가르침, 친근한 그의 지도는 내 성장에 많은 도움을 주었다.

당시를 전후한 20년 동안 시중쉰의 직무에는 변화가 여러 차례 발생했다. 중공중앙서북국 서기, 서북군정위원회 부주석에서 정무원 문교위원회 부주임, 중앙선전부 부장, 국무원 비서장, 부총리, 중앙 정치국위원, 전국인민대표대회 상임위원회 부위원장 등을 맡았지만 그의 지위나 임무가 바뀌어도 나는 항상 그를 시중쉰 서기라고 불렀다. 20년을 함께하는 동안 그는 나의 수장이었고, 내 마음속의 훌륭한 서기이자 스승이며 또한 유익한 친구로서 혁명을 위한 깊은 정을 쌓았다. 그의 자녀들은 어릴 때나 다름없이 성년이 되어 사회에 나온 후에도 여전히 날 마치 가족처럼 삼촌이라 부른다. 당시 20년은 한시도 마음을 놓지 못한 채 투쟁을 이어가던 세월이자 나와 시중쉰 서기가 협력하여 끊임없이 발전을 모색하고 이루어 가던 시절이었다.

비서로서 초기 나의 임무는 문서, 전보를 접수, 발송하며 문서를 베껴쓰고, 인민대중의 서신을 처리하고 손님을 접대하는 일이었고 이후 일상, 보안 임무와 더불어 문서 초안 작성에 참여했다. 오래 함께하는 동안 나는 당 중앙과 당 사업에 충실하여 업무에 대한 강한 책임의식, 간부와 인민대중에 대한 애정어린 그의 시선을 깊이 느낄 수 있었다.

성실한 대인관계로 폭넓게 친구를 사귀다

그는 언제나 정성스럽고 관대한 태도로 사람들을 만났다. 서북·중앙·광동 그 모든 곳에서 그는 업무를 통해 각 민족, 각계각층의 수많은 친구를 사귀었다. 특히 그 중에는 장즈중(張治中)·푸쭤이(傅作義)·덩바오산(鄧寶珊) 등 당 밖의 저명인사 및 10대 판첸(班禪,

서북해방전쟁에서 군중 속에서 전투 동원에 힘쓰는 시중쉰.

티베트 불교의 2인자) · 황정칭(黃正淸) · 시라오자춰(喜饒嘉措, 불교계
지도자) 등 소수민족 및 종교계 지도자들이 포함되어 있다. 그는 그들
과 진실한 태도로 마음의 이야기를 나누었고, 온갖 명예와 오욕을 함
게 나누며 진정한 친구가 되었다. 모두 그를 통일전선업무의 모범으
로 바로 이것이 그의 인격적 매력이라고 찬사를 보냈다.

중국국민당혁명위원회 주석 취우(屈武)는 그의 섬서 고향 사람으
로 오래된 벗이다. 언젠가 집에 그를 만나러 갔는데, 보초를 서던 경
비병이 그를 알아보지 못하고 가로막았다. 안으로 들어간 친구는 시
중쉰을 만나자마자 다짜고짜 자못 풍자적인 말투로 말했다. "고관대
작 집이 따로 없네!"

처음엔 그 말의 의미를 몰랐다가 나중에야 경비가 그를 푸대접
했다는 말을 듣게 된 시중쉰은 그 자리에서 사과한 후 서로 그냥 웃으
며 상황이 종료되었다.

신 중국이 성립되었을 당시, 당 외부 인사로 중앙인민정부 전례 국(典禮局) 국장을 역임한 후 이후 국무원 기관사무관리국 국장, 전국 인민대표대회 상무위원회 부비서장을 맡았던 위신칭(余心淸)은 시중 쉰 서기와 서로를 존중하며 다년간 함께 일했다. 1958년 가을, 위신 칭이 저우언라이 총리의 비서 쉬밍(徐明), 국무원 비서청 부주임 딩나 이광(丁乃光) 등과 함께 서북의 성 몇 곳을 답사했다. 답사 내내 그는 기층민 깊숙이 들어가 좌담회를 열고, 보고를 듣고, 농공업 생산을 참 관했다. 시중쉰 서기는 대약진, 대련강철(大鍊鋼鐵), 인민공사 운동의 지나친 과대포장, 막무가내 지휘에 대해 자기 나름의 주관이 뚜렷했 다. 그는 무모한 이런 정책들을 비판하는 동시에 지방사업에 대해 건 설적인 의견을 대거 내놓는 동시에 지방업무에 대한 건설적인 의견을 많이 제출했다. '문화대혁명' 초기 위신칭은 조반파에 의해 '우귀사 신'으로 몰려 비판을 받고 온갖 수치스러운 모욕을 당하며 심신이 모 두 망가졌다. 그리고 마침내 이를 감당하지 못하고 자살에 이르렀다.

　　이후 시 주석은 매우 안타까운 모습으로 내게 말했다. "위신칭 은 언제나 당과 함께한 뛰어난 지식인으로 강직하고 바른 사람이었어 요. '선비는 죽임을 당하면 당할 뿐, 모욕을 당할 수는 없다'고 하지 않았습니까. 그가 어찌 그처럼 큰 모욕을 견딜 수 있었겠어요? 당시 내가 북경에 있어 그를 개도했다면 아마 그 길을 가지 않았을 수도 있 었을 텐데."

　　시중쉰 서기의 친한 전우 가운데 일부 문제에 대해 의견이 엇갈 려 관계가 소홀했던 이가 있었다. 그러나 선한 마음으로 사람을 대했 던 그는 언제나 과거에 연연하지 않고 관용적인 태도로 사람들을 거 부하는 적이 없었다. 그는 서북해방전쟁 당시 군중 속으로 깊이 들어 가 전쟁 준비를 위해 동원 훈련을 하는 과정에서 과거 전우의 장점을 계속 언급했다. 그 전우가 병으로 사망하자 애통한 마음으로 직접 가 족을 찾아가 조문하고 장례 처리를 도와주었다. 지금까지도 당내 많은 친구들이 시중쉰 서기를 떠올리면 함께 일할 당시 그와 나눴던 깊은 정을 떠올리며 한결같이 그가 정말 좋은 지도자였음을 이야기한다.

사랑으로 간부를 대하고 상냥하고 겸손한 모습을 보여주다

그는 친절한 태도로 간부를 대하고, 세심한 배려를 아끼지 않았다. 잘못을 저지른 동지에 대해서는 엄격하게 비판을 했지만, 또한 진심으로 사랑을 베풀며 열정적으로 도움을 줄 뿐 고의적으로 사람을 괴롭히지는 않았다. 역대 정치운동이나 업무에서 그는 수많은 간부를 보호했다. 당 18차 10중전회에서 누군가 나서서 그가 '역사의 반(反)혁명 장××' '특무 왕××'를 비호했다며 공격했다. 그러나 검증 결과 모두 사실이 아니었다.

청해성 성장인 쑨쭤빈(孫作賓) 역시 오랜 혁명동지로 1957년 '우파'로 낙인이 찍혀 성 도서관장으로 강등되는 바람에 우울해하고 있었다. 당시 당은 사람들에게 '우파'와 경계를 분명히 하도록 요구했다. 자신을 보호하기 위해 사람들은 '우파'를 가까이하려 하지 않았다. 쑨쭤빈이 곤궁함에 처해 사람들의 도움을 절실하게 필요로 하였을 때, 시중쉰 서기는 1958년 청해를 방문 시찰을 하던 중 특별히 그를 찾아가 큰 정신적 위안과 격려를 아끼지 않았다.

동지가 병으로 입원하면 상대의 신분 지위에 상관없이 아무리 업무가 바빠도 시간을 내어 그를 위문했다. 그는 곳곳에서 당의 관심과 온정을 베풀어 사람들의 마음을 위로했다. 그는 군중과 소통에 뛰어났기 때문에 군중은 그와 마음의 이야기를 나누는 데 전혀 거리낌이 없었다. 과거의 전우·동료·기층 간부 모두 북경이나 광동에 올 경우 그는 언제나 시간을 내어 친절하게 그들을 접견했다. 경제적으로 어려움에 처한 사람, 특히 옛 혁명 지역에서 오거나 혁명에 공헌을 한 사람이라면 그들의 기차표를 구입해 주었고, 필요한 보조를 아끼지 않았다. 그는 이러한 모든 행동이 군중과의 연계를 돈독히 하고, 기층의 정서를 파악하는 좋은 기회라고 생각했다. 군중은 지위가 올라간 후에도 이전과 다름없이 소박한 모습으로 사람들을 대하는 시중쉰 서기의 모습에 찬사를 아끼지 않았다. 혁명전쟁 당시를 떠올리면 그가 부대를 승리로 이끌고, 해방 초기에 서북 지역 민주혁명을 순조롭게 이끌 수 있었던 이유는 전략과 전술, 중앙의 정책 이외에도 그의 사람됨과 훌륭한 군중 기초가 있었기 때문에 가능한 일이었다.

소박하고 진실한 농민의 모습

시중쉰 서기는 농민 가정 출신이다. 어릴 적 농사일을 했기 때문에 농사가 얼마나 힘든 일인지 잘 알고 있었다. 그는 어릴 적부터 근검절약하는 습관이 배어 있었다. 소박한 생활에 옷차림도 검소하고 먹는 것도 별로 신경을 쓰지 않았다. 그는 모직물로 된 중산복 몇 벌, 그것도 외빈을 만날 때나 중대한 정치적 행사가 있을 때에만 입고 평소에는 평범한 천 옷에 천 신발을 신었으며, 여름에는 나이든 사람들이 입는 셔츠 한 벌로 생활했다. 내의와 바지가 터지면 손질해서 입고 차마 버리지 않았다. 평소 식사 습관 역시 서북 지역 사람들의 습관 그대로라 면에 야채 요리를 주로 먹었으며, 종류도 그저 입에 맞으면 그뿐 해산물이니 고기 같은 음식은 상에 잘 오르지 않았다. 수십 년을 하루같이 그저 이렇게 평범하고 소박하게 생활했다.

1950, 60년대 초까지 시중쉰 서기와 마오 주석, 저우 총리 등 중앙지도자의 월급은 모두 3급으로 매달 404위안 80전이었다. 수입과 지출 모두 비서인 내가 관리했으며, 1위안까지 모두 기록했다. 그는 항상 자녀들에게 검소한 생활, 절약을 강조했다. 온 가족의 한 달 생활비에 아이들의 지출까지 모두 합쳐 100위안이 조금 넘었다. 당시 국가지도자 중 극히 낮은 수준의 소비였다. 그는 가족에게는 이토록

절약했지만, 친구에게는 지출을 아끼지 않았다. 1950년대에 시중쉰 서기가 알게 된 섬감 근거지의 홍군, 전우, 집주인이 자주 북경에 와서 그를 만났다. 그 중에는 그가 초청한 사람도 있고, 자발적으로 그를 찾아온 사람도 있었다. 시중쉰 서기는 그들을 모두 친절하게 맞이하며 식사 대접을 하고, 관광을 시키는 등 세심하게 접대했다. 시중쉰 서기는 알고 지내는 친구들이 많았으며, 매우 친절하게 사람들을 대했기에 이 부분의 지출이 수입 지출의 매우 큰 부분을 차지했다.

시중쉰 서기는 어린 시절부터 노동을 즐겨 파종 및 호미·쟁기질 등 모든 농사일을 할 수 있었다. 이후 혁명에 참가하긴 했지만 그는 언제나 농민의 본모습을 잃지 않았다. 그는 사람들과 함께 자신이 거주하는 사합원(四合院: 중국 화북, 북경의 전통적인 주거 양식) 공터를 일궈 채소를 키웠다. 땀을 비 오듯이 쏟고 온몸이 뻐근해도 그 속에서 즐거움을 찾았다.

깊은 사랑, 엄격한 가정 교육

시중쉰 서기는 직업혁명가이다. 그는 자기 일생의 대부분의 정력과 시간을 모두 그의 사업에 쏟아부었다. 그러나 업무를 중요하게 생각하는 동시에 자신의 아내와 자녀에 대해서도 보통 사람들과 마찬가지로 깊은 사랑을 간직하고 있었다. 1949년 3월 1일, 그와 치신의 첫번째 딸이 연안의 교아구(橋兒溝)에서 태어났다. 장모인 덩야오전이 말했다. "손녀가 교아구에서 태어나 아이 이름을 끝 글자를 따서 '차오차오'라고 지었지요."

당시 시중쉰 서기는 서백(西柏)에서 당의 7차 2중전회에 참가하고 있었다. 그는 딸을 낳았다는 전보를 받고 뛸 듯이 기뻐했다. 연안으로 돌아온 그는 딸을 품에 안고 가만히 작고 여린 딸의 얼굴을 들여다보며 행복한 미소를 지었다. 업무를 보다가 겨를이 나면 그는 자주

한 달도 채 되지 않은 차오차오를 품에 안았다. 한 번은 그에게 안겨 있던 딸이 오줌을 누자 그가 싱글벙글 웃으며 말했다. "자식 오줌은 지리지도 않네. 지리지도 않아."

차오차오는 어려서부터 총명하고 착해서 각별히 아버지의 사랑을 받았고, 차오차오 역시 아버지를 무척 사랑했다. 나이가 들어 업무의 2선으로 물러났을 당시 무장경찰총부에서 판공실 주임 겸 대외판공실주임(正師級)이었던 차오차오는 자진해서 자리를 내려놓은 후 10여 년 동안 아버지를 보살폈다.

둘째딸은 서안에서 출생해서 이름을 '안안'이라 지었다. 매일 언니인 차오차오와 붙어다니는 각별한 자매 사이였다. 진핑과 위안핑 두 형제는 어릴 적부터 씩씩하고 우애가 깊었으며, 착하고 귀여운 모습에 사람들의 사랑을 받았다. 시중쉰 서기는 항상 공무에 매여 있던 몸이지만 시간만 나면 되도록 아이들과 어울렸다. 당시는 문화적으로 즐길 거리가 많지 않았던 때였기 때문에 주말이 되어 학교에서 돌아오면 아버지와 한데 엉겨붙어 놀았다. 시중쉰 서기에게 가장 행복한 시간이었다. 모든 아이들의 부모와 마찬가지로 그는 수시로 아이들과 어울렸지만 어쩌다 아이들을 울리는 일도 있었다. 그때마다 그는 재빨리 아이를 달래며 천륜의 정을 나누면서 아이와 같은 천진난만한 모습을 보여줬다.

시중쉰 서기는 아이들을 사랑했지만 절대 버릇 없이 키우진 않았다. 그는 명절이라 공무가 없는 날이면 아이들을 데리고 공원에 가거나 지인들의 모임에도 참석하고 거리 구경에 나서기도 했다. 때로 아이들이 장난감을 사달라고 조르기도 했지만, 그는 언제나 돈을 가지고 다니지 않았다. 장난감을 사지 못한 아이들이 토라지면 그는 참을성 있게 아이들을 달래기만 할 뿐, 절대 다른 사람들이 대신 사주거나 선물을 주는 등의 행동을 하지 못하도록 했다. 그의 자녀들은 어릴 적부터 공부에 열중했다. 모두 어린이책, 이야기책을 즐겨 읽었다. 시

1958년, 시중쉰과 그의 아들 진핑(近平, 왼쪽)·위안핑(遠平).

중쉰 서기는 서점을 돌아볼 때마다 내게 여러 종류의 책을 사도록 했다. 책을 받은 아이들은 마치 책에 굶주린 아이처럼 손에서 책을 놓을 줄 몰랐고, 이렇게 책을 읽는 사이 국내외 동서고금의 여러 가지 기본 지식을 쌓을 수 있었다.

시중쉰 서기는 평생 동안 근검절약하며 자신의 말을 몸소 실천했다. 아주 작은 일부터 시작해 아이들이 어릴 적부터 절약하는 습관을 기르도록 했다. 이러한 영향으로 그의 가족들의 근검절약 태도는 일반인들의 상상을 초월했다. 물을 절약하기 위해 시중쉰 서기는 매번 욕조에서 목욕을 마친 후 다시 두 아들을 씻기고, 다시 그 물로 세탁을 했다. 그는 마치 쌀 한 톨을 아끼듯 물 한 방울도 아꼈다. 그뿐만이 아니었다. 아이들과 식사를 할 때에도 '그릇 속 밥알 하나하나 모두 고통과 힘겨움이라'라는 당시(唐詩) 명구로 아이를 교육하여, 식탁이며 바닥에 떨어진 밥알 하나까지 집어 모두 깨끗하게 낭비하지 않고 먹도록 했다.

이러한 절약의 미덕은 시중쉰 집안 대대로 이어졌다. 아이들의 옷과 신발·양말은 차례대로 '릴레이'하듯 이어졌다. 큰애가 입다 낡은 옷은 기워서 다시 어린애가 입었다. 누나 차오차오가 입었던 옷과 양말·신발 등을 동생인 진핑과 위안핑이 입었다. 누나의 꽃무늬 천 신발을 받아 신어야 했던 진핑은 친구들이 놀리지나 않을까 해서 입고 싶어하지 않았다. 시중쉰은 먹물로 꽃무늬 신발을 까맣게 칠해 주었다. 어려서부터 독립적이며 절약하는 습관을 키워 주기 위해 아이들 네 명은 팔일학교 기숙사에서 생활하다 주말에 한 번 집으로 돌아왔다. 매달 식사비 12위안과 매주 집에 올 때 버스비 이외에 용돈은 지극히 적었다. 아이들은 원래가 천성적으로 놀기 좋아하고 군것질을 즐긴다. 때로 영화를 보거나 아이스케이크 같은 간식을 사먹기 위해 버스비를 쓰고 나면 집에 걸어갈 수밖에 없었다. 너무 지쳐 발이 떨어지지 않을 때도 있었다. 그럴 때면 차오차오가 동생들 손을 끌고 다음 정거장까지 걸어가 차를 탔다. 차비를 정거장 수에 따라 받기 때문이었다. 아이들은 버스비를 아껴 영화를 보거나 아이스케이크를 사먹는 것은 좋은 방법이 아니라고 생각하고 내게 돈을 달라고 했다. 겨우 1위안도 안 되는, 때로 몇 전도 안 되는 돈이었지만 나는 모두 기록해

2010년 5월 29일, 본서의 제사(題詞)를 쓰고 있는 장즈궁(張志功).

월말에 시중쉰 서기에게 보였다.

시중쉰 서기는 아이들에게 특별한 교육을 시키지 않았다. 딸인 차오차오는 초등학교 졸업 후 하북의 북경중학에 합격했다. 학교가 집에서 한 정거장 거리밖에 되지 않았지만, 딸이 친구들과 어울릴 수 있도록 시중쉰 서기는 차오차오를 계속 학교에 기숙하며 친구들과 함께 먹고 자고 공부하도록 하여 평범한 사람들의 모습을 잃지 않도록 했다. 당시 학교의 숙식 환경은 지극히 열악했다. 학교 식당 밥은 잡곡이 70%였다. 당시 시중쉰 서기는 국무원 부총리직을 맡고 있었기 때문에 이름이 항상 신문에 오르락거렸다. '시' 성이 드물었기에 사람들은 부총리의 딸일는지도 모른다는 연상을 하기가 쉬웠다. 시중쉰 서기는 학교 선생님과 학생들이 딸의 신분을 파악하지나 않을까 하여 딸에게 엄마 성을 붙여 주고, 가정 성분 역시 '혁명간부'에서 '직원'으로 바꿨다. 이렇게 지어진 치차오차오(齊橋橋)라는 이름을 지금까지 쓰고 있다.

시중쉰 서기는 항상 아이들에게 자신의 능력으로 먹고 살도록 교육했고, 고생스러운 곳, 기층민이 있는 곳, 조국 건설을 위해 가장 필요한 곳에 가서 일하도록 권했다. 시중쉰 서기의 엄격한 교육과 가정 환경 덕분에 아이들은 매우 자립적이며 강한 인물로 성장하여 어떤 상황에서도 시련을 이겨낼 수 있는 당과 국가의 인재가 되었다.

다양한 취미의
다채로운 생활

시중쉰 서기는 평소 일도 매우 열정적이었지만, 취미도 많아 삶이 매우 풍족했다. 그는 사교댄스를 즐겼다. 매주 토요일에 한 번씩 갖는 사교댄스 시간은 심신 건강에 많은 도움을 주어 피로를 몰아내고 업무 효과를 높일 수 있었다. 그는 언제나 정신적으로 매우 건강했다. 즐거운 마음가짐에 정력이 넘치는 모습으로 이런 취미 활동에 참가했다. 당시는 오락이라고 할 수 있는 활동이 매우 단조로웠기 때문에 많은 중앙지도자들이 자주 댄스 파티에서 서로 약속을 했다. 이런 모임을 가짐으로써 정신적인 휴식과 신체단련을 할 수 있기도 했고, 이를 기회로 함께 모여 일반 대중과 함께하는 자리에서 여러 가지 이야기를 즐겁게 나눌 수 있었다.

1950년대, 그는 중앙선전부와 정무원 문교위원회에서 일을 했기 때문에 문화예술 공연을 볼 기회가 많았다. 그는 경극·예극·월극·오극 등 지방극에 대해 흥미를 갖게 되었고, 특히 고향 지역의 진강(秦腔: 섬서(陝西)의 지방극)에 대한 사랑이 대단했다. 그는 연극계의 많은 연기자, 특히 명배우인 메이란팡(梅蘭芳)·정옌추(鄭硯秋)·상샤오윈(尙小云)·쉰후이성(荀慧生)·창샹위(常香玉)·훙셴뉘(紅線女) 등과 모두 교분이 두터웠다. 시중쉰 서기, 저우언라이 총리는 유명한 극작가이자 북경인민예술원 원장인 차오위(曹禺)와 막역한 친구 사이였고, 인민예술극원의 유명한 감독들, 주요 배우들과도 모두 자주 왕래하였다. 인민예술극원에서는 일단 새로운 공연이 무대에 오를 때면 반드시 시중쉰 서기와 저우 총리를 초청했고, 두 사람은 이를 즐거이 관람했다. 시중쉰 서기는 말년에 심천에서 쉴 때 TV 시청 이외에 언제나 민가와 희곡에 담긴 테이프를 즐겨들었다.

시중쉰 서기는 육체적 단련에도 열중했다. 그는 건강한 몸이 없으면 일을 잘 처리할 수도, 삶이 행복할 수도 없다고 말했다. 낙양에 하방되어 있던 시기, 그는 매일 아침저녁으로 두 차례에 걸쳐 수십 리를 걸었다. 북경 동성구 교도구에 살던 시절, 한때 중앙에서 경호제도를 개혁하느라 경위원(警衛員)을 모두 철수시키자 나는 그와 함께 출퇴근을 했다. 체력단련을 위해 우리는 거주 지역부터 중남해 사무실까지 출퇴근을 하는 사이 북해공원을 거쳐 길을 따라 30분쯤 걷다 보면 온몸이 흥건하게 젖었지만 기분이 정말 상쾌했다. 그는 태극권을 배운 적도 있었지만 계속 이어지진 않았다.

수십 년에 걸친 시중쉰 서기의 혁명 여정을 살펴보면 믿기지 않을 만큼 온갖 역경을 겪었지만 행복하고 뿌듯한 시절도 많았다. 또한 병사들의 반란으로 실패를 맛보기도 했지만 승리의 기쁨도 느낄 수가 있었고, 풍운의 세월에 비판과 투쟁의 대상의 되어 모욕을 당하고 영어의 몸이 되는 슬픔도 겪었지만 어려움과 장애를 건너 굳건한 의지로 투쟁하는 용감한 모습을 엿볼 수 있다. 그토록 기복이 심한 고난의 세월 속에 온갖 괴로움과 고단함을 느껴야 했지만 오직 충성 가득한 마음으로 당과 인민에게 부끄럽지 않게 행동함으로써 군중의 사랑과 존경, 업무 성공의 기쁨을 느낄 수 있었다.

시중쉰 서기의 혁명적 생애를 돌아보면 근면성실하고 소박하며 광명정대한 그의 모습을 발견할 수 있다. 청렴결백한 모습으로 군중에게 봉사하고, 애써 일하면서도 원망하지 않고 당에 충성하며 군중을 단결시켰고, 간부를 사랑하고 실사구시의 태도로 극좌를 반대하고 곧고 올바르게 행동하며 업무를 처리하였으니 그의 혁명적 삶은 찬란하기 그지없다.

황즈(黃植), 시중쉰과 함께했던 나날을 회상하다
스 훙

> **스훙(史宏)** 1921년 출생, 하남 심양(沁陽) 사람이다. 1937년 7월에 혁명에 참가하여 같은 해 12월에 중국공산당에 가입하였다. 1938년에 연안에 갔으며, 여대(女大) 중앙당교에서 학습하였고 연안소학 지도주임, 서안소학, 중학의 교장을 역임했다. 신 중국이 성립된 후 중앙재정무역부 2급 순시원(巡視員), 동북국 경제무역위원회 물자국 정치부 부주임, 심양시 대외무역국 부국장, 섬서성 대외경제무역위원회 부주임 등을 지냈고, 1983년 은퇴했다.

편집자 주석: 스훙 동지는 우리가 당시 서북국 동지들 가운데 서안에서 첫번째로 취재 방문한 인물이다. 우리에 대해 보여준 믿음과 긍정적인 시각으로 우리 업무를 인정해 준 덕분에 매우 기분 좋게 서안 취재를 시작할 수 있었고, 이번 계획을 잘 마무리하겠다는 우리의 각오를 다질 수 있었다. 또한 서북국에 대한 스훙 동지의 깊은 애정을 통해 우리는 이번 일에 대한 의미와 책임을 더욱 절실하게 느낄 수 있었다.

연안 시기 서북국이 위치했던 연안성 남변구 정부 옆에 산이 있고, 산에는 토굴 몇 개가 이어져 있었다. 당시 우리는 모두 그 토굴에 거주했다. 서북국의 시중쉰 서기, 조직부장 마원루이, 비서장 창리푸 등이었다. 그곳을 보수하러 가려고 한다는 소식을 들었다. 아마도 북경에 살고 있는 마원루이의 큰아들 마샤오원(馬曉文)일 것으로, 이미 퇴직한 그가 서북국 옛터를 둘러본 후 어릴 적 살던 토굴을 보고 감회에 젖어 그곳을 수리해 기념으로 보존하고 싶은 모양이었다.

기억 속의 서북국

그 시절 서북국을 떠올리면 가장 인상 깊은 일은 상·하급자의 관계가 전혀 간극이 없이 잘 어울려 기분 좋게 일을 하던 것이다. 나는 자주 시중쉰 서기의 집을 방문했다. 집에 갈 때면 대충 되는 대로 먹을 것을 좀 사가지고 갔고, 일을 할 때면 어떤 이야기나 거침없이 나눌 수 있었다. 업무에 관한 일이라면 뭐든지 말할 수 있었고, 말을 잘못하면 서기가 바로 고쳐 주고, 옳은 말을 했을 때는 곧바로 이에 대해 긍정적인 태도를 보여주었다. 물론 이렇게 행동한 사람은 시중쉰 하나만이 아니었다. 이후 새로 구성된 성위원회 사람들도 모두 마찬가지였다. 마원루이는 섬서성위원회 서기였고, 위밍타오는 성장이었다. 우리는 거처가 서로 멀지 않았다. 그들과 모두 업무적으로 연결이 되어 있었기 때문에 그들 집도 자주 드나들었다. 당시 간부 관계, 상하급자 관계는 정말 원만했다. 이처럼 긍정적인 분위기는 당연히 지금도 계속해서 계승되어야 한다. 물론 그렇다고 지금 간부들의 태도가 불량하다고 말하는 것은 아니다. 다만 전체적으로 볼 때 당시와 비교하면 부족한 부분이 있으니 개선해야 한다는 뜻이다. 예를 들어 지금은 어떤 지도자들의 경우나 모두 그의 집에 드나드는 데는 제한이 있다. 최소한 전화로 약속을 해야 하고, 그것도 꼭 만남이 성사되지는 않는다.

당시 간부들은 자주 기층과 업무를 함께했다. 예를 들어 창리푸도 그 중 한 인물로 창리푸의 경우 습관이 하나 있었는데, 바로 약탕기를 항상 들고 다녔다는 것이다. 몸이 좋지 않았기 때문에 항상 이렇게 약탕기를 끼고 다녔다. 창리푸는 자주 이렇게 말했다. "약탕기를 가지고 기층민들과 어울려도 전혀 창피하지 않다. 나는 그래도 업무에 지장을 주지 않았다. 밤에 약을 먹고, 낮에는 일했다. 약도 먹고 병도 고치고 일도 했다. 이 역시 나쁘진 않지 않은가."

섬감녕 변구 정부 유적지.

이것이 바로 업무를 중시하여 자신을 희생해 모든 이들을 돌보는 당시 서북국의 풍토였다.

황즈, 시중쉰과 함께했던 날들을 기억하며

최초의 서북국은 연안에 위치했었다. 그러나 설립 연도는 정확히 기억할 수가 없다. 당시 나는 수덕(綏德)현위원회에서 일했다. 내 남편 황즈는 당시 《수덕일보》의 사장으로 있다가, 이후 수덕특위 통일전선부 부부장으로 있었다. 시중쉰은 원래 관중특위에서 일하다가 이후 수덕지구 서기에 임명되었다. 그가 도착한 후 내 남편은 수덕특위 비서장을 맡아 시중쉰을 위한 문서 초안을 잡는 등 글을 쓰기 시작했다. 그후 다시 1945년, 시중쉰은 서북국으로 자리를 옮겨 서기직을 맡았다. 서북국에서의 두번째 서기인 셈이다. 펑더화이가 서북국의 제1서기를 겸직하며(전국이 해방된 후 서안의 서북국) 내 남편 역시 서북국으로 옮겼던 적이 있었다. 그 두 사람은 마음이 정말 잘 통했다. 일반적으로 시중쉰 서기가 중심 사상, 대강을 말하면 내 남편은 그의 생각에 따라 원하는 글을 작성했다.

시중쉰 서기는 1952년에 중앙으로 자리를 옮기며 황즈와 헤어졌다. 서북국에서 보내 주지 않았기 때문에 남편은 그대로 서북국에 머물렀다. 1944년부터 1952년까지 수덕, 서북국 시기를 포함해 남편은 대략 10년 동안 시중쉰과 함께 일했다. 수덕지역위원회 당시에는 비서장을, 연안 서북국 시절에는 비서, 정책연구실 주임을 맡았다. 정책연구실은 전국이 해방된 이후에 설립되었는데, 그는 그곳 연구실 주임이었다.

1949년 서북국이 서안으로 옮긴 후 건국로 옹촌으로 이주했다. 이 시기에 남편은 줄곧 시중쉰 서기를 위한 문서 초안을 작성했다. 시중쉰 서기는 머리가 정말 뛰어났다. 그는 핵심을 잘 파악했다. 예를 들면 해당 사항에 대한 주제, 분량을 매우 정확하게 논리적으로 설명했다. 남편은 그의 말을 기본으로, 여기에 중앙과 지방 문서를 근거로 그를 위해 글을 썼다. 해방이 된 직후 모두 업무가 대단히 분주했다. 당시에는 인력도 많이 부족했기 때문에 모두가 야근을 했다. 서북국은 당시 위로는 중앙에, 아래로는 각 지역에 문서를 전달하여야 했는데 기본적으로 당시 초안은 모두 남편이 작성했다.

창리푸는 원래 섬감녕 변구 정부의 비서장이었다. 그와 내 남편 모두 문서 작성 업무를 맡았었기 때문에 자주 연락을 취했다. 때로 글을 쓸 때 서로 의견을 교환하기도 하고, 아무리 애를 써도 잘 써지지 않을 때면 두 사람은 아예 손을 내려놓고 다음날 다시 함께 글을 썼다. 이 모두 창리푸로부터 들은 이야기이다. 이후 창리푸는 국무원 부비서장을 맡았고, 퇴직 후 서안으로 돌아갔다. 몇 년 전 그는 서안에서 작고했다. 남편이 병으로 세상을 떠난 후 그와 마윈루이가 함께 남편에 대한 애도시를 썼다.

　이제 출간된 《시중쉰문선》의 글 대부분은 내 남편이 당시 시중쉰의 지도 아래 초안을 잡고 정리한 글이다. 기본적으로 보고, 연설문들이다. 물론 문선에는 시중쉰이 광동에 있을 당시와 개혁개방 이후에 한 연설이 들어가 있을 것이고, 그런 것들은 황즈가 쓴 것은 아니었다.

　이후 '문화대혁명' 10년 동안 내 남편과 시중쉰·펑더화이가 함께 비판을 받았다. 사람들은 내 남편을 그들의 주구라고 했다. 당시 항상 '펑·가오·시'를 한데 묶어 말했는데(펑더화이·가오강, 시중쉰) 내 남편은 가오강과 아무런 관계도 없었으며, 펑더화이·시중쉰과 연관이 있었다. 펑더화이가 서북군정위원회 주임이던 시절 토지개혁총결을 실시했는데, 마지막 토지개혁총결을 작성한 사람이 내 남편이었다. 시중쉰과 함께한 시간이 가장 길었으니, 남편은 시중쉰이 가는 곳을 따라 자리를 옮겨 그들을 도와 글을 작성했다. 펑더화이와 시중쉰은 모두 높은 위치에 있는 인물이며, 남편은 일반 간부였다. 이후 남편의 죄명을 지어내려 하던 사람들은 끝내 아무런 죄명도 찾아낼 수 없었고, 그렇게 10년의 '문화대혁명'은 끝이 났다.

　'사인방'을 분쇄한 후 시중쉰이 다시 공직에 나왔다. 이후 그는 광동에서 양상쿤(楊尙昆)과 함께 일했다. 시중쉰은 광동성위원회 서기였고, 양상쿤이 부서기였다. 광동에 간 시중쉰은 남편을 불러 함께 일을 하려 했다. 당시 남편은 건강 상태가 매우 양호했지만, 그곳에 가지 않았다. 이유가 무엇인가? 남편은 광동 출신이었기 때문에 친족들이 청탁을 하면 들어줄 수밖에 없는 상황이 벌어지지 않을까 걱정해서 그곳에 가려 하지 않았다. 당시 우리는 아직 동북국에서 일하며, 심양에 거주했다. 그 기간에 남편은 심양시위원회 서기를 했고, 이후 마원루이가 섬서성위원회 서기를 맡았다. 그는 자신이 섬서성에 왔는데, 남편이 광동에 가지 않아 정말 잘된 일이라고 말했다. 이렇게 해서 우리는 또다시 동북에서 서북으로 왔다.

1950년 10월 시중쉰이 서북 당정군 공작을 주관할 당시 문서를 살펴보는 모습. 오른쪽은 서북국 정책연구실 주임 황즈(黃植).

사실 내가 서북국에서 일한 시간은 짧은 편이었다. 섬감녕 변구 정부에 있을 때만 서북국에서 일한 셈이었다. 이후 서북국이 서안으로 옮긴 후 나는 더 이상 서북국에서 일하지 않았다. 서북국에서 자리를 옮긴 이유를 말할라치면 커화(柯華)부터 이야기를 해야 한다.

커화는 원래 서북국 선전부에서 일했으며, 이후 영국 주재 외교대사를 지냈다. 커화나 남편 모두 광동 출신이었기 때문에 양가가 잘 아는 편이었다. 서북국이 서안으로 옮긴 후 커화는 내가 섬감녕 변구에서 초등학교 교원, 지도주임에 교장까지 했다는 사실을 듣고 서북국 선전부 부장이 된 후 나를 데려가 당시 서안에서 비교적 좋은 초등학교—개통항소학에서 일하도록 했다. 당시 그가 내게 말했다. 그곳 교육을 활성화시켜 이러한 성과가 다른 학교에도 파급될 수 있도록 해줘요.

개통항소학에서 수 년 동안 일한 후 교육국에서 다시 나를 국원(菊園)중학 교장으로 임명하였다. 나는 내 학력이 부족해 교장직을 잘 수행할 수 있을지 걱정이라고 말했다. 교육국에서는 배워 가며 하라고 하는 한편 내게 훈육주임 한 명, 교무주임 한 명과 함께 교장 한 명을 더 배치해 줬다. 세 사람이 업무팀인 셈이었다. 당시 우리는 정말 열과 성의를 다하여 일했다. 언젠가 설날이 다가왔을 때 한 해 마지막 오후에도 출근을 했고, 거의 매일 야근을 했던 기억이 난다.

당시 우리에게 맡겨진 임무는 비교적 막중했다. 교학과 함께 비교적 특수하면서도 중요한 임무는 바로 검열이었다. 당시에는 은밀하게 특무활동을 하는 사람들이 있어 긴장 속에 업무를 하여야 했다. 매우 건강한 나를 보고 사람들은 내가 소처럼 일을 한다고 했다. 당시 서북국 사택에 살던 나는 막내아들을 임신했을 때도 매우 늦게 귀가했다. 하루는 지나는 길에 한의원에 들러 검사를 해보니 태아의 위치가 바르지 않다고 했다. 나는 아이를 조산했다. 이런 이야기를 하는 까닭은 당시 우리가 얼마나 긴장된 분위기 속에서 일을 했었는지 말하기 위함이다. 우리는 학교 업무뿐만 아니라 검열을 하여야 했고, 이러한 업무를 훌륭히 수행하기 위해 군중을 설득하고 규합시키는 작업이 필요했다. 이는 모두 내 경험이 되었다.

내 눈에 비친 시중쉰 서기

내가 본 시중쉰은 매우 겸손하고 사교적이었을 뿐만 아니라 타인을 잘 도와주는 사람이었다. 그와 관련해 가장 인상 깊었던 일 두 가지가 있다. 하나는 그가 내게 보내준 천에 관한 것이고, 또 하나는

2009년 4월 3일, 스훙(史宏. 가운데)을 방문한 편집장.

▼스훙이 쓴 본서의 제사.

在西北局○3見,
工作非常高兴

史宏
09年明三日

자주 그의 집에서 식사를 했던 경험이다. 시중쉰 서기는 매우 친절한 사람이었다. 서북국 직원들의 가족들에 대해 그는 전혀 권위를 부리지 않고 친절히 대해 주었다. 수덕에 있을 당시는 내게 이미 큰아들인 황다수(黃大樹)가 있을 때였다. 아들처럼 아직 어린 나이인 아이에게도 그는 관심이 많았다. 당시 아이가 학교를 가야 하는데 경제적으로 궁핍했던 우리는 아들에게 이렇다 할 옷을 사줄 수 없었다. 시중쉰 서기가 어디서 구했는지 흰 비단을 가져왔다. 꽃무늬가 있는 비단이었다. "자요, 아들 옷 만들어 줘요." 당시 나와 아들은 기쁨을 감출 수가 없었다. 나는 아이에게 상하가 붙어 있는 옷을 만들어 주었다. 옷이 정말 예뻐서 사람들이 모두 좋아했다. 다른 사람이 어디서 이처럼 예쁜 옷을 구했느냐고 물으면, 나는 매우 자랑스럽게 시중쉰 서기가 줬다고 말했다.

시중쉰 서기는 업무에서도 위엄을 내세우지 않았고, 일상에서도 마찬가지였다. 우리는 편하게 언제든지 그의 집에 드나들었다. 시중쉰과 마원루이의 집을 우리는 마음대로 방문했다. 이후 마원루이가 섬서성위원회 서기가 되었을 때도 마찬가지였다. 그의 집에 갔을 때 그가 시간이 있으면 함께 이야기를 나누고, 그가 시간이 없을 때는 다음에 다시 방문했다. 당시 나는 섬서성 대외경제판공실에서 일했기 때문에 때로 그에게 상황을 말하고 지시를 요구하거나, 그에게 내 말이 맞는지 의견을 물어봐야 할 때가 있었다. 이 두 지도자는 말할 것은 말하고, 비판할 것은 비판했으며, 또한 칭찬할 일이 있으면 칭찬을 아끼지 않았다.

군중 내 시중쉰 서기의 위엄과 신뢰는 대단했다. 그는 매우 확실하고 단호하게 일을 처리했다. 업무를 뒤로 미루는 일도, 그렇다고 쉬는 시간을 소홀히 하지도 않았다. 예를 들어 내일 업무를 종합하고 보고를 해야 되는 상황에서도 그날 춤을 추러 가야 할 때는 춤을 추러 갔다. 당시 그는 내 남편에게 글쓰기를 부탁하며 핵심 내용을 전달한 후 춤을 추러 갔다. 다음날 남편이 작성을 마친 원고를 그의 사무실 탁자에 두면 시중쉰은 매우 흡족해했다. 그의 사상이 잘 반영되었기 때문이다. 남편은 대개 그날 저녁에 글을 쓰고, 오전에 출근해서 그의 탁자에 올려두었다.

무엇보다 내가 그에게 정말 좋은 인상을 가졌던 이유는, 그가 우리를 자기 사람 또는 아이가 된 것처럼 대했기 때문이다. 게다가 그는 젊은 지도자로 중앙에 갈 때 겨우 39세였으며, 46세에 부총리가 되었으니 정말 대단한 인물이다.

시중쉰 서기는 생활이 매우 검약했다. 광동 지역 성위원회 서기로 있을 때, 나와 남편이 함께 광주 고향에 갔던 적이 있다. 우리는 그의 집으로 식사 초대를 받아 간 적이 있었다. 그는 우리를 위해 섬서 지역 특산인 대과회(大鍋盔: 솥뚜껑 모양의 커다란 밀빵 요리)를 준비했노라고 말하였다. 그는 평소 국수와 대과회를 좋아했다. 주로 밀가루나 야채 요리로 고기나 생선 요리는 식탁에 잘 오르지 않았으며, 그저 대충 입맛에 맞으면 그뿐, 영양에 그다지 신경을 쓰지 않았다. 완전히 북방 사람들의 생활 습관으로 손님을 접대할 때에도 마찬가지였다. 옷차림 역시 별로 신경을 쓰지 않았다. 모직물로 된 중산복 몇 벌은 외빈을 접대할 때나 중요 정치활동을 할 때 입었고, 평소에는 검소한 면포로 된 옷, 천 신발을 신었다. 옷이 터지면 꿰매서 입는 등 쉽게 물건을 버리지 않았다.

차오리루의 안타까운 희생

지금 서북국 시절의 사람과 사건을 돌이켜보면 특히 마음이 아픈 인물이 하나 있다. 바로 서북국 부비서였던 차오리루이다. 1949년 겨울, 차오리루는 명령을 받고 왕전을 도와 정부 주요 지도자 역할을 하기 위해 신강으로 향했다. 그러나 신강으로 가던 중 뜻밖의 차 사고로 목숨을 잃었다. 그의 부고를 들은 서북국 간부와 사람들은 큰 충격을 받았다. 사람들은 충성스러운 공산주의 전사, 우수한 지도자 간부한 사람을 잃었다고 슬퍼했다. 매번 그를 떠올릴 때마다 한도 끝도 없이 마음이 뭉클하다.

차오리루는 어쩌다 차 사고를 당했는가? 서안이 해방된 후 서북국을 따라 서안에 온 차오리루는 매우 즐거워했다. 그는 자신의 경호원이 운전을 하게 되자 마원루이까지 차에 태워 업무 시찰을 나갔다. 그러다 서안 파교(瀾橋)에서 사고가 발생했다. 당시 마원루이는 경상을 입은 반면, 차오리루는 상황이 심각했다. 그들은 급히 시의 제4의원(이전 이름은 '서안 廣仁醫院'이다)으로 이송되었다. 외국인이 운영하던 의원이라 비교적 선진적 의료기술을 자랑하던 곳이었다. 그러나 중상을 입은 그는 그렇게 세상을 떠나고 말았다.

그는 죽기 전 마원루이에게 말했다. 마 부장님, 미안해요, 나 때문에 다치게 해서…….

지금 섬서 부평현에는 시중쉰 능묘가 있는데, 그 안에 시중쉰에 대한 자료가 보존되어 있다. 서북국은 우리 당의 역사로 볼 때 '펑, 가오, 시' 사건이 있었고, 그 와중에 시중쉰이 반당분자로 몰렸으니 바로 소설 《류즈단》에 적힌 그 사건이다. 이에 일부 서북국 관련 문헌자료는 접근이 제한되었고, 그 부분의 역사 역시 진공 상태가 되었다. 결국 이에 대한 이야기를 쓰는 사람이 나타나지 않았다. 그러나 역사는 말살할 수 없는 것이므로 이번 출간 작업은 매우 의미가 있는 일이다. 반드시 성사되어야 한다.

나는 서북국을 위해 식량을 책임졌다

장전방

장전방(張振邦) 1917년생, 섬서 연천(延川) 사람이다. 1944년 서북국에서 일하기 시작했다. 1949년 서북국 총무과 과장으로 식량 생산을 담당하여 어려운 시기, 서북국의 발전에 높은 공헌을 했다. 이후 섬서성위원회 판공청 부비서장 등을 역임했다.

편집자 주석: 장전방은 92세 고령에도 불구하고 정신이 매우 맑고 사유가 또렷하다. 당시 서북국 시절을 떠올리며 그는 흥분과 그리움을 감추지 못했다.

내 고향은 섬서 연천이다. 그곳은 정말 좋은 곳이다. 유구한 역사, 빼어난 문화적 풍격으로 '문화의 고향'이란 명성을 간직한 곳이다. 연천은 섬서 지역 중 당의 활동과 당 건설 활동이 비교적 일찍 이루어졌던 현(縣) 가운데 한 곳이다. 섬북 혁명 근거지이자 섬감녕 변구의 중심 현으로 무장 투쟁, 토지 개혁, 민주 건설, 들것 운송, 상호 협력 생산 등 각 운동이 활기차게 이루어졌다. 이곳 사람들은 비교적 일찍 혁명사상을 받아들여 혁명사업에 큰 공헌을 했다. 아마도 이런 지역적 풍토의 영향 때문인지 나는 혁명의 길을 걷게 되었다.

처음 서북국에 들어가다

나는 1944년 서북국에 들어갔다. 당시 서북국 서기는 가오강이었다. 1941년 5월에 이미 중앙에서는 1939년 초 성립된 중공중앙서북공작위원회와 섬감녕 변구 중앙국을 합병하여 중공중앙서북국(당시 연안 성 북쪽 장애촌(張崖村)에 위치했다)을 조직하고, 서북 지역 해방구와 국민당통치구 업무를 총괄했다. 그러나 우리는 당시 섬감녕 변구 공작위원회 명칭에 길든지 얼마 되지 않아 중앙에서 서북국이라 개칭하기로 결정했다. 내가 서북국에 들어간 다음해인 1945년, 시중쉰이 중앙위원회 파견으로 서북국 서기를 맡았고, 가오강은 동북으로 발령받았던 것으로 기억된다.

서북국에 들어간 지 얼마 되지 않아 서북국은 자주 이전했다. 처음은 1947년 3월 중공중앙서북국기관이 연안을 철수하여 섬북을 전전하며 전투를 벌였다. 1948년 4월 21일, 우리 군은 연안을 회복했다. 5월 중순, 서북국 기관은 다시 연안으로 돌아갔다. 연안에는 화석애폄(花石崖砭)이라는 곳이 있는데, 이곳이 연안의 남쪽 관문이다. 섬북을 돌아다니며 전투를 벌이기 전까지 서북국은 그곳에 있었고, 나 역시 그곳에 거주했다. 모두 토굴 주거지였고, 이후 두 층으로 된 작은 건물을 짓고 옆에 주방을 두었으며, 시중쉰 등 지도자 동지들이 위층에서 식사를 하도록 했다.

당시 우리의 식사는 대조, 중조, 소조로 나뉘어 이루어졌다. 대조(大灶)는 일반기관 직원들, 중조는 과(科) 1급 간부들, 소조는 시중쉰 같은 지도자들 식사였다. 당시 어우양신(歐陽欽: 중공 제8차 중앙위원, 제5차 전국인민대표대회 상임위원회 위원, 제5차 전국정치협상회의 부주석)은 비서장으로 남방 사람이었고, 행정처장인 위안푸칭(袁福淸: 원 호남성 인민정부 부성장)은 장정을 한 노간부였으며, 부처장 류원위(劉文玉)는 섬북 사람이었다. 그들은 소조에 해당했다. 사실 대조든 소조든 모두 쌀국수를 먹었으며, 다만 소조가 조금 더 가늘었던 것뿐이다. 1949년 6월 14일, 서북국이 연안에서 서안으로 옮긴 후 당시 사무실은 서안 건국로 옹촌에 위치했다.

식량 생산은 거대한 문제

섬감녕 변구에 도착했을 당시 가장 보편적인 문제는 바로 식량 부족이었다. 당시 섬감녕 변구는 생산력이 낙후되고, 경제적으로 빈곤한 지역이었다. 게다가 변구의 자위전쟁이 일어나 국민당이 변구에 대한 봉쇄를 강화하면서 근거지는 심각한 경제적 위기에 봉착했다.

1939년부터 연안은 가장 힘든 시기였다. 일본의 공격과 국민당의 포위에 자연재해까지 겹쳐 섬감녕 변구 정부와 당 중앙기관, 군대의 의식주 등 재정 문제가 전례 없는 어려움에 처했다. 당시 국민당은 국공 양당이 맺은 여러 협의를 깨트렸을 뿐만 아니라 팔로군·신사군에 대한 모든 공급을 끊고, 해외 화교들이 연안에 보내는 물자 일체를 압류했다. 특히 천·식량·소금·의약품의 연안 운송을 엄격하게 금지하는 명령을 내리는 등 변구에 대한 대대적인 봉쇄령을 내렸다. 이 시기 중앙은 상황을 고려하여 재정정책을 '외부 원조를 통해 민간의 역량을 키운다'라는 전략에서 '생산 자급'으로 방향을 조정했다. 1938년 12월, 중공중앙은 처음으로 근거지 군민에게 '광범위하게 생산 운동을 펼친다' '각 지역 물자 공급의 자급자족 보장'이라는 지시를 내렸다. 1939년 2월, 당 중아오가 섬감녕 변구 정부는 연안에서 생산동원대회를 열고 마오쩌둥이 대회에서 '자신이 노동하여 자력갱생하고 분투노력하여 어려움을 극복'할 것을 호소함으로써 적극적으로 생산 운동을 펼쳤다.

이런 전체적인 배경 속에 나는 서북국에 들어가 그후로 줄곧 생산을 관리하는 총무과 과장으로 일했다. 당시 생활이 힘들었기 때문에 일반인, 지도자 간부를 막론하고 모두 토굴에 살았다. 두 사람이 토굴 한 칸을 차지하고 사무나 휴식 모든 것을 그 공간에서 처리했다. 하지만 한동안 노력을 기울인 결과 시중쉰 서기는 우리 업무에 매우 만족하였고, 이후 모두 쌀을 먹을 수 있게 되었다. 당시 상황을 생각

1942년 연안에서 제359여단 간부 왕전(앞줄 오른쪽 두번째)를 접견하는 마오쩌둥, 왕언마오(王恩茂, 앞줄 왼쪽 두번째), 장중한(張仲瀚, 뒷줄 오른쪽 네번째), 쩡디(曾滌, 앞줄 왼쪽 첫번째).

하면 매우 훌륭한 식사였다.

나는 후방 근무 책임자였기 때문에 제359여단장 왕전(王震)을 알게 되었다. 1941년, 당시 왕전 여단장이 359여단을 이끌고 남니만(南泥灣)에서 황무지를 개간했다. 이후 내가 서북국에서 총무과장을 맞은 후, 그가 내게 전화를 걸어오면 땅을 줄 테니 농사를 지으라고 했다. 당시 그들은 제법 많은 땅을 개간하여 우리를 위해 농사를 지었다. 왕전은 서북국 위원으로 당시 서북 지역에서 매우 유명한 인물이었다. 모두 뒤에서 그를 '왕후즈(王胡子, 왕수염)'이라 불렀다. 왕전은 작전이나 건설 임무를 받은 후 항상 수염을 기르기 시작해 목표를 달성하지 못하면 수염을 깎지 않았다. 마오쩌둥 · 주더 · 펑더화이 · 허룽 등이 그를 '왕후즈'라고 놀렸다. 사실 남니만을 말하면 많은 이들이 잘 알고 있지만 왜 우리 정규부대를 남니만으로 보내 황무지를 개간했는지 아는 사람이 얼마나 되겠는가?

항일전쟁 시기에 근거지는 심각한 경제난에 빠져들었다. 그런데 중국 노동자 농민 홍군이 2만 5천 킬로미터의 장정을 마치고 성공적으로 섬서 북부로 들어오자 당 중앙은 항일전쟁 대본영을 연안에 두었다. 섬북 황토고원은 토지가 척박하고 거주민이 적어 일반 사람들이 생존하기가 힘든 곳이었다. 하물며 국민당이 겹겹이 봉쇄하고 있었으니 중국 인민의 혁명 역량이 어찌 장대하게 발전할 수 있었겠는가. 섬감녕 변구에 대한 국민당의 경제 봉쇄를 뚫고 부대의 공급 곤란을 극복하기 위해 당 중앙 마오 주석은 '자신이 노동하여 의·식을 풍성하게 한다'라고 호소하였고, 왕전 장군이 인솔하는 제359여단이 남니만으로 가서 황무지를 개간하고 변구 주민들이 뜨거운 생산 운동을 펼침으로써 마침내 식량 문제를 해결하여 혁명사업 발전을 위해 영원히 찬란하게 빛날 공헌을 했다.

1940년 말기부터 제359여단이 남니만에 주둔하여 대대적인 생산 운동을 통해 생산 자급을 실천하여 인민의 부담을 줄였다. 1941년부터 1943년까지 제357여단은 매년 변구 정부에 1만 석의 현물세를 냈다. 대생산 운동에서 그들은 농업을 중심으로 전면적인 발전을 도모하였다. 이에 방직·피혁·제지공장 13곳을 열고, 염업·토산·운송 등 회사를 설립하는 한편 식당·상점·군인합작사와 각종 가공 작업장 등을 만들어 군민이 함께하며 공과 사를 모두 고려한 가운데 다차원적인 생산경영 형식을 만들었다. 1942년 2월 중공 서북국 고급간부회의에서 제359여단은 변구 대생산 운동의 상징이라는 영예를 얻었다. 마오쩌둥 주석은 제359여단을 향해 '경제 발전의 선봉'이라는 찬사를 보냈다.

대생산 운동에서 제359여단은 또한 대규모 연병 운동을 실시했고, 1943년 봄 파종 이후 정풍 운동을 벌여 연병·생산 각 부분의 임무를 완성하겠노라고 약속했다.

시중쉰 서기를 회고하며

내가 서북국에 있던 시절, 기관 내 분위기는 매우 엄격했다. 업무와 공식적인 일에 대한 이야기는 가능했지만 한담을 나누는 일은 금지되었다. 이런 습관과 분위기는 모두 시중쉰 서기가 몸소 실천을 통해 우리에게 영향을 준 부분이다. 지금도 나는 주변 젊은이들에게 시중쉰의 업무 태도, 확고한 당성(黨性), 소박하고 애써 노력하는 생활 태도, 친근한 업무 태도가 각급 당정 간부와 군중에 매우 깊은 인상을 남겼다고 말한다. 당시 서른이 약간 넘은 젊은 서기가 사상이며 정책 수준이 상당한 수준이었을 뿐만 아니라 업무에 있어서도 원칙을 강조하는 동시에 또한 유연성이 있었다. 그는 사건이 나면 조사 연구를 실시하고, 허심탄회하게 다른 사람의 의견과 건의를 듣고 이를 받아들여 생각을 널리 모으고 정확하게 결단을 내렸다. 그의 이런 업무 태도와 방법은 영원히 우리가 귀감으로 삼아야 한다.

시중쉰은 서북국에서 매우 큰 역할을 했다. 홍군이 장정을 통해 연안에 이르렀을 때 서기는 가오강이었다. 관중, 서안공작위원회 서기는 시중쉰이었다. 이후 시중쉰은 서북국 서기를 맡아 서북국 업무를 주관하여 서북 지역 발전에 큰 공헌을 하였을 뿐만 아니라 당시 전국적인 업무 추진에도 귀감이 될 만한 경험을 대거 제공했다.

해방전쟁과 신중국 건립 후 국민경제 회복 시기의 서북국 작업에서 시중쉰 서기는 마르크스레닌주의, 마오쩌둥 사상의 학습을 중시하여 실제에서 출발, 중앙의 노선과 방침, 정책과 서북 지역의 실제 상황을 결합하여 탁월한 성과가 있는 업무들을 실시했다.

첫째, 토지개혁에서 시중쉰은 서북국과 당 중앙에 섬감녕 변구 구 해방구의 토지개혁보고서를 통해 구지역, 중간지역, 신지역의 각기 다른 상황에 따른 정책 제정과 '좌'적 편향을 교정한 의견, 극좌 정서를 극복하기 위한 건의를 내놓았는데, 이는 모두 마오쩌둥의 중시

2009년 4월 4일. 장전방(張振邦)의 제사.

를 받았다. 둘째, 마오 주석의 요구에 따라 섬감녕 변구를 하나의 모범
사례로 만들어 전국의 표본이 되도록 했다. 이로써 '전국 민주화'의
정신을 추진하여 시중쉰 서기와 서북국은 민주정권을 건설하였다. 셋
째, 정확한 정책과 책략을 취해 서북 소수민족 지역에 비적 소탕과 패
권 반대를 위한 효과적인 투쟁을 벌였다. 넷째, 서북 해방을 위해 대
거 간부를 준비하였으니 이는 모든 것을 압도하는 서북국의 대사였
다. 서북의 흐름이 빠르게 변하기 때문에 혁명 대열에 투입할 훌륭한
간부가 대거 필요했다. 서북국은 능력이 뛰어나고 명망이 높은 동지
를 성급 지도자로 파견하여 재직 간부들의 사상업무 수준을 대거 향
상시키고, 청년지식인 간부를 발탁 육성하여 군대를 업무조직으로 변
신시켜 신구역에 대한 당의 건설을 강화하고 인민을 위한 복무, 군중
노선과 실사구시 교육 등 일련의 조치를 고수하였다. 이로써 서북혁
명에 대거 간부를 투입하니 시중쉰과 서북의 기타 간부들은 대서북의
혁명 승리에 큰 공헌을 했다.
　시중쉰은 업무처리 능력뿐만 아니라 일상에서도 매우 사교적이

었으며, 우리에 대해 많은 관심을 보여줬다. 당시 서북국 동료들의 사이는 매우 좋았다. 나는 농구를 무척 즐겼다. 우리가 살던 토굴 아래 운동장이 있었다. 시간이 나면 동료들과 함께 농구를 했다. 둘째는 마작이다. 당시 시중쉰이 자주 위층에서 소리를 질렀다. "장전!" "왜요?" "올라와서 마작해요." "좋아요!" 그렇게 나는 매우 즐거운 마음으로 위로 올라갔다. 그가 지도자이기 때문에 어색한 적은 없었다. 때로 쉬는 시간이면 나는 시중쉰과 옛 전우들이 노는 것을 보러 갔다. 눈도 손도 빠른 시중쉰은 이미 수를 보인 패 안에서 살며시 하나를 꺼내 큰 소리로 외쳤다. "허러(和了 : 최후의 짝맞추기가 이루어졌을 때 외침)!"

눈썰미가 좋지 않아 속임수가 있다는 것도 모르는 지도자들의 모습에서 어린아이 같은 일면을 느낄 수 있었다.

당시 업무 나머지 시간에 즐겼던 문화 활동은 제법 많았다. 남녀노소 할 것 없이 모두 춤을 출 줄 알았다. 주말이면 서북국의 한 작은 건물에 모여 춤을 췄다. 시중쉰 서기도 춤을 즐겼고, 또한 솜씨도 좋았다. 그는 자주 우리를 불러 춤을 추러 갔다. 시중쉰 서기는 매주 토요일 저녁에 춤을 췄다. 제법 오랫동안 이런 일상이 이어졌다. 건강을 위한 활동이기도 했지만, 당시 많은 중앙지도자들이 모두 이를 즐겼기 때문에 댄스장은 집회 장소가 되기도 했다. 군중이나 간부에 대한 시중쉰의 관심과 사랑이 매우 깊었고, 자연히 군중과도 좋은 관계를 유지했다.

당의 정책을 잘 파악하고 있었던 시중쉰 서기는 이처럼 혁명적 매력과 더불어 신중한 업무 태도, 간부들의 단결 유도, 겸손한 자세, 외부에서 유입된 지식인 간부들에게 대한 관심 등으로 인해 많은 동지들로부터 찬사를 받았다. 당시 그는 서북 야전군의 부(副)정치위원으로서 펑더화이를 각별히 존중했다. 두 사람은 무척 친밀했기 때문에 자연히 대사에 대해 의견이 일치하였고, 군사투쟁에서 찬란한 승리를 거두어 당 중앙으로부터 높은 찬양을 받았다.

(취재 후기: 이번 취재 방문이 끝나갈 즈음 장전방은 매우 흥겹게 우리를 위해 글을 적어 주었다. 그가 말했다. 현재 성위원회 간부로 살아 있는 사람 가운데 나이가 가장 많은 사람이 나요. 여자 동지로는 나보다 한 살 많은 여성주임이 있소. 그 동지가 93세고, 내가 92세지. 이런 역사를 발굴하고 보존할 수 있다니 정말 기쁘오. 정말 마음에 큰 위안을 받소. 하루 빨리 책이 나오는 걸 보고 싶소…….)

시중쉰 곁에서의 8년

쑨빙원

쑨빙원(孫炳文) 산서 심원(沁源) 사람. 1925년 출생. 1937년 홍군에 참가, 1938년 연안에 도착했다. 청년대장을 역임했고, 1944년부터 1952년까지 시중쉰의 경호원이었다.

편집자 주석: 쑨빙원은 시중쉰의 서북국 시절 경위원. 가장 근거리에서 시중쉰을 모신 그를 통해 서북국 기간 동안 시중쉰의 공적, 사적 생활을 이해할 수 있었다. 당시 사람들과 환경을 이해하는 데 매우 중요한 역할을 하는 인물이다.

잊을 수 없는 연안, 남니만

내 고향인 산서 심원현은 산서 중남부 지역에 속한다. 올해 내 나이 84세이다. 1937년 9월 산서에서 연안으로 가서 혁명에 참가하였으니 두 달만 더 빨랐더라면 '노홍군(老紅軍)'이 되었을 것이다(일반적으로 1937년 7월 7일 전까지). 혁명에 참가했을 당시 내 나이 13세 어린애였다. 임분(臨汾)에서 선전원을 맡았다. 키가 작아 밖에 나가면 사람들이 나를 안아서 말에 태워주었고, 쉴 때는 다시 안아서 내려주었다(웃음). 후에 누군가 내게 연안에 가라고 했다. 나는 가고 싶지 않았다. 부대에 남아 선전 업무를 하고 싶었기 때문이다. 그러자 상대방이 이렇게 말했다. "가봐. 거기 가면 마오 주석이랑 주더 총사령관도 볼 수 있어." "그래요? 마오 주석과 주 총사령관을 볼 수 있다니 가야겠습니다." 나는 이렇게 해서 연안에 오게 되었다.

연안에 도착한 후 나는 먼저 연안 항대(抗大)[1] 선전처에서 일하였고, 그후 항대에서 적의 후방으로 이동해 진찰기(晉察冀) 군구로 진입해 하북 역현(易縣), 당산(唐山)에 도착했다. 그곳에서 나는 다시 부대로 들어가 업무를 시작했다. 내가 있던 부대는 예전 양후청(楊虎城) 부대로 영화 《낭아산오장사(狼牙山五壯士)》에서 나오는 전투가 바로 우리 전투였다. 이후 나는 다시 부대를 따라 '백단대전(百團大戰)'에 참가했다. 어려서부터 부대를 따라다니며 학교는 다닌 적이 없기 때문에 글자는 별로 아는 것이 없다. 그래서 줄곧 스스로 공부를 하려 애를 썼다. 1943년 다시 연안에 도착하니 서북국 조직부에서 우리 몇 명을 선발해 먼저 남니만으로 보낸 다음 후에 서북국에 들어갔다. 당시 서북국의 주요 지도자는 가오강이었다.

막 서북국에 도착한 때는 국민당 완고파가 세 차례 반공을 부르짖던 때였다. 그들은 섬감녕 변구를 포위한 채 경제 봉쇄정책을 펼치고 있었다. 변구의 재정이 매우 심각한 상태라 옷이나 신발·양말·식용유·야채 등 먹을 것도 매우 구하기 힘들었다. 당시 이런 어려운 환경에서 마오 주석이 한 말이 있었다. 우리가 굶어죽습니까? 우리가 해산합니까? 우리가 스스로 움직여야 하지 않습니까? 굶어죽는 데 찬성하는 사람은 없습니다. 해산에도 동의하는 사람은 없습니다. 그러니 우리 스스로 움직여야 합니다. 이것이 바로 우리의 해답입니다.

당시 당 중앙, 서북국, 변구 정부의 지도하에 섬감녕 변구의 군민은 치열한 대생산 운동에 들어갔다. 마오 주석, 주 총사령 등 중앙지

---

1) 중국인민항일군사정치대학. 1936년 6월부터 섬북 와요보(瓦窑堡)에 설립되었다. 당시 '중국인민항일홍군대학'이라고 불렸다. 1937년 국공 양측이 2차 합작 방침을 확립하였고, 항일홍군대학은 연안으로 자리를 옮겨 '중국인민항일군사정치대학'이라 개칭되었다.

도자부터 간부, 병사에 이르기까지 모두 땅을 개간하고 농사를 지었다. 각 전선마다 노동 영웅과 모범적인 직원들이 끊임없이 등장했다.

1943년 초, 당 중앙과 마오 주석은 그해 먹고 입는 문제를 충족시켜야 한다고 호소했다. 변구 군민은 이에 적극 호응하여 재빠르게 생산 경쟁 붐이 일어났다. 1943년 말, 변구는 식량 자급은 물론 오히려 물자가 남아돌 정도였다. 변구 공업 역시 크게 발전하여 신발·양말·비누·치약 등 각종 일용품에 대한 기본적인 자급이 이루어졌다. 변구 군민은 물질적으로 가장 힘든 세월을 보내는 동안 국민당의 경제적 봉쇄를 뚫고 변구를 더욱 굳건하게 다진 동시에 전국 각 항일 근거지의 생산 건설에도 좋은 모범이 되어 생산 촉진의 계기를 만들어 주었다.

두 번에 걸친 마오 주석과의 만남

나는 시중쉰의 경위원으로 그와 함께 조원(棗園)에 살았다. 어느 날 나는 뜻밖에도 마오 주석을 발견하고 재빨리 그에게 인사를 했다. 마오 주석이 날 보더니 물었다. "자네, 이름이 뭔가?"

"쑨빙원이라고 합니다."

"어디 사람인가?"

"산서 심원 출신입니다."

"오, 심원 사람. 심원은 영웅의 도시, 영웅의 인민이지."

당시 직접 마오 주석을 만난데다 그와 이야기까지 나눌 수 있었다니 정말 기분이 좋았다.

시중쉰이 북경으로 옮긴 후 다음해인가 아니면 3년째 되던 해인가 정확하게 기억은 나지 않지만 내가 북경으로 시중쉰 서기를 만나러 간 적이 있었다. 당시 촬영과 과장이 내게 북경에서 기념 사진을 몇 장 찍으라고 했다. 나는 그럴 만한 여건이 되지 않는다고 했다. 사진을 찍고 인화를 해야 되었으니 말이다. 그러자 사람 좋은 촬영과 과장은 "사진을 찍고 필름을 내게 주면 내가 인화를 해주겠소"라고 말했다. 이후 필름을 주러 갔다가 또 마오 주석을 만났다. 마오 주석은 멀리서 날 발견하고 말했다. "어, 쑨빙원, 산서 심원 사람."

나는 황급히 주석에게 말했다. "벌써 몇 년이나 지났는데 절 기억하십니까?"

"내가 왜 기억을 못하겠나."

경애하는 시중쉰을 그리며

1945년 일본이 투항한 후 나는 시중쉰을 따랐다. 이러한 관계는 1945년부터 1952년까지 8년 동안 이어졌다. 구 서북국이 해산된 후에는 북경으로 가지 않았다. '문화대혁명' 후 시중쉰은 광동으로 갔고, 그후 다시 중앙에 가서 일했다. 1989년 서안에 다녀왔다. 당시 저녁에 아들이 날 데리고 인민대하로 시중쉰을 만나러 갔다. 시중쉰과 치신 동지를 모두 만났다. 정말 감동적이었다.

1947년, 후중난이 연안을 공격했다. 우리는 제1야전군을 조직하였다. 펑더화이는 사령원 겸 정치위원이었고, 시중쉰은 부정치위원이었다. 그들의 인솔 아래 우리는 1년 만인 1948년에 연안을 수복했다. 그 과정에서 일어난 두 가지 일이 아직도 가장 기억에 남는다.

하나는 반룡(蟠龍) 전투이다. 당시 이미 며칠 동안 전투를 벌였는데도 가장 높은 산꼭대기에 자리한 적을 칠 수가 없었다. 끊임없이 적기가 하늘을 빙빙 돌며 우리 곁에 폭탄을 투하했다. 나는 하늘을 향해 기관총을 갈겼다. 그 결과 정말 기관총 사격으로 하늘의 비행기를 맞혀 추락시킬 수 있었다. 후에 부대에서는 내 공을 인정해 주었다. 지금 생각하면 정말 간단치 않은 일이었다.

당시 집에 네 명이 있었다. 시중쉰은 집에 돌아와 10, 20분 있다가 다시 황급히 나갔다. 나갈 때는 우리에게 말도 안하고 나가는 바람에 경호원인 나도 그의 출입을 알지 못했다. 나는 문에 기대 보초를 섰다. 몇 날 며칠 밤을 자지 못해 계속 졸고만 있었다. 시중쉰은 나갈 때 차마 날 불러 깨우지 못했지만 돌아올 때는 나를 발로 찼다(웃음). 시중쉰은 정말 대단했다. 한 번 전투가 벌어졌다 하면 몇 날 며칠도 잠을 안 잘 수 있었다. 그의 정신력에 감동하지 않을 수 없었다.

또 하나는 정풍 운동과 토지개혁이었다. 내가 서북국에 도착한 후 정풍 운동이 시작되었다. 당시 '좌'경이 지나치게 심각하자 마오 주석이 시중쉰을 수덕지구당위원회로 보냈다. 토지개혁을 실시할 때도 '좌'경은 매우 심각했다. 빈하중농(貧下中農: 빈농과 중하농을 일컫는 말. 빈농은 반(半) 무산계급. 하중농은 중농의 일부로 자신의 노동에 의지해 살아가며 생활 수준은 일반 중농 이하이다)은 단결된 힘을 보여주는 같은 부류의 사람들이었다. 그러나 당시에는 중농도 거두었다. 양가구, 미지(米脂)에서 토지개혁회의를 했다. 시중쉰은 다시 한 번 중농 역시 한가족이라고 말했다. 모두 빈하중농을 말하지만, 중농의 물건을 빼앗아 나누는 것은 잘못된 일입니다. 마오 주석이 시중쉰의 보고를 들은 후 지시를 하달했다. 부농 지주는 타도 대상으로 철저하게 가산을 몰수하고 내쫓아야 하지만, 중농은 우리가 단결해야 하는 대상입니다. 그후 시중쉰이 토지개혁을 성공적으로 이루어내자 마오 주석은 그에게 '정책 집행의 모범(執行政策的模範)'이란 글을 써주었다. 이렇게 받은 글을 내가 가지고 돌아갔다.

시중쉰은 매우 열정적으로 일했다. 그는 사무실에 앉아 하루 종일 꼼짝하지 않고 일을 할 수 있었다. 몸도 한 번 흔들지 않았다. 후에 나는 탁구 라켓을 준비했다. 낮에 내가 쉬어야겠다고 말하면 시중쉰은 밖에서 비서와 함께 탁구를 쳤다. 꼼짝하지 않고 일만 하면 몸이 안 좋지 않습니까. 언젠가 시중쉰은 병이 났는데도 불구하고 말을 타고 나갔다. 나는 시계를 잡고 계속 시간을 살폈다. 시간에 맞춰 시중쉰에게 약을 먹도록 권했다. 그는 약을 먹으려 하지 않았고, 나는 이런 그에게 억지로 약을 먹였다(웃음).

연안을 수복한 후 나는 공부를 하러 가고 싶었다. 시중쉰은 이런 나를 가지 못하게 했다. 나는 모르는 글자가 너무 많아 연안중학을 다니고 싶다는 말과 함께 필요할 때면 언제든지 돌아오겠다고 했다. 그렇게 공부를 시작한 지 채 한 달이 되지 않아 시중쉰의 말을 보살피던 병사가 나를 부르러 왔다.

1949년 6월, 새로운 중공중앙서북국이 조직되고, 시중쉰은 제3서기에 임명되었다.

7차 2중전회 때문에 서백파에 가야 하는데 나랑 같이 가고 싶다는 이야기였다. 당시 우리가 탄 자동차가 산서 평요(平遙)를 지날 때였다. 나는 감동하여 이렇게 말했다. "저기가 우리 집이에요. 저 산에 살아요. 올라가면 바로 우리 집이 있어요."

부대에 들어간 후 오랫동안 집에 가본 적이 없었다. 당시 우리와 함께 있던 허룽이 말했다. "좋아. 돌아올 때 집에 한 번 가보지." 나는 흥분이 되었다. 너무 감동적이었다. 서백파에서 회의를 마치고 먼저 석가장에 갔다가 천진에 갔다. 천진시위원회 서기가 방송용 커다란 나팔과 함께 큰 트럭을 내줬다. 이 물건들을 가지고 서북국으로 돌아가려면 집에는 가지 못할 상황이었다. 물건들을 연안에 가져다 놓은 후 집으로 돌아가야 했다. 그런데 뜻밖에도 연안으로 돌아간 다음 날 그가 내게 집에 한번 다녀오라고 하더니 말을 돌보는 병사를 시켜 집에 데려다 주도록 했다. 나는 그 사람의 나귀에 올라 연안에서 산서 평요까지 이틀을 넘게 갔다. 집에 거의 도착했을 때, 나를 데리고 가던 병사에게 말했다. "이제 됐어요. 이 산만 넘으면 도착합니다."

不为名、为利
全心全意为
民

孙炳文
09. 8. 23.

나는 그렇게 집으로 돌아갔다. 집에 돌아가자 식구들이 고향에서 내 아내 될 사람을 물색했다. 집을 나간 후 십여 년 동안 심지어 수십 년 동안 집에 돌아오지 않으니 이렇게 결혼을 해두면 자주 집에 돌아올 거라는 이야기였다. 이렇게 나는 결혼을 했다. 결혼 이후 1949년 6월 서안은 해방이 되었지만, 나는 연안으로 돌아가지 않고 직접 서안 옹천으로 갔다. 어느 날 펑더화이 총사령관을 만났다.

"여기에 있지 말고 난주(蘭州)로 돌아가게. 그곳에 부대가 있으니 그곳에 가서 공부하게."

나는 아이랑 가족이 이곳에 있다고 말했다. 그는 그럼 그냥 이곳에 있으라고 했다.

시중쉰의 가르침이 내 일생을 함께하다

시중쉰은 부하들의 업무나 일상 모두에 깊은 관심을 가졌다. 그러나 지인들이 사사로운 이익을 위해 그를 이용하는 것은 용납하지 않았다. 시중쉰은 모든 군중을 공평하게 대했다. 서안 건국로 옹천에 있던 시절, 서북문예공작단 젊은이들이 서북국으로 그를 보러 갔다. 그가 자리에서 일어나며 "군중에게 물을 따라줘야지"라고 말했다. 그는 보온병을 들고 한 잔 한 잔 물을 따라주었다. 지도자의 권위는 내려놓은 채 정말 편하게 사람들을 대했다. 이 역시 나는 깊은 인상을 받았다.

평소 시중쉰이 내게 뭔가 도와줄 일이 없느냐고 물으면 나는 그냥 없다고 말했고, 그러면 그는 더 이상 말을 꺼내지 않았다. 당시 내 머릿속에는 명예와 이익을 좇지 않고 오로지 인민을 위해 일한다는 생각뿐이었다. 이는 류사오치(劉少奇) 동지가 쓴 《공산당원의 수양에 대해 논하다》라는 글에서 나온 내용이었다. 나는 이 말을 계속 기억하고 있었기 때문에 지금까지도 내 자신이나 명예, 사욕을 위하는 것은 불가능하다고 생각한다. 1952년 서북국이 문을 닫은 후 당시 인사 담당 리완춘(李萬春)이 내게 몇 급의 임금을 줄까 물었다. 나는 알아서 달라고 했다. 이후 나는 우리의 경우 가장 낮은 급수가 18급이란 것을 알았다. 18급이라면 얼마인가? 리완춘은 내게 92위안이라고 말했다. 후에야 나는 내가 일을 일찍 시작했기 때문에 가사부담금으로 100위안이 주어진다는 말을 들었다. 하지만 나는 그 돈을 요구할 수 없었다. 1949년 6월이 되자 동천(銅川)에 새로운 중공중앙서북국이 조직되었다. 시중쉰 동지가 세번째로 서기가 되었다.

서안은 언제나 모두 18급이었다. 나는 한 달 90위안 조금 넘는 월급으로 아홉 식구를 이끌어 갔다. 노인이 세 명, 아이가 네 명이었다. 1954년 서북국이 문을 닫았다. 공급제 시대였지 않는가. 후에 새로운 정책이 출범하였다. 아내 혼자의 월급으로는 자녀들을 키울 수가 없었기 때문에 나는 보계(寶鷄)로 가서 2년 동안 일했다. 보계에서 노동 개조 일을 한 후, 다시 동천으로 가서 20여 년을 일했다. 1981년 마원루이가 나를 서안으로 불러 계속 일을 한 다음 퇴직해서 집에 있다.

서북국 시절은 평생 잊을 수가 없다. 특히 시중쉰을 모셨던 8년의 시간은 가장 자부심이 느껴지는 세월이었다.

서북국 – 내 일생의 아름다운 기억

사오지야오

사오지야오(邵繼堯) 1927년 출생. 요녕성 서풍시(西豊市) 출신. 1947년에서 1949년 초까지 길군구(吉軍區) 1분구, 북악(北岳)군구 3분구 성시공작부(城市工作部) 지하조직에서 일했다. 그 사이 중국공산당에 가입했다. 북경 해방 초기 화북대학에 들어갔고, 수료 후 중앙조직부에 '서북간부대대'가 성립되자 서안으로 파견되어 서북 5성 민주 개혁과 건설에 참여했다. 그후 서북국 정책연구실에 파견되어 연구 업무를 했다. 1954년 12월 서북국이 문을 닫은 후 계속 서북대학에서 교편을 잡고 있다가 일본 경도대학 등 해외 고등교육기관에서 객좌교수로 일했다.

편집자 주석: 서안에서 취재를 하는 동안 사오지야오 교수와 그 아내는 우리들을 데리고 직접 연로한 동지들을 일일이 함께 방문했다. 심지어 순조로운 취재를 위해 우리보다 먼저 길을 알아보기도 했다. 노인의 사심 없는 이런 봉사에 우리는 태만할 수가 없었다. 그들의 애정에 보답을 할 수 있는 길은 그저 있는 힘껏 이 책을 잘 만드는 길뿐이었다.

내 인생은 굴곡이 매우 많았다. 행복한 시절도, 고난의 시절도 있었지만 전체적으로 보면 매우 만족스러웠다. 특히 서북국 시절은 내 인생에서 가장 아름답고 가장 충실했던 날들이었다. 지도자들의 관심과 동료들의 도움은 잊을 수가 없다. 당시를 떠올리면 지금도 행복한 기분에 젖어든다.

긴장과 억압 속의 학생 시절

　나는 산동이 고향이다. 아버지대에 모든 가족이 동북으로 이주하였다. 나는 동북에서 초등학교, 중고등학교와 대학을 나왔다. 모두 일본 통치 시기였다. 이후 항일전쟁이 승리로 끝난 후 국민당이 동북 지역을 접수하고 사람을 대거 동북으로 보내 관리하였다. 당시 국민당은 동북에 파견한 사람들을 접수대원(接收大員)이라 불렀다. 하지만 나는 그를 '겁수대원(劫收大員)'라 바꿔 불렀다. 지역에 도착한 후 그들이 그 즉시 약탈을 시작했기 때문이다. 첫째가 서양식 건물, 둘째는 미녀, 셋째는 금괴였다. 그렇게 '겁수대원'들은 세 가지 약탈을 일삼았다.

　당시 나는 그들의 이러한 행동을 도무지 이해할 수가 없었다. 어떻게 백성들을 이런 식으로 대할 수 있을까? 그들은 일본으로부터 이미 14년 동안 괴로움을 당하지 않았는가. 그런데 이런 식이라니 모두 반감이 이만저만이 아니었다. 국민당 군대가 막 심양에 도착했을 때 우리는 자신의 면이불, 면옷으로 부상자들을 덮어주었다. 정말 나라가 해방이 되었고 강성해졌다고 생각했다. 그러나 이후의 느낌은 마치 늑대떼가 물러가니 호랑이 한 마리가 온 것 같았다. 이러한 경험으로 인해 나는 두말할 것도 없이 이후 공산당에 가담했다. 1947년, 나는 당 지하공작에 참가했다.

　1948년, 장쉐량이 세운 동북대학이 북평으로 이전을 하려 했다. 당시 국민당은 고압통치를 실시하고 있었고, 대학에 겨울캠프를 열어 전교 학생들의 참가를 요구했다. 사실 이는 교육을 통해 국민당 말을 듣는 조직을 만드려는 의도였다. 이후 한 학생이 도망을 가려는 사건이 발생했다. 국민당의 추시춘(楚溪春)이라는 관리가 이를 알고서 이를 악물며 말했다. "내가 너희들을 뿌리째 뽑아 버리고 말 테다." 그는 체포, 감금, 처형으로 이어질 거라고 선포했다. 이것이 바로 그가 말한

1949년. 옹촌 언덕에서 사오지야오(邵繼堯).

뿌리째 뽑는다는 말의 의미였다. 이 때문에 학생들은 모두 학교 이전을 반대했다. 이 상황을 파악한 나는 내 직속상관인 요길(遼吉)군구 제1군 분구 성시공작부 부장인 니쉐위안(倪學員)에게 이를 보고했다.

성시 공작부에 보고를 올리자 그가 날 심양으로 호출했다. 심양에서 돌아온 나는 그의 지시를 하달했다. 지시 내용은 단 한마디였다. 그들이 학교를 옮기는 곳까지 따라가 그곳에서 투쟁하라. 지시를 전달한 후 나는 북평으로 갔다. 북평에 도착한 후의 나의 신임 지도자는 3분구 성시공작부 부장인 펑페이즈(馮培之)였다. 당시 나는 낮에는 학교에서 공부하고, 밤에는 지하활동을 하면서 매우 긴장된 시간을 보냈다.

최근 TV에서 방영한 《전북평(戰北平)》을 봤는지 모르겠지만, 나는 이 프로그램을 보고 무척이나 감동했다. 어떤 장면들을 보면서는 눈물이 주르륵 흘러내렸다. 투쟁이 매우 치열하게 벌어졌는데, 그 중 전선 한 곳은 지하공작이 이루어지던 곳이었다. 사실 당시 지하당의 힘은 매우 막강했다.

일본 통치 시기와 이후 국민당 통치 시기에 대한 인상은 매우 억압적이었다는 것이다. 바로 과거의 이러한 억압당한 경험이 있었기 때문에 이후 나는 적과 투쟁을 하게 되었다.

유쾌한 서북국 근무 시절

1949년 2월 3일 북평이 해방된 후, 동북대학이 심양으로 옮겨갔다. 심양에서는 내가 돌아와 주길 희망했지만 북경 쪽에 처리해야 할 일이 있었다. 이후 나는 화북대학에서 강의를 했다. 당시 서북국에서는 학생들을 동원해 서북 업무를 했다. 화북대학에 와서 사람을 요구하자 세 학교에서 모두 2100여 명이 서북간부대대를 결성하여 1949년 여름에 북평을 출발하여 서안으로 향했다.

　　서북간부대대는 모두 세 대대로 나뉘었다. 제1대대장은 허짜이(何載), 제2대대장은 추이광(崔光), 제3대대장은 장시바이(蔣錫白)였다. 당시 나는 제3대대 제2중대 지도원을 맡았다. 이렇게 학교 간부로서 학생들을 호송해 서북국으로 갔다. 서안에 도착하자 조직에서는 나를 떠나지 못하게 했다. 당시 나 역시 어차피 그곳에 내가 할 일이 있으면 된다고 생각했다. 이후 회족 대대가 성립되어 내게 그들과 이야기를 나누고 생활하면서 그들을 지도하라는 임무가 내려졌다. 그리고 다시 나는 서북국 정책연구실에 배정되었다. 당시 정책연구실은 농촌과 도시과·자료실 등 세 개의 업무로 나뉘어졌다. 그 중 농촌팀이 크고, 도시팀이 비교적 작았다. 황즈(黃植) 동지는 정책연구실 주임을 맡았다. 사실대로 말해 당시에는 아직 서북국이라는 것이 무엇인지 몰랐으며, 후에 그들로부터 서북국이 지도기관이라는 것을 듣게 되었다.

　　서북국에 도착한 후 나는 내 자신이 변한 것 같았다. 긴장되고 억압받던 시간들이 지나간 후 서북국에서 일하던 시간은 정말 기쁨이 넘쳤다. 서북국에 도착한 이후 마치 세상도 밝아지고 넓어진 것 같았다. 마음도 편안해졌다. 아마도 주변 동료들, 지도자들이 너무도 좋았기 때문일 것이다. 시중쉰 서기, 황즈 주임 및 다른 동료들도 모두 선했다. 그들은 모두 하나의 공통된 이상을 가지고 있었으니 바로 열심히 노력하며 일하고 조국을 위해 공헌하도록 했다. 당시는 삶이 무척 단순했다. 그렇기에 나도 매우 즐겁게 보냈다. 이런 환경에서 어찌 마음이 편하지 않을 수 있겠는가? 지쳐 죽어도 좋을 일이다. 선비는 나를 알아주는 이를 위해 죽는다고 하지 않았는가?

경애로운 시중쉰을 돌이켜보며

시중쉰은 언행일치의 인물이었다. 그는 부하직원을 사랑으로 대했다. 그의 경위원이나 당직자들 모두에게 관심을 가졌으니 일반 백성들에게는 더 말할 것이 없었다. 과거, 이런 일이 있었다.

시중쉰은 아침에 방송을 듣는 습관이 있었다. 어느 날 방송에서 17세 된 아이가 총살형에 처해질 것이라는 소식을 듣고, 곧바로 비서 장즈궁에게 어서 가서 마시우(馬錫五)를 불러 오도록 했다. 마시우는 당시 서북5성 최고인민법원 원장이었다. 마시우가 도착하자 시중쉰은 조금 전에 들었던 방송 내용에 대해 물은 후, 마시우에게 이렇게 말하였다. 그 애가 무슨 죄를 지었습니까. 겨우 열일곱 나이에 총에 맞아 죽어야 하다니, 이는 사람의 목숨과 관련된 매우 중요한 상황이 아닐 수 없으니 당장 조사해 보도록 하시오. 후에 내용을 정확하게 조사한 후 아이는 석방되었다. 당시 한 아이에 대한 법적 처벌, 그것도 처형을 해야 하는 상황에서 이에 대한 정확한 조사를 지시한 시중쉰을 통해 우리는 그가 모든 사건에 깊은 관심을 가지고 있으며 매우 철저하다는 것을 알 수 있었다.

시중쉰은 주민들의 생활에 항상 큰 관심을 가졌다. 언젠가 시중쉰이 경호원도 대동하지 않은 채 주변을 돌아보러 나갔다. 웅촌에 살았던 그는 웅촌 남쪽 성벽 아래까지 돌아보았다. 하남 지역에서 재해를 피해 들어온 난민이 성벽 자락에 토굴을 파고 살고 있었다. 그는 난민들의 모습에 마음이 괴로웠다. 경호원은 서기가 보이지 않자 마음이 초조해졌다. 나중에 시중쉰을 찾고 보니 그가 성벽 자락에 쪼그리고 앉아서 난민들의 상황을 알아보고 있었다.

1949년 2월 19일, 서북국 정책연구실 동지 합동 기념 사진.

시중쉰은 민관(民官)이다. 어떤 이들은 이를 '복무원'이라고 부른다. 민관이라고 부르든 복무원이라고 부르든 시중쉰은 매우 공경할 만한 지도자이다.

서북국 시절 토요일마다 댄스파티를 열거나 영화를 봤다. 당시 우리 문화 생활의 전부였다. 댄스파티 때마다 우리는 시중쉰의 열정적인 모습을 볼 수가 있었다. 당시 나는 서기가 어떻게 저리 춤을 좋아할까 조금 이해가 가지 않았다. 몇 번이나 댄스파티에서 시중쉰이 남녀노소와 어울려 함께 춤을 췄고, 그 어느 누구의 초청도 거부하지 않고 함께 춤을 추며 이야기를 나누는 모습을 발견했다. 그제야 나는 그가 춤을 추고 있는 것처럼 보이지만 사실은 편안한 일상의 모습으로 군중의 상황을 이해하고 있다는 사실을 알고 깊은 감동과 가르침을 받을 수 있었다.

시중쉰은 간부들에 대한 요구가 매우 엄격하면서도 또한 간부들의 생각을 존중했다. 내가 공장에 파견되어 조사 연구를 한 적이 있었다. 현 보계 부근 채가파(蔡家坡) 방직공장이었다. 방직공장의 당위원회 서기, 공장장이 모두 나와 접대하며 요구 사항을 물었다. 내 요구는 다음과 같았다. 첫째, 내가 이곳에 온 목적은 학습이다. 둘째, 나를 서북국에서 왔다고 소개하지 마라. 이 두 가지 부분에 대해 협조를 요청했다. 그들은 흔쾌히 요구를 받아들였다. 나는 곧바로 작업장, 연구실을 돌아다니며 노동자들과 어울려 그들의 상황을 파악하는 한편 그들에게 배움을 얻기도 했다. 후에 나는 당시 알게 된 상황을 바탕으로 조사연구보고서를 작성했다. 보고서를 제출하자 황즈 주임은 훌륭한 보고서라고 칭찬하며, 이를 시중쉰 서기에게 제출하도록 했다. 시중쉰 서기가 보고서를 다 읽은 후, 장즈궁 비서를 불러 보고서를 작성한 사람이 누구인지 알아보도록 했다. 당시 나는 황즈 주임과 함께 다른 두 동지와 코린트 게임을 하고 있었다. 우리가 가장 즐기던 게임이었다. 춤을 출 줄 몰랐기 때문이었다. 그때 장즈궁이 나타나 보고서 작성자를 물었다. 황즈 주임이 막대기로 나를 가리켰다.

시중쉰 서기에게 가자 그가 보고서 중 한 곳을 가리키며 그 부분이 확실치 않다고 말했다. "괜찮은데요. 그냥 놓아둬도 될 것 같습니다"라고 대답하자, 시중쉰 서기는 몇 번 더 훑어본 후 내 의견을 받아들였다. 그리고 이를 중공중앙에 올린 다음 다시 중앙에서 전국 각지에 배포했다. 당시 보고서의 제목은 〈서북국의 공업기업 민주개혁에 대한 의견〉이었다. 당시 보고서가 정식으로 배포된 후 나는 매우 만족했다. 보고서가 중앙에 올라갔기 때문이 아니라, 시중쉰 서기가 이런 작은 부분까지 진지하게 살피고 뭔가 모호한 부분이 발견되면 곧바로 이를 대조하도록 했기 때문이다. 보통 그 정도 높은 지도자라면 어쨌거나 서북국 이름으로 작성된 것이니 그렇게 사소한 일까지 관심을 기울이지 않기 때문이다. 나는 큰 감동을 받았다. 이런 지도자 밑에서 일을 한다는 것은 대단히 즐거운 일이다. 이는 내게 매우 큰 격려가 되었다.

시중쉰 서기를 포함한 서북국 지도자들의 최대 특징은 매우 안정적이고 건실하다는 것이었다. 제1의 덕목이었다. 대충 건성으로 처리하는 일은 있을 수 없었다. 당시 서북의 상황은 매우 복잡했다. 민족 문제, 상공업 기업 및 자본가 등 여러 가지 문제가 많았다. 특히 민족 문제의 연구에 시중쉰 서기는 많은 작업을 했고, 현저한 성과를 거두었다.

처음 나는 민족 문제에 대한 시중쉰 서기의 행동이 잘 이해가 가지 않았다. 판첸 어얼더니(額爾德尼)가 북경 회의에 참석하러 갈 때였다. 도중에 서안에서 그가 내렸는데, 시중쉰 서기는 서북국의 관련 부서에서 영접을 나가도록 하는 한편 서북국에 머물도록 했다. 당시 나는 시중쉰 서기가 그를 왜 이렇게 접대하는지 알 수가 없었다. 나중에야 나는 그가 민족의 단결을 매우 중요하게 생각하고 있다는 것을 알게 되었다. 이 민족 문제는 상층의 통일전선 업무로 따로 다루어야 했다. 모든 민족 문제와 마찬가지로 대해서는 안 되는 일이었다. 마훙쿠이나 마부팡처럼 일도 제대로 못하는 완고한 인물, 극단적으로 반동적인 대상에 대해서는 절대 용서가 없었고 단호하게 처리했지만 희망적인 인물을 단결시키는 데는 최선을 다했다. 청해의 한 부락 우두머

리로 샹첸이란 자가 있었다. 시중쉰 서기는 그에게 회유와 압박의 수
단을 번갈아 가며 사용한 결과 결국 그를 회유할 수 있었고, 그 영향
력은 매우 대단했다. 이후 시중쉰 서기는 중앙에서 통일전선업무를
분리 담당했고, 매우 많은 공적을 쌓았다. 이처럼 정확히 전체 상황을
이해하고 있는 그의 모습에 나는 많은 것을 터득할 수 있었다.

시중쉰은 간부를 사랑하고 군중 깊숙이 들어가 자리했다. 장즈
중은 국민당 간부로 마지막에는 시중쉰 서기와 좋은 친구가 되었다.
시중쉰 서기가 억울한 누명을 입었을 때 장즈중이 매년 그를 찾아가
새해 인사를 했다. 장즈중뿐만이 아니라 많은 이들, 국민당 상층 인물
들까지도 그와 왕래가 있었다. 시중쉰이 포용력이 매우 넓은 인물임
을 느낄 수 있었다.

서북국의 기타 지도자들을 회상하며

서북국 정책연구실 성시조(城市組, 도시팀)는 업무가 매우 번잡
했다. 기본적으로 세금, 상공업 기업 개조 등 도시와 관련 있는 일은
모두 내 담당이었다. 업무 스트레스가 많고 일하는 시간도 불규칙적
인데다 생활 여건도 그리 좋지 않아서 위 질환을 얻게 되었다. 평소에
는 그래도 괜찮지만 여름만 되면 증상이 재발했다. 언젠가 더운 여름
날 회의를 하는데 사람은 많은데 에어컨도 없이 선풍기만 틀어 놓으
니 별 효과가 없었다. 결국 채 20분도 되지 않아 위가 거북해지기 시
작했고, 급기야 구토증이 일어났다. 그때 우리 쪽에서 임시로 조사팀
일을 맡고 있던 푸안슈(浦安修), 즉 펑더화이 총사령관의 부인이 나를
보고서 곧바로 사람을 시켜 병원에 보냈다. 당시 마침 펑 총사령관이
도원으로 전투를 나갔기 때문에 총사령관의 차를 불러 나를 중심의
원, 지금의 이원(二院)에 바래다 주어 위 질환을 치료할 수 있었다.

푸안슈 동지는 매우 좋은 사람이다. 우리 젊은이들에게 많은 사

연안 조원(棗園)에서 펑더화이(彭德懷)와 그의 부인 푸안슈(浦安修).

랑을 베풀어 주었고, 펑더화이 총사령관에게도 좋은 아내였다. 시중
쉰이 국무원 부총리가 된 후 얼마 안 있어 펑 총사령관이 한반도 전쟁
에서 돌아와 마오 주석에게 업무를 보고했던 자리가 기억난다. 시중
쉰 서기는 쉬는 시간에 푸안슈에게 연락을 넣어 곧바로 북경행 비행
기를 타도록 했다. 우리는 시중쉰의 모습에 아마 급한 일이 있는가 보
다고 생각했다.

시간이 흐른 후에야 나는 시중쉰이 펑 총사령관 부부를 빨리 만
나게 하기 위해 신경을 썼다는 사실을 알게 되었다. 펑 총사령관은 아
내를 보자마자 물었다. "어쩐 일이에요?"

푸안슈가 말했다. " 시중쉰 서기님이 중요한 일이 있다고 오라고
했어요."

펑 총사령관이 말했다. "어서 돌아가요."

푸안슈는 이렇게 곧바로 다시 서안으로 돌아갔다. 당시 나는 간 지 얼마 안 된 사람을 왜 또다시 불렀는지 이해가 되지 않았다. 나중에 이 일의 전후 사정을 알게 된 나는 동료들에 대한 시중쉰 서기의 배려가 얼마나 깊고, 또 대학 우등생이었던 푸안슈가 선량하고 이해심이 많다는 것을 알게 되었다.

서북국 시절 내게 많은 도움을 주었고, 또한 내가 많은 영향을 받았던 인물이 한 사람 있다. 바로 정책연구실 주임 황즈다. 황즈는 업무에 관해 나를 채근하였고, 그 과정을 통해 나는 성장할 수 있었다. 정말 감사해야 할 일이다. 때로 나는 황즈의 아들인 샤오우(小伍)에게 이렇게 말했다. "아버지는 정말 정이 깊었어. 부하한테도 마치 가족처럼 대하셨으니 말이야. 난 지도 선생이 많이 있지만, 그 중 가장 깊은 영향을 준 사람은 바로 너희 아버지야. 황 주임님은 내 능력을 키워 주었을 뿐만 아니라 사람이 되는 법을 가르쳐 주셨어."

이처럼 부하를 사랑하는 노 간부들의 모습은 정말 감동적이었다. 서북국이 문을 닫기 전 황 주임 등은 북경으로 돌아갈 예정이었다. 당시 나는 적대 세력인 중국 내 특무로 의심되어 조사를 받고 있었다. 황 주임이 날 찾아와 말했다. "샤오(邵)! 대구(大區)가 철수한 건 알지? 우린 먼저 북경으로 돌아가 있겠네. 자네는 아직 일이 좀 있으니 그들 말에 분명하게 대답을 해주게. 그리고 북경으로 돌아와. 기다리겠네."

그의 말은 내게 큰 믿음이 되었다. 그는 내가 특무라고 믿지 않았기에 이런 말을 하지 않았겠는가. 그가 내게 그 사람들 말에 잘 대답을 하라고 했다. 물론 당시 나 역시 어찌된 일인지 영문을 알 수 없었다. 나는 그저 업무만 알았을 뿐이다. 나는 지금까지도 서북국 정책연구실에서 황 주임이 얼마나 큰 역할을 했는지 잘 알고 있다. 나는 그가 서북국의 두 눈이었다고 생각한다.

'문화대혁명' 기간의 우여곡절과 수확

시중쉰 서기는 정말 강인한 사람이다. '문화대혁명' 기간에 억울한 일을 많이 당하며 그는 건강에 많은 신경을 썼다.

그가 말했다. 사람이 건강하지 않으면 일을 잘할 수가 없습니다. 삶도 행복하지 않습니다. 낙양의 트랙터공장에 하방되었던 기간 동안 그는 매일 아침, 저녁으로 두 번 수십 리를 걸었다. 후에 서안의 조반파들이 시중쉰 서기를 낙양에서 서안으로 끌고 와 비판 투쟁을 가하며 10㎥도 되지 않는 작은 공간에 가두었다. 당시 할 수 있는 일이 없었던 그는 방 안을 걸어다녔다. 앞을 향해 1만 보 걷고 나면 뒤로 다시 1만 보를 걸었다. 이러한 제자리걸기는 매일 반복되었다. 시중쉰 서기가 서북대학에 잡혀왔을 때 나 역시 갇힌 몸이었지만 시중쉰 서기가 있는 곳에서는 멀리 숨어지냈다. 이유가 무엇인가? '외국의 특무'라는 내 죄명이 시중쉰 서기에게 영향을 줄지도 모른다는 우려에서였다. 시중쉰 서기 아래에서 일을 했기 때문에 나는 그저 단순하게 나 때문에 시중쉰 서기까지 수난을 당하지나 않을까 하는 걱정뿐이었다. 그런 일이 벌어진다면 그 뒷일은…… 생각만 해도 끔찍했다. 나는 어떻게 되든 상관이 없었다. 하지만 시중쉰 서기에게 무슨 일이 일어난다면 어찌한단 말인가? 정말 긴장이 되었다. 과거 지하업무를 할 때나 마찬가지였다. 그런데 결국 시중쉰 서기는 매우 강인하게 이 모든 것을 버텨내고 완벽하게 명예회복이 되었다.

당시의 내 처지는 정말 암울했지만 나름대로 수확도 있었다. 서북국이 문을 닫은 후 심사팀이 결성되어 서북 5성 200여 명이 심사를 받았다. 정법간부학교에서 심사를 받는 동안 그들은 우리에게 학습을 시키며 서북국 사람들이니 우리끼리 조직을 만들라고 했다. 우리에게는 수업을 해주기가 곤란하다는 말이었다.

이후 이론연구조가 결성되었고, 그곳에서 나는 조장을 맡았다.

먼저 내 자신에 대한 검토를 했지만 정말 이렇다 하게 해명할 문제가 없었다. 이후 그들이 내게 죄명을 하나 씌웠으니 바로 내가 일본에 적을 둔 미국 특무이며, 내 상급자가 루커난(陸克楠)이라 했다. 이후 '미국 특무'라는 죄명은 26년을 따라다녔다.

심사가 끝나갈 무렵 그들은 아무렇게나 대충 결과를 정리해 위에 보고했다. 나는 '문제가 큰 사람'에 속했기 때문에 자오소우이(趙守一)에게 보고되었다. 그는 서북국 선전부 처장으로 이후 중공중앙 선전부 상무 부부장이 되었고, 성위원회 서기를 맡기도 했다. 그는 자료를 훑어본 후 불충분하다고 여겼는지 재조사를 하도록 지시했다. 재조사 이후 나는 서북대학 쪽으로 적을 옮겼고, 이에 대한 그럴싸한 이유가 주어졌다. "서북대학으로 가게. 노 간부들이 많이 있잖나. 자네도 겸사겸사 그곳으로 가면 되겠군."

나는 그것도 일리가 있다고 생각했고, 이렇게 해서 서북대학에 가게 되었다.

이렇게 우여곡절을 겪었지만, 당시 20여 년 동안 얻은 것도 있으니 그것으로 만족한다. 심사가 20여 년 동안이나 이어졌으니 괴로운 것이 마땅하다. 그러나 반면에 그렇다고 그 기간 동안 아무것도 안한 것은 아니었다. 얻은 것도 많이 있었다.

심사를 받는 동안 나는 여러 가지 일을 했다. 두부도 만들고, 간장도 만들었다. 당시는 궁핍했던 시기라 두부를 만들라는 지시를 받았는데, 그 결과 내가 만든 두부가 서안에서 1등으로 뽑혔다. 원래 서북대학은 두부 작업장 수준이 별로였고, 서안교통대학이 일등이었다. 그런데 나는 마지막에 교통대학보다 더 나은 두부를 만들었다. 당시 내게는 여러 가지 방법이 있었다. 모두 내 스스로 생각해낸 방법이었다. 두부를 갈고 난 후에 나오는 자투리로 간장 담그기를 시도했는데 결과는 성공이었다. 당시 서북대학처장 한 사람이 내가 만든 간장을 보고 맘에 들어하며 내게 더 많은 간장을 담그도록 재촉했다. 그 기간에 나는 두부측정기를 만들었다. 당시 기술에 대해서도 문외한이고 돈도 없었기 때문에 서북대학 화학실험실 사람들 중 기술이 있는 사람들 몇 명을 찾아가 그들에게 내 생각을 말하였다. 그들은 낡은 설비를 이용해 내가 말한 기기를 만들어 주었다. 두부를 기기에 넣으면 수분 함량이 측정되었다. 그밖에 비지 안에 어떤 성분이 돼지 사육에 좋다고 해서 돼지사육장도 만들어 돼지사육사가 되었다. 돼지들은 비지를 좋아했고, 모두 포동포동 살이 쪘다.

당시 고기를 사는 사람들은 살코기보다는 비계가 많은 고기를 샀기 때문에 서북대학에서 생산하는 돼지고기는 인기가 좋았다. 막 심사를 받기 시작한 처음 몇 년 동안은 도무지 영문을 모르겠고, 그저 고통스럽기만 했다. 그렇지만 이후 24년은 즐거움이 무궁무진했다. 지금은 아무런 원망도 없다. 당시 나이 든 영도자들, 동지들, 지도자들 모두가 그런 고통을 겪었는데 내 처지가 뭐 대수겠는가. 나는 만족한다. 26회에 걸친 심사는 내게 최대의 재복을 가져다 주었다.

1956년 서북대학에 온 후 1980년 5월 14일이 되어서야 나는 명예회복을 할 수 있었다. 명예회복을 한 후 여름방학에 북경에 갔다. 펑페이즈 부장을 만나자마자 그가 내게 말했다.

"아이고, 왕군, 정말 잘 왔네. 여기 부서 두 곳을 하나로 합쳤는데 마침 간부가 필요해. 부서 몇 곳에 사람이 부족해. 생각해 보게."

나는 그저 어리둥절할 뿐이었다. 도무지 갈피를 잡을 수가 없었다. 펑 부장이 말했다. 자네 일은 잘 알고 있네. 자네랑 자네 아내, 아이들까지 온 가족이 돌아왔네. 우리 쪽에 정말 간부가 필요해. 빨리 생각해 보고 알려주게. 내가 바로 인사 이동 서류를 보내겠네. 내가 말했다. 펑 부장님, 이처럼 절 믿어주셔서 감사합니다. 한데 제가 북경에 펑 부장님을 만나러 온 이유는 이게 아닙니다. 그냥 뵙고 싶었어요. 그때 절 잘 보살펴 주셔서요. 제 아내는 아직 서안에 있습니다. 아내랑 상의해 보겠습니다. 돌아간 후 나는 아내와 의논을 했다. 마음

2009년 4월 10일, 샤오지야오와 부인 아이리핑(艾力平). 샤오지야오와 아이리핑의 제사.

속으로야 얼마나 옛 지도자 곁으로 가서 일을 하고 싶었겠는가. 하지만 아이들의 학업 문제도 그렇고, 당시 일본에 학교 교류로 인해 학술 강의 일도 있고 해서 결국 일본을 가기로 결정했다.

이렇게 나는 객좌교수로 일본에 갔다. 이후 학교 총장의 도움으로 두 주가 채 안 되어 아내도 일본에 왔다. 그후 다시 아이들도 일본으로 유학을 왔다.

퇴직 이후의 생활

65세에 퇴직한 후 조금 삶이 수월해졌다. 1985년 일본에 객좌교수로 갔다가 돌아온 후, 다시 일본 교토대학에 가서 외국 국적의 연구원 생활을 했다. 서북대학 제1일어과는 내가 만든 것으로 이를 위해 많은 노력을 기울였다. 사람들의 협조로 이 일을 완성한 셈이다. 학생들도 매우 열심히 노력했다. 나는 청년들을 정말 좋아한다. 일본 유학생 가운데 일본대학 총장 비서가 된 친구도 있다. 매우 우수한 청년으로 정말 만족스럽다.

나는 일본에서 10여 년을 일했다. 주로 일본의 학술적 환경과 조건을 통해 우리 일을 했다. 내 주요 과제는 중국의 거시, 미시경제의 수요를 중심으로 과제를 수행하는 것이었다. 또 하나가 바로 '조화로운 사회'이다. '조화로운 사회'는 매우 좋은 이념으로 중국 문화 전통에 부합되는 개념이다.

이번에 돌아와 보니 우리가 이 일을 하길 정말 잘했다고 생각한다. 얼마 남지 않은 시간 동안 서북국의 옛 지도자들, 동료들과 연락하여 이야기도 해보고 기념이 될 만한 것도 남겼으면 한다. 생존해 있는 서북국 동지들이 별로 많지 않으니 이 일은 정말 의미가 있다.

시중쉰 서기를 그리며
마수팡

마수팡(馬淑芳) 서북국 속기처 속기원이다. 시중쉰 등 지도자 동지들을 따라 여러 차례 중요한 회의에 참석하였으며, 주로 지도자 발언을 기록하고 정리하는 책임을 맡았다.

편집자 주석: 마수팡은 이번 우리 취재 방문에서 처음부터 정말 만나고 싶었던 인물이지만 찾는 데 고생이 많았다. 이후 장커, 장위잉 부부의 소개로 다행히 그를 만날 수 있었다. 마수팡은 서북국 속기실의 일원으로 주로 지도자의 발언을 기록하고 정리하는 일을 책임졌기 때문에 우리에게 그 시기 시중쉰의 주요 업무에 대해 이야기해 주었다.

서북국은 1940, 50년대 초기에 속기실을 설치했다. 10여 명의 속기원이 지도자들의 발언을 기록했다. 나도 그 중 한 사람이었다. 당시 지도자들의 발언은 원고가 없었다. 그저 간단한 요강만 있었던 때라 전체 내용은 속기원의 기록 정리에 의존할 수밖에 없었다. 이에 나역시 자주 시중쉰 서기 등 서북국의 지도자들을 접할 수 있었다.

통일전선 공작에 뛰어났던 시중쉰 서기

당시 시중쉰은 서북국의 제3서기였다. 펑더화이 총사령관이 전체 업무를 책임지고 있었지만 서북 군정위원회 업무에 치중하고 있었

1948년 서북국에서. 속기원 마수팡(馬淑芳, 오른쪽), 장스잉(張士英).

기 때문에 서북국의 주요 업무는 시중쉰 서기 몫으로 어깨가 무거웠다. 시중쉰 서기의 발언은 통속적이며 이해하기가 쉬웠다. 실감나는 표현을 사용했기 때문에 사람들 모두가 그의 발언을 좋아했다. 그가 발언하는 회의장은 매우 조용했다. 비판을 받는 사람조차 그의 말을 진심으로 받아들였다. 현, 성 모든 직급의 지도자들이 그를 신뢰했다. 일이 있거나 어려움에 처해도 그를 찾아 의논하고 싶어했다. 그는 이해심이 깊었다. 당시 서북 5성이 연달아 계속 해방을 이루며 모든 것이 새로운 도약을 준비하고 있었다. 서북 지역은 또한 다민족 지역으로 종교며 민족 문제가 특히 심각했다. 조금만 소홀해도 문제가 났다. 시중쉰 서기는 실제에서 출발해 중앙의 방침, 정책을 서북의 실제 상황과 결합하였다. 토지개혁 문제에 있어서도 그는 새로운 관점과 의견을 내놓았다. 예를 들어 노구·반노구·신구 등 다양한 상황에 따라 정책을 제정하고, '좌' 편향적 의견을 제안해 중앙과 마오 주석의 인정을 받고 전국 각 해방구에 이를 전달했다.

민족 문제와 당외 인사 단결 문제를 처리하는 데 있어 시중쉰 서기는 특별한 공헌을 했다. 그는 민주당파와 종교계 고위층 인사를 만나 흉금을 터놓고 이야기를 나누었고, 실사구시의 정신으로 세심하고 깊이 있게 일을 했다. 그는 판첸 라마·시라오자춰(喜饒嘉措, 라마불교 대사) 및 민주 인사들을 단결시켰다. 판첸 라마의 일에 편의를 제공하기 위해 서안 건국로 5항(巷)에 그를 위해 작은 건물 하나를 지어주었다. 해방 초기에 청해는 정교합일의 정치제도를 실행했다. 샹첸이라는 천호를 얻기 위해 2년 7개월 동안 애를 쓴 결과 17번이나 회담을 벌여 결국 샹첸이 평화적으로 투항했다. 마오 주석은 찬사를 보냈다. "중쉰, 자넨 대단해. 제갈량이 맹획을 일곱 번 사로잡았는데, 자

서북국에서 처음 지급한 솜옷을 입은 마수팡(오른쪽 첫번째)과 동료들.

네는 제갈량보다 더 대단해." 이러한 찬사는 당시 곳곳에 미담이 되어 전해졌다. 이제 막 해방이 된 서북 지역이 안정될 수 있었던 것은 그의 업무와 밀접한 관계가 있다.

1952년 9월, 그는 중앙선전부로 이동했다. 서북 5성의 주요 책임자가 그를 전송할 때도 그는 계속해서 민족 문제에 주의하고, 민주 인사를 존중하고 사랑해야 하며 그들의 의견을 많이 들어야 한다고 강조했다. 그는 자신이 직접 나서서 당의 통일전선이 유명무실한 것이 아니란 사실을 구현하였다. 그는 장즈중에게도 이러했다. 장즈중은 서북군 정치위원회 부주석이었다. 펑 총사령관이 북한에 간 후 서북 군정위원회의 업무는 시중쉰이 주관했다. 장즈중이 권한을 가지고 일을 할 수 있도록 시중쉰 서기는 늘 장즈중의 의견을 구했고, 그가 역할을 발휘할 수 있도록 일부 중요한 보고를 장즈중에게 시켰다. 장즈중은 시중쉰 서기의 인성, 업무 처리 방식, 태도에 진심으로 탄복했다.

업무에 대한 엄격한 요구와 생활에 대한 관심

또 하나 인상은 시중쉰 서기가 일을 정말 잘했다는 뜻이다. 그는 일과 휴식을 적절히 배치했다. 쉴 때면 동지들과 캐럼즈를 즐기고, 산보할 때는 동지들과 나란히 걸었다. 자주 우리는 그의 시원한 웃음소리를 들을 수 있었다. 그는 업무가 매우 많은데도 불구하고 사소한 일에도 신경을 썼다. 업무 때문에 우리는 자주 그의 차를 타고 회의 기록을 하러 갔다. 언젠가 회의가 끝난 후 또 다른 행사가 있었던 그는 나와 또 다른 속기원 하나를 차에 태워 서오로(西五路) 교차지까지 데려다 주었다. 그의 작업에 방해가 되지 않도록 우리는 도보로 기관으로 돌아가 기록을 정리했다.

우리 일은 낮에 기록하고 밤에 정리를 해두어야 다음날 업무에 영향을 미치지 않는다. 다음날 시중쉰 서기가 나를 발견하고 먼 곳에서 소리를 질렀다. "샤오마!"

내가 재빨리 다가가 시중쉰 서기에게 물으니, 그가 되물었다. "자네들, 어제저녁에 어떻게 돌아들 왔나?" 상황을 설명하자 그가 말했다. "기록한 후에 번역도 해야 한다는 걸 깜빡했어. 정말 미안하네."

시중쉰 서기는 이런 사소한 일까지 신경을 썼다. 하급 사람들에 대한 그의 배려를 영원히 잊을 수 없을 것이다.

시진핑은 말을 할 때는 전혀 위엄을 내세우지 않았지만, 일에 관해서는 매우 엄격하여 조금의 소홀함도 용납하지 않았다. 내 남편 마쑹린(馬松林)은 서북국 상임위원회 기록을 담당했다. 언젠가 상임위원회에서 회의를 하는 데 기록이 없자 시중쉰 서기가 화가 나서 즉시 마쑹린을 불러 호되게 비판하였다. 그러나 회의가 끝난 후 판공청에서 이를 배치하지 않았다는 소리를 듣고는 마쑹린에게 사죄를 한 적

1993년, 대안탑에서 4대 속기원 모임.

2003년 9월, 치신 동지와의 기념 사진(왼쪽부터 마수팡, 치신, 마쑹린).

도 있었다.

　1989년 시 서기가 서안에 왔을 때 나와 남편, 성위원회 판공청장 비서장, 선전부 저우 부장이 그를 만나러 갔다. 그는 매우 다정하게 옛이야기를 많이 떠올리며 깊은 정을 되새겼다. 또한 당시 비판했던 일에 대해 이야기하면서 비서 쪽으로 고개를 돌려 자신이 우리를 비판하기도 했었다며 양해해 주길 바란다고 말했다. 마지막에 우리는 시 서기·치신과 각기 사진을 찍어 영원히 기념으로 간직하였다.

내가 걸어온 길

장 커

장커(張克) 1928년생. 섬서 연안 사람. 1941년 혁명사업에 참가했다. 1941년부터 1945년까지 연장현(延長縣) 육구(六區)합작사 변구 건설청 회계훈련반에서 업무, 학습하였다. 1945년에서 1950년까지 중공중앙서 북국 생산과, 심계과(審計科, 회계감사과)에서 회계를 맡았으며, 1947년 9월 중국공산당에 가입했다. 이후 서북석유관리국 재무과 과장, 서북공정 관리총국(군급 편제) 부처장(副地師級), 서안시 과학기술협회 주석, 서안시 정치협상회의 제7차, 제8차 위원회 상무위원을 역임하였다. 1994년 퇴직했다.

편집자 주석: 장커의 취재는 2시간 반 동안 진행되었다. 서안 취재 방문 가운데 가장 긴 시간 동안 이루어졌던 만남이다. 장커는 그래도 아쉬움이 남는 듯 시종일관 매우 열성적으로 취재에 응하였다. 흥미진진하고 격동적인 서북국 시절에 대해 장커는 유감없이 당시에 대한 감회를 털어놓았다.

　《시중쉰, 서북국에서의 나날들》의 출간은 매우 바람직한 일이다. 다른 구역은 이런 작업에 있어 우리 서북국보다 좀 더 상황이 나은 것으로 보인다. 서북쪽에 있던 옛 간부들 중 시중쉰·류즈단·마원루이·장시바이 등 이미 많은 이들이 세상을 떠났다. 따라서 서둘러 당시의 역사를 기록으로 남기고자 하는 이들의 노력은 매우 큰 의미가 있다. 당시 서북국의 역사를 잊을 수가 없기 때문이다.

　당시 서북국의 생활은 내 자신의 성장에 매우 큰 도움이 되었다.

서북국에 간 이후, 나는 비로소 진정한 성장을 하게 되었기 때문이다. 나는 그곳에서 혁명의 이치를 깨닫고 많은 지식을 쌓으며 진정으로 사회를 이해할 수 있었다. 서북국이야말로 내 집이라 할 수 있다!

혁명의 길로 접어들며

내가 소학교를 졸업한 후 당 중앙은 연안에서 정풍 운동, 대생산 운동을 일으켰다. 중앙은 간부들을 동원해 마르크스레닌주의를 학습하며 당의 기풍을 정돈했으며, 변구의 당 · 정 · 군 · 민이 각종 생산 노동을 벌여 각자의 의식주 문제를 해결하도록 했다. 당시 나는 13세였다. 이제 갓 소학교를 졸업한 나이였지만, 해당 지역에서는 학벌이 높은 편에 속했다. 당시는 연안 육구(六區)합작사 설립 초기로 인재가 필요했다. 섬북 홍군이자 합작사 주임인 궈위쿠이(郭玉奎)의 소개로 나는 육구합작사에 들어가 일하게 되었다. 처음에는 잡무를 했다. 물도 길어 나르고, 바닥을 청소하고 식사 준비도 거들었다. 그후 몇 개월이 지나 신체장애가 있는 홍군 자오성차이(趙生財)가 들어와 물 긷고 식사를 마련하는 일을 맡자 나는 부주임을 도와 장부 기록 업무를 하게 되었다.

1943년, 변구 정부 건설청이 연안 보탑산 남쪽 산골에 각현 합작사의 회계훈련반을 개설하였다. 주임은 나를 그곳으로 보내 개량된 기장법과 주산을 배우도록 했다. 함께 학습하고 이후 계속 연락을 취한 친구로는 왕잉위안(王應元, 원 섬서성 물자국 국장) · 스쯔주(石子珠, 원 섬서성 세무국 국장) 등이 있다. 학습이 끝난 후 학습자들은 동관연(東關延) 분구로 가서 수속을 한 후 각자 원래 기관으로 돌아갔다. 나는 육구합작사로 돌아와 총회계를 맡았다. 당시 변구 정부는 군중을 동원해 자본을 모아 출자 형식으로 공급합작판매사, 소금을 나르는 나귀 부대를 만들었고, 식당과 농장 및 당면공장을 열었다. 육구

합작사는 또한 총사에 새로 가게를 열어 면화를 수매하고 무명을 위탁판매하여, 연말이 되면 군중에게 이익금을 배당하여 성황을 이루었다. 왕전 사령원은 직접 우리 총사에서 면화로 면실을 생산하는 작업을 시찰하기도 했다.

변구의 당·정·군·학 각 기관은 수년 동안의 분투 노력으로 식생활이며 의류 문제를 기본적으로 해결하여 점차 '자신의 노동으로 의식(衣食)을 풍족하게 한다'는 목표를 실현하였다. 이로써 군중의 생활은 크게 개선되었고, 나 역시 그 과정을 통해 학생의 신분으로 혁명의 길을 걷게 되었다.

서북국으로 자리를 옮겨 회계를 맡다

1945년 일본이 투항하자 변구의 군민은 기쁨에 넘쳐 승리를 경축했다. 또한 군정 간부들이 동북·화북 등지로 업무를 위해 파견되었다. 나 역시 밖으로 나가고 싶었으나, 당시 감곡역(甘谷驛)에 상점을 연 중공중앙 서북국의 자오푸민(趙福民)이 서북국 생산과에서 회계를 징발한다는 말을 듣고서 나를 추천하였다. 서북국 생산과 과장인 자오신민(趙新民)이 직접 합작사로 와서 내 상황을 알아본 후 서한을 보내 나를 연안으로 전근시킨 후, 칠리포(七里鋪) 운수참(運輸站) 회계를 맡겼다. 얼마 후 생산과 회계 장거탸오(張戈調)가 예젠잉(葉劍英)이 대표로 있는 북평군사조정처 집행부로 가서 일을 하게 되었다. 이에 나는 화석펌 생산과로 자리를 옮겨 사오정싱(난공(蘭空) 후방지원부 부장)을 도와 회계 업무를 맡았다.

당시 생산과의 주요 임무는 경영무역으로 기관에 경비 및 통일전선비용을 제공하는 일이었다. 연안·삼변(편집자 주: 섬서성 유림(榆林) 지구의 정변(靖邊)·안변(安邊)·정변(定邊)을 통칭하여 안변이라고 한다)·수덕·산서 유림 등지에 상점을 열었고, 정변(定邊)에는 소금 운반 낙타 부대가 있었다. 이밖에 생산과에서는 자주 특수 임무를 실시하기도 했다. 장가구(張家口)가 해방되었을 때 량루이잉(梁瑞英) 부대를 조직해 운송팀을 이끌고 모직물 · 해산물을 운반했다. 나귀 부대, 말 부대, 심지어 낙타 부대도 있었다. 수량이 많고 경비도 충분해서 당시 상황이 매우 좋은 편이라 빠르게 발전하였다. 변구의 주요 자원은 식염이었다. 삼변 쪽에 염전이 있었다. 소금 이외에 다른 자원은 없었다. 이밖에 삼변의 3대 보물은 양가죽과 양모 · 감초였다.

당시 '무역'에서는 자신이 직접 교역 대상을 찾아야 했다. 나는 물건을 가지고 능구(陵丘) 경계로 갔다. 어떻게 교역을 해야 할지 몰라 다른 사람에게 물어보았다. 사람들의 말이 산등성이 아래에 말을 묶어두라고 했다. 반산파(半山坡)에는 토굴 두 개가 있었다. 그곳에 가서 국민당 지방관원과 교역을 했다. 당시 국민당 사람들은 모두 망명자들이었다. 민간인 복장으로 총과 탄알을 들고 왔다. 반산파의 토굴에 이르러 약정을 하고, 한 손으로는 그에게 필요한 물건을 주면서 한 손으로는 총과 탄알을 받았다. 거래가 끝나자마자 나는 재빨리 달아났다. 만약 상대가 물건만 받고 총을 주지도 않은 채 날 때리면 어떻게 한단 말인가. 당시 나도 두렵고, 그들도 두려웠을 것이다. 양쪽 모두 두려운 건 마찬가지였다. 많은 사람들이 황하 강가에서 국민당 병사와 거래를 했다. 특히 여름에는 훨씬 더 편리했다. 흰 표주박 두 개를 안고 황하를 건너 거래를 했다. 왜 그렇게 거래를 했는지 궁금할 수도 있다. 물자가 부족했던 우리는 돈이 없었지만 우리가 돈을 찍는다 해서 다른 사람들이 인정할 리 없고, 그렇다고 전쟁을 하지 않을 수도 없는데, 무기 등 물자는 없어서는 안 되는 일이었다. 이런 식의 물자 조달은 달리 방법이 없으니 취한 수단이었다.

이후 생산과의 모든 임무를 무탈하게 마치고 나자 1945년 설에 비서장인 차오리루(曹力如)가 서북국 지도자를 대표하여 수장찬청(首長餐廳)에 생산과 간부들을 초청했다. 차오리루는 우리에게 식사와 함께 술을 권하며 한층 더 열심히 업무에 임하도록 우리를 격려했다. 우리는 큰 힘을 얻었다.

서북국에 있을 당시 연안은 물질적 조건이 매우 열악했다. 그러나 사람들은 정신적으로 매우 건강하고 기운이 넘쳤다. 오락스포츠 등 문화 활동도 매우 활발하게 이루어졌다. 주말이면 각 기관마다 농구 시합, 배구 시합, 댄스파티 등을 열었다. 서북국의 작은 강당에 매주 토요일마다 사교댄스 파티가 열렸다. 시중쉰 서기, 마원루이 부장이 앞서서 춤을 추고 류사오치, 주더 총사령관 등 중앙지도자들도 참가했다. 전등이 없어서 가스등을 켜는 바람에 정말 조명이 밝았다. 기관 남녀들은 나이와 지위 고하며 댄스 실력에 상관없이 모두 적극적으로 참가했으므로 댄스파티는 호황을 이루었다. 당시 시중쉰 서기는 매우 활달한 모습을 보여주며 친근하게 사람들과 어울렸다.

연안을 떠나 섬북 지역을 돌며 전투를 벌이다

1947년 초, 장제스는 자기 사람들을 끌어모아 각기 연안과 산동을 향해 진격했다. 그 중 후중난의 23만 명이 연안을 공격하면서 일순간 긴장이 감돌았다. 3월 8일, 남관에서 보위변구 만인동원대회가 열렸다. 주더 총사령관, 저우언라이 부주석, 린보취(林伯渠) 동지가 발언을 한 후 마오 주석의 지시를 전달했다. 주석의 지시인, 즉 평화 관념을 버리고 전쟁을 준비해 적의 군량 조달을 차단함으로써 적에게 단 한 톨의 곡식도 내주어서는 안 된다는 내용이었다. 당시 우리는 자진해서 연안을 포기했다. 많은 간부들이 이를 석연치 않게 생각했지만, 이후 상황은 당 중앙의 이러한 정책이 탁월한 선택이었음을 증명해 주었다.

당시 시 서기는 전선 총지휘부로 자리를 옮겨 서북야전군을 조직하기 시작했다. 펑더화이 총사령관은 서북국 야전군의 사령원이었고, 시 서기는 정치위원으로 협조가 잘 이루어졌다. 야전군이긴 했지만 사실 군대는 얼마 되지 않았다. 연안에는 교도(敎導)여단 하나, 신사(新四)여단 하나, 358여단 하나가 있었다. 이밖에 경려(警旅)가 있었으며, 연안에는 경일려(警一旅)·경이려(警二旅)·경삼려(警三旅)가 있었다. 이 부대들은 다 합쳐도 2만이 되지 않았다. 그러나 이에 비해 국민당 군대는 23만이라고 말하는 이도 있었고, 25만이라는 사람도 있었다. 어쨌거나 적어도 우리의 10배도 넘는 숫자였다.

3월 11일, 국민당군 둥자오(董釗)·류칸(劉戡)의 부대가 좌우 두 길로 나누어 연안을 향해 진격했다. 교도여단의 지전원(指戰員: 지휘관과 전사를 합한 말)이 적극적으로 이를 저지하며 피비린내나는 전투가 7일 밤낮 동안 연안 기관을 엄호하면서 군중을 순조롭게 이동시켰다. 나와 쉐펑셴(薛馥先) 등 몇 명은 적의 대대적인 폭격이 가해진 후, 어느 날 밤 연안을 떠나 안새(安塞) 진무동(眞武洞)에 도착하여 이틀 동안 그곳에 있다가 적이 우리 뒤를 바짝 뒤쫓아오고 있다는 말에

1947년 3월, 청화펌(靑化砭)에서 작전 지형을 살피고 있는 펑더화이(왼쪽 두번째), 쉬리칭(徐立淸, 왼쪽 첫번째), 시중쉰, 장원저우(張文舟).

하는 수 없이 계속 서쪽으로 향하였다. 어느 날 밤 강을 건너는데 강폭은 넓지 않았지만 섬북의 3월 밤은 어둡고 추웠다. 강에 얼음이 언데다 다리도 없어 돌을 밟으며 강을 건넜다. 앞사람이 강에 빠졌다가 다시 올라와 돌에 물이 묻으면 또다시 얼음이 얼고, 그러면 뒤에 오던 사람이 그 돌을 밟고 또 미끄러져 물에 빠졌다. 나는 신발이며 양말·바지가 모두 젖어 얼음이 얼었고, 그 때문에 사그락사그락 소리가 들렸다. 꼬박 하루 밤낮을 걸어서야 그곳을 빠져나올 수 있었다.

그때 서북국의 사람들 대부분은 후방인 황하 연안까지 철수했다. 서북국 기관은 어디까지 철수했는지 정확하게 알지 못한다. 나는 섬감녕 변구 한 지휘기관을 따라 전선에 물자 소송하는 일을 맡았다. 당시 기관 물자를 먼저 농촌에 묻어두고, 두 번의 전쟁이 끝난 후 다시 꺼내 야채·소금·기름 등을 샀다.

펑 총사령관과 시 정치위원은 직접 섬감녕 변구의 3전3승을 지휘했다. 첫번째 전투인 청화폄은 대대적인 매복전이었다. 당시 왕전의 제359여단이 동원되어 그야말로 속전속결 멋진 전투를 벌였다. 두번째 전투는 양마하 전투, 세번째 전투는 반룡 전투였다. 반룡은 국민당의 '대창고'로 서안 밀가루공장의 '밀가루'가 보관되어 있었고, 서안 방직공장의 '천'도 있었다. 당시 우리 부두는 겨울에 입을 솜옷이 없어 걱정하고 있었는데, 반룡 전투가 끝나고 이러한 물자들을 얻을 수 있었다.

3전3승으로 급격히 정세가 호전되었다. 내선 작전에서 외선으로 전환되어 적이 점거하고 있는 지역을 향해 작전이 펼쳐졌다. 3대 전역에서 승리를 거둔 후 진무동에서 승리경축대회를 열었다. 국민당은 여전히 연안을 점령하고 있었기에 우리는 연안 서족 8,90리 떨어진 진무동에서 승리를 축하했다. 저우언라이 부주석이 직접 대회에 참석해 발언을 했다. 그때 마오 주석은 아직 섬북에 있었다. 그해에는 유격전이 많이 치러졌다. 야전군 네 곳 가운데 제1야전군이 가장 힘들었다. 경제적 역량이 부족하고 교통이 불편했기 때문이다. 전선은 어린 당나귀가 운송 수단이었다. 당나귀 등에 폭격 포탄 두 상자를 싣고, 사람이 건조 식량을 등에 메고서 당나귀에게 사료를 줘 가며 밤에 길을 가야 했다. 낮에는 적의 공습을 당할 수 있기 때문이다. 전투에서 승리하기 위해 얼마나 힘들었겠는가. 펑 총사령관과 시 서기가 강력한 적을 상대하기에 역부족인 상황에서 3대 전투를 승리를 이끌어 섬북의 상황을 역전시킨 것은 대단한 공헌이었다.

당시 3전3승 및 이후 유림 공격으로 사람들의 사기는 크게 진작되었다. 사실 우리는 어떤 상황에서도 승리를 거두어야 한다는 사실을 잘 알고 있었다. 당시 식량은 우리의 최대 문제였다. 부대의 식량공급이 큰 문제였다. 처음으로 유림을 공격했을 때는 그래도 먹을 것이 있었지만, 두번째 공격 때에는 먹을 것이 다 떨어졌다. 호박 줄기며 메밀대 등을 닥치는 대로 먹었다. 유림을 향해 걸어가던 사람들이 걷다가 쓰러지고 아사하는 모습을 직접 목격했다. 당시 서북국 기관이라고 먹을 것이 있었겠는가. 사람들은 검은 콩을 먹었다. 원래 백성들이 가축을 먹이던 잡곡이었다. 전선에 있는 부대에 식량을 준 후 그저 검은 콩을 삶아먹을 수밖에 없었다. 끓이고 나면 솥에는 검은 물밖에 없었다. 콩을 먹고 나면 뱃속이 팽창되어 속이 부대끼는 바람에 밤새도록 잠을 이룰 수가 없었다.

연안 광복

우리 군이 1948년 보계를 공격하자 적은 자동으로 연안, 낙천(洛川)을 물러났다. 1948년 4월 22일, 연안의 광복은 중요한 정치·역사적 의미를 지닌다. 적의 수가 우리보다 10배가 많은 상황에서 겨우 1년 1개월 3일 만에 10여만 적을 물리친 것이다. 적이 스스로 물러나 연안이 다시 인민의 수중에 들어왔으며, 적과 아군의 역량에 변화가 발생했다.

연안 광복으로 서북국과 변구 정부는 수덕 의합(義合) 일대에서 연안으로 돌아왔다. 당시 시 서기는 비서와 기사·경호원 등을 데리고 일찍이 연안에 왔다. 당시 우리는 미국에서 국민당에 제공한 작은 지프차 한 대를 몰수했기에 시 서기가 그 차량을 타고 돌아왔다. 연안에 돌아오자마자 시 서기가 다급하게 말했다. "어서 양가링, 조원을 둘러보러 가야겠네. 마오 주석이 머물렀던 곳이 어떻게 됐는지 모르겠군." 그러자 차오리루가 말했다. 가면 안 됩니다. 아직 적이 매복해 있을는지도 모르니 정리될 때까지 조금만 기다리십시오. 이후 유격대를 보내어 적을 말끔히 정리한 후에 시 서기가 갔다.

서북 지역 해방에 속도가 붙었다. 마지막으로 가장 중요한 전투는 부미(扶眉) 전투였다. 이 전투로 후중난을 무너뜨렸다. 1949년 7월, 화북 병단이 섬서에 들어간 후 서북 야전군에 귀속되었다. 총병력은 12개 군단 34만 명이었다. 그러나 후중난의 기동부대는 겨우 7만여 명이 위하 양안에 결집해 있을 뿐이었다. 청녕(青寧)의 마부팡과 마홍쿠이 부대 8만여 명이 예천(禮泉)·건현(乾縣) 일대에 집결했다. 결전을 위한 우리 군의 조건이 이미 성숙했기 때문에 후중난과 마부팡·마홍쿠이 세력을 나누어 섬멸하기로 결정했다. 1949년 7월 12일, 우리 군은 총공격을 시작하여 이틀 밤낮 동안 치열한 전투를 벌인 결과 4개 군단 4만 3천여 명을 섬멸하고, 현성 7곳을 해방시켰으며, 동시에 보계를 점령하여 12년에 걸친 후중난 서북 통치의 막이 내렸다. 8월 26일 난주를 해방시키고, 9월 5일에 서녕, 9월 19일에 은천을 해방시켰다. 우리 군의 강력한 공세로 얼마 후 신경 역시 평화적으로 해방되었다. 펑 총사령관이 직접 지휘하여 2년 반 전투로 마침내 대서북을 해방시키니, 그 공적이 혁혁하여 천추에 이름을 남겼다.

서북국을 따라 서안으로 옮겨가다

1949년 5월 20일, 서안이 해방되자 서북국은 서안으로 자리를 옮기는 동시에 기관 조정을 실시했다. 펑더화이·허룽·시중쉰이 서북국 서기가 되었다. 후에 허룽은 서남으로 갔고, 펑 총사령관은 항미원조(6·25전쟁)에 참전하러 갔다. 이에 당시 서북국 제2서기였던 시 서기가 실질적으로 모든 업무를 지휘했다.

당시 도시의 해방이 신속하게 이루어지면서 문제도 많이 발생했다. 사회 치안이 매우 불안하였고, 민족 문제도 매우 복잡했다. 특히 서북 지역은 다민족 지역으로 회족·장족 등 소수민족이 많았다. 이외에 사방으로 흩어진 국민당 부대가 잠복하여 시도때도없이 파괴 활동을 일삼았다. 이에 사회 치안 문제가 상당히 심각했다. 당시 시 서기는 사회 치안을 위해 간부들을 외부로 보냈다. 당시 우리는 이러한 간부들을 밑동이 뭉텅이로 잘려나가는 부추에 비유했다. 대다수 간부들의 외부 파견으로 사회 치안은 서서히 안정을 찾기 시작했다.

나는 서북국을 따라 서안으로 들어간 후 대부분 외근을 했다. 1950년 초, 대서북 차량운송업 발전을 위해 차량운송국 설립을 준비했다. 당시 소련이 차량 약간을 원조해 주었는데, 우리는 이를 받기 위해 동북으로 파견되었다. 이에 우리는 행정처 자오신민 처장의 인솔 아래 동북으로 향했다. 차량 접수 이외에도 우리는 상해·천진 등에 가서 연필이며 만년필 같은 사무용품을 구매했다. 당시 상해의 금성(金星) 만년필이 대단히 유명했기 때문에 우리는 이를 서북국 과장, 처장들의 선물로 사가지고 왔다. 그때 시 서기를 위해서는 파카 만년필 한 자루를 구입했다. 당시 시 서기에게 원하는 색을 물어보니 서기는 그의 아내 치신에게 한 자루를 고르라 하며 매우 만족해했다.

섬북이 중앙을 구하고, 중앙 역시 섬북을 구하다

중앙이 섬북을 구했다는 말은 원래 합당한 말이다. 하지만 섬북이 중앙을 구했다는 말 역시 사실이다. 왜 그런가? 마오 주석은 당시 홍군을 이끌고 장정하여 섬서에 인접한 감숙에 이르렀다. 그런데 그곳에서 더 이상 어디로 가야 할지 갈피를 잡을 수가 없었다. 당시 알고 있는 것이라고는 북부로 가서 일본에 항거해야 한다는 것뿐이었다. 그런데 구체적으로 어디로 가야 할지에 대해서는 아무도 아는 이가 없었다. 이후 누군가 국민당 신문 한 장을 주웠다. 신문에는 섬북에 류즈단이 있고, 그곳에 또한 근거지가 있다고 적혀 있었다. 이에 그는 마오 주석에게 보고를 올렸다. 섬북에 근거지가 한 곳 있고, 그곳 우두머리가 류즈단이라고 합니다. 자튀푸(賈拓夫)는 섬북 사람으로 계속해서 마오 주석을 따라 장정에 참여했다. 이에 자튀푸 일행에게 가서 상황을 살펴보도록 한 결과 섬북에 근거지가 있다는 사실을 확인했다. 그러나 당시의 이 두 역량 중 한 곳은 중앙에서 파견한 쪽이고, 다른 한쪽은 지방 세력이었다. 바로 류즈단, 시중쉰 쪽이었다.

1936년 관중(關中) 특위가 성립되었고, 기관이 마란(馬蘭, 馬家堡村)에 설립되었다. 자튀푸 · 시중쉰이 연이어 특위 서기에 임명되었다.

상황을 파악한 후 마오 주석은 섬북 쪽으로 가도록 했다. 당시 전국적으로 다른 지역은 근거지가 모두 사라진 상황이었다. 홍군은 장정 당시 10만 명이었지만, 상강(湘江) 전투에서 4만여 명을 잃고 4,5만 명만이 남은 상태였다. 마오 주석이 섬감녕 변구에 들어갈 때 7천 명을 이끌고 갔다는 사람도 있고, 3천 명을 이끌고 갔다는 사람도 있었다. 그 정확한 수가 얼마이든 간에 어쨌거나 남은 수가 얼마 되지 않았다. 마오 주석은 당시 우리에겐 고작 몇천 명밖에 남지 않았지만 모두 홍군의 자질을 가진 최고의 정예대원이라고 말하였다.

섬북에 도착한 마오 주석은 누군가 류즈단·시중쉰을 체포해, 간부 103명을 가두고 구덩이 103개를 판 다음 그들을 생매장하려 한다는 소식을 들었다. 이에 주석은 자튀푸·왕소우다오(王首道) 등 4,5명을 파견하여 간부들을 잡은 사람과 대화를 통해 간부들에 대한 체포를 중단하고, 이미 잡아간 사람들에 대한 처형을 미루는 한편 자백을 강요하는 등의 고문을 하지 못하도록 했다. 이후 다시 장원톈을 와요보로 보내고 나서야 그들을 완전히 구할 수가 있었다. 이에 중앙이 섬북을 구했다는 말은 맞는 이야기이다. 또한 장정을 어디까지 해야 되나 모르는 상황에서 섬북에 이르러 발걸음을 멈췄고, 그곳에 뿌리를 내렸으며, 마지막 전국적 승리 역시 마오 주석인 연안에서 지휘를 했으므로 섬북 근거지가 장정의 근거지와 항일의 출발점이 되었으니 섬북이 중앙을 구했다는 말도 사실이다.

1948년, 마오 주석은 황하를 건널 때 섬북, 섬북의 좁쌀밥, 섬북의 감자를 잊을 수 없노라고 말하였다.

기억 속의 시 서기

시 서기는 우리 서북국의 옛 지도자이자 혁명 선배, 섬감변 근거지와 서북 농공 홍군의 창시자 가운데 한 사람이다.

시 서기는 1945년 10월을 전후해 서북국에 왔다. 나는 1945년 9, 10월에 자리를 서북국으로 옮겼다. 시 서기가 왔을 당시 우리는 연안 남관 화석폄에 살고 있었다. 산길이라 지면이 울퉁불퉁 고르지 않았다. 시 서기는 중앙에서 회의를 할 때 자동차를 타고 다녔는데, 우리는 이를 쌍배좌(雙排座)라고 불렀다. 당시에는 아예 자동차 구경을 못할 때였기 때문에 우리는 소리만 들어도 시 서기가 왔다는 것을 알 수 있었다. 길 상태가 워낙 엉망인데다 차량 상태도 좋지 않아 잡음이 보통 요란한 것이 아니었다. 돌이켜보면 전국이 해방된 이후 토지개혁·민주개혁을 포함해 토지혁명·항일전쟁·해방전쟁에서 시 서기가 얼마나 정확하게 당 중앙의 방침과 정책을 관철하였는지 새삼 느낄 수 있다.

이후 시 서기는 국무원에 들어간 후 그곳에서도 지대한 공헌을 했다. 당시 그는 저우언라이 총리의 든든한 조력자였다. 시 서기는 중앙지도자들 가운데 가장 젊고 유능하며 붙임성이 좋아 군중 단결에 뛰어났다. 그는 많은 부분에서 우리에게 깊은 인상을 남겼다. 시 서기는 시기별로 모두 대단히 뛰어난 공헌을 했다. 그는 성실하고 겸손하며 최선을 다하였다. 서북국 시절 그의 최대 공헌은 남대문과 북대문을 보위한 것이었다.

'남대문 보위'란 시 서기가 관중 지역위원회 서기를 맡았던 시절을 가리킨다. 당시 그곳은 상황이 매우 복잡했다. 주로 국민당과 투쟁하며, 군사·정치·통일전선·군중업무·정권수립 등에 해야 할 일이 매우 방대했다. 당시 국민당은 강서에서 다섯 차례 '소탕' 작전을 펼쳤는데, 섬감녕 변구만 해도 적어도 3, 4차례에 걸쳐 작전이 이루어졌다. 변구의 투쟁이 매우 치열했다고 말할 수 있다. 이 시기의 비교적 전형적인 예는 1945년 7월의 전투로 국민당의 반공 열기가 고조에 이르렀을 때였다. 그들은 부대를 파견해 마란 지역을 점령했다. 우리는 7일을 버텼지만, 결국 지역을 수호하지 못했다. 마란이 점령당한 후 마오 주석이 직접 시중쉰에게 명령을 내렸다. 마란을 회복하시오. 당시 시 서기와 옌안 연방사령부 장중쉰(張宗遜) 부사령원, 왕스타이(王世泰) 부사령원이 섬감녕 변구의 부대를 조직해 그곳을 되찾아왔다. 당시의 승리에 마오 주석은 대단히 기뻐했다. 혁명 성지인 옌안의 남대문을 보위했기 때문이었다.

또한 소위 '북대문 보위'란 1943년 시 서기가 수덕에 지역위원회 서기로 갔을 때를 말한다. 자리를 옮긴 이유가 무엇인가? 국민당제22군이 오랫동안 수덕을 점령하여 수중난이 언제든지 변구를 침입할 때에 대비했다. 당시 국민당이 유림 전구(專區)에 파견한 전원(專員, 전구의 행정책임자)은 허사오난이었다. 그는 반공에 매우 열성적이라 하루 종일 일거리를 만들었다. 당시 수덕 지구는 공산당과 국민당정권이 모두 존재했었다. 국민당과 공산당의 현(縣) 정부가 모두 있었으니, 국민당은 현성 안에 있고 공산당은 향진 지역에 정부가 있었다. 당시 형산(衡山)에서 수덕 서쪽까지는 모두 국민당이 점령하고 있어서 마찰이 자주 발생했다. 이런 상황에서 마오 주석이 직접 시중쉰을 찾아와 수덕 지구위원회로 가라고 말했다. 그곳은 국민당, 옌시산(閻錫山) 반공세력, 지방 반공세력이 모두 자리한 복잡한 곳이었기 때문이다. '포위, 토벌'에 타격을 주는 한편 통일전선공작을 하라는 이야기였다. 시 서기는 수덕 지구에 간 후 매우 탁월한 업무 능력을 발휘했다. 그 전형적인 예가 1946년 후징둬(胡景鐸) 기의를 기획한 일이다. 후징둬는 유림지구 보안 부사령이었으며, 그의 형은 국민당 22군부군장이었다. 22군은 유림지구에 있는 국민당 주요 부대였다.

당시 마오 주석의 지시 아래 시 서기는 여름에 업무를 시작했다. 수덕지구 위원회 통일전선부 부장은 장쓰위안(張思遠)이었다. 장쓰위안에 대해 나는 잘 아는 바가 없다. 시 서기는 지하당을 통해 후징둬 작업을 시작했다. 당시 판밍(範明)을 위장시켜 후징둬를 접촉하도록한 후 고향의 기억을 더듬으며 현재 상황을 설명한 후, 돌아와 당시

2009년 4월 4일. 본서의 편집장과 장커(張克).

상황을 시중쉰에게 보고했다. 시중쉰은 중앙에 명령을 요청한 후 다시 판밍을 군민당 군관으로 위장한 후 후징둬와 기의를 일으킬 장소와 시간을 정하도록 했다. 그후 후징둬는 우리의 계획대로 기의를 일으켜 연안 북대문 보위에 든든한 기초가 되었다. 후징둬가 기의를 일으킨 후 역시 국민당 제22군 부군장이었던 그의 형이 군사를 이끌고 유림에서 우리를 추격했다. 그 결과 우리측이 미리 배치해 둔 부대가 그들을 무찔렀다. 마지막에 그의 형은 말도 타지 않고 외투도 떨어뜨린 채 총만 가지고 달아났다. 그후 국민당 군관이 서북국에 왔고, 시중쉰 서기가 직접 그를 접대했는데 그 이유를 잘 알지 못했다. 나중에야 우리는 국민당 사람이 기의를 일으킨 후 서북국에 찾아와 공산당 가입을 하겠다고 온 사람이라는 걸 알았다. 우리는 국민당 보안사령까지 끌어들인 이야기를 마치 신화처럼 들으며 시 서기의 능력에 찬사를 보냈다.

장커의 제사.

서북국이 서안으로 온 후, 나는 자주 시 서기를 보았다. 그러나 직접 만나진 않았다. 서안에 온 후, 그가 매우 바쁘다는 것을 알고 있었기 때문이다. 당시 서북국은 자주 회의를 열었다. 청년간부 육성 문제, 기관 간부나 직원에게 통일전선 업무의 중요성과 의미를 알리는 회의, 통일전선부의 통일전선 공작회의 및 청년대표회·여성대표회 등 정말 회의가 많았고, 시 서기는 그만큼 매우 분주했다. 우리는 때로 그가 사무실 밖 베란다를 걸어다니는 모습을 볼 수 있었다. 처음에는 뭘하는 모습인지 알 수 없었지만 나중에야 그가 머리를 식히고 있었다는 것을 알 수 있었다.

나는 서북국에 대한 애정이 깊다. 13세에 일을 시작해 16세에 서북국에 왔다. 그때는 아무것도 몰랐다. 나중에야 서북국의 교육을 통해 이론을 배우고, 혁명의 이치를 알게 되었다. 서북국은 마치 대가족 같았다. 나는 그곳에서 단련되며 국가 간부가 되었다. 나는 영원히 서북국 시절을 잊지 못할 것이다. 내 일생의 가장 소중한 세월이었다.

생산과의 역사적 역할

중공 중앙 서북국은 당의 영도기관인데 왜 '생산과'라는 명칭의 부서를 설치했을까? 수많은 동지들이 이를 잘 이해하지 못했다. 지금 당시에 대한 대충의 기억을 쓰면 다음과 같다.

항일전쟁 시기 국민당은 섬감녕 변구에 대해 군사 포위, 경제 봉쇄를 실시해 변구 군민들의 생활이 극도로 힘들었다. 야채며 기름 등 먹을 것, 입을 것이 없었고, 전사들은 신발도 없었다. 1942년이 되자 더 이상 생존이 불가능해질 정도였다. 적들에 의해 포위되어 죽지 않기 위해 마오 주석은 변구 고위간부회의에서 '경제 발전, 공급 보장'이란 방침을 내놓고 변구의 재정경제 업무를 지적했다. 바로 수만 군대와 당정 업무 인원의 생활비와 사업비 공급에 관한 문제였다. 인민 군중의 막중한 부담을 줄이기 위해 반드시 생산 운동을 펼쳐 각 기관이 직접 생산에 참여하여 자급자족을 함으로써 '의식(衣食) 풍족'에 대한 요구를 충족시키기로 했다.

당 중앙의 호소 아래 당·정·군 기관 및 학교까지 모두 열렬히 이에 호응하였다. 변구 정부는 즉각 '공과 사, 군민 모두를 고려하는' 방법에 따라 비누공장, 피복공장, 방직공장, 제화공장, 쑥부쟁이 제지공장, 성냥공장 등 생활필수품을 생산하는 각종 공장과 작업장을 열었다. 각 기관 모두 생산경영기관을 설립하여 계획을 정하고, 이에 따른 임무며 지표를 통해 경쟁체제에 돌입했다. 기관 전체 인원을 동원해 생산 운동에 들어가 황무지를 개간하고 채소 재배, 돼지 사육, 두부, 당면 제조를 시작하여 방법을 총동원해 어려움을 극복하고 임무를 완성했다. 이밖에 기관의 모든 성원에게 각자 나름대로 방법을 생각해 매년 일정한 양의 좁쌀을 상납하도록 했다. 연말에 각 부서별로 종합 표창 및 노동장려영웅대회를 열자 유명한 노동자 영웅 자오잔쿠이(趙占奎), 농민영웅 우만요우(吳滿有) 등이 등장하여 학습의 본보기가 되었다.

서북국 기관은 대생산 운동에서 솔선해 자신의 경영기관인 '생산과'를 만들었고, 연이어 비서장과 행정처의 영도하에 단독 운영 단독 활동을 벌였다. 주로 상업무역 경영 업무에 종사하며 기관에 생활과 사업경비를 제공했다.

1. 생산과 인원 구성, 경영단위

지도자는 생산과의 인원 배정을 매우 중요하게 생각하여 소양이 높은 사람들을 선발 배치했다. 대다수 노(老)홍군, 노(老)당원 간부가 중심이 되었다. 과장인 자오신민은 류즈단과 함께 유림중학에서 입당한 노간부였다. 생산과 안에 장거(張戈)·정싱(正興)·리한더우(李漢鬪)·장후이(張輝)·창쥔칭(暢俊卿)·장성셴(詹生賢)·량루이잉(梁瑞英)·류셴루(劉献瑞)·자중우(賈忠武)·런루이팅(任瑞亭)·가오중화이(高仲懷)·판즈잉(範子英)·샤오성(肖生)·장커(張克) 등 모두 10여 명의 간부 및 통신원, 취사원, 현장업무담당자를 각기 나누어 맡았다. 생산과의 간부는 지위 고하를 막론하고 분배되는 자리에서 두말하지 않고 단결하여 열심히 일했다.

연안 시절 생산과 경영단위는 새로운 시장소비합작사, 남관 대 생산 객잔, 칠리포 나귀점과 운송팀, 인새 진무동백화점, 수덕 무역 참, 산서(磧口) 및 유림진(柳林鎭)의 두 상점, 정변(靖邊) 무역참, 소금 운반 낙타대대가 있었다. 당시의 특수한 상황에서 경영은 민간 무역을 위주로 산서·내몽고 등 국공 양당의 경계 지역으로 가서 거래를 실시하고, 각지에 가서 물자교류대회에 참가하기도 했다. 경영 방식이 탄력적이고 활동 전선이 비교적 넓어 사업이 빠르게 발전하였다. 매년 각 경영단위에서 내는 이득은 서북국의 경제적 원천으로 기관 공급에 자급자족을 보장하는 역할을 했다.

2. 생산과에 서북국에 제공한 주요 사무용품 및 생활용품

사무용품: 종이, 연필, 등사기, 파라핀지, 인쇄 잉크 등 적이 점거한 지역에서 구매하다.

생활용품: 수건, 칫솔, 비누, 성냥, 남포등은 연안의 품귀 용품.

이밖에 기관의 개인이 생산한 것도 있다. 면방직 실, 털실, 털실 장갑, 털실양말 등이다. 1948년 겨울은 지독한 한파였다. 생산과는 삼변에 가서 펠트신발을 구입해 작업자들에게 한 켤레씩 배급했다.

이밖에 일부 특수한 경우의 지출 역시 모두 생산과에서 해결했다. 예를 들어 동북 및 기타 지역 파견간부에게 필요한 경비, 물품, 적의 점령지에서 운반해 온 의복 등.

이밖에 주목할 만한 것은, 일본 투항 후 간부들이 대거 외부로 전출됨에 따라 생산과에서 운송팀을 보내 동북으로 간부 가족들을 보내던 중 장가구시가 처음으로 해방되어 운송팀이 돌아올 때 상당한 전리품을 얻어왔다는 것이다. 그 중 오징어·해삼 등은 식당에 주어 모두 새로운 음식을 맛볼 수 있었고, 거친 나사와 방직품 및 십수 자루의 단총으로 생산과 물품이 대폭 늘어남에 따라 기관의 생활이 개선되었다.

서북국의 당 비용 역시 생산과에서 제공, 대리 관리하였는데 이는 주로 황금 형태였다. 변구의 화폐가 대외적으로는 사용될 수 없기 때문에 이러한 특수비는 주로 통일전선비용에 쓰였고(이후 도시공작비로 바뀜), 모두 기밀에 속했다. 이에 대한 사용은 시중쉰 서기가 친필로 서명한 후 지불하였다. 종합적으로 살펴보면, 연안 생산과의 사업은 1945년에 이르자 이미 대량의 재물이 축적되어 기관 공급을 보장하는 핵심자원이 되어 서북국이 가장 힘든 시기를 넘기는 데 도움이 되었으며, 서북국 기관이 '자급자족, 의식 풍족'을 이루는 데 든든한 보장이 되었다. 또한 각 업무를 실시하는 데도 긍정적인 역할을 하여 모두 이를 만족스럽게 생각했다. 매주 작은 강당에서 열린 댄스 모임에서 사람들의 웃음소리, 환호성을 들으면 나도 정말 기분이 좋았다.

위의 성과는 이에 대한 중요성을 간파하고 지지해 준 지도자들 덕분이다. 특히 생산과에서 좋은 간부를 선발, 파견하였고, 해당 간부들이 명예와 이익을 추구하지 않고 근면하고 성실하게 일하여 사사로운 이익을 따지지 않고 임무를 완성했기 때문이다.

3. 전쟁 시기 직책에 충실했던 생산과

1947년 국민당이 대거 연안으로 들어왔다. 적을 깊숙이 유인하기 위해 당 중앙은 자진해서 철수했다. 철수할 당시 서북국의 많은 부서가 각기 시중신·마밍팡·마원루이 등을 따라갔다. 후방 근무자들과 가족들이 줄줄이 산서 적구 방어선으로 거주지를 옮기고, 차오리루 비서장이 무선전신 업무자 및 소수 직원들만을 데리고 섬북에 남았다. 이밖에 생산과의 업무는 모두 정지되었다. 10명이 채 안 되게 남은 운송팀은 기관 대오를 따라 섬북을 전전했다. 급하게 흩어지느라 우리는 먼저 물자를 밤을 틈타 안새 진무동으로 운반했다. 적이 연안에 진입한 후 바짝 서쪽으로 우리를 추격했다. 우리는 이곳저곳을 전전하며 행군하는 도중 물자를 한 마을에 숨겼다. 뒤쫓아오던 기관 사람들이 백묘차(白廟岔)에서 멈췄다. 그 기간 동안 서북국에서 흩어진 사람들을 연이어 찾아왔다. 어느 날, 비서장이 한 산간 오지에서 변구대회를 열었는데, 갑자기 저우 총리와 루딩이 동지가 말을 타고 와서 회의에 참가했다. 총리는 모두에게 전쟁 상황을 설명한 후 "변구 각급 정부에게 구나 현이나 모두 각자의 지역을 떠나지 말고 유격대를 조직해 군중을 이끌어 유격전을 벌여 달라"고 했다. 이에 서북국에 남아 있던 사람들은 다시 일급 변구 당사업의 지휘 기구를 조직했다. 생산과는 샤오성 동지와 내가 인솔하고 있던 운송팀이 남아 지휘기관을 따라 이동 행군하여 물자 문제를 처리하고, 기관에 경비를 제공하는 임무를 맡기로 결정했다. 나와 샤오성은 책임감 있게 그 즉시 이를 처리했다. 매일 궐련 상자를 메고서 백묘차 길목에 노점을 차려놓고 궐련을 팔았다.

백묘차에서 한 달 남짓 머무른 어느 날 밤, 모두 즉시 밤새 이동하라는 통지가 내려졌다. 앞쪽과 연락이 끊겨 좁은 계곡길을 따라 걷다가 큰비를 만난 상태에서 이틀 밤낮을 행군하자 사람들은 기진맥진이었다. 낮에는 적의 폭격이 이어졌다. 언젠가는 나귀 한 마리가 놀라 달아나 이를 쫓아가다가 총알에 맞을 뻔하기도 했다. 운송요원 가운데 하나는 머리에 적이 버린 탄약 상자를 맞아 상처를 입기도 했다. 말도 사람도 지치고 걱정도 이만저만이 아니었다. 앞군대와 연락이 닿은 후 동쪽으로 마제구(馬蹄溝)에 이르렀다. 그뒤 일단 발걸음을 멈춘 후, 나와 샤오성은 처리할 수 있는 물자를 마을 입구의 장에 내다 팔아서 번 돈을 기관의 급한 용도에 쓰도록 내놓았다.

사가점 전투 전에 상급에서 긴급 통지를 내려보내 수덕을 향해 동쪽으로 이동하였는데, 의합(義合) 부근 설가거(薛家渠)에서 정차하자마자 다시 나랑 샤오성에게 즉시 황하를 건너라는 통지가 왔다. 우리 둘은 운송팀을 이끌고, 물자를 멘 채 고개를 넘어 황하 강변에 이르렀다. 강을 건너려는 사람은 많고 배는 적었다. 나와 운송 낙타 등은 기다릴 수밖에 없었다. 날이 어두워지자 비가 억수같이 퍼부어 더 이상 배를 띄울 수 없었다. 할 수 없이 우리는 바위 아래 밤을 피했다. 이튿날 아침 강을 건너 적구 서만촌 생산과가 있는 곳으로 돌아와 물자를 제출하고 모든 수속을 마쳤다. 연일 포화가 빗발치듯 내리치고 힘겨웠지만, 우리는 사람도 말도 상처를 입지 않았고 물자도 온전하였으니 책임을 다하고 임무를 완성한 셈이었다.

적구 서만촌에서 샤오정싱 · 리한더우 · 샤오성 등 동지가 군을 따라 이동하면서 생산과 회계를 내가 이어받았다. 사가점 전투가 승리로 끝난 후 시중쉰 서기 등 지도자들이 서북국 기관으로 돌아와 의합 설가거로 돌아갔다. 10월에 의합회의를 열고, 중앙 토지개혁회의의 정신을 전달했다. 생산과 사람들이 회의를 돕느라 적구에는 나와 자충우 동지만 남아 동분서주했다.

1948년 연안이 광복을 찾은 후 서북국은 즉시 원 중앙 군사위원회 주둔지였던 왕가평으로 돌아갔다. 당시 기관의 수장과 조직, 선전,

통일전선 세 부서 및 비서, 기밀문서, 행정 세 부처가 재빨리 갖추어졌다. 기관 경비 공급은 임시로 연합방어사령부 공급부에서 제공하였다. 서북국과 소속 당민(黨民) 체계 안의 군중단체·문화예술단체의 공급은 서북국이 책임을 맡았고, 이후에 심사회계과가 별도로 설립되었다. 당시 생산과에는 아무것도 없었다. 오직 세 사람만이 남아 심사회계 업무에 협조했다. 자신의 역사적 사명은 모두 완성한 셈이었다. 당시 서북국의 주요 업무는 대서북의 해방을 준비하는 것이었다. 특히 서안이라는 대도시의 이양 임무가 중요했다. 5월에 서안으로의 이주가 시작되었다.

서북국은 연안 시기의 기관으로 생산, 후방 부분에 수많은 농업, 공업 홍군 간부가 있었다. 그들은 평범한 자리에서 묵묵히 일했다. 더러운 것도, 피곤한 것도 두려워하지 않고 성실하게 온갖 계책을 짜내며 열심히 일했다. 예를 들어 장정 홍군 린펑춘 동지는 복건 사람인데 화석펌 산자락 아래 강변 동굴에서 돼지를 도살하고 주방에 고기 공급을 책임졌다. 그는 섬북 지역의 전투를 전전하던 과정에서 소개를

연안 화석펌 시절 중공중앙 서북국 옛터.

받아 입당했다. 1947년 서북국은 의합에서 대회를 열었다. 당시 섬북 지역은 식량이 거의 바닥 수준으로 기관에서는 맹물에 수수, 검은 콩을 삶아먹었다. 그는 회의를 위해 산서 구람(苟嵐)·오채산(五寨山)으로 달려가 생돼지를 구매해 수백 리 험난한 길을 내리질러 의합에 도착했다. 1949년 서북국이 서안으로 들어오자 그는 주방에서 관리원이 되었다. 나이가 많은데도 미혼이었던 그는 생활이 힘든 한 여자를 만나 결혼하였는데, 결혼한 지 얼마 되지 않아 병으로 세상을 떠났다. 자손은 없다.

장정 홍군 가운데 샹다밍(向大明)이란 동지도 있었다. 서안 입성 초기, 그는 성 밖에서 기관에 대줄 돼지를 사육했다. 매일 식당의 남은 구정물을 나르느라 분주하게 뛰어다녔다. 조직부에서는 그에게 식당에서 식사를 하라고 했지만, 그는 다른 사람에게 더러운 차림의 그가 폐가 되지 않도록 항상 식당 의자에 앉지 않고 밥공기를 든 채 식당문 밖에서 밥을 먹었다. 그는 결혼을 하지 않았으며, 2년 후 우리와 헤어졌다.

서북국에는 이런 동지들이 수도 없이 많았다. 그들은 이미 세상을 떠났다. 당의 사업을 위해 천신만고 고생을 하다 병을 얻었고, 그렇게 세상을 떠났다. 그들을 생각할 때마다 마음이 괴롭다. 신중국이 성립된 지 60주년이 되었다. 그들의 공적을 기념하기 위해 간단한 몇 마디와 함께 그들을 기억한다. 그들을 절대 잊지 않을 것이다.

연안 대생산 운동의 생산과 동지들 대부분이 이제 세상을 떠났다. 신중국 성립 60주년, 험난했던 그 특별한 시대에 많은 일을 했던 그들을 그리며 이 글을 쓴다.

영원한 그리움

장위잉

장위잉(張玉英) 1932년생. 섬서 가현(佳縣) 사람. 1946년에 미지(米脂) 중학에 입학한 후 연안대학으로 옮겼다. 1948년에 중공 중앙 서북국 비서처 속기팀에 들어갔으며, 후에 섬서성 건축설계원 당위원회 판공실 주임 등의 직책을 역임했다.

편집자 주석: 장위잉은 중공 중앙 서북국 비서처 속기팀 업무 기간 동안 수차례에 걸쳐 서북국 지도자들을 따라 회의에 참가하였고, 이 지도자들에 대해 깊은 정을 느꼈다. 〈영원한 그리움〉은 장위잉이 시중쉰 서기를 기념하는 진정한 마음이 잘 드러나 있다.

시중쉰 서기는 내가 가장 우러르고 존경하는 혁명 선배이자 옛 지도자이며 훌륭한 서기이다. 그는 섬감 변구 소비에트의 창시자이자 섬감녕 근거지와 공농 무장 지도자 가운데 한 사람이다. 그는 연안부터 서안까지 중공 중앙 서북국 서기를 8년 동안 맡았으며, 중앙으로 자리를 옮긴 후 국무원 부총리까지 승진하여 저우 총리의 막강한 조력자가 되었다. 그러나 그는 직무가 아무리 달라져도 내 마음속에는 영원히 훌륭한 서기이다. 지금도 옛 동지들은 그를 항상 친근하게 시 서기라고 부른다.

신중국 성립 60주년을 기념하며 나는 더더욱 시 서기가 그립다. 시 서기는 당에 대해 무한한 충성을 보여줬다. 사람됨이 공명정대하고 실사구시하며 겸허하고 신중했다. 단결심이 강하고 동지를 사랑하며 원칙을 지키면서 전체를 고려하고 청렴하고 올바르고 사사로움을 멀리하고 헌신적이었다. 극좌적이지 않으며 단 한번도 사람들을 괴롭히지 않았다. 정확하게 당의 노선·방침·정책을 집행하고, 혁명의 이익이 모든 것 위에 자리한 고상한 인품을 지닌 인물로 내 마음속에 깊이 각인되어 있다. 시 서기의 일생은 혁명의 일생, 전투의 일생으로 중국혁명, 사회주의 건설, 개혁개방 사업을 위해 심혈을 기울여 정성을 다하였으니 그의 공적은 영원히 역사에 간직되어 후세에 전해 자손만대 학습의 본보기가 되어야 한다.

시 서기는 간부에 대한 교육, 당의 건설 사업을 매우 중요하게 생각했다. 1948년 연안 광복 이후 서안 해방, 서북 5성 해방의 인수 준비 작업이 활발하게 진행되는 가운데 간부 확충과 이에 대한 교육이 특히 중요했다. 시 서기는 직접 당교에 와서 학생들을 가르쳤고, 재직 간부 학습에도 추호의 소홀함이 없었다. 서북국 기관이 연안으로 돌아간 후 얼마 되지 않아 '속기인원 훈련반' '기밀요원 훈련대대' 준비에 착수하여 청년들을 대거 이동시켰다. 정말 다행히도 만17세가 채 안 된 나는 당시 연변대학 부중에서 선발되어 '속기인원 훈련반'에 들어갔다. 당시 훈련은 매우 빡빡하게 이루어졌다. 아침, 저녁 과외 시간도 모두 이용되었다. 전문기술 학습뿐만 아니라 정치이론을 배웠다. 우리 젊은이들은 짧은 시간 안에 전문기술을 확실히 배우고, 사상정치이론의 수준을 높인 후 사람이 필요한 자리에 곧바로 배정되어 각자의 자리에서 훌륭한 역할을 했다. 업무의 특수성으로 인해 기관은 정당과 단체의 조직 발전 사업에 박차를 가했다. 속기인원 훈련반에 새로 온 10여 명의 동지 가운데 우리 네 명은 아직 입당 전이었다. 지도자와 동지들은 우리의 발전에 매우 많은 관심을 가지고 중점적으로 육성하였다. 요구가 엄격해 지정된 학습 문서를 제한된 기한 내에 독파하고, 매주 주말에 모임을 가지고 업무 학습 상황을 보고하여 동지들 사이에 진지한 비판과 자아비판이 이루어졌다. 발전한 부분은 긍정해 주고, 부족한 부분은 지적했다. 당원의 발전에는 엄격한 순서가 있었다. 반드시 당장(黨章)에 따라 일을 처리하여 18세가 안 되면 설사 조건을 갖추었다 해도 당에 받아들이지 않았다. 우리 넷은 나이가 부족했기 때문에 1949년 1월에서 3월이 되어서야 줄지어 입당 수속을 처리했다. 당시 우리는 서로 신분이 달라 예비 기간이 달랐다. 가난한 고용농일 경우 예비기가 반년이고, 나머지는 1년이었다. 새로운 당원은 입당 의식을 거쳐야 했다. 나와 궈은라이(郭恩來) 동지는 동시에 입당했다. 같은 기수에 다른 부서의 동지 네 명이 더 입당했다. 1949년 3월 9일 밤, 6명의 새로운 당원이 장엄한 입당 선언식을 가졌다. 차이즈웨이(蔡子偉) 처장이 회의를 이끌고, 조직부에서도 사람이 참가했다. 회의실에 사람이 가득 들어찼다. 바닥에 쪼그리고 앉은 사람도 있었다. 새로운 당원만 당의 깃발을 향해 선서를 했고, 이어 지도자 발언, 노 당원 대표 발언을 통해 새로 입당한 동지들을 격려하고 계속 노력해야 하는 방향과 요구에 대해 지적했다. 선서 의식에서 새로운 당원들이 나를 추천하여 모두를 대표해 발언을 하도록 했다. 이번 회의는 내게 매우 깊은 인상을 주었는데, 회의에 참석한 다른 동지들에게 역시 매우 생동적인 당 관련 교육이었다. 3월 10일, 나는 섬감녕 변구 제1차 중국공산주의청년단 단원대표대회에 참가했다. 대표 등록란에 처음으로 '공산당원'이란 네 글자를 쓴 나는 흥분을 감출 수가 없었으며, 당시의 경험은 일생 동안 잊을 수가 없다.

　　서안 해방 이후 상황은 빠르게 발전했다. 서북 5성이 줄지어 해방되어 모든 것이 발전을 눈앞에 두고 있었고, 시작해야 할 업무도 많았다. 서북 5성 도시에 대한 인수 작업, 새로운 정권 수립, 전쟁의 상처 치유, 생산 발전, 비적 소탕과 반패권주의, 안정된 사회의 새로운 질서 확립 등이 모두 이루어져야 했다. 시 서기의 어깨가 무거웠다. 각 부분의 간부가 부족했다. 그는 하루빨리 간부를 훈련시키도록 요구하는 한편, 재직 간부들의 업무 능력을 향상시켜 발전을 위한 수요에 맞추도록 했다. 관련 부서에서는 신속하게 공농 속성 중학, 여가문화 보습학교 및 각 전문기술육성반 등을 설립했다. 서북국 기관에서도 러시아어학습반, 문화보습반을 개설하여 아침과 저녁 시간을 이용해 학습시켰다. 시 서기는 바쁜 일정에도 불구하고 시간을 내어 옆 직원들의 숙제를 수정해 줬다. 기관에 학습 분위기가 농후했다. 모두 진취적으로 학습 열기를 불태웠다. 시 서기는 청년들의 성장에 특히 관심이 많았다. 청년대(기관 수장이 하달하는 업무를 책임지고 있었다)의 동지들 대부분이 연안대학에서 온 십대들로 별로 학교를 다녀 본 적이 없었다. 이 청년들을 인재로 육성하기 위해 기관에서는 그들을 나누어 속성중학으로 보냈다. 그들을 위해 좋은 학습 환경을 만들어 주었고, 모두 대단히 열심히 공부하여 성과를 거두었다. 그 청년들 중에는 대학교수가 된 사람들도 있고, 국방 첨단기술 엔지니어가 된 사람, 한 분야의 지도 업무를 담당하고 있는 사람도 있다. 모두 이렇듯 지도자들의 기대를 저버리지 않았다.

　　당시 기관 업무는 매우 번다했다. 인력이 부족해서 하루빨리 간부들의 이론, 문화, 전문지식, 업무 능력을 향상시켜야 했기 때문에 서북국 지도자들은 10여 명의 핵심 인원, 과(科)와 처(處)급 간부를 북경인민대학에 보내어 학습하도록 했고, 나이가 많고 교육 수준이 낮은 나이 든 농공업 간부는 서북당교로 보내어 문화를 학습하도록 했다. 각 단위가 모두 적극적으로 간부를 선발해 다양한 문화, 전문기술 학습에 참가하도록 했다. 이는 생산 발전, 경제건설 촉진에 모두 큰 도움이 되었고, 새로 개척한 지구의 간부 배치에 다양한 역량을 보충시킬 수 있었다. 나와 남편인 장커 역시 직접 교육을 받았다. 장커는 1950년 북경인민대학에서 학습한 후, 다시 대학에서 과학기술 지식을 학습했다. 나는 기관에 개설된 러시아어 학습반에 들어갔다. 당시 학습한 러시아어는 이후 소련이 섬서 건설에 원조한 22항목의 국방기밀프로젝트에서 소련 전문가를 위해 러시아어 원판 설계도면, 자료를 관리하는 데 유용하게 쓰였다. 조직에서는 또한 나를 서북당교로 보내어 비교적 체계적으로 당사(黨史)와 철학·정치경제학 등 세 과목을 학습하여 사상이론과 지식 수준을 높이도록 했다. 인생의 출발 단계에 서북국이라는 혁명의 대가정에서 7년 동안 일하며 시 서기와 각 지도자들이 전하는 교육, 인재양성 교육 및 동지들의 진실한 도움을 받고 서로 단결하며 우애했던 경험은 내 성장에 든든한 기반이 되었으며, 평생 잊을 수 없는 행복한 시절이 되었다.

해방 초기에 우리는 업무가 아직 제자리를 찾지 못해 인민 군중 가운데 적잖은 사람이 당의 정책을 이해하지 못했고, 내심 의구심을 가지고 있었다. 각 방면의 역량을 결집해 대대적인 선전과 군중 조직 업무가 필요했다. 이에 시 서기는 대규모 회의를 주관하였다. 이를테면 서북지구 청년대표대회(내가 대표로 이 회의에 참가했다), 서북문예대표대회, 서북부녀대표대회, 서북종교 및 민족사무대회, 통일전선공작회의 및 당정공작회의 등등이다. 이처럼 많은 회의의 목적은 모두 마찬가지였다. 형세와 정책을 설명하고, 여러 전선에 따라 임무를 배치하고, 요구를 제시하고, 사상을 무장하고, 인식을 통일하여 일치단결함으로써 깊이 군중으로 들어가 다양한 사업을 펼치는 것이었다. 시 서기는 회의에 참가했을 때 매번 대표들의 발언을 진지하게 경청하며 이를 필기하고, 폭넓게 대표들을 접견하고 각 방면의 의견을 청취했다. 그가 대회에서 행한 보고는 매우 생동적이며 실질적이고 논리가 뚜렷하여 설득력이 대단했다. 그의 발표를 들은 사람들은 혜안이 열리며 임무와 방침 정책이 명확해지고, 방법이 구체적이며 실질적이어서 매우 강한 추진력을 갖게 되었다. 회의를 통해 각 대표들은 사상 인식을 높이고 믿음을 가지고 각각의 임무를 완성했다.

서북은 다민족 지역으로 종교와 민족 문제가 두드러지는 곳이기에 통일전선공작이 매우 중요했다. 매번 종교·민족·통일전선회의

1950년, 서북 군정위원회 제2차 회의에 참가한 펑더화이와 시중쉰.

를 열 때마다 다양한 사람들이 참가했다. 스님, 도사, 라마, 소수민족 우두머리, 민주인사, 원 국민당 요원 등 통일전선 인물들이 모두 있었다. 시 서기는 그들을 매우 존중하며 진심어린 마음으로 대했다. 그는 그들에게 세심하게 당의 정책을 설명했다. 그의 인간적 매력은 사람들의 믿음을 불러일으켰다. 회의 참석자들은 언제나 진정한 마음으로 당의 지도를 받고 함께 일하고자 했다. 이는 당시 사회를 안정시키고 순조롭게 각 업무를 펼치는 데 큰 역할을 했다. 그러나 당시 통일전선공작의 중요성에 대해 여전히 분명하게 인식하지 못하는 동지들이 있었다. 그들은 과거의 적이 오늘날 상객이 되어 높은 대우를 받고 있자 마음이 불편했다. 심지어 개별적으로 불평불만을 털어놓는 이도 있었다. '일찍 혁명함이 늦게 혁명함보다 못하고, 늦게 혁명함이 반(反)혁명함보다 못하다.' 시 서기는 여러 회의에서 통일전선공작의 중요성을 반복해서 강조하고, 또 모두가 당의 통일전선공작 방침 · 정책을 학습하여 동지들이 당의 통일전선정책을 잘 실천해야 긍정적인 요소의 힘을 살릴 수 있고, 단결할 수 있는 역량을 모두 결집시켜 거대한 대오를 만들어야 새로운 역사 시기의 위대한 임무를 완성할 수 있다고 했다. 시 서기는 이 시기의 수많은 업무에서 넓은 아량과 성실한 마음가짐으로 사람을 대하고 군중을 연계하여 각 부분의 긍정적인 요소를 살려 이를 단결시키는 대가의 풍모와 지도자적 능력을 잘 보여 주었다.

시 서기는 통일전선공작을 매우 훌륭히 실천하여 마오 주석의 인정과 찬사를 받았다. 1946년 해방전쟁에서 그는 마오 주석의 지시에 따라 유림에 주둔하던 국민당 섬북보안부 부사령 후징둬의 기의를 성공시켰다. 타인의 능력을 잘 파악해 적절하게 이용함으로써 강력한 인재를 조직하여 어렵고도 세심한 작업을 통해 후징둬가 같은 해 10월 13일에 국민당 제22군 제86사단이 새로 편성된 11여단 및 보안 제9연대 관병 5천 여 명을 인솔하여 기의를 일으켰고, 이후 민주연군 기6사(民主聯軍騎六師)로 개편하였다. 당시 대규모 기의는 서북 및 전국에게 큰 충격을 주며 적군의 배치를 교란시키고, 적의 힘을 무력화시키면서 해방구의 범위를 확대시켰다. 이로써 변구의 군대가 주된 역량을 결집해 남쪽으로부터 오는 적을 대적하여 연안 수복에 유리한 조건을 형성하였으니 그 영향력이 실로 거대했다. 서북 5성이 해방된 후 청해 마부팡의 잔당이 앙랍부락의 천호인 샹첸을 끌어들여 반란을 일으켰다. 이들의 반란을 어찌 처리할 것인지에 대해 시 서기는 서북국 상무위원회를 개최해 여러 차례 논의했다.

민족과 종교 문제가 한데 얽혀 있으면 처리하기가 매우 복잡하다. 시 서기는 고민 끝에 군사 준비를 하는 동시에 정치 투쟁을 위주로 하는 방침을 결정했다. 2년 넘게 참을성을 가지고 10여 차례의 회담과 작전 끝에 마침내 샹첸이 공산당의 진심을 받아들여 귀순하였다. 이로써 청해 사회가 안정을 찾았을 뿐만 아니라 감숙·사천·청해·티베트 지역의 업무에도 매우 좋은 영향을 주었다.

이에 대해 마오 주석은 "중쉰은 정말 대단하네. 제갈량은 맹획을

1950년 10월, 펑더화이가 조선으로 가서 작전을 지휘하자 시중쉰이 서북 군정위원회 주석을 대신하여 서북 당정군 공작을 주재했다.

일곱 번 잡아 일곱 번 놓아주었다고 했는데, 자네는 제갈량보다 대단한 인물일세"라고 찬사를 아끼지 않았다.

통일전선전술은 당의 3대 법보 가운데 하나이다. 시 서기는 자신의 실천을 통해 전술의 위력을 구현했으며, 이는 당시 미담으로 전해졌다. 실례로 우리 동지들을 일깨우고 교육함으로써 이해 부족과 불평불만으로 가득했던 소극적인 정서가 적극적인 행동으로 전환되었고, 실질에서 이론에 이르기까지 통일전선전략공작의 중요성을 확실하게 인식하였다.

신중국이 성립된 후 각급 정부기관의 지도자에 모두 민주 인사와 비(非)당 동지가 배정되었다. 이는 그저 형식만 그럴듯하게 갖추기 위한 것이 아니라 실제로 그들에게 직권을 주고 일을 하도록 했다. 이 부분에 있어 시 서기는 몸소 우리에게 본보기가 되었다. 서북 군정위원회 부주석 장즈중·한자오어(韓兆鶚)·시라오자춰(喜饒饒嘉措) 등이 있었다. 시 서기는 서북 군정위원회 주석 대행을 할 때 그들을 매우 존중하며 지지했다. 그들에 대해 관심을 가지고 허심탄회하게 그들의 의견을 경청하여, 그들이 직권을 행사하고 창조적으로 두각을 나타내며 대담하게 업무를 진행하여 충분히 자신들의 역량을 발휘하도록 했다. 이런 이들의 영향력은 대단했다. 시 서기의 교육으로 동지들은 통일전선전략공작이 비단 지도자뿐만이 아닌 모든 이가 책임이 있다는 것을 느낄 수 있었다. 인식이 향상되자 자발적인 행동이 이루어졌다. 우리 당원 간부들은 직접 자신들의 비당 민주인사들을 지도하며 진심으로 그들을 존중하고, 그들이 맡은 업무를 잘 수행할 수 있도록 노력했다. 문제가 있으면 상급에 보고를 올려 명령을 요청하고, 적극적인 태도로 그들의 업무를 지지했다.

시 서기는 솔직담백하고 사교성과 유머 감각이 뛰어나 사람들에게 친근감을 선사했다. 1950년 겨울 휴가 때 장커가 북경에서 돌아왔다. 설을 보내고, 우리 둘은 결혼했다. 결혼식 후 3일째 되는 날, 행정처의 리빙룽(李秉榮)이 장커에게 시 서기가 전용비행기로 북경에 회의를 하러 가는데 장커와 같이 갈 수 있다고 말했다. 서기와 함께 비행기를 탈 수 있다는 말에 장커는 신이 나서 그 즉시 짐을 꾸려 함께 공부한 리자팡(李加芳)과 함께 서기의 전용기에 올랐다. 군용비행기로 의자가 기내 양측에 있어 사람들은 서로 마주 보고 앉아야 했다. 기내에는 감숙성 부성장인 훠웨이더(霍維德)와 그의 부인도 동승했다. 그들은 계급은 달랐지만 오랜 친구처럼 편하게 이야기를 나누었고, 이따금 시 서기가 상쾌한 웃음을 터트렸다. 조금 어색해하는 장커와 리자팡을 보고 시 서기가 먼저 그들에게 일상에 대한 이야기를 꺼내며 학교에서의 학습 생활에 대해 물어봤다. 두 사람은 금세 자연스럽게 긴장을 풀며 지도자의 관심과 조직의 교육 기회 마련에 고마움을 표시하며, 반드시 열심히 공부해서 지도자의 희망을 저버리지 않겠노라고 말하였다.

당시에는 녹음기가 없었기 때문에 중요한 회의며 지도자의 발언 및 지시는 모두 속기원이 기록을 했다. 당시 회의 발언은 사전에 원고가 마련되지 않았다. 발언의 개요를 말하는 사람도 있었지만, 대부분 개요도 없이 한 글자도 빠지지 않고 원래 발언 내용을 곧이곧대로 기록하여 역사의 진실성을 유지하라고 요구하는 사람이 더 많았다. 이에 속기 작업은 매우 중요하고도 고된 일이었다. 당시 서북국 속기 업무자는 10여 명에 불과했다. 우리는 업무 때문에 시 서기의 차를 타고 회의장에 가서 기록을 하는 일이 다반사였다. 매번 시 서기 옆에 앉으면 언제나 이것저것 물어봤다. 거드름을 피우는 적은 단 한번도 없었다. 비나 눈이 오는 날씨에 시 서기의 차량을 길에서 만나면 반드시 우리를 태워 갔다.

처음 시 서기 옆에서 일을 하게 된 젊은이들은 안절부절 불안한 모습을 보였지만, 시 서기가 몇 마디 유머 넘치는 말을 하거나 농담을 해서 분위기를 풀어주면 거리감이 줄어들면서 마음이 가벼워지고 자연히 일도 과감하고 자연스럽게 처리하게 되었다. 시 서기는 자신의 모든 심신을 혁명사업에 쏟아부었다. 출퇴근 개념도 없었다. 낮에도 일하지만 깊은 밤까지도 열심히 일하며 전혀 불평불만이 없었다. 우리는 이런 모습을 보고 많은 것을 느꼈다. 속기 작업의 특징은 낮에는 회의 기록을 하고, 그날 저녁에 이를 번역해서 정리했다. 어떤 내용들은 다음날이면 중요한 문서나 지시 사항이 되어 하달되었다. 그렇기에 그날 일은 반드시 그날 처리하여야 했다. 당연히 대부분 매우 늦은 시간에 잠을 청했다. 깊은 밤 인적이 드물 때 우리는 시 서기 사무실에 불이 켜져 있는 모습을 자주 볼 수 있었다. 시 서기가 밤늦게까지 일을 하고 있는 모습은 우리에게도 무한한 격려가 되었다.

기관 문화생활을 활성화하기 위해 서북국 구락부에서는 매주 토요일마다 저녁 댄스파티를 열었다. 기관의 남녀노소가 모두 열심히 참가했다. 악단 역시 기관의 음악이 취미인 사람들이 모여 구성되었다. 장커 역시 그 중 한 사람이었다. 댄스파티는 매우 강한 응집력을 발휘했다. 시간만 되면 시 서기와 다른 지도자들이 군중과 어울려 함께 문화를 즐겼다. 때로 다른 단위의 지도자들까지 파티에 참가했다. 법원장인 마시우(馬錫五)도 단골손님이었다. 시 서기는 솔직하고 활발한 성격으로 춤도 잘 추었다. 그는 정해 놓은 파트너가 없었다. 그냥 춤을 출 줄 아는 여자 동지들은 모두 그와 춤을 췄다. 댄스장에는 상·하급의 구분이 없었다. 서로 웃고 떠드는 사이에 지도자와 군중이 화기애애하게 어울렸다. 사실 모두 서기가 춤을 추는 이유를 그저 심신의 스트레스를 풀기 위한 것만은 아니라는 사실을 잘 알고 있었다. 그보다 중요한 것은, 오락이라는 형식을 빌려 군중 속으로 깊이 들어가 그들의 상황을 이해하며, 민정을 살피고, 업무를 개선하는 일이었다.

시 서기는 정과 의리를 매우 중요하게 생각했다. 혁명에 공헌한 사람, 좋은 일을 했던 사람, 희생된 전우, 열사를 모두 가슴 깊이 새기고 그들을 보살폈다. 해방 초기, 서북국 초대소에 이씨 성을 가진 독거노인이 있었다. 시 서기가 초청한 사람이라고 하는데, 과거에 무슨 일을 했는지 알 수가 없었다. 다만 그가 혁명을 위해 좋은 일을 했다는 소문만 들릴 뿐이었다. 이후 이씨는 짝을 찾아 초대소에서 결혼식을 한 후 부소장이라는 직함까지 얻어 말년을 편안하게 보냈다. 혁명에 중요한 공헌을 한 황즈원 열사의 자녀는 농촌에 살았는데, 시 서기가 이 소식을 들은 후 그들을 서안으로 데려왔다. 아들인 황샤오핑(黃小平)은 보육소학에 입학시켜 이후 인민교사가 되었다. 딸인 황젠전(黃健珍)은 전쟁 당시 어쩔 수 없이 다른 사람에게 보내져 10대가 되도록 학교를 갈 수가 없어 초대소에 머물며 인근 소학에 나가 학습을 보충했다. 황젠전은 당시 학습 기회를 매우 소중히 여겨 각고의 노력을 기울였고, 이에 금세 다른 학우들과 같은 수준에 이르렀다. 그후 그녀는 국가 간부가 되었다. 시 서기가 북경 중앙선전부로 자리를 옮긴 후 서북국 행정처의 리빙룽(李秉榮) 부처장(지하공작 당시 양당 기의를 일으킨 옛 전우)의 병이 위중하다는 말을 듣고 그를 북경대 병원에 보내 치료를 받게 했다. 리빙룽은 비서와 의사·공무원까지 함께 네 사람이 시 서기의 집에 한 달을 넘게 머물렀다. 실로 감동적인 이야기가 아닐 수 없다.

시 서기는 곳곳에서 당의 이익을 최우선 순위에 두었다. 사람됨

서북국, 섬서성, 서안시 간부들에게 학습 보고를 하고 있는 시중쉰.

이 공정하고 원칙을 고수했으며, 전반적인 상황을 두루 살피고 실사구시의 정신으로 잘못이 있으면 반드시 수정하였다. 당의 정책을 매우 안정적으로 정확하게 집행했으며, 반좌(反左)의 오류를 시정하는 데 결코 사람을 괴롭히는 일이 없었다. 나는 이로부터 매우 깊은 깨달음을 얻었다.

1947년 진수변구(晉綏邊區, 항일전쟁 시기 혁명 근거지 가운데 하나. 산서성 서북부와 수원(綏遠)성 동남부에 이르는 지역. 변구 지도기관이 오랫동안 흥현(興縣)에 자리했다−역주) 토지개혁 운동에서 '좌'경 착오가 발생해 '군중이 요구하는 대로 처리한다'는 잘못된 구호가 나왔다. 당시 나는 연변대학을 따라 산서를 전전하며 지역 토지개혁에 참가하면서 토지개혁 실행 도중에 당의 정책에 따라 일을 처리하지 않는 상황을 목격했다. 지주를 매달아 구타할 뿐만 아니라 지주가 아닌 사람도 비판투쟁 대상으로 삼아 매달아 놓고 구타했다. 심지어 이제 막 결혼한 새신부까지 체포해서 바닥에 질질 끌고 다녔다. 그후 섬감녕 변구에서 펼친 토지개혁운동 초기에도 역시 정책에 따라 일을 처리하지 않는 상황이 연출되었다. 예를 들면 성분에 대한 재평가를 실시하면서 점유 토지 면적이나 착취 정도에 따라 평가를 하지 않고, 당시 가정 형편 정도를 성분 재평가 기준으로 삼은 경우이다. 그 결과 일부 중농 또는 부유 중농을 부농·지주로 규정하여 비판투쟁하면서 간부 농민 사이에 큰 혼란을 불러왔다. 당시 캉성(康生, 1898~1975, 중화인민공화국의 정치가. 공안기관과 정보기관의 수장을 맡아 문화대혁명 기간 동안 사인방과 정치적 보조를 맞추었다−역주) 무리는 육체적으로 '지주 소멸' '중농 타격'해야 한다는 요구를 내놓았다. 그들은 중농이 중간파이며, '중간파가 가장 반동적이고' 심지어 '중농을 피로 물들인다' '양산(梁山)으로 들어가게 한다'와 같은 극단적인 오류를 범한 구호를 내걸었다. 시 서기는 매우 엄숙하고 진지하게 이런 문제들을 고려하여 간부들을 조직해 철저하게 이를 조사 연구하도록 했다. 또한

업무를 보고 있는 시중쉰.

직접 농촌에 가서 조사를 실시하여 첫번째 자료를 파악하기도 했다. 그는 실제에서 출발해 실사구시의 정신으로 토지개혁에서 구별해서 상대해야 한다는 정책을 내놓았다. 그는 노구·반노구·신구 등 다양한 상황에 따라 정책과 '좌'적 편향을 시정해야 한다는 의견을 내놓았다. 시 서기의 의견은 당 중앙과 마오 주석으로부터 인정을 받고, 전국 각 해방구에 전달되었다. 먼저 시범 지역을 정해 실시한 다음 경험을 총결하고, 서북국에 능력 있는 간부를 내려보내 '좌'적 착오를 바로잡고 강력하게 캉성 일파의 극좌 사상을 제어함으로써 섬감녕 및 이후 서북 지역의 토지개혁운동이 건강하고 안정적으로 시행될 수 있도록 했다.

1952년, '3반' '5반' 운동이 거세게 일어 사람들에게 충격을 가져다 주었다. 서북국 기관 증산절약위원회의 지도 아래서도 '3반' 운동이 일어났다. '3반'이란 탐욕·낭비·관료주의에 대한 반대를 의미한다. 운동 초기에는 문서를 학습하여 이에 대한 인식을 분명히 했다. 모두 '3반' 운동이 매우 필요하다고 생각하며, 다시 한 번 우리에게 경종을 울리는 일이라 여겼다. 모든 동지가 평화로운 분위기 속에 깨어 있는 사고로 착오를 범하지 않고자 하였으니 그 의미가 매우 깊었다. 이에 모두 스스로 검사하고, 사고를 찾아 문제가 있는 부분을 보완하고 제도를 정했다. 그러나 이후 운동의 내용이 변질되어 '호랑이' 때려잡기 운동이 되어 버렸다. 운동을 이끌던 일부 인사들은 과열 양상을 보이며 자신의 주관적인 억측에 따라 서북국에 행정처 처장인 자오신민을 중심으로 하는 대탐욕 집단이 있다고 의심했다. 이에 관련자 10여 명을 초대소에 감금하였다. 장커는 서북국에서 회계를 맡았었다. 1950년에 자리를 이동했는데도 당시 그를 불러다 격리시키고, 그에게 다른 사람을 적발, 검거하도록 설득하기 시작했다. 이어 그에 대해 비판 투쟁, 고문을 실시하였다. 몇 사람이 돌아가면서 그를 협박하며 소모전에 들어갔다. 장커는 시종일관 당의 원칙을 지키며 진실만을 말하고, 함부로 이야기를 날조하지 않았다. 그는 최후에 '태도가 불량하고 운동에 항거한다'라는 죄명으로 기관에서 열린 공개심판대회에서 결박당해 감찰서로 압송되어 심문을 당했다. 단지 혐의가 있다는 이유만으로 아무런 실제 증거도 없이 감옥에 들어갔다. 대회 하루 전날 밤, 조직부에서 내게 사람을 보내어 장커의 검거, 적발에 관한 건을 처리하라는 것이었다. 그렇지 않으면 자리도 잃고, 명예에 먹칠을 할 것이라고 위협했다. 나는 '조직이 문제를 분명하게 조사할 것이라 믿는다. 조직의 어떤 심사나 시련도 달게 받겠다'라는 태도를 보였다. 그렇게 석 달이 지났지만, 다시 아무도 장커에 대해 물어보러 오는 사람은 없었다. 이는 사소한 개인의 일이 아니었다. 당의 정책에 대한 동지의 책임 문제였다. 나는 시 서기를 찾아가 이 일을 털어놓았다. 시 서기가 내 보고를 듣더니 그 자리에서 비서장인 우카이장에게 전화를 걸어 '문제가 없다면 바로 석방하라'는 지시를 내렸다. 이튿날 비서처에서 사람을 보내 장커를 데려왔다. 자오신민 처장과 초대소에 갇혀 있던 동지들 모두 자유를 찾았다. 시 서기는 실제에 입각하여 원칙을 지키고, 공정하고 과감하게 착오를 수정하여 인심을 얻으니 동지들이 그를 옹호했다. 그후 어느 날, 시 서기가 장커의 상황을 물었다. 나는 장커가 조직에서 과장이라는 직무와 '공동식사' 대우를 회복하고 임금도 다시 받고 있으며, 임시로 초대소에 거주하며 분배를 기다리고 있다고 말했다.

시 서기는 진심으로 이렇게 말했다. "정신적 압박을 받지 말고 일해요." 서기는 이토록 동지들에게 관심어린 사랑을 보였다. 나는 깊은 감동을 받고 열심히 일하여 서기의 바람에 보답하겠노라고 생각했다. 거짓 안건은 철저하게 바로잡고 성실하게 모두를 교육했으며, 심사를 받는 동지는 공산당원의 품격을 잃지 않고 원칙을 고수하며 실사구시 정신으로 시련을 이겨내고 호평을 얻는다. 이것이 바로 서북국 시 서기가 다년간 교육한 결과이다. 또한 '주관적인 상상에 따라

2009년 4월 4일. 장커와 부인 장위잉(张玉英).

실제를 무시하면 동지에게 해를 가하고 당내 혼란을 야기시킨다'라는 교육 내용은 이후 업무에 매우 좋은 귀감이 되었다.

시 서기의 고상한 인상은 사람들의 마음속에 깊이 각인되어 떨쳐 버리려 해도 잊혀지지가 않는다. 소위 '펑더화이 · 가오강 · 시중쉰 반당집단'이라는 문제가 나온 후 서북국에서 일한 적이 있는 동지들은 모두 서안시위원회 회의에 불려갔다. 나도 불려갔다. 회의가 열리기 전, 그 회의 내용에 대해 아는 사람은 아무도 없었다. 사회자가 직접 본론으로 들어가 '펑더화이 · 가오강 · 시중쉰 반당집단'의 영향을 일소하고, 시중쉰의 반당 언행을 적발하여 그와 경계를 뚜렷이 해야 한다고 선포했다. 이 뜻밖의 일격에 동지들은 고개를 숙이고 멍하니 앉아 아무 말도 하지 않았다. 회의장의 분위기가 무겁게 가라앉았다. 마침내 누군가 입을 열었다.

"시중쉰이 서북국에서 일할 때 내가 본 거라곤 그가 불철주야 성

我48年至54年在
西北局工作. 在彭德怀
铁木的言传身教下
懂得了做人的道理
成长起来. 彭又在彭
上工作. 对西北局的感
情是非常深的.

张玉英
2009.4.4

장위잉의 제사.

실하게 혁명사업을 위해 일하는 모습밖에 없다. 반당 언행은 본 적이 없으며, 이에 대해 알지도 못한다."

그 동지의 발언은 회의에 참석한 동지들의 마음의 소리 그대로였다. 이어 동지들이 일일이 시 서기가 좋은 사람이라고 실례를 들어가며 말했다. 적발대회장이 순식간에 찬양대회장으로 바뀌었다. 회의는 소기의 목적을 달성하지 못하고 황급히 끝을 맺었다. 이후 1966년 '문화대혁명' 기간에 서북국에서 일했던 적잖은 동지가 이 일로 인해 다양한 고초를 당했다. 비판 투쟁의 대상이 되기도 하고, '펑더화이·가오강·시진핑 흑간장(黑干將, 반혁명 수정주의 노선을 위해 적극적으로 활동한 유력 인사를 지칭함)'이란 팻말을 달고 조리돌림을 당했다. 그러나 어쨌거나 사실을 은폐할 수는 없다. 사람들 마음속에 자리한 시 서기의 숭고한 인격은 영원히 사라지지 않을 것이다.

1980년 1월 5일, 중앙은 중공섬서성위원회의 〈소위 '펑·가오·시 반당집단' 문제의 철저한 명예회복에 대한 요청 보고서〉에 대한 회답을 보내며 '펑·가오·시 반당집단'은 황당한 이야기로 사실무근하기에 모두 철회되어야 한다고 했다. '펑·가오·시 반당집단' 문제에 연루된 간부 군중도 하루빨리 명예회복이 이루어져야 했다. 당시 보고서는 당내외 군중에게 전해져 십수년간 시 서기가 당한 억울함을 씻어주고 역사의 진면목을 회복하였으니 참으로 기쁜 일이

었다. 역사는 거울이다. 시 서기는 후대에 소중한 정신적 재산을 남겨
주었다. 이는 우리가 영원히 배워야 할 본보기가 될 것이며, 우리는
영원히 그를 그리워할 것이다.

서북국의 화려했던 옛이야기,
그리고 섬서에 대한 나의 감회

지스린

지스린(舌世霖) 1929년 12월 1일 출생. 한성(韓城) 독천향(獨泉鄕) 사람. 1947년에 혁명에 참가하였으며 향정부 문서 겸 소학 교원을 맡았고, 이후 독천·원자(院子) 두 향의 당지부서기를 역임했다. 1949년 초, 왕평(王峰) 구 정부비서로 자리를 이동한 구의 선전위원을 대행했다. 셰자오자이(謝覺哉) 동지의 비서를 지냈으며, 《사각재전(謝覺哉傳)》《사각재일기(謝覺哉日記)》《사각재문집(謝覺哉文集)》 등에 대한 정리, 편집 등을 책임졌다.

편집자 주석: 서북군정위원회에서 일한 경력은 불과 2년뿐이었지만, 서북국의 주요 지도자였던 펑더화이와 시중쉰 동지에 대해 깊은 인상을 받았다. 그는 지금까지 과거 지도자들을 이야기할 때마다 마치 어제의 일 같다는 생생한 감동을 느꼈다.

서안 해방, 서북군정위원회 성립

서안이 해방된 후 서북국 역시 서안으로 옮겼다.

나는 1947년 학교를 졸업한 후, 이듬해 2월에 향정부에서 일을 시작했다. 1949년 중앙 서북국 당교(이후 중국 서북국 당교로 개칭됨)로 파견되어 주로 남하 간부 훈련을 맡았다.

1950년 3월 서북군정위원회가 성립되고, 펑더화이가 서북군정위원회 주석에 올랐다. 위원회 간부들이 서북 당교에서 선발되었다.

이에 나 역시 간부로 선발되어 서북군정위원회에 파견되었다. 처음부터 서북군정위원회 민정부 간부처에 배정된 나는 서북군정위원회 민정부에 인사부가 성립되면서 다시 인사부 판공실로 자리를 이동했다. 당시 민정부 부장은 왕쯔이(王子宜)로 인사부 부장을 겸임했다. 민정부 간부처와 인사부의 주요 임무는 서북국 5성 현 이상 간부가 분리, 관리하고 간부 명단을 보내는 일이었다.

당시 서북국은 건국로에 위치했다. 서북군정위원회가 성정부 구역에 위치하니 이곳을 신성대원(新城大院)이라 불렀다. 펑더화이는 신성대원 황루(黃樓)에 살면서 황루의 서부에서 사무를 봤고, 시중쉰(당시 서북국 서기)은 건국로 서북국에서 일했다. 당시 시중쉰과 펑더화이에게 간부 명단을 전달하여야 했다. 기본적으로 일주일에 한 번 방문했다. 처음 시작할 당시에 시중쉰은 어쩌다 한 번 마주칠 정도였지만, 이후 가는 횟수가 많아지면서 자주 얼굴을 봤다. 당시 거리에는 자동차는 없었고, 처음에는 자전거마저도 보이지 않았다. 나 역시 걸어서 서북국을 오갔다.

시중쉰에 대해 깊은 인상을 받다

왕쯔이와 류즈단은 같은 현 사람이다. '좌'경 노선 당시 류징판(류즈단의 남동생) 등과 함께 감옥에 갇혔다. 홍군이 연안에 도착한 후에야 마오 주석이 사람을 보내 그들을 풀어줬다. 왕쯔이와 류즈단은 시중쉰과 함께 혁명을 벌였다. 연안 시기 왕쯔이·류징판 모두가 섬북 사람이었고, 일도 함께했다. 또한 시중쉰과 셰자오짜이는 당시 서북국 지도자였다. 이에 모두 자연스럽게 전우이자 친구가 되었다. 시중쉰은 마오 주석의 신임이 두터웠기에 원래 남대문(당시 근거지는 마란)을 지켰지만, 후에 수덕지구위원회 서기로 가면서 북대문을 수호하며 국민당을 대적하게 되었다. 당시 시중쉰의 나이 30세였다.

마란의 관중 분구 옛터.

마란의 시중쉰이 거처했던 동굴집.

시중쉰을 처음으로 알게 된 것은 서북군정위원회 간부회의에서였다. 당시 시중쉰과 펑더화이가 서북군정위원회 간부들과 이야기를 나누고 있었다. 시중쉰에 대한 첫번째 인상은 무척 박력이 있고 유능하며, 무슨 일이든 과감하게 처리한다는 것이었다. 1952년 나는 북경으로 이동되었다. 당시 중앙인민정부 내무부에서 셰자오짜이 동지의 비서로 일하다 이후 당조직 비서(중앙조직부의 결정)를 겸임했다. 이후 셰자오짜이 동지를 따라 상해로 가서 신정권의 첫번째 헌법 초안에 대한 조사 연구에 참가하였다. 당시 셰자오짜이는 중앙인민정부 내무부 당조직위원회 서기·부장이었고, 왕쯔이는 당조직부 부서기, 상무 부부장이었다.

그 기간에 시중쉰 역시 북경에 왔다. 나는 자주 왕쯔이 부부장과 함께 시 서기를 보러 갔다. 당시 시중쉰에 대해 매우 깊은 인상을 받았다. 시중쉰은 매우 친근한 섬서 방언으로 내게 우리 모두 섬서가 고향이라고 말했다. 그는 표준어 말고 섬서말로 말하라고 했다. 섬서말이 무척 친근하게 느껴졌다. 시중쉰은 북경에 온 후 표준어를 하지 않고, 시종일관 섬서말을 했다.

셰자오짜이의 당시 서북국 일을 회상하며

1935년, 홍군 장정이 섬북에 이르렀다. 이들은 중앙정부 서북 사무실을 만들고 셰자오짜이가 내무부장·비서장·사법부장·최고인민법원원장 대행을 맡았으며, 이후 심사회계위원회 주석에 올랐다. 이 시기에 그는 섬감녕 근거지의 기층정권 조직을 정비하는 데 협조, 이를 지도하여 보편·직접·평등·무기명 선거제도를 실시하여 인민 군중의 민주 권리를 충분히 발휘하도록 하고, 인민 군중의 적극성을 유도하여 섬감녕 혁명 근거지를 굳건히 발전시키는 데 중요한 역할을 했다.

그해 셰자오짜이가 부인 왕딩궈(王定國)를 만났다. 6월, 홍일(紅一) 4방면군(方面軍)이 무공(懋功)에서 승리하여 집결했다. 탁극기(卓克基)에서 두 방면군이 설산을 건너기 위해 준비를 하고 있었다. 어느 날, 왕딩궈와 몇몇 전우들이 산등성이에서 이야기를 나누고 있는데 한 나이 든 동지가 다가와 말했다. "젊은 동지, 좀 도와주시오. 설산을 넘어야 해서요. 홑겹 옷 두 벌 안에 양모를 넣어 한 벌로 좀 꿰매어 주시오."

왕딩궈는 바느질을 해서 다음날 주겠다고 말했다. 나이 든 동지가 자기 소개를 했다. "셰자오짜이라 합니다. 산등성이에 있어요. 1방면군 간부 휴양연대입니다."

다음날 왕딩궈가 옷을 가져가자 셰자오짜이가 멀리서부터 그녀에게 인사를 하더니 양모 옷을 받아들고 말했다. "고맙소. 잘 꿰매었군요."

작별을 할 때 그는 특별히 그녀에게 고추를 좀 챙겨두면 추위 방지에 도움이 될 거라고 말했다. 다시 만났을 때 난주 팔로군 사무실의 당대표였던 셰자오짜이는 이 아가씨의 성이 왕씨라는 것만 기억하고 있을 뿐이었다. 그러나 왕딩궈는 장정의 최고 연장자를 분명하게 기억하고 있었다.

항일전쟁 당시 난주 팔로군 사무실에서 사이좋게 지내는 사이 왕딩궈와 셰자오짜이는 혁명의 반려자가 되었다. 그후 난주·연안에서 북경까지 왕딩궈는 거의 셰자오짜이 옆에서 일했다. 그녀의 마음 속에 그녀보다 서른도 더 많은 셰자오짜이는 동지이자 배우자였으며, 또한 지도교사이기도 했다.

1939년 셰자오짜이는 중앙당교 부교장이 되었다. 경제적 어려움을 해결하기 위해 그는 직원들을 동원하여 황무지를 개척하는 동시에 직접 대강당 건설에 참가했다. 대강당이 완공되었을 때 마오쩌둥은 친필로 커다란 편액에 '실사구시'라는 글씨를 썼다. 그로부터 '실사구시'라는 말은 당교 학생들을 통해 각 항일 근거지에서 널리 퍼졌고, 또한 중공의 사상노선과 우량한 전통으로 대대로 이어지며 빛을 발하였다.

1941년 5월, 중공중앙의 비준을 거쳐 중공 서북공작위원회와 섬감녕 변구 중앙국이 중공중앙서북국으로 합병되었다. 세자오짜이 동지가 서북국 상무위원과 부서기를 맡는 한편, 변구정부 비서장과 당단(黨團, 공산당 및 공산청년단) 서기도 맡게 되었다. 당시 리보취는 변구정부의 부주석을 맡아 세자오짜이가 섬감녕구 선거법 제정을 지휘하도록 결정했다. 1941년 11월, 변구참의회 2기 1차회의에서 세자오짜이가 부의장으로 선발되었다.

1942년 중공서북국과 변구정부는 당외인사 좌담회를 열고 정부업무와 재정경제 문제를 토론했다. 당외인사의 의견과 건의를 충분히 듣기 위해 1943년 1월, 변구정부 공산당 당단 서기, 변구정부 주석 린보취와 서북국 비서장 자튀푸가 제1차 섬감녕 변구정부 비당인사 좌담회를 열었다. 1943년 2월, 마오쩌둥이 세자오짜이·자튀푸의 좌담회 상황 보고에 대해 지시를 내렸다. "이후 서북국은 두 달에 한 번 좌담회를 1회 소집한다." 런비스(任弼時)는 다음과 같이 지시했다. "이후 정부를 통해 집행해야 하는 중요한 정책은 먼저 그들과 의견을 교환한 후에 제출한다."

세자오짜이는 중공서북공작위원회·변구중앙국·중앙서북국과 변구정부·변구참의회에서 꼬박 6년 동안 일하며 '삼삼제(三三制, 항일전쟁 시기 통일전선 정권정책)' 정권 건설을 위해 심혈을 기울였다. 이에 섬감녕 변구는 각 항일 근거지에 '삼삼제' 정권 건설의 모범이 되었으며, 중앙에 참의회를 인민대표회의로 개칭할 것을 건의하여 당 중앙과 마오 주석의 찬성을 받았다. 그는 마오 주석에게 글을 제출하여 변구 생산 발전, 변구 재정수입 증가에 대한 건의를 제출했다. 또한 마오 주석의 제의를 바탕으로 변구 경제를 개선하기 위한 구체적인 계획을 내놓았다. 이 시기가 바로 변구 경제가 가장 힘든 시기였다.

당시 펑더화이·시중쉰을 제외하면 서북군정위원회에서 내게 깊은 인상을 남긴 인물은 창리푸였다. 창리푸와 함께했던 시간이 가장 길었다. 그의 인상은 매우 친절하였으며, 당시 그는 서북국 비서처 처장을 맡고 있었다. 펑더화이·시중쉰·창리푸 등과 함께하면 마치 가족들과 함께한 것처럼 친근하고 스스럼이 없었다. 업무를 할 때에도 매우 활기찬 사람들이라 출·퇴근 개념이 없었다. 아침부터 밤까지 언제든지 일을 했고, 자료를 작성하다 보면 어느새 밤이 깊어 있었다. '3반' '5반'에서 공작소조에 참가했을 때 밤새도록 자료를 작성했고, 이같은 작업이 이후 토지개혁작업까지 이어져 연속 18일 밤낮을 쉬지 않고 일했다. 이런 상황에서도 그들과 함께 일만 하면 고달픈 것도, 피곤한 것도 느껴지지 않았다.

펑더화이는 매우 솔직해서 언행이 일치하는 과감한 사람이었다. 타인에게 매우 친절했으며, 이따금 왕쯔이·창리푸와 신성대원에서 함께 탁구를 치고 어울렸다. 당시 정말 재미있고 신선하다는 느낌을 받았다. 그와 함께 있으면 전혀 답답하지가 않았다. 나보다 계급이 위인 지도자라는 느낌이 들지 않았다.

'섬서'에 대한 나의 감정

1982년 마원루이(당시 섬서성위원회 서기 겸 인민대표대회 상무위원회 주임)가 창리푸(당시 섬서성위원회 비서장)를 찾아와 나를 북경에서 서안으로 발령내고, 내 소속 조직을 섬서성 인민대표대회로 이동시켰다. 같은 해 섬서성 인민대표대회 상무위원회로 자리를 옮겼다. 먼저 판공청 편집실에서 일하다 후에 법제위원회로 이동해 전국의 법률 초안과 지방법규 초안의 기초를 만들고, 수정·개편하는 작업에 참가했다. 1992년에 퇴직하였다.

나는 서북국에서 30여 년을 일했다. 당시 호화로웠던 시절을 돌이켜보면 격정의 세월에 침통한 기분이 들고, 기쁨의 웃음 속에 눈물이 흐르니 실로 그 시절을 잊을 수가 없다.

서북국에서의 즐거웠던 나날들

하오수화

하오수화(郝樹華) 북경 사람. 1949년 서북국 당교에 배정되었다. 그의 아내 장시바이(蔣錫白)은 서북국 당교 비서장, 교장 대행, 중공 서안시위원회 상무위원, 서안시 부시장 겸 시정부 비서장을 역임했다.

편집자 주석: 취재 과정에서 '웃음소리'는 서북국 시절에 대한 하오수화 동지의 느낌을 전달하는 가장 좋은 '설명'이었다. 그녀는 서북국에서 공부하고 일하는 동안 느꼈던 즐거운, 그 시절에 대한 그녀의 간절한 사랑은 우리에게 깊은 인상을 남겼고, 또한 조금 의외였다. 그 험난한 시절, 극도로 물질적 빈곤에 시달렸던 시절에 서북에 온 북경 출신의 젊은 학생이 느꼈다는 즐거움은 우리에게 시사하는 바가 있다.

2009년까지 모두 60년 동안 나는 서안에 있다. 원래 집은 북경 조양문(朝陽門) 동사(東四) 모퉁이에 위치해 있다. 지금은 모두 철거되었다. 아이가 모두 일곱으로 줄곧 서안의 내 곁에 있었기에 서안에 대한 정이 깊다.

북경에서 서북까지

중국인민대학(전신은 혁명대학)에 합격한 후 얼마 되지 않아 전국 해방과 신중국 건설을 맞이하기 위해 화북대학이 탄생했다. 그후 나는 화북대학으로 분리되었다. 당시 교장은 우위장 선생님으로 그곳에

1949년 6월, 서안 보위대회에서 보고를 하는 시중쉰.

서 나는 주로 사회발전사와 정치경제학을 학습했다.

아마도 1949년 7월 31일이었을 것이다. 화북대학에서 5000인 졸업식이 개최되었다. 주더 총사령관이 졸업식에서 다음과 같이 당부한 말을 분명하게 기억한다. "학생 여러분이 졸업한 후 대다수는 남부와 서북으로 파견될 것입니다. 좋습니다. 이는 가장 영광스러운 임무로……."

당시 서북국은 인력이 부족했기 때문에 화북대학에서 학생을 선발해 서안으로 보냈다. 이렇게 해서 화북대학 1800명 학우들이 함께 모여 서북간부대대를 구성하여 "가자! 가자! 가자! 서북으로 가자, 서북으로, 서북으로 가자…… 큰 발걸음으로 전진, 서북의 인민이 우리를 바라고……"를 외쳤다. 이후 북경에서 천진으로 내려가 다시 산동 덕주(德州)를 돌아, 산서 유차(楡次)를 향하여 분하(汾河)를 따라서 풍릉도(風陵渡)를 지나 서쪽으로 방향을 틀어 서안에 이르렀다. 이후 계속해서 발걸음을 옮겨 진령남북(秦岭南北), 위하평원(渭河平原), 하서

주랑(河西走廊), 하란산하(賀蘭山下), 고비초원(戈壁草原)……을 거치며 섬서, 감숙, 영하, 청해의 무수한 도시에 지원되었다.

나는 1949년 9월 북경에서 서안에 도착하여 서북국으로 갔다. 모두 세 팀으로 나뉘었다. 당시 나는 19세로 서간대대(西干大隊)라는 것이 무엇인지도 몰랐다. 대부대가 북경에서 출발하여 산서를 지나 섬서에 이르렀다. 산서에 도착한 우리는 풍릉도를 지나서야 기차를 탔다. 당시 산서는 옌시산의 세력 범위였다. 그가 산서의 철로를 매우 좁게 건설해 놓아서 다 들어갈 수가 없었다. 이에 반드시 풍릉도를 건너 유차에 가서 기차를 타야 서안으로 갈 수 있었다. 당시 나는 처음으로 황하를 건넜다. 수영은 할 줄 몰랐지만, 선체에서 노는 것은 무척이나 재미있었다. 모두 목선으로 한 배에 10, 20명이 탔다. 무서워하는 사람은 아무도 없었다.

서안 해방 후의 종루.

석 달을 걸었다. 서안에 다다랐을 무렵 배낭을 멘 학생들은 먼 길을 걸어오느라 온몸의 털마다 황토가 잔뜩 들러붙어 있을 정도였다. 얼마 되지 않는 트럭 몇 대에 기어 올라타는 사람이 점점 더 많아졌다. 모두 한데 꼭 붙어서 차를 따라 들까불렸다. 그러나 기분만은 목적지가 가까워 옴에 따라 점점 더 날아오를 것 같았다. 마지막에는 아예 모두가 목청을 높여 혁명가를 부르기 시작했다.

서북국의 즐거운 생활

나는 서북국에 도착하자마자 서북국 당교도서관에 배정을 받았다. 당시 당교는 소안탑(小雁塔) 부근에 있었다. '전화는 잘 안 통하고, 전등은 밝지 않고, 길을 평평하지 않다'란 말은 우리가 도착했을 때 서안의 모습 그대로를 잘 드러내 준다. 전혀 과장이 아니었다. 전등은 붉은빛이 돌고, 동대가(東大街)만이 아스팔트이고 나머지는 다 돌길이었다. 위에서 말한 모습이 당시 서안에 도착했을 때 서북국 지도자가 우리에게 말해 준 서안의 '세 모습'이었다.

당시 서안에서 가장 좋은 상점이 서경(西京)백화점으로 동대가에 있었다. 가장 좋은 여관은 서북대여사(西北大旅社)로 이 역시 동대가 쪽에 있었다. 당시 서안은 지금과 비교하면 정말 상상할 수가 없는 모습이었다. 유청(柳青)기념관에 가서 보면 서안 사진이 있는데, 당시 서대가 · 북대가의 모습을 모두 볼 수 있다. 비록 풍경은 이러했지만 우리의 생활은 매우 즐거웠다. 신선하고, 또한 신중국 설립을 위해 노력하는 정신적 풍요로움이 있었기 때문이다.

당시 우리는 매일 아침 일어나 밥을 먹은 후 한 시간씩 공부를 한 뒤에 일을 시작했다. 생활도 그렇게 힘들게 느껴지지 않았다. 물론 그때의 조건을 지금과 비교할 수는 없다. 공동급식을 했고, 매주 한 번 욕실이 열렸다. 석탄이 부족했기 때문이다. 그러나 모두들 정말 기분이 좋았다. 출퇴근을 함께할 수가 있었다. 도서실도 있어서 책을 보고 싶은 사람은 책을 보러 가고, 그렇지 않으면 구락부에 갔다. 당교에는 구락부가 있어서 코린트 게임을 했다. 지금 아이들은 아마도 이 게임을 할 줄 모를 것이다. 그 무렵 우리는 자주 사방패(四方牌)를 치곤 했는데, 정말 재미있었다.

당교에 다니던 학생들 가운데에는 나이가 제법 있는 이들이 더 많았다. 어떤 교사는 혁명대학에서 온 사람으로 주로 사회발전사를 강의했다. 당시의 동료들은 지금처럼 생각을 마음에 담아두는 일이 없었다. 상하급 간에도 하고 싶은 말이 있으면 서슴지 않았다. 그때의 나는 서로 껄끄러운 관계에 있는 사람이 없었다. 누구를 골탕먹인다거나 지도자에게 누군가에 대해 고자질을 하고 싶다는 생각은 해본적도 없었다. 사람들 모두가 자신의 본분을 알고, 오직 신중국의 성립을 위해 공헌할 뿐이었다.

사실 지금까지도 나는 그 시절의 생활이며 사건들을 생각할 때마다 마음이 정말 편안해진다. 모두가 집단생활을 하였기 때문에 상대가 처장이나 교장이라 해서 거리를 두지 않았다. 모두들 근심 걱정 없는 사람들처럼 즐거웠다. 얼마나 세월이 빠른가. 벌써 60년이 지났다. 하지만 지금도 서북국의 날들을 떠올리면 마치 어제 일어난 일들처럼 선명하다.

시중쉰 서기를 회고하며

내가 서북국 당교에서 일할 때 시중쉰은 서기 겸 교장이었다. 또 다른 교장은 가오양원(高仰雲)이었다. 당시 당교의 주요 업무는 학습반을 운영하는 것이었다. 서북 5성 각 지역, 현성과 서기, 현장이 모두 그곳에 와서 훈련을 받았다. 일반적으로 1기에 3개월 동안 진행되었다. 시중쉰 서기는 당교 개학식, 졸업식, 당의 생일일 때 모두 당교에 와서 행사에 참가했기 때문에 자주 그를 만날 수 있었다.

시중쉰 서기는 매우 사교적이었다. 우리 당교에 올 때마다 특별하게 경호원을 데리고 오지 않고 편하게 방문했다. 그를 만날 때마다 별로 가릴 것 없이 하고 싶은 말을 했다. 한번은 시 서기가 오자마자 우리에게 물었다. "요즘 식당 식사는 어떤가요?"

그는 우리 생활에 관심이 많았다. 우리 모두 타지 사람들이기 때문에 이곳 음식이 맞는지 물었다. 우리 역시 사실대로 "전부 매운 거라 익숙지가 않아요"라고 말했다. 확실히 처음 왔을 때는 이곳 음식을 잘 못 먹는 사람들이 많았다. 서안은 고추가 너무 맵다. (웃음)

펑더화이 · 왕스타이 같은 지도자들도 자주 당교를 방문했다. 그들은 당시 건국로 옹촌에 살았다. 지금은 성위원회 사택 공간이 된 곳이다. 나는 펑더화이 · 시중쉰 · 왕스타이 같은 옛 간부들이 정말 좋다. 그들 집에 편하게 드나들었다. 그땐 나이도 어리고 철이 덜 들어서 그런지 무서운 줄을 몰랐다. 지금 지도자들처럼 만나기가 어렵고, 여러 가지 제약이 있지 않았다. 그러나 시기대로 그 시기의 역사적 상황이 있기 마련이니 지금이 나쁘다고 말할 수는 없다. 원자바오 총리 같은 분들은 그분들과 비슷하다. 당시 그 지도자들도 원자바오 총리처럼 편하게 각종 장소를 방문했다. 어쨌거나 사람들이 지도자라는 느낌을 받지 않고 하고 싶은 말을 할 수 있는 분위기였다.

시중쉰 서기는 특히 실질적이었다. 그의 이야기는 무척 재미있었다. 그는 허풍을 치거나 과장된 이야기를 하지 않았고, 매번 실질적인 이치를 말하였다. 당시 시중쉰 서기 역시 굉장히 바빴다. 서북쪽은 매우 혼잡했다. 민족 문제가 특히 요란했다. 회족이 시위를 하고, 밤이면 특무가 소안탑 당교를 습격하기도 했다. 그러나 당교 경비대가 이들 특무를 붙잡았고, 서서히 1952년 전후로 하여 상황이 좋아졌다.

이후 아마도 1년 정도가 지났을 때 대구(大區)가 철수하면서 학교도 성(省) 관리로 넘어가 성위원회 당교가 되었다. 시중쉰 서기도 자리를 옮겼다. 인수인계 작업의 세부적인 절차가 무엇인지 모르지만 어쨌거나 3, 4년이 걸렸다. 내 남편 장시바이는 서북국 시절 계속 당교에서 일했다. 대구가 문을 닫은 후 성위원회로 옮겨 일했다. 그는 시중쉰 서기와 사이가 좋았다. 전에는 자주 시 서기의 집에 갔다.

시중쉰 서기, 청해 반란을 원만하게 처리하다

시중쉰 서기는 민족 문제 해결에 특히 수완이 좋았다. 서북국에 있을 때 우리 모두 그가 청해 샹첸 귀순에 많은 일을 했다는 사실을 알고 있다. 모두 들은 이야기이긴 하지만 시중쉰 서기가 확실히 대단하다고 생각했다.

당시 서북의 형세는 매우 복잡했다. 경제·정치·역사·종교 등 각 부분의 이유로 신중국 성립을 전후하여 청해·신강의 크고 작은 반란이 많이 일어났다. 토비가 횡행하면서 서북의 평화와 안정에 큰 혼란을 가져다 주었다. 시 서기는 수많은 조사와 연구를 실시했다. 그가 당시 민족 갈등을 해결하는 데 동원했던 주요 방법은 각 민족의 상층 인사와 종교계 인물들의 마음을 얻어 그들이 변심하지 않도록 계획을 세우고 실행했다. 그 중 청해성 앙랍 부락의 제12대 천호인 샹첸의 귀순을 이끌어냈다. 서북 지역에서 시 서기가 수많은 민족 문제를 해결한 전형적인 예라고 할 수 있다.

당시 샹첸과 마부팡 100사단 사단장 탄청샹(譚呈祥), 기병 제14여단 여단장 마청셴(馬成賢) 등 반혁명 무장세력은 소위 '반공구국' 제2군을 조직해 반란을 일으켰다. 샹첸의 귀순을 얻어내기 위한 작업은 1949년 말부터 시작해 1952년 7월에 비로소 성사되었다. 이 과정에서 시중쉰 서기는 청해 통일전선부 부장, 애국종교 인사 등에게 지시를 내려 샹첸과 17차례에 걸쳐서 평화 회담을 갖도록 했다.

당시 투쟁은 시중쉰 서기가 직접 지도하였다. 그는 높은 안목으로 수차에 걸쳐 청해 지도자에게 정확하게 앙랍 반란을 해결하는 것이야말로 앙랍장족 동포 문제를 해결하는 데 관계가 깊을 뿐만 아니라, 우리 당이 청해 기타 장족 지역과 소수민족 지역에서 기반을 굳건히 하여 인민정권을 수립하는 데도 지대한 영향이 있다고 지적했다. 심지어 감숙·사천·강파장족(康巴藏族) 지역 및 티베트에 대해서도 그 영향이 크다고 덧붙였다. 그는 반드시 충분한 군사적 준비를 기반으로 정치적 목적을 달성하는 데 신중을 기해야 하며, 샹첸에 대해 반복적인 회유, 관대한 정책을 취해야 한다고 말하였다.

군사적 토벌에 집착하는 일부 인사에 대해 시중쉰 서기는 청해 성위원회 서기 장중량에게 전보를 보냈다. "절대 군사적으로 해결해서는 안 된다. 함부로 군대를 동원해서는 안 된다. 정치적 시도가 와해되어 효과를 보지 못한 경우에만 군사적 토벌을 고려할 수 있다."

1950년 8월, 샹첸이 귀순하여 서녕에 와서 정부에 후회의 심정을 토로하였다. 그러나 앙랍으로 돌아간 그는 다시 배신을 했다. 1951년 9월, 샹첸에 대한 여덟번째 정치적 회유가 실패로 끝나자 사람들이 분개했다. 청해성 각 민족, 각계 대표회의에서 대표들은 앙랍에 대한 군사적 토벌을 강력하게 주장했다.

시중쉰 서기는 당시 바로 청해 지도자에게 전화를 걸었다. 평화적으로 앙랍 문제를 해결하는 것이 우리 정치에 이롭다. 시라오자춰, 판첸행원(班禪行轅, 민국 시기에 성립한 티베트 불교 판첸라마의 안전을 보호하기 위해 설립한 기구) 업무자 등 장족 사람에게 어떻게 하면 천호 앙랍의 마음을 얻을 수 있는지 자세히 물어보도록 했다. 과거 여러 차례에 걸쳐 도모했던 방법이 적절한 것이었는지 종합적으로 평가해 봐야 정치적 회유 업무를 더 잘 시행할 수 있다고 했다. 우리는 당시 드넓은 티베트 지역에 대한 영향을 고려하였다. 만약 우리가 역부족일 경우 군사적으로 성과를 거두기는커녕 오히려 도처로 달아나 문제를 더 야기시킬 수 있었다. 설사 군사적으로 그들을 제압한다 해도 기타 장족 지역에 대한 사업에 여러 가지 불리한 영향을 끼칠 수 있기 때문에 이후 여러 가지 어려움을 증가시킬 수 있었다. 만약 정치적 방면에 대한 우리 업무가 면밀하지 못하다면 정치·군사 두 부분에서 모두 준비를 하여야 했다.

반란 평정 전투는 아마도 1952년에 시작되었을 것이다. 3일이 지났을 때 샹첸이 동인현(同仁縣) 남호가해(南乎加該) 숲에 은닉했다. 몇몇 사람들은 샹첸을 잡을 가능성도 크지 않고, 별 가치도 없다고 말하였다. 시중쉰 서기는 그래도 청해성위원회 서기 장중량에게 전화를 걸어 말했다. 앙랍 지역에 대해 착오 없이 과제를 성사시켜야만 샹첸을 얻을 가능성이 크다. 되도록 빨리 샹첸이 신뢰하는 한족·장족 사람들을 보내 정부에 귀순만 하면 그를 끝까지 책임지겠다고 설득하도록 했다. 만약 샹첸이 망설이긴 하지만 돌아오기만 한다면 그 진심 여부에 관계 없이 정성으로 그를 대해 감복을 시켜야 한다고 했다.

이후 대략 1952년 8월에 만났을 때 샹첸은 난주에서 안절부절 불안정한 모습으로 시중쉰 서기의 손을 잡고 자신의 죄를 인정하며, 시중쉰에게 흰색 하다(티베트족이 경의나 축하의 뜻으로 쓰는 천)를 바치며 눈물이 그렁그렁한 모습으로 시중쉰 서기에게 잔을 들어 은혜에 대한 감사 표시를 했다.

정성으로 상대를 대하고, 은혜로써 감동을 주었다. 시중쉰 서기는 민족·지역 내에서 소수민족 상층 인물의 사회적 지위, 사회적 역할, 사회적 영향력 등의 형성과 그 가치를 진지하게 분석 연구하였다. 또한 역대 정치 제도 아래서 그들의 정치 활동, 정치 태도 및 종교 신앙이 그들의 사상 의식과 정신적 품격에 어떤 교화적 역할을 했는지 연구하여 높은 안목, 넓은 가슴, 큰 사랑으로 모든 소수민족 상층 인사를 만나고 그들과 더불어 일을 도모함으로써 그들에게 중국 공산당이야말로 각 소수민족의 구원자라는 인식을 갖게 하였다. 시 서기는 이러한 활동을 통해 청해의 민족 문제를 순조롭게 해결하였고, 이에

마오 주석의 찬사를 얻으니 이 모든 것이 미담으로 전해졌다.

잊을 수 없는 취미 활동

서북국 시절, 우리는 댄스 이외에 별다른 취미 활동이 없었다. 영화 관람을 하는 경우도 드물었다. 댄스장 중 가장 고급은 서경초대소(西京招待所)였다. 그곳은 서안 최고의 유흥 장소였으며, 그곳에 가는 사람은 당연히 서북국, 시의 지도자들이었다. 당시 서북행정위원회의 왕스타이, 그의 아내 웨이나이(魏乃), 류칭(柳青) 및 그의 아내 마웨이(馬葳) 같은 이들이 자주 댄스파티에 갔다. 시중쉰 서기도 토요일에는 늘 댄스파티에 참석했다. 때로 당교에 와서 춤을 추기도 했다. 우리 학생들과 아무런 거리낌 없이 이야기를 나누었다. 지위가 높은 지도자 같은 위엄을 내세우지 않았다. 그가 오면 우리 10여 명이 그를 에워싸고서 앞다투어 그와 춤을 추었다. 한 차례 춤이 진행되는 사이 파트너가 두세 번 바뀌었다. 시중쉰은 거의 모든 사람과 춤을 추는 것 같았다. 시중쉰 서기는 춤 솜씨가 매우 뛰어났다. 나도 함께 춰본 적이 있는데, 간단하게 스텝을 밟으며 "식당 식사가 괜찮은가? 사회발전사는 잘 배우고 있나?" 등등을 물어보았다. 내가 사회발전사를 배웠기 때문에 던진 질문이었다. 시 서기는 당시 서북국 관내에서 살았기 때문에 우리는 때때로 그의 집에 놀러를 가곤 하였다. 편하게 자주 그의 집에 들러 닥치는 대로 먹어치웠다. (웃음) 당시 당교에는 문공실이 있었는데 그곳에서 연극 리허설을 하기도 하고, 거루이우(葛瑞武) · 류궈주(劉國柱) · 왕빙신(王冰心) · 원차오(文超) · 가오빙청(高炳成) 같은 남자 동지들은 농구를 즐기곤 하였다.

2009년 4월 4일, 하오수화의 제사.

　환경은 매우 고달팠지만 사람들 사이가 무척 좋았기 때문에 모든 것이 즐거웠다. 댄스장의 창문은 겨울에도 항상 열려 있었다. 모두들 춤을 출 때 솜옷을 입고 있었기 때문이다. 파티가 끝나고 나면 모두가 마지막 헤어질 때까지 뉴앙가(扭秧歌, 모내기 노래)를 불렀다.

　이제 벌써 반세기가 훌쩍 지났다. 그 시절을 돌이켜 생각하면 무척이나 그립다. 서북국 시절은 내게 평생 결코 잊지 못할 즐거운 시간이었다.

서북국 시절을 그리며

펑소우런

펑소우런(彭壽仁) 1928년 출생. 섬서 포성(蒲城) 사람. 1949년 연안대학에서 중공 중앙 서북국으로 배정되어 서북국 총무과, 판공청 행정처 등에서 일했다. 1954년 4월, 대구가 철폐된 후 서북 건축설계원 당위원회 부서기 등의 직책을 맡았다.

편집자 주석: 펑소우런은 이번 서안 취재의 마지막 방문자였다. 겸손하고 사교적인 인물로 우리에게 깊은 인상을 남겼다. 서북국에서 일하던 시절을 떠올리며 노인은 계속 서북국에 들어갈 수 있어서 매우 영광이었다는 말을 강조했다. 서북국 시절을 매우 소중하게 여긴다는 그의 진심에 감동을 받았다.

나는 섬서 포성현 요산(堯山)중학에서 수학했다. 졸업 직전 혁명에 참가했다. 당시 연안대학 한성분교가 있었다. 중학(중·고 과정)을 졸업한 후 연변대학에 갔다. 대학을 졸업하고 서북국에 배정되었는데 당시 서안이 막 해방되어 나는 포성에서 한성으로, 다시 한성에서 서안으로 왔다. 내 기억에 의하면, 1949년 9월에 서북국으로 들어왔다. 당시 21세로 아직 젊은 나이였던 나는 서북국에서 일을 하게 되어 정말 기뻤다. 내 마음속에 그곳은 당 기관이었고, 많은 젊은이들이 동경하던 곳이었기 때문이다.

그리운 서북국 시절

나는 처음부터 서북국 총무과에서 일했다. 이후 판공청 행정처에서 비서로 일했다. 우리는 구체적인 업무를 하였기 때문에 지도자들과의 접촉이 많았다. 당시 서기는 시중쉰, 조직부장은 마원루이, 선전부장은 장자푸(張稼夫), 비서장은 우카이장(武開章)이었다. 시중쉰 서기에 대한 첫인상은 매우 소탈하고 사교적인 사람이라는 것이었다. 서북국에서 일하던 첫해에는 시 서기를 만날 기회가 그다지 없었으나, 이후 업무로 인해 자주 시 서기를 만날 수 있었다.

우리는 당시 서북국의 이 지도자들을 매우 존중했다. 모두 윗세대 혁명가들이었기 때문이다. 우리가 문서 자료를 보내거나 지도자가 지시한 일을 처리할 때, 그들은 지도자의 거드름을 부리지 않았다. 그들은 매우 온화했다. 이런 분위기로 인해 우리 젊은이들은 서북국에서 매우 즐겁게 마음놓고 일했다. 당시 서북은 규모가 큰 활동들을 했는데 우리가 연락을 맡았다. 예를 들어 서북국에서 상무위원회를 열면, 시중쉰은 사람들을 불러 회의를 하여야 했으니 그들은 마중을 나가고 전송하는 일은 우리 몫이었다. 당시 비교적 중요한 회의는 주로 서경초대소와 지원반점(止園飯店)에서 열렸고, 이후 장소가 인민대하(人民大厦)로 바뀌었다. 업무 때문에 나와 당시 행정위원회 비서장 창리푸와도 접촉이 많았다.

구체적으로 일부 회의 업무에 관한 일을 처리했고, 또한 지도자들의 시찰을 위한 준비 작업도 했다. 주로 시찰 전 업무를 위한 연락을 취하는 일이었다. 시작 당시 이런 일들은 비서처에서 맡았다가 이후 행정처로 옮겨졌다. 이에 우리는 지도자를 따라 나갈 기회도 많았다. 왕전(王震) 동지가 신강에 서기로 갔을 때, 내가 먼저 그곳에 가서 연결을 해놓은 후 그를 신강으로 보내고 나서 다시 비행기를 타고 돌아왔다. 내 인생의 첫 비행기 탑승이었다. 차오리루가 사고로 희생된 후 추도회 역시 행정처에서 구체적인 책임을 맡았다. 차오리루는 원래 신강에 주석으로 갈 예정이었는데, 그 전에 마원루이와 함께 임동

1954년. 비서실 기념 사진. 뒷줄 오른쪽 첫번째가 펑소우런.

(臨潼)에 참관을 하러 갔었다. 그런데 돌아오다 사고가 났고, 광인(廣仁) 의원으로 이송되었지만 중상을 이기지 못하고 세상을 떠났다. 이후 추도회 역시 서북국 행정처에서 준비하였다. 당연히 구체적인 작업은 내가 맡았다.

서북국 시절에는 여가 활동도 상당히 많았다. 서북국에 구락부가 있었는데, 쒀커진(索克金)·왕화이(王化一) 같은 인물들이 모두 구락부의 핵심이었다. 이 두 사람은 화북대학에서 온 이들로 서북국의 오락을 책임지고 있었다. 둘은 우리의 영화 감상이며 저녁 파티를 준비했다. 영화는 거의 국산 영화였지만 일부 소련 영화도 있었다. 이밖에 매주 댄스 파티가 열렸다. 나도 춤을 추러 갔고, 시중쉰 서기 쪽도 춤을 추러 갔다. 그들은 춤 솜씨가 좋았다. 때로는 기관구락부에서, 때로는 시정부 강당이나 서경초대소에서 파티를 열었다. 그곳은 서안사변 당시 장제스를 감금한 곳이기도 했다.

주말만 되면 서북국은 사람들로 북적거렸다. 자튀푸, 리치밍 모두 매우 적극적이었던 인물들이다. 비록 서북국에서 일한 시간은 길지 않지만, 그 시절을 나는 평생 동안 잊지 못한다. 지금 와서 생각해도 정말 그 시절, 그 옛날의 지도자들이 그립다.

'삼반(三反)' '오반(五反)'으로 많은 사람을 조사하다

'삼반' '오반'을 시행할 때, 서북국도 마찬가지로 이에 참가하였다. 지도자들은 우리에게 이에 대한 조사를 하도록 했다.

당시 '삼반' '오반'의 주요 목표는 행정처 동지였다. 우리는 젊은 간부였기 때문에 지도자는 실사구시 원칙에 따라 이 일을 분명하게 처리하도록 했다. 이 기간 동안 행정처 생산과의 장커, 나를 포함한 기타 인물들 모두가 심사를 받았고, 심지어 장커의 아내까지도 함께 조사를 받았다. 행정처는 재무관리를 하였기 때문에 매우 엄격하게 심사가 이루어졌다. 횡령한 사실이나 다른 기타 문제가 있는지 심사한 결과 문제는 없었다.

'문화대혁명' 때는 나를 '펑더화이, 가오강, 시중쉰의 흑간장'이라고 타도했다. 펑더화이 총사령관은 본 적이 있지만, 단 한번도 접촉한 적은 없었다. 가오강은 단 한번도 본 적이 없다. 시중쉰 서기는 비교적 접촉을 많이 한 셈이다. 그 결과 나는 비판의 대상이 되어 연금되었다. 당시 나는 이미 서북국을 떠나 서북 설계원에서 일을 할 때였다. 그리고 이후 명예회복이 되었다.

사실 당시 '삼반'이니 '오반'이니 해도 우리는 별로 영향을 받지 않았다. 아직 젊었고, 이제 막 혁명에 참가했기 때문이다. 일을 하기 시작한 지 좀 오래된 행정처 처장 자오신민은 매우 오랫동안 심사를 받았지만, 그 역시 결국 아무런 문제도 발견되지 않았다. 내가 보기에 '삼반' '오반'의 출발점은 그릇된 것이 아니었지만, 당시 확실히 왜

서안에서, 당시 서북국 서기 시중쉰과 쟈퉈푸(오른쪽).

곡된 길로 들어서 일부 동지들에게 피해를 가져다 주었다. 이후 60년
도가 되어 전국 대구 여섯 곳이 모두 원상복구되었고, 장톈팡(張天放)
동지는 나를 다시 서북국으로 불렀다. 하지만 몸이 좋지 않아 다시 돌
아갈 수가 없었다.

시중쉰 서기, 토지개혁에 많은 공헌을 하다

1950년으로 기억한다. 연말이 되어가던 때 나는 섬서 남전현(藍田縣)으로 가서 토지개혁 두 기에 참가했다. 한 기의 기간이 3개월이었다. 토지개혁은 당시 정상적으로 이루어지고 있었지만 확실히 확대화의 편차가 드러나기도 했다. 그 과정에서 시중쉰 서기는 토지개혁의 균형을 잡는 데 큰 역할을 했다.

토지개혁의 배경은 다음과 같다. 1947년 겨울부터 시작해서 우리 해방군은 줄줄이 승리를 거두었다. 이에 각 해방구에 토지개혁 운동 열풍이 일었다. 운동이 벌어지는 가운데 소비에트 시기의 노구(老區), 항일전쟁 시기의 반(半)노구에 신구의 토지개혁과 구별이 이루어지지 않고, 또한 과격한 행동이 나타났다. 당시 토지개혁 중 발생한 편차를 규정하기 위해 시중쉰 서기가 한 달에 세 번 '구 해방구의 토지개혁 문제' '토지개혁 중의 좌경 정서'와 '유형별 세 지구에 따른 구별적인 토지개혁 실시' 등 중대한 문제에 대해 당 중앙과 마오 주석에게 편지를 보내어 좌경 행위에 대한 반대 의견을 서슴없이 직언했다는 이야기를 들었다.

중앙에 보내는 편지에 시중쉰 서기는 다음과 같이 말했다. 일반 상황에 따라 노구의 토지개혁을 실시하는 것은 원칙적인 잘못이다. 그는 섬감녕 변구 수덕분구에서 발생한 정책 위반 사례를 수없이 열거했다. 예를 들어 신점(辛店) 하가석촌(賀家石村)에서 변구문화협회의 공작단 민병이 지주를 묶어 매달아 놓고, 간부를 구타하는 일이 발생했다. 많은 군중투쟁회에서 한결같이 몇몇 구타자가 나와 묶고, 때리고, 거꾸로 매달고, 쇠고랑을 채우는 바람에 인심이 어수선했다. 그는 이런 '좌'경 정서는 원래 군중에게 있던 심리가 아니라 간부가 영향을 준 것이라 했다. 마오쩌둥은 편지를 읽은 후 그 자리에서 지시를 내려 시중쉰의 의견에 완전히 동의하며, 이러한 의견을 바탕으로 각

2009년 4월 6일 본서 편집자(왼쪽 첫번째)와 사오지라오(왼쪽 두번째), 펑소우런 부부.

분구, 각 현의 토지개혁 사업을 엄격하게 지도하여 변구의 토지개혁 운동이 정상적으로 시행되어 착오가 발생하는 일이 없도록 하라고 했다. 또한 화북 각 구의 근거지에도 역시 주의를 당부했다.

얼마 지나지 않아 시중쉰 서기는 '의합(義合)회의' 문제에 대해 다시 한 번 마오쩌둥에게 보고를 올렸다. 의합회의란 1947년 겨울, 섬북 수덕 의합에서 열린 섬감녕 진수변구 토지개혁 3차 심사회의를 말하며, 당시 회의에서 극좌의 회오리바람이 불었었다. '빈고농(貧雇農, 빈농과 고용농)노선' 견지, '중농노선' 반대라는 구호 아래 소수의 사람이 마구잡이로 투쟁과 구타, 쇠고랑 채우기, 재산 몰수 및 내쫓기 등의 극단적인 혼란 상태를 야기시켰다. 이보다 더욱 심한 것은 '즈단 4대 가족'을 들먹이며 섬감녕 소비에트지구 창립자이자 군중 지도자인 류즈단과 그의 전우 마시우·왕쯔이·차오리루 등 가족을 토지개혁 대상으로 삼았다. 또한 부대사령원인 장다즈의 아우를 매달아 구타하고 은화를 강탈하는 한편, 열사의 가족들에 대해 재산을 몰수하

펑소우런과 그의 아내 황젠전의 제사.

고 집에서 쫓아냈다. 어떤 노동 영웅은 여분의 식량이 있다는 죄로 투쟁의 대상이 되었다.

시중쉰 서기는 매우 엄숙하게 말했다. "의합회의는 일종의 좌경 정서가 강했다. 이런 정서의 영향으로 토지개혁이 농촌에 이르러 극좌로 편향된 현상이 빚어졌다." "좌경 편향이 나타나자 보름도 안 돼 모든 것이 다 파괴되었다."

마오쩌둥이 바로 지시를 내렸다. "시중쉰 동지의 의견에 전적으로 동의한다. 화북·화중의 구 해방구에도 마찬가지 상황이다. 반드시 주의를 기울여 좌경의 착오를 바로잡아야 한다. 좌경의 착오가 있는 곳에 대해 지도기관이 적절히 처리하면 몇 주 만에 교정할 수 있다. 시간을 질질 끌며 교정하지 않길 바란다. 또한 좌경 성향을 교정한다는 말을 행동하지 말라는 말로 오해하지 않도록 주의한다."

얼마 후, 중앙은 저우언라이가 기초한 〈노구, 반노구 토지개혁에 대한 결정〉을 각 해방구에 반포했다.

이후 또 하나 들은 이야기가 있다. 1952년 초의 어느 날, 보이보(薄一波)가 마오 주석에게 업무 보고를 올리러 갔다. 마오 주석은 마침 시중쉰이 서안에서 보낸 〈중공중앙 서북국위원회 전체회의 상황에 관하여〉라는 보고를 읽고 있었다. 이 보고서의 주요 내용은 서북지역의 토지개혁, 통일전선 및 민족사업 등에 관한 것으로 내용이 풍부하고 자세하게 기술되어 있었다. 이 보고서는 지역이 광활하고, 민족이 많고, 사회가 복잡한 대서북 정치개혁을 위한 각 사업 영역에 대한 중앙지도와 하나의 저본이 되었다. 마오쩌둥은 기쁨에 넘쳐 보이보에게 물었다. "시중쉰 동지를 어떻게 생각하시오?" "젊고 유능합니다." 보이보가 대답했다. 연안 당시 보이보는 마오쩌둥이 이러한 말로 시중쉰을 칭찬하는 말을 들었다. "이미 '노화순청(爐火純靑: 도가의 용어로 연단을 할 때 화로의 불이 완전한 청색이 되는 것을 말한다. 최고의 경지에 이른다는 뜻이다-역주)이오."

그의 말로부터 시중쉰 서기가 토지개혁에 지대한 공헌을 했다는 사실을 알 수 있다. 해방전쟁과 신중국이 성립된 후 국민경제 회복 시기의 서북국 사업에서도 시 서기는 실사구시의 함의를 잘 풀어냈다.

지도자를 모시고 진찰을 받으러 가서 시 서기의 집에 머물렀던 때가 아마도 1953년일 것이다. 당시 시 서기는 막 북경으로 자리를 옮겼을 때였다. 서북국 행정처 처장인 리빙룽이 중병에 걸렸었다. 서안에서는 병을 고칠 수가 없자 당시 조직에서 나와 의사 한 사람, 동료 한 사람에게 처장을 모시고 북경에 가서 진료를 받고 오도록 했다. 북경은 사람도 길도 낯선데다가 처음 숙소가 병원에서 멀었기 때문에 오가기가 무척 불편했다. 시 서기가 이 사실을 알고 우리 일행 네 명에게 한사코 자기 집에서 머물도록 했다. 그렇게 우리는 시 서기와 부인 치신의 세심한 보살핌을 받았다. 모두 합쳐 거의 한 달 동안 머무르다 서안으로 돌아왔다. 지금 와서 생각하니 시 서기는 간부를 매우 살갑게 아꼈고, 치신도 정말 좋은 사람이었다. 당시 치신은 시진핑이 태어난 지 얼마되지 않았던 때였고, 거기에 두 딸인 차오차오와 안안까지 있었다. 차오차오는 섬북에서 태어났고, 안안은 서안에서 태어났다. 이런 상황에서도 시 서기 일가는 우리 몇 사람을 보살폈으니 정말 감동적이었다.

나는 서북국에서 1949년 9월부터 1954년 4월 대구가 철폐될 때까지 일하다 서북 설계원으로 자리를 옮겼다. 서북국을 떠난 지 벌써 50여 년이 흘렀다. 그러나 그때 그 감정은 지금도 여전하다. 서북국에 대한 글을 쓴다는 소식을 듣고 나 역시 매우 기뻤다. 그 시절 이야기를 나누고 싶었다. 이 소중한 역사가 보존되어 후손들에게 좋은 교육 자료가 되길 바란다.

서북국에서 더성(德生) 동지와 함께한 나날들

왕즈창

왕즈창(王志强) 1931년 4월 출생. 하북 심현(深縣) 사람. 1947년 2월, 중국공산당에 가입. 1948년 중국인민해방군에 참가했다. 1948년 1월부터 1949년 9월까지 독립 5여단 제22사단 3대대 10중대에서 경위원, 소대장을 맡았다. 1949년 10월부터 1953년 3월까지 감숙성위원회, 서북국에서 경위원, 1953년 4월부터 1965년 10월까지 섬서성에서 경위원, 행정비서, 운전기사를 했으며 간부초대서에서 인사관리원 자리에 있었다. 1965년 10월부터 1991년 9월 섬서빈관(賓館)에서 행정 부과장, 부처급 협력관리원, 정처급 조사연구원으로 일한 후 1991년 9월에 퇴직했다.

편집자 주석: 본문은 우리가 〈시중쉰, 서북국에서의 나날들〉이란 책을 준비중이라는 소식을 듣고 우리에게 보내온 글이다. 주로 그와 장더성(張德生) 동지가 서북국에서 함께 보냈을 당시의 여러 가지 이야기들이다.

해방전쟁 시기 장더성 동지는 서북야전병단, 서북야전군, 중국인민해방군 제1야전군 정치부 부주임을 맡았다. 그의 임무는 주로 지방 업무였다.

1948년 서부로 출국했을 때, 장더성 동지는 펑더화이 사령원과 함께 행동했다. 부대가 주둔지에 도착하자 그는 황급히 지하당 동지를 찾아가 상황을 조사하여 업무를 배치하고 우리의 지하동지들에게 되도록 국민당의 합법적 조직을 이용해 일을 하도록 하는 한편, 군중들을 움직여 우리 부대를 지원하도록 했다.

1948년 가을부터 1949년 봄까지 우리 군은 위북(渭北)에서 징합(澄合) 전역, 여북(荔北) 전역, 포성(蒲城)의 영풍(永豊) 전역 및 봄 공세에 나서 위북지구를 기본적으로 모두 점령했다. 이 기간 동안 장더성 동지는 직접 군중대회를 주관하였다. 넓은 곳에서 우리 당의 정책을 선전하고, 때로 농민들을 찾아가 개별적으로 이야기를 나누었다.

1949년 5월 20일 서안이 해방되고, 장더성은 서화문(西華門) 원국민당 성(省) 양부처(糧賦處) 관할에 살았다. 정더성 동지는 직접 군의 공작단을 지도했다. 공작단 간부들은 대부분 노구에서 온 지방간부들로 신구에 와서 지방 지도업무를 맡았다.

1949년 7월 부미(扶眉) 전역 이후, 제1야전군 주력부대는 계속 서진했다. 평량(平涼)에 이르러 제1야전군 정치부 쑨쮀빈(孫作賓) 동지는 늘 장더성과 함께 활동했다. 난주에 도착한 나는 그제야 그들 둘이 새로 설립된 중공 감숙성위원회 주요 책임자라는 것을 알았다. 장더성이 서기, 쑨쮀빈이 부서기였으며, 또한 감숙성 군구 정치위원으로 일이 많았다. 그는 매우 힘들었다. 기관에서 거의 매일 새벽 2,3시가 되어서야 잠을 잤다. 하루는 막 잠이 들었다가 종이 떨어지는 소리를 듣고서 재빨리 그의 방으로 가보니 그가 배를 안고 침대에 앉아 있었다. 나는 먼저 멍푸난(孟服南) 동지를 청한 후, 다시 의사를 불렀다. 의사가 왔다. 그는 위가 너무 아파 견딜 수가 없노라고 하였다. 먼저 약을 먹었고, 다음날 그는 평소대로 성위원회 회의를 열었다. 그는 자주 아래로 내려가 조사를 했다. 농남(隴南)의 대산구(大山區), 감남(甘南)의 고한(高寒) 유목지대, 하서주랑의 고비사막, 감숙과 신강 경계지대의 사막까지 모두 가본 적이 있었다. 장족, 회족, 몽고족의 민가에 가서 생활에 대해 묻기도 했다.

언젠가 하하(夏河)에 가는데, 더성이 성인민정부 제3부주석 마홍빈과 함께 차량에 올랐다. 마홍빈은 회족으로 기의를 일으킨 장령으로 두 사람은 차에서 임하(臨夏)의 회족 업무에 대해 논의하였다. 하하에 이르자 황정칭(黃正淸)이 그곳에서 기다리고 있었다. 황정칭은 장족이자 또한 기의 장령이었다. 그들은 함께 납복능사(拉卜楞寺)로 가서 각계 좌담회를 열어 장족과 장구(藏區)의 일을 했다.

1954년 상반기에 장더성은 중공 중앙서북국 통일전선부 부장이 되었고, 하반기에 판쯔리(潘自力)를 이어 중공 섬서성위원회 제1서기가 되었다. 장더성이 섬서로 가서 일을 시작한 때는 농업의 사회주의 개조를 실시하던 시기였다. 그는 자주 우리에게 말하였다. 농민은 수천 년 동안 토지를 사유했었는데, 지금은 자발적으로 토지·가축·농기구를 가지고 농업생산합작사에 참여했다. 이는 대단한 사건으로 중국 공산당과 마오 주석이 오랫동안 농민에게 교육을 실시한 결과였다. 반드시 농민을 사랑하고 보호하는 사회주의적 적극성을 가지고 농업사회의 각종 문제, 특히 경제 문제를 처리해야 한다. 그는 수차례에 걸쳐 농업사에 참여하여 구체적으로 조사를 하고, 구향(區鄕) 간부를 소집해 좌담회를 열고, 지현 지도자 간부를 소집해 좌담회를 벌인 후 성으로 돌아와 다시 관련부서 지도자들과 함께 토론하여 구체적인 방법을 제정하였다. 어떤 것은 문서로 배포하고, 또한 신문에 올리기도 했다. 이러한 구체적인 정책에 대해 나는 잘 이해하지 못했다. 그러나 장더성 동지가 정책을 집행할 때의 태도는 매우 진지했으며, 이에 나는 깊은 인상을 받았다.

장더성은 성실한 사람이었다. 그는 말을 하거나 일을 할 때 실질적이었다. 1958년, 선진농업합작사 주임이 북경에 회의를 하러 갔다. 떠나기 전에 장더성이 그에게 말했다. 허풍 떨며 실천도 불가능한 말은 하지 마십시오. 그 동지는 북경에 도착한 후 회의의 '높은 생산 열풍'의 압박을 견디지 못하고 더성에게 말했다. 우리 합작사의 밀 생산이 무(畝)당 천 단위를 넘었다. 사실대로 말하면 낮은 수량은 아니었다. 북경에 도착한 후 흰소리를 했고, 그 말이 신문에도 실렸다. 장더성이 이를 보고 대단히 불만이 많았다. 그는 주임이 성에 돌아온 뒤

서안 여산에서 시중쉰과 장더성.

다시 인민대하로 가서 상황을 물어본 연후에 다시 한 번 경고했다. 이미 말한 것은 할 수 없고, 앞으로 더 이상 함부로 말하지 않도록 했다.

장더성은 생산 일선에 있는 농업, 공업 군중을 존중했다. 방직 여공 자오멍타오(趙夢桃)는 병으로 육군의원에서 치료를 받았다. 어느 날, 장더성이 병문안을 갔다. 그는 자오멍타오의 손을 잡고 허리를 구부린 채 가만히 말했다. "당신은 방직 노동자의 빛나는 모범입니다. 나는 성위원회와 성정부를 대표해 당신을 병문안 왔습니다. 진심으로 위안하고 싶습니다. 하루빨리 건강해져서 생산 일선으로 돌아오세요." 당시 자오멍타오의 상태가 많이 나빠져 있었다. 그녀는 몸을 반쯤 일으켜 장더성 동지의 손을 꼭 잡았다. 두 눈 가득 눈물을 글썽이며 당과 마오 주석, 성위원회와 성정부의 관심에 감사를 드리며 의사의 진료에 열심히 따르겠다고 말했다. 돌아오는 길에 장더성이 자오멍타오 동지는 마오쩌둥의 사상으로 무장한 새로운 유형의 노동자로, 고상한 공산주의 정신으로 무장하고 있으니 모두 자오 동지를 본받아야 한다고 말했다. 이후 장더성 동지는 이를 위해 글을 썼고, 〈섬서일보〉에 실어 성 전체 군중이 자오밍타오 동지를 본받도록 했다.

장더성은 또한 열사의 가족에게도 많은 관심을 가졌다. 언젠가 그는 한중(漢中) 시골로 내려갔다. 현위원회 통일전선부 부장이 그와 함께한 열사의 부인을 방문했다. 부인은 집에 없었다. 성고(城固)에 갔다고 했다. 성고에 간 장더성은 이를 잊지 않고 열사의 부인을 찾아갔다. 장더성이 우리에게 말했다. 이 부인의 남편은 홍군의 주요 간부였으며, 부인의 집은 사실 우리 지하당의 비밀기관이었다. 그를 포함해 한중에서 지하공작을 한 동지들 대부분이 그 부인의 집에 머문 적이 있으며, 부인의 보호와 보살핌을 받았다. 혁명의 승리는 무수한 선열의 피를 대가로 이루어진 것이니 우리 살아 있는 자들이 열사의 가족을 잊을 수 없으며, 당연히 그들이 생산하고 생활하고 학습을 할 수 있도록 도와야 한다.

장더성 동지는 높은 혁명적 경각심을 가지고 있었다. 1955년 1월 초의 어느 날 오후, 장더성 동지는 민주동맹 중앙으로 가서 일을 할 원 서북행정위원회 부주석 양밍쉬안(楊明軒)을 만나러 간다고 했다. 나는 둰밍파(段明發)와 함께 그를 따라갔다. 우리가 도착했을 때 양밍쉬안은 거실에서 한 방문자를 접대하고 있었다. 그는 장더성을 보고 방문자인 리완밍(李萬銘)을 소개했다. 리완밍은 안강(安康) 사람이었다. 나와 둰밍파는 그들 셋이 이야기하는 모습을 보고 양명헌의 경위원 왕톈민(王天民) 쪽으로 가서 이야기를 나눴다. 잠시 후 리완밍이 먼저 나왔다. 그는 낡은 솜옷의 군복을 입고 있었다. 걸을 때 다리를 좀 절룩거렸다. 왕톈민이 우리에게 말했다. 저 사람은 자신이 군 참모장 겸 사단장이라고 소개했어요. 잠시 후 장더성이 양밍쉬안의 거실에서 나왔다. 옹촌으로 돌아오자 그는 나에게 난주에 전화를 걸어 군구의 정치위원 랴오한성(廖漢生)을 찾도록 했다. 전화가 연결되자 장더성이 말했다.

"리완밍이란 사람인데, 자신이 제12군 참모장 겸 제35사 사단장이라고 합니다. 중앙군사위원회 명령으로 난주에 중요한 군사 업무를 상의하러 간다고 했고, 지금 서안에 있습니다. 그는 자신이 양밍쉬안 부주석을 만나러 왔다고 소개했고요. 내가 막 양밍쉬안 집에서 오는 길인데, 양밍쉬안은 그런 사람을 모른다고 합니다. 나와 양밍쉬안 모두 그 사람 말에 모순이 많다고 느꼈습니다. 군구에 최근 중요한 회의가 열렸습니까?"

랴오한성은 아마도 사기꾼일 거라고 말했다. 장더성은 의심을 품고 그 즉시 몇몇 동지를 불러 상의한 후, 이 일을 공안청에 넘겨 심사하도록 한 결과 정치사기꾼임이 밝혀졌다. 바로 50년대 전국을 떠들썩하게 만든 '리완밍 사건'이다. 유명한 극작가 라오서(老舍)는 〈서망장안(西望長安)〉이란 연극에서 인정사정없이 리완밍이라는 정치사기꾼을 편달하였고, 또한 승리 앞에서 경각심을 잃고 분주하기만 한 관료주의자를 가차없이 폭로했다.

장더성의 청렴한 태도는 내게 교육적 의미를 담은 영향이 더욱 크다. 장더성이 처음 감숙에 왔을 때 일부 장족 지도자들이 그를 만나러 갔다. 그들은 녹용이며 사향 같은 값비싼 한약재나, 심지어 은화를 선물했다. 그는 우선 우리 당의 정책을 선전하며 완곡한 말로 거부했다. 그런데 더 이상 거부할 수가 없자 그는 나와 자신의 기사인 가오즈청과 함께 판공청 행정처에 이를 보내어 공금에 충당하도록 했다. 서안 유리공장의 한 간부가 장더성을 만나러 왔다. 외출하고 없다고 하자 간부는 고향에서 가지고 온 꿀을 놓고 갔다.

장더성이 돌아와 꿀을 받은 공무원을 비판하며 내게 다시 돌려주고 오라고 했다. 여전히 궁핍한 생활을 하던 1963년 초, 장더성은 중공중앙 서북국 제2서기 겸 중공섬서성위원회 제1서기였다. 서북국 판공청 행정처는 기관농장 생산품 중 그에게 밀가루 두 포대를 줬다.

그러나 그는 이를 자신이 쓰지 않고 모두 기관 식당에 공용으로 쓰게 했다. 어느 해인가 마카오에서 손님 하나가 왔다. 원래 공적으로 대접을 하여야 했지만 장더성은 청년 시절 그 손님과 왕래가 있었던 연고로 자신의 집에 초청해 섬북의 가정식 식사를 대접하여 공금 지출을 절약했다.

장더성은 그의 주변 사람들에게 매우 엄격했다. 먼저 정치적으로 동지들에게 관심을 가지도록 했다. 나는 배움이 부족했다. 그의 도움으로 성문화 간부학교에서 3년 동안 공부했다. 졸업 후 돌아오자 장더성은 다시 내게 성위원회 행정처에 가서 차량 운전과 수리를 배우도록 했다. 1년 조금 넘게 배운 후에야 그의 곁으로 돌아가 행정비서를 했다.

1964년 7월, 장더성이 북경의원에 검사를 받으러 갔다. 중앙보건국에서 전문가 검진을 받도록 했다. 푸롄장(傅連暲) 국장과 각 전문가들이 상의한 끝에 복부절개 검사를 하기로 했다. 절개를 하자 안에 크고 작은 종양이 가득 들어 있었다. 호두 크기만한 조각을 꺼내어 검사해 보니 선암이었다. 복부에 물이 많이 차 있었다. 200㎖를 꺼낸 뒤 항암제를 넣었고, 심장이며 폐·간·담낭 등의 부위를 손으로 만져 검사해 본 결과 담낭에 모두 10㎝ 정도의 덩어리가 잡혔고, 직장 양쪽에도 10㎝ 정도의 덩어리 두 개가 잡혔다. 전문가들 모두가 암 말기라는 진단과 함께 길어 봤자 두 달 정도밖에 살지 못할 거라고 말했다. 청천벽력과 같은 말에 나는 정말 괴로웠다. 눈물이 계속해서 흘러내렸다. 복부를 봉합한 후 수술에서 깨어난 장더성이 말했다. "사실대로 말해 주게. 중앙에 보고해 주게. 나는 섬서로 돌아가야겠네. 시간을 병상에서 보낼 수 없네." "중앙에 내 대신 일할 사람을 파견해 달라고 보고하게."

당시 중공중앙 서북국 제1서기 류란타오(劉瀾濤)가 북경에서 회의중이었다. 그는 중앙에 장더성 동지의 병환과 요구 사항을 보고했다. 류란타오 서기는 병원으로 가서 장더성을 위로했다. "마오 주석, 류 주석, 저우언라이 동지, 덩샤오핑 동지가 모두 걱정하고 있습니다. 요양을 잘하시고요. 중앙에서 동지의 요구 사항을 처리하겠습니다."

수술 후 두 주가 지나 장더성은 비행기를 타고 서안으로 돌아가 성 인민의원에 입원했다. 그날 그는 성위원회 상무위원회 회의를 열고자 제안했지만 동지들의 만류로 열지 않았다. 그는 겨우 며칠을 쉰 후 성의원의 남원회의실에서 계속하여 회의를 두 차례나 열었다. 먼저 성위원회 상무위원회의를 열고 그가 말했다.

"우리들 중에는 외지 출신도 있고, 이 지역에서 오랫동안 일한 동지도 있습니다. 외지에서 온 동지는 외지의 업무 경험이 있고, 이 지역 동지들은 이곳의 업무 경험이 있습니다. 동지들은 서로 학습하여 장점을 취하고 단점을 보완하며, 서로 단결하여 함께 분투노력함으로써 섬서 업무를 잘 해주기 바랍니다."

의료진은 그를 존중하며 성심을 다하였다. 홍 간호책임자가 그에게 휴식을 권하자 그가 말했다. "시간이 많지 않습니다." 이렇게 계속해서 3시간 반을 이야기했다. 이튿날 지역위원회 서기회의를 개최한 그는 다시 세 시간 동안 말을 했다. 후에 장더성은 서안의학원 제1부속의원으로 옮겨 치료를 받았다. 대략 20일 정도가 지났을 때 그가 의사에게 말했다. "배가 아파요. 참을 수가 없습니다."

의사가 회의를 열어 다시 수술을 결정했다. 장더성의 병세는 하루가 다르게 악화되었다. 이미 음식 섭취가 불가능했다. 그는 병상에 누워 수액과 수혈로 목숨을 유지했다. 1965년 음력 설, 그를 위해 여섯 개의 작은 만두를 빚었다. 그는 그저 조금 우물거리다가 만두를 뱉었다. 아내인 왕원(王文)이 그의 곁으로 다가가자 그가 말했다. "내가 죽으면 내 시신을 모두 기증해요. 부분부분 모두 말입니다. 아무도 말리지 못하게 하고. 조직에 아무런 요구도 하지 마시오."

그는 병문안을 온 친척들에게 수도 없이 이 말을 되풀이했다. 장더성의 병이 위중한 기간 동안 많은 사람이 그를 보러 왔다. 내가 치료에 영향을 주지나 않을까 하여 완곡하게 그들을 거절하자 그가 말했다. "들어오라고 해요. 시간이 얼마 안 남았어요."

　류궈성(劉國聲)이 그를 보러 왔다. 그가 류궈성의 손을 잡으며 말했다. "미안합니다." 류궈성이 말했다. "동지를 탓하지 않습······."

부모를 따라 서북국과 함께 섬북을 전전하며 전쟁을 하다

왕샤오민

왕샤오민(王效民) 장더성의 딸. 1939년 섬서성 경양현(涇陽縣) 운양진(雲陽鎭) 팔로군 제115사단 후방 유수처(留守處)에서 태어났다. 1946년 중공중앙 서북국 가족들을 따라 연안을 나와 섬북을 전전하다 황하를 건너 산서에 이르렀다. 1967년 제4군의대학을 졸업하고, 캄보디아—미국 전선에서 2년 동안 일했다. 1989년, 1994년 각기 부주임의사, 주임의사를 맡았다. 2000년 퇴직 당시 군대 문직간부 기술5급(副軍級)이었다.

편집자 주석: 당시 7,8세에 지나지 않았던 꼬마아가씨의 눈에 서북국은 어떤 모습이었을까? 그녀가 만난 지도자들은 그녀에게 어떤 인상을 남겼을까? 글에서 장더성의 딸 왕샤오민은 또 다른 독특한 시각에서 우리에게 서북국의 날들을 소개하였다.

서북국에 대한 말을 하면 많은 선배들이 깊은 정을 드러낸다. 나는 그때 겨우 일고여덟 살 아이였지만 그분들과 마찬가지로 그립다. 아니 그보다 더 그립다.

나의 아버지 장더성은 섬서 유림 사람으로 젊은 시절 혁명에 참가하여 섬서·감숙·영하·청해 등 각 성을 돌아다니며 당의 지하공작을 했고, 사천 북부지역에서 장정에 참가했다. 1941년부터 중공 섬서성위원회 서기, 관중지구위원회 서기를 맡았고, 1945년부터는 중공중앙 서북국 비서장, 통일전선부 부장 등을 역임했다. 나는 팔로군 제115사단 후방유수처, 섬서성 경양현 운양진에서 태어났다. 서너 살

시중쉰과 마밍팡.

때부터 나는 부모(어머니는 왕원, 30대에 혁명에 참가했다)를 따라 수차
례 연안·조금(照金)·마란·운양 등 혁명 근거지를 돌아다녔다. 때
로는 낮에, 때로는 밤에 아빠 엄마가 나를 안고 말등에 올랐다. 1942
년 겨울 이후 상급에서는 어머니를 중앙 당교2부 학교에 가서 학습
하여 연안에서 일을 하도록 했다. 이에 따라 나는 연안의 낙산기(洛杉
磯) 유치원을 다녔다. 시정닝(習正寧, 아명 푸핑, 시중쉰 삼촌의 아들)·
마샤오원(馬曉文, 마원루이 삼촌의 아들)·왕젠카이(王建凱, 汪鋒 삼촌
의 아들)와 유년 시절 친구가 되었고, 이 관계는 커서에게도 이어졌
다. 나는 천성적으로 겁이 많았다. 언젠가 어머니가 유치원에 나를 데
리러 왔다가 내가 말을 할 줄 모른다는 말을 듣고서 깜짝 놀란 적도
있다. 세 살이 넘었는데도 말을 할 줄 모른다니, 제발 벙어리가 되면
안 되는데!

집에 오고 얼마 지나지 않아 못하는 말이 없이 말을 잘하게 되었
다. 새해를 맞이할 때 부모님이 나를 데리고 마오 주석에게 세배를 하

러 갔다. 시 삼촌과 치신 이모를 보고 나는 자발적으로 인사를 했고, 이에 그들은 나를 좋아했다.

왕가핑 요동문 앞마당에서 시중선·리줴란·마밍팡 등 삼촌과 또 다른 나이 든 동지들이 저녁식사 후 자주 웃고 떠들며, 또 서로 뒤에서 상대방을 안아 넘어뜨리며 껄껄 웃던 기억이 난다. 서로 다정하게 잘 어울렸던 모습, 혁명에 대한 낙관주의적 정신은 반세기가 넘게 세월이 흘렀는데도 여전히 기억이 생생하다.

일곱 살이 다 되었을 무렵 연안 신시장 부근 소학에 입학했다. 다닌 지 얼마되지 않아 병에 걸렸다. 병이 나아 다시 학교에 다닐 때 갑자기 후중난이 34여단 25만 명을 보내어 섬감녕변구를 공격했고, 이에 중앙에서는 우선 연안을 철수하기로 결정했다. 아버지는 서북국 비서장인데다 명령을 받아 서북 야전병단 정치부 부주임에 임명되었기 때문에 전선으로 나갔다. 나와 엄마만이 남아(어머니는 당시 서북국 성시공작부 간부였는데, 그 며칠 동안 고열에 시달렸다) 서북국을 따라 서북국 가족들과 이동했다. 우리 아이들은 낙타 등에 매달린 양쪽 광주리에 탔고, 어른은 낙타 등에 올랐다. 며칠 동안 행군한 후 한 마을에 이르러 곡물 타작장에서 멈췄다. 어른들은 마을로 밥을 먹으러 들어갔고, 나는 엄마를 따라 삼촌 몇 명과 함께 남아 물건을 지켰다(당시 서북국의 제법 많은 문서 상자를 가지고 갔다). 잠시 후 적의 비행기가 갑자기 나타났다. 기관총이 난사되었다. 상황이 위급해졌지만 낙타들은 함부로 단 한 마리도 달아나거나 일어서지 않았다. 두번째 폭격이 퍼부어지자 몇 마리가 일어났고, 세번째 폭격에는 모든 낙타가 일어났다. 당시 나는 한 삼촌이 흙구덩이에 넣어 보호했다.

어머니는 계속해서 자기 생명보다 더 소중한 문서함 앞을 지켰다. 당시 폭격에 우리는 털끝만큼도 다치지 않았고, 문서도 완벽하게 지켰다.

무슨 이유에서인지 며칠 동안 나는 광주리에 앉아 가지 않고 어른들을 따라 뛰었다. 1차 대열이 산모퉁이로 돌아갔는데 보이지 않아 우리는 산 아래로 뛰어갔지만 역시 보이지 않았다. 다시 방향을 꺾어 산으로 올라갔다. 앞을 보니 대오는 이미 산모롱이 다른 쪽까지 이동해 있었다. 우리는 바로 재빨리 좇아갔다. 또 한 번은 밤에 행군을 하는데 무리와 흩어졌다. 그런데 길목이 여러 곳이라 그들이 어디로 갔는지 알 수가 없었다. 밤이라 너무 어두웠지만 그렇다고 횃불을 켤 수도 없어 갈피를 잡지 못했다. 그렇게 허둥지둥거리고 있을 때 아직 꺼지지 않은 담뱃불을 발견했다. 내가 말했다. "삼촌, 빨리 저것 좀 봐요!" 당시 그 상황으로 판단했을 때 무리가 그 길로 가고 있고, 또 그리 멀리 가지는 않은 것 같았다. 우리는 그 길을 따라 재빨리 무리를 좇아갔다. 또 한 번은 가파른 언덕을 오르고 있는데 갑자기 무리 앞에 아주머니 한 분이 가축에서 뛰어내리며 고함을 질렀다. 산 아래 적이 있어요. 그러자 어머니와 아주머니, 삼촌 몇 명과 의논을 하더니 이렇게 말했다. 우리가 가는 노선은 서북국이 결정한 길이니 문제가 없을 겁니다. 계속 산을 오르지요. 듣자 하니 산 아래로 돌아간 가족팀은 특무의 간계에 빠져 적의 소굴로 가게 되었다고 한다.

　　가족팀을 따라 보안현(保安縣, 지금의 志丹縣)의 서북국 농장 부근에 분산되었다. 내 어머니는 나를 데리고, 또 천인(陳因) 아주머니는 딸인 거우거우(溝溝, 楊延武), 양정민(楊拯民) 삼촌의 딸과 안조령(安條岭) 부근의 백령장(白翎莊)에서 살았다. 쑨밍 아주머니는 샤오원 형제자매 세 명을 데리고 왔고, 리튀란 삼촌의 부인은 한 남자아이를 데리고 멀지않은 다른 마을에 살았다. 두 아주머니는 지역 주민으로 위장하여 쪽진 머리를 했는데 피부가 하얘서 사람들이 한눈에 지역 농민 아주머니가 아니라는 것을 알아차릴 수 있었다. 적들의 기습에 대비하기 위해 어머니는 맞은편 산 위에 은닉할 곳을 찾았고, 그리하여 나를 데리고 산 아래로 갔다. 계곡 아래에는 맑은 샘이 있고, 사방은 푸른 나무로 녹음이 드리워져 아름답기 그지없었다. 우리는 맞은편 산으로 가려 했지만 길을 찾을 수가 없었다. 도처에 잡초와 가시 많은 관목들이 우거져 있었다. 산에는 멧돼지와 늑대도 있었다. 우리는 감히 산에 오르지 못하고 돌아올 수밖에 없었다.

얼마 후 해방군 대부대가 왔다는 소식에 우리 아이들은 환호성을 질렀다. 달려와서 이 소식을 알리는 어른들의 얼굴에 기쁨이 넘쳤다. 나와 샤오원·거우거우는 큰길에 서서 대부대가 멋있게 행군하는 모습을 구경했다. 전사들은 배낭을 메고, 총을 걸치고, 나귀와 말 등을 끌고 왔다. 등에 무기를 얹고 대포를 끌며 며칠을 걸었다. 우리는 승리의 희망을 봤고, 밤에는 흥분 때문에 잠을 이룰 수 없었다. 며칠 지나지 않아 어머니와 천인 아주머니가 우리를 데리고 서북국 총부에 도착했다. 길에서 적기의 포격을 만나 길가에 숨어 가며 가까스로 목적지에 이르렀다. 밥을 먹으러 가니 린보취 할아버지가 우리 아이들에게 하얀 쌀밥을 퍼주었다. 우리는 반찬을 먹을 틈조차 없었다. 하얀 쌀밥이 너무 향긋했다. 우리는 허겁지겁 밥을 먹었다. 당시의 그 식사를 지금도 잊을 수가 없다.

우리 군이 유림에서 포위를 뚫은 후 중앙군사위원회의 요구에 따라 서북야전군은 수미 일대에서 군대를 정비하며 기회를 기다렸다. 후방기관의 안전을 보호하고 한층 더 적을 미혹시켜 후중난이 지휘에 있어서 착오를 범하도록 유도했다. 펑더화이 총사령관은 중앙 서북국과 각 후방기관이 가현에서 황하 동쪽으로 이동하여 무선통신기를 가지고 강을 건넜다. 동시에 일부 병력을 파견해 양동작전을 펼쳤다. 이에 우리는 오보현(吳堡縣) 송가천(宋家川) 부근까지 돌고 돌아간 후 아이들은 다시 학교를 다닐 수 있었다. 누군가 글씨 교본을 만들어 배운 지 며칠 되지 않아 적기가 돌연 공습을 했다. 다음날 오후, 조직의 준비에 따라 우리 가족 모두는 커다란 배 몇 개에 나눠 탔다. 어릴 적 기억에 당시 사람들이 무척 많고 분주했지만 모두 질서 있게 배에 올랐다. 상자를 얹은 가축들도 배에 올랐다. 배는 맞은편 언덕을 향해 나아갔다. 물결을 따라 황하 중간에 이르렀을 때 하천 입구에서 총성이 들리고, 적기 역시 저공비행을 하며 폭탄을 투하하는 바람에 배 주위에 몇 미터 높이의 물보라가 일었다(이후에야 적이 서북국과 후방기관 가족들이 우리 군의 주력부대라고 오인했다는 것을 알았다). 어른들은 적이 쫓아와도 당황하지 말라고 말했다. 말을 하는 사이 맞은편 산에 불이 밝았다. 산서에 도착하자 우리는 그제야 안정을 되찾았다. 얼마 후 어머니와 아주머니 몇 명이 토지개혁에 참가하러 갔다. 우리 아이들은 모두 함께 모여 큰 구들에서 잠을 잤다. 푸핑은 어렸을 때 정말 개구쟁이였다. 이불 아래쪽을 비집고 들어와 친구들 발가락을 후벼대며 잠자지 말고 함께 놀아 달라기도 했다.

그 시기에 우리는 지주에게 투쟁하는 모습도 목격했다. 웃통을 벗긴 지주들을 농민들이 채찍에 물을 묻혀 힘껏 내리쳤다. 피부에 금세 핏줄기가 줄줄이 맺혔다. 우리 아이들은 무서워서 가까이 가지 못하고 멀찌감치 떨어져 구경을 했다. 나중에야 우리는 당내 극좌 사조 때문에 물의가 빚어졌다는 사실을 알게 되었다. 이 사건은 시중쉰 삼촌이 발견하고 중앙에 보고해 수정하였다.

산서에서 연안으로 돌아간 후에야 모든 것이 안정되었다. 나는 안정적으로 연안 제1보소 2학년을 다니기 시작했다. 아버지는 여전히 서북국 통일전선부 부장, 제1야전군 정치부 부주임으로 두 가지 직책을 겸하고 있었으며, 전방의 의천(宜川), 와자가(瓦子街) 전역의 지방공작과 정치공작에 참여하고 있었다. 그후 다시 서부 전역, 징합 전역, 여북 전역에 참여하였으며, 이후 서안을 해방시켰다. 서안이 해방된 후 아버지는 부대를 따라 서진하여 난주를 해방시켰고, 1949년 7월 26일 중공 감숙성위원회 서기(쑨쭤빈이 부서기였다)로 임명되었다. 1954년에 다시 서북국 제2서기에 임명되었다. 1960년 서북국이 다시 성립되자 아버지는 다시 서북국 제2서기가 되어 정력을 다해 인생 최후의 출정을 계속 이어가며 평생 분투노력한 사업과 이별을 하고,

그의 혁명 일생에 흐뭇한 마침표를 찍었다.

전쟁이 벌어졌던 시기에 나는 섬감변구에서 태어났다. 어린 시절 다시 서북국을 따라 산서·감숙 두 성을 전전하였고, 연안이 광복된 후 서안이 해방될 때까지 서북국을 떠나지 않았으니 우리 전 가족은 서북국과 떼려야 뗄 수 없는 인연을 맺은 셈이다.

시라오(習老, 시중쉰) 일가와의 깊은 정

왕추잉

> **왕추잉(王秋英)** 보계 미현 사람. 태백(太白)주조공장 직공. 조부가 혁명전 쟁 시기 당시 섬감변구 특위위원이었던 시중쉰과 깊은 우정을 맺었다.

편집자 주석: 왕추잉. 보계 미현의 평범한 주민. 우리가 그녀의 집에 갔을 때도 그녀 는 지역 공장에 출근한 상태였다. 우리가 왔다는 소식을 듣고 공장에서 급히 돌아와 초라한 집에서 우리에게 시라오 일가와의 돈독한 정에 대해 이야기해 줬다.

인연

우리 할아버지의 어머니, 그러니까 우리 증조할머니는 시라오를 구해 준 적이 있었다. 그러니까 바로 그때부터 우리와 시라오 일가는 깊은 인연을 맺었다.

이 일은 모두 우리 할아버지에게 들은 이야기이다. 대략 1933년 10월, 지하정보를 통해 적이 대군을 파견하여 조금을 포위공격한다 는 소식이 전해졌다. 시라오는 당시 섬감변구 특위위원, 군사위원회 서기였다. 당시 변구특위는 요현(耀縣) 조금에 위치했다. 시라오는 정 보를 받고 류즈단, 가오강을 찾아가 상의한 후, 그 즉시 고급군사회의 를 열고 어떻게 하면 이 난관을 극복할지 논의했다.

회의 결과 단순하게 지역을 지키는 것으로 정권을 세우지 말고 유격운동전을 펼쳐 변구와 대오를 확대하기로 했다. 이렇게 많은 군대와 간부가 사방 백 리도 되지 않는 좁은 지역에 몰려 있으면 군중의 생활은 차치하고라도 적이 사방에서 포위해 온다면 포위를 뚫기 힘들다는 것이 이유였다. 이에 한 부대를 이용해 대오와 근거지를 확대해 유격운동전에서 적을 섬멸하고, 홍26군을 재건하기로 했다. 마지막으로 시라오는 류즈단에게 부총지휘 겸 참모장을 맡도록 하여 왕타이지와 홍군을 이끌고 북상하고, 변구 쪽은 시라오가 변구특위를 인솔하여 방어하니 '적이 후퇴하면 나아가고, 적이 들어오면 물러나고, 적이 지치면 치고, 적이 달아나면 추격하는' 전략으로 적을 상대하기로 했다.

시라오가 내린 이러한 결정은 자신을 가장 위험한 곳에 남겨두는 것이었다. 회의 후 얼마 되지 않아 부대가 조금을 떠나 북상하였다. 대오는 자오령 산기슭을 따라 마란천을 넘어 정녕(正寧) 추두(湫頭), 영현(寧縣) 구현(九峴), 반극(盤克)을 밤낮으로 행군했다. 행군 내내 시원한 가을 날씨에 산은 온통 낙엽으로 붉게 물들어 있었다. 정말 아름다운 풍경이었지만 사람들은 이를 감상할 여유가 없었다. 오직 적의 소굴인 합수(合水) 현성을 기습할 생각뿐이었다. 10월 10일 국민당 순읍현(旬邑縣) 주둔군 단장 쑨요우런(孫友仁)이 서안의 전보를 받고 이미 일부 홍군이 조금에서 북상하고 있다는 사실을 알았기 때문에, 연대에 조금을 포위 공격하여 시중쉰·장슈산(張秀山)·우다이펑(吳岱峰)·저우둥즈(周冬至) 등을 생포하라는 명령을 내렸다.

즉시 쑨요우런은 부대에 명령을 내려 10월 13일에 구현의 민단과 회동하여 모두 1천여 명의 사람이 조금으로 진격했다. 시라오는 소식을 듣고 급히 장슈산·오다이펑 등과 대책을 상의하고, 마지막으로 장슈산 등이 병사를 데리고 포위를 뚫고 시라오는 적의 퇴로를 차단하기로 했다. 10월 15일, 적은 조금 설가채(薛家寨)에서 겨우 15리 떨어져 있었다. 포화가 하늘을 뒤덮었다. 적은 맹공을 퍼부었고, 우리 진지는 불바다에 휩싸였다. 장슈산은 지형이 험한 곳에 자리하여

1933년, 시중쉰은 진가파(陳家坡)에서 섬감변특위와 홍군 연석회의에 참가했다. 사진은 진가파의 회의 옛터.

잇달아 기어오르는 적들을 향해 폭탄을 퍼부어 무수한 사상자를 냈지만, 적들은 그럴수록 더욱 맹공격을 가해 포위망을 좁혀 왔다.

　10월 16일, 홍군이 포위를 뚫기 시작했다. 시라오는 지형을 관찰해 포위를 뚫을 지점으로 마을 동쪽 4미터가량 높이의 절벽을 선택했다. 홍군은 밧줄로 전사 한 사람 한 사람을 묶어 낭떠러지를 따라 내려보냈다. 이어 산골짜기를 따라 3리를 걸어 밀림으로 들어갔다. 마지막으로 낭떠러지 쪽에 남아 있던 사람은 시라오 한 사람뿐이었다. 그는 자신이 마지막까지 남겠다고 고집했다. 적은 홍군이 이곳을 통해 포위망을 뚫을 거라고는 전혀 생각지 못했다. 그들은 마을로 들어가 사방을 찾아다녔지만 헛수고였다. 낭떠러지에 서서 시라오는 숭산(崇山) 준령을 바라보았고, 이어 밧줄을 낭떠러지의 가장자리 작은 나무에 묶은 후 두 손으로 밧줄을 잡고 낭떠러지를 미끄러져 내려갔다. 그런데 바로 이때 요현의 민간 의용병 한 사람이 낭떠러지 가로 다가왔다. 그는 시라오를 알고 있었다. 그가 소리쳤다. "시중쉰! 빨리 와서 시중쉰을 잡아라!"

게다가 그는 시라오를 향해 총을 발사했다. 총은 시라오의 다리를 맞혔다. 당시 시라오는 자신이 총상을 당했다는 것도 느끼지 못하고 그대로 물굽로 뛰어내렸다. 적들이 낭떠러지 가장자리에 도착했을 때 시중쉰은 이미 관목 수풀로 들어간 후였다. 갑자기 그는 다리가 후들거리며 바닥으로 고꾸라졌다. 종아리에서 통증이 느껴졌다. 손으로 만져 보고 나서야 총상을 발견했다. 낭떠러지 쪽에서 적들의 소리가 들려왔다. "내려가서 시중쉰을 잡아!"

갑자기 뒤에서 누군가 그를 부축했다. 고개를 돌려보니 혁명위원회 주석 저우둥즈였다. 저우둥즈는 시라오를 끌어당겨 등에 업었다. 힘이 센 저우둥즈는 시라오를 업고서 단숨에 산길 5리를 달려가 한 농가에 이르렀다. 농민은 시라오를 보자마자 그를 부축하여 토굴로 들어갔다. 설가채는 잠시 적에 점령된 상태였는데, 당시 그 집이 우리 증조모의 집이었다.

시라오가 증조모의 집에 막 안착했을 때 누군가 허겁지겁 달려들어왔다. "조금 전 누가 그러는데, 저우둥즈 주석이 적에게 살해당했대요. 왕만탕(王滿堂)과 왕완량(王萬亮)도 함께요."

"아!" 시중쉰은 고통스러웠다. 그가 눈물을 흘리며 말했다. "저우둥즈는 좋은 동지였소. 그의 입당 신청이 아직도 내게 있는데, 아직 채 서명도 못했는데."

상대가 계속해서 말했다. "적들이 마을에서 떠나지 않고 닥치는 대로 사람들을 잡아 누가 공산당원인지, 홍군 유격대인지 고문하나 봐요. 살인, 방화, 약탈 등 나쁜 짓을 서슴지 않는데요. 우리가 남긴 밥솥까지 다 깨부수고요."

그때 우리 증조부가 돌아와 말했다. "앞 개울가에서 국민당 민병 몇 명이 이곳으로 오고 있소. 집집마다 수색중이오." 증조모가 황급히 말했다. "빨리 옮겨요." 시라오는 그 즉시 구들을 내려와 마을 뒤

1932년. 시중쉰은 두 번의 병변에서 실패한 후 장무현(長武縣) 서문 밖 약왕동(藥王洞)에서 숨어지냈다. 사진에 보이는 동굴이 바로 시중쉰이 당시 숨어지내던 곳이다.

관목 숲으로 사라졌다.

그가 몸을 숨긴 후, 증조모는 시라오가 벗어 놓은 군복을 구들장 안으로 밀어넣었다. 국민당 군대가 쳐들어왔다. 증조모에게는 아들이 둘 있었는데, 그 중 하나는 병으로 누워 있었다. 국민당 군대는 다른 아들의 늑골 세 개를 부러뜨렸다. 그러나 증조모는 마지막까지 시라오를 본 적이 없노라고 말하였다. 국민당이 떠난 후에도 감히 곧바로 시라오를 집에 들이지 못한 채 산속 동굴에 숨겼다. 대략 수 개월 동안 밤에 몰래 그에게 밥과 국, 먹을 것을 가져다 주었다.

시라오는 무척 상냥한 사람이었다. 당시 식사를 받을 때는 모두 암어를 사용하였는데, 일반적으로 우리 증조부가 인근에 사람이 없는 것을 확인하고 고양이 울음소리를 내면 시라오도 우리 증조부가 온 것을 알고서 똑같이 고양이 울음소리를 냈다. 그럼 그제야 증조부가 식사를 가지고 들어갔다. 당시 증조부는 찐만두와 계란탕을 자주 가져다 줬다. 시라오는 여러 차례 감격하여 우리 증조부에게 이렇게 말했다 한다. "이렇게 생활이 힘든 시기에 내게 만두랑 계란탕을 가져다 주다니, 그냥 먹기 너무 미안합니다."

사실 그가 숨어 있던 석 달은 정말 힘든 나날들이었다. 국민당군이 끊임없이 수색을 했기 때문이다. 이후 시라오는 우리 증조모 집에서 상처를 치료할 때, 특히 증조모가 만든 면 요리를 즐겼다. 시라오는 상처가 모두 나은 후 우리 할아버지의 남동생, 그러니까 증조모의 막내아들을 데리고 참군하였다. 당시 기병단에 있었는데, 얼마 후 전쟁터에서 희생을 당하여 열사로 추모되고 있다.

이후 시라오가 증조모를 만나러 왔다. 그는 할머니에게 아들은 나를 따라 혁명에 참가했는데 희생되었으니 앞으로 내가 당신의 아들입니다. 할머님을 수양엄마로 생각할게요. 이후 시라오는 섬서에 왔을 때 수양엄마를 보러 오겠다고 했지만, 길이 모두 흙길에 마침 비가 와서 차량 통행이 불가능한 바람에 한참을 걸어도 목적지에 도착할 수가 없었다. 그런 도중 다른 일 때문에 그냥 되돌아갈 수밖에 없었다. 이후 시라오는 우리 증조모를 북경으로 모셔갔지만, 증조모는 주거가 불편하다며 돌아왔다.

북경으로 시라오 일가를 보러 가다

우리 할아버지는 시라오보다 몇 살 위이다. 이미 돌아가셨다. 조부가 아직 살아 계실 때 시라오에게 가서 한 가지 일을 부탁한 적이 있었다. 당시 마을에 왕라오우라는 사람이 있었는데, 참군은 했었지만 전쟁 후기가 되자 전쟁에 별로 참여하지 않고 집으로 돌아왔다. 집안 상황이 좋지 않은 그 사람을 보고서 우리 할아버지가 시라오를 찾아가 그를 군속으로 등록해 국가대우를 받도록 해줄 수 없는지 물었다. 시라오가 그 일을 해결해 주었다.

'문화대혁명' 당시 과거의 공작조, 번안조(翻案組)가 우리 할아버지를 불러갔다. 펑더화이·가오강·시중쉰이 반당을 했으니, 우리 할아버지가 시라오를 고발하지 않은 것은 반당 행위라는 것이었다. 사람들이 몇 번이나 돌아가며 할아버지를 찾아와 말했다. 할아버지는 이를 반박했다. 국가가 시라오를 국무원 부총리로 임명하였지만, 당초 그를 구할 때 할아버지는 그가 반당인지 아닌지도 몰랐다고 말했다. 할아버지가 한 말은 모두 사실이니, 시라오가 당을 배반했다는 증거를 만들어낼 수는 없었다.

이후 시라오가 명예를 회복한 후 우리 할아버지는 또 시라오를 찾아간 적이 있었다. 시라오는 할아버지에게 진짜 소가죽 트렁크를 선물했다.

어릴 때 할아버지가 나를 데리고 시라오의 집에 간 적이 있다. 아마도 1982년이나 1983년이었을 듯하다. TV에서 자주 완리(萬里)가 내려오고, 그 자리를 시라오(시중쉰)가 이었다고 보도했다. 바로 그때 우리 할아버지가 나를 데리고 간 것이다. 북경에 있던 시라오의 집을 찾았을 때, 시라오가 정말 친절하게 대해 주었다. 우리 모두 정말 기분이 좋았다. 당시 시라오는 출근을 하면서, 경호원에게 우리의 입장권을 사서 명승고적을 구경시켜 줄 것을 부탁해 두기까지 하였다. 당시 나랑 할아버지는 20여 일을 머물렀는데, 시라오의 가족이 매우 친절하다고 느꼈다.

1982년이면 내가 아직 어릴 때였다. 시라오는 취두부를, 연두부를 즐겨먹었다. 우리 할아버지는 시간이 조금 지난 후 그에게 우편으로 이를 보내주기도 했다. 시라오에게는 난난(楠楠)이라는 외손녀가 하나 있었다. 이제 막 중학교 2학년에 올라간 아이였다. 당시 북경에 갔을 때 시라오가 내게 난난을 데리고 학교에 가라고 했다. 나는 자전거를 탔었는데 한 사람을 더 태우면 잘 타지 못했다. 1989년 우리 할아버지가 이미 돌아가셨을 때, 나는 북경에 출장을 간 적이 있었는데 그때 다시 시라오의 집을 방문했다. 그때 시라오가 내게 부채 하나를

我衷心的怀
念习爷爷、
非常想念
齐奶奶。
王秋英 2009.4.9

2009년 4월 9일, 왕추잉의 제사.

선물했다. 우리 할아버지 이름이 왕즈저우(王治洲)라 시라오는 부채에 "왕즈저우의 손녀 스잉(實英, 전에 내 이름은 왕스잉이었다. 이에 식구들이 모두 내가 현실적이라고 했고, 그래서 나를 스잉이라 불렀다)에게"라고 적어 주며 기념으로 간직하라고 하는 한편, 열심히 공부하고 일해서 국가를 위해 공헌하라고 당부했다. 시라오는 부채 아래에 자기 이름 대신 치신 할머니의 이름을 써주었다. 1991년 당시 일을 했던 나는 편지 한 통을 썼다. 치신 할머니가 며칠 와서 머물다 가라고 해서 다시 북경의 시라오의 집에 한동안 다녀오기도 했다. 2008년 지진이 났을 때 시라오는 보계 태백현에 다녀갔다. 당시 시진핑과 함께 업무 시찰을 했던 보계시 지도자가 바로 우리 미현 사람이었다. 식사자리에서 시진핑이 그에게 물었다. "어디 사람입니까?" 그가 "미현 사람입니다"라고 대답하자 시진핑이 "어, 미현에 친한 친구가 있는데"라고 대답했다.

지금 나는 주조공장에서 일한다. 위로는 지도자부터 아래 노동자까지 나를 모두 실질적인 사람이라고 평가한다. (웃음) 치신 할머니도 자주 내게 전화를 걸어 안부를 묻는다. 그러면 나는 "잘 지내요, 모두 좋아요"라고 대답한다. 작년에 시진핑이 국가 부주석으로 당선이 되었다. 나는 축하 편지를 썼다. 지진이 끝났을 때도 치신 할머니에게 전화를 걸어 무사함을 전했다. 치신 할머니는 한동안 서안에 갈

테니 그때 우리 집에 오겠다고 말했다. 하지만 연로한 치신 할머니는 한번 왔다간다는 것이 쉬운 일이 아니었기에 계속 우리에게 다녀가지 못했다.

시라오, 치신 할머니와 함께했던 시절을 생각하면 정말 기분이 좋다. 시라오는 그처럼 지위가 높은데도 거드름을 피우지 않는다. 우리를 마치 자기 아이들처럼 대해 주며, 많은 관심을 가져 준다. 나는 영원히 시라오를 그리워할 것이고, 치신 할머니를 생각할 것이다.

제 II 부

붓 아래 역사

서북군정위원회의 한 해
펑더화이 동지의 탄생 90주년을 기념하며
창리푸, 지예리

창리푸(常黎夫) 1912년 5월 출생, 섬서 미지(米脂) 사람이다. 1926년 중국공산주의청년단에 가입하고, 1928년 중국공산당으로 전입했다. 중공 미지현위원회 서기, 공청단 섬북 특위 서기, 섬감녕변구 식량국 국장 등을 맡았다. 신중국 성립 이후 서북군정위원회 비서장, 국무원 부비서장, 중공중앙 서북국위원, 통전부 부장, 중공 섬서성위 상무위원, 비서장, 통전부 부장을 역임했으며, 섬서성 제4기 정협 부주석 및 제5기 인민대표대회 상무위원회 부주임 등을 맡았다.

지예리(姬也力) 1917년 2월 출생, 섬서 미지 사람이며, 지예리(姬野藜)라고 쓰기도 한다. 1937년 2월 중국공산당에 가입한 후로 중앙 당교 당위원회 상무위원, 당교 정치부 부주임, 동북국 재정위원회 부주임, 서북군정위원회 판공청 부주임, 서북행정위원회 판공청 주임 등을 역임했다.

1947년 3월 16일, 펑더화이 동지는 위급한 시기에 서북 인민해방군을 이끌고 섬감녕변구를 침범한 장호비군(蔣胡匪軍, 장제스와 후중난(胡宗南)의 군대를 폄하하는 말—역주)을 맞이하여 서북 곳곳에서 전투를 벌이며, 마침내 3년여 만에 적을 섬멸하고 말았다. 1949년 11월 12일 해방군이 신강으로 진입하여 서북 지역 해방을 공식적으로 선포한 후, 12월 25일 서안으로 개선하여 서북군정위원회 주석에 취임했다. 펑더화이 총사령관은 비행기에서 내린 후 발표한 담화에서 전체 군민들에게 식량과 의복 등을 절약하고, 어렵고 힘든 여건하에서도 힘을 합쳐 분투하여 서북의 면모를 일신하자고 강조했다. 그의 발언은 서북 군민들에게 큰 반향을 일으켰다.

펑더화이 총사령관이 서북군정위원회를 1년 남짓 맡고 있을 당시 여러 민족들은 각급 당과 정부의 영도하에 일치단결하고 고군분투하여 중대한 성과를 얻었다. 인민해방군은 군중들과 함께 토비 5만 8천여 명을 소멸하여 사회 질서를 기본적으로 안정시켰다. 인민의 부담을 경감하기 위해 군대는 대규모 생산 운동을 전개하여 황무지 160여만 무(畝)를 개간했다. 거의 10만 명에 달하는 군인들이 천보(天寶)와 천란(天蘭) 철도 공사에 투입되었으며, 토목 및 석재 공사의 40%와 50%를 완성하여 역사적 기적을 창조했다. 펑더화이 총사령관은 친히 청장공로(靑藏公路) 노선을 시찰하고 군대를 투입하여 공사에 어려운 문제를 구체적으로 해결하여 공정이 순조롭게 진행될 수 있도록 조치했다. 경제적인 면에서 중앙은 통일 영도와 재정 및 경제를 통일적으로 관리하는 사업 방침을 철저하게 집행하여 점차 경제를 회복하고, 생산 발전을 도모하였으며, 물가를 안정시켰다.

상공업이 호전되면서 시장 교역도 눈에 띄게 활발해졌으며, 석탄·전력·석유 등 에너지 공업이 완전히 회복되어 점차 발전 양상을 보이기 시작했다. 펑더화이 총사령관은 특히 옥문(玉門) 유전을 복구하고, 캉스언(康世恩) 동지의 보고를 받고 생산 회복 문제를 해결하기 위해 대중 동원을 통한 자구책 마련에 나섰다. 펑더화이 총사령관은 당정군(黨政軍) 간부와 전사들에게 매일 1냥의 식량을 절약하는 운동을 전개하여 심각한 식량난에 허덕이는 군중들을 구제하여 해당 지역 안정에 도움을 줄 것을 제안했다. 농촌의 경우 조세와 이자를 경감하고, 누구든 씨를 뿌리고 경작한 사람이 작물을 추수하며, 자유롭게 토지를 임대하여 농업 생산을 통해 부를 축적할 수 있도록 했다. 이로써 대다수 농민들의 생산 의욕이 고조되고, 파종 면적이 이전 수

의천성(宜川城) 공격을 지휘하는 펑더화이.

준을 회복했으며, 하곡 생산이 전년에 비해 9.5% 증가했다. 또한 면화 재배 면적이 확대되고, 목축업 또한 원래 수준을 회복했다. 170여만 명이 살고 있는 기존의 26개 현에 대한 토지개혁이 완수됨에 따라 봉건적 착취 제도가 완전히 사라졌으며, 아울러 각급 인민 민주정권이 수립되었다. 새롭게 개척한 신구(新區)는 우선 위에서 아래까지 각급 인민 정부가 설치되었으며, 군중을 동원하여 토비를 몰아내고, 패권을 타도했으며, 농회(農會)를 조직하고 보갑(保甲) 제도를 철폐하여 지주 계급을 타도했다. 이렇게 농민이 우세한 역량을 차지할 수 있도록 토대를 마련한 후 구(區)와 향(鄕) 정권을 수립했다. 1950년 겨울 전체 760여만 명이 살고 있는 섬서 · 감숙 · 영하 세 성의 51개 현에서 토지 개혁이 실시되었다. 서북은 다민족 지역이기 때문에 소수민족 지구는 민족 구역 자치를 실시하면서 1년 내 1만 명에 달하는 소수민족 간부를 육성하고, 각 민족 간의 단결과 협동·합작의 새로운 관계를 수립함으로써 새로운 서북을 건설하는 토대로 삼고자 했다. 이렇듯 펑더화이 총사령관은 심혈을 기울여 1년이란 짧은 기간 동안 광활한 서북 지구에서 중대한 성과를 거두었다.

펑더화이 총사령관은 특히 모든 간부들에게 전심전력으로 인민을 위해 복무하는 사상으로 무장하고, 청렴한 작풍을 발양하고 불량한 경향을 반대할 것을 요구했다. 시내로 들어온 후에 일부 간부들 가운데 자신의 공로를 내세워 오만해지거나 향락을 즐기려는 정서가 싹트고 지나치게 겉치레하여 재물과 인력을 낭비하는 현상이 고개를 들었으며, 소수 인원은 부패의 그릇된 길로 빠져들었다. 이런 상황에 직면하여 펑더화이 총사령관은 적시에 경종을 울렸다. 그는 우선 정부 기관의 기구 설치와 인원 편제에 있어 반드시 간소화와 효능성을 우선으로 해야 한다는 원칙을 제시했다. 무엇보다 기구를 제멋대로 설치하거나 편제를 증가하는 것에 반대하고, 행정구역상 비교적 큰 지역의 당정 계통의 편제가 4천여 명이라면 이를 절반으로 줄이라고 지시했다. 그는 이어서 모든 정부기관은 청렴하고 소박한 기풍을 실천에 옮기고 인민을 위해 복무하는 혁명 공작 작풍을 철저하게 시행하도록 하는 한편, 부정부패를 엄격하게 징벌하고 낭비를 금지하며 군중을 이탈한 관료주의에 반대했다. 모든 정부 공작 인원은 반드시 이를 격언이나 좌우명으로 삼아 충실하게 집행할 것을 당부했다. 그는 허례허식과 낭비는 절검하여 나라를 세우는 데 방해가 되며, 집단 이기주의는 통일적인 영도에 저항하는 것이고, 유격대 습관은 법제·법령에 저해가 된다고 지적하면서 모든 정부기관 인사들은 반드시 무조건적이고 군건하고 철저하게 중앙의 결정과 지시·정책 방침을 집행할 것이며, 명령 위반, 금지령 위반, 제멋대로 생각하고 결정하는 현상을 결코 허락하지 않을 것임을 분명히 밝혔다. 만약 여전히 겉치레에 치중하고 낭비를 일삼는 자가 있거나 부정부패·법규 위반을 저지르는 자가 있다면 반드시 당의 기율과 국법에 따라 엄중하게 제재를 가할 것이며, 관용을 베풀어 오히려 상황이 악화되거나 우유부단하게 처리하여 인민의 이익에 손해를 끼치고 당의 명예와 위신에 해가 되는 일이 없도록 할 것이라고 단언했다. 그는 모든 기관(행정부서)에 명령을 하달하여 즉각 불량한 경향에 반대하는 운동을 전개할 것을 주문했다.

전 기관은 철저하게 검사를 진행하여 모든 공작인원들이 비판과 자아 검토를 자신의 권리이자 의무로 삼도록 했다. 1950년 3월부터 5월까지 서북 대구역 일급 당·정·군·민의 각 기관과 단체에서 불량한 경향을 반대하는 운동을 보편적으로 전개하고, 각 성과 시 및 지방 역시 이에 적극 호응하자 지나친 겉치레와 낭비, 부정부패, 법규 위반 등의 현상이 눈에 띄게 감소했으며, 간부 교육, 작풍 개선, 사업 발전 추진에 있어 분명한 효과를 거두었다.

펑더화이 총사령관은 각종 불량한 경향이 생겨나고 점차 퍼지는 것은 영도하는 과정에서 관료주의가 생겨났기 때문이라고 판단했다. 그래서 5월 하순부터 시작하여 불량한 경향에 반대하면서 주로 관료주의 반대에 집중하여 사업 진행에서 발생되는 중요한 문제나 사건을 들추어내어 해결하고자 애썼다. 그 가운데 종자 사건이 대표적이다. 1950년 서북군정위원회 농업부는 섬서 관중 지역에 200여만 근에 달하는 면화씨를 배급하여 전체 17만 무에 달하는 농지에 심도록 했다. 하지만 사업이 제대로 진행되지 않았다. 수매부터 저장, 시험, 배분에 이르기까지 일련의 관료주의 작풍이 일을 어그러뜨리고 만 것이다. 수매할 때 제대로 검사를 하지 않아 여러 해 묵은 종자나 나쁜 종자까지 모두 수매했고, 저장도 시원치 않아 종자에 곰팡이가 피었다. 보급소에서 시험한 결과 싹이 튼 종자가 겨우 30%에 지나지 않았음에도 상부에 보고하지 않았다. 어떤 곳에서는 50% 이상이라고 거짓 보

1950년 서북군정위원회 성립 대회. 펑더화이(왼쪽에서 네번째)가 주석에 취임했으며, 시중쉰과 장즈중(張治中)이 부주석으로 임명되었다.

고를 하기도 했다. 보고 내용을 제대로 검토하지도 않고 그대로 받아들여 농가에 보급했다. 더군다나 파종할 때 경험이 있는 농민에게 도움을 받아 보완할 수 있는 방법을 취하지도 않았다. 결국 파종한 면화 씨앗의 발아율이 겨우 10% 내외라는 심각한 결과를 초래했다.

국가의 투자 손실은 30억 위안(당시 화폐로 환산하면 인민폐 30만 위안)에 달했고, 군중의 손실은 이보다 훨씬 컸다. 목화 생산 계획이 실패로 돌아가자 직접적으로 방직공업 생산에 영향을 주었다. 펑더화이 총사령관은 이번 사건에 대해 매우 엄격하게 비판하는 한편 침착하게 처리했다. 그는 전형적인 사례를 들어 관료주의가 우리 사업의 최대 위험이라는 점을 지적하고, 각 부서 각 단위에 목화씨 사건을 교훈으로 삼아 건성으로 대충 처리하는 것이 아니라 좀 더 철저하고 진지하게 영도 기관과 영도 간부의 관료주의를 검사할 것을 요구했다. 9월 6일 펑더화이 총사령관은 서북 일급 정풍(整風) 좌담회에서 관료주의가 생겨나는 것은 뿌리 깊은 사회적 근원 이외에도 영도 작풍의 문제이기도 하다고 지적하고, 무엇보다 심각한 것은 사업을 할당하고 분배하는 일에 치중할 뿐 검사를 제대로 하지 않는 행태, 명령 하달만 많고 지도는 부족한 행태, 작업을 미루고 서로 책임을 회피하는 행태라고 말하였다. 그는 다음과 같은 몇 가지 예를 들었다. 철로 건설 사업은 서북 경제를 발전시키는 데 무엇보다 중요한 일이다. 서북국은 이를 위해 적지않은 지시를 하달한 바 있다. 하지만 이를 실행하는 과정에서 관련 부서 사이에 상호 협조는커녕 오히려 견제하느라 적절한 검토와 해결책을 마련하지 못함으로써 상부의 지시가 제대로 이행되지 않고, 결국 사업 진행을 방해하는 결과를 낳고 말았다. 서북국은 임하(臨夏)의 군 분구(軍分區)에 토비 소탕에 관한 명령을 하달하면서 정치 쟁취를 위주로 할 것을 지시했다. 그러나 하부에 지시된 것은 오히려 "군사적 소탕전을 위주로 하라"는 것이었다. 민병 조직 문제에 있어서도 임하 분구의 경우 조급하게 진행하지 말라는 지시가 떨어졌으나 임하 군 분구에서 전달한 내용은 "중점적으로 군중을 동원하라"는 것이었다. 결국 불순분자들이 역사적으로 잔존하고 있던 민족 간의 갈등을 부추겨 서로 죽고 죽이는 불상사가 벌어졌으며, 영도자 역시 제때에 이를 발견하지 못해 커다란 손실을 보고 말았다. 일부 영도 간부들은 하루 종일 사무실에서 회의를 주재하고 지시하는 등의 업무에 매달려 깊이 검토하지 못함으로써 해야 할 일을 제때에 하지 못하고, 잘못한 일을 적시에 시정할 수 없었다. 어떤 부서는 최종 결론을 작성하는 데 몇 개월이 걸려도 제대로 작성하지 못해 시의적절한 지도 사업의 효과를 상실하고 말았다. 이러한 여러 가지 문제는 결국 혁명 사업에 대한 마음가짐과 책임감이 강하지 않고, 사업에 따른 위에서 아래로의 검사와 아래에서 위로의 감독 제도가 없었기 때문이다. 그렇기 때문에 문제가 발생한 후에야 허겁지겁 보완책을 마련하느라 분주했던 것이다. 펑더화이 총사령관은 이러한 착오를 심각하게 지적한 후 자발적으로 영도 책임을 지고 서북국 처급 이상의 간부

회의에서 엄숙한 자아비판을 했으며, 동시에 제2차 유림(榆林) 전투와 서부(西府) 전투의 실책을 연계하여 검토하면서 눈물을 흘리며 비통하고 쟁쟁한 목소리로 일언천금의 발언을 통해 사람들로 하여금 깊이 반성하도록 했다. 이후 그는 서북군정위원회 1차 행정회의에서 재차 관료주의를 극복하는 방법에 대해 역점을 두어 언급했다. 첫째, 인민을 위해 책임을 지는 사상을 가져야 한다. 둘째, 실제에 기반을 두고 군중들 속으로 깊이 들어가 조사·연구하여 정황을 파악하고 시의적절하게 지도해야 한다. 사무실에 앉아 명령이나 지시만 해서는 안 된다. 중요 문건·보고 등은 영도 동지가 직접 작성함으로써 자신의 관점, 자신의 언어, 자신의 풍격을 확보해야 하며, 초안을 전적으로 비서에게 위임하거나 명령만 해서는 안 된다. 게으름을 피우지 말고, 겉만 화려하고 내실이 없는 불성실한 작풍에 대해 결연히 반대해야 한다. 그는 여러 차례 연설을 통해 간부들의 사상과 전체 사업을 지도하는 데 결정적인 작용을 했다.

펑더화이 총사령관은 다른 이들뿐만 아니라 자기 자신에게도 엄격했다. 서북군정위원회 주석으로 있을 당시 그는 위원회가 들어가 있는 신성(新城) 건물의 회의실 동쪽에 복도와 맞닿아 있는 휴게실 두 칸을 빌려 생활했다. 그곳에서 그는 사무를 보고 손님을 접대했으며, 침식도 그 안에서 해결했다. 서북국 영도 동지들이 그에게 비교적 큰 방으로 바꿀 것을 권하였으나 단호하게 거절했다. 또한 실내에 수세식 변기를 설치하려고 하였으나 이 역시 거절했다. 그는 당시 쉰 살이 넘은 나이로 장기간에 걸쳐 힘든 전쟁터를 누비며 생활했기 때문에 특히 만성 위장병으로 고생했다. 병세가 심각할 때는 식사도 제대로 하지 못하고 의사가 처방해 준 대로 달걀 흰자 가루분과 과일즙을 먹어야만 했다. 하지만 과일을 사는 것조차 부인인 푸안슈(浦安修) 동지가 마음대로 하지 못하고 비서장을 통해 구매했으며, 의사가 그에게 당부를 해야만 비로소 복용했다. 당시는 물자가 풍부하지 않아 배급제를 시행했기 때문에 항시 총부처장에게 식사량을 계산하여 표준치에 벗어나지 않도록 했다. 그는 1년 사시사철 군복을 입고 지냈다. 여름에는 홑겹, 겨울에는 면으로 누빈 군복으로 일반 병사들과 차이가 없었기 때문에 모르는 이들은 그가 십만 대군을 이끄는 풍운의 총사령관이라는 사실을 알아채지 못했다.

그러나 여산회의(廬山會議) 이후 뜻밖에도 누군가 이런 말을 내뱉었다. "펑더화이가 검소하게 생활한 것은 일종의 위장이다." 이러한 비양심적인 발언이 전해진 후 장즈중 선생은 결코 그럴 수 없다고 개탄하며 이렇게 말했다. "어떻게 평생을 위장하며 살 수 있겠는가?"

펑더화이 총사령관은 서북 군정위원회에서 채 1년이 되지 않는 시간에 중앙의 명령을 받들어 중국 인민지원군을 이끌고 압록강을 건너 항미원조(抗美援朝, 6·25전쟁) 전쟁에서 조국을 보위하는 영광스럽고도 힘든 역사적 중임을 맡았다. 펑총사령관은 전화에 휩싸인 조선에서 전투에 임하면서도 서북 지구에 대한 관심을 거두지 않았으며, 기회가 있을 때마다 소식을 전했다. 그의 지시와 희망은 서북지구 영도 간부들을 고무하고 사업 진행을 촉진하는 효과를 낳았다.

시중쉰의 서북국 활동을 기억하며 *

마원루이

> **마원루이(馬文瑞)** 1912년 11월 출생, 섬서 자주(子洲) 사람이다. 1926년 중국공산주의 청년단에 가입했으며, 1928년 중공당원이 되었다. 신중국 성립 이전 공청단 수덕(綏德)현위원회 서기, 중공 안정현위서기, 공청단 북특위(北特委) 위원, 중공 섬북성위 비서장, 농동지위(隴東地委) 서기, 중공중앙 서북 상임위원, 조직부 부장 등 직책을 맡았다. 신중국 성립 이후 서북국 부서기, 국가노동부 부장, 섬서성위 제1서기, 제6기, 제7기 전국정협 부주석 등을 역임했다. 2004년 북경에서 사망했다.

나와 중쉰 동지가 처음 만난 것은 1934년 겨울 섬감변 근거지였다. 당시 그는 섬감변구 소비에트 정부 주석을 맡고 있었으며, 나는 섬북 특위에서 파견되어 병력 수송을 맡다가 돌아가는 길에 남양(南梁)에 머물게 되었다. 이듬해 나는 동부 지구 공위(工委, 공작위원회) 서기 겸 혁명위원회 주석을 맡았다. 1935년 섬북에서 그릇된 숙반(肅反, 반혁명분자 숙청의 간칭)이 발생하여 우리들과 류즈단 동지가 체포되어 같은 감옥에 갇혔다가 다행히 중앙 홍군과 마오쩌둥 주석이 섬북에 도착했을 때 겨우 석방되었다. 항일전쟁이 시작된 후 시중쉰은 관중 분위 서기를 맡았으며, 나는 농동 지위(地委)의 서기가 되었다. 우리가 실제로 함께 일을 하게 된 것은 1945년 가을이었는데, 그는

＊본문은《시중쉰 혁명 생애》, 중국당사출판사, 중국문사출판사 2002년판에 실린 바 있다.

1948년 1월, 미지(米脂) 양가구(楊家溝)에서 기념 촬영. 왼쪽부터 자퉈푸, 가오강, 가오창주(高長久), 간쓰치(甘泗淇), 스저(師哲), 허룽, 린보쥐, 마밍팡, 양밍쉬엔(楊明軒), 리쥐란, 리징린(李景林), 시중쉰, 자오서우산(趙壽山).

당시 중공중앙 서북국 서기로 몇
년간 근무하고 있었다.

　　서북국에서 함께 일을 하던
시기는 기본적으로 제3차 국내혁
명전쟁 시기와 신중국 건립 이후
국민경제 회복 시기로 양분할 수
있다. 비록 각각의 형세나 임무가
서로 다르기는 하지만 중쉰 동지는
마르크스 레닌주의, 마오쩌둥 사
상 학습을 중시하고 실제에서 출발
하여 중앙의 노선과 방침·정책을

1937년. 관중 분구 지위 서기 시절의 시중쉰.

서북의 현실과 결합했다. 서북국은 성립 이후 1948년 3월까지 중앙
과 마오쩌둥 주석 신변에 있었다. 자위전쟁에서 마오쩌둥·저우언라
이·런비스는 섬북 지역을 전전하면서 전국 군사투쟁을 지휘했으며,
서북 지방의 업무에 관심을 기울였다. 우리는 거의 직접적으로 중앙
과 마오쩌둥 주석의 지시를 받을 수 있었다.

　　시중쉰 동지와 서북국의 업무에 대해 이야기할 때면 펑더화이
동지가 장시간에 걸쳐 서북국의 제1서기로 탁월한 공적을 남긴 것을

떠올리지 않을 수 없다. 군사와 정치, 경제 건설과 문화 교육 발전, 정책 방침과 사업 방법에 이르기까지 그는 우리들에게 적절하고 타당한 지시와 건의를 많이 했다. 서북 특유의 민족 문제를 비롯하여 당외(黨外) 인사의 단결 문제 등에 이르기까지 그는 번거롭다고 여기지 않고 성심성의껏 우리를 지도하고 인도했다. 그는 시중쉰 동지를 굳게 신임하고 지지를 보냈으며, 중쉰 동지 역시 그를 존중했다. 이것이 바로 서북국이 자체 역량을 최대한 발휘하여 좋은 성과를 얻게 된 중요 원인 가운데 하나이다. 서북국의 지도부 가운데 허룽(賀龍)과 마밍팡(馬明方)이 중쉰 동지를 강력하게 지지했으며, 이외에도 변구 정부 사업을 맡은 린라오(林老, 린보취) · 셰라오(謝老, 셰자오자이), 각 분야의 책임을 맡은 자퉈푸(賈拓夫) · 리줘란(李卓然) · 장자푸(張稼夫) · 장더성(張德生) · 왕펑(汪鋒) · 자오보핑(趙伯平) 등 여러 동지들이 적극적으로 도왔다. 당시 지도부 인사들은 일치단결하여 긴밀하게 협조하면서 당의 원칙에 충실하고 전반적인 국면을 고려하며 멸사봉공의 정신을 발휘하여 응분의 성과를 거두었다.

"모범을 보여 전국의 본보기가 되어" "전국 민주화를 촉진하라." 마오쩌둥 주석의 요구에 따라 서북국은 민주정권 건설에 나서다

당 중앙과 마오쩌둥 주석은 서북국과 섬감녕 변구 정부의 통일전선 사업을 매우 중시했다. 이는 주로 항일 민주정권 건설을 강화하고, 민족통일전선을 견고히 다지는 데 뜻이 있었다.

마오쩌둥 주석은 변구 정권 건설에 역사적 배경이 있음을 중시했다. 일찍이 항전 시기에 이미 우리 당은 장제스의 '일당 독재'를 반대하고 항일전쟁은 민주 정치와 결합해야 한다고 주장하였으며, 마오쩌둥 주석이 친히 섬감녕 변구의 시정 강령을 제정했다. 변구 건설을 민주적인 모범 근거지로 건설하기 위해 정권을 공산당원 3분의 1, 당

1949년. 섬감녕 변구참의회에 참가한 상주 의원 기념 촬영. 시중쉰(세번째 줄 오른쪽에서 6번째)은 당시 회의 섬감변구 대의장(代議長)이었다.

외 좌파 진보인사 3분의 1, 그리고 중도인사 및 그밖의 인사 3분의 1로 분배하는 이른바 '삼삼제(三三制)' 정책을 제정했다.

시중쉰 동지와 나는 당시 변구 참의회(參議會)에 참가했다. 그는 상주(常駐) 의원 및 참의회 의장에 선출되었다. 이는 일종의 신종 민주제였다. 공산당원은 당외인사들과 진심으로 협력했으며, 중요한 안건은 반드시 당외인사들과 의논하여 결정했다. 마오쩌둥 주석의 말에 따르자면, 변구는 민주 항일 근거지로 "자신을 향상시키고 남들을 도와야 하며" "모범을 보여 전국의 본보기가 됨"으로써 "전국 민주화를 촉진하는" 곳이다. 중앙의 이러한 정신에 근거하여 우리들은 수덕·농동·부현(富縣) 등 세 군데 지역에서 '삼삼제'를 실시하여 향급과 현급 참의원 3만여 명을 선출했다(향 참의원은 29,460명, 현 참의원

1950년 서북군정위원회 주석, 부주석, 위원 기념 촬영. 앞줄에 펑터화이(오른쪽 3번째), 장즈중 (오른쪽 2번째), 시중쉰(오른쪽 4번째).

은 2,624명이다.) 이를 토대로 향과 현급 정부를 개편하여 변구참의회 의원 242명(후보 31명 포함)을 선출했다. 1941년 11월 섬감녕 변구는 제2기 참의회를 개최하여 '삼삼제'를 보편적으로 실행하기에 이르렀으며, 유명한 리딩밍(李鼎銘) 선생이 섬감녕 변구 정부 부주석, 안원친(安文欽)이 참의회 부의장(그는 제3기까지 연임했다)에 선임되었으며, 류스(柳湜)·허롄청(賀連城)·훠즈러(霍子樂)·비광터우(畢光鬪) 등이 변구 정부위원에 피선되었다. 당외인사들도 변구정권 건설에 적극적으로 협조했다.

중쉰 동지는 참의회와 민주정권을 건설하면서 중앙의 지시에 따라 철저하게 집행하여 중앙의 방침이 순조롭게 실현되도록 애썼다. 그는 솔선수범하여 다른 이들과 단결하고 적극 협력하여 민주인사들의 존경을 받았다. 또한 평등하고 겸손한 태도로 민주인사들과 여러 문제를 토론했으며, 흉금을 털어놓는 협력 방식을 통해 그들과 친구가 되었다.

해방전쟁이 격렬해지는 가운데 펑더화이는 서북 전선에서 정면 작전을 지휘했고, 서북국은 국민당 군대 내부의 통일전선 공작을 대대적으로 강화하기 시작했다. 우리가 장제스와 후중난에 대항하여 전략적 반격을 시작하기 바로 전날 국민당 섬북 보안 부지휘관인 후징둬(胡景鐸)가 무장 반란을 일으킨 것은 시중쉰 동지의 통일전선 공작과 밀접한 관련이 있다.

1950년 1월 19일 서북군정위원회가 성립되면서 펑더화이가 주석, 시중쉰과 장즈중이 부주석을 맡았다. 우리는 민주인사들과 방대한 규모로 적극 합작했다. 통일전선을 확대할 것인가 여부, 더욱 범위를 확대하여 민주인사들과 합작할 것인가 여부 등이 민주정권 건설의 핵심적인 문제였다. 서북국은 통일전선을 견지하고 확대한다는 방침을 과감하게 받아들여 선후로 명망이 높고 대표성을 갖춘 민주인사들을 초빙했다. 예를 들어 장펑후이(張鳳翽)·한자오어(韓兆鶚)·덩바오산(鄧寶珊)·쑨웨이루(孫蔚如)·타오즈웨(陶峙岳) 등이 서북 각 성이나 시의 인민정부에 참여하여 영도 작업을 맡았다. 그들은 선후로 서북군정위원회 위원, 부성장, 성장 등을 맡았다. 각 지구와 시현(市縣)에서도 수많은 민주인사들을 받아들여 각급 인민정부 요인으로 참가할 수 있도록 했다. 당시 판첸(班禪) 대사는 아직 서장(西藏, 티벳)으로 가기 전이었는데, 우리들과 우호적인 관계를 유지했다. 이러한 민주인사들은 무엇보다 지역의 정황을 잘 알고 있을 뿐만 아니라 일정한 계층과 관계가 밀접하여 영향력을 발휘할 수 있었다.

서북 통일전선 공작에서 또 하나의 중대한 문제는 민족 단결을 어떻게 강화시킬 것인가였다.

서북 지구는 전체 339평방킬로미터로 방대한 지역을 아우르고

1950년 서북군정위원회 회의에서. 오른쪽부터 펑더화이 · 장즈중 · 자퉈푸 · 시중쉰.

있으며, 관할 지역인 섬서와 감숙 · 서녕 · 청해 · 신장 등 5개 성(구) 가운데 4개의 성(구)이 민족 또는 다민족 지구이며, 전체 15개 소수민족이 살고 있다. 그들은 신봉하는 종교도 다르고, 과거 봉건시대 통치계급과 국민당 반동파의 억압 정책으로 인해 민족간의 갈등이 상당히 심각한 상태였다. 이러한 상황에서 서북 인민의 혁명과 해방 사업에서 민족통일전선 사업이 극히 중요한 위상을 차지하는 것은 당연한 일이었다. 중쉰 동지는 "민족 문제는 서북 지구의 현실이다. 서북의 모든 사업에서 민족 문제를 벗어난다면 현실을 벗어나는 것과 다를 바 없다"라고 말한 바 있다. 이는 당시 우리 모두의 공통된 인식이었다. 1950년 서북이 해방된 후 서북국은 정식으로 민족 지구의 문제를 해결하기 위한 방침과 정책을 토론하여 각 민족의 대표적인 인물을 받아들여 정부에 참여할 수 있도록 하고, 모든 사업에서 민족의 특색을 고려하고 소수민족의 종교 신앙을 정확하게 대처하며, 소수민족 간부를 육성하고, 적당한 숫자의 당원을 선발하는 등 다섯 가지 항목을 적극 실시하기로 결의했다. 중쉰 동지는 서북국을 대표하여 이러한 방침을 선포했으며, 여러 소수민족은 이에 대해 환영의 뜻을 표했다.

민족통일전선을 보다 견고하게 다지고 발전시키기 위해 우리는 대한족주의(大漢族主義)에 반대했으며, 또한 지방 민족주의에 대해서도 반대의 뜻을 분명히 했다.

우리는 소수민족 상류사회 인사들에 대한 분석을 마치고 정치적으로 당의 정책에 대한 선전을 강화하는 한편, 조직면에서 서북 각지에 영향력이 있는 마훙빈(馬鴻賓)·황정칭(黃正淸)·마푸천(馬輔臣)·시라오쟈춰(喜饒嘉措) 등을 적당한 지위에 배치하는 한편, 대중들 사이에서 명망이 있는 바오얼한(包爾漢) 등 여러 동지들을 적극 기용했다. 그들은 선후로 초빙되어 각 성 인민정부의 지도부에서 부성장 또는 성장 등으로 활동했다. 이외에도 각지에서 여러 민족의 민주인사들과 종교계 인사들도 계속해서 중요 직위에 배치되었다. 그들과 진심으로 우호적인 협력 관계를 맺으면서 서북 지구의 형세가 급속도로 안정되었다.

당시 중쉰 동지는 통전부장을 겸직하면서 친히 여러 민족의 민주인사들과 빈번하게 교류하면서 정세와 사업에 대해 논의하면서 개인적인 친분을 쌓았다.

소수민족 가운데 극렬한 분열주의자들이 창궐하였으나, 우리는 대다수 소수민족 대중들에 대해 생산 발전을 회복하고 수리사업을 확대하며 무역 발전을 도모하는 정책을 실시했다. 예를 들어 청해의 경우 장족 인민들의 생산 발전에 유리한 수매 정책을 시행했다. 해방 이전의 경우 양모 150근으로 전차(磚茶) 한 덩이를 바꾸었으나, 해방 후에는 15덩이로 교환할 수 있도록 했다. 당연히 장족 인민들은 "마오쩌둥 주석이 오니 양모 가치가 올라갔다"고 크게 기뻐했다. 대중들은 양모의 판로가 확대되고 가격이 높아진 것이 바로 당의 정책 덕분이라고 생각했다. 우리는 신강과 영하에서 위구르족과 회족들을 도와 수리 사업을 적극적으로 벌여 큰 성과를 올렸다. 위구르족과 회족들이 기뻐한 것은 말할 나위 없다. 또한 우리는 민족 상공업 발전을 위해 일련의 사업을 벌였다. 예를 들어 마푸천의 발전소 건립을 돕기도 했다.

다음으로 소수민족의 전통문화와 풍속 습관을 존중하여 대다수 군중들의 환영을 받았다. 소수민족 지역의 문화교육 사업을 완전히 회복시켜 학교를 정상적으로 운영하고, 소수민족 대표자들을 조직하여 내지(內地, 중국 내륙을 뜻한다)를 참관시켰으며, 각종 형식과 기회를 이용하여 소수민족의 우수한 문화예술을 소개했다. 그래서 그들 역시 우리가 진심으로 그들을 돕고 존중하고 있다는 것을 느끼고, 조국의 대가정(大家庭)의 따스함을 느끼게 되었다.

서북국은 다른 역사적 조건에 근거하여 지역의 구체적 실정에 맞게 토지개혁을 실시하고, '좌'적 경향을 발견하여 바로잡았으며, 당 중앙과 마오쩌둥 주석의 긍정적인 평가를 받았다

서북 지구의 토지개혁은 섬감녕 변구의 노구(老區, 건국 이전 중공 혁명 근거지를 말한다─역주) 토지개혁과 해방 후 전체 서북 지역의 토지개혁으로 구분할 수 있다. 섬감녕 변구는 원래 경제적으로 낙후된 곳이다. 매년 전쟁의 참화가 지속되고 자연재해가 겹치면서 전체 경지 면적 843만 무 가운데 가용할 수 있는 농지 면적은 5분의 1이 조금 넘을 정도였다. 1937년 식량 생산량은 겨우 110만여 석에 불과했다. 항일 민족통일전선이 실현된 후, 당의 영도하에 섬감녕 변구는 비교적 안정적인 발전기로 접어들었다. 수많은 인민 대중의 혁명적 능동성을 적극 동원하여 항전의 필요에 부응하기 위해 서북국은 중앙의 지시에 근거하여 '감조감식(減租減息, 조세와 이자 경감)' 구호를 제기했다. 1943년 이후 감조감식 운동은 변구 각지로 깊이 파고들었다. 이러한 운동을 통해 농민들이 지주에게 착취당하는 정도가 일정 정도

줄어드는 한편 지주 경제가 약화되었으며, 변구의 농촌 계급 구조에 새로운 변화의 바람이 불기 시작했다. 중농이 농촌의 중요 구성원으로 부상하기 시작한 것이다. 이러한 상황은 이후 섬감녕 변구의 토지 개혁에서 상당히 중요한 문제가 되었다.

역사적으로 볼 때 변구는 토지 혁명전쟁 시기에 대략 절반 정도의 지역에 이미 토지 분배가 끝나고, 나머지 절반만 아직 토지를 배분하지 않은 상황이었다. 항전 시간에 비교적 장기간에 걸쳐 감조감식 정책을 유지했기 때문에 원래 지주들이 점유하고 있던 토지 가운데 절반 정도가 이미 일반 농민들의 수중에 들어간 상태였다. 전자의 경우 토지 소유권 분규와 농민들에게 돌려준 토지에 대한 지주들의 불법 회수가 중요 문제로 대두되었으며, 후자의 경우는 감조감식이 철저하게 이루어지지 않았다는 점이 가장 중요한 문제였다. 이런 현실 상황에서 출발하여 서북국은 이전에 이미 토지를 분배한 지역은 주로 토지소유권 문제를 해결하여 토지혁명의 성과를 견고하게 다지는 한편, 아직 토지혁명을 실시하지 않은 지역은 군중을 동원하여 감조보전(減租保佃, 조세 경감과 소작 보장)을 철저하게 전개하여 생산 발전을 촉진하고 점차 조치를 취해 '경자유전(耕者有田, 경작하는 자에게 토지를 준다)'의 목표를 완전히 달성할 수 있도록 했다. 1946년 9월부터 중쉰 동지는 관중으로, 그리고 나와 마밍팡 동지는 농동(隴東)으로 가서 지주의 토지 초과분을 수매하고 분배하는 작업을 실시했다. 이는 당시 토지 문제를 해결하는 새로운 정책이었다. 1947년말 섬감녕 변구에서 아직 토지 분재가 끝나지 않은 370여 향(鄕)에서 지주의 토지를 수매하는 방법을 통해 120여만 무의 토지가 농민에게 돌아갔다. 하지만 이후 형세 변화로 인해 이런 정책은 더 이상 시행되지 않았다.

여기서 지적할 점은 섬감녕 변구의 토지개혁이 성공적으로 끝난 것은 중앙의 영도하에 적시에 '좌'적 경향을 시정할 수 있었기 때문이라는 사실이다. 섬감녕 변구에서 토지개혁을 시행하는 과정에서도 '좌'적 경향이 생겨났다. 재산이 비교적 많거나 생활 여건이 비교적 좋은 농민들을 토지개혁 대상으로 간주하고, 이미 농민으로 전화한 부유한 토지 소유주까지 모두 투쟁의 대상으로 삼았던 것이다. 이는 구분 없이 일괄적으로 모든 토지를 균등하게 나눈다는 사상의 영향을 받고, 진수(晉綏, 항전 시기 중공 혁명 근거지 가운데 한 곳으로 산서성 서북부와 수원(綏遠) 동남쪽 일대 광할한 지역을 말한다—역주)의 경험을 맹목적으로 받아들였으며, '좌'적 정서가 잠복되어 있던 의합(義合)회의의 영향을 받았기 때문이다.

오랫동안 비교적 안정된 환경에서 간부들이 사상적으로 나태해지는 경향을 전환시켜 계급투쟁 관념을 강화하고 전쟁의 승리를 지지하기 위해 1947년 11월 서북국은 섬북 수덕현(綏德縣) 의합진(義合鎭)에서 지위(地委) 및 변구 일급기관 간부 당원회의를 개최했다(이를 간칭하여 의합회의라고 한다). 회의는 상술한 측면에서 긍정적인 작용을 하였으나 '좌'적 정서가 팽배해졌다. 중앙이 같은 해 12월 28일 미지현 양가구에서 개최한 11월 회의 때가 되어서야 비로소 '좌'적 사상이 시정되었다. 이러한 문제를 가장 먼저 발견한 사람은 중쉰 동지였다. 그는 이에 대해 적지않은 의견과 관점을 제시하여 중앙과 마오쩌둥 주석의 찬사를 얻었다.

1948년 1월 4일 중쉰 동지는 서북국과 중앙에 섬감녕 변구의 기존 해방구(老區) 토지개혁에 관한 보고서에서 노구는 토지혁명 시기에 건립된 신구와 기본적인 정황이 서로 다르다는 점을 지적하고, 노구에는 중농이 많으며 토지가 없거나 또는 적은 빈농이나 고용농은 아무리 많아도 전체 농촌 호구에서 20%를 넘지 않으며, 원래 토지가 많은 지주들의 토지도 대부분 몰수하여 최고 7년 이상 노동에 참가하도록 했기 때문에 성분면에서 완전히 전화되었다는 점을 밝혔다.

마오쩌둥 주석은 시중쉰 동지의 보고를 대단히 중시하여 1월 9일 다음과 같은 지시를 내렸다. "나는 중쉰 동지가 제기한 각 항의 의

1947년 중국 서북국은 수덕현 의합진 설가거로 이전했다. 사진은 설가거에서 시중쉰이 거처하던 동굴집.

견에 완전히 동의한다. 이런 의견에 따라 각 분구 및 각 현의 토지개혁 공작을 현실에 맞게 지도하고, 변구 토지 작업을 정상 궤도에 올려 착오를 줄이도록 하시오." "화북 각지의 이전 근거지 역시 마땅히 주의를 기울여야 한다." 마오쩌둥 주석은 이와 동시에 중쉰과 밍팡, 나, 그리고 일부 지도부 동지들에게 각 현을 순시할 것을 지시했다.

마오쩌둥 주석의 지시에 따라 중쉰 동지는 수덕, 마밍팡 동지는 연속(延屬) 분구로 시찰을 나갔고, 나는 삼변·농동·관중 등지로 갔다. 우리는 가는 길에 당 중앙의 정책을 선전하고 문제를 발견함과 동시에 해결책을 마련하여 변구 각지의 토지개혁 과정에서 드러난 '좌'적 편향을 시정하기 시작했다.

1월 19일 중쉰 동지는 섬감녕 변구에서 토지개혁 과정에서 나타난 '좌'적 편향에 관해 마오쩌둥 주석에게 전보를 보내면서 의합회의에서 '좌'적 정서가 팽배해지고 진수의 영향을 받아 토지개혁 과정에 극좌 편향이 발생했다고 보고했다. 보고에 따르면, '빈농과 고용농 노선(貧雇農路線)'을 강조하고 '중농노선'을 반대하여 일반 군중들이 아닌 소수 불량한 자들이 제멋대로 투쟁하고 싸우고 구금하며, 제멋대로 고문하고 재산을 몰수하고 집 밖으로 내쫓았다. 비록 보편적으로 발생한 것은 아니지만 이로 인해 농촌 인민이 극도로 불안한 상태였다. 시중쉰 동지는 전보로 중앙의 12월 회의 정신을 관철하여 극좌 정서를 극복할 수 있는 아홉 가지 중요 조치를 제출했다. 중요 내용은 다음과 같다. 노동을 통한 치부(致富)를 장려하고 보호한다. 직업이 이미 바뀐 새로운 계급의 신분을 인정해야 한다. 중농의 권력 장악을 두려워해서는 안 된다. 과거의 일을 들추어 정치적 청산을 하는 일이 없어야 한다. '적에게 투항한 자'들을 제외하고 나머지 사람들에게는 교화 정책을 실시해야 한다. 악질 토호에 대해 명확하게 규정하여 무고한 이들을 연루시켜서는 안 된다. 노구(老區)의 토지개혁은 '조제(調劑, 조정, 조절)'를 위주로 해야 한다. 토지개혁은 생산 발전과 이재민 구제와 결합하여 진행해야 한다. 이튿날(1월 20일) 마오쩌둥 주석은 지시를 통해 화북과 화중의 기존 해방구 역시 유사한 상황이기 때문에 반드시 '좌'적 착오를 면밀하게 주시할 것을 요구했다.

  2월 8일, 시중쉰 동지는 중앙과 서북국에 다음 네 가지 사항을 건의했다. 첫째, 현재 섬감녕 변구는 중농이 점유하고 있는 토지가 많다. 만약 균등 분배할 경우 필연적으로 대부분 또는 전체 중농의 토지를 대상으로 하는 수밖에 없다. 따라서 균등 분배를 해서는 안 된다. 둘째, 노구는 빈농집단이 모든 것을 영도하는 방침을 고집해서는 안 된다. 노구의 빈농집단은 대단히 복잡하다. 토지가 나쁘거나 너무 멀고, 또는 인구가 증가하여 경제적으로 곤란해진 이들도 있고, 천재지변으로 인해 생활이 힘들어진 이도 있으며, 본업에 충실하지 않아(음주나 도박, 화류 생활로 인해) 빈곤에 빠진 이들도 있다. 이처럼 복잡한 성분의 빈농집단을 하나로 조직할 경우 필연적으로 중농들에게 많은 것을 빼앗고자 할 것이다. 이로 인해 '좌'적 편향이 생겨나게 된다. 셋째, 노구의 부유한 토지주의 재산을 몰수하고 거리로 내쫓으면 안 된다. 이미 이전에 철저하게 토지 분배가 이루어진 지역에서 성실하게 노동하여 중농이나 부농이 되었을 경우 그들의 재산 일부나 대부분을 다시 몰수해서는 안 된다. 부종의 경우도 그들의 재산 일부나 대부분을 몰수하면 안 된다. 넷째, 중농의 과중한 부담을 해결해야 한다. 그렇지 않을 경우 "중농은 물론이고 농촌 경제의 성장을 억압할 수 있다." 중쉰 동지의 이러한 상황 보고 및 노구 지역의 토지개혁에 관한 의견을 제시하여 마오쩌둥 주석과 서북국의 주목을 받았다.

노구 및 반노구(半老區) 토지개혁 정책을 구체적으로 실천에 옮기면서 우리는 전형적인 경험을 총결하고 보급하는 데 중점을 두었다. 이는 토지개혁에서 매우 중요한 사업 방법이었다. 그 가운데 수덕현 의합구 황가천(黃家川) 마을의 공작조의 전형적인 경험을 총결한 내용은 다음과 같다. 그들은 우선 노구의 현실 정황에서 출발하여 토지의 비옥도를 가늠하여 모자란 곳은 보충하고 여유가 있는 곳은 떼어내는 등, 일련의 조정 작업을 통해 빈농과 고용농의 요구를 만족시키는 한편 중농을 견고하게 단결시켜 생산 발전을 촉진하였다. 중앙은 2월 22일 발송한 노구와 반노구 지역의 토지개혁에 관한 지시에서 황가촌의 경험이 보편적 의의를 지니고 있음을 긍정적으로 받아들였다. 3월 12일, 마오쩌둥 주석은 황가천의 경험을 진찰기구(晉察冀區) 평산현과 진수구 곽현(崞縣) 등 세 가지 전형적인 경험을 전국에 알려 "생동적이고 구체적인 경험"을 통해 "당내 존재하고 있는 마르크스·레닌주의에 반대하는 심각한 명령주의와 추종주의(尾巴主義)"를 교정하도록 했다.

통계에 따르면, 1948년 4월 섬감녕 변구에서 '좌'적 경향을 극복한 이후 토지개혁을 통해 거둔 승리의 결과는 다음과 같다. 노구나 반노구의 전체 인구의 절반(대략 60만 명)이 살고 있는 지역에서 토지 90만 무를 조정하여 현지의 봉건적 착취의 수단이 되었던 토지제도를 철저하게 소멸시켰으며, 생산력을 제고시켜 변구의 경제 건설을 크게 발전시켰다. 이로써 수많은 인민 대중들이 적극적으로 해방전쟁을 지원하는 결과를 낳았다. 우리들의 경험을 총결하여 노구와 반노구의 토지개혁에 대해 '지(之)'자의 길을 걸었다. 1947년 이전까지 우리들의 방침과 정책은 실제에서 출발하여 창조적으로 진행되었으며, 이에 따른 효과를 얻었다. 하지만 1947년 봄 '좌'적 경향이 발생하면서 양가구회의 이후 또다시 곧은 길(正道)을 걸었다. 중신 동지와 우리들은 '좌'적 경향을 비교적 일찍 발견하여 재빨리 교정하였기 때문에 손실이 그리 많지 않았다.

신중국 건립 이후 서북국 신구의 토지개혁을 하면서 우리는 다음 두 가지 문제에 매진했다.

첫번째 문제는, 간부들이 토지개혁의 전체 방침과 정책을 정확하게 파악하도록 교육하는 것이었다. 1949년 9월말 서북 전역이 해방되자 전체 서북의 토지개혁 문제가 서북국의 중점 사업으로 떠올랐다. 이번 토지개혁 사업은 규모면에서 가장 크고 또한 가장 많은 이들의 이익에 부합하는 개혁이어야만 했다. 이처럼 위대한 임무를 순조롭게 완수하기 위해 무엇보다 중요한 것은 토지개혁의 전체 방침과 정책을 간부들이 숙지할 수 있도록 교육하는 일이었다. 1950년 이전 우리 당의 토지개혁 총노선(總路線)은 "빈농에 의지하고 중농을 단결시키며, 봉건 착취제도를 단계적으로 구분하여 소멸시킴으로써 농업 생산 발전을 도모한다"는 것이다. 1950년 6월 중앙이 제시한 토지개혁의 총노선·총정책은 "빈농과 소작농에 의지하고 중농을 단결시키며, 부농을 중립(中立)시키고, 봉건 착취제도를 단계적으로 구분하여 소멸시킴으로써 농업생산 발전을 도모한다"였다. 이렇듯 양자간에는 중요한 차이가 있는데, 그것은 바로 부농의 중립이다.

그렇다면 왜 이런 변화가 발생했는가?

정치적으로 부농을 중립시킴으로써 중농과 소지주를 더욱 잘 보호하고 지주계급을 고립시킬 수 있다. 과거에는 인민의 혁명 역량이 주로 반혁명 세력과 잔혹한 전쟁을 수행하느라 인민 역량면에서 상대적으로 열세에 처해 있었다. 부농은 지주계급과 장제스 집단에 기울어져 토지개혁을 반대했으며, 인민전쟁은 농민들에게 병사로 출전하거나 군량을 지원하고 의무적으로 노동력을 제공하는 등 전쟁 수행을 위해 많은 대가를 지불하게 만들었다. 그러나 현재는 형세가 완전히 달라졌다. 전국 인민들의 기본 임무는 경제 건설에 있으며, 부농의 정치 태도 역시 달라질 수밖에 없다. 그들은 자신들의 중립을 쟁취할 수 있으며, 또한 이로 인해 중농을 더욱 잘 보호하고 농업생산 발전에 있어 농민들이 우려하는 문제들을 제거할 수 있다. 그렇기 때문에 토지개혁에 참여하고 있는 수많은 공작조들에게 이러한 점을 주지시키는 일이 무엇보다 중요했던 것이다.

서북 토지개혁의 두번째 문제는, 토지 점유 상황이 섬감녕 변구는 물론이고 다른 지역과도 다르기 때문에 실정에 맞게 정책을 집행하고 사업을 진행해야 한다는 점이다.

서북은 광대한 지역에 십수 개의 소수민족이 거주하고 있다. 그 가운데 어떤 민족은 주로 목축업에 종사하고 있기 때문에 그들에게 토지 문제는 한족의 농경 지역과 근본적으로 성질이 달랐다. 회족은 대부분 농업을 본업으로 삼고 있지만, 그곳의 토지 문제는 민족 문제와 복잡하게 얽혀 있다. 이러한 구체적인 정황에 근거하여 우리는 서북지구의 토지개혁은 "두 갈래로 나누어 시행할 것"을 결정했다. 한 갈래는 한족이 집거하고 있는 농경지역에서 먼저 토지개혁을 실시하고, 정치적으로나 사회적으로 조건이 구비되었을 때 소수민족이 주로 살고 있는 농경지역에 대한 토지개혁을 실시한다는 것이다. 다른 한 갈래는 지방의 현실에 근거하고 민족 정책의 정황을 관철하여 조건이 성숙된 후에 점차적으로 소수민족 목축지역의 개혁 문제를 해결한다는 것이다.

토지정책을 온진신중(穩進愼重, 안정적인 바탕에서 진보하며 신중하게 처리한다는 뜻이다-역주)하게 집행함으로써 우리는 1951년 겨울부터 그 이듬해인 1952년 5월까지 전체 1,600여만 명이 살고 있는 관내 4개의 성에 속한 106개 현과 8개의 시에 대한 토지개혁을 완수했다. 그리고 1952년 겨울부터 1953년 봄까지 신강의 62개 현, 400만여 명이 살고 있는 지역의 토지개혁도 완전히 끝냈다. 이후 1953년에 이르러 서북의 토지개혁을 완성했다.

1951년 겨울부터 이듬해 봄까지 서북지구의 토지개혁은 소수민족이 주로 거주하는 지역에 대한 작업을 성공적으로 끝냈다는 점에서 특기할 만하다. 그 가운데 대략 반수 이상의 토지개혁 지역이 소수민족 취락지이다. 우리는 다음과 같은 규정을 따랐다. "이 지역에서 토지개혁을 시행하면서 반드시 민족 단결을 토대로 삼고, 현지 민족 대다수 군중들의 자각을 전제로 삼으며, 현지 민족 간부가 사업에 참여하고, 소수민족 대중들이 앞장서서 동일 민족의 지주계급에 대해 투쟁해야 한다." 동시에 각 민족과 각 교파의 영수 인물에 대해서는 명단을 제시하여 토지개혁 과정에서 적당한 보호를 받을 수 있도록 했다. 예를 들어 청해(靑海)의 마보신(馬輔臣)과 감숙의 마전흠(馬全欽) 등을 보호했기 때문에 소수민족 여러 지역의 토지개혁을 비교적 순조롭게 시행할 수 있었다.

토지개혁을 통해 각 민족 농민들의 정치 의식이 높아졌으며, 생산에 대한 적극성 또한 많이 좋아졌다. 대다수 농민들이 생산호조조(生産互助組)에 참가하고 수리사업을 일으켰으며, 비료 생산량을 늘려 전체 식량 증산에 도움을 얻었다. 예를 들어 감숙성의 경우 1952년에 기본적인 토지개혁을 완수했는데, 1954년말까지 식량은 267만 톤에서 317만 톤으로 증산했고, 재정수입은 11,100만 위안에서

1950년 12월, 청해성을 시찰하는 시중쉰. 가운데는 청해성 성장인 자오소우산(趙壽山), 오른쪽은 청해성 성위 서기인 장중량(張仲良)이다.

14,300만 위안으로 늘었다. 이는 토지개혁을 통해 얻은 소득으로 이후 국가의 경제 건설에 밑받침이 되었다. 섬서성의 경우 나름의 정황에 맞추어 3기로 나누어 토지개혁을 실시했다. 이를 통해 토지가 아예 없거나 적은 농민들의 요구를 만족시키는 한편 토지개혁과 생산 발전을 결합시켰으며, 지주들이 소유하고 있던 대량의 소총과 탄약을 몰수하여 구시대 봉건 세력의 무장 역량을 완전히 와해시켰다. 이는 정국 안정에 큰 도움이 되었다.

일찍이 없었던 대규모의 토지개혁을 실시하면서 일부 지역에서 서툴거나 철저하지 못한 현상이 발생한 것은 어쩔 수 없는 일이었다. 하지만 그런 상황이 주류를 이룬 것은 결코 아니었다. 이후 누군가 "서북 지역의 토지개혁이 철저하지 못했다"라고 하거나, '우경'을 입에 올리는 일이 있었으나 이러한 관점은 실제에 어긋난다. 응당 우리는 이렇게 말할 수 있다. 서북국이 영도한 섬북 토지개혁과 서북 토지개혁은 승리로 완성했다. 이는 서북혁명 역사에서 대단한 일로 중앙의 방침과 정책을 굳건히 관철한 것이자 시중쉰 동지의 "실제에서 출발해야 한다"는 '실사구시(實事求是)' 사상을 체현한 것이라고 할 수 있다.

소수민족 지구에서 정확한 정책과 책략을 시행함으로써 서북지구 토비(土匪) 섬멸과 반패권 투쟁을 성공적으로 이끌다

서북 인민해방전쟁과 해방 초기에 서북국은 비적 섬멸과 반패권 투쟁에서 적극적이고 적절한 대응으로 많은 성과를 거두었다. 인민해방군이 가는 곳마다 토비들이 사라지고 악질 토호들이 숨을 죽여 사회가 안정되고, 인민들이 만족할 수 있었다.

서북 지역이 해방되자 수만 명에 달하는 토비와 특무(特務)들이 사방으로 흩어졌다. 그들은 장제스 반동파와 제국주의 국내 대리인들이었다. 그들은 자체 무장 역량을 확보하고, 변두리 먼 지방에 똬리를 틀고 지속적으로 인민들과 대적했다. 그렇기 때문에 그들을 섬멸하는 것이 당시의 급선무였다.

당시 토비는 두 가지 부류가 있었다. 하나는 정치 토비로 국민당 반동파의 잔여 세력이다. 다른 하나는 관비(慣匪), 즉 상습적으로 강도질을 일삼는 무리들로 근거지를 만들어 활동하면서 재물 강탈을 목적으로 삼는 무리들이다. 그들은 모두 특무의 통제와 조정을 받았기 때문에 내부 모순이 상당히 복잡했다.

1949년 여름 서북국은 관중 신구(新區) 지위 서기 회의를 개최했다. 중쉰 동지는 회의에서 〈관중 신구의 공작 방향〉이라는 제목의 보고를 통해 대서북(大西北)의 초비(剿匪) 투쟁 임무와 전략전술에 대해 발언했다. 그는 이렇게 말했다. "초비는 가장 시급한 임무이지만, 고비(股匪, 산적, 도적집단)를 추격하여 소탕하고 산개한 토비를 섬멸하는 것과 반동파의 무장을 몰수하는 일을 함께 진행해야 한다. 단순히 공격만 하는 것이 아니라 완전히 섬멸하도록 해야 한다. 세밀하게 정탐하고 철저하게 준비하여 비밀리에 원정에 나서 포위 섬멸하는 것이 중요하다. 궤멸되었다고 할지라도 끝까지 추적하여 적들을 체포함으로써 깨끗이 소탕하는 데 힘써야 한다."

1950년 6월 서북국은 토비들의 정황에 대한 철저한 분석과 연구를 끝내고, 중앙의 방침에 근거하여 다음 7가지 토비 토벌을 위한 정책과 전략을 제출했다.

1) 토비 소멸은 단호해야 한다. 하지만 나름의 단계와 방법을 취해야 한다. 역량을 집중하여 토비의 우두머리를 체포하여 대중들에게 그들의 악행을 공포하고, 일반 대중들과 반혁명분자들을 구분하여 대중들의 이익을 보호할 수 있어야 한다.

2) 신구, 특히 소수민족이 주로 거주하는 지역의 토비를 처리할 경우 방어를 우선으로 한 다음에 진격하고, 우선 구분한 다음에 타격을 가하며, 우선 쟁취한 다음에 토벌한다. 필요한 경우 토벌과 위무(慰撫) 활동을 동시에 진행한다.

3) 특무 척결 문제는 관용과 진압 방식을 결합하여 적들을 분열시키고 동요하게 만드는 데 중점을 두어야 한다.

4) 일관도(一貫道)에 대해 전면적인 대중 공작을 전개하고, 군중들에 대한 광범위한 교육 활동을 통해 대중들이 그 영향에서 벗어날 수 있도록 한다. 또한 이를 기반으로 일관도의 수뇌부를 타격하고, 특무들을 철저하게 조사하여 조직 와해 목적에 이르도록 한다.

5) 문제의 성격을 정확하게 구분해야 한다. 어떤 문제는 우리 내부의 관료주의로 인해 생겨나기도 했다. 예를 들어 고원현(固原縣)의 경우 강제로 행정구역을 분할하여 군중들의 불만을 야기했다. 현장이 민정을 제대로 살피지 못하고 자신의 의견을 고집하여 군중 소요를

일으킨 예이다. 이는 토비 특무의 문제와 별개로 다루어야 한다.

6) 토비 소탕 작전 과정에서 적들을 고립시키고, 주체적으로 우리와 합작 가능한 이들과 단합해야 한다. 그 중에는 지주나 이맘(阿訇, 이슬람 예배 인도자)·라마(喇嘛)·왕공(王公)·천백호(千百户) 등도 포함된다. 이미 적의 조직에서 이탈하여 더 이상 우리를 반대하지 않는 전임 특무도 포함될 수 있다.

이상과 같은 정책과 책략에 따라 1950년 1월 서북군정위원회가 서북 전역을 해방한 때까지 토비 6,7만여 명을 완전히 토벌했다. 동시에 적특(敵特, 적의 특무요원, 비밀 스파이)의 무장을 해제시키고 감숙과 청해 두 성의 마가군 잔여부대를 와해시켰으며, 임하 사건과 평량 사건을 처리했다.

토비의 섬멸 과정에서 서북국과 중선 동지는 특히 소수민족 지역의 토비와 반도들에 대한 정책과 책략에 신경을 썼다. 1950년 봄에서 여름으로 넘어가면서 평량(平凉)·해원(海原)·고원(固原)·고란(皋蘭) 등지에서 회족과 한족의 사이에 긴장 관계가 심화되자 토비나 특무들이 민족간의 갈등을 이용하는 한편 민족정책의 허점을 파고들어 양 민족 사이를 이간질시켰다. 이로 인해 회족들 사이에 공포 분위기가 조성되면서 서북 지역의 4,50만 회족들이 수서(綏西) 지역으로 도피하는 일이 벌어지면서 상황이 대단히 심각해졌다. 이런 상황에서 서북국은 가장 먼저 민족 모순을 완화하고 회족과 한족의 관계 개선을 도모하는 데 주력했다. 이후 중앙의 지시에 따라 다음과 같이 조치했다. 첫째, 회족과 한족 군중들 중에서 토비나 특무를 가려내고 당의 민족정책을 설명했다. 둘째, 한족지구에서 토비 토벌을 실시하고, 회족지구는 방어를 위주로 하면서 정치적인 분열 와해 공작과 초무(招撫) 공작을 겸용한다. 셋째, 회족들이 중앙의 회민(回民)에 대한 정책을 정확하게 인지한 후 완강하게 저항하는 비적들을 토벌한다. 넷째, 비적이나 토비 토벌 과정에서 토비와 일반 인민을 엄격하게 구분

1950년 펑더화이와 시중쉰이 소수민족 및 종교지도자들과 함께 찍은 사진. 앞줄에서 오른쪽 두번째부터 시중쉰, 펑더화이, 장즈중, 시라오자춰, 자퉈푸.

하여 제멋대로 구타, 살해를 금하며, 고문에 의한 강제 자백을 금지한다. 다섯째, 해당 지역의 무극도(無極道)·일관도·대도회(大刀會) 등 반동단체가 한인(漢人) 조직이거나 회인이 적을 경우 공개적으로 불법임을 선언하고 민족 갈등을 부추기는 한족 비적 스파이로 활동하는 인물들을 공개적으로 진압한다.

결론적으로 우리는 민족간의 갈등이라는 핵심적인 문제를 중심에 놓고 복잡한 모순을 하나씩 해결하면서 한줌밖에 되지 않는 비적 스파이들을 집중적으로 타격하여 현지 혁명 형세를 안정시킴으로써 토비 토벌 투쟁에서 승리를 거두었다.

1951년말 청해 앙랍(昂拉) 장족(藏族)지구 봉건 세습 천호(千戶)인 샹첸(項謙)이 2,000여 명을 거느리고 무장 반란을 일으켰다. 중쉰 동지는 정치적 해결을 우선순위에 두고 맹획을 7번 잡아 7번 풀어주었던 제갈량의 '칠종칠금(七縱七擒)'의 방식을 채택하여 항겸을 여러 차례 체포했다가 풀어주면서 당의 민족정책에 대해 반복적으로 선전했다. 이렇게 민족 단결의 대의를 주지시키고, 해방군의 토벌을 겸용하면서 마침내 투항을 얻어냈다. 우리는 여전히 그를 천호로 호칭하고 존중했다. 이는 장족지구 여러 지도자들에게 좋은 영향을 미쳤다.

조선전쟁 발발 전후로 마부팡(馬步芳, 민국 시기 서북지구 군벌인 마가군(馬家軍)의 중요 인물-역주)의 옛 부하들로 청해에 잠복해 있던 반동 군관들이 각지에서 연합하여 민족 및 종교 문제를 이용해 군중을 선동하면서 감숙·청해·영하 등지에서 소란을 일으켰다. 그 가운데 마량(馬良)과 마위안샹(馬元祥)이 이끄는 비적 집단은 감숙의 장족 거주지로 잠입해 소란을 피웠다. 국민당 대만 당국은 마량을 '중화반공구국군(中華反共救國軍) 제103로 사령관', 마원상을 제102로 사령관에 임명하는 한편, 항공기를 이용하여 현지에 특무를 특파해 반혁명 무장세력 1천여 명을 모았다. 우리는 장족 민주인사인 황정칭을 단장으로 감남(甘南) 방문단을 조직하여 감남 장구(藏區) 각지로 파견해 종교지도자·수령·군중들에게 당의 정책을 선전하고 서로 단결할 것을 강조함으로써 대다수 장족 인민들이 마량과 마위안샹과 거리를 두었다. 군중 위무 작업이 끝난 후, 우리는 군사적으로 적극적인 방어정책을 실시했다. 1953년 5월 마량과 마위안샹 집단이 우리 군대에 의해 모조리 섬멸되었다.

1951년 봄, 신강에서 우스만(烏斯滿)을 우두머리로 한 토비 잔여세력이 신강과 감숙·청해 접경지대에서 준동하면서 민족 단결을 해쳤다. 상황이 상당히 엄중한 가운데 신강에서 '좌'적 오류가 발생하여 문제가 더욱 복잡해졌다. 마오쩌둥 주석과 당 중앙 또한 이에 대해 관심을 표명했다.

1952년 7월 중앙에서 중쉰 등 여러 동지를 신강으로 파견하여 중공 신강 제2차 대표회의를 개최했다. 이를 통해 분국(分局) 지도자들과 각지 대표들이 경험을 공유하면서 우스만이 일부 군중들을 선동하여 반란을 일으킨 사건을 정확하게 처리하도록 했다. 당시 규정은 다음과 같다. 목구(牧區)에서 반혁명 집단을 진압할 경우 현재 활동하고 있거나 반란을 일으킨 수뇌들에 한하여 강력한 조치를 취한다. 무장 반란을 일으킨 부락 수령의 경우 우선 최대한으로 인내심을 갖고 정치적으로 해결하도록 할 것이며, 아무런 효과가 없을 경우에만 무장 토벌을 진행한다. 목구에서 무엇보다 사회 질서를 안정시키고, 상류층을 단결시켜 상류층 인사들이 직접 군중들에 대한 설득 작업을 할 수 있도록 한다. 목구 전체 인민들을 단결시켜 목축업 생산을 발전시키고, 이를 토대로 상명하달 방식으로 목민(牧民)과 목주(牧主) 쌍방의 협상을 조직하여 상호 이익을 얻는 협정서를 작성하고 점차적으로 개혁을 실시하여 목민의 생활을 개선하도록 한다. 아울러 목축업을 보호, 발전시켜 자칫 경솔하게 목민들이 목축업을 포기하고 농업으로 돌아서지 않도록 한다.

이후 우리는 우스만의 반란에 대해 정치적인 처리 방식을 우선으로 삼고, 군사적으로 방어정책을 견지했다. 특히 토벌 작전과 동시에 흩어진 군중들을 생업에 종사하도록 안치시키는 데 주력하여 그들의 생활상의 어려움을 해결하였으며, 이를 토대로 완강하게 버티는 비적 수뇌를 타격하는 데 역량을 집중하여 마침내 반란을 진압했다.

1952년 12월에 서북국은 중앙의 영도에 따라 신강 문제와 감숙 평량(平凉) 서길(西吉) 사건 및 아목거호(阿木去乎) 사건, 청해 앙랍(昂拉) 무장 반란 등을 무난하게 해결했으며, 1953년 5월 마량과 마위안샹 반란을 완전히 제압하여 대서북의 정치 형세를 안정시켰다. 이로 인해 사회 분위기도 크게 변화했다. 감숙 문현(文縣)의 농민 가오즈청(高自成)은 토비를 잡기 위해 거지로 분장하여 토비의 소굴을 정탐했으며, 강현(康縣)의 농민 추위산(邱玉山)은 특무 우두머리인 장서우리(張守禮)를 체포하기 위해 자진해서 8일 밤낮을 분주하게 돌아다녔다. 감숙의 전체 3031개 향(鄕)에서 전체 인구의 38%에 달하는 3,186,000명이 농회(農會)에 가입했으며, 437,000명이 민병에 참가

1952년 7월, 신강을 시찰하는 시중쉰. 오른쪽은 바오얼한(包爾漢), 왼쪽은 사이푸딩 아이저즈 (賽福鼎 艾則孜, 위구르족).

했다. 농회와 민병은 용감무쌍하게 적과 싸워 토비들이 무서워할 정 도였다.

다양한 경로를 통해 서북 해방을 맞이하기 위해 대량의 간부를 준비하다

서북 지구당 건설은 중앙과 마오쩌둥 주석의 관심, 지도와 불가 분의 관계를 지닌다.

1935년 10월 당 중앙과 마오쩌둥 주석이 중앙 홍군을 이끌고 섬 북에 도착했다. 그때부터 1948년 3월까지 중앙과 마오쩌둥 주석은 섬감녕 변구를 13년 동안 직접 영도했다. 항일전쟁의 승리를 쟁취하 기 위해 중앙과 마오쩌둥 주석은 서북국과 섬감녕 변구를 위해 일련 의 정책을 마련했다. 그 중에는 당 건설에 관한 것도 포함되어 있다. 그렇기 때문에 서북국은 중앙과 가까운 곳에서 중앙의 지도와 도움을 얻을 수 있다는 점에서 특별히 좋은 조건을 갖춘 셈이다. 중앙은 서북 문제를 논의할 때면 언제나 서북국 상무위원들을 참석하도록 했으며, 런비스 동지에게 서북국 업무를 분담하도록 하고 서북국의 중요 회의에 출석하도록 했다. 서북국은 중요 문건을 제정할 때마다 신속히 중앙의 지도와 도움을 얻을 수 있었다. 때로 서북국은 중앙의 지시에 대해 일부 융통성을 발휘할 수 있는 방법을 제시하여 중앙의 인가를 받기도 했다. 이는 섬감녕 변구의 당 건설과 혁명사업 발전에 상당한 의미가 있는 일이다.

당시 변구는 150만 인구가 수만에 달하는 군대와 기관 간부 및 많은 학생들의 생활을 책임져야만 하는 상황이었다. 아울러 중앙이 자리한 근거지를 더욱 공고하게 다지고, 당의 건설을 강화할 필요가 있었다. 이는 위대하고 또한 험난한 임무가 아닐 수 없었다. 마오쩌둥 주석의 가르침에 따라 우리는 다음 몇 가지를 중시했다. 우선 당을 건설하는 데 사상과 정치상의 건설이 무엇보다 중요하기 때문에 사상교육과 사상영도를 우선순위에 둔다. 당 건설을 위해서는 당의 총노선을 준수하는 것이 중요하다. 당시 항일전쟁의 완전한 승리를 쟁취하기 위해 당은 '항전, 단결, 민주'를 총방침으로 삼은 바 있다. 이를 견지하여 항일 민족통일전선을 더욱 견고하게 다지고 확대하며, 변구를 모범적인 항일 민주 근거지로 건설할 수 있어야 한다는 것을 강조했다. 다음으로 간부 육성에 전력을 다해 변구 및 전국적 수요를 만족시키는 것을 당 건설을 위한 또 하나의 중요 임무로 삼았다. 이를 위해 간부 교육을 강화하고, 섬감녕 변구 당교(黨校, 이후 중앙 서북국 당교로 개칭했다)를 세우고 중쉰 동지와 내가 전후로 교장을 맡았다. 우리는 행정학원과 민족학원을 개설하여 행정간부와 민족간부를 육성했고, 변구 내에 농업학교며 직업학교·의약학교·신문자(新文字) 간부학교 등 전문학교를 개설하여 전문적인 기술 인재를 배양했다. 각 분구마다 사범학교와 중학(중학교와 고등학교)을 세워 혁명교육을 위한 초보적인 체계를 마련했다. 서북 당교와 그 전신인 변구 당교는 1937년부터 1945년까지 서북 지역의 간부 4,200여 명을 배출했으며, 변구의 7군데 중학에도 전체 53개의 지방 간부반(幹部班)을 설치하여 1945년까지 3,000여 명의 간부를 육성하여 각 변구의 간부로 충당했다. 이는 변구의 보다 효율적인 업무를 담보하기 위함이었다.

그 다음으로 우리는 기층 당 조직의 전투력을 강화하는 데 주력했다. 당시 변구의 당원은 그리 많지 않아 전체 인구의 2% 정도였다. 하지만 전투력은 막강하고, 매사에 모범적으로 선두에 섰다. 당의 '칠대(七大)' 전야의 통계에 따르면, 당시 연속 지위 관할 10개 현위의 당원은 16,628명이고, 수덕 지위 관할 6개 현위의 당원은 10,514명, 농동 지위 관할 6개 현의 당원은 5,051명, 관중 지위 관할 4개 현위와 1개 중심 구위의 당원은 3,131명, 삼변 지구 당원은 4,021명, 변구기관 소속 당원은 2,850명으로 전체 42,195명이다. 기층에 지부를 설치한다는 방침에 따라 당원들은 조세와 이자를 감경하고, 생산을 발전시키며, 군량을 확보하고 병사를 모집하는 일에 적극적으로 나섰으며, 사회질서 유지와 치안 확보 등 여러 가지 업무를 솔선수범하였다. 당원들의 적극적이고 모범적인 활동으로 맡은 바 임무를 성공적으로 완수할 수 있었다. 1948년 신식 정군(整軍) 운동과 더불어 정당(整黨) 사업이 진행되었다. 서북국은 "당원 발전에 주목하자"라는 제목의 지시를 통해 당원 배가 운동을 벌였으며, 그 결과 당원이 전체 인구의 5% 정도로 크게 늘었다. 기층 조직의 전투력은 이렇듯 당원의 숫자에 좌우되는 것이 아니라 그들의 질적 수준에 따른다는 것을 알 수 있다.

해방전쟁 시기에 당의 조직 사업은 주로 간부를 동원하여 전방을 지원하는 데 주력했다. 이는 지하당을 조직하여 인민해방군이 국민당의 반동 통치와 싸우는 데 적극적으로 도움을 주기 위함이었다. 섬서성과 감숙성 등지의 지하당은 학생들을 적극적으로 혁명에 참가하여 혁명군에 가입하도록 했으며, 군중을 조직하여 국민당 반동 통치에 대항하도록 했고, 민단(民團)의 반란을 유도하는 등 다양한 활동을 전개했다. 어떤 지방에서는 유격대나 유격 소조(小組)를 조직하기도 했는데, 예를 들어 서부(西府) 유격대와 위북(渭北) 유격대는 호종남의 군대와 맞서 싸웠다.

가장 심각하고 어려운 문제는 역시 서북 해방을 준비하기 위해 많은 수의 간부를 육성하는 일이었다. 이는 당시 서북에서 무엇보다 급선무이자 큰일이었다. 섬감녕 변구 23개 현의 간부는 질적으로나 양적으로 크게 모자란 상태였기 때문에 우수한 간부 대오를 형성하는 일이야말로 영광스럽고, 또한 힘든 임무가 아닐 수 없었다. 우리는 간부 육성에 전력을 다하고 간부 자원을 확충하면서 육성과 선발에 정성을 다했다. 통계에 따르면 변구에서 1만여 명의 간부가 발탁되었으며, 진수지구와 진남지구의 경우는 2,000여 명(당시 진수 분국은 서북국으로 귀속되었다)이 선발되었다. 섬서, 감숙의 지하당, 신강 세 군데 구(區)에도 적지않은 간부가 배출되었는데, 그들 대다수는 어려움 속에서도 노고를 사양치 않고 신구의 인민들과 더불어 새로운 국면을 개척해 갔다. 하지만 우리는 여전히 부족함을 느낄 수밖에 없었다. 양적으로는 물론이고 간부의 질적 소양 역시 향상시켜야 할 부분이 적지않았기 때문이다. 그래서 서북국은 이를 위해 다음과 같은 중요 방침과 조치를 택했다.

1) 능력 있고 명망 높은 동지를 파견하여 성급 영도를 맡긴다. 예를 들어 섬서는 마밍팡(馬明方)·장방잉(張邦英), 서안은 자오보핑(趙伯平)·팡중루(方仲如), 신강은 왕전(王震)·왕언마오(王恩茂), 감숙은 장더성(張德生)·쑨쮜빈(孫作賓), 청해는 장중량(張仲良)·자오소우산(趙壽山), 영하의 판쯔리(潘自力)·주민(朱敏)이 각기 전면적인 업무를 주관했다. 그들은 나름 명망이 있을 뿐만 아니라 군대 내에서 중요 직무를 담당하고 있었다. 그들은 경험이 풍부하고 조직 능력이 탁월

하여 현지에 파견된 후 즉각 지도부를 구성하고 국면을 안정시켰다.

2) 재직 간부들의 사상 수준과 업무 능력을 크게 향상시키고, 각급 조직에 부직(副職)을 신설하여 원로 간부들이 기술과 경험을 전수하고, 또 도움을 주고 이끌어 줄 수 있도록 했으며, 특히 민족 간부를 육성하는 데 주안점을 두었다.

3) 청년 지식인 간부를 적극 배양하고 선발한다. 당교를 확대하고 '혁명대학'을 건립하여 한편으로 전투에 임하며, 다른 한편으로 간부를 육성한다. 간부 육성의 역량을 강화하기 위해 중쉰 동지와 서북국 상임위원들이 학교에서 강의를 맡았다.

4) 군대를 공작대(工作隊)로 바꾸었다. 이 역시 지방 간부의 자원 가운데 하나이다. 군대의 핵심 인재를 광대한 신해방구 지역에 배치하여, 그들에게 지방 정치와 행정을 맡기는 것이다. 이전에 부대에서 근무했던 적지않은 동지들이 이후 서북 각지 각급 당정의 중요 지도 간부가 되었다.

5) 신구의 당 건설을 강화한다. 신구의 여러 가지 사업 가운데 특히 토지개혁 과정에서 당원으로 육성할 대상들을 선발해 적극적이면서 적절하게 당원으로 육성하여 기층 조직을 만들었다. 통계에 따르면 1949년 섬서성의 기층 조직은 2,947개였는데, 1953년에 이르러 6,797개로 1.28배 늘었으며, 1949년 6,481명이던 당원이 1953년 114,590명으로 76% 증가했다. 간부도 1949년 63,479명에서 121,964명으로 거의 두 배나 늘었다. 적극적이고 타당한 방침을 택한 결과 1953년 서북 각 성마다 당지부, 구와 진의 당위 등이 건설되어 해방 초기 서북 각지의 사회개혁과 경제건설을 효과적으로 이행할 수 있었다.

6) 서북국과 중쉰 동지는 군대 간부와 국통구에서 온 간부의 관계, 한족 간부와 소수민족 간부의 관계, 당내 간부와 당외 간부의 관계에 대한 정확한 처리에 중점을 두었다. 우리는 지방 간부는 군대 간

부에 대해, 노구에서 온 간부는 신해방구 현지 간부에 대해, 한족 간부는 소수민족 간부에 대해, 당내 간부는 당외 간부에 대해, 공로가 있는 간부는 착오가 있는 간부에 대해 서로 존중하고 관심과 애정을 가질 것을 당부했다. 이렇듯 민주집정제를 토대로 서로 단결할 것을 강조하면서 파벌을 만들거나 소집단끼리 활동하는 것에 대해 단호하게 반대했다. 서북국과 중쉰 동지의 이러한 원칙으로 인해 서북 간부들은 방대한 지역에서 다종다양한 상황에 처하였음에도 불구하고 올바른 기풍과 올바른 태도를 견지하여 당의 사업 발전에 거대한 공헌을 하였다.

7) 서북국의 간부 교육은 "인민을 위해 복무하자" "군중노선" "실사구시"를 종지로 삼았다. 중쉰 동지는 "엉덩이를 단정하게 하고, 백성들 편에 앉자"라는 질박한 구호를 내걸었다. 그는 이렇게 말하였다. "우리는 절대로 백성들의 머리 위에 서려고 해서는 안 된다. 만약 우리 간부들이 사람들에게 '관(官)'이나 '어르신(老爺)' 등으로 불린다면 크게 잘못된 것이다." 그는 당 간부들에게 '아문(衙門)'에서 나와 시골 깊은 곳으로 들어갈 것을 주문하면서, 우리의 사업은 일반 백성들과 단결하고, 백성들을 교육하는 일과 결합해야만 한다고 강조했다. 또한 그는 인민을 통해서만 우리의 임무를 보다 빠르고 정확하게 해결할 수 있을 것이라고 말하였다. 혁명 속에서 "새로운 창조는 백성들에게 찾아야 한다"는 뜻이다.

1950년 1월 서북군정위원회가 성립되었다. 이는 서북 인민들이 중국공산당의 영도하에서 죽음을 무릅쓰고 용감하게 전진하여 수십 년의 혁명투쟁을 승리로 마감하고, 마침내 서북 전 인민을 위한 민주 정권이 탄생했다는 것을 뜻한다. 이러한 승리는 주로 펑더화이가 지휘한 인민해방군 제1야전군과 허룽·시중쉰이 지휘한 서북군구 부대에게 공을 돌려야 마땅하지만, 이외에도 서북국이 중앙의 노선과 방침 및 정책을 굳건히 관철했기 때문이자 각 성의 당정 영도 동지들이 합심하고 각급 간부들이 철저하게 군중들의 지원을 받아 함께 노력했기 때문이라고 말할 수 있다. 중쉰 동지는 당시 서북국을 대표하여 사람들에게 "인민을 위해 복무하는 정신"으로 "서북 인민의 충성스러운 근무원이 되자"고 당부했다. 아울러 당내 및 간부들 사이에서 관료주의와 명령주의에 반대하는 사상 투쟁을 벌여 나갈 것을 주문했다.

우리는 간부들에 대한 일상적인 교육 훈련을 강조하는 한편 간부들에게 자기 학습을 주문했으며, 류사오치 동지가 말한 '당원 8조 표준'에 따라 자신을 단속하고 끊임없이 향상을 도모할 것을 주지시켰으며, 현 이상 간부들은 성실하게 책을 읽고 마오쩌둥 주석이 학습할 것을 지시한 12권의 〈간부필독서〉를 착실하게 학습할 것을 당부했다. 실천이 증명하듯이, 이는 간부들의 자질과 정신 태세를 향상시키는 데 큰 효과가 있었다. 이러한 엄격한 요구로 인해 서북의 수많은 간부들은 체계적으로 마르크스 레닌주의와 마오쩌둥 사상을 학습하였다. 중쉰 동지는 이에 대해 적절한 발언을 한 바 있다. "영도 기관은 간부들의 사상과 정치 수준을 제고하는 사업을 중시해야 할뿐더러 정확하게 실천에 옮겨야 한다. 이렇게 한다면 우리의 임무는 거의 10분의 9를 해결한 것이라고 말할 수 있다." 현재 어떤 간부들은 "시간이 없다"는 핑계로 독서를 기피하고 있는데, 이는 독서의 중요성에 대한 인식이 부족하기 때문이다.

시중쉰 동지의 혁명 생애를 회고하며[*]

쑨쭤빈, 뤼젠런

쑨쭤빈(孫作賓) 1908년 섬서 서안 출신으로 1929년 6월 중국공산당에 가입했다. 1928년 5월부터 양호성부(楊虎城部)에서 병참 업무를 맡았다. 이후 중공 감녕청(甘寧靑) 특위 군위 서기, 중공 중앙교통원, 중공 감숙 공위(工委) 서기 등을 역임했다. 신중국 성립 이후 중공중앙 서북국 통전부 부부장, 서북군정위원회 민족사무위원회 부주임 등을 맡았다. 2002년 서안에서 세상을 떠났다.

뤼젠런(呂劍人) 1908년 섬서 건현(乾縣) 출신이다. 1927년 중국공산당에 가입한 후 1949년 5월부터 1952년 11월까지 섬서 성위 위원, 보계(寶鷄) 지위 서기 겸 군분구 정위(政委)에서 활동했으며, 1952년 11월부터 1978년 6월까지 중공 신강 분국 통전부 부장, 상임위원, 신강 위구르 자치구 제1기 정협 부주석, 당조(黨組) 제2서기, 자치구 당위 서기처 서기, 감위(監委) 서기, 당위 상무위원회 서기 등을 역임했다. 2002년 서안에서 세상을 떠났다.

시중쉰 동지는 올해(1992년) 80세가 되었다. 그는 서북지구 혁명 투쟁을 통해 단련되고 성장한 중국공산당의 우수 당원이자 오랜 기간 여러 가지 시련을 겪은 공산주의 전사이다. 그는 자신의 일생을 당 사

---

[*] 본문은 1992년 10월 15일에 작성되었으며,《쑨쭤빈(孫作賓)》, 중공 섬서 성위 당 사연구실편, 섬서인민출판사, 1997년판에 실려 있다.

난주(蘭州) 당시 시중쉰과 쑨쭤빈, 덩바오산, 리푸런, 자퉈푸, 훠웨이더, 장자푸, 장더성(왼쪽부터).

업 및 인민의 이익과 밀접하게 결부시켜 멸사봉공의 자세로 서북당의 건설, 섬감변구 혁명근거지 창건, 통일전선의 장대한 발전, 중국 인민의 해방 사업과 사회주의 건설을 위해 탁월한 공헌을 하였다.

우리 두 사람과 중쉰 동지는 모두 대혁명 시기 혁명 사업에 참가하여 지금까지 살아남은 섬서의 원로 당원이다. 지난 세기 30년대 초 서북군 양호성 부대에서 병참 근무를 하면서 처음 만났다. 이후 그와 함께 전투에 참가하고, 그가 직접 영도하는 사업을 통해 자주 만나면서 서로 친밀한 관계를 유지했다. 비록 정치적 파란을 겪으며 불공정한 대우를 받을 때도 있었지만, 서로 관심과 애정을 유지하면서 오랜 혁명 세월 속에서 시종일관 깊은 혁명적 우의를 다졌다.

시중쉰과 뤼젠런.

1 중쉰 동지는 당에 대해 무한한 충성을 보였으며, 혁명에 대한 고도의 사업 정신과 확고한 믿음을 지녔다. 1932년 '양당(兩當: 제2차 국내혁명전쟁 시기에 중공이 서북지구에서 일으킨 무장폭동으로 감숙성에서 일어난 최초의 무장기의이다. 1932년 4월에 시중쉰 등이 일으켰으나 실패로 끝났다-역주)'과 '정원(靖遠: 1932년 4월 28일 섬서 성위에서 세즈창·쟈오웨이츠(焦維熾) 등을 정원으로 보내 일으킨 기의이다-역주)' 등 군사 무장폭동이 계속 실패로 끝나자 그는 섬감 산속으로 북상해, 류즈단·세즈창(謝子長) 동지와 함께 남방에서 혁명 무장투쟁을 통해 혁명근거지를 마련한 마오쩌둥과 주더의 호소에 부응하여 중국 공농홍군 제26군과 조금(照金)을 중심으로 한 섬감변 혁명근거지를 건립했다. 당시 '좌'경 기회주의자들은 이를 '초산주의(梢山主義)' '토비노선(土匪路線)'이라 멸시하면서 홍26군을 국민당의 통치세력이 비교적 강한 위화(渭華)지구로 남하하도록 명령을 내려 혁명무장 세력이 심각한 손실을 가져왔다. 중쉰 동지는 류즈단 동지가 견지

하는 정확한 노선을 지지하고 '좌'경 기회주의 노선에 반대하면서 신속하게 홍26군의 전력을 회복한 후, 섬감변 근거지와 섬북 근거지를 확보하고 발전시켰다. 그는 적과 투쟁하고 당내 기회주의자들과 맞서면서 경험을 축적하여 내적으로 충실해지면서 정확한 혁명노선을 견지했다. 하지만 왕밍을 비롯한 '좌'경 기회주의자들은 오히려 류즈단을 '군벌과 결탁한' '백군(白軍) 군관'이라고 중상모략했으며, 시중쉰은 '우파 전선위원회 서기'라고 근거 없는 말로 헐뜯었다. 1935년 9월 그릇된 숙반(肅反) 과정에서 류즈단과 시중쉰 등 많은 동지들이 체포되어 감옥에 갇혀 파쇼식 심문을 받았으며, 수많은 간부들이 날조된 죄명으로 박해를 받다 죽음에 이르기도 했다. 그 중에는 우리가 양호성 부대와 '백구(白區)'에서 근거지로 보낸 지하당 간부들도 적지

1935년 2월 5일, 중공 섬북 특위와 섬감변(陝甘邊) 특위가 자장현(子長縣) 주가험(周家嶮)에서 연석회의를 소집하여 중공 서북군위와 공위 성립을 결정했다. 당시 회의에서 시중쉰이 공위위원으로 당선되었다. 사진은 연석회의를 소집한 장소이다.

1936년 9월, 시중쉰이 관중 특위 서기 겸 관중 유격대 정치위원으로 임명되었다. 사진은 신정현(新正縣) 마가보(馬家堡. 지금의 섬서 西旬邑)에 자리한 관중 특구 당정군 행정부서에서 시중쉰이 거처하던 집이다.

않았다. 시중쉰이 감옥에 갇혔을 때 어떤 이가 그에게 일단 탈옥하여 위험한 상황을 모면하는 것이 좋지 않겠느냐고 물은 적이 있다. 탈옥을 돕겠다는 뜻이었다. 하지만 시중쉰 동지는 다만 네 글자로 답하였을 따름이다. "위당진충(爲黨盡忠: 당을 위해 충성을 다한다는 뜻)." 그는 이렇듯 혁명과 당의 정확한 노선을 견지하여 죽음도 두렵지 않다는 뜻을 보여주었다. 설사 억울한 누명을 썼다고 할지라도 원망하지 않는 고상한 품덕과 혁명 정신이 돋보이는 대목이다.

1935년 10월 중앙 홍군이 장정(長征)을 성공적으로 마치고 섬북에 도착했다. 마오쩌둥 주석과 당 중앙은 적시에 섬감 근거지를 구원하여 서북 혁명을 구제했다. 시중쉰 동지는 마오쩌둥 주석과 당 중앙의 관심과 보살핌을 받으며, 섬감녕 변구 당과 정부의 여러 가지 중요 직무를 맡았다. 어떤 일을 맡든지 간에 그는 심혈을 기울이고 용맹하게 전진하여 어려운 국면을 타개하고 많은 업적을 세웠다. 마오쩌둥 주석은 친히 시중쉰 동지에게 "당의 이익이 제일이다(黨的利益在第一位)"라는 글을 써주었다.

1936년 9월, 당 중앙은 서정(西征)에 참가중인 중쉰 동지로 하여금 보안(保安)으로 귀환하여 마오쩌둥 주석이 소집한 중앙정치국회의에 참가하도록 했다. 회의에서 참석자들은 장쉐량(張學良)의 동북군과 양호성의 17로군을 쟁취하고, 당내 '좌'적 관문주의(關門主義) 경향에 반대하는 내용에 대해 논의하였다. 회의 이후 중쉰 동지는 관중 특위 서기, 유격대 정위로 전근하여 새로운 임무를 맡았다. 당시 관중 지역의 소비에트지구는 신녕(新寧)·신정(新正)·적수(赤水)·순요(淳耀) 등 4개의 현과 동(同: 官)·요(耀: 縣)·의(宜: 君) 일부를 포괄하여 '소관중(小關中)'이라 불렀다. 마치 국민당 통치구를 향해 예리한 검을 찌르는 것처럼 국민당 서북 통치의 중심지인 서안을 향해 곧바로 진격할 수 있는 곳이다. 투쟁 형세와 사업의 필요성으로 인해 중쉰 동지는 여러 차례 관중 특위 기관에서 임무를 맡았다. 그는 항일구국이라는 총방침하에서 조직을 만들기 위해 적극적으로 일하였고, 근거지 주변에서 각기 다른 형태로 발전한 조직들을 통일전선으로 통합하기 위해 모든 통전 대산·파벌·사회단체·무장단체 등에 대한 세밀한 조사와 분석을 하였으며, 각기 다른 상황에 근거하여 정도에 맞는 통전 관계 수립에 심혈을 기울였다. 국민당의 현 정부·보안단(保

安團)·보갑(保甲) 조직 중에 우리와 관계를 맺고 있는 이들이나 적의 지방 무장세력 내부에서 일하고 있는 지하당원들에게 정보를 주고받거나 무기와 탄약을 보내기도 하였다. 예를 들어 국민당 현 보안단에 중공 지하당원 자오보징(趙伯經) 동지를 가입시켜 유격대에 무기와 물품을 보낼 수 있는 통로를 마련했다. 항일전쟁 시기에 특위는 관중 근거지로 발전했으며, 무장 유격대를 기반으로 정규 지방 부대를 조직했다. 또한 전구(專區: 성과 현 중간에 있는 일종의 구획 형식이다. 1970년 지구로 개칭되면서 사라졌다—역주) 정권을 세웠으며, 항일구국회 등 군중단체를 조직했다. '삼삼제(三三制)'를 실행하여 당의 통일전선 정책을 모범적으로 집행하면서 국민당의 완고한 저항세력에 대해 "이치에 맞고, 유리하며, 적절한" 투쟁을 진행했다.

  2 중쉰 동지는 마르크스 레닌주의, 마오쩌둥 사상을 깊이 이해하고 적절하게 응용했다. 그는 일관되게 교조주의, 기회주의, 특히 '좌'경 기회주의에 반대하였으며, 마르크스 레닌주의의 입장·관점·방법을 선용하고 실제 상황에 맞추면서 당의 노선과 방침·정책 등을 창조적으로 관철했다.

  1942년 연안 정풍 시절, 당 중앙과 마오쩌둥 주석이 직접 영도하는 가운데 변구 당정군 고급간부회의가 열렸다. 회의에서 당내 민주를 발양하고 자아비판을 포함한 비판 활동이 벌어졌으며, 변구의 역사와 현황에 대한 전면적인 연구가 진행되었다. 회의 참석자들은 류즈단 동지를 대표로 하는 정확한 노선을 긍정하고, 과거에 '좌'경 기회주의 노선을 따랐던 일부 동지들의 착오를 비판하여 변구 역사상 중대한 시비 문제를 정확하게 해결했다. 하지만 캉성·가오강 일파는 당 중앙과 등을 돌리고 '창구운동(搶救運動)'을 일으켜 섬서·감숙을 비롯한 10여 개 성의 지하당 조직을 '홍기당(紅旗黨)'으로 날조하고, 섬감 '백구'에서 온 지하당 간부들을 '반도' 또는 '특무'나 '트로츠

키파'로 모함하면서 모두 잡아다 심문을 가했다. 가오강은 체포한 이들을 모조리 죽여야 한다고 소리쳤다. 그는 잡아온 이들이 "만약 특무가 아니라면 자신의 머리를 잘라도 좋다"고 하면서, "아무개의 목을 내걸어 죽여야 한다"고 외쳤다. 이렇듯 그들은 변구에서 '좌'경 기회주의·종파주의 역류를 일으키며 살벌한 피바람을 몰고 왔다. 중쉰 동지는 마음이 불타는 듯 조급했지만 그들을 저지할 만한 힘이 없었다. 하지만 최선을 다해 일부 간부들을 보호하여 황쯔샹(黃子祥)·황쯔원(黃子文)·차이쯔웨이(蔡子偉)·왕보둥(王柏棟) 등이 겨우 목숨을 건질 수 있었다. 마오쩌둥 주석은 이러한 문제가 발생했다는 것을 알고 난 후 즉각 조치에 나섰다. 그는 "한 사람도 죽이지 않고 대다수를 체포하지 않는(一個不殺, 大部不抓: 이는 마오쩌둥이 1956년 4월 25일《인민일보》에 발표한 〈10대 관계를 논함(論十大關係)〉에 나오는 말이다–역주)" 방침을 제시하고, '핍(逼, 고문)·공(供, 거짓 자백)·신(信, 거짓 자백을 증거로 삼는 것)'을 반대했으며, 실사구시에 따른 선별 평가를 실시할 것을 요구했다. 중쉰 동지가 맡고 있던 수덕 분구에서 가장 신속하고 적절하게 선별 평가가 실시되어 체포된 이들조차 "시중쉰은 대단한 인물이다" "우리 당은 바로 이런 영도 간부가 필요하다"라는 찬사의 말이 나올 정도였다.

1945년 10월 당 중앙과 마오쩌둥 주석은 항전 승리 이후 얻은 신 해방구의 형세에 적응하기 위해 시중쉰을 중공 서북국 서기로 파견하여 서북 지구의 업무를 맡도록 했다. 그는 마오쩌둥이 제시한 당의 건설, 통일전선, 무장투쟁을 중국공산당이 중국 혁명에서 적들과 싸워 이길 수 있는 삼대 법보로 여기고 적극 찬동했다. 그는 마오쩌둥의 이론과 사상을 학습하는 것을 중시하였으며, 삼대 법보를 운용하여 당의 사업에 만전을 기하였다. 당의 '칠대'에서 마오쩌둥 사상이 당의 지도 사상으로 확립되었으며, 중쉰 동지는 제7기 중앙위원회 후보위원에 당선되었다. 이후 그는 더욱 적극적으로 마오쩌둥 사상을 학습하고 선전했으며, 당의 '칠대'노선·방침·정책을 철저하게 집행해 나갔다. 서북국에서 소집한 회의에서 그는 언제나 마오쩌둥 사상과 삼대 법보에 대하여 언급했으며, 이러한 사상과 법보를 실제와 연계시켜 자신의 경험을 예로 들어 생동감 있게 설명했다. 우리는 중쉰 동지와 함께 일하면서 마오쩌둥 사상에 대해 많은 것을 얻을 수 있었다. 그는 항상 이렇게 말했다. "어떤 혁명 이론일지라도 당시 현지의 실제 상황과 서로 결합시켜야만 한다. 교조주의의 착오는 그것이 실제 정황을 따지지 않고 오로지 교조주의적으로 이론에서만 출발하여 기계적으로 적용시켰기 때문이다." 그렇기 때문에 그는 특히 현지 조사와 연구 업무를 중시했으며, 항시 서북 여러 성과 지구에서 공작 좌담회를 개최하여 각기 다른 인사들과 만나 의견을 교환하고 문제를 제시하였으며, 현지 상황을 질의하고 사람들을 보내 실지 조사를 실시하여 정확한 실상을 파악하고 그에 맞는 지시를 내렸다. 그의 지도 하에 감숙성 공위는 《감숙회민 조사 개황(甘肅回民調查概況)》《청수회민 조사자료(淸水回民調查資料)》《회민 문제의 일반 개황(回民問題的一般簡況)》《감숙번씨 개황(甘肅番氏[藏民]概況)》《하하현 소수민족 개황(夏河縣少數民族概況)》《감숙 서남변구 장민 생활 개황(甘肅西南邊區藏民生活概況)》《몽고인(蒙古人)》 등 다양한 자료를 편집 출간하여, 당시 중공 서북국에 보고했다. 이는 서북 소수민족 지구의 민족 정책을 제정하는 데 신뢰할 만한 자료로 활용되었다.

중쉰 동지는 특히 당의 조직노선 집행을 중시하여 간부를 정확하게 활용하고 단결시키는 데 치중했다. 그는 정치노선이 그릇되면 조직노선 역시 착오를 범할 수밖에 없다고 여기고, 정치적으로 '좌'경 기회주의 노선을 따르면 필연적으로 조직면에서 종파주의로 흐를 수밖에 없다고 생각했다. 그는 서북국 서기를 맡은 후 당 중앙과 마오쩌둥 주석의 지지하에 서북국의 기층 조직을 조정하는 한편, 서북의 이전 국민당 통치구에서 당의 공작위원회를 부활시키거나 새로 건립

중공 서북국 서기 겸 섬감녕진수연방군(陝甘寧晋綏聯防軍) 정치위원 시절의 시중쉰.

하고, 적과 투쟁한 경험이 풍부하고 현지 상황을 숙지하고 있는 실력 있는 간부들을 파견하여 업무를 맡겼다. 그는 친소를 막론하고 업무에 필요한 인재는 대담하게 임용하고, 업무를 제대로 이행하지 못하거나 국면을 타개하지 못할 경우 단호하게 경질 조치를 취했다. 또한 간부들이 책임감을 갖고 일할 수 있도록 재량권을 주는 한편, 구체적인 지도 의무도 방기하지 않았다. 이렇게 해서 서북 혁명 투쟁의 새로운 국면이 열리게 되었다. 섬서에서 12군데 과현구(跨縣區, 현급시)의 지방 공위, 15개의 현 공위를 건립했고, 5개의 규모가 다른 유격무장부대를 세웠다. 감숙의 경우 5개의 지급 공위와 17개의 현급 공위가 세워졌으며, 각 공위마다 자체 무장력을 갖추었다. 이러한 조치는 인민해방군의 서북 해방과 인민전쟁의 승리를 쟁취하는 데 훌륭한 토대가 되었다.

1949년 2월 중쉰 동지는 서북군구 정치위원, 서북국 제3서기(제1서기는 펑더화이, 제2서기는 허룽이다)에 임명되어 서북국 업무를 맡아 서북 해방을 맞이했다. 제1야전군은 펑더화이 동지의 지휘하에 춘계 공세를 펼쳐 1949년 5월 20일 마침내 서안을 해방시켰다. 그해 7월 부미(扶眉) 전투에서 호비군(胡匪軍) 4만여 명을 섬멸하여 호(胡)·마비군(馬匪軍) 연합세력을 철저하게 분쇄하여 섬서 각지를 계속해서 해방시켜 나갔다. 인민해방군은 서진하면서 난주 전투에서 마비군을 몰아내고 8월 26일 난주를 해방시켰으며, 여하의 마홍빈, 신강의 도치악(陶峙岳)·포이한(包爾漢)이 서로 통신을 통해 기의했다. 이렇게

1949년 11월 30일, 시중신은 중앙군사위원회에서 제1야전군과 서북군구 합병 이후 군구 정치위원으로 임명되었다.

해서 서북 지구의 인민해방전쟁은 2년 반 만에 기본적으로 완결되었다. 1949년 11월 펑더화이 동지가 친히 난주에서 중공중앙 서북국 확대회의를 소집하여 서북 해방 승리에 대해 다음과 같이 총결했다.

"서북 다섯 군데 성이 기본적으로 해방되었다. 서북 전장에서 2년여에 걸친 위대하고 험난했던 전쟁을 통해 영광스러운 역사적 임무를 승리로 장식했다. 이는 마오쩌둥 동지와 당 중앙의 정확한 영도와 서북국과 야전군 전위(前委)의 당 중앙 노선과 정책에 대한 철저한 집행, 전체 지휘관 및 전투원·공작대원들의 완강하고 용맹한 투쟁, 후방 지원 부대원의 노력, 전투 지역과 해방구 인민들의 후원, 그리고 각 해방구 부대가 함께 협력하여 얻은 성과이다. 특히 당의 영명한 영수이신 마오쩌둥 동지의 정확한 지도야말로 인민해방전쟁에서 승리를 얻게 된 결정적인 요인이다."

이러한 그의 발언은 완전히 정확한 것이다.

3 중쉰 동지는 일관되게 통전 공작을 중시했다. 변구에서 그는 국민당 중앙에서 배제된 동북군과 서북군 및 변구 주변의 적들에 대한 통일전선 사업에 심혈을 기울여 혁명에 대한 반대가 그리 심하지 않은 지방단체나 방회(幇會) 세력을 포섭하고자 애썼다. 목적은 가능한 많은 동맹군을 확보해 적을 고립, 분열시킴으로써 근거지 활동을

보다 순조로이 진행하기 위함이었다. 마오쩌둥 동지가 《〈공산당인〉 발간사》를 발표한 후 그는 이러한 점을 더욱 명확히 인지하고 각오를 새롭게 다졌으며, 당의 통일전선 방침과 정책을 철저하게 견지했다.

해방 이후 중쉰 동지는 서북의 실제 정황을 바탕으로 신 해방지 구는 소수민족이 거주하는 지역이 많기 때문에 단결을 강화하고 정책을 보다 느슨하게 실시하여 민주당파와 무당파 애국인사는 물론이고 소수민족의 상류층 인사나 종교계 인사들까지 두루 아우르는 통전 공작을 시행해야 한다고 주장했다. 그는 섬서에서 장펑후이(張鳳翔)·한자오어(韓兆鶚)·쑨위루(孫蔚如)·마핑푸(馬平甫) 등과 단결하고, 감숙은 덩바오산(鄧寶珊)·장원타이(蔣雲臺)·황정칭(黃正淸)·마푸천(馬輔臣), 영하는 마훙빈(馬鴻賓), 청해는 시라오쟈춰(喜饒嘉措), 신강은 타오즈위에(陶峙岳)·바오얼한(包爾漢) 및 삼구(三區)의 혁명세력과 손을 잡았다. 1950년 1월 10일, 그는 섬서 인민정부 성립대회에서 〈당외 인사와 합작을 견지하는 통일전선 정책(堅持與黨外人士合作的統一戰線政策)〉이라는 제목의 연설을 통해 "우리 공산당원과 당외 인사의 민주적인 합작 원칙은 확고부동하며 영원 불변이다"라고 분명하게 말했다. 그의 이러한 발언은 섬서는 물론이고 서북 여러 성의 통전 공작에 지도적인 작용을 하였다.

서북 통일전선 사업은 민족과 종교에 대한 것이자 또한 우리가 적과 투쟁하는 중요한 방향이기도 했다. 서북국은 서안에 진주한 후 서북에 대한 전체 상황에 대한 면밀한 분석을 시도했다. 이에 따르면 서북은 토지 면적은 339평방킬로미터로 방대하지만 인구는 2,350만 명으로 비교적 적고, 회족·몽고족·장족·위구르족 등 10여 개의 많은 소수민족이 거주하고 있으며, 소수민족이 차지하고 있는 토지는 자원이 풍부하나 경제 문화가 낙후되었으며, 종교가 상당히 복잡하여 적지않은 민족들이 자신들의 신앙과 종교를 가지고 있을뿐더러 종파도 다양하다. 서북 민족의 통전 공작의 복잡성과 중요성, 그리고 어려움은 바로 이러한 점에서 비롯되는 것이다. 특히 정책성이 강하거나 여러 가지 측면을 주도면밀하게 살피지 않는다면 오류를 범할 가능성이 농후했다. 그래서 마오쩌둥 주석은 서북은 공업은 적은데 민족 문제는 많다고 말했던 것이다. 중앙은 '온진신중'의 방침을 택할 것을 강조하면서 민족 · 종교 · 통전 · 외사 · 대적 투쟁 등에 관한 한 반드시 지시를 받아 이행하고, 사후에 보고할 것을 지시했다.

처음에는 일부 동지들이 민족 통전 공작의 중요성에 대한 인식이 부족하여 민족 통전 공작을 경시하여, 그저 '서로 먹고 마시면서 오가는 손님을 잘 접대하면 된다'고 생각하며 있어도 그만 없어도 무방한 일 정도로 여겼다(이러한 견해는 상당히 오랜 기간 존재했다). 실제 업무를 처리할 때도 소수민족의 신앙 · 종교 · 풍속 · 습관을 무시하는 일이 벌어졌고, 심지어 종교 사원을 훼손하거나 종교 집단 소유의 토지를 몰수하고, 승려나 도사 · 비구니 등을 환속시키는 일까지 벌어졌다. 이로 인해 소수민족 종교 인사들은 물론이고 신도들도 불만을 터뜨리고 대립하는 분위기가 팽배해졌다. 이 틈에 특무들이 준동하여 일부 지방에서 민족 종교 반란 사건을 일으켰다. 이에 마오쩌둥 주석은 다음과 같이 지시했다. "무릇 소수민족 지구에서 발생한 군중들의 무장 반란은 일률적으로 민족 문제에 따라 처리하라." "정치적 쟁취를 위주로 하고, 군사 토벌은 보조 수단으로 하라. 무기를 내려놓으면 일률적으로 관대하게 처리하라." 아울러 대한족주의(大漢族主義)에 반대함과 동시에 지방 민족주의에 대해서도 반대의 의사를 분명하게 밝혔다. "소수민족 문제를 진정으로 해결하려면 반드시 각 민족 내부에서 성장한 공산주의 간부가 필요하다." 중쉰 동지는 마오쩌둥 주석의 지시를 철저하게 관철하여 감숙 서길(西吉)의 회민 반란을 처리하면서 이맘인 마전우(馬震武)와 손을 잡았고, 마목거호(阿木去乎) 사건을 처리할 때는 황정칭과 협력했다. 또한 청해 장민(藏民)의 반란을 처리할 때는 샹첸(項謙)을 여러 차례 체포했다가 방면하는 등 유화 정책을 활용했고, 시라오쟈춰 대사에게 도움을 요청하여 큰 효과를 보았다.

시중쉰 동지는 당시 민족 문제의 모순이 주로 민족과 종교 상류층에서 일어나고 있다는 것을 알고 우선 민족 및 종교 상류층 인사들에 대한 통전 사업에 심혈을 기울였으며, 이를 토대로 대중을 동원한 민주 개혁을 진행했다. 이는 시중쉰 동지의 이론과 실체의 결합, 원칙성과 융통성의 통일이 이루어낸 창견이라고 할 만하다.

'반혁명 진압'과 '토지 개혁'을 시행하면서 그는 각 민족과 교파의 우두머리 명단을 제출하도록 요청하고, 그 중에서 토지 개혁에 찬성하는 이들은 적극적으로 보호했으며, 반혁명 활동에 참가하는 이들은 집중적으로 타격 대상으로 삼았다. 또한 라마사(喇嘛寺)·청진사(淸眞寺)·공북(拱北)·도당(道堂)의 토지는 일단 토지 개혁 대상에서 보류하고, 목구(牧區)의 경우 토지 개혁을 하지 않으며 악질 지주에 대한 투쟁도 일단 보류하여 목축업을 보호하는 등의 조치를 취했다. 이렇듯 일부 봉건적인 요소들을 그대로 놔두는 대신 대중들을 동원할 수 있는 유리한 조건을 마련하여 대부분의 봉건 잔재를 없애는 데 도움을 받았다. 이는 당시 실제와 부합하는 것으로 실천 속에서 탁월한 성과를 거두었을 뿐만 아니라 민족 자치를 실천하는 데 도움을 준 것이기도 하다.

민족 구역 자치는 마오쩌둥 주석이 마르크스·레닌주의를 운용하여 중국 민족 문제를 해결하는 기본 정책이다. 이를 통해 소수민족은 자신이 지역에서 주인으로서 권리를 향유할 수 있었으며, 국가와 자신의 발전 및 민족 번영에 도움을 주었다. 이처럼 평등한 지위와 권리라는 정치적 토대하에서 각 민족은 함께 자신의 국가를 관리하고 발전시켜 국가의 통일, 민족 단결, 그리고 각 민족의 공동 발전과 공동 번영에 이바지할 수 있게 된 것이다. 서북국은 민족 구역의 자치를 실천에 옮기면서 민족 통전을 강화하는 한편 갖가지 민주개혁을 진행했으며, 아울러 대한족주의와 지방민족주의를 반대하는 교육을 실시하여 '민족자결'의 민족 분열 활동을 반대하는 한편, 종교계 상류층의 종교 반란 선동을 철저하게 배격하면서 아래에서 위로, 작은 것에서 큰 것으로 점차적인 개혁을 실시했다. 민족 향·구·현·주 및 자치구는 여건이 성숙되는 곳부터 차례대로 자치를 실시했으며, 결코 강제하거나 억지로 진행하지 않았다. 이리하여 서북에서 1955년에 처음으로 위구르 자치구가 성립되었으며, 이후 영하 회족 자치구가 성립되었다. 서북에 살고 있는 여러 소수민족은 이렇게 해서 중화민족이라는 대가정에서 통일을 이루게 된 것이다. 한족과 여러 소수민족은 한집안 사람으로 단결하여 당과 국가의 통일적인 영도하에서 공동의 발전과 진보를 이루었다. 이후 40여 년 동안 서북 각 민족의 정치수준이 부단히 제고되고, 경제·문화가 발전하면서 각 민족은 안정과 단결, 행복한 사람을 향유하면서 중국 특색의 사회주의로 힘차게 달려 나가고 있다. 우리는 민족 구역의 자치는 결코 흔들리거나 방해받지 않을 것이며, 민족 구역의 자치 조령의 규정에 따라 철저하게 이행될 것이라고 확신한다.

신시기 이후에도 시중쉰 동지는 통일전선 공작을 중시했다. "비록 시대가 다르고 임무가 다르지만 삼대 법보는 버릴 수 없다." 그는 이렇게 주장하면서, 당에 복종하고 복무하는 통일전선의 기본 노선을 견지하면서 사회주의 현대화 건설을 실현함으로써 조국 통일과 반패권주의, 세계 평화 보호를 지켜 나가야 한다고 했다. 그는 새로운 형세하에서도 적지않은 연설과 문장을 통해 당외 인사들과 합작을 강화하면서 민족 및 종교 문제를 정확하게 처리할 것을 강조했다. 이는 신시기 통일전선 공작을 추진하는 데 중요한 지침이 되었다. 중쉰 동지는 중국공산당의 통전 공작에 풍부한 경험과 탁월한 능력을 갖춘 영도자이다.

4 60년대, 시중쉰 동지는 정치적으로 '좌' 경 오류로 인해 '반당 분자'로 몰려 큰 타격을 입었다. 주된 죄목은 '서북 민주혁명의 불철저 (不徹底)' 특히 섬서 관중 지역의 토지 개혁을 철저히 이행하지 않았으며, 토비와 악덕 지주, 반혁명 진압도 철저하지 않았다는 것이다. 이러한 '불철저'라는 죄목은 실제에서 비롯된 것이 아니라, 이른바 '반당분자 펑더화이와 시중쉰의 우경기회주의 노선'을 비판하는 데에서 시작한 것이다. 따라서 이에 따른 결론 역시 착오이자 오류일 수밖에 없다. 오히려 당시 서북국과 섬서 성위가 주도한 '토지 개혁'과 토비 섬멸 및 악덕 지주 소탕, 그리고 반혁명 진안은 현실 상황에서 출발하여 실사구시를 실천하면서 철저하게 이루어졌다.

해방 이후 서북국과 섬서 성위의 조사에 따르면, 관중 지구의 토지는 분산되어 대규모로 집중되지 않았으며, 중산층이 많고 극빈 소작농이나 부농은 적었다. 예를 들어 지주는 전체 농촌 인구 가운데 1%를 넘지 않았으며, 부농이 점유한 토지는 6% 정도로 전체 토지의 20%에 불과했다. 이에 비해 중농은 전체 인구의 4,50%에 달하였으며, 점유하고 있는 토지 역시 5,60%였다. 보계 분구는 1950년 토지 개혁 이전에 13개의 현과 1개의 시, 102개의 구, 775개의 향, 8,156개의 자연 마을로 이루어졌는데, 각 계층이 소유하고 있는 토지를 조사한 통계에 따르면 지주가 807가구로 0.27%를 차지하고, 인구는 8,729명으로 전체 인구의 0.6%이며, 토지는 221,864.42무로 전체 토지의 3.18%로 평균 27.7무를 차지하고 있다. 부농은 4,711가구로 1.6%를 차지하며, 인구는 58,596명으로 3.47%, 토지는 491,973.78 무로 전체 토지의 7.06%로 평균 8.4무이다. 부유한 중농은 10,771 가구로 3.7%를 차지하며, 인구는 103,036명으로 5.8%를 차지한다. 토지는 690,029.875무로 9.89%, 평균 6.69무이다. 중농은 100,165가구로 34.12%를 차지하고, 인구는 673,432명으로 38.1%, 토지는 3,001,136.4무로 43%, 평균 4.45무이며, 빈농은 152,592

가구로 52%를 차지하고 인구는 800,515명으로 45.25%, 토지는 2,350,192.6무로 33.7%, 평균 2.93무이다. 소작농은 19,775가구로 6.73%를 차지하고 인구는 102,792명으로 5.61%, 토지는 157,970무로 2.26%, 1인당 평균 1.53무이다.

이는 서북국에서 조사한 토지 관계 통계와 기본적으로 일치한다. 따라서 서북국과 섬서 성위의 토지 개혁에 관한 정책과 조치는 모두 실제에서 출발했다는 점에서 실사구시를 토대로 삼았다고 말할 수 있다. 서북국은 계급 성분이 확정되지 않은 경우 "반드시 자료를 확보하여 심사숙고할 것"을 강조했으며, "계급 성분이 확정된 이들은 회의에 참가하여 다른 의견을 제시할 수 있도록 했다." 또한 "계급 성분을 확정하기 어려워 쟁론이 있을 경우 시간을 두고 연구하고 상급의 지시를 받도록 했다." 토지 개혁 조사 과정에서 서북국은 "적은 토지를 임대하여 경작하는 농민은…… 지주로 간주하지 않는다"는 점을 재차 밝히고, 성분 확정 문제를 심사숙고하여 잘못된 점을 고치고자 노력했다. 예를 들어 보계(寶鷄) 평두진(坪頭鎮)의 의사 덩(鄧) 아무개는 재산도 있고 권세가 있어 지주로 판정받았다. 하지만 그에게 지주 분자(地主分子)의 고깔을 씌우지는 않았다. 부평현(富平縣)의 후징이(胡景翼), 임동현의 하오징성(郝兢生) 역시 지주 집안 출신이지만 혁명에 공헌한 바가 있기 때문에 보호를 받을 수 있었다. 시중쉰 동지는 이와 관련하여 이렇게 말한 적이 있다. "군중 운동이 일단 시작되면 수로의 물이 거침없이 아래로 흘러 내려가기 때문에 반드시 긴장하여 양쪽 강안의 둑이 터지지 않는지 살펴봐야 한다." 이렇게 해서 관중의 토지개혁에서 지주나 부농 성분으로 확정된 것은 33,165가구로, 당시 전체 농가의 2.35%였다.

보계 지역 부미 전투에서 호비(胡匪) 4만여 명을 섬멸한 후 패잔병들이 서남쪽으로 도주하자 우리 18병단이 그들을 추격하여 진령 이남에 이르렀다. 당시 우리 쪽 지방 부대와 각 현에서 조직한 무장 역량이 서북국의 지시에 따라 토비·패잔병·보안단대(保安團隊)·향보(鄕保) 등 여러 잔여 무장세력을 공격하여 무장해제시켰으며, 은닉한 무기까지 모두 몰수했다. 예를 들어 친보원(秦伯澐)의 보안단(保安團), '충의구국군(忠義救國軍)' 소속 특무 매수성(梅樹成) 비적 등 400여 명, 현 이하 보경대(保警隊), 향보 무장세력인 미현(眉縣)의 천거우간(陳苟旦), 악질 토호 무장세력인 보계 저두진(咀頭鎭)의 쏭젠탕(宋建堂), 부풍의 왕루이린(王瑞林)과 취안스쥔(權世俊), 농현(隴縣)의 자오즈제(趙子杰), 천양(千陽)의 리정시(李正西) 등 수십 명에 달하는 무리들을 척결했다. 일부 우리와 관련이 있는 이들 또한 그들에게 자진해서 무기를 인민정부에 반납하도록 했다. 예를 들어 부풍의 한자오슝(韓兆雄), 미현의 우옌창(武彦昌) 등이 그들이다. 이렇게 해서 반납받은 무기가 수천 정에 달했다. 그러나 이에 반대하거나 모반을 꾀하는 자들은 가차없이 타격하여 후환이 없도록 했다. 악질 토호들은 일반적으로 무장력을 갖추고 있었기 때문에 그들을 타도해야만 지방의 잔여 무장세력을 완전히 섬멸시킬 수 있었다. 관중의 토비·특무·악질 토호 등에 대한 토벌은 이렇듯 철저하게 이루어졌으며, 적의 당과 단체에 속한 핵심 간부를 비롯한 반혁명분자들에 대한 처리 역시 철저했다. 이는 중앙이 규정한 정확한 정책과 요구에 부응하는 것이었다.

'사교운동(社教運動, 사회주의 교육운동)' 과정에서 어떤 이들이 이른바 서북 지구의 민주혁명이 철저하지 못했다는 문제를 빌미로 삼아 황당할 정도로 사실을 날조하고, 관중 지구에서 대규모 '민주혁명보과(民主革命補課, 민주혁명 보강수업)'을 진행하면서 지주 계층을 58,865가구로 크게 확대하여 대상으로 삼았다. 어떤 지역의 경우 빈농을 지부(地富, 지주)로 탈바꿈시켰고, 심지어 원로 당원이나 간부들의 가족까지 지주로 간주했다. 그들은 반동파의 추적과 박해로 인해 자신의 농토를 제대로 경작할 수 없어 약간의 토지를 다른 이들에게 대신 맡겨 경작하도록 할 수밖에 없었는데도 지주로 판정한 것이다. 이처럼 기준을 무시하고 제멋대로 판정함에 따라 대다수 간부나 대중들의 기대를 무너뜨리고, 당의 사업에 막대한 손해를 끼치고 말았다. 당은 11기 삼중전회 전후로 그릇된 판정에 대한 재조사를 실시하여 그것이 기본적으로 오류라는 사실을 밝혀냈으며, 이에 대한 시정 조치를 취했다. 이렇듯 일부 논자들의 이른바 '불철저'라는 주장은 모두 거짓이자 착오로 판명되었다.

우리는 장기간에 걸친 접촉과 관찰을 통해 시중쉰 동지의 혁명 생애에서 가장 특징적이고 두드러진 사상은 바로 실제에서 시작함, 즉 실사구시라는 것을 확인할 수 있었다. 그는 당과 인민의 배양, 신뢰에 부끄러움이 없었으며, 자신이 맡은 위대한 사업과 역사에도 전혀 부끄러움이 없는 삶을 살았던 것이다.

[부록] 쑨쭤빈과 시중쉰 동지의 상호 신임과 우정
쑨샤오베이

쑨샤오베이(孫曉北) 중공중앙 서북국 통전부 부부장, 서북군정위원회 민족사무위원회 부주임을 역임한 쑨쭤빈의 딸.

나의 부친 쑨쭤빈은 시중쉰 아저씨보다 세 살 연상이다. 그들은 지난 세기 30년대 초 감숙에서 당의 지하공작을 하면서 알게 되었다. 만년에 부친은 "시중쉰 동지는 나의 좋은 선생이자 유익한 친구"라고 말씀하셨다. 두 분의 두터운 정의를 느낄 수 있는 대목이다.

1942년 10월 19일부터 1943년 정월 14일 연안에서 88일간 열린 섬감녕 변구 고급간부회의에서 부친은 시중쉰 동지에 대한 호감과 이해가 더욱 깊어졌다. 1943년 캉성 등이 당 중앙을 배반하고 '창구운동'을 일으켜 감숙 등 10여 개 성의 지하당을 '홍기당'으로 모함하고, 수많은 지하당원들을 '반도'나 '특무'로 몰아붙였다. 당시 부친인 쑨쭤빈은 특무분자로 몰렸다. 그가 사실에 근거하여 변론하자 그들은 오히려 거꾸로 매달아 혹독하게 매질을 가했으며, 취조하는 이들 가운데 우두머리쯤 되는 이는 "쑨쭤빈, 너는 우리에게 죽어 나갈 것이다"라고 소리를 질러댔다. 시중쉰 동지는 마음이 조급했지만 당장 손을 쓸 수도 없는 상황이었다. 이후 많은 동지들이 중앙에서 보고하고 마오쩌둥 주석이 잘못을 바로잡아 "한 사람도 죽이지 않고 대다수를 체포하지 않는" 방침을 제기하면서 겨우 '좌'경 기회주의·종파주의의 역류를 제압할 수 있었다.

1954년 서북국이 철폐되면서 부친의 공작 안배 과정에 변동이 생겼다. 원래 맡기로 했던 임무는 다른 사람이 임명되었고, 부친은 청해로 파견되기로 결정되었다. 부친은 마음이 조금 언짢았다. 다른 사람들이 굳이 가려고 하지 않는 곳으로 내보내는 것이 못마땅했기 때문일 것이다. 그때 시중쉰 아저씨가 부친을 찾아와 이렇게 말했다고 한다. "쭤빈! 청해성은 다민족이 몰려 사는 곳일세. 자네는 민족·종교 방면에 능력과 더불어 경험도 많지 않은가. ……다른 이들이 가지 않으려고 하니 자네라도 가야겠지. 나는 자네의 당성(黨性)을 믿어 의심치 않네." 시중쉰 아저씨의 이런 이야기에 부친도 흔쾌히 새로운 공작 임무를 맡기로 작정했다. 그래서 청해 성위 제2서기 겸 성장을 맡은 것이다. 청해에서 잠깐 머문다는 것이 그만 25년이 되었다. 당의 11기 삼중전회 이후에 부친은 섬서로 돌아와 다른 일을 맡게 되었다. 부친은 서안 사람이며, 모친은 고릉(高陵), 그리고 시중쉰 아저씨는 부평(富平) 사람이다. 그들이 만약 한곳에서 함께 생활할 수 있었다면 정말 많은 일을 잘해냈을 것이다. 그들은 동지이자 형제처럼 지냈지만 사실 서로 만날 기회가 그리 많은 것은 아니었다. 하지만 서로 떨어져 있으면서도 자주 연락을 주고받았다. 전화도 하고, 연하장도 보내는 등……. 특히 인편을 통해 서로 안부를 묻는 경우가 많았는데, 뤼젠런(呂劍人)·류리전(劉力貞)·리롄비(李連璧) 등이 많은 수고를 했다. 한 번은 낯선 젊은이가 찾아와 "시라오(習老, 시중쉰을 높인 말)가 저에게 쑨라오(孫老)를 찾아뵈라고 했습니다"라고 말했다. 알고보니 공산당원이자 가수인 원언펑(貟恩鳳)의 아들로 모친을 대신하여 시라오를 뵈러 왔는데, 그가 서안으로 돌아간다는 것을 알게 된 시라오가 자기 대신 쑨라오를 찾아뵙고 안부를 전해 달라고 부탁한 것이었다. 부친이 얼마나 기뻐했는지는 굳이 말하지 않아도 알 수 있을 것이다.

후쥔(胡畯)은 매년 서너 차례 부친을 만나러 왔다. 그는 후징이 장군의 손자이다. 그의 부친인 후시중(胡希仲)은 시라오와 동창으로 어려서부터 친한 사이였다. 한 번은 연안 보소(保小, 보육소학교) 동창회에서 후쥔을 만나 오랫동안 내 부친을 찾아와 준 것에 대해 감사의 뜻을 전했다. 그러자 그가 나에게 이렇게 답했다. "연안에서 어린 시절부터 쑨 아저씨를 뵙고 자랐기 때문에 커서도 찾아뵙는 것은 당연한 일이지. 그밖에도 여러 차례 시중쉰 아저씨를 대신해서 찾아뵙기도 했어. 내가 시중쉰 아저씨를 뵐 때면 언제나 네 부친에 관한 이야기가 화제가 되곤 했어. 정말 시 아저씨는 쑨 아저씨를 높이 평가하고 계셔. 항상 아저씨가 당에 충성하고 동지들에게 충직하셨으며, 사심이 없고 공명정대했다고 말씀하셨지. 더군다나 여러 차례 억울한 일을 겪으셨지만 좌절하지 않고 오히려 더욱더 용맹하여 물러서지 않으셨다고 했지……."

지난 세기 80년대 말 서안에 계시던 시 아주머니(시중쉰의 부인)

가 섬서의 원로 다섯 분과 만나 보고 싶다고 하여 성위에서 자리를 마련한 적이 있다. 다섯 분의 원로는 루젠런·창리푸·류하이빈(劉海濱)·탄웨이쉬(談維煦)·쑨쭤빈이다. 그들은 오랜만에 한자리에 모여 흉금을 터놓고 지난 이야기를 하면서 당에 대한 깊은 감회와 희망을 전하고, 중화민족의 화평성세가 바로 눈앞에 전개되고 있음을 느꼈다. 식사 자리에서 시 아주머니는 내 부친에게 옆자리에 앉으시라고 했다.

후야오방 총서기는 당사(黨史) 자료, 특히 당의 지하공작자들에 대한 자료를 적극적으로 발굴해야 한다고 하면서, 그들이 세상을 뜨면 더 이상 그들의 역사를 쓸 수 없기 때문에 가능한 빠른 시일 안에 작업을 해야 한다고 말했다. 쑨쭤빈은 섬서성의 당사를 쓸 수 있는 살아 있는 원로 지하당원이다. 시중쉰 아저씨는 이런 사실을 누구보다 잘 알고 있기 때문에 《쑨쭤빈(孫作賓)》에 친히 서문을 써주었다. 그는 서문 말미에서 이렇게 말했다. 쑨쭤빈은 당과 혁명에 참가한 지 70여 년 동안 일관되게 좌경주의 반대의 입장을 고수했으며, 여러 가지 힘들고 어려운 역경 속에서도 강인한 의지로 강직한 자세를 견지했고, 사실과 진실을 말하는 데 전혀 거리낌이 없었으며, 세파에 따라가며 결코 거짓을 말하지 않았다는 점에서 실사구시의 모범이자 진리를 견지하는 전범(典範)이라고 말할 수 있다.

시중쉰과 횡산 기의 *

리펑취안

리펑취안(李鳳權) 섬서 위남(渭南) 사람으로 1930년생이다. 서북 정법대학 교수이며, 당의 건설연구회 고문, 섬서 노교수협회, 노년 과교(科教) 공작자협회, 섬감녕 변구 혁명사 연구회 회원이다. 장기간에 걸쳐 마르크스주의 이론, 중국당사, 중국혁명사에 관한 교학과 연구작업을 했다. 저서로 《후징이전(胡景翼傳)》《횡산 기의(橫山起義)》 등이 있으며, 시중쉰 · 취우(屈武) · 마원루이(馬文瑞) 등이 저서에 서문을 썼다.

횡산 기의(橫山起義)는 유횡 기의(楡橫起義)라고 부르기도 하는데, 해방전쟁 전기에 섬서 유림 횡산 지구 국민당 주둔군 내부에서 일어난 비교적 큰 규모의 반장(反蔣, 장개석 반대) 무장기의이다. 당시 기의는 마오쩌둥 주석의 지시에 따라 시중쉰 동지가 친히 계획하고 조직한 것으로 중국공산당이 영도한 중국혁명사에서 상당히 중요한 의의를 지닐뿐더러 시중쉰 혁명 생애에서도 중요한 한 페이지를 장식하고 있다.

1945년 8월, 장장 8년에 걸친 혈전을 끝으로 전 민족의 항전에서 최후 승리를 거두었다. 전국 인민이 노래를 부르고 춤을 추며 승리를 축하하면서 국민당과 공산당이 합작하여 자유롭고 민주적인 새로운 국가를 건설하는 데 힘을 모으는 가운데, 장제스를 대표로 하는 국

민당 통치집단은 오히려 긴박하게 병력을 이동하고 장군을 파견하면서 중국공산당과 당이 영도하는 인민군대와 전면전을 벌일 준비를 하고 있었다. 중앙과 마오쩌둥 주석은 "날카롭게 맞서서 한치의 땅도 반드시 쟁탈해야 한다(針峰相對, 寸土必爭)"는 정치 방침을 세우고 가능한 모든 조치를 취해 내전 발발을 억제하도록 하는 한편, 전당(全黨)에 경계를 강화하여 장제스의 내전 음모를 분쇄시킬 것을 강조했다.

마오쩌둥 주석은 각 해방구 당정 영도자들에게 만약의 사태에 대비하여 전투 태세에 만전을 기할 것을 당부하는 한편, 통일전선 공작을 강화하여 국민당 군대 내 분열과 와해 공작의 중요성을 강조했다. 10월 25일 중공중앙은 '국군건립공작부(建立國軍工作部)'의 지시를 통해 중앙군사위원회, 여러 중앙국·중앙분국에 '국군공작부'를 설치하여 국민당 군대에 대한 정치선전과 모반 책동 활동을 강화하라고 명했다.

당시 시중쉰은 중앙조직부 부부장 자리에서 물러나 중공중앙 서북국 서기 겸 섬감녕 진수연방 군정위원회로 전근한 상태였다. 그는 당 중앙과 마오쩌둥의 지시를 접수한 후 즉각 비서장인 장더성(張德生)에게 서북국 통전부 간부회의를 소집하도록 지시하고, 친히 중앙의 지시를 전달하면서 중앙의 지시에 따라 섬감녕 변구에서 취해야 할 조치를 주도면밀하게 안배했다.

섬감녕 변구는 오랫동안 국민당 부대에게 포위된 상태로 있었다. 남쪽은 장제스의 적계인 후중난(胡宗南)이 이끄는 20만 대군이 자리하고, 서쪽은 마훙쿠이(馬鴻逵)의 2개 기병사단, 북쪽은 국민당 진섬수(晋陝綏) 변구 지휘부와 그 휘하 제22군과 보구단(保九團)이 자리했으며, 동쪽은 도도하게 흐르는 황하로 가로막혀 진수 해방구와 강안을 사이에 두고 대적하는 상황이었다. 당시 섬감녕 변구는 22개 현에 전체 150여만 명이 살고 있었으며, 군대는 2만여 명에 불과했다. 병력은 비교할 수 없을 정도로 차이가 났기 때문에 형세가 대단히

1934년, 시중쉰은 섬감 변구 소비에트 정부 주석에 피선되었다. 사진은 오래된 사당으로 섬감 변구 소비에트 정부 소재지이다.

심각한 상황이었다.

시중쉰은 섬감녕 변구 혁명근거지의 창건자이자 영도자 가운데 한 명으로 변구 및 그 주변 상황에 대해 누구보다 잘 알고 있었다. 그는 형세를 분석하면서 적군의 역량과 장비는 우리보다 막강하지만 우리는 혁명 대오로 대다수 인민 대중들의 지지를 받고 있으며, 특히 당 중앙과 마오쩌둥 주석의 직접 지휘를 받고 있으니 능히 적들과 싸워 승리를 거둘 수 있을 것이라고 말하였다. 아울러 자위(自衛)전쟁의 승리를 보장하기 위해 군중을 동원하여 전쟁 태세를 갖추고, 동시에 중앙의 최근 지시에 근거하여 통일전선 공작을 강화하여 특히 국민당 부대 내부의 책반(策反, 모반 책동) 활동을 준비할 것을 지시했다. 그는 이에서 한걸음 더 나아가 국민당 군대 내부에서 통전 및 모반 책동 활동을 전개하기 위한 구체적이고 세밀한 분석을 했다. 분석에 따르면, 주변 형세로 볼 때 북쪽에 주둔하고 있는 적군이 가장 취약하다. 그곳은 국민당 제22군과 보구단이 주둔하고 있는데, 모두 국민당의 '잡패군(雜牌軍, 비정규군)'으로 장제스나 호종난과 갈등을 보이고 있다. '잡패군'은 내부 모순이 심각할뿐더러 봉건적인 의식이 상당히 농후하다. 신해혁명 이후 섬북에 파견된 진수사(鎭守使) 출신으로 제22군을 창설한 징웨슈(井岳秀)에서 지금의 쥐셰중(左協中, 제22군 군장)에 이르기까지 같은 고향, 친인척 관계로 맺어진 상태이기 때문에 가부장적인 분위기가 강하다. 항일전쟁 시기에 우리는 그들과 비교적 원만한 통전 관계를 유지했으며, 지금도 이러한 관계를 유지하기 위해 최선의 노력을 다하고 있다. 그들의 봉건 의식을 타파하고 그들과 장제스·후중난의 모순과 갈등 관계를 이용하며, 이에서 한걸음 더 나아가 가능한 모든 이들, 특히 애국 사상을 지닌 군관과 병사들을 확보할 수 있다면 공동으로 장제스에 대항하고 내전에 반대하며 유림지구의 장제스 휘하의 군사나 특무와 싸울 수 있을 것이다. 이러한 통전 공작과 내부 분열 공작을 성공적으로 완수한다면, 장제스와 후중난의 공격을 분쇄하는 데 유리한 조건을 갖추게 될 것이다.

회의 결과 서북국 통전부와 수덕 지위 통전부가 유림 국민당 군대의 통전 작업을 책임지기로 결정하고, 관중 분구의 간부인 스위안(師源)으로 하여금 수덕 지위 통전부 부부장을 맡아 유림 국군의 책반 활동을 협조, 강화하도록 했다. 회의가 끝난 후 시중쉰은 연속(延屬) 지구의 책임자인 차오리루(曹力如)와 수덕 지위 부서기 류원웨이(劉文蔚)에게 북상하여 유림으로 가서 후시중(胡希仲)과 연락하여 유림의 구체적으로 정황, 특히 제22군 부군장 겸 섬북 보안지휘관인 후징퉁(胡景通)과 부지휘관 후징둬(胡景鐸) 형제의 동태를 파악하여 적당한 시기에 반장 기의를 일으킬 수 있는 여건을 마련하라고 지시했다.

후징퉁과 후징둬는 유명한 애국 장군이자 구민주주의 혁명가인 후징이 장군의 친형제로 다섯째, 여섯째였기 때문에 '후라오우(胡老

五)' '후라오류(胡老六)'라고 불리었다. 후시중 역시 후징이의 아들로 '후다샤오(胡大少)'라고 불렸다. 후징뒈와 후시중은 연배가 비슷하고, 시중쉰과 같은 고향 출신(부평)으로 입성(立誠) 학교 동창생이다. 청년 시절에 함께 혁명 활동에 참가하여 깊은 우정을 나누었다. 비록 이후 서로 다른 길을 갔지만 여전히 서신을 주고받으며 교분을 유지하고 있었다. 후징뒈와 후시중은 숙부와 조카 사이로 진보적인 사상의 소유자들이었다. 그들은 일찍부터 변구에서 혁명 대오에 참가할 마음이었으나 당 조직은 혁명 공작의 필요에 따라 그들을 계속 국민당 통치구와 국민당 부대 내에 잔류하면서 후징이의 도움을 받아 항일전쟁을 위한 통전 업무를 맡도록 했다. 항일전쟁 승리에 앞서 차례로 부평으로 돌아온 다음 부대와 집안 자제를 비롯한 1천여 명을 이끌고 유림 지구로 북상하여 잠시 국민당 진섬수 변구 총사령관인 덩바오산(鄧寶珊) 장군 휘하로 들어갔다. 그곳에서 후징뒈는 섬북 보안 부총사령관 지휘를 맡았고, 후시중은 진섬수 사령부 참의(參議)에 임명되었다. 그들의 목적은 섬감녕 변구로 들어가 혁명에 참가하는 것이었다. 그들은 유횡에 도착한 후 시중쉰과 비밀리에 연락하여 지지와 도움을 요청했다. 그래서 시중쉰은 차오리루와 류원위에게 자신의 친필 서신을 가지고 유림으로 가서 후시중과 만나도록 했다.

후시중은 차오리루와 류원위에게 유림에 주둔하고 있는 국민당 상류층의 동태를 보고했다. 그의 말에 따르면 86사단은 제22군에서 가장 막강한 전력을 지니고 있으며, 신임 사단장인 쉬즈자(徐之佳)는 군통(軍統: 國民政府軍事委員會調査統計局) 특무 출신으로 장제스가 덩바오산을 감시하기 위해 파견한 중요 인물이다. 덩바오산 장군은 국공 분쟁 당시 관망하는 태도를 고수하면서 장제스를 공개적으로 반대하지 않았다. 게다가 그의 다섯째형인 후징퉁은 덩바오산의 명령에 복종하고 있기 때문에 그들에게 기의를 기대하는 것은 아직 시기상조이다. 그러나 후징뒈는 다르다. 그는 이미 반장(反蔣)의 태도를

횡산 기의의 발상지 – 파라보.

분명하게 표명한 바 있으며, 휘하 부대의 진보적인 인물과 비밀리에 연락하면서 언제라도 변구로 투항할 생각을 하고 있다. 그렇기 때문에 후징둬의 경우 기의를 일으킬 수 있는 여건이 이미 성숙했다고 사료된다. 그래서 후시중은 시중쉰에게 급히 횡산현 파라보(波羅堡: 섬북 보안 지휘부 소재지)로 파견해 후징둬와 연락을 취할 것을 요청했다.

차오리루와 류원위는 그들이 탐지한 정황을 시중쉰에게 보고했다. 시중쉰은 즉각 북선(北線) 국군의 책반을 후징둬를 중심으로 진행할 것을 결정하고 스위안을 파라보로 보내 후징둬를 만나도록 했다.

스위안과 후징둬는 오랜 친구이자 동창이었다. 옛친구끼리 만나니 못할 말이 없었다. 두 사람은 금세 의견이 일치되었다. 후징둬는 공산당과 함께하기로 결심하고, 향후 거사에 대해 시중쉰 동지의 조치에 따르겠노라고 말하였으며, 시중쉰 동지에게 빠른 시일 내에 혁명 대오에 가담할 수 있도록 도와 달라고 부탁했다. 스위안은 자신의 임무를 완수한 후 곧장 수덕으로 귀환했다. 시중쉰은 직접 수덕으로 가서 스위안의 구체적인 보고를 받았다. 이후 그는 수덕 지위 상무위원회 회의를 개최하고 후징둬의 기의를 도울 수 있는 방안에 대해 논의했다. 시중쉰은 회의에서 후징둬의 기의 책동의 의의를 분석하고 준비 작업에 대해 상세하게 설명했다. 그는 마오쩌둥 주석이 북선 공작을 대단히 중시하고 있다고 하면서 목표는 유횡을 해방시켜 변구의 자위전쟁에 보다 충분한 여지를 얻고자 함이라고 말하였다. 그는 계속해서 이같이 말하였다. 현재 우리들의 통전 공작의 중점은 파라보이며, 그곳이 책반(策反)의 돌파구가 될 것이다. 후징둬는 사상적으로 진보적인 인물이니 믿을 만하며, 그에게 지속적인 도움을 제공함으로써 시기적절하게 기의할 수 있도록 해야 한다. 이번 거사를 성공적으로 완수하며 큰 영향력을 발휘하는 것은 물론이고 북선 문제를 해결하는 데 유리할 것이다. 시중쉰은 스위안에게 재차 파라보로 가서 후징둬와 만나 부대 내에 당조직을 만들어 기의의 핵심 역량으로 삼는 문제를 논의하도록 했다. 아울러 변구에서 정치공작 간부와 군사 간부를 그의 부대로 파견하여 기의 준비를 돕도록 했다. 그는 이번 거사의 방침을 다음과 같이 정했다. "당과 군을 건설하는 데 역량을 준비하고, 장기간 은폐하면서 시기를 기다려 행동한다."

1946년 여름 내내 시중쉰의 지시와 안배에 따라 수덕에서 파라보 사이에 후징둬 기의를 위한 빈번한 비밀 활동이 전개되었다.

5월에 시중쉰이 소개하고 당중앙이 비준함으로써 후징둬의 중국 공산당 가입이 무난하게 이루어졌다. 다만 후징둬의 요구에 따라 입당 일자는 7월 1일로 정해졌다.

이어서 중공중앙 서북국은 후징둬가 제출한 당원 가입을 원하는 인원에 대한 토론을 거쳐 리전화(李振華)·야오사오원(姚紹文)·장야슝(張亞雄)·쉬슈치(許秀歧)·리전잉(李振英)·양한산(楊漢三)·웨이마오천(魏茂臣) 등 여러 동지의 입당을 비준하고, 입당 일자를 8월 1

일로 정했다. 이와 동시에 변구 연속 분구와 수덕 분구에서 40여 명의 군정 간부를 차출하여 비밀리에 파라보와 석만(石灣) 등 섬북 보안단 주둔지로 잠입시켰으며, 장야승·리전잉 등 지하당원을 적절하게 각 중대에 배치하여 비밀리에 선전 및 연락 업무를 맡도록 했다.

6월말 장제스가 전면 내전을 일으켜 중국공산당이 영도하는 중원·동북·화북·진찰기(晋察冀)·진기노예(晋冀魯豫)·진수(晋綏) 등 여러 해방구를 공격하기 시작했다.

섬감녕 변구 주위의 형세도 따라서 급박해지기 시작했다. 후중난은 남선(南線)에 병력을 집중하고 전차를 변구 쪽으로 이동시키는 한편, 북선 부대에게 변구로 진격하라는 공격 명령을 내렸다. 변구에 대한 남북 협공을 감행하려는 뜻이었다. 그러나 당시 후중난의 여섯 개 사단은 멀리 하남과 섬남에 주둔하고 있었기 때문에 일시에 변구로 이동하여 공격할 수 있는 상황이 아니었다. 그렇기 때문에 섬감녕 변구에 대한 대규모 공격은 당분간 불가능한 상태였다. 시중쉰은 마오쩌둥에게 변구의 전투 준비 상황과 북선 적군에 대한 통전 공작 상황에 대해 보고했다. 이에 마오쩌둥은 시기를 놓치지 말고 북선 적군에 대한 통전 공작을 더욱 강화하고, 아울러 병력을 집중하여 북선 전투에 대비할 것을 지시했다. 군사작전과 정치공작을 동시에 진행하면서 북선 문제를 해결하여 후중난의 진격에 대비한 역량을 강화하고 변구의 자위전쟁을 위한 보다 넓은 활동 범위를 확보하라는 뜻이었다.

시중쉰은 마오쩌둥의 결정을 십분 이해했다. 7월 1일, 그는 연안 화석폄(花石砭)에서 서북국 상임위원회 회의를 소집하여 마오쩌둥 주석의 지시를 전달하고, 후징둬 기의와 북선 전투를 대비하는 문제를 집중적으로 논의했다. 회의에서 참석자들은 유횡 지구의 국민당 군대가 비록 역량이 비교적 약세이긴 하나 후중난 부대와 결합하여 남북으로 호응하면 아군 후방에 심각한 위협이 될 것이라는 시중쉰 동지의 분석에 동의했다. 특히 횡산현에 속하는 석만(石灣)·고진(高鎮)·

무진(武鎭) 등지는 적의 22군과 섬북 보안지휘부의 전초 거점으로 변구 바로 앞에 칼을 들이대고 있는 형태이기 때문에 전쟁이 발발할 경우 아군의 섬북 활동을 방해할 것임은 너무도 자명한 일이었다. 그래서 횡산 기의에 호응할 준비 태세를 갖추고 북선 전투를 대비하여 북선 국군의 직접적인 위협을 해소하며, 나아가 전체 유횡 지구를 해방시킬 창조적 여건을 마련하는 일은 변구 자위전쟁에 무엇보다 중요한 전략적 의의가 있었다. 우리는 유횡에 주둔하는 적군에 대한 통전 공작에 착수하여 후징둬를 중심으로 한 진보적인 군부 인사들의 장제스 반대와 공산당에 대한 지지를 확보하여 부대 내 준비 작업을 마친 상태였다. 무장 기의를 위한 조직이 이미 마련되고 거사 여건이 성숙되었으며, 우리의 대응 공작 역시 만반의 준비를 끝냈기 때문에 성공할 확률이 컸다. 하지만 전체적인 형세로 볼 때 여전히 적군은 강하고 아군은 취약한 상태이며, 유횡 지구의 상황 역시 상당히 복잡하여 난점과 문제가 적지않기 때문에 무엇보다 주도면밀한 행동 계획이 필요했다. 토론을 거쳐 세 가지 중요한 행동 방안이 제출되었다.

첫째, 해방군의 지원하에 횡산 기의의 완전한 승리를 쟁취한다. 싸움에서 승리한 후 여세를 몰아 유림을 탈취함으로써 북선 문제를 철저하게 해결한다.

둘째, 기의에 승리했을지라도 유림에 대한 유효한 공격이 불가능할 경우 우선 무정하(無定河) 이남을 해방시켜 유림의 서남쪽 장애물을 제거한 후 여건을 살펴 유림으로 재공격을 실시한다.

셋째, 기의가 더 이상 통제할 수 없는 상황이 될 경우 후징둬를 비롯한 핵심 부대원들은 즉각 주둔지에서 이탈하여 변구로 진입하고, 변구는 이들을 맞이할 태세를 갖춘다.

회의는 이에 상응하는 두 가지 결정을 내렸다. 첫째, 섬감녕 진수연방군 사령관 대행 왕스타이(王世泰), 부정치위원 장중량(張仲良)이 북선 전투 준비를 책임지고 횡산 기의를 지원한다. 둘째, 서북국

섬감녕 진수 연방군 정치위원 시중쉰과 사령관 허롱.

통전부 판밍(範明) 처장이 수덕으로 가 파라보에서 후징뒈와 기의를 위한 구체적인 계획을 상의한다.

8월 하순 시중쉰은 섬감녕 진수 연방군 정치위원(사령관 허롱은 진수 해방구로 가서 작전을 지휘하고 있었다) 신분으로 왕스타이·장중량 등 군부 내 영도 간부들과 함께 회의를 열었다. 회의에서 그들은 화석펌 회의 정신에 따라 북선 전투를 위한 인원 배치 문제를 논의하고, 북선 전투작전 지휘부를 세우고 왕스타이와 장중량이 정·부지휘관을 맡아 작전 방안을 짜고 전투를 지휘하도록 결정했다.

회의가 끝난 후 시중쉰은 중공중앙 마오쩌둥 주석에게 북선 전투 방침과 계획에 관해 서면으로 보고했다. 마오쩌둥은 9월 2일 "정한 방침에 따라 시행하라"는 지시를 내렸다. 북선 전투 계획에 대한 마오쩌둥의 비준이 이루어진 후 시중쉰은 즉각 수덕으로 가서 전투에 앞서 여러 가지 준비 업무를 점검하는 한편, 판밍에게 자신의 친서를 휴대하고 파라로 가서 후징뒈를 만나 중앙과 서북국의 지시를 전달하고 무장기의를 위한 구체적인 계획을 상의하도록 했다.

중추절이 막 지난 어느 날 후징뒤는 자신의 집에서 시중쉰이 파견한 판밍을 만났다. 그는 입성중학 교원으로 위장하고 잠입한 상태였다. 그들은 평생 한번도 만나 본 적이 없었지만 마치 옛친구를 만난 것처럼 의기 상통하여 곧장 본론으로 들어가 논의를 시작했다. 판밍은 후징뒤에게 현 정세에 대한 당 중앙의 분석과 당의 기본 방침 및 횡산 기의 결정에 관한 서북국의 기본 방안을 전달했다. 장제스가 미제국주의자들의 지지를 받아 내전을 일으킴으로써 중국 혁명이 여전히 힘들고 어려운 지경에 이르렀다는 이야기를 나눌 때, 후징뒤가 정색하며 단호한 어조로 이렇게 말하였다. "우리는 당과 혁명이 여전히 곤란한 상황에서 혁명에 참가하였으니 결코 장제스를 위해 한 줌의 흙이 될 수는 없소이다. 혁명의 형세가 순조로운 상황에 혁명에 참가하거나, 자신이 어쩔 수 없을 때가 되어 기의를 한다면 무슨 광채가 있겠소?" 후징뒤는 기의를 일으키겠다는 견고한 의지를 표명하면서 서북국이 제시한 횡산 기의 방침과 방안에 적극 동의했다.

3일째 되는 날 그들은 기의에 관한 구체적인 문제를 논의하기 시작했다. 그 중에는 기의 일자, 소속 부대의 기의 지점과 간부 명단, 해방군의 호응, 기의 부대의 번호와 기의 구호, 반동분자에 대한 통제와 처리, 기의 후의 '통전(通電)' 내용 및 쌍방이 연락할 수 있는 구체적인 방법 등등이 포함되었다. 공통된 인식을 바탕으로 상세한 기의 시행 계획이 제정되었다.

시간이 촉박했기 때문에 판밍은 즉각 변구로 돌아가서 시중쉰에게 파라에서 논의했던 내용을 보고했다. 시중쉰은 그를 데리고 조원(棗園: 연안 시절 중공중앙 서기처 소재지로 섬서성 연안시 서북쪽 8km 떨어진 곳에 있다-역주)으로 가서 마오쩌둥 주석에게 보고했다. 마오쩌둥 주석은 그들의 보고를 받고, 연방군 사령부 작전과에서 보내온 유횡의 적군 병력 배치도를 살펴본 후 시중쉰과 왕스타이에게 "이번 기의는 해도 좋다"고 지시했다. 아울러 연방군 사령부에 6개 연대 병력을 집결시켜 기의에 호응할 것을 주문했다.

기의에 대한 구체적인 계획이 정해진 후 후징둬는 즉각 휘하 핵심 간부들에게 기의 준비를 서두를 것과 기밀을 절대로 발설하지 말 것을 지시했다. 하지만 국민당 특무와 후징퉁의 측근들도 마냥 낮잠을 자고 있는 것은 아니었다. 그들은 시시때때로 의심나는 부분이 있으면 즉각 탐지에 나섰다. 특히 후징둬가 군간반(軍幹班, 군대 간부반) 명목으로 기의에 동참할 중견간부들을 육성하자 이를 의심하여 즉각 유림 총사령부에 보고했다. 이에 후징퉁은 즉시 후징둬에게 전보를 보내어 유림으로 와서 조사를 받도록 했다. 후징둬는 불길한 느낌이 들었다. 만약 제대로 대처하지 못한다면 오랫동안 준비하여 이제 곧 실행에 옮기게 될 무장기의에 크게 불리한 영향을 끼칠 것이 분명했다. 심사숙고하고 주도면밀하게 대책을 세운 다음 그는 개인의 안위를 돌보지 않고 의연히 소환에 응했다. 그는 제22군 부군단장이자 섬북 보안지휘관인 자신의 친형 후징퉁을 만났다. 후징퉁은 그를 매섭게 다그치면서 물었다. "너는 파라(波羅)에서 무슨 꿍꿍이짓을 하고 있는 게냐? 섬북에서 십수 년 동안 애써 닦아 온 것들을 모두 절단낼 생각이냐? 네가 데리고 있다는 녀석들은 무슨 의도가 있는 것 아니냐? 게다가 무슨 군간반을 만들었다고 하던데 무슨 속셈이냐?"

후징둬는 이미 마음속으로 대책을 마련했기 때문에 전혀 서둘지 않고 침착하게 대처했다. "군영을 정비하고 대오를 강화하여 사기를 높이고 각종 좋지 않은 현상을 없애려고 합니다." 그는 이렇게 그럴 듯한 이유를 대며 다섯째형의 의혹에서 벗어날 수 있었다. 예정된 기일이 점점 가까이 다가오자 후징둬는 기지를 발휘하여 특무 쉬즈쿠이의 감시에서 벗어나 즉시 파라로 돌아왔다.

시중쉰은 유횡의 동정을 세심히 관찰하고 있었다. 후징둬가 유림에서 주둔지로 돌아오고 3일째 되는 날(10월 5일), 시중쉰은 왕스타이·장중량·쉬리청 등 북선 전투지휘부 영도간부들을 소집하여 후징뒤의 기의에 호응하기 위해 무정하 이남 지역을 먼저 해방시키기로 결정했다. 그는 휘하 해방군 각 부대에 통지하여 즉각 전투 태세에 돌입할 것을 명령한 후 민병 3,000여 명을 동원하여 합동작전을 펼치기로 했다.

10월 11일, 국민당 부대가 진찰기 해방구의 수도인 장가구(張家口)를 침범했다. 장제스는 즉각 자신이 독단적으로 만든 거짓 '국대(國大)'를 개최하도록 하는 한편 후중난에게 연안을 공격하도록 명령을 내렸다. 그는 3개월 내에 공산당을 섬멸할 것이라고 호언장담하면서 기염을 토했다.

10월 13일, 왕스타이와 장중량이 지휘하는 북선 전투(일명 유횡 전투)가 시작되었다. 새벽 유림과 횡산 사이에 있는 무진과 진천보에서 첫번째 총성이 울렸다. 새로 편성된 제4여단 여단장 장셴웨(張賢約)가 이끄는 주력부대가 무진으로 향해 진격하고, 연속(延属) 분구의 교도(敎導)여단 여단장이 뤄위안파(羅元發)가 이끄는 부대는 진천보를 향해 진군했다. 그들은 일거에 적국 1개 연대와 2개 대대를 섬멸하고, 계속 북진하여 유림의 남대문까지 쳐들어갔다. 유림을 방어하는 적군은 감히 응대하지 못하고 수비에 치중했다. 이와 동시에 장줄양이 이끄는 신4여단(新四旅團)과 수덕 경비여단, 신11여단은 횡산의 현성(縣城)을 포위하여 국민당 수비군 왕용칭 기병단을 곤경에 빠뜨렸다.

해방군이 동서 양방향에서 군사 행동에 들어감으로써 후징뒤의 기의에 유리한 조건이 마련되었다. 후징뒤의 명령 한마디에 섬북 보안지휘부 및 휘하 각 부대는 횡산현 경내의 파라·석만·고진 등지에서 동시에 무장기의를 일으켰다.

12일 밤, 후징뒤는 파라보에서 지휘부 회의를 명분으로 기의에 반대하는 중요 인물들을 소집하여 모두 연금시켰다. 13일 새벽 그는

섬감녕 진수 연방군이 횡산 기의에서 공격했던 향수보.

직접 성 밖으로 나아가 판밍이 이끄는 지원부대를 맞이하여 성 안으로 들어왔다. 그는 곧바로 전체 관병대회를 소집하여 정식으로 기의를 선언했다. 후징뒤는 대회에서 격앙된 어조로 이렇게 연설했다.

"장제스 · 후중난이 반공 내전을 일으킨 것은 인심을 얻을 수 없다. 우리는 그들의 총알받이가 될 수 없다. 우리 삼진(三秦: 섬서성의 섬남 · 섬북 · 관중을 말한다—역주)의 건아들은 뜨거운 피를 쏟으며 정의를 위해 전쟁에 나섰다. 유림(榆林)도 물론 좋으나 우리의 천하로는 부족하다. 이제 우리는 북상하여 유림을 차지하고, 다시 남하하여 서안을 공격하여 후중난을 쳐부순 후 성 한가운데 종고루(鐘鼓樓: 서안시 중심지에 있는 종루와 고루의 합칭)에 홍기를 높이 휘날릴 것이다. 지금 우리 서북 민주연합군은 해방군과 우군이다. 우리는 장제스를 타도하고 남경 정부를 전복하여 중국 전역을 해방시킨다는 공동의 목적을 가지고 있다."

이렇게 해서 후징둬는 총 한 번 쏘지 않고 파라 기의를 승리로 장식했다. 파라 인근에 주둔하는 국민당 제11여단 소속 기병연대 연대장 양한산(楊漢三)의 주도로 파라 기의에 참가했다.

석만에서는 보구단 부단장 장야슝(張亞雄), 군수주임 판즈잉(範止英), 중화기 중대 중대장 쉬슈치(許秀歧) 등이 후징둬의 명령에 따라 13일 새벽 성문을 열고 수덕군 분구 부정치위원 가오랑팅(高郞亭)이 이끄는 지원부대를 성 안으로 인도하고 저항하는 반동분자들을 체포했으며, 보구단 본부를 포위하여 연대장 장즈야의 투항을 받아들여 무장해제시켰다. 그날 오후 전체 관병이 운동장에 모인 자리에서 기의 성공을 선언했다. 이렇게 해서 섬감녕 변구에서 가장 가까운 곳에 위치한 군사 거점인 석만도 해방되었다.

고진의 경우 보구단 부단장 친웨원(秦悅文)과 대대장 우펑더(吳鳳德)가 후징둬의 명령에 따라 전체 관병을 이끌고 기의를 선언했다. 가오랑팅과 장야슝이 석만에서 부대를 이끌고 지원하러 갔을 때 고진에선 이미 기의의 깃발이 높이 휘날리고 있었다.

횡산 현성에서 황용칭이 이끄는 기병연대는 포위 상태에서 파라 기의에 영향을 받고 후징둬가 간곡하게 설득함으로써 마침내 무기를 내려놓고 기의 행렬에 합류했다.

횡산 기의는 이렇듯 예정된 계획에 따라 순조롭게 진행되어 마침내 완전한 승리를 얻었다. 이리하여 국민당 유림 보안지휘부 보구단 관병들과 22군 제86사 신편 11여단, 전체 5,000여 명의 장병들이 후징둬 장군의 지휘하에 혁명의 길로 접어들었다.

횡산 기의를 성공적으로 완수한 후 기의 부대와 해방군은 함께 향수(響水) 전투에 참가하여 유림 원병 10개 연대와 향수 성내의 수비군 1개 대대를 섬멸하여 북선 전투에 원만한 마침표를 찍었다.

북선 전투와 횡산 기의에 승리함으로써 섬북 12만 인민이 해방의 기쁨을 맛보고 방대한 토지를 획득할 수 있었다. 또한 서북 민주연합군 기병 제6사단이 창설되고 공산당이 영도하는 유휘 특구가 생겨났다. 변구 북선의 국민당 군대는 25개 군사 거점을 빼앗기고, 40여 개 연대 병력을 잃었다. 이로써 해방군의 북선 진지가 확대, 강화되었으며, 중공중앙은 섬북을 자유롭게 오가며 전국 해방전쟁을 지휘하여 장제스와 후중난의 공격을 분쇄하는 데 유리한 조건을 확보했다.

기의 부대는 개편과 정돈을 거쳐 12월 중순 마오쩌둥 주석의 명령에 따라 연안으로 이동했다. 그들은 변구에서 각계의 뜨거운 환영을 받았다. 특히 후징둬 등 기의를 주도한 장병들은 12월 24일 평생 잊지 못할 환대를 받았다. 그날 중공중앙·중앙군사위원회 영도자들인 마오쩌둥·류사오치·저우언라이·주더·런비스·펑더화이, 서북국 서기 시중쉰, 그리고 덩잉차오·캉커칭(康克清)·왕스타이 등 여러 동지들이 후징둬를 비롯한 여러 영도 간부들을 직접 접견했기 때문이다. 마오쩌둥은 후징둬의 손을 잡고 이렇게 말했다. "징둬 동지, 동지는 적은 막강하고 우리는 취약한 상황에서 덩바오산의 배에서 내려 시중쉰의 배에 오르셨소이다. 동지가 선택한 길은 정확한 것이오. 여러분의 혁명 행위는 서북의 구(舊) 군대에게 광명의 대로를 보여주신 것이오."

횡산 기의는 매우 중요한 역사적 의미가 있다. 무엇보다 이번 기의가 중공중앙이 자리하고 있는 섬감녕 변구의 북부 전선, 즉 북선에서 일어났으며, 섬감녕 변구를 포위하고 있는 국민당 군대 내에서 발생했고, 또한 적이 막강한 군사력으로 우리를 공격하고, 우리는 취약한 군사력으로 수비에 치중하는 상황에서 적군이 기염을 토하고 있는 시기에 일어났기 때문이다. 이러한 역사적 배경하에서 횡산 기의는 정치·군사적으로 중대한 영향을 끼쳤으며, 또한 서북의 구군대를 위해, 또한 모든 애국자들을 위해 광명의 대로를 열었다. 주더 총사령관이 말한 것처럼 후징둬 장군은 횡산 기의을 비롯한 여러 차례에 걸친 유사한 사건은 "하나의 조류를 형성하였다." 이러한 조류는 이미 "인민들이 자위전쟁에서 반동파와 싸워 승리를 얻음으로써 국가의 독립 · 평화 · 민주를 실현하는 중요한 요인 가운데 하나가 되었다."

시중쉰의 혁명 업적을 기억하며 *
판 밍

판밍(範明) 섬서 임동 사람이다. 1938년 중국공산당에 가입했다. 항일 전쟁 시기에 국민당 혁명군 제17로군 제38군에서 중공 공작위원회(工委) 위원, 서기를 역임했으며, 제38군 교도대 대장, 직속 수색연대 연대장으로 통전 공작을 맡았다. 해방전쟁 시기에는 중공중앙 서북국 통전부 처장, 기병 제6사단 정치부 주임을 맡았다. 1949년 제1야전군 정치부 비서장 겸 연락부 부장을 맡았으며, 연안 보위전쟁 및 청화펌·양마허(羊馬河)·반룡(蟠龍)·사가점(沙家店)·의천(宜川)·여북(荔北)·부미(扶眉)·난주(蘭州) 등지의 전투에 참가했다. 신중국 성립 이후 서북 인민해방군 진장(進藏, 티벳 진군) 부대 사령관 겸 정치위원을 맡았고, 중공 서장 공위 부서기, 서장군구 부정치위원 등을 역임했다.

나와 시중쉰 동지의 처음 만남은 조직 관계나 업무 관계 때문이 아니라 우연한 기회로 인한 것이었다. 당시 나는 양호성 부대 제38군에서 당의 지하공작을 하면서 대외적으로는 교도대(敎導隊, 抗大 분교) 대장 직함을 가지고 있었으며, 대내적으로는 중공 제38군 공작위원회(공위) 위원, 조직부장 겸 통전부장을 맡고 있었다. 1942년 9월 나는 마오쩌둥 주석의 전령에 따라 연안으로 돌아가 상황 보고를 하게 되었는데, 가는 길에 섬서 성위와 관중 지위의 소재지인 마란(馬

* 본문은 《시중쉰의 혁명 생애》, 중공당사 출판사, 중국문사출판사, 2002년판에 실렸다.

欄)을 지나면서 일찍이 항일 군정대학을 졸업하고 관중으로 전근하여 문교과(文教科) 공작을 전담하고 있던 형님 하오보슝(郝伯雄)을 만났을 때, 그의 상사가 이전에 섬감변 소비에트 주석을 맡았던 시중쉰이라는 것을 알게 되었다. 형님의 소개로 중쉰과 처음 만났는데, 같은 지역 출신인지라 이것저것 자세히 물으면서 전혀 거리낌 없이 대했다. 관중 남아의 '능왜(楞娃)'와 같은 호방한 기질과 무리들 사이에서 누구에게나 친근감을 주는 '화야(伙爺)'와 기풍을 지녔기 때문에 우리는 서로 처음 만나 오랜 친구처럼 의기투합할 수 있었다. 이후로 나는 중쉰 동지와 같은 전우 이상의 친밀한 관계를 유지했다.

1 1944년 4월, 나는 연안으로 돌아와 마오쩌둥 주석에게 상황 보고를 한 후 중앙 당교 2부(部)에서 강의를 들었다. 1945년 8월, 항일전쟁 승리 이후 서북국에서 일하며 통전부 통전처장을 맡았다. 12월, 나는 관중 마란으로 파견되어 서북 다섯 군데 성의 파견 공작을 맡으면서 백구(白區) 108개 거점에 인원 배치를 완료하고 연안 서북국으로 돌아왔다. 당시 서북국 서기를 맡았던 가오강은 대다수 간부들을 이끌고 동북으로 옮겨가면서 시중쉰이 서북국 서기를 맡았다. 나는 장더성 부장에게 거점 인원 배치에 관한 보고를 마친 후 그와 함께 중쉰 서기에게 가서 상황 보고를 하였다.

중쉰 동지는 대단히 기뻐하면서 내 손을 잡고 말했다. "우리가 마침내 함께 일하게 되었네." 그는 내 보고를 들은 후 "좋소! 이번 사업은 마오쩌둥 주석의 새로운 전략 배치에 따른 첫번째 성과요"라고 말하였다. 그는 나에게 보다 상세한 보고서를 쓰게 한 후 마오쩌둥 주석에게 전달했다. 당시 서북국 통전부 처장을 맡고 있던 류겅(劉庚)은 나에게 시중쉰 동지는 민주적이고 대범한 기풍을 지녔기 때문에 많은 이들이 그를 친근하게 대하며, 언제나 여러 사람들의 의견을 경청하여 중지를 모아 실제에 부합하는 정확한 결정을 내린다고 말하였다.

시중쉰 동지가 취임한 후 섬감녕 변구의 북선 통전공작을 강화하여, 국민당 섬북 보안지휘부 부지휘관인 후징둬의 무장기의(횡산 기의를 말한다) 책동을 성공적으로 완수했다.

1946년 6월, 장제스가 정전협정을 파기하고 해방구에 대한 총공격을 감행했다. 그는 섬감녕 변구를 포위하기 위해 남선 부대를 증원하는 한편, 유림의 덩바오산 소속 부대에게 남하하도록 명령했다. 청해·영하에 주둔하고 있던 마부팡(馬步芳)·마훙쿠이(馬鴻逵) 부대에게도 동진하여 섬감녕 변구를 점령할 것을 명령했다. 당중앙은 변구 군민들에게 전비 태세를 갖추도록 하는 한편, "변구를 보위하고, 연안을 보위하라"는 명령을 하달했다. 중앙이 소집한 전비 강화 회의에서 마오쩌둥 주석은 시중쉰에게 연안과 변구를 보위하려면 무엇보다 북선 통전공작을 강화하여 유림 지구의 국민당이 무장기의를 일으켜 연안 보위전쟁을 위한 여유 공간을 확보해야 함을 강조했다.

시중쉰은 서북국 상무위원회 확대회의에서 마오쩌둥 주석의 중요한 지시를 전달하고, 나를 대표로 삼아 수덕 지위에서 유림 지구의 통전작업을 맡도록 했다. 횡산 파라보의 섬북 보안 부지휘관인 후징둬의 무장기의를 성공적으로 완수하라는 임무였다. 시중쉰의 말에 따르면, 후징둬는 그와 입성(立誠)중학(胡씨 집안의 사립 중학) 동창으로 깊은 우정을 나누고 있으며, 사상이 비교적 진보적이라고 했다. 시중쉰은 이전에 후징둬와 동학인 수덕 지위 통전부 부부장 스위안을 파견하여 팔로군 참모 신분으로 유림으로 가서 주둔군과 공동으로 방어하면서 후중난 휘하 부대에서 기의를 일으켜 무정하 이남, 특히 변구 내에 자리한 석만 지구를 해방시켜 아군의 후방 걱정을 덜고 아군의 여유 공간을 확대하고자 했던 적이 있었다. 시중쉰은 이번 임무가 특별히 중요하다는 것을 재차 강조하면서 어려운 일을 맡게 되었는데, 혹시라도 필요한 것이나 도울 일이 있겠느냐고 물었다. 나는 어떤 조건도 필요없으며, 다만 비밀 소개장만 써주면 된다고 말했다. 그는 내가 이 분야에서 특별한 장점을 지니고 있으니 전략적이고 중차대하며, 또한 영광스러운 이번 임무를 성공리에 완수할 것임을 믿어 의심치 않는다고 말했다. 나는 군령장은 없지만 반드시 모든 어려움을 극복하고 당에서 부여한 임무를 성공적으로 완수하겠노라고 대답했다. 시중쉰은 나를 자신의 방 안으로 데리고 들어가 흰 비단에 소개서를 쓴 다음 면내의 안에 넣고 꿰매라고 했다. 1946년 7월 상순 시중쉰이 후징둬에게 보내는 비밀 서신을 휴대하고 먼저 수덕 지위로 가서 그곳 서기 바이즈민(白治民), 행정책임자 양허팅(楊和亭), 사령관 우다이펑(吳岱峰), 통전부장 류원위와 부부방 스위안의 협조를 얻어 유림 쪽 정황에 대한 세밀한 조사와 연구를 병행했다. 특히 후징둬의 사상·정치·가정·사회 관계 및 개인 생활에 대한 구체적인 사항까지 상세하게 조사했다. 그런 다음 그와 시중쉰의 특별한 관계, 우리 집안과 그의 집안이 특수한 사회 관계(필자의 백부 하오룽광(郝隆光)은 원래 후징이(胡景翼) 10대연(大連)의 연대장으로 북양군벌의 섬서 대리인이었던 천수판(陳樹藩)·루젠장(陆建章)과 싸우다 장렬하게 전사했다. 부평 미원진(美原鎭)에 그의 기념비가 세워져 있다)를 적극적으로 활용하여 입성중학 교원 신분으로 위장하고 혼자 부림으로 잠입하기로 결정했다.

1946년 음력 정월 대보름, 나는 스위안 동지와 함께 자주현(子洲縣)에서 주가험(周家嶮)을 지나 변구와 적 점령구인 석만 접경 지역까지 간 다음 혼자서 석만 지구로 들어갔다. 우선 후징둬 부대의 연대장인 쉬슈치와 연락하여 내가 온 뜻을 전했다.

다음날 새벽 쉬슈치는 반장인 상사에게 말을 준비하여 나를 호송하라고 지시했다. 이틀 동안 사막을 횡단한 후 순조롭게 파라진(波羅鎭)에 도착하여 직접 후징둬의 지휘본부로 들어갔다. 먼저 후징둬의 비서인 장춘(章純)에게 통보하니 조금 있다가 후의 경비원인 샤오쟈서우(肖家壽)가 나와 나를 개인 사무실로 데리고 갔다. 나는 시중쉰의 비밀 서신을 그에게 전하는 한편, 나에 대해 간단히 소개한 후 곧

바로 기의를 권유하기 위해 왔노라고 밝혔다. 그는 놀람과 기쁨이 교차하는 얼굴로 의자에서 벌떡 일어나더니 나의 손을 굳게 잡고 감격에 겨운 목소리로 이렇게 말했다. "나와 시중쉰은 동창이자 오랜 친구로 그야말로 막역지우(莫逆之友)요. 일찍부터 기의를 결심하고 있었는데, 오늘 이렇게 형께서 직접 와서 진심어린 회담을 하게 되니 하늘이 돕는 것이 틀림없소."

　　다음날 새벽 삼엄한 경계 속에서 후징둬와 나는 파라진 남쪽 성문 위에서 무릎을 맞대고 앉아 혁명의 형세와 기의에 따른 정치, 군사적 인원 배치 등 전체 19개 조항의 협정 문건을 작성했다. 주요 내용은 기의 이후 부대를 서북민주연합군 기병 제6사단으로 편성하고, 후징둬 자신이 사단장을 맡으며, 공산당원 자격을 취득하고 당령(黨齡)은 7월 1일부로 해달라는 것이었다. 후징둬는 이외에도 이번 기의에 참가하는 장야슝·양한산·쉬슈치·야오사오원(姚紹文)·판즈잉, 그리고 관중 고향에 갔다가 아직 귀환하지 않은 참모 주임 리전화(李振華) 등에게 적절한 직책을 안배하고 장려하여 석만 대대장 장야슝은 일개 연대의 연대장, 양한산은 기병단의 단장으로 임명해 줄 것을 요청했다. 후징둬와 휘하 간부들은 모두 진보적인 사상을 지니고 기의에 공적을 세워 입당에 문제가 없었으며, 당령은 기의 날짜부터 계산하기로 했다. 아울러 국민당 쌍십절(10월 10일)에 기의를 일으키기로 결정했다.

　　나는 기의 행동 계획을 가지고 연안으로 돌아와 중쉰 동지에게 상세한 정황 보고를 했다. 그는 나에게 연안과 수덕 지위에서 선발한 50여 명의 간부와 신4여단을 이끌고 향수 서남쪽에서 출발하여(원래 예정된 기의 날짜는 10월 10일이었으나 무정하의 수위가 상승하면서 10월 13일로 변경했다), 여명이 밝아오기 전에 파라 남문 밖 500m 지점에 자리한 남토대(南土臺)에 도착하여 인원 배치를 끝내고 약속한 깃발 신호와 암호로 연락하여 후징둬의 기의에 호응하기로 했다.

1946년 시중쉰이 횡산 기의를 조직·기획하고, 후징이가 일으켰다. 사진은 횡산 기의 기념비.

기의가 성공적으로 끝난 후 중앙은 전령을 통해 후징둬를 기병 제6사단장으로 임명하고, 나를 정치부 주임 겸 당위 서기로 임명하였다. 11월 하순 중앙은 기병 제6사단에 전령을 보내 연안으로 들어와 재정비 교육에 임할 것을 지시했다.

12월 24일, 마오쩌둥 주석은 섬감녕 진수 연방사령부에서 기병 제6사단의 대대급 이상 장교들을 접견하고, 시중쉰이 그들을 마오쩌둥에게 일일이 소개했다. 나를 소개할 때, 마오쩌둥 주석이 내 손을 잡고 웃으며 말했다. "하오커융(郝克永) 동지, 여기서도 활약을 하셨구려!" 내가 채 답변을 하기도 전에 시중쉰 동지가 의아해하며 서둘러 입을 열었다. "이쪽은 판밍 동지입니다." 그러자 마오쩌둥 주석이 다시 입을 열었다. "알고 있소! 하오커융은 그가 제38군 시절에 쓰던 본명이오. 그대들은 아직도 모르고 있었소?"

마오쩌둥 주석은 기의에 참가한 장교들을 환영하고, 찬사를 보내며 이렇게 말하였다.

"국민당은 큰 당이고, 국민당 군대는 대군대요. 국민당이란 배는 아주 크지만 이곳저곳 구멍이 나고 상처투성이기 때문에 곧 가라앉을 것이라는 사실을 여러 식자들은 모두 알고 있소이다. 여러분들은 이제 곧 침몰하게 될 거대한 배에서 내려와 자신을 위해 새로운 출로를 찾으려 했소. 그것이 바로 공산당의 배요. 지금 이 배는 비록 작지만 끊임없이 확대되고 대단히 튼실하여 몇몇 사람들이 말하는 그런 해적선이 아니라 쇠로 만들어 단단하고 강력한 대선(大船)이란 말이오. 사물의 발전은 언제나 무에서 유로, 작은 것에서 큰 것으로, 실패에서 승리로 향하게 되어 있소. 우리는 비록 곤궁한 시기에 처해 있지만 전반적인 국면으로 보건대 3년 이내에 장제스를 타도하고 중국 전역을 해방시킬 것이오!"

2 중쉰 동지는 중앙이든 아니면 지방이든지 간에 어디에서 근무하든 자신의 모든 정력을 쏟아 당의 통일전선과 민족 종교 사업에 최선을 다하였다. 그는 언제나 실제 상황을 고려했으며, 당의 정책을 창조적으로 파악하고 집행하여 시기적절하게 실제 공작상의 여러 가지 난점을 해결하여 각종 중차대한 임무를 훌륭하게 완수했다. 그는 이렇듯 수십 년 동안 뛰어난 업적을 남겼는데, 특히 해방 초기에 가장 인상적인 일은 다음과 같다.

1) 상류층 통전 인사들을 통해 하하(夏河, 拉卜楞) 반란 사건을 정확하게 처리했다.

황정칭(黃正淸)은 감남(甘南) 장족(藏族) 지구 납복릉의 지도자이자 납복릉 보안사령관이다. 그의 동생인 황정광(黃正光)은 장전(藏傳) 불교를 대표하는 사찰 6곳 가운데 하나인 납복릉사(拉卜楞寺)의 주지인 제5세 가목양(嘉木樣: 문수보살의 화신인 활불) 호도극도(呼圖克圖: 청대에 받은 봉호로 장생불로의 뜻이다—역주)로 법명은 단패견찬(丹貝堅贊)이다. 그의 또 다른 동생 황정밍(黃正明) 역시 납복릉사의 아망창(阿莽倉) 활불인 모쯔청랑(莫慈成朗)이다. 그의 아들 황원위안

(黃文源)은 청해 하남 몽고 친왕(親王)인 군가환쥐에얼(滾噶環覺爾)의 사위이다. 군가환쥐에얼이 친왕이 서거한 후 며느리인 자시차이랑(扎西才讓)이 하남 친왕을 계승했다. 이리하여 황씨 가족은 자무양 후투커투가 '요서(堯西: 역대로 달라이 라마의 가족이란 뜻이다—역주)'에 봉해졌으며, 황정칭의 며느리가 하남 친왕이기 때문에 자연스럽게 납복능 지구의 군사와 정치 및 종교의 대권을 아우르면서 안목다(安木多)·청해, 심지어 서장에 이르기까지 막강한 영향력을 행사했다. 일찍이 대혁명 시기에 우리 당은 펑위샹(馮玉祥) 부대에서 정치공작을 했던 쉬안샤푸(宣俠父)를 감숙 남부로 파견하여 통전 사업을 하도록 했다. 그는 황정칭이 사는 곳에서 거주하며 황제(黃結)와 친밀한 관계를 유지했다. 쉬안샤푸는 황정칭과 자무양 활불에게 한문과 한어를 가르쳤다. 특히 중요한 사실은 쉬안샤푸가 그들에게 민족 평등과 장족 민족의 단결을 강조하는 공산당의 선전 교육도 겸행하여 사상적으로 진보적인 토대를 마련할 수 있었다는 점이다.

난주가 해방되기 이전까지 황정칭은 하하에서 100여km 떨어진 아목거호(阿木去乎) 초원으로 피신하고 있었다. 황정칭을 우리 편으로 만들기 위해 서북국은 왕전(王震)·왕언마오(王恩茂)에게 지시하여 그에게 인편으로 편지를 보내는 한편, 나를 파견하여 선협부·황정칭과 모두 관련이 있는 자즈푸(賈志璞) 등과 함께 중국인민해방군 포고(약법 8장)와 대량의 선전물에게 산포하거나 사방에 붙여 당의 민족종교 정책을 선전하라고 지시했다. 자즈푸는 황정칭 예전 부대의 보안단 단장인 황리중(黃立中)과 납복릉사 총관(總管)인 다지(達吉) 등과 함께 사천과 감숙 경계 지역에 있는 장족의 거주지로 들어가 다방면에 걸친 활동을 시작했다. 그 결과 황정칭이 하하현(夏河縣)으로 되돌아와 1949년 9월 20일 기의하게 된 것이다. 당시 펑더화이 총사령관은 황정칭을 난주의 공관에 모시도록 한 후, 자즈푸·황리중 등에게 황정칭과 그의 부인 처런나무(策仁娜姆)를 난주에서 영접하여 제1야전군 연락부에서 접대하도록 했다. 펑더화이 총사령관과 황정 칭은 친밀한 대화를 나누며 우호적인 합의에 도달했다. 이후 시중쉰 도 그를 접견했다. 1950년 원단, 황정칭은 감숙성 여러 민족 각계 인 사들이 참가하는 인민대표회의에 출석하여 감숙성 인민정부위원에 피선되었다. 일련의 작업 과정에서 나와 황정칭은 조석으로 만나 무 릎을 맞대고 이야기하면서 어느새 친구가 되었다.

1950년 2월, 당시 임하(臨夏) 지위(地委)에서 '좌'적 착오를 범 하는 일이 발생했다. 그들은 하남 친왕의 속민(屬民)과 새로 공산당원 이 된 우전강(吳振綱) 등을 부추겨 하남 친왕을 상대로 투쟁하도록 하 는 한편, 납복룽사의 아망창(阿莽倉, 황정칭의 둘째동생) 활불에 대해 내지의 반지주(半地主)의 경우와 똑같이 투쟁 대상으로 삼았으며, 아 망창의 속지(屬地)인 아목거호의 중요 인물을 암살했다. 이리하여 아 목거호에서 반란이 일어나고, 하남 친왕의 집사가 우전강을 암살하는 일이 벌어졌다. 그들은 하하현 공안국의 무기를 몰수하겠다고 공언하 는 등 혼란이 점점 심해졌다. 서북국과 감숙 성위는 나를 전권대표로 임명하고, 1개 연대를 이끌고 가서 혼란을 수습할 것을 지시했다. 나 는 감숙 성위 서기인 장더성에게 이렇게 말했다. "민족 문제를 해결 하려면 반드시 그 민족의 영수를 통해야만 해결됩니다. 하하 사건을 해결하는 것도 마찬가지여서 반드시 황정칭을 통해 해결해야 합니다. 그러지 않는다면 설사 나에게 1개 연대가 아니라 1개 사단을 준다고 해도 해결할 수 없습니다." 장더성은 나의 의견에 동의하고, 황정칭 과 함께 가서 사건을 처리하도록 했다.

우리는 하하에 도착했고, 하하현의 현장인 황샹(黃祥: 장족, 황 정칭 부대의 연대장이었다)은 장족 상류층의 '좌'파 인물로 지목되 어 '좌'적 착오를 저지른 일파의 지지를 받으며 황정칭(납복룽사를 포 함하여)에 대한 투쟁을 하고 있었다. 그는 조직적으로 군중을 동원하 여 대낮에는 시위를 벌이고 밤중에는 무기를 탈취하여 우전강을 살해한 범인을 넘겨줄 것을 요구했다. 아목거호 지역의 기병들이 황씨와 사원을 보호한다는 명목하에 하하현 사방을 포위하고 총과 칼로 무장하여 그야말로 일촉즉발의 상황이 연출되고 있었다. 나는 황정칭을 통해 사원과 아망창의 문제를 해결하고, 황상을 통해 '좌'파를 설득하기 시작했다. 우선 당장이라도 원수를 찾아 죽일 것만 같은 살벌한 분위기를 완화시킨 다음 합리적이고 서로 이익이 되며, 절제적인 투쟁 방법을 통해 인내심을 갖고 설득 작업을 펼쳤다. 그리하여 마침내 평화적이고 순조로운 해결책을 얻어냈다. 이에 따라 우전강을 타살한 주범(황정칭 요서의 총관과 하남 친왕의 총관) 3명을 난주로 압송하여 성 고급법원(고등법원)에 회부했다(1951년 모두 석방되었다). 사건을 원만하게 처리한 후, 나는 1950년 4월 〈하하(납복능) 문제에 대한 종합 보고서〉를 작성하여 감숙 성위에 제출했다. 장더성 서기는 문건을 살펴본 후 즉각 서북국에 전달했다. 문건을 전달받은 시중쉰 서기는 보고 내용이 마오쩌둥 주석의 민족 정책에 근거하여 이론과 실천을 결합하여 민족 문제를 해결한 첫번째 중요 성과라고 생각하고, 〈하하 공작−판밍 동지의 공작 보고〉라는 제목으로 1950년 서북국 〈서북당내통신(西北黨內通訊)〉 제54기에 전문을 실었다.

2) 회족 반란군 우두머리인 마량(馬良)에 대해 감화 정책을 시행하여 과거의 잘못을 묻지 않다.

1950년 겨울 대만 국민당은 미국이 제공한 비행기를 이용하여 감남과 천북 경계 초원 지역에 반란군 수뇌인 마량(회족)을 잠입시키고 신식 무기를 투하하는 한편, 마량에게 서북 '토비 토벌' 총사령관으로 임명한다는 위임장과 직인을 주고 현지에서 무장반란을 일으킬 것을 명령했다. 당시 마량은 휘하에 1,000여 명의 무장대를 거느리고서 제법 위세를 떨쳤다. 이와 동시에 대만에서 황정칭을 수비총사령관으로 임명한다는 위임장과 직인을 투하하고, 마량이 몰래 황정칭의 아들인 왕원위안과 결탁하여 위임장과 직인을 황정칭에게 전달하고 감남에서 반란을 일으킬 것을 주문했다. 황정칭은 위임장 등을 받은 날 심야에 나를 찾아와 상황의 심각성을 알려주고, 황원위안과의 관련 문건을 군구(軍區)로 보내 달라고 요청했다. 그리고 자신이 직접 장민 무장대를 인솔하여 해방군과 함께 반란군 토벌에 나서겠다고 말했다. 나는 그의 대의멸친(大義滅親)의 뜻과 애국정신에 크게 감동했다. 다만 그에게 성급하게 나서지 말 것을 당부하면서 먼저 황원위안을 진정시켜 문건을 비밀리에 상부로 전달하고, 서북 군구와 감숙 성위에서 논의한 후에 다시 이야기하자고 권했다. 나는 상부에 황정칭이 휘하 부대를 이끌고 기병단과 함께 반란군을 토벌하자는 의견을 제시했으나 받아들여지지 않았다. 대신 감숙성 군구에서 자체 기병단을 파견하여 감남 장구(藏區) 깊숙이 진격하도록 했다. 하지만 장병들이 지형에 익숙하지 않고 상황이 불분명한데다 장족 인민들의 도움을 받을 수 없었기 때문에 이리저리 돌아다니며 세월만 허비하다가 결국 사상자가 늘어나고 군량이 떨어져 철수하고 말았다. 감숙 성위는 이 문제에 대한 논의를 통해 장족 상류층 영도 인물들과 장족 인민들의 도움을 받아 문제를 해결할 수밖에 없다는 결론에 도달했다. 그래서 황정칭에 대한 의심을 거두고 나에게 직접 황정칭을 찾아가 그에게 감남 토벌사령관 직책을 수여하도록 했다.

황정칭은 하하현으로 돌아온 후 장민들에게 호소하여 3일 만에 3,000여 명의 장족 토벌단을 조직하고 우리 기병단과 함께 감남과 천북의 광막한 초원 지역으로 출정했다. 마량 토비 집단에 대한 제2차 토벌이 시작된 것이다. 황정칭은 납복릉 사주(寺主)인 자무양 후투커투의 양가(娘家) 요서(堯西) 신분으로 감남 · 천북 장구에 있는 모든 사찰 우두머리들에게 마량 토벌에 협력하라는 통지를 보냈다. 그래서 토벌부대가 가는 곳마다 장민 우두머리들과 장족 대중들이 말을 타고 달리면서 총소리를 울리고 연도로 나와 환영했으며, 일부 기병들은 우리 군을 따라 토비 토벌에 나섰다. 황정칭은 물샐 틈 없는 포위망을 펼치고 주야로 적을 습격하여 마량의 토비들은 제대로 숨을 쉴 틈조차 없을 정도였다. 이와 동시에 사로잡은 포로들을 잘 대우하여 채 1개월이 가기도 전에 반란에 가담한 토비는 물론이고 우두머리인 마량까지 모두 체포하는 데 성공했다. 서북국은 황정칭의 공적을 중앙에 보고하면서 중앙군사위원회에 포상을 건의했다. 1955년 황정칭은 소장 직함을 받았다.

당시 토비 우두머리인 마량을 난주로 호송하자 당장 처형하자는 의견이 제시되었다. 하지만 시중쉰은 반란 수뇌에 대한 마오쩌둥 주석의 감화 정책에 따라 설득 작업을 진행하여 난주 회족 수령의 보증을 받아 석방하고, 민족사무위원회에 자리를 안배했다. 마량은 개과천선하여 자신이 직접 사람들을 보내 감남에 은신하고 있는 비적 잔당들에게 자수를 권유하는 등 감남의 정세 안정에 이바지했다. 난주의 회족 상류인사인 마텅아이(馬騰靄)에 대해서도 시중쉰은 처형에 동의하지 않고, 오히려 전국정협위원의 직책을 맡겼다. 이는 회족 인민들에게 지대한 영향을 끼쳤다.

3) 당의 종교 신앙 자유정책을 성실하게 집행하여 장전(藏傳) 불교의 자무양 후투커투의 전세좌상(轉世坐床)을 비준했다.

장전 불교 격로파(格魯派) 6대 사찰 가운데 하나인 감남의 납복릉사 사주는 자무양 후투커투이다. 5세 자무양(嘉木样) 단패견찬(丹貝堅贊, 황정칭의 동생인 황정광)이 1947년 4월 14일 원적(圓寂)한 후 전세영동(轉世靈童)을 선발하기도 전에 해방이 되었다. 1950년 황정칭은 장전 불교의 정해진 절차에 따라 전세영동을 선발하여 6세 가목양으로 추대해야 한다는 의견을 제시하여 서북국 서기 시중쉰의 정식 비준을 얻었다. 시중쉰 동지의 지시에 따라 황정칭은 납복능사 활불 승려 및 관할 사찰 대표들을 소집하여 청해 우녕사(佑寧寺)의 활불 토관창(土觀倉)에게 참가해 줄 것을 요청하여 활불 전세 방향을 찾도록 했으나 찾을 수 없었다. 1951년 2월, 그들은 판첸 대사(班禅大師)에게 점복을 진행해 줄 것을 요청하고 판첸 대사의 결정에 따르기로 했다. 판첸 대사는 10월 19일 친히 납복능사에서 점을 친 다음 판첸캄포(班禪堪布) 회의청 비서장에게 다음과 같이 선포하도록 했다. "판첸 액이덕니(額爾德尼) 대사의 점복 결과에 따라 5세 가목양 영동이 청해성 강찰현(剛察縣) 강찰상부(剛察上部)에서 태어났으며, 부친의 이름은 다랍해(多拉海), 모친은 재단탁마(才旦卓瑪)이며, 불명은 주목탑이(周本塔爾)이다."

그리하여 납복릉사에서 청해 강찰현으로 사람을 보내 활불을 영접하고, 1952년 3월 6일 납복릉사에서 6세 자무양 활불의 좌상(坐床) 의식을 성대하게 거행하였다. 서북국 민족사무위원회 주임 왕펑(汪鋒), 서북군정위원회 위원 황정칭, 그리고 감숙성 군구 사령관 쉬궈전(徐國珍)이 좌상 의식에 참석하여 서북군정위원회와 감숙성 인민정부를 대표하여 깃발을 보내고 축하했다. 자무양(嘉木样) 뤄쌍주메이(洛桑久美) 투단취에니마(圖丹却吉尼瑪), 그가 바로 감숙성 불교협회 회장이자 중화인민공화국 성립 이후 최초의 판첸대사로 결정된 전세활불(轉世活佛)이다.

4) 마오쩌둥 주석을 대표하여 특별히 서녕으로 가서 판첸을 환송하고, 서장 공작에 중요한 지시를 내렸다.

1951년 12월 15일, 판첸이 탑이사(塔爾寺)를 떠나 서녕으로 가게 되자 청해성 당정군 영도 동지들과 청해성 여러 민족 인민들이 작별인사를 하기 위해 모여들었다. 당시 중공중앙 서북국 서기이자 서북군정위원회 부주석인 시중쉰이 마오쩌둥 주석과 중앙인민정부, 서북군정위원회를 대표하여 특별히 서녕으로 와서 판첸 대사의 영광스러운 서장 귀환을 환송했다. 시 서기는 판첸을 찾아 뵙고 그에게 은화 3만 위안을 증정했으며, 판첸의 서장 귀환 준비 작업을 점검하고 관련 관원들에게 알려주었다.

시 서기는 그들에게 조국을 사랑하고 공산당을 옹호해야 한다고

1951년 4월, 서안에서 시중쉰이 북경으로 가서 서장 평화 해방에 관한 회담에 참가하는 판첸 어얼더니·취에지젠짠(確吉堅贊)을 영접하고 있다.

권면하고, 〈서장 평화 해방 방법에 관한 협의〉를 성실하게 이행할 것을 주지시켰다. 아울러 그들과 갈하(噶厦) 관리들이 서로 이해 단결하여 새로운 서장의 번영과 발전을 위해 노력해야 한다고 강조했다.

12월 16일 청해성 각족, 각계 인민대표 1,000여 명이 서장에서 성대한 환송대회를 거행했다. 회의에서 시중쉰은 마오쩌둥 주석과 중앙인민정부, 서북군정위원회를 대표하여 환송사를 낭독했다. "판첸 어얼더니 선생은 달라이 라마와 마찬가지로 서장 인민들이 높이 숭배하는 분입니다. 판첸 선생께서 28년 동안 서장을 떠나 있어 서장 인민들은 항시 그리워했습니다. 판첸 선생께서 이번에 서장으로 귀환하시니 서장 인민들이 뜨겁게 환영할 것입니다. 이는 중앙인민정부와 서장의 평화로운 해방을 협의한 필연적인 결과이자 서장 해방 이후 또 하나의 크게 기쁜 일이 아닐 수 없습니다. 이는 서장에서 마오쩌둥 주석과 중앙인민정부의 정확한 영도하에 달라이 라마와 판첸 어얼더니 선생이 단결하고, 전체 서장 인민들이 함께 단합했다는 사실을 말해 줍니다. 이로부터 우리 조국의 각 민족 역시 보다 친밀하게 단결할 것입니다."

이어서 판첸 대사의 답사가 있었다. 그는 마오쩌둥 주석과 중앙인민정부, 서북군정위원회, 청해서 당정군이 해방 이래로 그들에게 보여준 관심과 배려, 그리고 성대한 환송식에 대해 진심으로 감사를 표시하고, 서장으로 돌아간 후 마오쩌둥 주석, 중국공산당과 중앙인민정부의 영도하에 달라이 라마와 긴밀하게 단결하여 서장의 평화로운 해방에 대해 협의할 것이라고 말했다. 장엄한 환송회에서 판첸 대사는 마음속에 담은 진심어린 소감을 이야기했다. "우리가 내지에서 떠돌아다닌 지 벌써 30년이란 세월이 흘렀습니다. 만약 중국공산당과 마오쩌둥 주석의 정확한 영도가 없었더라면, 중국의 여러 형제 민족의 열성적인 도움이 없었다면, 서장의 평화로운 해방은 근본적으로 불가능했을 것이고, 우리가 이렇게 서장으로 귀환하는 일도 불가능했을 것입니다. 그렇기 때문에 우리는 중국공산당과 마오쩌둥 주석이야말로 서장 인민의 구세주이자 큰 은인이라고 생각합니다. 공산당과 마오쩌둥 주석을 따라 조국의 여러 형제 민족들이 긴밀히 단결하게 되면 우리 서장 민족도 완전한 해방을 얻게 될 것이니 그밖에 다른 길은 없습니다."

환송회에는 이외에도 청해성 당정군 책임자 장중량(張仲良)·자오소우산(趙壽山)·랴오한성(廖漢生)·시라오쟈춰(喜饒嘉措) 및 서북군정위원회 위원 황정칭 등이 참석하여 열정 넘치는 환송사와 축사를 했다. 서녕시 여러 민족과 각계 대표자들과 아동이 판첸에게 깃발과 화환을 헌상했고, 우호적인 분위기 속에서 달라이 라마에게 축전을 보내기로 했다.

12월 18일, 시중쉰 서기가 판첸의 서장 귀환을 호송하는 서북군정위원회 판첸 행원(行轅: 임시 군영을 뜻하나, 여기서는 판첸의 임시 사무소를 말한다―역주)의 보좌관 대표인 야한장(牙含章)과 당에서 판첸 감포회의청(堪布會議厅)에 파견한 부비서장 량쉬안셴(梁选賢)을 접견하고, 서장 공작은 반제국주의 애국, 통일전선이어야 한다는 마오쩌둥 주석의 가르침에 근거하여 〈판첸 공작과 반제국주의 애국, 통일전선 공작에 관한 지시(關於做好班禅工作和反帝爱國統一戰線工作的指示)〉를 작성하여 전달했다. 지시의 중요 내용은 아래와 같다.

(1) 서장 공작은 '온진신중(안정적인 바탕에서 진보하며 신중하게 처리한다)'의 방침을 따라야 하며, 조급성을 드러내서는 안 된다. 이른바 '안정적인 진보'란 앞으로 전진하지 않는다는 뜻이 아니라, 무엇을 어떻게 할 것인가에 대해 다양한 방법론을 도출하고 심사숙고하라는 뜻이다. 그렇다면 이렇게 심사숙고한 결과는 어떠한가? 안정적으로 한걸음을 걸으면 그만큼의 성적이 나오고 더욱 공고해지기 마련이다. 이것이 바로 서장 공작을 제대로 할 수 있는 방침이다.

(2) 서장에서 현재 가장 중요한 문제는 통일전선 사업을 어떻게 할 것인가이다. 우선 달라이와 판첸의 단결을 도모하고 그런 다음 민족간에 종교계의 상층과 하층, 달라이와 속인, 농민과 목축인 간의 단결을 이루어 반제(反帝), 애국의 통일전선을 이룩한다. 조국을 사랑하고 제국주의에 반대하는 것이 서장의 통일전선을 제대로 이룰 수 있는 토대이다. 이러한 통일전선을 위해 반제 투쟁을 전개하고, 투쟁 속에서 통일전선을 더욱 공고하게 확대해야 한다. 서장에서 반봉건 투쟁은 아직 시기상조이다. 이보다 먼저 달라이와 판첸이 반제국주의 통일전선에서 협력하도록 해야 한다. 이러한 점을 간부들에게 충분히 설명하고 사상적으로 납득할 수 있도록 해야 한다. 그렇지 않을 경우 현지의 풍속 습관을 존중하지 않고 개혁을 서두르고, 봉건세력과 가까이하지 않으려는 잘못을 저지를 수 있다.

(3) 서장의 여러 가지 사정(정치, 군사, 경제, 문화, 종교, 풍속, 역

사 등)을 조사 연구하여 분명하게 이해하고 숙지해야 한다. 이러한 기풍을 형성하기 위해 학습이 필요하다. 이해가 완전치 못하면 정확한 방법을 도출할 수 없다. 현재 서장 공작의 경우 지나치게 세밀하게 구분하지 말고 모든 동지들이 전면적이고 다방면에 걸친 정황을 이해하는 데 주력해야 한다. 우리는 흔히 "조(粗, 쓸데없는 찌꺼기)는 버리고 정(精, 유용한 알맹이)을 취해야 한다"고 말한다. 하지만 찌꺼기는 알맹이의 토대이다. 찌꺼기가 없다면 알맹이도 없다는 뜻이다.

(4) 처음 시작부터 조급하게 공작조나 간부들을 종단에 파견해서는 안 된다. 반드시 대표대회 · 좌담회 · 친목회 등을 개최하여 각지의 상류층 인사들을 초청하여 정책을 이야기하고 관계를 맺어야 한다. 군정위원회 성립 이후 방문단 · 조사단 · 구제단 · 의료대 등의 명의로 각 분야의 인사들을 조직하여 각지로 파견하여 공작이 끝난 후 귀환하도록 하며, 반복적으로 위아래가 호응할 수 있는 공작 방법을 채택해야 한다.

(5) 판첸 집단에 많은 도움을 주고 적극적으로 육성하여 그들이 좋은 방안과 대책을 마련하도록 한다. 판첸은 서장에서 억압을 받았기 때문에 우리를 의지하지 않으면 안 된다. 우리는 그들과 장기적으로 협력하고, 협력하는 가운데 그들이 더욱 진보할 수 있도록 도와야 한다. 그들은 지금 큰 분야에서 우리와 연합하고 있다. 이는 옳은 일이다. 그들이 낙후한 부분에 대해 지나치게 많은 요구를 해서는 안 된다. '대동(大同)'도 좋지만, '소이(小異)'도 있어야 한다. '소이'가 있는 가운데 '대동'을 이루는 것이 바로 통일전선이다. 중요한 문제로 다툼이 있을 경우 적당히 넘어서는 안 되며, 작은 문제는 굳이 다투지 말고 적당히 처리해야 한다. 이것이 우리 공산당원의 원칙성이자 융통성이다.

(6) 서북에서 파견한 간부와 서남에서 파견한 간부는 일치단결해야 한다. 동지들 사이에 추호의 갈등이나 간격이 생겨서는 안 된다.

특별히 친밀하고, 특히 단결해야 마땅하다. 판첸을 따라 서장으로 들어간 청해 장족 동지들은 더욱 주의해야 한다. 일객칙(日喀則, 서장 자치구의 도시 이름)에서 살면서 서장 장민들과 단결하여 겸손하게 생활하고, 절대로 오만하지 말아야 한다. 그렇지 않을 경우 서장 인민들에게 좋지 않은 인상을 줄 것이다.

아함장 동지는 1952년 5월 판첸을 라사(拉薩)까지 모시고 간 뒤 시중쉰의 지시를 서장공작위원회에 전달했다. 공작위원회는 시 서기의 서장 통일전선 공작에 관한 지시가 서장의 실제 상황에 근거하여 이론, 정책방침, 그리고 영도 방법에 대해 변증법적으로 논술하여 장족과 한족의 단결 및 장족 내부의 단결, 간부 내부의 단결 등에 중요한 문건이라고 생각했다. 그래서 즉시 분공위(分工委, 공작위원회 지부)에 전달하여 현지 상황과 결합하여 진지하게 학습, 토론하고 철저하게 이행하도록 지시했다.

시중쉰 동지가 아함장과 량쉬안셴에게 전달한 〈판첸 공작과 반제국주의 애국, 통일전선 공작에 관한 지시〉를 실제 상황에 적합하게 실천함으로써 서장 공작은 물론이고 달라이와 판첸 간의 단결에서 적지않은 효과가 있었다는 것이 증명되었다. 이렇듯 당시는 물론이고 지금 입장에서 보더라도 그의 판단과 지시는 정확했으며, 무엇보다 실제와 부합했다.

마오쩌둥의 시중쉰 평가 *

탕 뤄

> **탕뤄(湯洛)** 본명은 톈수지(田樹基), 필명은 톈렁(田冷), 둥팡훙(東方紅).
> 1925년 출생으로 섬서 연안 사람이다. 1938년 섬감녕 변구에서 중학을
> 졸업하고, 1945년 연안대학 행정학과에서 수학했다. 신문사 문예부간 편
> 집기자, 종군기자, 신화통신사 종군기자(6·25 참전기자), 신화사 서북국 특
> 파원, 정법문교 탐방조 조장, 《연하(延河)》 초대 부주편, 서안작가협회 전
> 업작가.

그는 군중에서 나온 군중 영도자이다

1945년 항일전쟁이 승리로 끝난 후, 중공중앙 서북국 서기 가
오강은 중앙과 마오쩌둥 주석의 명에 따라 대다수 간부를 이끌고 연
안을 떠나 동북 해방구를 개척하기 위해 동북으로 떠났다. 서북국 서
기를 선발할 때 마오쩌둥은 이렇게 말하였다. "우리는 서북국을 맡을
젊은 서기를 선택해야 할 것이오. 그가 바로 시중쉰 동지요. 그는 군
중의 지도자, 군중에서 나온 군중의 영수요."

당시 시중쉰은 33세로 중공중앙 조직부 부부장을 맡고 있었다.

마오쩌둥이 시중쉰에 대해 이런 긍정적 평가를 내린 것은 10년
전 그를 처음 만났을 때의 인상과 관련이 있다. 1935년 마오쩌둥은

---

* 본문은 《염황춘추(炎黃春秋)》, 1999년 제11기에 실렸다. 약간의 내용을 뺐다.

중앙 홍군을 이끌고 험난한 장정을 마치고 마침내 섬북 근거지에 도착했다. 몇 군데 마을 지나다가 담장과 큰 나무에 이미 기일이 지난 〈섬감변 소비에트 정부 포고〉가 붙어 있는 것을 보았는데, 벽보 위에 '주석 시중쉰'이란 서명이 적혀 있었다. 이후 그가 와요보에 있을 당시 '좌'경 분자들에게 체포, 수감되었다가 석방된 동지들 중에서 시중쉰을 직접 보고는 의아스럽다는 얼굴로 이렇게 말했다.

"아니 이렇게 젊은가?"

당시 시중쉰의 나이 겨우 23세였다.

섬북 근거지에서 몇몇 원로 동지들 사이에 "섬북이 중앙을 구했다"는 이야기가 오가곤 했다. 이에 대해 시중쉰은 정색을 하며 이렇게 말하였다.

"이는 마땅히 거꾸로 중앙이 섬북을 구하였다고 말해야 한다."

그는 마오쩌둥과 당중앙이 장정을 거쳐 섬북에 도달하기 전까지 섬북 근거지는 "밖으로 국민당 군대가 '포위 토벌' 작전을 펼치고, 안으로 '좌'경 노선의 피해를 입어 수많은 우수한 당원·간부·지식인·하급장교들이 피살되거나 산 채로 매장되었다. 마오쩌둥 주석이 섬북에 도착하지 않았다면 섬북 근거지는 절단났을 것이다. 마오쩌둥 주석이 사흘만 늦게 왔다면 아마도 류즈단과 우리는 살아남지 못했을 것이다. 만약에 마오쩌둥 주석이 사정을 봐주어 목숨을 살려주지 않았다면 나 역시 이미 이 세상 사람이 아니었을 것이다. 그들(좌경 기회주의자)은 이미 류즈단과 우리를 산 채로 땅속에 매장했을 것이다."

1951년 7월 1일, 중국공산당 창립 30주년 기념일에 시중쉰은 〈마오쩌둥을 따르면 승리한다〉는 제목의 글을 쓴 적이 있다. "마오쩌둥을 따라간다"는 것은 시중쉰의 평생 불변의 신조였다.

최고의 수준에 오르다

최근 몇 년 동안에 시중쉰의 가족이 보이보(薄一波)에게 새해 인사를 하러 갈 때마다 보이보는 마오쩌둥이 시중쉰을 '노화순청(爐火純青)'이란 말로 칭찬했노라고 거듭 말하곤 하였다.

마오쩌둥이 그 말을 한 것은 1952년 초반 시중쉰이 서북국 서기 겸 서북군정위원회 부주석을 맡고 있을 때였다.

어느 날 보이보가 마오쩌둥을 방문했다. 마오쩌둥은 때마침 시중쉰이 서안에서 보내온 〈중공중앙 서북국위원회 전체회의 상황에 관하여〉라는 제목의 문건을 읽고 있었다. 보고 내용은 서북 지구 토지개혁, 통일전선, 민족공작 등에 관한 것으로 내용이 풍부하고 논리가 정연했다. 보고서는 중앙에서 광활한 지역에 다민족이 거주하여 사회적으로 복잡한 서북의 정치개혁을 영도하기 위해 제출한 저본이었다. 마오쩌둥이 대단히 기뻐하며 보이보에게 물었다.

"한 번 말해 보시오. 시중쉰이란 동지는 어떤 사람이오?"

"젊고 능력이 있습니다." 보이보가 말했다. 연안 시절에 보이보는 마오쩌둥이 이렇게 말하는 것을 들은 적이 있었기 때문에 그대로 말했던 것이다. 그러자 마오쩌둥이 다시 입을 열었다.

"지금은 이미 '노화순청'이오."

시중쉰이 사물에 대한 관찰력이 뛰어나다는 것은 주지의 사실이며, 특히 '좌'경 현상에 대한 감지는 상당히 민감했다.

1947년 겨울 인민해방군이 연승을 거듭하면서 각 해방구마다 토지개혁이 활기차게 전개되었다. 운동 과정에서 소비에트 시기의 노구(老區), 항일전쟁 시기의 반노구(半老區)에 신구 토지개혁과 구분하지 않는 현상과 과격한 행동이 나타나기 시작했다. 시중쉰은 1948년 1월 4일부터 2월 8일까지 1개월 동안 "노해방구(老解放區)의 토지개혁 문제" "토지개혁 과정에서 '좌'적 정서를 극복하는 데 주의하자" "세 지역에 따라 차별적인 토지개혁을 실시하자" 등등 중요한 문제를 당중앙과 마오쩌둥 주석에게 제기하며, 아울러 '좌'적 정서에 반대한다는 의견을 분명히 전달했다.

1월 4일, 중앙으로 보낸 서신에서 그는 이렇게 말했다.

"만약 일반적인 개념으로 노구의 토지개혁을 시행한다면 원칙상의 착오를 범할 것이 분명하다." "지주, 부농이 중국 농촌 인구에서 대략 8% 정도를 차지하고 있다는 관념은 노구의 경우 바꿀 필요가 있다." 만약 그러지 않을 경우 "필연적으로 중대한 착오를 범하게 될 것이다." "노구에서 군중 운동을 전개하여 소자산계급의 '좌'경 형식주의를 단호하게 반대해야 한다." 그는 섬감녕 변구 수덕 분구에서 발생한 정책 위반 사례를 예로 들었다. 신점(辛店) 하가석촌(賀家石村)에서 변구문화협회 후차이(胡采)가 이끄는 공작단이 민병들에게 지주를 매달고 간부들을 타도하라는 지시를 하달하자 몇 명의 수하 졸개들이 군중 투쟁대회에서 지주나 간부들을 구타하고 고문하는 등 인심을 흉흉하게 만들었다. 시중쉰은 "이러한 '좌'적 정서는 군중들이 원래 지니고 있던 것이 아니라 간부들이 가지고 온 것"이라고 지적했다.

마오쩌둥은 1월 9일 다음과 같이 지시했다. "중쉰 동지가 제기한 각 항의 의견에 전적으로 동의한다. 이러한 의견에 따라 각 분구와 현의 토지개혁 공작을 긴밀하게 지도하여 변구 토지개혁 공작을 정해진 궤도에 따라 진행하여 착오를 범하지 않도록 하라." "화북의 이전 근거지 역시 이 점에 주의하라."

1월 19일, 시중쉰은 '의합회의(義合會議)' 문제에 대해 마오쩌둥에게 보고했다. 의합회의는 1947년 겨울 섬북 수덕 의합진에서 개최한 섬감녕 진수 변구 토지개혁에 관한 회의이다. 당시 극좌 선풍으로 인해 이른바 '빈고농(貧雇農) 노선'을 고수하며 '중농 노선'에 반대하는 구호가 난무하고, 일부 사람들이 구타와 고문은 물론이고 농민들의 재산을 몰수하고 집 밖으로 내쫓는 등 심각한 혼란 상황이 벌어졌다. 그 중에 일부 극렬분자들은 '즈단(志丹) 사대가족(四大家族)'이라는 말도 안 되는 소리를 내지르며, 섬감녕 소비에트 지역 창건자이자

군중 영수인 류즈단과 그의 전우인 마시우(馬錫五)·왕쯔이(王子宜)·
차오리루(曹力如) 등의 가족을 토지개혁 대상으로 삼았다. 부대 사령
관인 장다즈의 동생을 거꾸로 매달아 구타하고, 금품을 강탈했다. 어
떤 열사 가족 역시 재산을 몰수당하고 집에서 쫓겨났으며, 노동 영웅
칭호를 받은 이들까지 여유 식량이 있다는 이유로 투쟁 대상으로 간
주되었다.

시중쉰은 전문(電文)에서 "의합회의에 잠복되어 있던 '좌'경 정
서가 진수에 직접적으로 영향을 끼쳤기 때문에 농촌에서 토지개혁을
실시할 때 극좌 편향이 발생한 것"이라고 지적하고, 다음과 같이 자
신의 의견을 제시했다. "내가 보기에 '좌'적 편향이 지속될 경우 채 반
달이 지나기도 전에 모든 것을 완전히 파괴하고 말 것이다."

시중쉰은 전문에서 노구의 계급 상황에 대해 마르크스주의의 관
점에서 과학적 분석을 가했다. "노구의 경우 향촌에 빈농이나 소작
농이 극히 적다. 그 중에는 자연재해로 빈농이 된 자들도 있고, 지주
였다가 빈농으로 전락했으나 아직 제대로 변화하지 못한 자들도 있
으며, 나태하고 아편중독 또는 방탕으로 인해 빈농이 된 자들도 있
다.""그들에게 토지개혁을 영도하게 한다는 것은 영도권을 불량한
이들에게 주는 것이나 마찬가지이다. 그래서 마을의 간부가 도망치거
나 자살하는 일이 벌어졌던 것이다." 그는 이렇게 지적했다. "진정으
로 우량한 기본 군중은 중농계급과 일부 빈농이다."

마오쩌둥은 1월 29일, 다음과 같은 지시를 내렸다.

"시중쉰 동지의 의견에 전적으로 동의한다. 화북·화중 일대의
노(老)해방구에서 유사한 상황이 벌어지는 지역은 반드시 '좌'적 착
오가 벌어지는 지역에서 '좌'적 착오를 시정하도록 주의를 기울여야
할 것이다. '좌'적 착오가 생길 경우 영도 기관에서 적법하게 처리하
고, 시일을 끌지 말고 몇 주 내로 시정토록 한다. 동시에 하부 조직에
서 '좌'적 착오 시정을 오해하여 토지개혁 시행에 차질이 생기지 않도

중남해 근정전 사무실에서 사무를 보고 있는 시중쉰.

록 하라.”

얼마 후 중앙은 저우언라이가 작성한 〈노구, 반노구 토지개혁 문제에 관한 결정〉을 각 해방구에 하달했다.

시중쉰은 비서인 톈팡에게 1944년 왕전(王震)이 팔로군 남하지대(南下支隊) 사령관으로 남하하기에 앞서 마오쩌둥이 자신을 찾아와 이야기한 내용을 언급한 적이 있었다. “우리는 섬감녕 변구를 계속 고수할 수 없을 것 같으니 전국 인민의 해방을 위해 자네가 왕전을 따라 남하하는 것이 좋겠네.” 하지만 며칠 후에 마오쩌둥이 다시 시중쉰을 찾아와 이렇게 말하였다. “재삼 고려해 보니 역시 자네는 섬북에 남는 것이 좋겠어. 우리가 함께 섬감녕 변구를 잘 건설하고 공고히 하는 것이 급선무일세.”

자네는 맹획을 칠종칠금한 제갈량보다 대단하네

몇 년 전, 전국정치협상회의 주석 리루이환(李瑞環)이 한 동지에게 이렇게 말한 적이 있다.

"리웨이한(李維漢)과 시중쉰 동지의 민족 통전공작에 관한 연설과 저작은 현재 우리의 민족 통전공작의 법보이다."

1952년 7월 시중쉰은 마오쩌둥의 명령에 따라 신강으로 부임하여 그곳에서 발생한 민족 분규를 원만하게 해결하여 신강의 정치 형세를 안정시키고, 여러 민족들이 예전처럼 화목하게 생활할 수 있도록 만들었다.

서북 지구는 전체 339만 평방킬로미터의 광활한 지역에 한족·회족·장족·위구르족·몽고족 등 10여 개 형제 민족 2,350만여 명이 공존하고 있다. 그렇기 때문에 정치적으로 복잡하고, 경제는 낙후된 상태이다. 시중쉰은 모든 공작은 민족 단결의 토대 위에 '온진신중'의 방침에 따라 진행해야 한다고 강조했다.

"각 민족 상류층 인사들을 쟁취(포섭)하고 종교 인사들을 쟁취한 후에 공작을 시행해야지, 뒤바뀌면 안 된다."

이것이 시중쉰이 당시 민족 모순을 해결하기 위한 방정식이었다.

청해성 앙랍부락(昻拉部落) 제12대 천호(千户) 샹첸(項謙)의 투항은, 시중쉰이 서북 지구에서 여러 민족 문제를 해결한 사안 가운데 가장 모범적인 예이다.

사후 마오쩌둥은 시중쉰을 만나 이렇게 말하였다.

"중쉰, 자네는 정말 대단하네. 제갈량은 맹획을 7번 잡았다가 7번 놓아 주었다는데, 자네는 제갈량보다 훨씬 대단하단 말일세."

샹첸은 마부팡 제100사단 사단장인 탄청샹(譚呈祥), 기병 제14여단 여단장 마청셴(馬成賢) 등 반혁명 무장세력과 함께 이른바 '반공구국군' 제2군을 조직하여 반란을 일으켰다. 샹첸을 귀순시키기 위한 노력은 1949년 12월부터 1952년 7월 11일 오후 샹첸이 남호가해(南平加該) 숲에서 투항할 때까지 장장 2년 7개월이 걸렸다. 1950년 9월부터 1952년 4월까지 중공 청해성 통전부 부장 저우런산(周仁山), 장전 불교 대사 시라오쟈춰, 장족 부족 수령, 사원 활불 등 50여 명이 직접 호랑이굴로 들어가는 심정으로 앙랍으로 가서 항렴과 17차에 걸친 평화 담판을 벌였다. 그 기간에 얼마나 많은 곡절과 변화가 있었는지 가히 극적이라 할 만했다.

시중쉰은 친히 당시 투쟁을 영도하면서 '호화순청'의 지혜와 재간을 발휘했다.

그는 장기적인 안목에서 여러 차례 청해 영도자들에게 이렇게 당부했다. 앙랍 반란 사건을 정확하게 해결하는 일은 앙랍 장족 동포의 단결과 밀접한 관련이 있을뿐더러 우리 당이 청해를 비롯한 여러 장족 구역과 소수민족 지구에 입지를 굳혀 인민 정권을 건립하는 등 여러 가지 사업을 전개하는 것과도 관련이 깊다. 또한 감숙과 사천 등지의 장족 구역 및 서장에 대해서도 큰 영향을 줄 것이다. 그래서 그는 군사 준비 태세를 갖춘 후에 정치적 해결 위주로 신중하게 평화적으로 해결해야 한다고 강조했던 것이다. 아울러 샹첸에 대해 반복적으로 포섭 공작을 전개하되 특히 관대한 정책을 유지해야 한다고 말했다.

일부 인사들이 군사력을 동원하여 포위 공격하자는 의견을 제시하자 시중쉰은 청해 성위 서기 장중량에게 전보를 보내어 이렇게 말했다.

"절대로 독단적으로 군사를 일으키지 마시오. 정치적 와해공작이 아무런 성과가 없을 때 군사 포위작전을 고려할 것이오."

1950년 8월, 샹첸이 투항하여 서녕으로 와서 깊이 뉘우치며 정부에 사과의 뜻을 표했다. 하지만 앙랍으로 돌아가자 다시 신뢰를 저버리고 약속을 어겼다.

1951년 9월, 샹첸에 대한 8번째 정치적 해결이 실패로 돌아가자 사람들이 격분했다. 청해성 각 민족 대표회의에서 대표들은 정부에서 앙랍에 군사를 보내 토벌할 것을 단호하게 요구했다.

시중쉰은 즉각 전보를 보내어 만류하면서 이같이 말하였다. 앙랍 문제는 평화적으로 해결하는 것이 정치적으로 유리할뿐더러 일단 시라오쟈취·판첸 행원 등을 비롯한 여러 장족 인사들에게 어떻게 하는 것이 좋을지 자문을 구하는 것이 옳다. 과거에 취했던 방식이 적당했는지 여부를 다시 확인하여 향후 정치 투쟁을 더욱 올바른 방향으로 이끌어야 한다. 우리가 고려할 점은 대다수 장족에 대한 영향 문제이다. 만약 우리의 노력이 부족한 상태에서 군사적으로 실패하여 항겸 등이 도피할 경우 여러 가지 성가신 문제가 발생할 것이며, 설사 무력 토벌에 성공한다고 할지라도 장족 지역의 여러 가지 사업에 막대한 지장을 초래할 것이 분명하다. 만약 우리가 정치공작에 미비한 점이 있다면(물론 군비 태세를 갖춘 상황에서) 군사작전은 연기해도 무방할뿐더러 응당 그렇게 해야 할 것이다.

1952년 5월 1일 시작된 반란 토벌작전은 5월 3일 끝났다. 하지만 샹첸 등은 동인현(同仁縣) 남호가해(南乎加該) 산림 지역으로 도주했다. 어떤 이들은 샹첸을 우리측으로 끌어들일 가능성이 크지 않으며, 그럴 만한 가치조차 없다고 말했다. 하지만 시중쉰의 생각은 달랐다. 그는 성위 서기 장중량에게 급전을 보내 앙랍 지역에서 착오 없이 제대로 공작을 진행한다면 샹첸이 귀순할 가능성이 높다고 말했다. 아울러 신속히 샹첸이 신임할 수 있는 한족이나 장족 인사를 그에게 보내 투항할 경우 신변을 확실히 책임지겠다는 뜻을 밝히라고 했다. 또한 항겸이 돌아올 의사가 있다면 진실성 여부와 상관없이 진심으로 대하고, 은혜로 감화시켜야 한다는 말을 덧붙였다.

1952년 8월 11일, 마침내 샹첸이 난주에서 깊이 후회하는 모습으로 시중쉰의 손을 굳게 잡고 사죄하면서 흰색 하다를 바쳤다. 그리고 기쁨의 눈물을 흘리며 시중쉰에게 잔을 들어 감사의 뜻을 전했다.

진심으로 상대하고, 은혜로 감화하다. 시중쉰은 유물사관의 관점에서 소수민족 상류층 인사들이 동일 민족 지구에서 지니고 있는 사회적 지위·작용·영향 등의 형성과 존재에 대해, 그리고 역대 정치제도하의 정치 활동과 태도 및 종교 신앙이 그들의 사상 의식과 정신 품덕에 끼치는 영향 등에 대해 분석하고 연구했다. 그리고 이를 바탕으로 공산당원으로서 장기적인 안목으로 흉금을 터놓고 여러 소수민족 상류층 인사들과 교류하면서 함께 일을 진행했다. 그들은 이를 통해 중국공산당의 진심과 우호 정신을 실감할 수 있었다.

감숙 남부 장족의 우두머리인 황정칭은 시중쉰과 막역한 친구 사이라고 말할 수 있다. 시중쉰이 와병중일 때 그는 문병하기 위해 천리를 마다하지 않고 달려왔다. 이는 수십 년 동안 함께 협력하면서 신뢰를 쌓은 우정으로 말미암은 것이다. 황정칭이 특히 감동한 것은 그에 대한 시중쉰의 거짓 없는 신임이었다.

1953년 봄 감숙 임하(臨夏)에서 전 국민당 현참의장(縣參議長)인 마량이 국민당 패잔병과 비적질을 하는 건달들을 규합하여 감숙과 사천 변계 장족 지구에서 반란을 일으켰다. 그들은 대만 국민당의 지휘와 원조를 받으며 기고만장했다.

동시에 대만 국민당 특무기관은 후한 관직과 금품 제공을 미끼로 당시 서북군정위원회 위원인 황정칭에게 공산당을 배반하고 마량이 감남 지역에서 반란 거점을 마련하도록 해달라고 요청했다.

마량 반혁명 무장세력을 철저하게 소탕하기 위해 인민해방군 제11사단과 약간의 기병연대가 출동했다. 황정칭은 명령에 따라 초비(剿匪: 비적, 토비 토벌) 총지휘부 부사령관에 임명되었다(사령관은 장다즈, 정치위원은 황웨이쑹(黃維嵩), 부사령관은 주성다(朱聲達), 쉬궈전(徐國珍)이다).

황정칭이 토벌을 위해 서안을 떠날 때 시중쉰이 그를 송별하기 위해 왔다. 시중쉰은 자신이 휴대하고 있던 권총을 황정칭에게 건네면서 항상 휴대하며 호신용으로 사용하라고 말했다. 황정칭은 권총을 받아들자 문득 뜨거운 눈물이 흐르며 온갖 상념이 교차했다. 때마침 국민당의 간계가 진행되는 상황에서 공산당 영도자가 이처럼 자신을 신임하고 있음을 실감하였으니 어찌 감동하지 않았겠는가!

황정칭이 자리에 앉자 시중쉰은 간곡하고 의미심장한 어투로 이렇게 말했다.

"조직은 이번에 그대가 초비 임무를 완수할 것이라고 믿고 있어요. 이번에는 대담하게 공작을 진행하여 자신의 영향력을 최대한 발휘하시기 바랍니다. 우리가 함께 협력하며 일한 지도 꽤 되었지요. 당신을 충분히 이해하고 믿어 의심치 않습니다. 이후에 무슨 일이 있거든 언제라도 나에게 연락해 주세요. 외부 사람들이 무어라고 하든지 염두에 둘 필요 없습니다."

시중쉰은 유관기관에서 얻은 정보를 솔직하게 황정칭에게 이야기해 주었다. 대만 국민당이 황정칭을 찾고 있으며, 이미 감남 상공으로 몰래 침투하여 공중에서 임명장과 관방(關防: 관공서의 직인—역주)·텔레비전 등을 투하했으며, 이 모든 걸 마량이 가지고 있다는 내용이었다. 시중쉰은 황정칭을 안심시키며 다시 입을 열었다.

"감남으로 간 후에 혹시라도 누군가 임명장·직인 등을 가져오거든 두려워 말고 받은 다음에 상부에 보고하도록 하세요."

황정칭이 감남 하하에 도착하고 삼일째 되는 날 과연 마량이 사람을 보내어 '수비사령관'으로 임명한다는 내용에 장중정(蔣中正, 장제스)이 직접 서명한 임명장과 관인을 보내왔다. 그는 즉시 주샤푸(朱俠夫)를 통해 서북군정위원회에 전달하도록 했다.

(본문의 자료는 시중쉰의 전 비서였던 톈팡·판신민(範新民)·장즈궁(張志功)·차오전중(曹振中) 등이 제공했다.)

실사구시를 견지한 시중쉰 서기 *

안즈원

> **안즈원(安志文)** 1919년 3월 출생, 섬서 자주(子洲) 사람이다. 1936년 중국공산주의청년단에 가입했으며, 1937년 연안 항대(中國人民抗日軍事政治大學)에서 수학, 같은 해 중국공산당에 가입했다. 중공 섬감녕 변구 위원회 순시원, 수덕 지위 비서장, 중공중앙 서북국 비서, 중공 눈강(嫩江) 성위 민운부(民運部) 부장, 중공중앙 동북국 정책연구실 부주임, 동북 행정이원회 공업부 부부장, 국가건설위원회 부주임, 국가계획위원회 부주임, 제6기계공업부 부장, 국가체제개혁위훤회 부주임 등을 역임했다.

1990년 말부터 시중쉰은 심천(深圳)에서 휴양하고 있었다. 나는 선후로 여러 차례 병문안차 심천으로 내려가 그를 만났다. 매번 만날 때마다 그는 예전과 마찬가지로 활달하고 낙천적이었으며, 항시 당과 국가에 대한 생각을 잊지 않았고, 덩샤오핑이 주도하고 있는 개혁개방과 현대화 건설에 큰 성과가 있기를 희망하였다. 1993년 7월, 다시 심천에 내려가 그를 만나 담소를 나누었다. 헤어질 때 그가 다정스레 나에게 말했다.

"우리 당의 역사를 회고하여 보니, 크나큰 실수나 과오는 주로 '좌'적 사상의 영향과 간섭에서 비롯된 것일세. 이러한 교훈을 영원히 기억해야지!"

---

* 본문은 《시중쉰의 혁명 생애》, 중국당사출판사, 중국문사출판사 2002년 출판본에 실려 있다.

관중 분구에서 지위 서기를 맡고 있던 쉬중쉰(오른쪽에서 세번째)이 전우들과 함께 찍은 사진.

폐부를 찌르는 그의 말을 들으며 나는 깊이 감동하여 한동안 뛰는 가슴을 주체할 수 없었다.

나는 1943년 초부터 그와 함께 일하기 시작했다. 당시 그는 섬감녕 변구 관중 분구에서 수덕 지위로 전근하여 지위 서기를 맡았고, 나는 지위의 비서장이었다. 근 2년간 조석으로 함께 만나 같이 일하면서 나는 그가 온화한 품성으로 누구에게나 친절하고, 동지들에게 관심을 애정을 가졌으며, 군중들과 두루 연계하고 실사구시적 사상 기풍을 지녔다는 것을 깊이 체득했다. 당시 그 느낌은 지금도 여전하여 결코 잊을 수가 없다.

당시 수덕 지구는 연안에서 화북·화중의 항일 근거지와 연계할 때 반드시 거쳐야만 하는 전략 통로였다. 정풍 운동이 시작되고 1943년에 근거지의 일부 동지들이 계속해서 연안으로 들어가 정풍 학습에 참가하거나 또는 당의 제7차 대표대회에 참가할 준비로 분주했다. 항대 분교 역시 전방에서 수덕으로 이사하여 쉬샹첸(徐向前)이 교장을 맡고, 전방에서 돌아온 군사 간부들이 항대에 입학하여 수학했다.

시중쉰이 수덕으로 전근한 후 때마침 서북국 고위급 간부회의 이후 중앙에서 영도의 일원화를 강조했다. 그래서 그는 지위 서기와 경비구 정치위원을 겸임했고, 항대가 수덕으로 이전한 후 쉬샹첸도 경비구 사령관을 겸임했다. 당시 역사적 의의가 있는 정풍 운동이 점차 확대되면서 당중앙의 결정에 따라 수덕에 청년간부학교가 설립되었으며, 중앙 기관과 학교에서 전근 온 많은 간부들이 수덕에서 조사 연구 및 실제 공작에 참가했다. 예를 들어 중앙청년위원회 책임자인 펑원빈(馮文彬)은 미지(米脂)에서 현위 서기를 맡았고, 한톈스(韓天石)는 가현(佳縣)에서 현위 서기를 맡았으며, 작가 류칭(柳青)은 농촌으로 들어가 생활 체험을 하면서 향의 문서를 담당했다. 그들은 수덕으로 들어온 후 중쉰 동지와 밀접한 관계를 유지했다.

중쉰 동지는 수덕에 들어온 후 정풍과 생산 모두 그르침이 없을 것을 강조하고 기관 간부들에게 자신이 직접 생산에 참여하도록 하는 한편, 농촌으로 깊이 들어가 생산 운동을 촉진시킬 것을 요구했다. 그리고 자신 역시 솔선수범하여 수덕 현위의 서기인 쑹양추(宋養初)와 우리를 데리고 학가교(郝家橋)촌에서 조사를 진행했다. 조사 과정에 우리는 농민 류위허우(劉玉厚)가 근면한 노동으로 자신의 집안 경제를 중농 수준까지 끌어올리고, 마을 농민들과 함께 노력하여 학가교촌을 모범촌으로 만들었다는 것을 알게 되었다. 시중쉰 동지는 이를 알게 되자 현지 군중들의 추천을 받아 지위와 전서(專署)에서 통지를 통해 전 지역 농민들에게 류위허우를 배울 것을 권유했다. 류위허우와 노동영웅 우만(吳滿)은 노동 경연을 통해 섬감녕 변구의 노동영웅으로 선발되었다.

당시 수덕 지구에는 중앙을 비롯해 여러 근거지에서 이주한 간부들이 상당히 많다. 시중쉰 동지는 정풍 학습 과정에서 지방 간부와 군대 간부, 현지 간부와 외래 간부, 공농(工農) 간부와 지식분자 간부 등의 관계를 정확하게 처리할 것을 강조하면서 서로 배우고 도우면서 상대방의 장점을 취해 자신의 약점을 극복하고, 간부들 간의 단결과 협력, 현지 군중들과 밀접한 관계를 유지함으로써 국민당 강경파의 변구 도발과 봉쇄로 야기된 일시적인 곤란을 극복할 것을 강조했다.

당시 수덕 지구는 정풍 운동이 추진되면서 생기발랄하게 여러 가지 사업이 진행될 수 있었던 것은 모두 시중쉰 동지의 영도와 깊은 관련이 있다. 물론 정풍 기간에 나름의 곡절도 있었다. 이는 역사적 원인에서 기인한다. 수덕 지구는 소비에트 운동 시기에 적과 백이 심각하게 대립했던 지역이다. 1937년부터 1940년까지 국민당 강경파가 정권을 잡았으며, 이후 1940년 반공세력을 물리치고 국민당 강경파 허사오난(何紹南)이 도망친 후에 비로소 민주정권이 들어섰다. 그렇기 때문에 사회적으로나 특히 교육계에 국민당이 여전히 영향력을 발휘하고 있었다. 정풍 운동이 간부 심사 단계에 돌입하자 이러한 역사적 문제를 정확하게 처리하기 위하여 지위는 중공 서북국과 중앙에 수덕의 정황을 보고하기로 결정했다. 당시 수덕 지위의 보고를 청취한 이는 중앙사회부의 책임자 캉성이었다. 그는 정황보고를 받은 후 수덕 지구에서 적정(敵情)에 대한 감시가 불충분하다고 비판하면서, 국민당의 '홍기정책(紅旗政策)'을 반대해야 한다고 강조했다. 그는 또한 우리 지방 공산당원들 가운데 국민당의 '홍기당(紅旗黨)' '수라복당(水蘿卜黨: 수라복은 붉은 무로 겉은 붉지만 속은 희다-역주)' '겉만 붉고 안은 희다'는 등의 발언을 해댔다. 아울러 수덕 지구도 연안과 마찬가지로 '창구실족자(抢救失足者)' 운동(1943년 연안 정풍 운동 후기에 캉성이 일으킨 정치투쟁 운동)을 전개해야 한다고 질책했다. 이러한 캉성의 극좌 사상의 영향으로 인해 수덕 지구에 단기간에 걸쳐 수덕사범, 미지중학, 그리고 사회적으로 숙반(肅反: 반혁명분

중공 수덕지구위원회 서기 시절의 시중쉰.

자 숙청–역주) 확대의 착오가 저질러졌다. 시중쉰 동지는 이런 정황을 발견하고 과감하게 조치를 취해 평반(平反: 잘못된 판결이나 결론을 시정함–역주)·견별(甄別: 진위를 판별함–역주)을 진행하여 실제 증거 없이 자백만으로 잘못된 처분을 받은 동지들의 누명을 벗겨 주고, 명예를 회복시켰으며, 자신이 직접 책임을 지고 상해를 입은 동지들을 다시금 제자리로 복직시키거나 학습 대열에 참가하도록 했다.

1944년 수덕에서 간부 심사 운동이 끝난 후, 중앙의 지시에 따라 역사적 교훈을 총결하기 위하여 수덕에 고급간부 학습소조가 만들어졌다. 쉬샹첸·시중쉰 등이 책임을 맡고, 항대·지위·전서, 그리고 경비구의 책임자인 리징취안(李井泉)·허창궁(何長工)·왕상룽(王尚榮)·바이즈민(白治民) 등 여러 동지가 참가하여 대혁명 실패 이후 3차 '좌'경 노선, 특히 왕밍 노선의 착오가 소비에트 지역과 백구(白區)에 조성한 심각한 피해와 연관하여 노선 투쟁의 역사적 교훈을 총결했다. 이번 학습 과정에서 참가자들은 중앙에서 편찬한 《두 가지 노선 투쟁(兩條路線鬪爭)》이라는 제목의 역사적 문헌을 학습했다. 소조회의에서 쉬샹첸과 허창궁·시중쉰 동지는 '좌'경 노선이 여러 소비에트 지역에 끼친 영향과 피해에 대해 소개했다. 젊은 동지들은 이를 통해 보다 심도 있는 교육을 받을 수 있었다. 시중쉰은 특히 류즈단·세쯔창 등 동지가 섬감변 소비에트 지역과 섬북 소비에트 지역을 창립하는 과정에서 겪어야만 했던 힘든 투쟁에 대하여 이야기했다. 당시 시중쉰은 섬감변 소비에트 정부 주석이었다. 그들은 여러 차례의 실패를 교훈삼아 비로소 교산(橋山) 중턱 남양(南梁)을 중심으로 섬감 혁명 근거지를 건립하는 것이 타당하다는 결론을 얻었다. 중쉰 동지는 겸손하게 이렇게 말하였다. 그들은 소박한 유물론자들로 실천 과정에서 비로소 근거지를 창건하는 것이 중요하다는 사실을 깨달았다. 하지만 '좌'경 노선을 따르는 자들은 그들을 '초산주의(梢山主義)' '우경 도피노선(右傾逃跑路線)' 등으로 비난했으며, 심지어 1935년 류즈단과 시중쉰 등을 이른바 '반혁명'으로 체포하는 일까지 벌어졌다. 다행히 마오쩌둥 주석과 당중앙이 섬북에 도착한 후에야 비로소 복권되어 공적 활동을 할 수 있었다. 시중쉰 동지가 이러한 정황에 대해 이야기한 것은 역사적 교훈을 총결하기 위함이지 개인의 은원을 따지기 위함이 아니었다.

시중쉰 동지의 경력을 간략히 회고하면 다음과 같다. 해방 이전까지 그는 섬감변 소비에트 지역을 창립하고 섬감녕 변구를 건설했으며, 서북 해방을 위해 투쟁하면서 찬란한 업적을 쌓았다. 전국 해방 이후 그는 중앙에서 저우언라이 총리를 도와 국무원에서 활동하면서 당의 기본 노선을 철저하게 집행하고, 당과 인민들을 위해 공헌했다. 이에 반해 그는 일생 동안 파란곡절이 적지않았다. 특히 1962년 "《류즈단》 소설을 이용한 반당(反黨)"이라는 캉성의 무고로 인해 장장 16년 동안 억울한 누명을 썼다가 11기 삼중전회에서 비로소 복권되었다. 그는 언제나 항시 실천을 중시하고 군중과 연계하고자 애썼으며, 실사구시의 작풍을 견지했다. 승리했다고 자만하지 않았으며, 좌절했다고 낙담하지 않았다. 그는 동지들을 열정으로 대했으며, 관대하고 아량이 넓었다. 이렇듯 다른 이들을 관대하게 대했으나 자신에게는 엄격했다. 이러한 고상한 인격과 품행으로 말미암아 서로 시기는 다르지만 함께 일했던 모든 이들에게 깊은 감동을 주었으며, 수많은 이들이 존경과 사랑을 받을 수 있었던 것이다.

다년간의 교류를 통해 본 진실 *

후징퉁

> **후징퉁(胡景通)** 1910년 섬서 부평에서 출생했다. 국민당 정부 제22군
> 부군단장 겸 제86사단 사단장을 맡고 있다가 1949년 수원(綏遠)에서 기
> 의했다. 신중국 성립 이후 서북군구 사령부 고급 참의, 섬서성 제4기부터
> 제6기까지 정협 부주석, 민혁(民革) 제5,6기 중앙상위 및 섬서성 제4,5기
> 부주임 위원, 제6기 전국정협위원을 역임했다.

시중쉰과 나는 섬서 부평현 출신으로 동향이다. 나이는 내가
몇 살 더 많기 때문에 부평 입성학교도 몇 년 빠르게 입학했다. 나는
1924년 여름에 졸업한 후 입대했기 때문에 그의 어린 시절에 대해서
는 아는 것이 그리 많지 않다. 나중에야 원로 동지의 입을 통해 그가
북양정부의 부패와 굴욕적인 국권 상실, 대내적으로 인민들에 대한
억압 등에 불만을 품고 구국, 구민의 뜻을 세워 10여 세에 중국공산
당에 참가하여 당이 영도하는 위북(渭北) 소비에트 지역 창건 투쟁에
서 탁월한 성과를 거둔 혁명 공작자라는 이야기를 들었다. 내가 알고
있는 바에 따르면, 내가 다닌 입성학교에서 당 조직이 건립된 것은 섬
서 위하 이북에서 비교적 빨랐다. 중쉰 동지는 이른 참가자 가운데 한
명이다.

나는 1928년 출국하여 구학의 길에 올랐다가 1932년 섬서로 돌

---

* 본문은 《시중쉰의 혁명 생애》, 중국당사출판사, 중국문사출판사 2002년 출판본
에 실려 있다.

와왔으나 계속 학문에 매진하느라 남경·북평 등지를 부지런히 돌아다녔기 때문에 시중쉰 동지에 대해 별로 아는 것이 없다. 1935년 유림 지방부대를 맡고 있던 징웨슈(井岳秀)의 요청에 따라 그의 대오에 끼어들게 되었다. 시중쉰 동지는 당시 섬감 소비에트 지역에서 일하고 있었는데, 정보를 통해 그가 이미 섬감변 소비에트 지역의 중요 영도자(섬감변 소비에트 정부 주석) 가운데 한 명이라는 사실을 알게 되었다. 내가 그와 왕래하기 시작한 것은 '칠칠(七七)' 사변 이후의 일이다. 당시 국공 제2차 합작이 이루어지면서 국민 전체가 항전에 돌입했다. 유림 지구는 섬감녕 변구와 인접해 있기 때문에 쌍방의 접촉이 빈번했으며, 나도 변구에서 일하는 이들도 왕래하곤 했다. 부평 고향의 사람들은 원래 홍구의 동향이나 동학들과 왕래하기를 꺼렸지만 국공 합작이 시작되면서 생각이 바뀌었다. 그래서 "홍구에 부평 출신 거물이 있다"는 소식을 듣고 시중쉰 동지를 찾아가는 청년들이 적지않았다. 시중쉰 동지는 이후 수덕 분구에서 일했는데, 때마침 나는 국민당 제22군 기병 6사단을 맡고 있었다. 이후 제22군 부군단장 겸 섬서성 섬북 보안지휘부 지휘관으로 전근하여 유림·횡산·삼변 등지를 방어하는 임무를 맡으면서 자주 왕래했다. 우리측에서 파견한 인원들 가운데 입성학교 선생님이나 동학들이 돌아와 하는 말이 시중쉰 동지는 예나 지금이나 변하지 않고 여전히 사람을 대하는 데 열정적이고 진실하다고 말하곤 했다. 내가 접촉한 변구의 군중들이나 당 내외 인사들도 모두 시중쉰 동지를 칭찬하는 데 인색하지 않았다. 특히 토지개혁을 시행할 당시 시중쉰 동지가 이끄는 지역의 토지개혁은 모두 당 중앙의 정책에 따라 집행되었다. 또한 당중앙과 마오쩌둥 주석이 일부 지방의 토지개혁에서 드러난 오류를 교정할 때도 시중쉰 동지의 건의를 받아들였다. 동시에 우리가 교섭을 위해 변구로 파견한 이들이나 연안에서 유림으로 파견한 이들 또한 이구동성으로 공산당과 마오쩌둥 주석이 인재를 활용하는 데 동서남북 지역의 구분이 없으며,

그들이 선전한 것과 마찬가지로 진국 각지의 인재를 두루 선발하여 전혀 지역에 대한 편견이 없다고 말하였다. 예를 들어 시중쉰 동지는 비록 장정에 참가한 간부도 아니고 나이도 젊었지만 당중앙은 그를 신임하여 중용했다. 물론 이는 그 자신의 능력이 출중하기 때문이었다. 나는 이러한 점에 깊은 감동을 받았다. 당시 국민당 군대의 내부 상황에서 본다면, 만약 누군가 지방 부대 출신이라면 평소 훈련 성적이나 군기의 좋고 나쁨, 전공 여부와 상관없이 질시와 배제를 받지 않는 경우가 없었다. 능력이야 어떻든 자신과 가까운 사람만 임용하는 그릇된 행태의 전형이었다. 이 정도에서 그치는 것이 아니라 우리처럼 지방 부대 출신들은 아예 '잡패군(雜牌軍)' 즉 비정규 오합지졸 정도로 취급받았기 때문에 공산당에서 대공무사(大公無私)하게 적재적소에 유능한 인재를 배치하는 간부 활용 노선에 대해 충심으로 탄복하지 않을 수 없었다.

해방전쟁이 시작된 후 허룽 사령관과 시중쉰 동지는 나의 정치 행보에 관심을 갖고 차오리루·류원위, 그리고 우리가 주둔하고 있던 수덕 판사처의 주임 톈쯔헝(田子亨)을 유림으로 파견하여 나를 만나게 했다. 그가 나에게 말했다. "허총(賀總)과 중쉰 동지는 군단장께서 가오수쉰(高樹勳) 장군처럼 부대를 이끌고 기의의 대열에 동참하시기를 바랍니다." 그의 말에 내가 대답했다. "덩바오산 총사령관은 나의 형님인 후징이를 위해 평생 머슴처럼 봉사했으니 나도 역시 그를 위해 끝까지 도와야 하지 않겠소. 나는 지금 중경으로 가서 그의 명을 따르고자 하오."

이렇게 나는 별생각 없이 그들이 나에게 보여준 호의를 거절하고 말았다. 나중에야 비로소 착취계급의 생활에 익숙해지고 나름 지위나 세력을 지닌 이가 인민의 진영으로 몸을 돌렸을 때 공산당원의 시기적절한 도움과 가르침이 없이 개인적으로 장시간 자기 개조를 하는 것이 정말로 힘든 일이라는 것을 깨달았다.

1946년 10월, 시중쉰 동지가 직접 계획하고 영도하여 나의 친동생 호징둬가 국민당 기병 제6사단과 내가 관리하는 보안부대를 이끌고 횡산현 파라보에서 기의했다. 나는 이로 인해 남경 정부 당국에 의해 "감독 및 통솔 부실"을 이유로 "면직되고, 철저히 조사를 받게 되었다." 시중쉰 동지는 나의 안위를 걱정하여 즉시 후징둬와 함께 기의한 이들 가운데 나와 함께 일했던 몇몇을 유림으로 보내 나에게 투항할 것을 권유했으며, 특히 나와 시중쉰 동지가 모두 신임하는 입성학교 동창생 우즈전(武之繽)을 보내 비단에 써서 이불에 집어넣고 꿰맨 비밀서한을 전달하고자 했다. 그러나 애석하게도 그들이 유림으로 돌아왔을 때 곳곳에 특무가 가득하여 나를 만날 수 있는 여건이 아니었다. 그래서 서신도 끝내 나에게 전하지 못하고 중도에 불태워 버리고 말았다. 해방 후 시중쉰 동지는 이런 전후 사정을 이야기하면서 나에게 당시 보낸 편지의 내용을 말해 주었다.

　　"만약 변구로 오실 의향이 있다면 비밀리에 사람을 보내시기 바랍니다. 즉시 부대를 보내 접응하도록 하겠습니다."

　　우리 당은 혁명에 선후를 따지지 않는 정책을 통해 누구라도 신중국 건설을 위해 헌신할 수 있는 기회를 부여하고 있다. 유림에서 두 번에 걸친 전투 끝에 주둔군인 제22군은 부곡(府谷)·신목(神木)·횡산 등지를 잃고 10여 개의 군영을 상실하여 겨우 유림만 남은 상태였다. 국민당 정부는 충분한 보급은커녕 오히려 수비군을 의심하면서 '공산분자'가 아니면 '실의에 빠진 군인(失意軍人)'이기 때문에 언젠가 문제를 일으킬 것이라고 생각했다. 그래서 1948년 초여름 남경 측에서 유림의 수비군을 직접 만나겠다는 미명하에 나에게 덩바오산 총사령관과 쥐스원 군단장과 함께 남경으로 올 것을 명했다. 명분은 남경에 남아 훈련을 받으라는 것이었으나, 사실은 내가 유림으로 돌아가 거사할 것을 두려워했기 때문이다. 1949년 초 리종런 총통 대리가 북평에서 국공 양당의 평화회담을 열었다. 나는 쉬융창(徐永昌, 국

방부장, 국방부장관)·장야오닝(張耀明, 남경 위수사령관)의 추천으로
다시금 제22군 부군단장 겸 제86사 사단장으로 임명되어, 원래 소속
부대로 돌아가게 되었다. 나는 즉시 비행기를 타고 섬서성에 도착한
후 다시 감숙·영하를 거쳐 수원(綏遠) 포두시(包頭市)에 도착했다.
당시 수원 군정을 책임지고 있던 둥치우(董其武) 장군과 휘하 장교들
은 나와 국민군 시대에 전우애를 나누던 이들이 아니라 항일전쟁 시
기에 어깨를 나란히 하고 함께 싸웠던 이들이었다. 그들은 푸쭤이(傅
作義)·덩바오산 장군의 지시에 따라 기의를 준비하고 있었다. 그들
은 내가 다년간 푸쭤이·덩바오산 장군을 따랐다는 것을 잘 알고 있
었기 때문에 내가 수원에 도착했을 때 열렬히 환영해 주었으며, 나에
게 수원 경내에 있는 22군 부대원들을 단결시켜 함께 인민 진영으로
갈 수 있도록 준비해 달라고 요청했다. 당시 서안은 이미 해방된 상태
였다. 허총과 시중쉰 동지는 22군에서 서안 기의에 성공한 신병대 대
장인 왕보머우(王伯謀)를 파견하면서 우리와 오랜 지기인 스즈징(師
子敬) 선생의 서신을 보내 가능한 빠른 시일내에 기의할 것을 당부했
다. 아울러 왕보머우는 수원 군구 책임자인 가오커린(高克林) 동지에
게 보내는 서신을 가지고 와서 우리 부대가 기의할 때 적극적으로 협
조해 줄 것을 요청했다. 왕보머우가 탄 차가 중도에 여러 차례 고장나
는 바람에 그가 도착했을 때는 이미 푸쭤이·덩바오산 장군의 명에
따라 둥치우 장군이 1949년 9월 19일 기의를 선언한 상태였다. 비록
왕보머우 동지가 사전에 도착하여 도움을 준 것은 아니지만 허룽과
시중쉰 두 사람이 나의 정치적 미래를 위해 이처럼 관심과 애정을 보
여준 것에 대해 감사하지 않을 수 없으며, 또한 영원히 잊을 수 없다.
우리 부대는 이후 인민해방군 부대로 편입되었으며, 수원에서 철수하
여 영하를 거쳐 감숙 경양(慶陽)에서 재정비 교육을 받았다. 1950년
여름 나는 명령에 따라 서안으로 가서 서북군정위원회 회의에 참가했
다. 그리고 그곳에서 처음으로 일야(一野, 중국인민해방군 제1야전군)

의 여러 영도 동지들과 만났다. 시중쉰 동지는 나에게 몇 번이나 당부하기를 대회에 처음 참석했으니 발언을 준비하라고 했다. 덕분에 나는 현장에서 당황하지 않을 수 있었다. 그는 내가 과거에 여러 친구들과 장기간 왕래한 적이 있으나 마르크스 레닌주의·마오쩌둥 사상 및 현재 당의 노선과 방침·정책 등에 대해 별로 아는 것이 없다는 사실을 잘 알고 있었다. 그래서 그는 나에게 부대를 떠나 서북 군구사령부 참의실에서 고급 참의를 맡는 것이 어떻겠느냐고 동의를 구했다. 그리고 나에게 《간부 필독서(幹部必讀)》를 한 권 건네 주면서 학습을 통해 자아 개조를 강화할 것을 권유했다. 이후 시중쉰 동지는 중앙으로 전근한 후에도 여전히 나에게 관심을 보여주었다. 내가 북경으로 가거나 그가 서북으로 돌아올 때면 언제나 함께 만나 나의 학습 개조나 업무 안배를 포함한 여러 가지 이야기를 나누곤 했다. 이후 나 역시 다른 이들과 마찬가지로 '문화대혁명'을 비롯한 각종 운동 시기에 정신적으로 힘들고 고통스러운 나날을 보내야만 했지만, 그럼에도 불구하고 그때마다 고비를 넘길 수 있었던 것은 시중쉰 동지가 나의 학습 개조면에서 많은 관심과 도움을 주었던 일과 떼놓고 말할 수 없다.

시중쉰 동지는 마음이 넓고 진심으로 사람을 대할 줄 알았다. 그의 태도는 언제나 평이하고 열정적이며, 또한 성실했다. 그는 의리와 정감을 중시했고, 원칙을 강조했으나 또한 융통성이 있었다. 그렇기 때문에 당 외부 인사들도 그를 경계하지 않았으며, 기꺼이 그와 어울려 속마음을 털어놓으며 가르침을 구하거나 의혹을 해소했다. 중쉰 동지에게는 당 내외의 구분이 없는 것처럼 보였다. 나는 처음 그가 보여준 관심과 애정이 아마도 같은 고향 사람인데다 동학이라는 개인적 감정에서 비롯된 것이라고 생각했다. 그러나 시중쉰 동지와 자주 내왕하던 장즈중(張治中)·푸쭤이·덩바오산·장시뤄(張奚若)·둥치우·양밍쉬안(楊明軒)·쑨위루(孫蔚如)·취우(屈武)·탕성밍(唐生明) 등, 여러 영도 동지들과 민주당파의 여러 사람들과 만나 이야기하면서 시중쉰 동지가 그들에게도 세세한 데까지 신경을 쓰고 배려하고 있다는 사실을 알게 되었다.

또한 시중쉰 동지는 조국 통일을 위해 해외 통전공작도 대단히 중시했다. 쉬쥔원(徐君文)이 나에게 말한 이야기를 통해 그 일단을 엿볼 수 있을 것이다.

원래 유림 국민당 부대 제22군에서 10여 년을 함께 복무한 쉬즈쟈(徐之佳) 사단장은 1949년 복건성 진해요새(鎭海要塞) 사령관으로 전임되었다가, 대륙에서 대만으로 넘어갈 때 당시 상해에서 공부하고 있던 아들 쉬쥔원을 데려갈 수 없었다. 대륙에 홀로 남게 된 쉬쥔원은 '문혁' 시절 부친의 일로 연좌되어 고초를 치렀다. 이후 그는 시중쉰 동지가 섬북 수덕 경비구 정치위원을 겸임한 적이 있기 때문에 그의 부친이 유림에서 행한 일에 대해 잘 알고 있으리라 여기고 서신을 보내어 자신의 복권을 부탁했다. 시중쉰 동지는 편지를 받고 곧바로 중앙 통전부에 전달했다. 이후 쉬쥔원 문제의 해결은 물론이고 관련 정책까지 구체적으로 실현되었다. 그리하여 대만이나 미국에 있는 부모·형제자매들이 소식을 접하고 함께 만날 수 있는 기회가 열렸다. 쉬쥔원 본인 역시 두 차례 대만으로 가족을 방문하여 절강 고향에서 이주한 친척들과 만나 정담을 나눌 수 있었다. 대만의 친척들은 대륙의 건설 상황과 변화된 모습, 그리고 화교나 대만 동포들에 관한 정책에 대하여 알게 되었다. 이를 통해 나는 "만당(滿堂)한 가운데 한 사람이라도 즐겁지 않으면 다른 이들도 모두 즐겁지 않다"는 옛 성어의 진정한 뜻을 알게 되었다. 현재 조국의 평화통일을 위해서는 설사 한 사람, 한 가지 일일지라도 구체적으로 실천하는 것이 무엇보다 중요하고 영향력 또한 크다는 뜻이다. 시중쉰 동지와 일면식이라도 있는 이들은 누구나 할 것 없이 그를 당과 마오쩌둥 주석, 저우언라이가 교육한 좋은 학생이자 통전정책의 모범적인 집행자라고 말한다.

시중쉰 동지는 휴양 기간에도 여전히 나에게 관심을 베풀었다.

1992년 겨울 광주 심천시로 가서 시중쉰 동지를 만났을 때 그는 나에게 이렇게 말하였다. "후라오(胡老), 아직 신체가 건강하시니 절대로 학습을 늦추지 말고 신문이나 방송도 들으시고, 신문에 실린 당중앙의 방침도 잘 읽고 이해하셔야 합니다. 당중앙 영도 동지들의 보고나 연설, 샤오핑 동지의 중국 특색의 사회주의 이론에 대해서도 물론 배워야지요. 그렇지 않으면 우리 국가가 현재 무엇을 하고 있는지 모르게 됩니다. 사람이 살면서 후회막급한 일은 역시 현실에서 벗어나 시대에 버림받는 것이지요."

그의 말은 나에게 계속 학습할 수 있는 역량을 더해 준 셈이다. 또한 이는 영원히 혁명 청춘을 지니고 평생토록 즐거울 수 있는 길이기도 하다. 개인적으로 나는 뇌리 가득 영웅이 시대를 만든다고 믿는 유심론자에서 인민 진영으로 투항하여 시대가 영웅을 만든다는 유물론 사상을 받아들이고 새로운 사회에서 유쾌한 생활을 하는 것이 정말 어려웠다. 만약 중쉰 동지와 같은 뛰어난 스승, 유익한 친구의 친절한 격려와 가르침이 없었다면 앞서 언급한 전향은 불가능했을 것이고, 오늘날의 나의 모습도 존재하지 않았을 것이며, 당과 인민이 나에게 이처럼 높은 대우를 하지도 않았을 것이다.

토지개혁에서 '좌'적 오류를 방지한 시중쉰*

자쥐촨

자쥐촨(賈巨川) 섬서 함양(咸陽) 사람이다. 현재 중국 섬서 성위 당사연구실 부순시원(副巡視員)이다.

1947년 11월 말부터 이듬해 4월까지 시중쉰은 섬감녕 변구 토지개혁을 영도하면서 일련의 사상·관점·방침·정책을 제시하고, 시기적절하게 변구 토지개혁 과정에 나타난 극좌 경향을 바로잡아 위대한 군중운동이 정확한 궤도에 따라 전진하고, 기존의 해방구는 물론이고 전국 해방 이후 진행된 대규모 토지개혁에도 유익한 본보기가 되었다.

'의합(義合)'에서 소용돌이가 일어나 오류가 점차 드러나다

1947년 7월 말 시중쉰은 펑더화이와 함께 청화폄·양마하·반룡진의 전투 및 농동(隴東)·삼변(三邊) 전투에서 승리한 후, 당중앙의 소하(小河)회의 결정에 따라 전선에서 철수하여 서북국으로 돌아왔다. 당시 그들이 직면한 중요 임무는 전국 토지회의 정신과 중공중앙이 비준한 《중국토지법대강(中國土地法大綱)》을 바탕으로 섬감녕 변구 토지개혁을 시행하는 일이었다. 《중국토지법대강》은 이미 서북

---

* 본문은 《염황춘추(炎黃春秋)》, 2007년 제10기에 실렸다.

국으로 하달된 상태였다. 중공중앙이 전국 토지회의에서 통과된《중국토지법대강》을 비준한 것은 10월 10일이었다. 이에 따르면, "봉건 및 반봉건 착취를 기반으로 한 토지제도를 폐지하고 경자유전(耕者有田)의 제도를 실행하여" "지주의 가축, 농기구, 가옥, 식량 및 기타 재산을 몰수하는" 정책으로 과거 "지주의 토지를 매수하는" 정책을 대신하기로 규정했다. 전국토지회의의 정신을 관철하고 변구의 토지개혁 및 정당(整黨) 공작을 안배하기 위해 서북국은 섬감녕 변구 간부회의 소집을 결정했다.

11월 1일, 수덕현 설가거(薛家渠) 앞에 있는 양만(陽灣) 공터에서 정식으로 회의가 소집되었다. 이것이 바로 의합회의(義合會議)이다. 시중쉰·허룽·린보쥐(林伯渠) 등이 나누어 회의를 주재했다. 먼저 서북국 선전부 부장 리쥐란(李卓然)이 전국 토지회의 정신에 대해 설명하고, 비교적 장시간에 걸쳐 비판과 자아비판을 전개하여 기존의 공작에 대한 검토를 토대로 변구 토지개혁을 철저하게 완수하고 성실하게 정당을 실시한다는 결의가 뒤를 이었으며, 구체적인 실시 방법에 대한 논의가 있었고, 린보쥐·허룽·시중쉰 등이 공동으로 서명한 후 포고했다.

하지만 의합회의 기간에 일부 비정상적인 정서가 서서히 드러나기 시작했다. 회의는 변구 내 노구(老區, 3분의 2)와 신구(新區, 3분의 1)의 서로 다른 상황을 구분하지 않고, 일반 지주와 악덕 지주를 정확하게 구분하지 않았으며, 중농·공상업·'삼삼제' 정책에 대한 해석도 정확하지 않았다. 다만 단편적으로 "빈농에 의지하고" "토지를 공평하게 나눈다"는 점만 강조했다. 우경화에 반대하면서 '좌'경의 위험성에 대한 주의가 부족했던 것이다. 그리하여 회의가 끝난 후 변구에 "마을마다 불이 솟구치고, 집집마다 연기에 휩싸이는(村村点火, 戶戶冒烟)" 상황이 벌어졌다. 누구는 지주와 가깝게 지낸다고 비판 대상이 되었으며, 중농의 재산을 약탈하거나 공상업을 파괴했으며, 지주나 부농·기층 간부들을 제멋대로 구타하고 살해하는 극좌 행태가 자행되었다. 이처럼 기이한 상황에 시중쉰은 돌연 의심이 생겨 걱정이 태산 같았다. 이후 그는 당시 상황에 대하여 이렇게 말한 적이 있다. "의합회의에 일종의 '좌'적 정서가 잠복해 있었다." 구체적인 증거는 다음과 같다. 우선 토지공작 문제를 처리하는 데 변구의 실제 정황을 구체적으로 분석하지 않고 시행 방침을 정했다. 다음, 계급 구분 규정을 정하지 않았으며, 육형(肉刑), 즉 신체 체벌형을 금지하지 않았다. 특히 캉성·천보다(陳伯達)는 진수 지구 토지개혁 과정에서 "빈고농이 천하를 차지하고 천하를 다스린다" "군중이 원하는 대로 한다"는 식의 '좌'적 행동들을 마치 합법적인 경험인 것처럼 말하면서 회의에서 진행된 비판과 자아비판을 과격한 비판투쟁으로 변질시키고 말았다.

당시 회의에 참가한 연속(延屬) 지위 서기 바이칭장(白清江)은 이렇게 회고했다.

"전국토지회의 정신을 전달하면서 '좌'경적 내용이 많이 언급되었으며, '마을마다 불이 솟구치고, 집집마다 연기에 휩싸인다'는 등의 구호가 나오고, 진수 지구 오대산의 대묘(大廟)를 폭파한 것이 전형적인 사례로 선전되었다. 회의 분위기가 점차 긴박해지면서 우다이펑(吳岱峰)·가오펑(高峰)·저우싱(周興) 등 분구 당정군 영도 간부들이 단상으로 불려나와 비판을 당하고, 조금이라도 변명을 하거나 불만을 터뜨리면 그 즉시 끌려나갔다. 당시 회의에 참가한 사람들은 도저히 참을 수 없는 지경이었으나 감히 누구도 나서서 말하지 못하고 그저 대세에 따라 끌려갈 뿐이었다. 당시 시중쉰도 회의 주재자 가운데 한 명이었는데, 말을 거의 하지 않았다. 보기에 침울한 모습이었다."

의합회의 이후 각 분구, 현에서도 회의가 개최되었으며, 대규모 토지개혁과 정당을 중심으로 한 각종 공작을 적극적으로 전개하기 시작했다. 하지만 토지개혁과 정당 공작을 전개하면서 일부 지방에 '좌'적 행태가 만연하였으며, 어떤 지방은 심각한 지경에 이르렀다. 수덕현의 토지개혁은 심지어 섬감녕 변구 부의장인 개명한 신사(紳士) 안원친(安文欽)에 대한 투쟁이 전개되어 그의 재산을 몰수하고, 집 밖으로 내쫓는 일까지 벌어졌다.

시중쉰은 현지 조사와 연구를 통해 일부 농촌에서 아무런 구별 없이 모든 토지를 균분하고, 비교적 재산이 많고 생활 여건이 좋은 농민들을 토지개혁 대상으로 삼았을 뿐만 아니라 이미 농민으로 성분이 바뀐 옛 지주들을 끌어내 투쟁 대상으로 공격하고, 현직 공무원이나 교원들이 집안에 노동력이 부족하여 타인에게 토지를 빌려준 경우 지주나 부농으로 규정짓기도 했다. 조림평(棗林坪) 길가의 점포 대부분이 강제로 폐쇄되었다. 연가차(延家岔)의 빈농회(貧農會)는 누구든 지주와 투쟁에서 적극적이지 않을 경우 돌로 쳐죽일 수 있다고 규정하기도 했다. 신점(辛店) 하가석(賀家石) 공작단을 영도하는 농회의 경우 민병이 지주를 거꾸로 매달거나 간부들을 구타할 수 있다고 자기 멋대로 규정을 정했다. 수많은 군중 투쟁대회에서 몇 명의 흉악한 자들이 지주나 간부들을 구타하고 고문하는 등 인심을 흉흉하게 만들었다. 시중쉰은 조사보고서에서 이렇게 말하였다.

토지개혁이 농촌에서 본격적으로 실시되면서 극좌 편향이 발생하여 이른바 '빈고농(貧雇農) 노선'을 고수하며 '중농 노선'에 반대하는 구호가 난무하고, 일부 사람들이 구타와 고문은 물론이고 농민들의 재산을 몰수하고 집 밖으로 내쫓는 등 심각한 혼란 상황이 벌어졌다. 가장 심각한 곳은 가현(佳縣)으로 적지않은 마을에서 빈농은 물론이고 중농의 재산까지 몰수하는 일이 벌어졌다. 간부 가족들도 투쟁 대상이 되는 일이 허다했다. 장다즈(당시 진몽군구(晉蒙軍區) 부정치위원을 맡고 있었다)의 집안사람들도 투쟁 대상이 되고 재물을 빼앗겼다. 어떤 열사 가족 역시 재산을 몰수당하고 집에서 쫓겨났다. 가현은 닷새가 되기도 전에 모든 것이 엉망진창이 되었다. 보기에 '좌'적 편향이 지속될 경우 채 반 달이 지나기도 전에 모든 것을 완전히 파괴하고 말 것이다. 기관학교(機關學校)에서도 '좌'적 편향이 발견되었다. 예를 들어 변보(邊保, 섬감녕 변구 정부 보안처)의 마부들이 마부 반장을 투쟁 대상으로 삼아 공격했는데, 빈농과 소작농을 도왔다는 것이 그 이유였다. 또한 수덕 간소(幹小, 수덕 분구에서 간부 자제를 위주로 가르치는 소학교)에서 지주 출신 교장 부부(원로 당원이었다)를 내쫓고, 8,9세 어린 간부의 자제 10여 명을 괴롭혔다. 비록 이런 사건이 보편적인 것은 아니었으나 다른 곳까지 영향을 끼쳐 인심이 흉흉해졌다. 농촌 마을마다 긴장이 고조되면서 모든 이들이 크게 걱정 근심했다.

토지개혁 과정에서 발생한 '좌'적 편향이 점차 만연해지자 시중쉰은 이에 대해 깊이 고민했다. 일부 동지들이 정황을 보고할 때마다 그는 운동 과정에서 '좌'적 오류를 시정하는 방안에 대해 자세하게 이야기했고, 업무를 시행하면서 정책·기율을 정확히 따를 것을 강조하면서 절대로 냉정을 잃고 흥분하는 일이 없도록 하라고 당부했다. 또한 안원친(安文欽)이 비판투쟁 대상으로 공격당하자 이를 비판하면서 당의 정책에 따라 당장 시정할 것을 지시했다. 이렇듯 시중쉰이 최선을 다해 노력했지만 '좌'적 사조를 일소하기에는 한계가 있었다.

중앙의 '좌'적 오류 방지 회의

토지정책상의 오류로 인해 전반적으로 동요하는 분위기가 확산되고 있을 때 시중쉰은 중공중앙 확대회의에 참가하라는 통지를 받았다. 그는 무엇보다 토지개혁 방침에 관한 정책 토론이 중요 의제라는 점에서 흥분을 금치 못했다.

중공중앙 확대회의는 미지현(米脂縣) 양가구(楊家溝)에서 개최되었는데, 참가 인원도 많고 중요한 역사적 의의가 있는 회의로 평가받고 있다. 12월에 소집되었기 때문에 보통 '12월 회의'로 부르거나, 장소 이름을 집어넣어 '양가구 회의'라고 부른다.

양가구 회의는 12월 7일부터 24일까지 회의 준비 단계를 거쳐 25일부터 28일까지 정식 회의가 진행되었다. 회의 준비 단계에서 정치·군사·토지개혁 등 3개 소조로 나뉘어 토론이 진행되었으며, 시중쉰은 런비스가 주재하는 토지개혁 소조에 참가했다. 회의는 토지정책, 특히 정확한 계급 분석 문제를 둘러싸고 집중적인 토론이 이루어졌다. 시중쉰과 리징취안은 자신의 조사 연구에 근거하여 특별히 섬감녕과 진수 지구의 토지개혁 상황에 대해 이야기했다.

회의 기간에 마오쩌둥은 주제 보고를 위해 회의에 참가한 동지들과 일일이 이야기를 나누고 의견을 청취했다. 시중쉰은 마오쩌둥에게 섬감녕 변구의 전투·생산·군중 생활 상황에 대해 보고하는 한편, 변구 토지개혁에서 나타난 문제점과 형세에 대한 자신의 관점을 솔직하게 전달했다. 마오쩌둥은 진지하게 그의 이야기를 청취하면서 불시에 질문을 하여 보충 답변을 들었다. 대화가 끝난 후 마오쩌둥은 특별히 시중쉰을 격려하며 이렇게 말했다.

"자네들은 장기간 실제 업무에 치중하느라 학습할 시간이 없었을 것이네. 이는 그리 큰 문제는 아니야. 시간이 없다면 어떻게 해서든 빼내야 할 것일세. 우리는 지금 두메산골 깊은 곳에 들어와 살고 있지만 앞으로 큰 도시까지 운영해야 할 것이네. 지금 이론과 지식에 대한 학습을 서둘러야 하는 이유가 바로 이것일세. 자네가 1년에 얇은 책 한 권을 읽는다면 2년이면 두 권을 읽게 되겠지. 3년이면 세 권 아닌가! 이렇게 10여 년이 지나면 10여 권의 책을 읽을 수 있을 것이니, 마르크스 레닌주의에 점차 정통해지지 않겠는가!"

마오쩌둥은 계속해서 이렇게 말했다.

"한 개인의 경험은 편협할 수밖에 없지. 시간이나 지역·조건의 한계가 있으니 당연한 일일세. 자신의 경험을 이론으로 향상시키고자 한다면 반드시 학습이 필요하네. 그저 오래된 경험만으로 일을 처리한다면 새로운 형세에 적응할 수 없네!"

중앙 확대회의가 진행되고 있을 때, 개명한 신사(紳士)이자 섬감녕 변구의 정부 부주석인 리딩밍(李鼎銘) 선생이 의합에서 병으로 세상을 떠났다. 시중쉰은 토지개혁 과정에서 당의 정책을 위반하고 민주 애국지사를 공격하는 문제를 새삼스럽게 떠올리며, 린보취(林伯渠)와 함께 마오쩌둥에게 리딩밍의 추도회에 당외 인사들을 참가시키고, 특히 비판 투쟁을 당하고 있는 안원친에게 변구 참의회 부의장 신분으로 추도사를 맡겨 달라고 요청했다. 마오쩌둥은 적극 찬성하면서 '삼삼제'는 성공적이니 '삼삼제' 정책을 계속 견지해야 한다고 말하였다. 하부에서 지나치게 과격한 방식으로 개명한 인사들까지 공격하고 있지만 당연히 그들을 보호해야 한다는 뜻이었다. 안원친·훠쯔러(霍子樂) 등 민주 인사들에 관한 일을 순조로이 처리하려면 그들을 추도회에 참가시키고, 신문지상에 그 소식을 알리는 것이 한 방법이었다. 마오쩌둥도 적극 동의하면서 이전에 미국 기자 이스라엘 엡스타인(Israel Epstein)이 연안을 방문했을 때 했던 말을 상기시켰다. 당시 엡스타인은 중국공산당에서 지주나 개명한 예전 사대부 출신 인사들을 부주석이나 부의장으로 초청하는 것을 보고 대단하다고 말한 적이 있다. 그런데 지금 토지개혁을 실시하면서 그들의 재산을 모두 빼앗고 집 밖으로 내쫓고 있으니 만에 하나 그 기자가 안원친 선생에 대해 물어본다면 과연 뭐라고 답할 것인가? 마침내 안원친은 빼앗긴 재물을 돌려받았으며, 진심어린 사과도 받았다. 안원친은 크게 기뻐하며 당과 마오쩌둥 주석의 관심과 격려에 사의를 표시하고 자신의 집으로 돌아갔다. 이 모든 것은 서북국과 변구 정부, 그리고 시중쉰의 적극적인 노력 덕분이었다.

25일 회의가 정식으로 개막하고 마오쩌둥이 제일 먼저 연설에 나섰다. 그는 현재 아군과 적군의 형세, 통일전선, 영국과 미국 그리고 소련의 관계 등에 대해서 중점적으로 발언했다. 27일 런비스가 단상에 올라 토지개혁 운동의 '좌'경 착오를 시정하기 위해 비교적 체계적인 의견과 건의를 제출했다. 28일 마오쩌둥은 회의 폐막식 연설에서 미제국주의 반대, 관료 자본가 타도 및 봉건제도 타도 등 세 가지 목표를 정확하게 수립했다. 중농을 단결시키고 중소 자본계급을 단결시킴으로써 함께 상기한 적들과 싸워 승리하자는 것이 마오쩌둥의 결론이었다. 그의 방침은 정확한 것이었다. 반우파 문제는 토지회의를 비롯한 여러 회의에서 이미 해결되었고, 현재 해결해야 할 새로운 문제는 바로 중농, 중소자산계급 및 당외 인사에 대한 '좌'적 편향을 극복하는 일이었다. 강물에는 조류가 있기 마련이고, 그 중에는 좋지 않은 경우도 있을 수 있다. 중농과 중소자본가계급 및 당외 인사를 대우하는 문제에서 편향이 발생한 것은 좋지 않은 조류이다. '좌'경이 일종의 조류가 된다면 당연히 공산당원으로서 이러한 조류에 반대해야 한다. 지주계급은 전체 계급을 위해 소멸해야 한다. 하지만 개인적으로 구분하여 나름의 상황에 대처하는 것이 바람직하다.

시중쉰은 마오쩌둥의 심오한 내용을 쉽게 풀이하는 연설을 통해 깊은 깨우침을 얻었다. 특히 회의에서 통과된 〈현 정세와 우리들의 임무(目前形勢和我們的任務)〉라는 보고에 대해 위대한 역사적 변화기에 강령이 될 만한 문건이라는 느낌이 들었다. 보고서는 주로 어떻게 해방전쟁을 승리로 이끌어 장제스 집단을 타도하고, 신중국을 어떻게 건립할 것인가에 대한 마오쩌둥의 대답이었다.

양가구 회의가 끝난 후 새로운 한 해가 밝았다. 1948년 1월 2일 시중쉰은 수덕에서 분구의 당·정·군·토지개혁 공작단 간부 등 200여 명을 소집하여 〈현 정세와 우리들의 임무〉에 관한 마오쩌둥의 연설 내용을 전달했다. 시중쉰은 회의에서 전체 당원과 간부들에게 마오쩌둥의 보고에 구현된 정신을 성실하게 학습하여 사물을 정확하게 분석하고, 시국을 제대로 파악하여 적극적으로 공작에 임해 줄 것을 당부했다. 그는 이렇게 말하였다.

"정확하게 계급을 분석해야만 《토지법대강》을 정확하게 집행할 수 있습니다. 우리는 일면 대담하게 군중을 동원하여 지주계급을 철저하게 소멸시키고 토지를 균등하게 분배하여 빈농과 고용농(소작농)의 요구를 만족시키고, 빈농·고용농을 골간으로 중농을 굳건하게 단결시켜야만 토지개혁을 승리로 완수할 수 있습니다. 하지만 동시에 계급을 획분하면서 중농을 부농으로 간주하는 '좌'적 편향을 시정하는 데 주의해야 합니다. 그렇기 때문에 우리는 과감히 빈농과 고용농을 동원하여 계급의 경계에 대해 열렬히 토론하고 엄격하게 구분할 때 반드시 생산 수단(농촌의 경우는 주로 토지)의 점유 여부, 점유의 정도 및 점유 관계와 관련된 생산 관계(착취 관계)를 근거로 삼아야 할 것이며, 언제라도 편향적인 오류를 발견하면 즉시 시정하여 토지개혁 운동이 올바른 방향으로 나아갈 수 있도록 해야 합니다."

회의 후에도 시중쉰은 공장단 책임 동지들을 소집하여 마오쩌둥의 보고에 구현된 정신을 조목조목 상세하게 연구하면서 각 공작단의 정황 보고를 청취하고, 각종 자료를 살핀 후 토지개혁 운동에서 드러난 문제점을 구체적으로 분석했다. 그는 동굴에서 나와 부근 마을을 돌아다니며 광범위하게 농민 대중들의 의견과 각계의 건의를 받아들였다. 그는 이렇게 가장 기본적인 현장의 실례를 확보하였으며, 이를 토대로 조사 연구에서 발견된 보편적이고 규율적인 문제들을 귀납 정리하여 당중앙과 마오쩌둥에게 보고했다.

조사 연구와 보고

1월 4일, 양가구 회의가 끝나고 7일 후 시중쉰은 서신을 작성하여 서북국을 통해 중공중앙에 전달했다. 연속의 여러 현에서 시행중인 토지개혁 문제를 검토하여 중앙에 보고한 것이다. 전체 내용은 다섯 가지로 구분된다.

(1) 마오쩌둥 보고 내용은 당 내외에서 열렬한 호응을 얻었고, 인심을 크게 안정시키면서 모든 공작을 올바른 궤도에 올려놓았다. 간부들은 확신을 갖고 역량을 더욱 발휘하여 토지개혁 임무를 완수할 것을 다짐했다.

(2) 소비에트 시기의 노구(老區)의 경우 항전 시기의 상황과 많은 차이가 있다. 우선 노구의 성분을 일반적으로 높이 정해서 군중들이 불만이다. 다음으로 중농이 많고, 빈농이나 고용농이 적다. 만약 토지를 균등하게 분배할 경우 대다수 농민들이 허락하지 않을 것이다. 강제로 구분할 경우 우리에게 불리하다. 따라서 적절하게 빼고 더하는 방법으로 소수 토지가 적거나 없는 농민들의 문제를 해결하는 것이 좋다. 세번째로 지주며 부농들도 신구에 비해 훨씬 적다. 만약 노구에서 지주와 부농이 중국 농촌의 100분의 8을 차지하고 있다는 통계를 그대로 적용한다면 필연적으로 착오를 범하게 될 것이다. 다섯번째로 노구에서 군중 운동을 일으켜 '좌경 형식주의'를 단호하게 반대해야 한다.

(3) 수덕 분구의 경우 영도면에서 정확한 결정을 했지만 군중을 동원한 곳에서 일반적으로 '좌'적 편향이 발생했다. 이러한 '좌'적 정서는 군중들에게 원래 있었던 것이 아니라 간부들이 야기한 것이다. 운동을 정확한 방향으로 이끄는 일은 결코 쉽지 않다.

(4) 빈농단이나 농회에서 토지개혁을 영도하는 성원을 선발할 때는 반드시 대다수 군중의 이익을 대표하고, 마을 전체의 군중들이 옹호하는 인물을 택해야 한다. 공작단이 독단적으로 월권하여 대신 처리하거나, 그밖의 형식주의에 따르지 않도록 한다.

(5) 많은 지역에서 군중들의 자발적인 운동이 벌어지고 있다. 수는 많지 않지만 이처럼 맹목적이고 동기가 불순한 이들에 의해 고취되는 군중 투쟁을 그대로 방치한다면 필연적으로 대다수 군중들이 이탈하는 그릇된 결과를 낳을 것이다. 이에 대해 능력 있는 간부들을 파

견하여 정확하세 영도하고 개조함으로써 자발적인 운동을 군중의 자 각적인 운동으로 변화시켜야 할 것이다.

그는 서신에서 특히 다음과 같이 지적했다. "섬감녕 변구의 노구 (전국 해방구의 일부 특수 지구)는 신구와 기본적으로 구분되는 많은 문 제가 있다. 따라서 토지개혁 방침과 방식면에서 항시 주의하여 현지 의 구체적인 정황에 부합할 수 있도록 해야 한다."

당시 전국 여러 해방구 토지개혁의 발전 상황에 대해 주시하고 있던 마오쩌둥은, 농촌 현실을 반영하면서 나름의 탁견을 제시한 시 중쉰의 서신을 본 후 상당히 기분이 좋았다. 1월 9일, 마오쩌둥은 서 북국 및 허룽·시중쉰에게 다음과 같은 내용의 전보를 보냈다.

허룽·시중쉰, 그리고 서북국의 여러 동지들께

(1) 시중쉰 동지가 1월 4일 서북국 및 중앙으로 변구(노구)에서 토지 개혁 공작에 관해 보낸 편지를 읽어보았다.

(2) 나는 시중쉰 동지가 제시한 각 항의 의견에 전적으로 동의한다. 이러한 의견에 따라 각 분구 및 각 현의 토지개혁 공작을 철저하게 지도 하여 변구 토지개혁 공장이 정상궤도를 따라 진행되고 착오를 줄일 수 있기를 바란다.

(3) 시중쉰 동지는 수덕현에 속한 각 현을 순시하고(무선통신기를 휴 대하여 각 지위와 연락 바람), 밍팡(明方) 동지는 연속(延屬) 각 현 토지개혁 공작을 맡아 며칠씩만 머물며 너무 지체하지 않도록 하고, 원루이(文瑞) 동지(그에게 문제를 분명하게 이야기하시오)는 삼변·농동·관중으로 가서 1주일 동안 순시하기를 제의한다. 가능 여부를 상황을 참작하여 결정하 기 바란다.

1월 5일, 시중쉰은 수덕에서 자주현(子洲縣)으로 가서 공작 상황 을 검사했다. 7일과 8일, 양일간 계속해서 연속 지위 책임자인 리징잉(李景膺)·리징린(李景林) 등과 대화를 나누었다. 9일, 삼변 분구의 동지와 토지개혁 운동의 진전 상황을 논의하고, 동시에 자주현에서 개최된 토지개혁 검토회에 참가하여 실제 공작에서 얻은 경험과 교훈을 총결하여 문제 해결 방안을 제시했다.

시중쉰은 자주현에서 9일 동안 머물면서 각지 영도자들과 좌담회를 개최하고 일반 군중들을 방문 조사하면서 일부 지방의 실제 상황을 정확하게 파악할 수 있었다. 의합회의 이후 각 현에 토지개혁 회의가 개최되었지만 운동의 진전 상황은 극히 불균형을 이루었으며, 극좌의 행태가 만연했다. 특히 이미 운동이 전개된 곳에서는 혼란한 틈을 타서 정당하지 못한 이익을 챙기거나 한몫 보려는 이들이 선동하는 이른바 '자발 투쟁'이 출현하기도 했다.

자장현(子長縣) 난가평(欒家坪) 토지개혁은 간부 당원들끼리 투쟁으로 변질했고, 간욕차(澗峪岔) 부근 사박탑(四朴塔)에서는 보장(保長: 예전 보갑제(保甲制)의 우두머리 명칭)을 상대로 투쟁하다가 그의 처가 할복자살하는 일이 벌어졌고, 교구(窌口)의 50,60명 군중들이 지주의 집으로 쳐들어가 투쟁을 한다는 핑계로 가축을 잡아먹고, 아침에는 쌀밥, 점심과 저녁은 찐빵이며 국수를 먹고 마시며 8,9일 동안 놀다가 떠날 때 또다시 집안을 난장판으로 만들었다.

8일, 시중쉰은 중공중앙 서북국에 서신을 보내 자주 토지개혁 과정에서 노정된 아홉 가지 불량한 현상을 열거했다. 첫째, 중농 심지어 빈농까지 부농으로 간주하여 투쟁했다. 그저 먹고 마실 것이 있는 사람이라면 누구나 투쟁 대상으로 삼은 것이다. 둘째, 지주나 부농을 전혀 구분 없이 일률적으로 투쟁 대상으로 삼아 고문을 자행했다. 고문 방식 또한 참혹하여 군도를 벌겋게 달군 다음 투쟁 대상의 입안에 집어넣었으며, 기름을 부어 불에 태우는 일도 있었다. 이는 모두 당의 정책을 완전히 훼손하는 일이다. 육형은 반드시 폐지해야 할 악형이며, 공산당원이라면 누구라도 이를 위반해서는 안 된다. 그렇지 않을 경우 당의 기율에 따라 제재를 받아야 한다. 셋째, 지주나 부농으로 결정된 사람은 누구나 투쟁 대상이 되었으며, 투쟁에는 구타와 고문이 뒤따랐다. "큰 솥에 소머리를 넣고 끓이는 것"처럼 오랫동안 핍박하고 재물을 약탈한 다음 집안사람들을 집 밖으로 내쫓았다. 넷째, 군중 속으로 깊이 들어가 대거 동원하고, 이른바 투쟁에 참가한 이들은 머릿속에 판단력을 잃었다. 다섯째, 빈농과 중농의 사이를 크게 벌려 놓았으며, 빈농단을 신비화했다. 여섯째, 원로당원이나 간부들을 제대로 대우할 수 없었다. 일곱째, 토지법에서 폭력 수단과 토지 몰수의 함의를 곡해하여 무조건 사람들을 거꾸로 매달아 고문하고 때려죽였으며, 고문 등 혹형으로 토지 법령을 관철했다. 여덟째, 투쟁을 진행하는 곳마다 진탕 먹고 마시는 기풍이 형성되어 이재민 구제에 불리할뿐더러 승리의 과실을 낭비하는 결과를 낳았다. 아홉째, 토지개혁 운동 과정에서 간부들이 독단적으로 월권하여 자기 멋대로 처리하는 경우가 많았으며, 군중들의 자각적인 행동을 형성하거나 당내 새로운 작품을 창조하지도 않았다.

시중쉰은 서신의 마지막 부분에서 특별히 당의 신문이 토지개혁 공작에 중요한 지도 작용을 한다는 점을 언급했다. "《변구군중보(邊區群衆報)》는 확실히 진보적이다. 계속 논지를 견지하여 불량한 점을 개선할 수 있도록 힘써 추구해 주길 바란다. 각지의 동지들은 모두 만족하고 있으며, 자신들에게 도움이 되어 지도 역할을 한다고 생각한다. 내가 생각하기에, 토지개혁의 실제 경험으로 운동 과정에서 발생하는 일부 보편적인 문제들을 의식적으로 해결해야 한다. 이런 방면의 자료는 상당히 많으니 향후 이를 총정리하고 보도하여 서북국에 도움이 되기를 바란다. 이재민 구제 문제에 관해 신문지상에 더욱 많은 문장과 기사가 실려야 한다. 이는 당면한 큰 문제이다. 군중들은 공산당이 도대체 어떻게 일을 처리하는지 바라보고 있다. 지면은 가능한 4판을 유지하여 간부들의 요구를 만족시켜 주길 바란다. 리줘란

(李卓然, 당시 군중신문사 사장) 동지에 최대한 역량을 발휘하여 좋은 신문을 만들어 주길 바란다."

서신을 다 쓴 후, 시중쉰은 문득 언급하지 않은 일이 생각나 다시 붓을 들고 써내려갔다. "각지의 토지개혁 과정에서 얻은 백양(白洋: 은원(銀元)의 속칭)·원보(元寶: 중국 화폐의 일종)는 계획을 세워 적구(敵區)에서 식량을 바꾸는 것을 허락해 주시기 바란다. 정가로 회수하여 정부에 처리하는 것보다 훨씬 편리하며, 또한 긍적적인 의의가 있다. 수덕과 미지현에서는 이미 이렇게 처리하고 있다. 추신."

1월 10일, 서북국은 시중쉰이 작성한 조사보고서를 중공중앙에 전달했다. 당시 중앙은 때마침 전국 토지개혁 과정에서 발생한 오류를 시정하는 데 힘을 쏟고 있었다. 그렇기 때문에 기층(基層)에서 작성되어 실제 현장의 현실이 반영되고, 관점이 명확하고 분석이 철저한 시중쉰의 조사보고서는 중앙에서 정확한 지도 공작을 하는데 대단히 시기적절하고 귀한 자료가 아닐 수 없었다. 당시 하북성 평산현(平山縣) 서백포(西柏坡)에서 중앙공작위원회 공작을 주도하고 있던 류사오치는 그의 보고서를 본 다음 이렇게 지시했다. "중앙 여러 동지들에게 열람하도록 할 것. 중앙은 이미 열람했음."

14일 저녁 시중쉰은 보름에 걸친 조사 연구를 끝내고 의합진(義合鎮) 설가거(薛家渠) 주둔지로 돌아온 후 15일과 16일 연속해서 서북국 회의를 소집하여 주재했으며, 다시 한 번 중앙의 12월 회의 정신을 전달하고 토론하면서 사상·인식을 통일하고, 나아가 섬감녕 변구의 실제 정황에 근거하여 중앙이 결정한 정책을 구체화하고 토지개혁이 올바른 궤도에 따라 진행될 수 있는 절차와 방법을 제출했다. 17일 또다시 640여 명이 참가한 변구 간부회의를 개최하여 마오쩌둥의 〈현 정세와 우리들의 임무〉의 보고 내용을 전달했으며, 섬감녕 변구의 실제 정황과 연계하여 8가지 분야의 문제를 이야기했다.

변구 간부회의 이후 시중쉰은 또다시 수덕 연가천(延家川)과 의

합의 토지개혁 공직단 회의를 주재하여 회의에 참가한 90명의 간부들과 함께 총정리 및 검토 작업을 하면서 사상과 인식을 통일하고 방침과 정책을 보다 명확하게 규정했다. 동시에 서북국 부서기 마밍팡(馬明方), 조직부장 마원루이(馬文瑞)가 부대를 이끌고 삼변·농동·관중 등지로 가서 토지개혁을 지도·검토하고 이재민 구호 작업을 진행하도록 결정했다.

19일, 시중쉰은 섬감녕 변구의 최근 공작, 특히 토지개혁 과정에서 드러난 '좌'적 편향 문제를 방지, 극복하는 사안에 대해 재차 마오쩌둥에게 전보를 보냈다. 그는 진수(晉綏) 토지개혁의 '좌'적 영향과 의합회의에 잠복하고 있는 불량한 정서, 변구 토지개혁에서 '빈농, 고용농 노선'을 강조하고 '중농노선'을 반대하여 소수 군중(진정한 기본 군중이 아닌)들이 제멋대로 싸우고 고문하고 재물을 약탈하며, 사람들을 내쫓아 농촌 인심을 흉흉하게 만들고 사람들 간의 관계를 극도로 긴장하게 만들었다고 우려 섞인 발언을 마다하지 않았다. 그는 전보에서 변구 토지개혁에서 주목할 만한 아홉 가지 문제를 제기했다. 그 내용은 다음과 같다.

(1) 토지혁명 지구의 농민은 실제로 이미 빈농이 아니라 중농들이다. 변구의 노동영웅은 힘들게 노동하고 변구를 뜨겁게 사랑하는 이들이다. 하지만 여유 식량이 있다는 이유로 투쟁 대상으로 간주한다면, 이는 노동으로 부자가 되자는 방침과 부합하지 않으며, 당과 인민에게 막대한 손실이다. 규정을 정해 노동영웅과 간부 가정은 처리하기 전에 반드시 상부의 비준을 얻도록 해야 한다.

(2) 토지혁명 지구는 중농이 다수를 점하고 있으며, 항일전쟁 기간에 감조감식(減租減息: 조세와 이자를 경감함)을 시행한 지구도 기본적으로 바뀐 상태이다. 이번에 투쟁 대상으로 간주되고 있는 지주와 부농들은 실제로 3분의 2 이상이 자신들이 직접 7년 이상 농사를 지은 이들이다. 응당 현재의 처지에 맞게 적절하게 대우하여 군중들이

이탈하거나 적이 되는 일이 없도록 해야 한다.

(3) 노구의 향촌에는 빈농이나 고용농이 극히 적다. 평소 게으르거나 아편중독 또는 방탕한 생활로 인해 빈농이 된 자들이 있는데, 만약 그들에게 토지개혁을 영도하게 한다면 이는 토지개혁의 영도권을 불량한 이들에게 주는 것이나 마찬가지이다. 노구에서는 중농이 실권을 장악하는 것을 두려워하지 말아야 한다. 진정으로 우량한 기본 군중은 중농계급과 일부 빈농이다.

(4) 묵은빚을 다시 따질 필요 없다. 중대한 것이나 경미한 것이든지 간에 기왕의 일에 대해서는 일괄 불문해야 한다. 그렇지 않으면 사회적으로 심히 불안을 조성하여 우리들에게 불리하다.

(5) 한사코 적에게 투항하려는 자가 아니라면 감화 정책을 통해 포섭할 수 있도록 해야 한다.

(6) 악덕 지주에 대한 명확한 정의를 내려야 하며, 확대해서는 안 된다. 특히 가족까지 연좌해서는 안 된다.

(7) 노구의 토지는 조정을 위주로 해야 한다.

(8) 변구 토지개혁은 무엇보다 인민의 생계를 해결하는 데 주안점을 두고 생산과 이재민 구제를 결합해야 한다.

(9) 이재민 구제는 1인 1가구, 1촌 1향으로 문제 해결의 새로운 작품을 만들어야 한다.

시중쉰의 보고는 그 자신이 보름 동안 농촌 현장에서 직접 조사하고 연구하여 신뢰할 수 있는 사실적 근거를 바탕으로 삼고, 각종 자료와 수치 분석을 통해 귀납적으로 성심성의껏 작성한 것이었다. 그는 토지개혁 운동의 진상을 객관적으로 반영했을 뿐만 아니라 풍부하고 보편적인 지도적 의의를 지닌 탁월한 견해를 제기했다. 마오쩌둥은 보고를 받은 다음날인 20일에 〈시중쉰의 좌적 편향 시정 의견에 동의한다(同意習仲勳皓信習左偏意見)〉는 제목으로 시중쉰에게 전보를 보냈다. 내용은 다음과 같다. (1) 19일 보내온 서신 내용에 완전히 동의한다. (2) '좌'적 편향을 단호하게 시정하기 바란다. (3) 동시에 하부 조직에서 '좌'적 착오 시정을 오해하여 토지개혁 시행에 차질이 생기지 않도록 하라.

같은 날 마오쩌둥은 시중쉰이 보내온 전보를 전국 각 해방구에 전달하기로 결정하고, 하달 전보에 특별히 다음과 같이 자신의 소견을 적었다. "시중쉰 동지의 이러한 의견에 전적으로 동의한다. 화북·화중 일대의 노(老)해방구에서 유사한 상황이 벌어지는 지역은 반드시 '좌'적 착오가 벌어지는 지역에서 이 '좌'적 착오를 시정하도록 주의를 기울여야 할 것이다. '좌'적 착오가 생길 경우 영도 기관에서 적법하게 처리하고, 시일을 끌지 말고 몇 주 내로 시정토록 한다. 동시에 하부 조직에서 '좌'적 착오 시정을 오해하여 토지개혁 시행에 차질이 생기지 않도록 하라."

1월 19일, 당외 인사들을 보다 신중하게 대우하기 위해 시중쉰과 마밍팡이 연명으로 각 분구에 다음과 같이 통지했다.

토지개혁 과정에서 '삼삼제'에 참가한 당외 인사들에 대해 신중하게 처리하고, 현 이상에서 비당원 인사들에 대한 처리는 반드시 해당 지위가 의견을 제출하여 서북국의 비준을 받도록 한다. 현 이하나 소학교 교사 가운데 비당원 인사들의 경우도 지위의 비준을 얻은 후에 처리할 수 있다.

시중쉰의 보고는 마오쩌둥이 전국적으로 각기 다른 지역의 토지개혁에 대해 깊이 생각할 수 있는 계기가 되었다. 2월 6일, 그는 다시 시중쉰 등에게 전보를 보내 노해방구·반노(半老)해방구·신해방구에서 토지법 시행 내용과 절차 및 농회 조직 형식상 서로 다른 문제에 대해 그들의 의견을 구했다. 전문의 마지막 부분에서 그는 이렇게 썼다. "이상 여러 가지 문제를 어떻게 처리해야 좋은지 징취안과 중쉰 동지가 수일 내로 전보로 알려주기 바란다. 동시에 이보(보이보)도 자신의 의견을 보내주기 바란다."

시중쉰은 심사숙고 끝에 2월 8일 마오쩌둥에게 다시 전보를 보내면서 지역을 세 부분으로 구분하여 토지개혁을 진행하는 문제에 대한 자신의 의견을 개진했다. 그는 우선 세 가지 서로 다른 지구 개념에 대해 다음과 같이 정의했다.

"일본 투항 이전에 해방된 지역은 노해방구이고, 일본 투항 이후부터 전국적인 대반격까지 2년 동안 확보한 지역은 반노해방구이며, 대반격 이후에 점거한 지역은 신해방구이다. 이러한 구분법은 실제에 부합한다. 따라서 토지개혁을 실행하는 내용과 절차는 마땅히 서로 달라야 한다."

그는 한걸음 더 나아가 이렇게 건의했다.

섬감녕 변구는 중농이 대다수 토지를 점유하고 있기 때문에 무조건 균등하게 분배할 경우 틀림없이 농민들의 토지소유권에 대한 믿음이 흔들릴 것이며, 그들의 능동적인 생산 욕구를 좌절시키게 될 것이다. 그런 까닭에 무조건 토지를 균등하게 분배하는 것은 마땅치 않다. 노해방구는 빈농단이 모든 것을 영도하도록 해서는 안 된다. 왜냐하면 빈농단 중에는 토지가 나쁘거나 너무 멀고 또는 인구가 증가하여 경제적으로 곤란해진 이들도 있고, 천재지변으로 인해 생활이 힘들어진 이도 있으며, 본업에 충실하지 않아(음주나 도박, 화류 생활로 인해) 빈곤에 빠진 이들도 있다. 이처럼 복잡한 성분의 빈농 집단을 하나로 조직할 경우 필연적으로 중농들에게 많은 것을 빼앗고자 할 것이다. 이로 인해 '좌'적 편향이 생겨나게 된다. 민주와 토지개혁을 통한 생산을 결합하고 간부들이 강압적으로 명령하는 작풍에 반대하며 중농의 과중한 부담을 해결해야 한다. "이러한 경향은 대단히 위험하여 중농은 물론이고 농촌 경제의 성장을 억압할 수 있다."

시중쉰이 제기한 의견은 또다시 당중앙의 주목을 끌었다. 마오쩌둥은 친필로 시중쉰이 보낸 전보를 약간 수정한 후 진수·중앙공작위원회·한단국(邯鄲局)·화동국(華東局)·화동공작위원회·동북국

시중쉰과 우란푸, 왕웨이저우, 마밍팡(오른쪽부터).

으로 전달하라는 의견을 달았다.

시중쉰은 토지개혁 사업을 영도하면서 전형적인 경험과 전면적인 지도를 총결하고 확대하는 데 주의를 기울였다. 수덕현 의합구 황가촌 공작조는 노구의 실제 상황을 숙지하고 많은 곳은 덜고 적은 곳은 보충하는 일종의 조절 방식을 통해 토지개혁 작업을 시행함으로써 현지 생산 발전을 크게 촉진했다. 시중쉰은 서북국 명의로 이를 중앙에 보고하는 한편, 각 분구에 같은 내용을 전달했다. 중공중앙은 황가천의 경험이 지닌 보편적 의의를 긍정적으로 받아들였다. 3월 12일, 마오쩌둥은 황가천의 경험과 더불어 진찰기 평산현(平山縣), 진수구(晋綏區) 곽현(崞縣) 등을 세 군데 전형적인 지역으로 선정하여 전국에 소개했다. 시중쉰은《1948년 토지개혁과 정당 공작에 관하여(關於1948年的土地改革和整黨工作)》《토지개혁과 정당공작에서 약간의 영도 문제에 관하여(關於土地改革和整黨工作若干領導問題)》등의 문장을 통해 시기적절하게 그간의 경험을 총결했다. 그는 여기서도 재차 다음과 같이 요구했다.

"적시에 운동의 건강한 진행을 지도하려면 영도 방법상 각 지위와 현위에서 4,5명에서 6,7명의 대표성을 지닌 책임 간부를 나누어 현지 순시하여 문제를 발견하면 그 즉시 해결하도록 하고, 각지의 경험을 총결하고 교류할 수 있도록 해야 한다. 이렇게 해야만 당의 영도 기관에서 수시로 운동 발전의 정황을 정확히 이해하고, 현재 진행중인 운동의 중요 고리를 잡아 유효적절히 운동을 전진시킬 수 있다."

시중쉰과 서북국의 여러 동지들의 공동 노력으로 적시에 '좌'적 오류를 시정함으로써 섬감녕 변구의 토지개혁은 큰 성과를 거두었다. 1948년 4월 노구·반노구의 전체 인구의 절반(대략 60만 명)이 거주하는 지역에서 토지 90만 무를 적절하게 분배함으로써 기존의 봉건 착취 토지제도를 완전히 폐지시켰으며, 생산력을 증대시켜 변구의 경제 건설을 촉진하였으며, 대다수 인민들이 적극적으로 해방전쟁을 지원할 수 있는 토대를 마련했다.

진중하고 듬직한 '백중(伯仲)'의 정의(情誼) *
서북국에서 시중쉰과 자오보핑의 나날들
치 신

> **치신(齊心)** 1926년 출생, 하북 고양 사람이다. 중국공산당 중앙고문위원회(약칭 中顧委) 부주임, 전국인대 부위원장 시중쉰의 부인이다. 1939년 3월 18일 항대 1분교(당시 태행산 진동남 항일 근거지에 있었다) 여생대(女生隊)에서 수학했다. 졸업 후 장치(長治) 간부학교 부녀간부대에서 지도원을 맡았고, 항대 1분교로 돌아와 총무처 문서 수발을 맡았다. 얼마 후 항대 전체 학교가 합병되면서 교부(校部) 총무처·위생처에서 문서 수발을 맡았다. 1940년 겨울 비준을 얻어 연안으로 가서 학습했다. 1941년 봄 중앙당교에서 학습하고, 가을에 당교(黨校)의 식량 징수 공작에 따라 농동(隴東)으로 파견되었다가 이듬해 봄 연안으로 돌아와 연안대학 중학부(中學部)에서 수학했다. 1943년 봄 수사(綏師)로 와서 그해 8월 14일 입당하여 공산당원이 되었다. 이후 마르크스 레닌 학원에서 수학하는 한편 중앙당교에서 일했다.

자오보핑(趙伯平)은 1902년 섬서성 남전현(藍田縣)에서 출생했다. 시중쉰보다 11세 연상이다. 1932년 봄 시중쉰은 '양당병변(兩當

---

*본문은 편집자가 치신의《세찬 바람이 불어야 억센 풀을 알 수 있고, 된서리가 내려야 시들지 않는 나무를 알 수 있다―자오보핑 동지를 절절히 회고하며(疾風知勁草, 嚴霜識貞木―深切懷念趙伯平)》에서 정리한 문장이다. 치신의 원문은 2012년 7월 14일자《섬서일보》에 실렸다. 표제는 본서를 위해 편자가 정한 것이다.

兵變: 제2차 국내혁명전쟁 시기에 중국공산당이 서북 지구에서 일으킨 무장반란이다. 1932년 섬서성위의 지휘하에 시중쉰·쉬톈제(許天潔)·류린푸(劉林圃) 등이 일으켰으나 실패로 끝나고 말았다-역주)' 이후 조금(照金) 근거지로 이동한 후 류즈단과 셰쯔창(謝子長)을 찾았다. 그해 연말 조직의 지시에 따라 시중쉰은 위북 지구로 돌아와 혁명 활동을 전개했다. 바로 그 시기에 당시 공청단 삼원(三原) 중심현위(中心縣委) 서기를 맡고 있던 시중쉰 동지와 현위 서기를 맡고 있던 자오보핑 동지는 서로 깊은 만남을 이어 가면서 어렵고 고된 투쟁 환경에서 심후한 혁명 우정을 나누었다. 반세기가 지난 후에도 시중쉰은 여전히 당시 자오보핑과 삼원성(三原城) 담장에서 그와 대화를 나누던 모습을 기억할 정도이다.

'삼농' 일에 매진하다

1949년 5월 20일 서안이 해방된 후 자오보핑은 전후로 서안시위 제1서기, 중앙서북국 상임위원, 중공 섬서성위 제2서기, 섬서성 성장 등을 역임했다. 당중앙과 서북국의 영도하에 그는 팡중루(方仲如) 등 여러 동지들과 함께 순조롭게 기존의 서안시 정권을 접수하고 인민의 정상적인 생활을 회복하여 시가의 모습을 정돈하는 한편, 반혁명을 진압하여 사회의 질서를 바로잡고 '삼반(三反)' '오반(五反)' 등 사회주의 개조 사업을 실행하는 등 힘들고 어려운 작업에 매달렸다. 그는 성장 직무를 맡은 후 성 전체의 농공업 생산, 수리사업, 문교, 위생사업을 촉진하여 당과 인민의 정권 건설, 인민 생활 개선을 강화하는 데 커다란 업적을 남겼다.

서북국에서 일할 당시 자오보핑은 장기간에 걸쳐 농촌 공작을 주관하면서 농업과 농민 문제에 많은 관심을 쏟았다. '섬서 농업 발전 강요'는 바로 그가 친히 주재하여 제정한 것이다. 그는 관중·섬남·섬북의 지리나 민정에 대해 손바닥을 들여다보듯이 훤히 알았으며, 군중들의 생산과 생활·정서·이익에 많은 관심을 기울였다. 그는 시장 거래의 발전을 특히 중시하여 각급 간부들에게 성실한 조사와 연구를 요구하는 한편, 여러 차례 시장에 직접 가서 시찰하기도 했다. 이후에도 자오보핑은 60년대 초 자유시장의 제한을 풀어 시장 거래가 활기를 띨 수 있도록 해야 한다고 주장하면서 지나친 봉쇄와 단속에 반대했다. "놓아두면 살고 막으면 죽는다. 막게 되면 가까운 시장이 먼 시장이 되고, 밝은 시장이 어두운 시장이 되며, 저가의 물건이 고가로 변하니 생산자나 소비자 모두에게 불리하다." 그는 이렇게 말했다. 이후 3년 동안 잠시 곤란한 시기를 겪었는데, '좌'적 영향으로 말미암아 포산도호(包産到戶) 문제가 섬서에서 장기간에 걸쳐 광범위하게 논쟁거리가 되었다. 문제를 시정하면 다시 음모를 꾸미고, 문제가 생기면 다시 시정하는 등 여러 차례 양상이 반복되면서 군중들의 적극적인 참여도 좌절되고 생산성도 점점 하락했다. 자오보핑은 직접 민정 시찰에 나섰으며, 진실을 말하는 데 전혀 거리낌이 없었다. "포산도포는 두 갈래 길에서 투쟁이 필요하다. 하나는 지나친 것이고, 다른 하나는 타당하지 않은 것이다." 그는 이렇게 대범하게 문제점을 지적했다.

1962년 7월, 중공 섬서성위 제3기 4차 전체위원 확대회의 기간에 그는 이런 의견을 제시했다.

"포산도호는 낡은 사물이 부활한 게 아니라 새로운 사물의 맹아로서 중국 농민의 창조물일 수 있다." 그는 농촌에서 사회주의 방향을 견지하는 것이 무엇보다 중요하지만 방법은 결코 단일하지 않으며 다종다양할 수밖에 없다고 강조하면서 포산도조(包産到組), 포산도호(自留地) 확대, 획소핵산단위(劃小核算單位) 등은 모두 각 지역의 구체적인 실정에 맞게 적절히 대처하여 농민의 바람에 부합할 수 있어야 한다고 말했다. 하지만 자오보핑의 이처럼 고귀한 창견은 당시 중시되기는커녕 오히려 공정치 못한 비판을 받아야만 했다.

문예를 위해 공헌하다

자오보핑은 문예전선에서도 탁월한 업적을 쌓았다. 20세기 30년대에서 60년대 초반까지 그는 섬서 문예계의 중요 활동에 직접 참여하고 이끌었다. 3,40년대에 그는 《새로운 시험(新考試)》《대상당(大上當)》《한간을 잡다(抓漢奸)》《기반선(祁半仙)》《특종학교(特種學校)》 등 현대 진강(秦腔) 극본을 창작했으며, 다른 각도에서 당중앙이 제시한 "항전을 견지하고 투항에 반대한다. 단결을 견지하고 분열을 반대한다. 진보를 견지하고 후퇴를 반대한다"는 정치 주장을 효과적으로 선전했으며, 국민당 반동파의 소극적인 항일과 적극적인 반공·반인민 행태를 여지없이 폭로하고 강력하게 비판했다. 1942년 연안 정풍에 호응하여 자오보핑은 전후로 《민족혼》《석달개(石達開)》《세 방울의 피(三滴血)》 등 세 편의 극본을 각색하여 변구 중앙 대강당에서 공연하여 연안을 들썩거리게 만들었다. 마오쩌둥과 주더·린보쥐·세쥐에자이(謝覺哉) 등 영도 동지들은 공연을 본 후 3편의 희극을 제대로 각색했다고 칭찬을 아끼지 않았다.

자오보핑이 서북국 선전부 부장 시절 자오소우이(趙守一)가 부부장 겸 문예처장을 맡아 섬서 희극학교를 세웠다. 자오보핑은 섬서에서 자신이 직접 작품 각색 및 희곡 창작을 맡았다. 시중쉰은 이를 적극 지지하여 두 사람이 함께 힘을 모아 섬서 지방극을 여러 차례 대도시에서 공연했다. 공연이 성황리에 이루어지면서 섬서 문화 건설에 일조했다. 지난 세기 5,60년대에 자오보핑은 성위와 시위의 영도자로서 공사다망함에도 불구하고 희극의 개혁과 발전에 심혈을 기울였다.

1956년 봄, 그는 희극 개혁좌담회를 개최하고 이론과 실천을 겸비한 당사자로서 섬서성의 희극, 특히 진강(秦腔)의 계승과 개혁에 대해 치밀하고 훌륭한 문장을 발표했다. 표현 예술에서 그는 엉성하게 날조하거나 역사적 유산을 포기하는 현상에 대해 비판하면서 '창(唱)·백(白, 대사)·주(做, 무용 동작)·타(打, 전통무술)' 등 다방면에 걸쳐 기본적인 훈련을 통해 전통 가락에 부합하고 운미가 있으며, 성색을 갖춘 연기자로 십팔반무예(十八般武藝)에도 정통해야 한다고 주장했다. 그의 이러한 논설은 당시 '쌍백(雙百)' 방침을 관철하고, 섬서 희극을 고무·격려·추진하는 효과를 가져왔다. 당시 서북국에 자오보핑이 있었기에 현판강(弦板腔)·아궁강(阿宮腔)·동주방자(同州梆子) 등 전통적인 우수한 희극이 살아남을 수 있었다고 해도 과언이 아니다. 특히 동주방자는 각종 방자희(梆子戱)의 비조(鼻祖)로 소리 없이 종족을 감춘 지 이미 40여 년이 되었기 때문에 거의 사라질 지경에 이르렀다. 자오보핑은 자신이 직접 전문 극단을 만들어 원로 예인들을 불러모으고 오래된 극본을 각색했으며, 새로운 단원들을 모집하고 새로운 작품을 훈련시켜 마침내 지방 특색의 희극학교까지 만들어 낡은 옛 희극에 새로운 생명을 불어넣은 것이다.

시중쉰도 희극 예술을 참 좋아하였는데, 특히 지방극을 각별히 애호했다. 해방 초기 당과 정부에서 서안 이속사(易俗社: 원래 명칭은 '섬서영학사(陝西伶學社)'이다. 저명한 진강(秦腔) 교습소로 창시자는 쑨런위(孫仁玉)이다—역주)를 접수했는데, 자오보핑이 시중쉰을 초청하여 그곳에 간 적이 있다. 쉬중신이 문 안으로 들어가니 무대 위에 '당과 정부의 이속사 접관(接管: 접수하여 관리함)을 경축함(慶祝黨和政府接管易俗社)'이라는 현수막이 걸려 있는 것이 눈에 들어왔다. 그러자 시중쉰이 자오보핑 동지에게 '접관'이 아니라 '접판(接辦)'이라 써야 한다고 말했다. '접관'은 국민당이 남긴 행정기구에 대해 쓰는 말이고, 이속사처럼 진보적인 문예단체는 그저 '접판' 즉 계속 이어 주관한다고 쓰는 것이 옳다는 뜻이었다. 자오보핑도 이에 동의하고, 즉시 사람을 시켜 현수막을 바꿔 달았다.

옛 성벽을 보호하다

자오보핑은 서안 명성(明城) 유적을 보호하는 데 크나큰 공을 세 웠다. 1958년 '대약진' 시기에 일부 동지들이 서안 성곽은 봉건사회 의 유물이니 철거하자고 주장했다. 그는 뭇사람들의 주장을 강력하게 배척하고, 즉시 국무원에 문서를 올려 보류해 줄 것을 요청했다. 시중 쉰 동지의 적극적인 지지하에 국무원의 비준을 얻어 서안 성벽은 국 가 중점문물 보호 단위로 지정되었다. 지난 세기 80년대 초반 전면적 인 개보수를 통해 성벽과 하천, 숲, 고루와 종루, 도로를 새로 정비하 여 면모를 일신했다. 지금 서안 명성은 전국에서 유일하게 완전한 형 태의 성벽을 보존하고 있는 관광의 명소가 되었다.

중백(仲伯)의 깊은 정의(情誼)

시중쉰은 사심이 없어 두려울 것이 없고, 진리를 견지하여 치욕 속에서도 중임을 마다하지 않는 자오보핑 동지의 광명정대한 인격에 탄복했다. 그는 보핑 동지에 대해 원칙이나 근본과 직결되는 중요 문 제 앞에서 결코 흔들리지 않고 자신의 기치를 선명히 올릴 줄 아는 이 라고 평가했다. 보핑 동지의 가장 큰 장점은 "어려움을 알면서도 물 러나지 않고, 위험에 임해서도 두려워하지 않으며, 험한 지경에 처해 도 놀라지 않고, 누명을 뒤집어써도 원망하지 않는다"는 것이다. 지 난 세기 50년대 후반까지 계속해서 이어지는 '좌'경 사조가 전국을 뒤흔들 때에도 그는 본심에 어긋나는 말을 하지 않았고, 본심에 어긋 나게 일을 처리하지도 않았다. 또한 세파를 따라 좇아다니거나, 남이 하는 말을 따라 하지도 않았다. 1962년 9월 중공 8기 10중전회에서 캉성이 날조된 죄목으로 시중쉰 등이 소설 《류즈단》을 이용하여 반당 행위를 했다고 그릇된 비난을 할 때에도 그는 침묵을 유지했다. 누군가 그에게 발언하여 입장을 밝히라고 하자, 그는 엄숙한 얼굴로 이렇게 말하였다.

"입장을 밝히지 않는 것이 바로 입장을 밝히는 것이다. 중쉰은 좋은 동지이다!"

이로 인해 보핑 역시 불공정한 대우를 감수해야만 했다.

1975년 시중쉰과 자오보핑은 오랜 기간에 걸친 감금에서 풀려나 각기 호북 사시(沙市)와 하남 낙양으로 일종의 유배를 떠나야만 했다. 하지만 두 사람은 서로 상대를 걱정하며 서로의 소식을 탐문했다. 자오보핑이 사시에 도착하고 얼마되지 않아 외손자에게 북경에 가는 길에 시중쉰의 소식을 알아보라고 부탁했다. 그리고 곧바로 외손자에게 낙양으로 가서 시중쉰을 만나 자세한 내용을 들은 후에야 비로소 마음을 놓았다. 여기서도 우리는 시중쉰과 자오보핑 동지의 형제와 같은 혁명 우정을 엿볼 수 있다. 그들이 나눈 우의는 마치 겨울날의 햇살이 사람을 따스하게 만드는 것처럼 어려운 시절의 참다운 우정이기에 결코 잊을 수 없다. 1988년 3월, 시중쉰은 여러 원로 영도 및 동지들을 만난 자리에서 자오보핑 동지를 자신의 훌륭한 스승이자 유익한 벗이라고 말하면서, 그들 두 사람의 이름 가운데 '백(伯)'과 '중(仲)'을 합쳐 큰 소리로 이렇게 외쳤다. "백중, 백중! 그대가 백이고, 나는 중이니, 그대가 나의 큰형이시네." 보도매체에서 나중에 두 사람의 만남을 보도한 적이 있었다. 분명 이는 시중쉰이 자신과 자오보핑의 깊고 진중한 혁명 우정을 표현한 것이자 세상 사람들에게 자오보핑 동지의 훌륭한 인격과 절개를 애써 드러내고자 했던 것이다.

시중쉰과 자오보핑의 전우애와 스승이자 친구로서의 관계는 평생 어긋남이 없었다. 비록 나중에 시중쉰이 중공중앙 서북국 서기이자 당과 국가의 영도자로서 자오보핑의 상급자가 되었지만 그때도 역시 예전처럼 자오보핑을 존경하고, 언제나 그를 '큰형' 또는 '훌륭한 스승이자 좋은 벗'이라고 불렀다.

자퉈푸의 서북국 생활을 회고하며 *

치신, 저우웨이런

저우웨이런(周維仁) 본명은 쟈훙성(賈虹生), 1943년 9월 연안에서 태어났다. 원적은 섬서 신목현(神木縣)이며, 국가계획위원회 부주임인 쟈퉈푸의 아들이다. 1962년 입대했으며, 1965년 중국공산당에 가입했다. 중국 장애인 복리기금회(福利基金會) 이사, 부비서장 겸 국내부 주임을 역임했으며, 현재 중국 공농홍군(工農紅軍) 제26군 황토정련의회(黃土情聯誼會) 회장을 맡고 있다.

자퉈푸의 공작 능력과 영도 수준은 섬감 근거지에서 온 원로 동지들 가운데 발군이라고 할 정도로 탁월했다. 항일전쟁으로 힘들고 어려웠던 시절 중앙은 그에게 경제 공작을 맡겼다. 각고의 노력과 충실한 조사 연구를 통해 그는 곧 경제 방면의 전문가가 되어 마오쩌둥과 장원톈(張聞天)·천원(陳雲) 동지의 칭찬을 들었다. 시중쉰 동지의 회고에 따르면, 1942년 마오쩌둥 주석이 섬감녕 변구 고급간부회의에서 연설한 〈경제 문제와 재정 문제〉의 중요 자료는 대부분 쟈퉈푸 동지가 제공했다고 한다.

---

* 본문은 편집자가 치신의 《충심을 역사에 길이 남기고, 충혼은 후인들을 격려하네－쟈퉈푸 동지 탄신 100주년을 기념하며(丹青照汗青, 忠魂勵后人－紀念賈拓夫同志誕辰一百周年)》와 저우웨이런의 《자퉈푸전(賈拓夫傳)》의 내용을 정리한 것이다. 치신의 원문은 2012년 11월 28일자 《섬서일보》에 실렸고, 저우웨이런의 《자퉈푸전》은 1993년 중공당사출판사에서 출판되었다.

최선을 다해 배우고 제대로 활용하다

1942년 성립된 서북재경 판사처는 전체 섬감녕 변구의 재정 공작을 총괄하는 기구이다. 1945년 10월 천원 동지가 동북으로 전근한 후 쟈퉈푸가 서북의 재정 판사처 주임을 맡았다. 당중앙과 서북국의 영도하에 그는 "경제를 발전시키고 공급을 보장한다"는 방침을 철저하게 견지하고 집행했다. 아울러 천원 동지의 재정 공작에 관한 지도사상을 학습, 운용하면서 변구의 생산 발전을 토대로 삼아 국민당 통치구에 대한 금융, 무역투쟁을 전개하여 변구의 군수물자나 민간 생활필수품을 비롯한 여러 물자 보급을 보장했다. 이를 통해 변구 화폐와 물가가 안정되고, 재정수지가 균형을 이루었다. 이런 점에서 섬감녕 변구와 진서북(晉西北) 변구의 군민들이 국민당의 경제봉쇄와 군사작전을 극복하고 서북 해방전쟁의 승리를 쟁취하는 데 탁월한 공헌을 했다고 말할 수 있다.

1947년 3월 서북 재정판사처는 서북국 기관(행정부서)들이 연안으로 철수함에 따라 섬북의 전쟁터를 전전하다가 그 이듬해 5월에 다시 연안으로 돌아와 왕가평(王家坪)에 자리를 잡았다. 당시에 쟈퉈푸는 시중쉰과 조석으로 만나며 밀접한 관계를 맺었다. 그들은 중공중앙이 정변현(靖邊縣) 소하촌(小河村)에서 개최한 소하(小河) 회의와 양가구 회의에 함께 참석했다. 소하 회의와 양가구 회의는 인민해방전쟁이 중요한 시기로 진입하던 시기에 열린 중요한 회의였다. 특히 1947년 12월에 열린 양가구 회의에서 시중쉰 동지는 서북국을 대표하여 당시 토지개혁 운동 과정에서 노정된 '좌'적 경향, 예를 들어 지주에 대한 잔혹한 투쟁이나 중농의 이익에 반하는 행태 등에 대해 문제점을 제시하고 중앙에 보고했다. 이에 마오쩌둥은 시중쉰의 의견을 청취한 후 이를 런비스가 작성하는 회의 문건에 포함시키도록 했다. 시중쉰 동지가 서북국을 대표하여 제시한 의견에 대해 쟈퉈푸 역시

1947년 서북 재정판사처 주임을 맡아 섬북 도처에서 전투에 참가하던 시절의 자퉈푸.

지지를 보냈다.

후중난(胡宗南)의 부대와 맞붙어 10개월 동안 잔혹한 내선(內線) 작전(전략적 수비 위주의 작전)을 진행하느라 섬감녕 변구의 경제 상황은 최악으로 치달았다. 자퉈푸는 전선의 승리라는 유리한 형세를 충분히 활용하는 한편, 당의 정책을 정확하게 집행하면서 대담하게 군중을 동원하여 경제를 회복하기 위해 애썼다. 그리하여 1948년 말 당중앙과 서북국의 영도하에 변구의 경제 상황이 크게 회복되고 절대다수의 농민들도 한숨을 내쉴 수 있었다. 서북 지역 전체가 해방된 후 서북의 농공업 생산도 신속하게 회복, 발전하기 시작했으며, 인민의 생활도 현저하게 개선되었다.

위급한 상황에 명령을 받다

1948년 4월 21일, 연안이 광복의 기쁨을 맛보았다. 혁명 성지가 장제스와 후중난의 수중에서 다시 공산당과 인민의 품으로 되돌아온 것이다. 이제 서북에서 해방군은 전면적인 반격 단계로 진입하여 국민당 통치구의 여러 가지 업무를 접수하기 시작했다. 특히 서안을 접수하기 위한 준비는 중공중앙 서북국의 의사 일정에 포함되어 있었다. 1949년 2월 9일, 자퉈푸는 서북국에 〈서안 접수를 준비하기 위한 초보 계획에 관하여(關於準備接收西安的初步計劃)〉라는 제목의 보고를 올려 서북국의 비준을 받았다. 계획은 다음 여덟 가지 분야로 나누어져 있었다.

1) 서안 정황 수집과 조사, 2) 서안 접수 정책 연구와 준비, 3) 서안 군사관제위원회(軍事管制委員會, 약칭 군관회) 조직 및 준비, 4) 서안 접수를 위한 간부 준비, 5) 위수 부대 준비와 훈련, 6) 진입 간부 훈련, 7) 공급에 필요한 준비, 8) 기타 약간의 기술 문제 준비.

2월 28일, 서북국 상임위원회는 16명으로 구성된 서안 접수 준비위원회를 발족하고, 자퉈푸를 주임으로 임명했다. 4월, 접수관리조를 정식으로 구성하고 간부 배치 공작을 끝냈다. 5월 12일, 〈입성 기율 및 주의 사항(入城紀律及注意事項)〉을 인쇄하여 배포하고, 5월 18일 정식으로 자퉈푸를 서안 시위 서기 겸 시장으로 임명했으며, 5월 20일 군관회의 정부(正副) 처장과 공공 방옥관리위원회(房屋管理委員會) 위원들을 임명했다. 당일 해방군 선두부대가 서안으로 진주하고, 군관회는 23일 들어와 다음날부터 정식으로 업무를 보기 시작했다.

동시에 군관회 포고 '관자(管字) 1호'를 발표하고, 군관회가 정식으로 성립되었음을 선포했다. 주임은 허룽, 부주임은 쟈튀푸와 자오소우산(趙壽山)·간쓰치(甘泗淇)였다.

이에 서안 접수 공작이 본격적으로 전개되었다. 쟈튀푸는 서북국 상임위원, 서북군정위원회 위원, 서북재정위원회 부주임(주임은 펑더화이), 그리고 서안시 군관회 제1부주임, 서안시위 서기 겸 서안시 시장으로 중추적인 역할을 맡아 도시의 접수 관리 공작을 진두지휘했다. 당시 쟈튀푸는 37세였다. 1949년 2월 섬감녕 변구 참의회 상주(常駐) 의원, 정부위원회 및 진수(晋綏) 행서(行署: 行政公署의 약칭으로 시로 편제되기 전 단계의 지역 행정기관을 말한다-역주) 대표가 참석한 회의에서 서북재경판사처를 서북재정분회로 개편하고 허룽이 주임, 쟈튀푸가 부주임, 시중쉰과 류징판 등 10명이 위원을 겸직하기로 결정했다. 동년 6월 서북재경분회가 서안으로 이전하여 공식적인 업무를 시작했다.

쟈튀푸가 서안에 들어와 가장 먼저 염두에 둔 것은 당 중앙의 지시에 따라 신속하게 사회질서를 안정시키고 각 분야의 생산을 회복하는 일이었다. 그는 천윈이 심양(沈陽)을 접수하면서 "각기 체계에 맞춰 위에서 아래로 진행하되, 원래의 것을 그대로 유지한 상태에서 접수한 다음 분배한다"는 나름의 방법과 경험을 본받아 접수 관리 공작을 순조롭게 진행했다. 얼마 후 허룽 주임은 류사오치·덩샤오핑 군대의 대서남(大西南) 진군을 지원하는 데 주력하고, 자오소우산·간쓰치 두 명의 부주임도 총괄 사업에 여념이 없었기 때문에 서안 군관회의 공작은 기본적으로 쟈튀푸가 주관했다. 그는 서안시 당정 영도기관 조직과 서북 재경 분야에서 중요한 임무를 맡아 부담이 만만치 않았다. 쟈튀푸는 휘하 비서처에 비서장을 맡고 있는 창리푸(常黎夫)와 부비서장 양샤오추(楊曉初)를 제외하고 10여 명의 비서만 있을 뿐이었다. 하지만 그들은 탁월한 능력을 발휘하면서 신속하게 업무를

서안 해방 이후 새로 조직된 중공 서안시위원회 성원들의 단체 사진.

처리했다. 창리푸의 회고에 따르면, 그와 쟈퉈푸는 거의 한밤중까지 문건 작성을 비롯한 여러 가지 업무에 매달렸는데, 창리푸가 먼저 잠을 청한 후 새벽 3,4시쯤에 깨어나 계속 일하고 있는 쟈퉈푸와 교대했다. 이렇게 해서 아침이 밝아올 때쯤 작성 원고를 가지고 보고하거나 서북국에 보내 심의를 요청했다. 그럼에도 그들은 전혀 피곤함을 느끼지 못하고 긍지와 의욕이 가슴속에 가득 차 있었다.

세 번에 걸친 물가 폭등을 억제하다

2개월 동안 서안을 접수 관할하는 공작이 성공적으로 추진되고 있을 때, 쟈퉈푸는 시기적절하게 서북국과 펑더화이·허룽·시중쉰 등 영도 동지들에게 서안시의 다음 단계 핵심적인 사업에 대해 이렇게 말했다.

"공사(公私)를 불문하고 생산을 회복하고 발전시키는 데 전력을 다해야 한다. 동시에 계획을 세우고 절차에 따라 난민과 유민, 그리고 실업자들을 조직적으로 전업 또는 취업시키고 농촌으로 분산시켜 생산을 증대하고 소비를 감소시켜 사회의 질서와 안정·민생을 도모해야 한다. 그밖에도…… 생산과 취업이라는 핵심적인 고리를 중심으로 상호 배합하며 진행해야지 개별적으로 진행해서는 안 된다."

또한 그는 이렇게 생각하고 있었다.

"이는 가장 광범위하고 근본적인 경제 문제이자 사회 문제이다. 또한 이는 소비성이 강한 도시에서 해방 초기에 일어날 수 있는 불가피한 현상이기도 하다. 도시의 여러 가지 중대한 문제들, 예를 들어 치안 문제, 금융 문제 등은 모두 경제·사회 문제와 밀접한 관련이 있다. 그렇기 때문에 이런 문제를 해결하는 기본적인 방법은 바로 적극적으로 생산하고 취업할 수 있도록 하는 것이지 소극적으로 구제하거나 유지하는 것이 아니다."

그는 이를 위해 대담하게 다음과 같은 의견을 제시했다.

"영도 역량을 집중시키기 위해 군관회에서 군관 공작을 총결한 후 응당 계획적이고 순차적으로 각종 생산과 행정에 필요한 업무를 각 주관 부서로 인계하여 보다 신속하게 집행할 수 있도록 해야 한다." 아울러 이와 상응하여 관리, 생산 발전, 업무 개선, 접수 관할 공작 마감 등을 강화하고, 주관 제도에 따른 일련의 공작 방침과 조치 및 정책 건의를 적극적으로 마련해야 한다는 의견을 제시했다.

1950년 3월 자튀푸는 조직적으로 창고 조사며 통계 조사를 실시하고, 구체적인 편제를 확정하여 예측되는 소비량을 정하여 물자 절약에 힘썼다. 아울러 중앙의 요청에 따라 지방 부가세를 제외하고 모든 공량(公糧: 식량으로 내는 현물세)과 세금·물자를 중앙에서 통일적으로 조절하고 사용할 수 있도록 했으며, 전국적으로 통일된 수지관리 제도와 그밖의 조치들을 마련하고 철저하게 집행하여 장기간에 걸친 통화 팽창으로 야기된 물가 폭등을 잡아내고 금융과 물가를 모두 안정시켰다.

도시로 진입한 후 신생 정권이 직면한 또 다른 문제는 화폐제도의 문란이었다. 실제로 은양(銀洋)·동원(銅元) 등 다양한 화폐가 공존했으며, 투기모리배들이 여전히 암약하고 있었기 때문에 이에 대한 적절한 조치와 투쟁이 시급한 상황이었다. 자퉈푸는 정부와 재정기관의 모든 역량을 동원하여 은양과 동원 사용 및 밀매 등에 대한 투쟁에 나섰다. 그는 은양과 동원으로 매매하는 것을 금지시켰으며, 은양을 태환하는 가격을 58% 높였다. 공공 사업부서는 은양이 아닌 인민폐만 받았으며, 세무 부서는 불합리한 일부 잡세를 즉각 폐지하고 새롭게 정한 세제와 세율에 따라 세금을 징수했으며, 시장에서 은화 유통을 금지시켰다. 사법기관은 은양 채무에 관한 모든 민사 사건을 수리하지 않았다. 아울러 적극적으로 시민들에게 은원 대신에 인민폐를 사용할 것을 선전했다. 이러한 일련의 조치와 더불어 국영 무역회사에 명하여 적극적으로 물자를 조달하고 저렴하게 상품을 판매하여 물가를 억제하도록 했다. 이런 일련의 조치는 곧 효과를 나타냈다. 은양은 암시장으로 흡수되고, 동원은 완전히 폐지되었으며, 물가도 점차 안정되고 인민폐가 시장에서 확대 유통되기 시작했다.

그러나 얼마 후 국민당 군대가 최후의 발악을 하면서 함양과 서안 인근까지 치고 들어왔다. 적의 특무들이 파괴 공작과 선전을 강화하면서 인심이 점차 흉흉해지고, 암시장의 은양이 갑자기 3배나 폭등하면서 재차 물가가 치솟기 시작했다. 많은 상점들이 인민폐를 받지 않았으며, 문을 닫는 상점도 점차 많아져 갔다. 은양 문제는 정치·군사적 원인으로 야기된 것이기 때문에 더욱 복잡한 양상을 띠었다. 자퉈푸는 정부 각 부문와 협력하여 특무 등의 반혁명 활동을 강력하게 진압하는 한편, 화북의 대군이 가까이 다가오고 전선에서 승첩보가 이어지는 것을 계기로 삼아 적극적으로 대민 선전에 나섰다. 동시

1952년 자퉈푸가 중앙으로 전근하게 되자 서북당 영도자들이 그를 환송하기 위해 화산에서 기념사진을 찍었다. 앞열 왼쪽부터 양밍쉬안(楊明軒), 자퉈푸, 시중쉰, 장자푸, 장즈중, 훙시허우(洪希厚, 장즈중의 부인).

에 무역회사에서 조달하는 물량을 확대하고 시장에 싼값에 공급하는 한편, 상반기 영업세를 징수하면서 공량의 경우 인민폐로 납부할 때에는 절반을 깎아주겠기로 했다. 은행에서 저금과 대출·환어음 등 고유 업무를 적극적으로 실시하자 암시장에서 낮은 가격으로 은양을 내놓기 시작했다. 암시장으로 암시장을 타격하는 교묘한 방식이 유효하여 마침내 제2차 물가 파동도 무사히 잠재울 수 있었다.

새로운 정권이 서안에 진입하고 3개월이 지난 후 은양이 또다시 수작을 부려 물가가 오르기 시작했다. 하지만 정치·군사적으로 형세가 유리하고, 앞서 시행한 일련의 조치들이 계속 유효했기 때문에 크게 파동을 치지는 않았다. 은원에 대한 투쟁은 사실상 통화 팽창·물가 억제를 위한 투쟁이었으며, 접관(接管) 공작 가운데 특히 경제 영역에서 무엇보다 중요한 임무이기도 했다. 몇 개월에 걸친 노력 끝에 1950년 봄이 지나 여름으로 들어갈 무렵 서북지구의 물가는 기본적으로 안정된 상태를 유지했다.

자툐푸는 1950년 7월 10일 서안군정위원회 제2차 회의에서 그간의 활동에 대해 이렇게 회고한 바 있다.

1950년 2월 하순 서안시에서 60여 가지 상품의 평균 가격은 1949년 12월말 대비 243% 올랐고, 그 가운데 14가지는 381%나 상승했다. 하지만 3월 이후 상황이 바뀌면서 앞서 말한 60가지 상품의 가격은 2월 하순에 비해 30% 떨어졌으며, 그 가운데 14가지는 38% 하강했다. 4월에는 또다시 2월 하순 대비 52% 떨어졌으며, 그 가운데 14가지는 62%나 떨어졌다. 5월 초에 들어서서 안정세가 유지되면서 지난 10여 년 동안 지속되었던 물가 팽창 국면을 완전히 억제했다. 이는 국민당이 10여 년 동안 해결하지 못한 문제를 해결한 것이다.

노동자 계급을 중시하다

자툐푸는 1952년 가을 중앙으로 전근할 때까지 많은 임무를 성실하게 진행하면서 서북지구의 재경 전선 회복과 안정 및 발전에 탁월한 공헌을 했다. 서북 재경 공작을 영도하던 시절 자툐푸는 노동자 계급의 영도 작용을 대단히 중요하게 생각하고, 노동자들이 적극성을 발휘할 수 있도록 지원을 아끼지 않았다. 서북에는 50만에 달하는 노동자들이 있는데, 자툐푸는 서북 총공회 주석에 임명되어 전체 노동자들을 이끄는 임무를 맡았다. 그는 노동자 대중을 적극 동원하여 서북국 총공회의 여러 동지들과 함께 당과 정부의 영도하에 노동자를 억압하는 봉건적 십장제도(십장 등 우두머리를 내세워 노동자를 착취하는 제도를 말한다-역주), 노동자에게 모욕을 주는 수색제도(몸을 수색하는 것을 말한다-역주) 등을 철폐하는 한편, 반동적인 회도문(會道門: 종교 신앙으로 유대 관계를 맺고 있는 민간 비밀결사, 교, 회, 도, 문에서 명칭을 취했다-역주) 활동을 금지시켰다. 그는 제일 먼저 산업노

동자(철로, 광산, 방직공장, 국민당의 군수공장 등)에게 노동자 자신들이
자신을 관리하고 교육하도록 조직하는 한편, 특히 정책을 정확하게
파악하도록 주의시킴으로써 노동자들이 동원되었을 때 일시에 할 수
없는 과도한 요구를 제기하는 일이 없도록 했다. 그는 기본적으로 공
과 사를 겸하면서 노동자와 자본가가 함께 이익을 얻을 수 있는 원칙
을 제시하여 복잡한 노사 관계를 비교적 협조 관계로 전환하고 노동
자 대오를 안정시키는 한편, 노동자 자신의 각오(覺悟)를 향상시켜 경
제 회복과 발전을 촉진시켰다. 당시 서북 총공회 부주석을 맡았던 두
옌칭(杜延慶)은 이렇게 회고한 바 있다.

"뤄푸 동지는 서안으로 들어온 후 정말 정신없이 바쁜 상황에
서 서북 총공회의 일까지 겸직하고 있었다. 그럼에도 그는 공회의 일
을 대단히 중시하여 모든 중요한 보고를 직접 청취했으며, 중요 사업
은 자신이 직접 인원을 안배하는 등 일련의 조치를 취했다. 그러면서
도 전혀 부담스럽게 여기지 않았다. 특히 1950년 오삼창(五三廠: 동북
지역의 공장, 광산에 대한 성공 사례를 말한다—역주)의 경험을 널리 보급
하기 위해 자뤄푸가 친히 경험을 전파하는 대회를 주관한 것이 생각
난다……." 자뤄푸가 영도한 이러한 투쟁은 서안은 물론이고 서북 지
구의 경제 안정과 회복·발전에 큰 도움을 주었으며, 도시 접수 공작
에 좋은 경험을 제시하였다.

1952년 중공중앙 서북국이 폐지된 후 시중쉰과 자뤄푸는 함께
북경으로 자리를 옮겨 일하게 되었다. 시중쉰은 앞뒤로 중선부와 국
무원에서 일했고, 자뤄푸는 처음부터 공업과 재경 분야에서 일했다.
시중쉰은 여러 차례 자뤄푸의 탁월한 재주와 능력을 칭찬하였는데,
마오쩌둥의 중요 문장인 〈10대 관계를 논함(論十大關係)〉은 자뤄푸의
견해를 수용한 부분이 적지않다고 말하기도 했다.

10년 동란(문화대혁명) 초기에 '사인방'이 죄명을 날조하여 자뤄
푸를 모함했다. 그는 잔혹한 박해를 받다가 1967년 5월 7일 원통하

게 죽음을 맞았다. 서거 당시 그의 나이 55세였다. 비록 그는 죽고 없지만 당과 인민에 대한 무한한 충성심을 보여준 그의 우수한 자질과 겸손하고 신중하며 누구에게나 친근했으며, 특히 대중들과 밀접한 관계를 맺었던 그의 우량한 작풍, 그리고 원칙을 고수하고 실사구시를 견지한 과학적 태도는 지금 우리들이 느끼고 배워야 할 가치가 있다.

황즈(黃植)를 기억하며 *

마원루이, 창리푸, 리리안, 리즈원, 지예리

리리안(李力安) 본명은 량성(亮生), 자는 쯔빈(子斌)이며, 1920년 7월 산서 오대(五臺)에서 태어났다. 1935년 10월 중국공산당에 가입하고, 이듬해 중화민족해방 선봉대가 되었다. 중공 기진(冀晋) 제2지위(地委) 적공부(敵工部) 부장 및 지위 조직부 부장을 맡았으며, 중공 정형현(井陘縣) 현위 서기, 중공 섬남(陝南) 양운(兩鄖)의 지위 부서기, 중앙 조직부 처장, 흑룡강 성위 서기처 서기, 하얼빈 시위 제1서기, 흑룡강 성위 서기 등을 역임했다.

리즈원(李治文) 1918년 9월 산동 청주(靑州, 이전 益都) 출신이다. 1937년 11월 혁명 공작에 참가한 후 1938년 3월 중국공산당에 가입하여 평수(平綏) 철로국 간부 과장, 중국 서만(西滿) 제4지위 위원, 선전부 부장, 제제합이(齊齊哈爾) 시위 제1서기, 중공중앙 동북국 위원, 조직부 부장, 요녕성위 상임위원, 산동성위 상임위원, 청도시위 제1서기, 중공 8대, 10대, 11대, 12대 대표 등을 지냈다.

황즈 동지가 세상을 떠난 지도 벌써 1년이 지났다. 그와 함께 오랫동안 근무했던 동지로서 매번 그에 대한 그리움을 잊을 수 없다. 추호도 빈틈없이 맡은 바 임무에 충실하고자 했던 투철한 직업 정신과 당의 사업에 대한 충성심, 신중하고 치밀하며 뛰어난 글재주, 청렴결백으로 일관한 성품과 자질, 그의 이러한 모습을 추억하며 우리는 숭고한 존경의 뜻을 표함과 동시에 애석함을 금할 수 없다.

* 본문은 1994년 1월 3일 《섬서일보》 제2판에 실린 내용이다.

1 공산주의 사업에 대한 끈질긴 추구는 황즈 동지의 인격과 혁명 품격의 본질적인 특징이다. 일찍이 학창 시절 황즈 동지는 조금도 게으름 없이 부지런히 마르크스 · 레닌주의의 진리를 추구했던 열혈 청년이었다. 그는 어려서부터 책읽기를 좋아했다. 1931년 광주 중산대학 고등부에서 수학할 당시 비밀리에 뜻을 같이하는 학우들에게 마르크스 · 레닌의 저작과 상해 좌익 문예잡지, 특히 루쉰의 저작을 전해 주며 함께 읽었다. '9 · 18' 사변 이후 전국적으로 항일의 봉화가 활활 타오르자 황즈 동지는 11월 '중산대학 항일극사(抗日劇社)'를 조직하여 연극을 무기로 광주의 학생 · 노동자 · 시민들에게 항일과 반제 · 반봉건을 선전했다. 이듬해 그는 중산대학에서 좌익 희극가연맹 광주분맹(分盟, 분회)에서 책임자 가운데 한 명으로 일했다. 1934년 5월 좌익분회가 적들에게 발각되어 해산되고, 황즈 동지에게 체포영장이 떨어졌다. 이에 그는 홍콩(香港) 구룡으로 도피하여 지인용(智仁勇) 소학교의 교사로 신분을 위장하고 계속해서 혁명 선전 활동에 전념했다. 7월, 그는 공산주의청년단에 가입했다. 1935년 당조직의 소개로 상해로 와서 소련 홍군 참모부 상해주재 정보조(情報組)에서 일하면서 매일 신문이나 잡지에서 정보를 취합하여 일문과 영문으로 번역하여 상부조직으로 보냈다. 얼마 후 또다시 조직이 파괴되면서 북경으로 옮겨 잠시 몸을 숨긴 다음 다시 상해로 돌아와 계속해서 당의 업무를 맡았다. 몇 번의 곡절을 겪으면서도 황즈 동지는 혁명에 대한 믿음을 저버리지 않았으며, 투쟁 속에서 더욱 단련되어 견고한 혁명 열정과 의지를 불태웠다.

1936년 9월, 황즈 동지는 당조직의 지시에 따라 아득하게 멀고 험한 여정을 극복하며 상해에서 당중앙이 자리하고 있는 보안(保安)에 이르러 마침내 새로운 혁명 생애를 시작했다. 그는 처음에는 중앙 선전부에서 일하다가 나중에 항전극사(抗戰劇社)의 주임을 맡았으며, 이후 조직의 지시에 따라 수덕 경비구로 가서 왕전 동지의 영도를 받으며 국민당 반동 전문요원인 허사오난(何紹南)과 《수덕일보(綏德日報)》에 대항하는 《항전보》를 창간하고 편집장을 맡았다. 그 기간에 황즈 동지는 주로 평론을 쓰는 작업을 맡았다. 중요한 사설을 쓸 때면 온 밤을 꼬박 새우는 일이 허다했다. 그의 평론은 관점이 명확하고 언설이 예리한데다 설득력과 전투력이 강했다. 정확한 보도 방침을 고수하고 투쟁 책략에 주의하면서 《항전보》는 하사오난 등이 일으킨 백은(白銀) 사건, 대연(大烟) 사건, 협박 사건 등을 폭로하여 갈등과 충돌을 야기하는 국민당 반동파에 대해 강력한 타격을 입혔다. 아울러 당보와 무장투쟁을 긴밀하게 연결시키는 데 최선을 다했다.

해방 이후 황즈 동지는 중공중앙 서북국, 중앙조직부, 중앙재무부(中央財貿部), 중공중앙 동북국, 중공 심양시위 등에서 일했다. '문혁' 기간에 박해를 받아 하방당해 노동 개조를 하여야만 했다. 전쟁 기간이든 평화 건설 기간이든지 간에, 순탄한 처지이든 아니면 역경이든지 간에, 설사 직무상 어떤 변화가 있을지라도 그는 언제나 정정당당하여 마음에 거리낌이 없었으며, 당에 대한 신념 또한 결코 변함이 없었다. 그는 언제나 당의 이익을 위해 일하였으며, 늠름한 정기과 공산당원으로서 비범한 기백을 남김없이 드러낼 수 있었다. 박해를 받아 비판투쟁대회에 나갔을 때 조반파(造反派)는 그에게 서북국에서 연구실 주임·부비서장 등을 맡고 있으면서 대량의 흑색 문건·흑색 자료를 썼다고 사실을 날조하면서 이를 시인하라고 다그쳤다. 그는 자신이 서북국 시절 작성한 보고서나 정황보고 자료 등은 모두 마오쩌둥의 승인을 받아 참고용으로 전국 각지에 전달되었다고 말했다. 그러자 조반파는 불같이 화를 내며 사실을 날조하여 마오쩌둥에게 전가하고 있다고 소리쳤다. 이에 황즈 동지는 분개하여 "철저한 유물론자는 어떤 것도 두려워하지 않는다"고 맞받아쳤다. 격분한 조반파는 더욱 잔혹한 비난과 악행을 가했다. 그들의 가혹한 행위는 이후 심지어 중앙기관에 사람을 보내어 황즈 동지가 초안을 작성한 서북국의 문건들에 대하여 마오쩌둥이 비준한 사실을 확인한 후에야 비로소 그쳤다.

1979년 중앙은 마원루이 동지의 건의를 받아들여 황즈 동지를 심양시위에서 중공 섬서성위 상무위원 겸 선전부장으로 전근하도록 했다. 당시 그는 허약해진 몸에도 불구하고 낮밤을 가리지 않고 당의 실사구시에 바탕을 둔 사상노선을 회복하고, 생산력 표준을 위한 대토론회를 조직했으며, 당의 사상 이론 건설을 촉진하고 언론계를 바로잡는 작업에 심혈을 기울여 탁월한 조직 및 영도 성과를 이룩했다. 마원루이 등 성위 영도자나 중선부 역시 이에 대해 긍정적인 평가를 내린 바 있다. 특히 당시 사상 이론과 언론계의 문제에 대해 그는 당의 이익이 무엇보다 중요하다는 점을 반복해서 주지시켰다. 그 내용의 핵심은 다음과 같다. 우선 사상 선전에 종사하는 이들은 반드시 무조건 당중앙과 정치적으로 일치된 관점을 유지해야 한다. 선전공작자, 이론공작자, 그리고 언론공작자는 반드시 자신의 창조적인 업무 능력으로 당의 '목구멍과 혀(喉舌, 대변인)'라는 사실을 인지하고 당과 군중을 연계하는 작용을 해야 한다. 다음 사상을 선전하는 모든 공작자들은 반드시 고도의 순결성을 지녀야 한다.

황즈는 이외에도 전문 인력을 조직하여 조사 연구를 통해 이와 상응하는 문건을 작성했다. 당시 상황에서 볼 때 이는 탁월한 식견과 통찰력의 소산이라고 말할 수밖에 없다. 1982년 황즈 동지는 성위 고문, 성고문위원회 상무위원 등을 맡으면서 더욱 강렬한 정치적 책임감과 사명감으로 중대 문제에 대한 자신의 의견을 성위에 제기했다. 중병이 들었을 때도 그는 여전히 사람들의 도움을 받아 출근하여 자신의 임무를 수행했으며, 샤오핑(小平, 덩샤오핑) 동지의 남순강화(南巡講話) 이후 사상선전전선의 정황과 당의 14대 보고 정신을 정확하게 이해하고, 소련과 동유럽의 상황에 대한 자료를 찾아 읽으면서 자신의 의견을 거리낌 없이 전달했다. 아울러 기관의 간부들, 특히 젊은 간부들에게 학습을 강화하고 복잡한 사물에 대한 분석 능력을 향상시켜 언제나 맑은 정신을 유지할 것을 당부하기도 했다.

2 황즈 동지는 평생의 절반을 주로 글을 쓰는 데 할애했다. 이런 환경에서 그의 엄밀하고, 정교하며, 사실을 추구하고 노고를 아끼지 않는 업무 자세와 문장 작풍이 생겨나게 된 것이다. 그는 문장을 짓거나 교정하면서 자료 수집에 충실하고 명확한 관점을 유지하였으며, 과학적인 분석과 개괄에 능했다. 그래서 그의 글은 이론성이나 사상성이 풍부하고 정책에 부합했으며, 문필이 유려했다. 그는 문장을 퇴고하고 윤색하는 데도 탁월한 실력을 발휘했다.

동지는 평생의 절반을 주로 글을 쓰는 데 할애했다. 이런 환경에서 그의 엄밀하고 정교하며, 사실을 추구하고 노고를 아끼지 않는 업무 자세와 문장 작풍이 생겨나게 된 것이다. 그는 문장을 짓거나 교정하면서 자료 수집에 충실하고 명확한 관점을 유지하였으며, 과학적인 분석과 개괄에 능했다. 그래서 그의 글은 이론성이나 사상성이 풍부하고 정책에 부합했으며, 문필이 유려했다. 그는 문장을 퇴고하고 윤색하는 데도 탁월한 실력을 발휘했다. 그는 특히 알맹이가 없는 말이나 상투적이거나 허튼 문장에 반대했다. 언젠가 그는 주변 사람에게 이렇게 말한 적이 있다. 언젠가 신중화(新中華) 신문사에서 일할 때 마오쩌둥 주석의 〈지구전을 논함(論持久戰)〉을 교열한 적이 있었다. 조판 작업이 한창이던 어느 날 한밤중에 마오쩌둥 주석이 인편에 서신을 보내왔다. 〈지구전을 논함〉 원고 몇 쪽 몇째 줄에 나오는 문장을 수정해야 한다는 내용이었다. 비록 짧은 서신이기는 하였으나 그는 오히려 큰 충격을 받았다. 이후로 그는 자신이 느낀 감동을 자신의 글쓰기와 문풍에 사상적 토대로 삼았다. 서북국에서 9년 동안 일하면서 그는 영도자의 의도에 근거하여 시중쉰 동지와 서북국을 위해 상당한 수준의 문건을 집필했다. 예컨대 시중쉰 동지의 명의 또는 서북국에서 보낸 수많은 문건들, 당 중앙과 마오쩌둥 주석에게 보내는 전보나 보고까지 모두 포함하여 황즈 동지가 작성한 것이 적지않다. 동북국 재정위원회에서 일할 때도 동북국 재정위원회에서 발송한 중요 문건, 또는 재정위원회가 동북국을 대신하여 기초한 중요 문건의 경우 거의 모두 황즈 동지가 책임 감수했다. 중앙 재무부에서 일할 당시 매년 한 차례 전국 규모의 회의, 수 차례 전문가 회의를 개최했는데, 그는 재무위원·비서장을 맡아 회의석상에서 당 중앙에 보고하는 문장을 자신이 직접 작성했다. 1959년 그는 마밍팡(馬明方) 동지를 위해 생산·운송·판매를 일괄적으로 진행하는 문제에 관한 문장을 작성하여 호평을 받았다. 이후 그의 문장은 잡지 《홍기(紅旗)》에 발표되어 당시 재무 업무에 나름의 영향력을 발휘하였다.

황즈 동지의 문장 풍격은 질박하고, 언어는 치밀했다. 그는 영도 기관에서 발송하는 문건을 처리할 때면 중앙의 방침, 정책, 수많은 조사 자료를 근거로 실제 상황과 긴밀하게 연결시켜 성실하게 퇴고하고 수정했다. 자신이 직접 문건을 작성할 때는 우선 반복해서 사고하고 자세하게 상급 또는 영도자의 의도를 깊이 생각한 후 밤을 새워 가며 자료를 살피고, 여러 분야의 동지들과 논의하면서 다양한 의견을 수집한 후에야 붓을 들었다. 초고를 작성한 다음에는 주제·관점·단락·논리·문자 등 여러 가지로 착오나 오류를 찾아내거나, 글자는 물론이고 심지어 표점부호까지 일일이 확인하여 전혀 빈틈이 없었다. 때로 불분명한 부분이 있으면 즉시 다른 자료를 살펴보거나 누군가에게 자문을 구했다. 1954년 11월, 마밍팡 동지가 당중앙 조직부에서 개최한 전국농촌기층조직 공작회의에서 연설한 적이 있었다. 연설이 비교적 장황하고 중간에 다른 이야기가 끼어들곤 하여 참석자들도 어떤 부분은 정확하게 듣지 못했다. 회의가 끝난 후 황즈 동지가 연설 원고 정리를 맡았는데, 거의 보름이나 걸려 마밍팡이 연설한 내용을 반복해서 살피고, 상세하게 퇴고하여 기존의 연설 내용과 의미를 그대로 살리면서 유려한 문장으로 잘 정리했다. 많은 이들이 이를 칭찬한 것은 물론이고, 상부에 보고했을 때 류사오치 동지는 단지 한 구절만 고치고 그대로 전국 관련부서에 문건을 전달했다. 한 번은 이런 일도 있었다. 재무부에서 중앙에 공작보고를 한 후 황즈 동지가 황급히 직원을 시켜 보고서를 되찾아오도록 하였다. 사람들은 보고에 무슨 큰 착오라도 있는 줄 알았다. 하지만 막상 고친 것을 보니 단지 한 글자였다. 어찌 보면 아주 작은 일일는지 모르나 그의 꼼꼼하고 성실한 업무 태도는 많은 이들에게 깊은 인상을 주기에 충분했다.

문자공작(文字工作: 공문서나 보고서 등을 작성하는 일을 말한다-역주)은 참으로 고달픈 일이다. 황즈 동지는 일단 작업에 들어가면 거의 필사적으로 매달렸다. 서국북에서 일할 때에는 당시 형세가 서북지구의 실제 상황과 달라 잇달아 원고를 작성하느라 언제나 시간이 촉박했다. 자신의 임무를 완수하기 위해 그는 야근은 물론이고 아예 밤을 새우는 일이 다반사였다. 당시 그의 사무실은 거의 한밤 내내 등불이 켜져 있었다. 그의 열정과 탁월한 일솜씨는 당시 모든 동지들이 공인하는 바였다. 그는 과중한 업무로 피로가 극에 달해 고질병인 치질이 도지면서 수술을 해야만 하는 지경에 이르고 말았다. 그러나 그는 임무가 번잡하여 입원할 시간이 없을 정도였으며, 수술 후에도 제대로 요양하지 못하고 계속해서 사무실에서 원고와 씨름했다. 그러다가 며칠 후 출혈이 심해지면서 바지며 방석까지 피가 스며들고, 사무실에 놓아둔 타구에 온통 핏물이 가득했다. 서북 육군 총원(總院)으로 후송되는 도중에 그는 쇼크를 일으켜 병원에 도착한 후에도 여전히 정신을 차리지 못하고 혼미한 상태에서 혼잣말을 되뇌었다.

"이번 보고서는 완성했네."

체온은 정상으로 돌아왔지만 몸은 여전히 쇠약한 상태였다. 그러나 그는 의사의 권고를 듣지 않고 앞당겨 퇴원하여 사무실로 돌아와 다시금 힘든 작업에 매달렸다. 그는 이렇듯 오랜 세월 자신의 모든 시간과 심혈을 기울여 문건을 작성했지만, 정작 그의 개인 명의로 발표된 문건은 없다. 이러한 정신, 이러한 품덕이야말로 우리가 배워야 할 가치가 충분한 것이다.

황즈 동지는 고통과 어려움을 참아가며 몸소 체험하고 힘써 실천하는 한편, 특히 젊은이를 육성하는 데 주의했다. 그는 청년들에게 가장 먼저 마르크스·레닌·마오쩌둥의 저작을 성실하게 학습하고, 당의 노선과 방침·정책 등을 숙지하여 전체적인 국면을 파악하고 변증법적인 사고 능력을 배양하라고 장려했으며, 두번째로 기층으로 깊이 들어가 조사와 연구를 통해 실제 정황을 파악하며, 모든 것을 실제에서 출발해야 한다고 강조했다. 그리고 세번째로 깊이 사고하고 문제를 제대로 연구할 것과, 근면하고 치밀하며 실제적인 것을 추구하는 작풍을 견지할 것을 당부했다. 그는 또한 청년들에게 '고개를 가로저을 줄 아는' 간부가 될 것을 요구했다. 한편으로 왜 그런지 끊임없이 자문하면서 중앙의 문건, 영도의 지시를 정확하고 확실하게 파악하고 실제와 결합하여 착실하게 관철하며, 다른 한편으로 자신의 '작품(문건)'에 대해서도 '고개를 가로저으며' 반복해서 퇴고하고 수정하며 끊임없이 단련하여 숙달 경지에 이르도록 하라는 뜻이었다. 1950년 가을 서북국 연구실에서 근무하는 젊은 동지 한 명이 채가파(蔡家坡) 방직공장에서 기업 민주개혁 운동을 전개하고, 기업 민주관리를 촉진하는 것에 관한 조사보고를 한 적이 있다. 황즈는 그가 작성한 문건을 몇 번씩 자세히 살펴본 후 나름 가치가 있고 보편적인 의의가 있는 자료라고 생각했다. 하지만 조사보고서는 민주관리라는 '핵심'을 제대로 장악하지 못해 여전히 "결정적인 부분이 결여했다." 그래서 그는 자신이 직접 서북국 연구실이 앞장서고 정부 관련부서와 군중단체들이 참가하는 공작조를 조직하여 새롭게 현장 조사를 실시해 기존의 자료를 토대로 기업의 민주관리 내용을 보강한 조사보고서를 완성했다. 황즈는 조사 자료를 성실하게 보완 수정한 다음 중앙에 전달했다. 그가 올린 조사보고서는 중앙의 주목을 받았으며, 서북지구에서 기업의 민주관리를 강화하는 데 중요한 지도적 의의를 지녔다. 당시 그의 지도를 받은 청년들 가운데 누구는 당정 영도지위에 올랐고, 또 누군가는 저명한 교수·학자·신문기자 등으로 활동하고 있다. 매번 황즈 동지를 생각하면 그의 가르침이 얼마나 컸는지 새삼 느끼지 않을 수 없다.

3 황즈 동지의 보고서나 공문·문장 등은 내용이 풍부하고 질적 수준이 높아 영도자나 동료들의 호평을 받았다. 이는 그가 특히 조사 연구를 중시했기 때문이다. 마밍팡 동지는 "만공출세활(慢工出細活)" 즉 오랫동안 꼼꼼하게 해야 정교한 작품이 나온다는 말로 그의 글쓰기 솜씨를 칭찬한 적이 있다. '만' 즉 꼼꼼하다는 것은 황즈 동지가 문장을 쓸 때 성실한 조사 연구를 통해 자료의 논거를 찾기 때문이다. 그렇게 해서 나온 '세활' 즉 정교한 작품은 시간의 점검을 견뎌낼 수 있는 것이다.

서북국에서 근무할 당시 그는 자신이 직접 대원들을 이끌고 현지 조사를 실시했으며, 때로 도저히 시간을 낼 수 없을 경우는 시골이나 공장에 다녀온 동지들의 보고를 받고 함께 상황을 분석했으며, 제일선에서 근무하는 현위서기나 공장의 당위서기·공장장 등을 만나 그들에게 상세한 정황을 물어가며 함께 논의하고 연구했다. 중앙의 재무부로 자리를 옮겨 일할 때에도 여전히 조사와 연구를 위주로 하는 작업 기풍을 지속했다. 당시 중앙 재무부가 갓 만들어진 때라 대다수 간부들이 업무에 익숙하지 않았기 때문에 업무분장과 향후 일정한 기간의 방침, 임무 등에 대한 명확한 규정이 필요한 상태였다. 신생 재무부에 현실에 맞는 조직 구조를 편성하고, 간부들이 재무부의 업무에 대해 이해할 수 있도록 4,5개의 공작조를 조직하여 각 성과 시에 파견하여 현지 조사를 벌이도록 했다. 황즈는 자신이 직접 1개 공작조를 데리고 산서의 한 현으로 들어가 현장 조사를 실시했다. 재무부 기층 조직의 기구, 간부 조직, 업무 성적과 문제, 경험 등 조사 내용이 상당히 상세했다. 이렇게 조사와 연구를 병행하면서 업무에 대한 파악도 더욱 용이해졌다. 현지 조사에 참가한 간부들은 조사가 끝난 후 이번 조사ㆍ연구가 연수원에서 업무 연수를 받은 것처럼 재무업무에 대한 인식을 제고시키고, 또 재무 업무에 대한 믿음을 강화하는 데 도움을 주었다고 말하였다.

1959년 초 그는 여러 동지들을 인솔하여 호북 기춘현(蘄春縣)으로의 '대약진(大躍進)' 이후 재무 공작에서 드러난 새로운 정황과 문제점을 조사했다. 당시 격정에 휩싸여 냉정을 잃는 바람에 재무 공작상에 맹목적이거나 실속 없이 성과를 부풀리는 풍조 및 정책에 위반되는 현상들이 적지않았다. 그는 현장 깊이 파고들어 대중들과 만나 허심탄회하게 의견을 청취했으며, 여러 동지들과 함께 연구하고 토론하면서 현장의 진실한 상황을 남김없이 상부에 보고했다. 그는 자신이 주관하여 집필한 중앙 재정부의《공작간보(工作簡報)》에서, 중앙 및 각 성위와 시위 중요 영도 동지들에게 현지의 구체적인 상황과 업무상의 문제들을 그대로 적시했다. 동북국의 재무 공작을 맡은 후에도 황즈는 여전히 조사와 연구에 치중했다. 당시 일시적으로 힘든 시기를 맞이하여 인민들의 생활을 안정시키고, 시장 공급을 개선하며 재무 업무를 조정하는 등 업무가 막중했다. 특히 '대약진' 기간에 상공업 분야에서 크고 작은 문제가 속출하여 전면적인 정돈이 필요한 상황이었다. 이에 그는 예전과 다를 바 없이 현장 조사와 연구에 몰두하는 한편, 기존의 경험과 교훈을 총결하여 맞춤형으로 필요한 조치를 마련했다. 황즈는 자신이 직접 조사와 연구에 참여하면서 기층 깊은 곳까지 찾아다니며 현지 조사를 하는 것 이외에도 요녕성 및 심양시 관계자들을 초청하여 좌담회를 개최해 현지 상황을 직접 청취하고 토론을 전개했으며, 상호간의 인식을 공유하면서 현지 상황에 적합한 상공업 관련 조례를 만들었다. 그의 이러한 일련의 조치들은 상당히 좋은 결과를 낳았다. 영도 간부로서 황즈는 서안 시절은 물론이고 북경이나 심양에 근무할 때에도 언제나 여러 간부들과 함께 현지 방문을 통한 조사·연구를 게을리하지 않았다. 그는 직접 시장으로 나가 매장을 검사하고, 채소나 식량·식용유 등 중요 식료품의 공급과 판매를 살펴보며 관련된 업무 사항을 결정했다. 이러한 조사와 연구를 실천하면서 그는 "고개를 가로젓는 간부가 되어야 한다"라든지, "본질을 바라볼 수 있도록 두 눈을 단련시켜야 한다" "전형적인 사례 분석을 배워야 한다" "다른 것과 연계시키고 발전적으로 문제를 살펴야 한다" 등등 여러 가지 업무 방법을 강조했다. 지금도 이러한 업무 방식은 여전히 정확하고 적절하다.

4　황즈 동지는 자신에게 엄격하고 공익을 우선시했으며, 청렴결백을 중시하고 언제나 겸손한 자세로 신중하게 처신했다. 그는 개인의 명리나 지위·이해득실에 연연하지 않고, 자신의 권력을 이용하여 특별대우를 받지 않았다. 그는 언제나 공산당원은 오로지 인민을 위해 복무하고, 당을 위한 의무에 열정과 성의를 다할 뿐 당과 인민에게 관직이나 권력 등 특권을 요구하지 않는다고 말하였다. 만약 그렇지 않았다면 수많은 혁명 선열들의 희생이 헛된 것이 되지 않겠는가! 이는 그가 평생을 지켜 온 가장 기본적인 원칙이었다. 중앙 재무부에서 일할 당시 80세로서 연로한 부친이 병환으로 입원중이셨다. 업무에 지장을 주지 않고, 또 조직에 부담을 주지 않기 위해 그는 가정 형편이 상당히 힘든 상황임에도 불구하고 사람을 고용하여 부친을 돌보게 하고, 자신은 일요일이나 공휴일에 버스를 타고 병원으로 가서 부친을 돌보았다. 부친이 별세했을 때는 공교롭게도 야오이린(姚依林) 동지(당시 중앙 재무부 부부장)와 함께 남방 여러 성과 도시에서 조사 연구를 하는 중이었다. 부친의 별세 소식을 들은 그는 즉시 재무부 판

공청에 전화를 걸어 기관에서 그 대신 후사를 처리해 줄 것을 요청하고, 자신은 맡은 일에 전념했다. 그는 집안사람들에 대해서도 매우 엄격하여, 자녀들에게 자력으로 분발하여 자신의 소질과 능력으로 "앞날을 개척할 것"을 당부했다. 1960년 말, 그는 동북국으로 전근하여 재무 업무를 맡았다. 그는 큰아들과 둘째아들을 북경의 한 중학교에 입학시켜 학교에서 숙식하며 공부하도록 하고, 초등학교와 유치원에 다니는 자녀와 부인만 데리고 심양으로 부임했다. 1979년 섬서에서 일할 때는 부인만 데리고 갔다. 현재 그의 자녀들은 각기 흩어져 살고 있는데, 각자 맡은 자리에서 탁월한 능력을 발휘하고 있다. 작년 병환이 위급했을 때에도 그는 자녀들이 서안으로 오지 못하도록 했다. 혹시라도 부친을 걱정하느라 자녀들의 업무에 지장을 줄까 저어했기 때문이었다.

그의 마음은 언제나 인민 대중들을 향하고 있었다. 자발적으로 인민 대중들을 위해 실질적인 일을 하고자 노력했으며, 겸손하게 인민 대중들에게 배우고 시종일관 인민 대중과 밀접한 관계를 맺었다. 1960년 전후로 중국은 3년 동안 힘들고 어려운 시기를 겪어야만 했다. 그는 일반 대중들의 삶을 정확하게 파악하기 위해 동북국 재무기관 간부들을 대동하고 공장과 농촌·학교·하부기관 등을 방문하여 실태를 파악하고, 인민들의 생활을 안정시키기 위해 조직적으로 생산을 확대하여 대중들이 어렵고 힘든 난관을 극복할 수 있도록 최선을 다하였다. 심양시위원회에서 일할 당시 그는 언제나 기층 인민들의 삶에 깊이 파고들어 일반 대중들의 일상 생활과 밀접한 관련이 있는 채소나 식량·식용유 등의 공급 상황을 살피고, 혹시라도 문제가 발견되면 즉시 해결했다. 매년 섣달 그믐날이 되면 그는 기관 간부들과 기차역 부근 음식 공급부로 가서 오가는 여행객들에게 교자(餃子)를 나누어 주곤 하였다. 고향을 떠나 멀리 있지만 즐겁고 화목한 제야의 밤을 맞이하라는 뜻이었다. 1969년 12월, 황즈 동지는 '오칠전사

(五七戰士: 문화대혁명 기간에 마오쩌둥의 '5·7 지시'에 따라 간부들에게 가난한 빈농의 삶을 직접 체험하며 재교육을 받도록 하기 위해 당정 기관의 간부, 과학기술 인원, 대학 교수 등을 농촌으로 하방시켜 노동 개조를 하던 '오칠간교(五七幹校)'에 참여한 이들을 말한다—역주)'로 지목되어, 요녕성 수암(岫岩) 조양공사(朝陽公社) 맹가생산대(孟家生産隊)에 배치되었다. 그곳에서 그는 파종·관리·수확·저장 등 농업에 관한 일을 농민들에게 직접 배우면서 현지 농민들과 깊은 우정을 나누었다. 나중에 상부에서 그와 관련하여 "노동을 감독하고" 비판을 진행하라는 지시가 내려왔다..그러자 주변 농민 친구들이 그를 위로하며 이렇게 말했다.

"황 영감, 영감이 무슨 주자파나 반혁명과 관련이 있다고 저러는 것이오! 마오 주석의 정책이 왜곡된 것이지. 저들은 토끼 꼬리나 같으니 오래가지 못할 것이오!"

1972년 10월, 황즈 동지는 아침저녁으로 같이 생활하던 농민 형제들과 눈물로 이별을 고하고 다시 영도 자리로 복귀했다. 13년 후(1985년), 그는 예전에 생활했던 생산대를 다시 방문하여 농민들의 삶을 살펴보면서 이전에 비해 생활이 많이 개선되었음을 알고 무척 기뻐했다. 그는 평범치 않은 그 시절의 역사를 회고할 때마다 감정이 격양되는 것을 숨기지 않았다. 그의 감정은 진지하고 또한 시종여일했다. 그의 집안 보모인 장(張) 아주머니는 1950년부터 함께 생활했다. 황즈 동지는 언제나 그녀를 존중하고 한집안 식구처럼 대했다. 언젠가 그는 이렇게 말한 적이 있다.

"보모의 일도 혁명 공작의 일부이다. 그녀의 힘든 노동이 없다면, 우리들도 제대로 일을 할 수 없을 것이다."

장 아주머니는 섬서 장안현 출신인데, 그녀의 딸이 매년 방학이 되면 어머니를 만나기 위해 북경으로 가고 싶어했다. 황즈 동지가 그런 사실을 알고 장 아주머니에게 말했다.

"따님보고 오라고 하세요. 여비와 숙식비는 모두 우리가 부담하지요."

딸이 대학을 졸업하고 아이를 낳을 때까지 그녀는 황즈 동지의 집에서 보모로 일했으며, 15년이 흐른 뒤 아쉬움을 뒤로 하고 고향으로 돌아갔다.

황즈 동지는 온갖 힘들고 어려운 상황에서도 용감하게 싸워 이겼으며, 헌신적으로 일했다. 1947년 국민당 반동파가 34개 여단, 25만 병력을 집결시켜 당 중앙이 자리하고 있는 섬감녕 변구로 쳐들어왔다. 당시 그는 심한 치질로 고생하고 있었는데, 산속에서 생활하느라 치료에 애를 먹었다. 약도 변변치 않았을뿐더러 항염제 몇 알을 먹으려고 해도 영도자의 허락을 받아야만 했다. 제때에 치료를 하지 못해 결국 탈항되어 피가 나올 정도로 병세가 심각해졌다. 이런 상황에서도 그는 의연히 시중쉰 동지를 도와 서북 야전군 전방 사령부에서 근무했다. 전황이 끊임없이 변화하면서 전선 사령부도 계속 옮겨야만 했다. 다른 곳으로 이동할 때마다 그는 참을 수 없는 고통에 시달리며 다녀야만 했다. 그는 말을 제대로 탈 수 없어 등자에 발을 올려놓고 선 상태로 이동해야만 했다. 주둔지에 도착하면 일단 항문 밖으로 빠져나온 직장(直腸)을 집어넣은 다음 이를 악물고 군무에 몰두했다. 전국 해방 이후 황즈 동지는 영도자의 직책을 맡았다. 지위가 격상되었지만 그는 여전히 어려운 상황에서 분투하고, 매사에 헌신적으로 근무하면서 무사봉공의 정신 자세만은 변하지 않았다. 오늘날 개혁개방의 거대한 조류 속에서 당의 건설을 강화하고 온갖 부패를 청산하고자 할 때 황즈 동지를 비롯한 원로 공산당원들의 우수한 품격과 모범적인 사적을 적극 창도하고 발양하는 것이 무엇보다 중요하다. 황즈 동지가 보여준 당성·업적·인격·태도를 현재 활동하고 있는 젊은 동지들에게 모범으로 삼으려는 것이 바로 우리들이 황즈 동지를 회고하며 그리워하는 참된 뜻이자 마음이다.

황즈 동지를 그리워하며

　　장샤오천(張效臣)

投身革命即爲家,	혁명에 투신하여 집처럼 여기고
小米步槍打天下;	작은 보총 하나로 천하를 차지했다.
足迹神州墨迹伴,	신주(중국)에 족적과 더불어 묵적을 남겨
決策文章潤華夏.	책략을 담은 문장 화하를 적셨다.
心底無私天地廣,	마음속에 사심 없어 천지 광활하니
剛直不阿誠可嘉;	강직한 마음 실로 아름답다.
一生奮鬪爲眞理,	일생 분투를 진리로 삼으니
兩袖淸風盡瀟灑.	옷소매에 맑은 바람만 가득해도 대범하도다.

　　　　　　　(1993년 11월)

황즈를 애도하며

　　펑원쉬(馮元碩)

황즈 동지가 세상을 뜨니 원로 영도자이자 전우를 잃은 침통한 마음에 졸시를
적어 추념의 뜻을 전한다.

皚皚如同北國雪,	북국의 백설처럼 희고
皎皎恰似江南月.	강남 달처럼 밝구나.
一生淸白留人間,	평생 청백리로 사셨나니
九天有顏見馬列.	구천에서 마르크스·레닌을 만나시겠네.

　　　　　　　(1992년 12월)

원로 영도자이자 뛰어난 스승인 창리푸를 애도하며 *

지예리, 왕보후이

왕보후이(王伯惠) 1925년 출생, 산서 가람(岢嵐) 사람이다. 1940년 4월 당 사업에 참가하여 1947년 1월 중국공산당에 가입했다. 섬감녕 변구 보안처, 변구 정부비서, 과장 등을 역임했다. 신중국 성립 이후 서북군정위원회 판공청 비서처 부처장, 국무원 비서청 비서처 부처장, 순양현(旬陽縣) 현위 서기, 섬서성 인민위원회 농업 판공실 부주임, 함양(咸陽) 지위 당교 교장, 성위 농공부 부부장, 성농업위원회 부주임, 성위 당교 교장, 정협 섬서성 제6기 위원회 상무위원 등을 역임했다.

창리푸 동지가 세상을 떠나시니 오랫동안 함께 일했던 우리들은 특히 비통한 마음을 금할 수 없다. 그는 평생 당과 인민을 위해 많은 일을 하면서 큰 공적을 남겨 우리들에게 모범을 보여주었기 때문에 더욱더 진심으로 그가 그립다.

비서 업무의 걸출한 대표자

창리푸 동지는 장기간에 걸쳐 비서 분야에서 영도 임무를 맡아 정치적 조수 역할과 연계 사업을 적극적으로 발휘하였으며, 특히 종합하고 중추 역할을 수행하는 면에서 탁월한 능력을 보여주었다.

그는 중요 영도자들이 각종 회의를 조직하는 데 적극적으로 협

---

* 본문은 2006년 2월 22일 《섬서일보》에 실린 내용을 정리한 것이다.

조하고 전면적인 사업 추진에 심혈을 기울였다. 1948년 당중앙의 통일적인 영도를 강화하고 기율을 무시하는 무정부 상태와 경험주의 사상 작풍을 극복하기 위해 당중앙은 보고제도에 관한 지시를 선포했다. 창리푸 동지는 이를 전체 비서공작의 중요 임무로 삼아 자발적으로 철저하게 관철시켰다. 신중국 성립 이후 그는 이를 근거로 〈국무원 소속 부서 근무 보고제 규정(國務院所屬各部門工作報告制度的規定)〉, 〈국무원 각 성, 자치구, 직할시 인민위원회 공작 보고제도 규정(國務院關於各省, 自治區, 直轄市人民委員會工作報告制度的規定)〉의 초안 작성에 참여했다. 이상 두 가지 규정을 토론하는 국무원 전체회의에서 저우언라이 총리는 총리와 부총리가 업무를 나누어 몇 개의 성과 연계를 분담하고, 상하부의 직접적인 연계를 강화하여 국무원 비서장·부비서장이 각 성의 책임동지들과 직접 연계할 수 있는 제도를 만들 것을 요청했다. 이는 국무원이 제때에 전국의 정황을 파악하고 사업을 추진하는 데 큰 도움을 주는 제도였다.

　창리푸 동지는 숙달된 솜씨로 정무를 처리하고, 사무 처리 역시 주도면밀하여 빈틈이 없었다. 이런 면에서 그는 비서 분야에서 그야말로 문무를 겸비한 훌륭한 영도자라고 하기에 충분하다. 그는 항상 비서·비서장은 당과 정부 영도자들의 참모이자 조수로서 정무에 참여하고, 사무를 관장하며, 문무를 겸비하여 위아래를 연결시키는 중간 다리 역할을 하는 것이라고 말하면서 비록 온갖 자질구레한 일을 도맡는 '포용투(跑龍套: 중국 전통극에서 하인 배역)'를 면할 수 없다고 할지라도 결코 그런 '배역'을 경시해서는 안 된다고 강조했다. 위아래를 연결하고, 좌우를 연계하며, 내외 소통을 주관하는 일종의 '감초' 역할을 하기 때문에 작은 일이든 큰 일이든지 간에 항시 철저하고 세밀하며 정확하게 처리해야 한다는 뜻이다. 기관의 정무나 사무 업무에 대해 그는 언제나 자신의 임무를 정확히 파악하여 주도면밀하게 처리했다. 그는 언설은 물론이고 자신이 직접 몸소 시범을 보이면서 일군의 비서 업무, 기관 사무를 관리하는 간부들을 이끌었다.

통전공작을 잘한 영도자

창리푸 동지는 영도자의 정치적 조수로서 주도적으로 기관 내부의 통전공작의 중책을 떠맡았다. 이를 강화하기 위해 서북군정위원회에서 기관 통일전선공작위원회를 만들었을 때 위원회의 중요 책임자로 있었다.

그는 기관의 통전공작 수행을 기관 공산당원 영도 간부의 정치·사상·영도 수준 향상과 밀접하게 연계시켰다. 그는 단순한 조직 영도를 정치 영도와 사상 영도로 향상시켜 부단히 사상 정치공작으로 강화해야만 비로소 기관의 통전공작과 그밖의 공작을 제대로 행할 수 있다는 점을 강조했다. 통전공작에서 그는 자신이 몸소 솔선수범했다. 예를 들어 서북군정위원회의 민주인사인 장즈중 부주석이나 아래 각급 기관의 책임자, 또는 이전 국민당 시절 공무원 출신 민주인사들에 대해서도 언제나 평등하게 대하고 단결을 강화했다. 또한 학습면에서 그들이 사상·정치적 각오를 제고시키도록 도왔으며, 업무면에서 최선을 다해 돕고 협력하면서 그들의 직권을 존중했고, 또한 생활면에서도 세심하게 배려하고 보살폈다. 혹시라도 그들이 사상이나 업무를 수행하면서 문제가 생길 경우 그는 직접 개별적으로 만나 흉금을 터놓고 대화하면서 모순을 해결하여 상호 양해하고 신뢰하며 단결할 수 있도록 최선을 다했다. 창리푸 동지의 부지런한 노력 덕분에 서북군정위원회 판공청은 통전공작의 모범부서가 되어 타의 모범으로 선도적인 역할을 했다.

창리푸 동지는 대표적인 민주인사들을 주도면밀하고 세세하게 보살폈다. 그는 장즈중 부주석을 대단히 존경했으며, 그가 읽어야 할 문건, 지시할 공문, 참여해야 하는 정무 등에 대해 하나도 빠짐없이 세세하게 준비했다. 그는 일찍이 장즈중과 함께 감숙·영하·청해 등지의 이재민 구호를 위해 시찰을 떠난 적이 있었다. 거의 보름에 걸친 긴 여정 속에서 그는 시찰 과정에서 생기는 문제를 하나씩 착실히 해결하고, 생활면에서도 세심하게 보살폈다. 장즈중이 창리푸 동지를 대표로 한 공산당 간부들에 대해 좋은 인상을 지니게 된 것은 당연한 일이다. 서북군정위원회와 행정위원회 부비서장 탄웨이쉬(談維煦)는 민혁(民革: 中國國民黨革命委員會, 중국의 민주당파 가운데 하나-역주)의 섬서성 중요 책임자였다. 창리푸 동지는 그와 5년 동안 함께 일하면서 친밀한 동지이자 친구 사이가 되었다. 개혁개방 이후 탄웨이쉬는 섬서성 정협주석, 전국정협 상무위원이 되었는데, 여러 차례 중국공산당 가입을 요청하면서 리푸 동지에게 소개인 역할을 부탁하여 마침내 자신의 숙원을 실현할 수 있었다.

1961년 창리푸 동지는 당중앙 서북국의 통전부 부장을 맡았다. 비록 '좌'적 사상의 심각한 간섭이 있기는 하였으나 그는 여전히 전심전력을 다해 당의 민족정책 집행에 최선을 다하였으며, 목축 지역의 생산 발전을 회복시키고 소수민족 상류층과 관계 개선을 하는 데 심혈을 기울였으며, 특히 소수민족 간부 배양을 강화했다. '문혁' 기간 내내 그는 '사인방'에게 혹독한 시련과 박해를 견뎌야만 했다. 1978년 복권된 그는 섬서성위 통전부 부장으로 다시 돌아왔다. '문혁' 기간에 회손된 통전부와 정협조직을 회복시키고, 성위 통전부에서 관리하고 있던 88명의 애국인사들에 대한 '원가착안(冤假錯案: 원안(冤案)-억울한 사건, 가안(假案)-허위로 조작한 사건, 착안(錯案)-오심 사건의 간칭-역주)'을 바로잡았으며, 우파분자로 몰린 7천여 명의 명예를 철저히 회복시켰다. 그의 이처럼 힘들고 치밀한 작업 덕분에 섬서 통전공작은 그릇된 부분을 시정하고 정상으로 돌아올 수 있었다.

실사구시 정신

창리푸 동지는 언제나 괜한 소리를 하거나 허풍을 떨지 않았으며, 거짓말을 더더군다나 하지 않았다. 그는 평생 문자공작을 하면서도 내용이 없이 겉치레 수식으로 일관하는 글은 써본 적이 없다. 그는 수차례 정치운동을 겪으면서 언제나 냉정한 두뇌를 유지하고자 애썼으며, 소리만 크고 내용은 없는 것처럼 허세를 부리거나 '핍(逼, 고문), 공(供, 거짓 자백), 신(信, 거짓 자백을 증거로 삼는 것)' 등 허튼짓을 하지 않았으며, 반대로 깊이 들어가 세밀하게 조사 연구하면서 문제의 진상을 밝히려고 애썼다. 그래서 그의 손에서 억울하거나 무고한 사건은 일어나지 않은 것이다. 계급투쟁이 강령처럼 버티고 가혹한 비판과 투쟁이 설치던 시대에 이는 결코 쉽게 할 수 있는 일이 아니다.

그는 중대한 문제에 대해 직언을 아끼지 않았는데, 특히 농촌에서 가정승포제(家庭承包制: 가족 도급제)를 실시하는 것에 대해 과감하게 지지하기도 했다. 60년대 총노선·대약진·인민공사 등 이른바 '삼면홍기(三面紅旗)'의 비호하에 국민경제의 심각한 파탄 원인을 모두 자연재해로 돌렸다. 창리푸 동지는 미지현(米脂縣) 고서구(高西溝) 대대에서 실제 작업에 참가하며 상황을 조사하여 정확한 실태를 파악했다. 이후 성위 확대회의에서 농민들은 국민경제가 심각한 곤란에 처한 것은 천재가 3할이면 인재가 7할이라고 생각한다고 말하였다. '삼면홍기'의 엄중한 착오로 인한 심각한 피해를 정확하게 지적한 것이다.

1961년 가을, 그는 공작조를 대동하고 유림지구에서 현지 조사를 실시했다. 당시 당나귀를 개인 가정에서 도급제로 맡아 기를 것인가 여부를 두고 쟁론이 벌어졌다. 그는 현지 실정을 충분히 이해하고, 여러 사람들의 의견을 두루 청취한 다음 공작조와 정변(定邊) 현위에 가정에서 기를 수 있도록 하자는 의견을 제시했다. 이는 이후 정변현과 인근 지역의 농목축업 발전을 촉진하는 데 결정적인 작용을 했다.

개혁개방 이후 그는 계속해서 농촌 가정승포제(家庭承包制)의 발전에 관심을 기울였으며, 친히 현지 조사를 하면서 얻은 자료를 제출하여 성위 농공부의 업무에 도움을 주었다.

청렴결백한 풍모

창리푸 동지는 항상 이렇게 말하였다. 장정(長征)을 경험한 동지들이나 총알이 빗발치는 전쟁터에서 전투에 여념이 없는 동지들, 특히 혁명선열들에 비해 우리는 정말 평탄한 길, 심하게 말하자면 지름길을 택해 걸어왔다. 우리가 무슨 만족하지 못할 것이 있을 것이며, 사람들에게 자랑할 일이 있겠는가?

그는 개인의 직무의 높고 낮음, 대우의 많고 적음에 개의치 않고 어떤 상황에서도 조직이 분배한 자신의 임무를 성실하게 수행하고자 애썼다. 그는 어려움 속에서 근검절약이 몸에 배었으며, 청렴결백하고, 누구보다 자신에게 엄격했다. 그래서 누군가에게 대접을 받거나 뇌물을 받은 적이 없으며, 세상의 물욕에 물들지 않아 옷소매 속에 맑은 바람밖에 없다고 할 정도로 빈한한 삶을 살았다. 1982년 조선노동당 중앙위원회 총서기이자 조선민주주의공화국 주석인 김일성이 서안을 방문했을 때 선물로 고려 인삼주 두 병을 준 적이 있었다. 그는 그것을 성 인민대표대회 판공청 창고에 보관하도록 했다. 결국 그 술은 장장 14년 동안이나 창고 속에 그대로 보관되었다. 그는 부정이나 부패를 극도로 미워하여 단호한 어투로 이렇게 말하였다.

"부정한 기풍과 투쟁하는 데 어찌 친족이나 친구라 마다하겠는가? 혁명 전통으로 몸을 바르게 하여 기꺼이 원망이나 욕설마저 받아들이리라!"

연안 정신과 작풍을 지닌 공산당원[*]
전우 차오리루 동지를 회념하며
시중쉰, 마원루이, 장슈산, 위안런위안, 장방잉, 장다즈

시중쉰(習仲勳) 1913년 10월 15일, 섬서성 부평현(富平縣)에서 태어났으며, 2002년 5월 24일 북경에서 세상을 떠났다. 향년 89세이다. 1926년 5월 중국공산주의청년단에 가입하고, 1928년 중국공산당원이 되었다. 항일전쟁에서 승리한 후 중공중앙 서북국 서기, 섬감녕 진수 연방군 정치위원, 섬감녕 야전집단군 정치위원, 서북 야전군 부정치위원을 역임했으며, 신중국 성립 이후 중앙인민정부 위원, 중국 인민혁명군사위원회 위원, 중공중앙 서북국 제2서기, 서북군정위원회 부주석, 주석 대리, 서북 행정위원회 부주석, 제1야전군 및 서북 군구 정치위원 등 장기간에 걸쳐 서북 당·정·군에서 총괄 업무를 맡았다. 또한 그는 중국공산당 제11기 중앙위원회 서기처 서기, 제12기 중앙정치국 위원, 서기처 서기, 제5기, 7기 전국인민대표대회 상무위원회 부위원장을 역임했다.

장슈산(張秀山) 1911년 7월, 섬서 신목에서 태어났다. 1929년 가을 중국공산당에 가입했으며, 서북 홍군, 서북 혁명 근거지와 동북 혁명 근거지 창설자 가운데 한 명이다. 1943년 1월부터 1944년 6월까지 중공중앙 서북국 조직부 부부장을 맡았으며, 1943년 3월부터 5월까지 서북 당교 교장을 맡았다. 이후 중공중앙 당교 교무처 주임, 중공 송강(松江)성위 서기, 중공 요녕성위 서기 겸 요녕 군구 정치위원, 당위 서기, 중공중앙 동북국 상무위원 및 비서장, 중공중앙 동북국 제2부서기, 국무원 국가농업위원회 부주임 등을 역임했다.

위안런위안(袁任遠) 1898년 5월, 호남 자리(慈利)에서 태어났다. 1940년

11월부터 1942년 9월까지 팔로군 제120사단 제359연대 정치부 주임,
1941년 4월 제359연대 군정위원회 위원을 맡았다. 1940년 말 남니만(南
泥灣)에서 부대원들과 둔전(屯田)을 개척하면서 섬감녕 변구의 생산운동
의 기치를 높이 들었다. 후에 중공 길림 시위 서기, 호남성 정부 부주석,
내무부 부부장, 제5기 전국인민대표대회 상무위원회 위원 등을 역임했다.

장다즈(張達志) 1911년 출생, 섬서 가현 사람이다. 섬북 근거지 창설자 가
운데 한 명이다. 서북군정위원회 공안부 부장, 서북 공안부대 사령원 겸 정치
위원, 난주 군구 사령관, 중국인민해방군 포병사령관, 중공중앙 군사위원
회 위원, 국방위원회 위원 등을 역임했다. 1955년 중장으로 승진했다.

1949년 겨울 차오리루 동지는 왕전 동지를 도우라는 명령을 받
고 신강으로 가는 길에 뜻밖의 교통사고로 세상을 뜨고 말았다. 서북
의 간부, 인민들은 너나할것없이 그의 사망 소식에 놀라움을 금할 수
없었다. 사람들은 당이 충성스러운 공산주의 전사이자 우수한 영도
간부를 잃었다고 애석하게 생각했으며, 그와 함께 고난의 세월을 보
낸 우리들의 마음속은 이루 말할 수 없는 회념으로 가득찼다.

차오리루 동지는 류즈단 동지와 소학교 시절부터 동창이자 좋은
친구였다. 그들은 섬북 유림중학에 다니던 시절 서북지구 공산당 조
직 창건자인 웨이예처우(魏野疇)·리쯔저우(李子洲) 선생님의 훈도를
받아 혁명사상을 받아들였다. 그는 웨이예처우 선생의 《정치경제학
기본원리》 등 번역 원고를 필사하고 정리하는 일을 도우면서 중학 시
절부터 적지않은 혁명이론을 배울 수 있었다. 그는 류즈단을 비롯한
여러 동학들과 함께 신사상·신문화를 선전하고 학생운동을 이끌면

---

* 본문은 《차오리루(曹力如)》, 섬서인민출판사, 1996년판에서 인용함.

서 반동 군벌에게 '팔대 괴수' 가운데 한 명으로 지목되기도 했다.

제1차 국내 혁명전쟁 시기에 차오리루 동지는 붓을 던지고 군문으로 들어가 국민군 제2군 무선전(無線电) 강습소에서 학습한 후 양후청 부대 포병부대에서 중위로 문서 수발을 담당했다. 1926년 중국공산당에 가입한 후 당조직의 명에 따라 양후청 국민군 제10군에서 군 정치처 처장 대리, 2사단 정치처 처장 등을 맡았다. 양후청 부대가 동관(潼關)으로 출병하자 국공합작에 따른 북벌전쟁에서 공로를 세웠다.

'4·12' 반혁명 정변 이후 양후청 장군이 어쩔 수 없이 출국하고 쑨웨이루(孫蔚如)가 제10군 군단장을 대행했다. 장제스는 제10군에 사람을 파견하여 '청당(清黨)'을 감독하도록 했다. 이처럼 위급한 상황에서도 차오리루 동지는 전혀 두려워하지 않고 용감하게 반동파와 투쟁을 감행했다. 그는 당시 제10군 당(黨) 특파원으로 쑨웨이루를 설득하여 공산당원들을 보호했다. '8·7' 회의 이후 환북(皖北) 특위비서장을 맡아 여러 차례 당중앙의 통신 연락 업무를 접수하고, 하남과 섬서 등에 문건이나 지시를 전달하기 위해 사람들을 파견했다. '8·7' 회의 정신을 관철하기 위해 그는 군대를 벗어나 농촌으로 들어가 노동자·농민들을 무장시켜 국민당의 진압에 반대하도록 했다. 1928년 4월 9일 환북 폭동의 첫 총성이 울렸다. 차오리루 동지는 적위대 대대장을 겸임하여 공농(工農) 무장대를 이끌고 적진을 향해 달려나갔다. 환북 공농 민주정부가 성립되자 리루 동지는 비서장을 맡았다. 고단한 혁명 세월을 보내며 무사봉공(無私奉公)의 정신, 지혜롭고 용감한 활동으로 뭇사람들의 존경을 한몸에 받았다. 환북 폭동이 실패로 끝나고 차오리루 동지는 고향인 섬북 보안현으로 돌아가 류즈단 동지의 영도하에 섬감변의 무장 투쟁을 조직하는 데 심혈을 기울였다. 그는 류즈단 동지와 긴밀한 관계를 유지하면서 보안현 민단의 단총(團總)과 부단총을 맡아 지역 무장력을 장악했다. 1931년 봄 무기를 구입하기 위한 비밀서신이 발각되어 차오리루 동지가 체포되어 국민당 유림

감옥으로 압송되었다. 적들은 위협과 회유를 반복하고, 가혹한 고문까지 가하며 자신들의 말을 듣도록 강요했다. 하지만 차오리루 동지는 끝까지 지조를 지키며 늠름한 자세를 견지하여 공산당원의 숭고한 품덕을 잃지 않았다. 이후 당조직의 도움으로 병보석으로 풀려나 고향으로 돌아갈 수 있었다. 그는 휴양 기간에도 힘든 몸을 이끌고 직접 적의 진영으로 들어가 민단의 투항을 권고하며 홍구(紅區)를 확대시켰다.

중앙 홍군이 2만 5천 리 장정을 거쳐 섬북에 도착한 후 차오리루 동지는 섬서와 감숙성위 비서장, 섬감공위 군사부장 등의 직책을 맡았다. 홍군 주력부대가 서정을 떠나자 그는 저우언라이 부주석의 지시에 따라 유격대와 독립 대대를 이끌고 낙하천(洛河川)에서 유격 전투를 통해 많은 적군을 섬멸했다. 서안사변이 평화적으로 해결된 후 그는 지단(志丹) 현위 서기로 임명되어 당의 지시를 준수하며 현의 모든 업무에 만반을 기하였으며, 뛰어난 업적으로 인해《신중화보》에 그의 공적과 경험을 소개하는 기사가 게재되기도 했다.

항전 시기에 차오리루 동지는 섬감녕 변구 정부의 비서장, 재정청 부청장, 수덕 전서(專署)의 부전원(副專員), 연속 전서의 전원, 섬북 서쪽 지구의 전원 등의 직책을 돌아가며 맡았다. 그는 당중앙과 마오쩌둥 주석의 지시를 성실히 관철하면서 섬감녕 변구 정부의 주석 린보취(林伯渠) 동지의 주관하에 항전과 생산을 병행하면서, 당과 군은 물론이고 그밖의 항일애국을 지향하는 사회 여러 세력들과 함께 협력하여 변구를 모범적인 항일근거지로 만드는 데 중요한 역할을 맡았다. 린보취 동지는 바로 이런 이유로 이렇게 말하였다.

"변구의 경제 건설이 현저한 성적을 이룬 것은 차오리루 동지와 같이 근면하고 성실하게 일하는 간부들이 있었기 때문이다."

해방전쟁 기간에 차오리루 동지는 중공중앙 서북국 부비서장, 성공부(城工部) 부부장, 유림 군관회 주임, 섬북 행서(行署) 주임 등을 역임했다. 1947년 3월 장제스 · 후중난 부대가 섬감녕 변구로 진격하자 당중앙과 마오쩌둥 주석은 섬북 일대를 전전하며 계속 전투를 벌였고, 차오리루 동지는 당중앙 통일부서의 지시에 따라 왕웨이저우(王維舟) 등 여러 동지들과 변구의 기관이 연안에서 안전하게 철수할 수 있도록 조치를 취했다. 아군이 연안을 회복한 후, 그는 연안 지위 서기 회의에서 중공중앙 서북국의 지시에 근거하여 서북지구 도시 건설 임무에 대한 의견을 제시했다. 이는 서북 전역이 해방된 이후의 준비를 하기 위함이었다. 1949년 10월 신강이 해방되자 중공중앙 서북국은 차오리루 동지를 신강으로 보내 요직을 맡도록 했다. 그러나 12월 8일 그는 불행하게도 서안 패교(灞橋)에서 목숨을 잃고 말았다. 향년 48세였다.

차오리루 동지는 중국공산당의 우수한 당원이자 충성스러운 공산주의 전사였다. 그는 당에 대한 충성심이 남달랐으며, 강직한 성품의 소유자로 개인의 명리를 따지지 않고 아무리 어려운 일이 있더라도 결코 좌절하지 않았다. 매번 당에서 분배한 임무를 맡을 때면 아무리 어렵고, 여건이 얼마나 복잡하든지 간에 그는 어떻게 해서든지 완수했다. 그는 대중들과 잘 어울렸으며, 그들에 의지하여 함께 싸웠다. 그렇기 때문에 그가 가서 일했던 곳은 어디든지 새로운 분위기, 새로운 기상이 넘쳐났다. 특히 섬감녕 변구 정부에서 비서장으로 있을 당시 린보춰 동지는 주로 바깥일을 하고, 차오리루 동지가 현장으로 깊이 들어가 현지 상황에 근거하여 여러 가지 중대한 문제를 융통성 있게 처리했다. 그가 하는 일마다 질서가 있어 조리 정연했다. 영리하고 능력이 있으며, 효율을 중시하고 또한 겸손하면서 신중한 그의 업무 자세는 여러 간부들이나 대중들에게 깊은 인상을 남겼다. 이후 당은 리루 동지를 신구(新區) 수덕 전서(專署)의 부전원(副專員)으로 파견했다. 당시 그곳은 적정(敵情)이 복잡하고 임무가 과중했지만 차오리루 동지는 왕전 동지의 영도하에 군중들과 더욱 밀접한 관계를 유지하며 농촌에서 조세와 이자를 감면하는 운동을 활발하게 펼쳤으며,

항일 민주정권에서 '삼삼제'를 시행하여 개명한 신사들과 협조 관계를 확립하는 한편, 각계 인사의 적극적인 협력을 얻어 신구의 안정과 단결에 큰 공헌을 하였다.

차오리루 동지는 장기간에 걸친 현장 투쟁에서 성장한 우수한 영도 간부이다. 그는 섬감의 상황에 대해 누구보다 잘 알고 있었다. 그는 현지의 민심과 민속을 제대로 이해하고 풍부한 실천 경험을 쌓았다. 그는 또한 마르크스·레닌주의 저작과 마오쩌둥 동지의 지시를 열심히 학습하면서 부단히 자신의 이론 수준을 제고하기 위해 노력했다. 그는 직접 현장으로 들어가 조사와 연구를 병행하고, 새로운 상황에 직면하여 대중들의 지혜를 활용하여 상황을 분석하고 연구하면서 적절하고 새로운 방법을 찾아내는 데 능했다. 그래서 동지들은 차오리루 동지가 유능하고 노련하여 생각이 세밀하고 요령이 많아 어떤 일이든 방안을 찾아낸다고 말하곤 했다. 1939년 1월 7일, 국민당 반동파가 연안을 포위하고 경제 봉쇄를 강화했다. 이에 당중앙은 연안에서 생산을 독려하기 위한 회의를 개최하고, 마오쩌둥 동지가 직접 나서서 모두 함께 힘든 시간을 극복하자고 호소했다. 차오리루 동지는 당시 섬감녕 변구 정부의 비서장으로 기관 생산위원회 업무를 맡고 있었다. 그는 당중앙과 마오쩌둥 주석의 지시를 성실하게 관철하여 신속하게 변구 정부기관에서 3분의 1에 해당하는 간부들을 뽑아 마사천(馬士川) 농장에서 일하도록 했다. 그는 자신이 솔선수범하여 열심히 일하고 외진 밭까지 깊이 들어가 적절한 인원을 배치하는 한편, 나이 많은 농민들에게 농사일을 배우고 농업기술자들에게 이론을 배우며, 생동감 넘치는 사투리로 노동 경험을 총결하여 많은 이들의 찬사를 받았다. 이후 그는《연안 각 기관 생산위원회에 보내는 서신(寫給延安各機關生産委員會)》을 통해 자급자족을 표준으로 하는 생산 임무, 토지의 기름짐과 메마름에 대한 주의, 토지에 따른 적절한 작물 선택, 때에 맞춘 파종, 경작 방법 강구, 농우(農牛) 사육과 활용, 정확한 농지 계산, 소규모 토지의 개인 경작 인정 등 8개 항목에 걸친 정책적이고 지도적인 의견을 제시했다. 그의 이러한 실사구시 정신과 역척스럽게 일에 몰두하는 자세는 영도자나 대중들의 관심과 호평을 받기에 충분했으며, 당시 기관들이 생산운동에 보다 신속하고 건강하게 추진하는 데 좋은 선례를 남겼다.

차오리루 동지는 뛰어난 기백과 전반적인 국면을 살피는 남다른 안목으로 당의 항일민족통일전선 정책을 모범적으로 수행했다. 그는 필요한 인물이라면 반드시 자신의 편으로 만들고, 역량을 모아야 한다면 어떤 이들과도 손을 잡고 단결했다. 그는 변구의 개명신사들인 리딩밍(李鼎樂)·안원친(安文欽)·훠즈러(霍子樂)·류제산(劉杰三)·훠주산(霍祝三) 등과 우의를 나누고, 몽고족 상류층 진보인사들과도 좋은 관계를 유지했다. 그는 당중앙과 서북국의 지시에 따라 세 차례에 걸쳐 유림(榆林)에서 통전공작을 맡아 원만하게 임무를 완수했으며, 당시 만났던 덩바오산(鄧寶珊)·쬐셰중(左協中) 등과 친구가 되었다. 그는 당의 명령을 받들어 감숙성 고원(固原)으로 가서 두빈청(杜斌丞) 선생을 변구로 초청하여 정치에 참여할 수 있도록 했다. 그는 경험이 풍부하고, 담력과 지혜를 겸비했으며, 특히 투쟁 책략을 중시했다. 1949년 5월, 중국 인민해방군이 잇달아 승리하면서 막강한 공세로 진격할 당시 그는 서북군구 전권대표로 대표단을 이끌고 국민당 제22군 대표단과 담판을 진행했다. 그는 형세를 분석하고 올바른 도리를 정확히 밝히면서 우리 당과 군의 정책을 선전함과 동시에 제22군의 출로를 명확히 제시했다. 그는 담판을 하면서 원칙 문제에 관한 입장을 고수했으되 세세한 문제에 얽매이지 않았기 때문에 국민당 장군들도 내심 탄복하고 감동했다. 우리 대표단이 유림으로 들어가자 국민당 특무들이 마지막 발악을 하며 차오리루를 살해하겠노라고 떠들어댔다. 하지만 차오리루 동지는 전혀 두려워하지 않고 용감하게 나서서 대표단을 이끌고 성 안으로 들어가 공개적으로 각계 인사들을 광범위하게 접촉하고 선전 활동을 펼치며 진보적 역량을 고무시켰다. 결국 특무의 위풍은 간데없이 사라지고 협상 또한 신속하게 마무리되면서 섬북의 중진 유림이 우리 인민의 품안으로 되돌아왔다.

차오리루 동지는 일관되게 각고분투하고 멸사봉공하는 훌륭한 작풍을 유지했다. 그는 장기간에 걸쳐 경제공작을 주관하면서 한푼도 허투루 낭비하지 않았다. 당시 힘들고 고된 기간 동안 식량부서에서 영도 간부들에게 매월 약간의 쌀을 배급하였지만 그는 한번도 받은 적이 없었다. 또한 그는 자신의 부인이나 자녀들에게도 엄격하여 생활 면에서 추호도 특별한 대우를 받지 않도록 했다. 그나마 괜찮은 음식이 생길 경우 언제나 중앙 영도 동지나 부상병들에게 보냈다. 차오리루 동지의 이러한 자세와 마음가짐은 그의 짧은 인생에서 당과 인민을 위한 탁월한 공헌으로 그대로 표출되었으며, 수많은 젊은이들에게 그대로 투영되어 혁명 사업을 위해 용맹하게 투쟁하는 모범으로 자리 잡았다.

지금 우리나라의 여러 민족 인민들은 한마음으로 단결하여 4화(四化: 농업현대화, 공업현대화, 국방현대화, 과학기술현대화의 합칭) 건설에 총력을 기울이고 있다. 차오리루 동지를 추억하며 그의 업적을 기리기 위해 우리는 더욱더 전심전력하여 인민을 위해 이바지하는 혁명정신과 실사구시, 각고분투의 우수한 작풍을 배우고 발양해야 할 것이며, 당의 12기 삼중전회의 정신을 철저하게 관철하여 경제 개혁과 대외 개방을 적극적으로 추진함으로써 중화민족을 진흥시키고, 한 걸음 더 나아가 사회주의 현대화 건설의 새로운 국면을 맞이하기 위해 자신의 역량을 최대한 발휘해야 할 것이다.

짧지만 멋진 인생*
서북국에서 차오리루 동지의 활동을 회고하며

차오리루 동지는 대혁명 시기의 공산당원으로 오랜 혁명투쟁 과정에서 중국 인민의 해방사업에 대단한 공헌을 했다. 신중국 성립 초기 그는 신강 임지로 가던 중 불의의 교통사고로 젊은 나이에 세상을 떠났다. 우리는 지금도 여전히 평생 중국 인민해방 사업에 헌신한 충성스러운 공산주의 전사, 차오리루 동지를 잊지 못한다.

차오리루, 어릴 적 이름은 한한(寒寒), 학명은 충번(崇本)이다. 자(字)가 리루(立如)이기 때문에 일반적으로 차오리루라고 부른다. 1902년 1월 28일, 섬서성 보안현(지금의 志丹縣) 단팔진(旦八鎭) 조평촌(寫坪村)의 농민 가정에서 태어났다.

1946년 차오리루 동지는 중공중앙 서북국 부비서장으로 전근했다. 2월 16일(음력 정월 15일) 차오리루 동지는 연안현(延安縣) 천구구(川口區) 여섯 마을 인민을 대표하여 마오쩌둥에게 '인민구성(人民救星: 인민을 구원한 사람이라는 뜻이다)'이라고 쓴 편액을 증정해 인민 대중들의 영도자에 대한 뜨거운 애정과 존경의 마음을 전달했다. 2월 19일, 그는 직접 와요보로 가서 자장능(子長陵) 낙성식 및 셰쯔창(謝子長: 1897~1935년, 섬북 홍군과 소비에트 지역을 창건한 인물이다. 1934년 섬북 홍군유격대 총지휘부 사령관 등을 역임했으며, 여러 차례 전투에서 부상을 입고 1935년 2월 21일 세상을 떠났다. 중공중앙 서북국, 섬감녕 변구 정부가 와요보에 즈창 열사 무덤을 조성하고 정중한 낙성식과

---

*본문은 편집자가 섬서인민출판사에서 1996년 9월 출간된 《차오리루(曹力如)》의 내용을 정리한 글이다.

차오리루(曹力如) 동지.

더불어 열사를 기리는 대회를 개최했다-역주) 열사를 기념하는 대회에 참가했다. 4일, 섬감녕 변구 혁명역사박물관 준비위원회 위원에 임명되었다.

1947년 3월 장제스와 후중난이 25만 대병력을 동원하여 섬감녕 변구를 침략하자, 당중앙과 마오쩌둥은 영단을 내려 잠시 연안을 포기하고 지역전술을 통해 적군을 섬북에 묶어두고 섬북에서 섬멸시키기로 결정했다.

이처럼 결정적인 순간에 서북국 상임위원회 시중쉰·자퉈푸·마원루이 등은 명령에 따라 전선으로 출전했다(마원루이는 8월에 후방 기관으로 복귀했다). 마밍팡 부서기와 부비서장 차오리루 동지는 후방 기관에 남았다. 차오리루 동지는 연안에 새롭게 조성된 시장 뒤편에 있는 토굴 안에서 변구 정부 긴급회의를 소집하여 서둘러 중앙의 결정을 전달하는 한편 공작 인원을 배치했다. 그는 세화이더(謝懷德)에게 '농동(隴東: 삼숙성 동부 섬감녕 3성이 교차하는 곳에 자리한 성 직할시이다. 황하 중하류가 황토고원으로 흘러가는 골짜기에 위치하고 있다. 농동 또는 농동양창(隴東糧倉)이라 부른다-역주)'의 적군 동향을 보고하는 한편, 자신을 그곳으로 파견하여 장중량을 돕도록 해달라고 요청했다. 차오리루 동지는 전투 상황에서 침착하게 맡은 바 임무에 따라 질서정연하게 변구 기관의 철수를 지휘하면서 사람들을 격려하고 모범이 되었다.

마오쩌둥·저우언라이·린비스 등은 중앙기관과 해방군 총사령부를 이끌고 섬북 지역을 돌아다니며 전국에 걸쳐 국민당 군대와 싸우고 있는 해방군을 지휘하여 계속 승리를 거두었다. 린보취·마밍팡·차오리루·왕웨이저우 등은 중앙의 인원 배치에 근거하여 당중앙을 보위하고 적군을 견제하기 위해 서북국, 변구 정부, 섬감녕 진수연방사령부의 여러 기관, 군중 단체 및 가족들을 이끌고 3월 18일 새벽 연안에서 철수하여 북쪽으로 이동했다. 당시 그들을 '제5단(團)' 또는 제2종대(縱隊)라고 불렀다. 이후 린보취는 명령에 따라 황하를 건너 산서로 들어가고, 국통구에서 섬북으로 돌아온 서북민맹 책임자 양밍쉬안(楊明軒)은 제2종대와 함께 행동했다.

하늘에서는 적의 폭격기가 계속 폭탄을 투하하고, 지상에서는 적군의 추격이 지속되었다. 상황은 날이 갈수록 악화되고, 여정은 더욱더 고단하고 힘들기만 했다. 차오리루 동지는 무선으로 당중앙, 서북야전군 등과 연락하여 상황을 보고하고 명령을 접수했다. 적을 물리치고 우리의 생명을 보호하기 위해 차오리루 동지는 기관 소속 인원들로 유격대를 조직하고, 양징런(楊靜仁)을 부대장으로 임명했다. 행군할 때 그는 언제나 맨 앞에서 병사들을 이끌었다. 선발대를 보내 적의 상황을 탐지하는 한편, 리완춘(李萬春)·장전방(張振邦)에게 병사들을 이끌고 후방 경계를 책임지도록 했다. 적의 추격이 가까워지면 그 즉시 대열 후미로 달려가 상황을 파악하고 과감하게 결정을 내렸으며, 대열을 엄호하고 때로 이동 경로를 바꾸기도 했다. 자장현(子長縣)에서 숙영할 당시 적 공군이 대열을 발견하여 계속 공습을 가해 왔다. 차오리루 동지는 과감하게 전체 인원들에게 앞에 있는 만불동(萬佛洞)으로 피신하도록 조치했다. 동굴 밖에서 적의 비행기가 선회하면서 계속 폭탄을 투하하여 사방이 불바다가 되었지만, 동굴 안은 한 명의 사상자도 없이 무사했다. 적군이 정변현(靖邊縣) 청양차(青陽岔)를 습격했을 때에도 차오리루 동지는 경위반(警衛班)을 지휘하여 기관총을 사방으로 난사해 일종의 성동격서(聲東擊西) 전술로 적군을 혼란에 빠뜨리고 대오를 안전하게 철수시켰다.

1947년 섬감변의 당정군(黨政軍) 동지들의 합동 사진. 앞줄 왼쪽부터 린보취, 허룽, 자오서우 산, 시중쉰, 장방잉, 차오리루. 뒷줄 왼쪽부터 왕웨이저우, 자퉈푸, 양밍쉬안, 마원루이, 야오징 천(姚靜塵), 창리푸.

1947년 5월 14일 오후, 섬감녕 변구 5만 군민이 안새현(安塞縣) 진무동진(眞武洞鎭)에서 승전대회를 거행했다. 이후 저우언라이 부주석이 일부러 제2종대를 찾아와 차오리루·왕웨이저우와 전방 지원 등 여러 가지 문제를 상담했다. 기관 간부들은 저우언라이 부주석의 전체적인 형세 보고를 들으면서 크게 고무되었다. 저우언라이의 지시에 따라 차오리루와 양징런 등은 통전과 도시공작 정책에 관한 문건을 작성한 후 중공중앙 서북국의 중요 영도자들의 동의를 얻어 변구 각지로 발송했다. 이는 국민당 통치구의 지하공작과 적군 와해공작을 촉진시켰다.

반룡(蟠龍) 요새 공방전, 청화펌(靑化砭)과 양마하(羊馬河) 매복전 (섬북의 3대 대첩으로 칭해진다—역주)에서 크게 승리하여 적군 2만여 명을 섬멸시켰다는 소식이 전해지자 차오리루 동지는 유림 국민당 수비군에게 전신을 통해 판창장(範長江)이 쓴 풍자시를 보냈다.

"남쪽 오랑캐, 남쪽 오랑캐(후중난을 지칭한다-역주)는 아무 짝에도 쓸 데가 없어, 유림으로 통하는 길도 꽉 막혔네. 반룡도 잃고 수덕도 빼앗겼으니 양쪽 모두 헛걸음질만 하셨네. 관병 6천은 포로가 되고 7개 반 여단 병력은 반달곰마냥 힘이 쭉 빠졌네. 그 덕에 유림의 덩바오산은 진퇴양난 허공에 뜬 신세가 되었네."*

차오리 동지는 이런 풍자시를 통해 해방군의 승리를 노래함으로써 적군의 마음을 동요시켰다.

섬북 지역을 전전하면서도 차오리루 동지는 중앙 영도자들의 생활과 안전에 만전을 기하고자 애썼다. 중앙 종대가 청양차에서 숙영할 당시 그는 행정처 간부인 팡수오주(方鎖柱)를 중앙에 보내 말린 양식을 공급했으며, 중공중앙과 마오쩌둥 동지가 미지현(米脂縣) 양가구(楊家溝)에 도착했다는 소식을 듣고는 기관 운수대의 동지를 통해 노새 몇 마리에 양식과 채소를 실어 중앙 종대에 보내기도 했다. 전방 지원공작을 위해 그는 변구 각 현에서 전방 지원대대를 조직하여 식량과 탄약을 운송하고, 부상자들을 이송하는 등 전력을 다하여 지원했다. 한 번은 농촌에서 수매한 벌꿀을 직접 달여 병에 넣은 후 중앙 영도 동지에게 보낸 적도 있었다. 그는 병에 걸려 치료중이던 관샹잉(關向應) 동지에게 영양식을 보냈으며, 왕전이 병석에 누웠을 때는 지

---

* 본문은 다음과 같다. "胡蠻胡蠻不中用, 咸楡公路打不通. 丟了蟠龍丟綏德, 一趟游行兩頭空. 六千官兵當俘虜, 九个半旅像狗熊. 害得楡林鄧寶珊, 不上不下半空中." 시에 나오는 '호만(胡蠻)'은 남쪽 오랑캐라는 뜻으로 후중난을 지칭한다. 후중난은 남방 광주황포군관학교를 졸업한 재원으로 절강 사람이다. 그래서 남쪽 오랑캐라고 한 것이다. 덩바오산은 항일해방전쟁 당시 국민단 제21군단 군단장, 진섬 변구 총사령관을 맡았으며, 여러 차례 연안에서 공산당과 회담하면서 항일민족통일전선 정책에 동의했다. 중화인민공화국 성립 이후 감숙성 인민정부 주석을 역임했으며, 문화대혁명 때 탄압을 받다 세상을 떠났다. 필자는 풍자시의 작가가 판장강이라고 했는데, 이설이 있다. -역주

단현에서 구한 메밀가루를 보양식품으로 보내기도 하였다.

　차오리루 동지는 부녀자나 아동들을 위해 적지않은 일을 하여 중앙 부련(婦聯, 중화전국부녀연합회)에서 모범부유공작자(模範婦孺工作者)라는 칭호를 받기도 했다. 그는 경위(警衛) 전사(호위병)들에 대해서도 많은 관심을 베풀었다. 혹시라도 전사 집안에 힘든 일이 있을 경우 지방 정부에 편지를 써서 해결에 도움을 주곤 했다. 겨울철이면 자신은 동상이 걸릴지언정 화로를 전사들에게 보내 난방을 해결하고자 애썼다. 하지만 그는 자신은 물론이고 자기 자녀들에게도 엄격하여 절대로 기관 구내식당에서 특별한 식사를 하지 못하도록 하고, 행여 특권의식을 지니지 않도록 했다. 식량부서에서 영도 간부들의 생활을 돌보기 위해 규정에 따라 매월 8근의 쌀을 배급했지만, 그는 경위에게 받지 못하도록 했다. 한 번은 어떤 경위가 보고하지 않고 쌀 3근을 수령하여 죽을 만들어 그에게 준 적이 있었다. 그는 사실을 알고 매섭게 꾸짖은 다음 이렇게 말하였다. "앞으로는 절대로 내 생활에 대하여 염려하지 마라. 식당에서 만드는 대로 먹으면 된다." 그는 손수 채소를 재배하고 물을 주거나 잡초를 뽑았으며, 직접 퇴비를 주는 등 농사일에 정통했다. 그가 재배한 토마토나 호박은 크고 맛있었는데, 수확한 후에 모두 식당에 보내 여러 사람들이 함께 먹도록 했다. 그는 생산을 확대하자는 중앙의 호소에 부응하여 시간외로 실을 자아 변구에서 실시한 방직 시합에서 1등상을 타기도 했다. 그는 온몸에 혁명적 격정으로 가득 찼으며, 그의 인품과 덕성은 인민들의 신임과 추대를 받기에 충분했고, 그가 보여준 각고분투의 자세는 모든 동지들에게 귀감이 되었다.

　적의 예봉을 피하기 위해 서북국 기관은 잠시 황하를 건너 산서 임현(臨縣) 남극거(南克渠)에 임시 행정부서를 마련하기로 했다. 당시 대추가 빨갛게 익어 추수가 한창이었다. 차오리루 동지는 즉시 대민 홍보와 더불어 모든 동지들에게 다음과 같은 규정을 전달했다.

"절대로 인민들의 대추를 먹거나 일반 인민들의 농작물에 손대지 마라. 물건을 사면 반드시 돈을 지불하라."

2개월 후 서북국 기관이 다시 수덕(綏德) 의합(義合) 설가거(薛家渠)로 복귀하자 차오리루 동지는 서북국 의합회의 준비 모임에 참여했다. 그는 회의에서 중앙의 토지개혁회의 정신을 전달하고, 토지개혁을 철저 완수 및 정당(整黨) 공작 전개에 관한 결정을 내렸다. 회의가 끝난 후 조직 기관 간부들은 농촌으로 들어가 토지개혁을 위한 시범 사업에 참여했다.

섬북 곳곳을 전전하면서 차오리루 동지는 시종일관 간부 전사들과 환난을 함께했다. 행군할 때는 말을 타지 않고 동지들의 짐을 싣도록 했으며, 언제나 일반 동지들과 마찬가지로 검은콩을 주식으로 먹었다. 때로 배탈이 났지만 마땅한 약이 있을 리 없었다. 그는 국통구에 사람을 보내 식량과 포목·담배 등을 구입하여 동지들의 생활 여건을 개선하고자 애썼다. 그의 하루 생활은 참으로 고달프고 힘들었다. 낮에는 행군하거나 회의에 참가했고, 저녁이 되면 등잔 아래에서 공문을 읽고 지시 사항을 점검하고 보고서를 작성하느라 콧구멍이 언제나 매연으로 새까맣게 그을렸다.

차오리루 동지는 당의 기밀업무를 중시하여 보안에 특히 조심했다. 그래서 그는 행정부서 인원들에게 "정통업무(精通業務), 엄수기밀(嚴守機密)"(업무에 정통하고 기밀을 엄수한다)이라는 여덟 글자를 반드시 지킬 것을 요구했다. 그는 중요한 전보나 문건의 경우 매 구절을 세세하게 읽으면서 혹시라도 잘못된 글자가 있으면 즉시 교정하여 서북국 기관과 당중앙, 서북야전군총부의 연락 업무에 차질이 없도록 했다. 그는 서북 국민당 통치구의 지하 공작인원 명단이 어느 짐바리에 두었는지 모른다는 이야기를 듣고 곧바로 사람을 보내어 일일이 조사하여 찾아내 안전한 곳에 보관한 후에야 비로소 마음을 놓았다.

차오리루 동지는 섬북을 전전하면서 언제나 다른 사람들을 배려하고 자신은 잊고 살았다. 그는 언젠가 총무과에 이렇게 지시한 적이 있다.

"자네들은 마밍팡·양밍쉬안 동지를 잘 돌보고 잘 드실 수 있는 방법을 생각해 보게나."

자오소우산 장군이 변구에 왔을 때 차오리루 동지는 별도로 사람을 보내 접대하도록 했다. 자오소우산 장군이 섬감녕 변구의 따뜻한 인정을 맛본 것은 당연한 일이다. 저우즈쉬안(周芝軒) 동지가 폐병으로 세상을 떠났을 때나, 심지어 기관 내 마부가 심장병으로 돌연사를 했을 때에도 차오리루 동지가 직접 나서서 매장할 곳을 찾고 후사를 적절하게 조치한 뒤 애도의 뜻을 표하였다. 당의 관심와 애정이 혁명 대오에 전달되어 혁명 대오가 더욱더 단결하고 견고해진 것 역시 당연한 일이다.

1948년 4월 21일, 연안이 해방되어 인민의 품으로 돌아왔다. 중공중앙 서북국 기관은 왕가평(王家坪)에서 본격적인 행정업무를 시작했다. 차오리루 동지는 기관 간부와 경위대원들에게 지뢰를 처리하고 사무실을 정리하여 행정업무를 신속하게 재개하여 생산과 전방지원을 비롯한 각종 업무에 차질이 없도록 했다.

차오리루 동지는 성실한 자세로 꼼꼼하게 업무를 처리했으며, 특히 변구의 상황에 대해 손바닥을 보는 것처럼 정확하고 세세하게 파악하고 있었다. 각 분구의 식량 생산, 전선지원 상황, 재해 상황 및 토비 동정, 토지개혁, 적과 내통자 적발, 보위 공작 등등, 그는 모든 것을 상세하게 기록했다. 때로 중요한 회의 내용은 자신이 직접 기록했으며, 해방전쟁 시기의 정책과 규정에 대해 일일이 기록하고, 다른 해방구의 경험과 방식에 대해서도 자료를 수집하고 분석했다. 이는 당중앙과 마오쩌둥 주석의 지시를 철저하게 관철하고, 대서북 해방을 위한 결정 근거와 경험을 제공하기 위함이었다.

차오리루 동지는 서북국 성공부(城工部: 도시공작부의 간칭) 부부장을 겸임하면서 당의 대적(對敵) 투쟁 정책을 충분히 인지한 상태에서 적의 동향과 사회 상황에 대한 정보를 수집하고, 도시공작 경험과 교훈을 총정리했다. 1948년 8월 개최된 지위 서기 회의에서 그는 서북국을 대표하여 다음과 같이 도시공작 방침을 제시했다. "장제스와 후중난을 반대하는 모든 이들과 단결하고, 모든 역량을 동원하여 야전군의 행동과 밀접하게 연계하면서 서북 지역을 해방시킨다." "각 공위와 지위는 이러한 형세에 근거하여 자신들의 공작 범위 내에서 아군이 향후 점령하거나 포위할 도시를 선택하여 최대한의 역량을 투입해 공작을 실시한다." 회의가 끝난 후 서북국은 연달아 〈수복지구와 신구의 적위(敵僞: 일본 침략자와 매국노 및 괴뢰정권을 말한다. 여기서는 국민당 정부의 관련인사를 뜻하는 것 같다—역주) 인원 처리방침에 관한 지시(關於收復區和新區敵僞人員處理方針的指示)〉〈적구 도시 비밀공작에 관한 결정(關於敵區城市秘密工作的決定)〉 등 문건을 발표하여 서북지구 도시공작을 서북지구 해방에 맞추어 추진했다.

1949년 5월 5일, 섬북 행서(行署)가 성립되고 차오리루 동지가 주임을 맡았다. 그는 행서 기관은 "간부들의 수준 향상, 사상 작풍 개선, 군중노선 관철을 위해 노력하여 맡은 바 임무를 완수할 것"을 요구했다. 공작 제도를 보다 건전하게 운용하고 기관의 공작 효용도를 높이기 위해 차오리루 동지는 〈섬북 행서 업무처리를 위한 잠정적인 조례(陝北行署辦事暫行簡則)〉를 제정하고, 문서 작성·회의·보고제도·공문서·정치보고·통계·업무제도 등 각종 규정과 차례에 대해 상세하게 규정하여 상부의 지시를 하달하고, 하부의 의견을 상달하는 데 만전을 기하고, 생산과 전방지원 임무를 완수하여 해방전쟁의 완전한 승리를 촉진할 수 있도록 했다.

1949년 1월 31일, 북평(北平)이 평화롭게 해방되었다. 그때까지 요심(遼沈)·회해(淮海)·평진(平津) 등 3대 전투에서 중국 인민해방군은 154만에 달하는 국민당 군대를 섬멸했다. 4월 23일, 인민해방군이 남경을 해방시켰다. 4월 24일, 해방군이 태원(太原)을 공격했다. 서북야전군이 서안으로 가까이 진격하자 유림에 주둔하고 있는 국민당 제22군과 제86사단은 고립무원으로 거의 공황 상태에 빠졌다. 서북국과 서북군구는 정세를 정확하게 파악하여, "유림을 무혈 쟁취하여 서북의 다른 도시까지 영향을 줄 수 있는" 방침을 마련하고, 국민당 군부측에 사람을 보냈다. 국민당 22군은 대세가 이미 기울었다는 판단하에 참모장인 장즈인(張之因)을 연안으로 파견하여 담판을 하기로 결정했다.

5월 4일, 유림의 평화회담 대표단이 연안에 도착하여 변구 정부 교제처(交際處)에 묵었다. 이튿날 서북국 서기 시중쉰이 그들을 접견했다. 5월 10일, 장징우(張經武)와 차오리루 동지가 정·부단장을 맡아 리치밍(李啓明)·주샤푸(朱俠夫)·뤄밍(羅明) 등 여러 대표단원들과 함께 유림 22군과 정식 담판을 시작했다. 차오리루 동지는 서북군구를 대표하여 이렇게 말했다.

"우리 공산당원은 사람들을 속이거나 억압하지 않습니다. 담판을 위해 방문한 당신들을 환영합니다. 자, 이제 앉아서 함께 상의해 봅시다." 담판에서 중요 문제는 다음 두 가지였다. 하나는 유림의 실제 병력은 1개 사단에 불과한데, 상대방은 오히려 1개 군단을 편성하기를 원하고 있다. 이는 이치적으로 거절하지 않을 수 없다. 다른 하나는 상대측은 부대 재편 이후 해방군이 사단·연대·대대의 간부를 적게 파견할 것을 요구하고 있으나, 우리측은 다수 파견을 고수한다.

담판 과정에서 유림측은 여러 차례 입장을 바꾸는 등 갈팡질팡했다. 군단장인 쭤셰중(左協中)이 급전을 보내 담판을 중지하고 부대를 이끌고 수원(綏遠)으로 가려고 했다. 그러나 연대장인 가오링윈(高凌雲)은 "나는 절대로 따라갈 수 없다"고 급전을 보냈다. 장즈인이 이러지도 저러지도 못한 채 진퇴양난에 빠졌을 때, 쭤셰중이 다시 "담판을 계속 진행하라"고 전보를 보내면서 담판 지역을 유림성(榆林城)

으로 하라는 조건을 내걸었다.

1949년 5월 20일, 차오리루 동지는 중국 인민해방군 서북군구 전권대표 겸 중공 유림전선 임시공위 서기를 맡았다. 차오리루·주샤푸·뤼밍·장한무(張漢武) 등은 공작대원 톈즈헝(田子亨)·스다캉(石達康)·둥잉(董英), 그리고 22군 담판 대표단과 함께 차를 타고 북상하여 유림에서 평화 담판을 계속 진행하기로 했다.

5월 22일, 진천보(鎭川堡)에 도착한 차오리루 동지는 유림군 분구 사령부에 서북국·서북군구의 유림 평화해방에 관한 지시를 전달했다. 차오리루 동지는 이렇게 말하였다.

"당신들은 사방으로 포위되어 있으며, 철저하게 도피자들을 단속하고 있기 때문에 설사 날개를 달아도 날아 도망하는 것조차 어려울 것이오. 우리는 유림 안에도 우리 세력을 확보하고 있소. 우리는 평화로운 해방을 쟁취하고자 하나, 그렇다고 전투를 통해 해방 전략을 포기한 것은 아니라는 사실을 주지하시기 바라오."

차오리루 동지가 경비 제2여단(警二旅: 중국 인민해방군 서북군구 독립 제1사단의 전신으로 간칭하여 경이여라고 한다―역주)이 황하를 건너 유림으로 진격하고 있다는 서북국의 전보 내용을 읽자 장내가 순간 술렁거렸다. 그는 유림의 평화로운 해방을 위해 구체적인 문제를 연구하고 실행 방안을 마련할 것을 제의했다.

당시 유림성에는 국민당 특무들이 시끄럽게 설치면서 반동세력의 위세가 자못 등등했으며, 시가지에 반동적인 내용을 담은 표어가 난무했다. "성 안은 위험하니 잠시 들어가지 않는 것이 좋겠습니다." 누군가 이렇게 권유했지만 차오리루 동지는 "만약 성 안으로 들어가지 않는다면 담판이 더욱 어려워질 것이다. 성 안으로 들어가야만 저들을 분열시켜 맡은 바 임무를 실현할 수 있을 것이다"라고 답변했다. 그날 밤 9시 차오리루 동지는 서북군구 담판 대표단을 이끌고 의연히 유림성 안으로 들어가 22군 초대소에서 묵었다. 이튿날 새벽 대표단을 비방하는 쪽지가 붙어 있는 것을 발견했다. 이른바 '섬북 각계 인사 대표'라는 자들이 문앞에서 유림 해방에 항의하면서 "지주 들을 집 밖으로 내쫓는다" "지주들을 거꾸로 매달아 구타한다"는 등 의 변구 토지개혁에서 벌어진 '좌'경 문제들을 비난하며 아군의 유림 해방을 방해했다. 차오리루 동지는 그들의 중상모략에 강력하게 대처 하면서 정정당당하고 의연한 자세로 이렇게 소리쳤다.

"유림 해방은 인민의 대사(大事)이다. 따라서 일부 소수 사람들 의 의지로 결정될 수 있는 것이 아니다."

5월 24일 밤, 쭤셰중(左協中) 군단장이 대표단과 함께 연화지(蓮 花池) 중산당(中山堂)에서 진강(秦腔) 공연을 구경한 후 걸어서 돌아 오는 길에 제22군 군부 정문에서 돌연 폭도들이 나타나 차오리루 동 지에게 돌을 던졌다. "우리는 저들을 잡지 않을 것이오. 적들은 우리 인민의 법망을 결코 빠져나갈 수 없을 것이오." 그는 이렇게 말하고 거처로 돌아와 밤 늦게까지 자신의 업무를 보았다.

"자신이 맡은 업무를 과감하게 처리하고, 대담하게 행동하시오. 해야 할 일은 당연히 처리할 것이고, 우리가 생각하는 대로 행동할 것 이니 적들이 우리를 간여하지 못하도록 해야 할 것이오. 다만 경계를 늦추어서는 안 되오."

대표단은 공개적으로 얼굴을 드러내는 것은 물론이고 작은 골목 까지 돌아다니며 각계 군중들과 직접 접촉하며 이야기를 들었다. 이 러한 의연한 자세는 대표단의 기세를 돋우어 담판 진행을 촉진하는 데 도움이 되었다.

5월 25일, 장다즈(張達志)가 경이여(警二旅) 및 유림군 분구 부 대 등을 이끌고 유림성 바로 코앞까지 진격했다. 아군은 질적으로나 양적으로 이미 우세를 점하고 있었다. 5월 27일, 쌍방의 담판이 시작 되었다. 쟁론의 초점은 22군 개편 이후 누가 사단장·연대장을 맡느 냐는 것이었다. 쌍방은 〈유림 평화회담의 일부 협의(榆林局部和談協

議)〉를 작성했다. 그날 차오리루 동지는 지하공작원의 정보망을 통해 차오리루와 주샤푸가 서명한 서신을 서북국으로 발송했다. "우(吳, 岱峰)와 류(劉, 長亮)는 담판 계획에 따라 협의를 마쳤다. 가능한 빠른 시일 내에 도시 사무를 접수·관장할 준비를 하기 바란다. 우리는 안전하고 무사하며, 며칠 안에 돌아갈 것이다."

5월 28일, 중공 유림전선 임시공작위원회가 유림성 밖 삼차만(三岔灣)에서 확대회의를 개최했다. 차오리루 동지는 회의를 주재하면서 〈유림 평화회담의 일부 협의〉 내용을 보고했다.

"우리는 고도의 경계심과 삼엄한 방비책을 마련하고 전투 태세를 갖춘 상태에서 성 안으로 들어가 예측치 못한 사건의 발생에 대비해야 한다." 그는 이렇게 말하고, 다음과 같이 요구했다. "삼대(三大) 기율과 성 안에 진주한 후 지켜야 할 수칙을 엄수해야 한다. 당의 도시 정책과 상공업 정책에 위반하는 행동을 불허하며, 개인적인 증여나 수뢰를 엄금한다."

회의 결과에 따라 6월 1일, 인민해방군 입성 기념식을 정중하게 거행하기로 결정하고, 부대의 진군 순서 및 보병과 기병, 중화기와 경화기 등의 배치 문제를 확정했으며, 아울러 만일의 사태에 대비하여 제22군의 진보적인 장병들에게 북문과 종루 등 감제고지(瞰制高地: 적정을 살피기에 적합한 고지)를 맡아줄 것을 요구하기로 했다.

5월 29일, 쌍방은 정식으로 협정에 합의하고 차오리루와 쭤세중이 〈유림 평화회담의 일부 협의〉에 서명했다. 차오리루 동지가 즉각 〈협의〉 내용을 허룽·시중쉰에게 전보로 알리고, 중공중앙 서북국에 전달해 줄 것을 요청했다.

6월 1일은 단양절(端陽節)로 새북(塞北) 고성(古城)의 날씨가 유달리 화창했다. 10시쯤 중국 인민해방군 유림전선의 무장한 보병·기병·포병부대가 마오쩌둥 주석과 주더 총사령관의 커다란 초상화를 높이 쳐들고 완전 무장을 한 채 차오리루·장드다·우다이펑·주

1949년 여름 시중쉰(앞줄의 오른쪽), 허룽(가운데), 리징취안(李井泉. 왼쪽)의 서안 기념 사진.

샤푸 등의 인솔하에 삼로(三路) 종대(縱隊)는 비행장에서 남문으로 진군했다. 국민당 제22군 군부 및 사령부 관병들은 참모장인 장즈인의 지휘에 따라 성 밖으로 나와 해방군을 영접했다. 해방군이 나타나자 12발의 예포가 일제히 울리며 인민을 대표한 23명의 인사들이 인민해방군과 유림군 분구의 책임 동지에게 환영의 인사를 했다. 연도에는 3만 시민들이 나와 해방군의 행군 대열을 바라보며 환호성을 질렀다. 5리에 달하는 대로에 구호와 군악 소리, 환호성과 노랫소리가 한

데 어울려 울려퍼졌다. 성 안 곳곳마다 해방군을 환영하는 붉은 비단이 내걸리고, 시민 악대가 환영 음악을 연주했으며, 뜨거운 물을 마실 수 있는 음수대가 아홉 군데나 설치되었다. 인민대중들은 노래를 부르고 춤을 추면서 유림이 평화롭게 해방된 것을 축하했다.

6월 2일, 중국 인민해방군 서북군구 유림군사관제위원회(약칭 군관회)가 성립되어 차오리루 동지가 주임을 맡았으며, 우다이펑·주샤푸·장보쉐가 부주임을 맡았다. 군관회는 우선 "군사관제를 실시한다"는 내용의 제1호 포고를 발표했다. 연이어 "중국 인민은행에서 발행한 인민폐가 본위화폐가 된다"는 내용의 제2호 포고, 기존의 법원을 없애고 유림 분구와 유림시 인민법원을 설립한다는 제3호 포고가 발표되었다. 동시에 군관회는 일체 기관이며 부대에 소속된 인원들은 8개항을 엄격하게 준수해야 한다는 제1호 명령을 하달했다.

차오리루 동지는 자신부터 솔선수범하여 군관회의 포고와 명령을 철저하게 준수했다. 연화지에서 개최된 당위원회 확대회의에서 그는 경위대원 한 사람이 연못에 피어 있는 연꽃을 꺾은 사실을 발견했다. 그는 즉각 구류 3일에 처할 것을 명령하고, 각 부대와 기관에 이런 사실을 통보했다. 일반 대중들이 이 소식을 듣고 찬사를 아끼지 않았다. 차오리루 동지는 선전 공작을 중요하게 여겼다.《유림보(榆林報)》를 창간한 후, 그는 매호마다 전체 내용을 면밀하게 살펴보고 중점적인 내용을 지도하는 한편 때로 직접 교정을 보기도 했다. 매일 아침밥을 먹은 후 통신원을 통해 자신이 읽은 신문지를 신문사로 보냈다. 그가 보낸 신문의 4면에는 온통 그가 적은 지시 내용과 부호, 그리고 오자나 순서가 바뀐 글자 등을 지적한 내용이 가득했다. 이처럼 책임감 있고, 진지하고 세심하며 착실한 그의 모습에 신문사의 여러 동지들은 크게 감동했으며, 보다 열심히 좋은 신문을 만들기 위해 분발하지 않을 수 없었다.

유림 해방 이후 직면한 가장 큰 문제는 사회 치안이었다. 토비가 창궐하고 특무의 파괴공작이 그치지 않았으며, 몇 번의 총격 사건과 절도 사건이 연이어 발생했다. 6월 3일, 차오리루 동지는 임시공작위원회 회의를 주재하여 토비와 특무를 단호하게 척결하기로 결정하고 장한우를 책임자로 임명했다. 장한우가 차오리루 동지에게 행동 방안을 보고하자 차오리루 동지는 부대를 동원하여 수색 및 체포 활동을 협조하도록 조치했다. 6월 4일, 부대가 토비 소굴을 기습하여 토비 및 특무 20여 명을 체포했으며, 6월 15일 재차 출동하여 토비와 특무 8명을 체포했다. 두 번에 걸친 체포 작전으로 사회질서가 신속히 호전되고, 생산 및 상업 활동도 정상을 회복했다.

유림 해방 후 직면한 두번째 문제는 식량과 금융에 관한 것이었다. 당시 유림에는 7만여 명이 거주하였는데, 식량 공급이 부족했다. 노구(老區)에서 소나 나귀에 식량을 실어 오기는 하였으나, 멀리 있는 샘물로 당장 목마른 사람의 갈증을 풀 수는 없었다. 영하에서 수십 마리의 낙타에 식량을 싣고 왔지만, 군관회는 구입할 돈이 없었다. 차오리루 동지는 이 문제로 인해 며칠 동안 제대로 쉴 수조차 없었다. 그는 식량 공급을 재촉하는 전보를 보내면서 본문 아래에 '화속(火速: 긴급이란 뜻)' 두 글자를 써넣었다. 어떤 작은 부서에 돈은 있는데 꺼내 놓지를 않는다는 이야기를 듣자 차오리루 동지는 장한우에게 이렇게 말하였다.

"내가 자네의 버팀목으로 뒷배를 봐줄 테니 혁명에 유리하다면 욕을 먹을까 두려워하지 마시오."

군관회와 각급 정부의 노력은 지방 재원을 개발하고 지방 무역을 확대하여 마침내 식량 문제를 해결했다. 차오리루 동지는 일차적으로 4만 근의 식량을 구입했다는 소식을 듣고 마치 전투에서 승리한 것처럼 기뻐했다. 그 모습이 나이만 들었지 청년의 모습이나 다를 바 없었다.

유림 해방 후 직면한 세번째 문제는, 성 밖에서 유입된 토비들이 계속해서 소란을 피운다는 것이었다. 6월 11일, 독립 1사단과 유림군 분구에서 선발된 병사들이 내몽고 이극조맹(伊克昭盟)으로 출동해 무장토비 2천여 명을 섬멸하고, 토비들의 연락망을 파괴하여 안정을 되찾았다. 이는 제22군을 재편성하는 데 비교적 좋은 환경을 제공했다.

유림 해방 후 직면한 네번째 문제는, 제22군 제86사단의 재편성 문제였다. 이를 처리하기 위해 정편(整編: 군제 개편, 재편성) 위원회가 설립되었다. 차오리루와 장다즈·주샤푸 등은 조사 연구와 협의를 거듭한 후 6월 16일, 24일, 27일 세 번에 걸쳐 서북국·서북군구로 관병들의 사상 정서 및 간부 배치에 관한 재편성 문제를 보고했다. 그들은 당의 정책에 근거하여 전 국민당 관병들을 적절하게 재배치했다. 쭤세중은 섬서군구 부사령관으로 배치되었으며, 제86사단은 서북군구 독립 2사단으로 재편성되었다. 가오링원은 사단장, 황뤄빈은 정치위원에 임명되었다. 재편성 이후 독립 2사단은 제19병단 제64군에 귀속되었으며, 명령에 따라 영하로 진군했다. 사단장 가오링원은 혹시라도 자신에게 주어진 임무를 제대로 완수하지 못할까 걱정하고 있었다. 이에 차오리루 동지는 인내심을 갖고 그를 격려하며 이렇게 말하였다. "독립 1사단은 태원 해방에 참가한 전통 있는 부대입니다. 독립 1사단과 함께 행군하고 숙영하며 더불어 작전하면 독립 2사단이 확고하게 자리잡는 데 이로울 것입니다. 해방전쟁은 이제 거의 마지막 단계에 이르렀습니다. 이는 독립 2사단이 전공을 세울 절호의 기회입니다."

출동하기에 앞서 차오리루 동지는 자신이 사용하던 말안장을 가오링원에게 선물로 주었다. 가오링원은 그의 말에 크게 고무되어 병을 무릅쓰고 부대를 이끌고 서쪽으로 출전했다.

유림 해방 후 직면한 다섯번째 문제는, 어떻게 전쟁의 상처를 치료하고 농공업 생산을 가능한 빠르게 회복할 것인가에 관한 문제였다. 6월 4일, 차오리루 동지는 지하당원과 노동자·농민·상인·학생·부녀자 대표를 소집하여 공동으로 생산을 회복하고 물자 공급을 보장하는 시급한 문제에 대해 상의했다. 일주일이 채 되지 않아 상점이 다시 문을 열고 영업을 시작하고, 학교도 다시 수업을 재개했으며, 성내 상업 거래도 정상적으로 이루어지기 시작했다. 유림 무역공사가 평상시 가격에 식량이며 포목·식용유 등 일용품을 공급하자 시민들이 이구동성으로 찬사를 보냈다. 유계하(榆溪河)가 홍수로 범람하여 제방이 터지고 논밭이 물에 잠기자 차오리루 동지는 폭우를 무릅쓰고 홍수 상황을 점검하고, 사람들을 보내 터진 곳을 막아 손실을 줄였다. 아울러 생산 자구 활동을 펼쳐 홍수로 인한 기근을 견뎌냈다. 또한 정부의 교부금으로 길이 50미터, 너비 1미터의 수로를 만들고, 소서문(小西門)의 배수로를 수리하여 수재 예방에 만전을 기했다. 650무의 토지에 관개용수가 가능해지고, 채소의 작황이 좋아 시민들에게 충분한 채소를 공급할 수 있도록 했다.

차오리루 동지는 수공업 생산의 장점과 전통을 살려 양모 방직 공작, 피혁 공장, 양탄자 공장을 세울 것을 건의했다. "원자재를 현지에서 조달하면 수입을 증대하고, 취업도 확대할 수 있다." 그의 건의는 점차 실현되어 40여 년이 흐른 뒤 유림의 양모방직 공장 등 여러 공장에서 생산된 제품들이 섬북을 대표하는 일류 제품으로 발전하여 세계 시장까지 진출하기에 이르렀다. 차오리루 동지는 유림의 노새와 말 등 가축 교역대회를 부활시킬 것을 주장했다. 몽고족의 '변객(邊客: 변방에 거주하는 사람)'이 수천 마리의 노새와 말·소 등을 몰고 와서 자신들에게 필요한 칼이나 가위·목기·오금(五金: 금·은·동·철·주석 등 금속을 말한다)·잡화·융단 등으로 바꾸어 몽고족과 한족의 무역 교류를 촉진하고, 아울러 유림 상공업의 회복과 발전을 도모하자는 의도였다.

6월 14일, 전 국민당 제22군 좌세중 군단장 미 사단장, 연대장 등 고급 군관들이 연명으로 마오쩌둥 주석과 주더 총사령관에게 전보를 보냈다.

"중국공산당의 주장을 결연하게 옹호하며, 중공중앙과 마오쩌둥 주석·주더 총사령관 및 인민해방군 서북군구의 영도에 복종하고, 민주 원칙에 의해 지정된 지구를 인민해방군으로 개편하여 암흑에서 벗어나 광명을 향하고 영원히 인민을 위해 복무하고자 합니다."

7월 11일, 마오쩌둥 주석과 주더 총사령관은 좌셰중 장군 및 국민당 제22군 전체 관병에게 이러한 답신을 보냈다.

"보낸 전보를 받아 보았습니다. 장군과 여러 군관이 이끄는 부대가 평화 해결 방안을 접수하여 귀군(貴軍) 및 유림 일대 인민들이 모두 해방을 경축하니 대단히 기쁘고 위안이 됩니다. 바라건대 더욱 단결하고 재정비 훈련을 강화하며, 관병과 군민의 관계를 개선하여 서북 해방전쟁의 위대한 임무에 참가하기 위해 분투합시다!"

마오쩌둥과 주더의 회신은 새북 중진의 군민들을 더욱 고무시켰으며, 군민 재정비와 경제 회복의 발걸음을 보다 빠르게 만들었다.

6월 18일, 유림 대운동장에서 '유림시 평화 해방 승리를 열렬히 경축하는 대회'가 열렸다. 차오리루 동지는 대회에서 연설을 하면서 이렇게 말하였다.

"유림의 해방은 유림 인민의 경사일뿐더러 섬북 인민의 경사입니다."

그는 군대 관리 기간에 필요한 여덟 가지 중요 공작에 대해 상세하게 이야기하면서 "일치 단결하여 새로운 유림을 건설하자"고 호소했다.

7월 5일, 15개 업종에서 일하는 800여 명의 노동자들이 참가하는 대회에서 차오리루 동지는 상공업에 대한 당의 정책을 선전하고, 노동자 계급의 지위와 주인 의식에 대해 연설하면서 유림 상공업 회복과 발전을 적극적으로 추진하고자 애썼다.

9월 9일, 유림지구 당원 간부회의에서 그는 당원들에게 절대로 오만하거나 태만해서는 안 되며, 베개를 높이 베고 걱정 없이 자는 것처럼 무사안일에 빠져 '천하태평' 사상에 젖어들 것이 아니라 더욱더 경계를 강화하고 각종 임무를 완수하여 신구(新區)를 굳건한 기반 위에 올려놓아야 한다고 강조했다. 당의 영도, 인민 대중과 해방군의 적극적인 지지를 받으며 차오리루 동지는 번잡하고 커다란 문제를 하나하나씩 신속하게 처리해 나갔다. 우선 평화 담판을 성공적으로 완수했고, 도시 접수 및 관리, 행정 개편, 생산 회복 및 발전 등 여러 가지 임무를 끝까지 책임졌다. 그리하여 새북 명성(名城: 유림을 지칭한다)이 날로 발전하여 인민들이 편안한 삶을 영위하고, 군민들이 함께 어울려 기쁨의 노래를 불렀다.

1949년 9월 중순, 차오리루 동지는 명령을 받들어 연안으로 돌아갔다. 당시 섬북 지역의 핵심적인 임무는 전쟁의 상처를 치유하고 생산을 회복·발전시키며, 역량을 조직하여 전선을 지원하는 일이었다. 섬북 행서는 섬북 인민들을 이끌고 겨울 보리 생산 증대를 독려하고, 산지 식물을 채취하며, 황무지를 개간하여 농업생산을 확대하고자 노력했다. 농촌에서 생산량 평가와 결합하여 토지증서를 발급하고, 향(鄕) 1급 인민대표대회에서 대표자를 새롭게 뽑았다. 또한 노구에 거주하는 3만 민공들을 조직하여 전선 지원에 나서도록 했다. 단가대(担架隊: 짐을 운반하는 대오)를 조직하여 전방에서 식량과 물자를 보급하고, 신병 징집 임무를 완수하여 대서북 해방을 위한 지원에 만전을 기했다.

당시 서북국과 변구 정부가 남쪽 서안으로 이전하면서 대서북 해방에 이어 정권 인수를 지원할 다수의 간부들을 선발할 필요가 있었다. 이로 인해 행서 간부들 사이에 분위기가 뒤숭숭했다. 행서 기관은 적시에 간부들에게 〈공산주의 노동 태도를 논함(論共産主義的勞動態度)〉을 포함한 여러 문건을 학습하도록 하여 인내심을 갖고 사상공작을 펼쳐 떠나는 자는 유쾌하고 남는 자는 안심하도록 만들었다.

10월 1일, 중화인민공화국이 성립되고, 3일 연안 각계에서 경축 대회가 열렸다. 대회에서 당중앙과 마오쩌둥 주석에게 경의를 표하는 전보를 발송했다. 10월 26일, 마오쩌둥 주석이 다시 연안과 섬감녕 변구 인민들에게 답신을 보내왔다.

"연안의 동지 여러분, 섬감녕 변구의 동지 여러분, 여러분의 축하 편지를 받으니 정말 기쁘고 감사합니다. 연안과 섬감녕 변구는 1936년부터 1948년까지 중공중앙의 소재지이자 중국 인민해방투쟁에서 최고사령부가 위치한 후방의 거점이었습니다. 연안과 섬감녕 변구의 인민들은 전국 인민들에게 큰 공헌을 했습니다. 나는 연안과 섬감녕 변구의 인민들이 계속 일치단결하여 신속하게 전쟁의 상처를 치유하고, 경제 건설·문화 건설을 발전시키고 있는 것에 대해 진심으로 경하하는 바입니다. 또한 나는 전국의 혁명공작 인원들이 영원히 과거 10여 년간 연안과 섬감녕 변구의 공작 인원들이 어려운 환경에서도 완강한 투쟁을 이어나갔던 각고 분투의 작업 태도를 지켜 나가기를 희망합니다."

차오리루 동지는 즉각 섬북 행서 기관간부들을 중심으로 마오쩌둥이 보낸 답신을 성실하게 학습하도록 권고함과 동시에 간부들을 시골로 보내어 선전하는 한편, 조사 연구를 진행하면서 섬북 건설 대강을 입안하여 생산을 회복·발전시킬 규획(規劃: 장기발전계획)을 제출하고, 현위 서기 회의에서 안건을 논의토록 하였다. 차오리루 동지의 영도하에 섬북 행서는 하천·개천·고원 지역의 식량생산을 서두르고, 묘목을 심은 지역을 봉쇄하여 나무들이 제대로 자라도록 보호하는 한편 수의학을 배울 수 있는 학습반을 개설하였으며, 양의 생존율을 높이고 소나 돼지 사육을 장려하였으며, 각 현에서 연안으로 이어지는 국도를 중점적으로 건설하였다. 이외에도 학교 정상화에 힘써 수업에 차질이 없도록 하였으며, 전쟁의 상처를 치유하고 생산을 회복하는 운동을 대대적으로 펼쳐 나갔다.

1949년 12월 초, 차오리루 동지는 명령에 따라 맡고 있던 직책을 그만두고 신강으로 가서 신강 성정부 제1부주석에 취임하기로 예정되었다. 그는 서북국이 보낸 전용차로 서안으로 갔다가 다시 비행기로 신강을 향해 떠나기로 했다.

　　차오리루 동지는 신속하게 업무 인수인계 작업을 끝내고, 환영 만찬에서 의미심장한 어투로 이렇게 말하였다.

　　"전체 간부들이 경제 건설을 위해 학습에 매진하여 문화 이론 수준을 제고시키고, 더욱더 좋은 섬북을 건설하기 바라 마지않습니다."

　　12월 1일, 차오리루 동지는 섬북 구당위(區黨委), 섬북 행서 영도자들에게 보내는 서신에서 이렇게 적었다.

　　"신강에서 열심히 일하도록 하겠습니다. 여러분들이 서신을 통해 비판해 주시기 바랍니다. 섬북과 연안은 과거 영광의 역사를 지닌 곳입니다. 이후에도 더욱더 열심히 노력하고 맡은 바 소임에 충실해야 할 것입니다."

　　12월 3일, 차오리루 동지는 섬북 구당위에 서신을 보내 이렇게 요청했다.

　　"나의 답안(정치이론학습을 말한다)을 대략 작성했습니다. ……내가 서안으로 가지고 가서 서북국 선전부에 제출하도록 허가해 주시기 바랍니다."

　　12월 5일, 차오리루 동지는 낙천(洛川)을 지나는 도중에 섬북 행서에 보낸 편지에서 이렇게 말했다.

　　"정부도 없고 기율도 없이 마음대로 지출하는 자는 반드시 엄격하게 비판해야 합니다. 자유주의는 받아들일 수 없습니다. 또한 다른 이들의 원망이나 미움을 산다고 두려워할 필요도 없습니다."

　　차오리루 동지는 유림의 추이환주(崔煥九)·허밍탕(賀明堂) 선생에게 서신을 보내어 "혁명 서적을 열심히 탐독하고 군중의 입장을 벗어나지 말라"고 당부했다. 그는 즈단현의 추이이(崔義)에게 서신을 보내어 "즈단현을 위해 교육하고 노력하시오"라고 격려했다.

이처럼 여러 동지들에게 보낸 마지막 서신에 차오리루 동지의 혁명공작에 대한 지극한 책임 정신이 그대로 응결되어 있다. 한마디 한마디 격려와 당부의 말에 서로 속마음을 털어놓고 진심으로 사귀었던 여러 동지들에 대한 진정한 우정이 그대로 배어난다.

그러나 누가 생각이나 했겠는가! 3일 후인 12월 8일 차오리루 동지는 임지로 부임하는 도중에 불의의 교통사고로 중상을 입고 말았다. 급히 후송하여 치료하였으나 더 이상 손을 쓸 수 없었다. 그는 이렇게 향년 48세의 나이로 세상과 작별을 고하였다.

12월 16일 연안에서 2천여 명, 17일 유림에서 1만여 명이 운집한 가운데 차오리루 동지를 애도하는 대회가 거행되었다. 12월 22일, 섬감녕 변구와 서안시 당정군 기관에서 2천여 명이 모인 가운데 그를 애도하는 대회가 엄숙하고 성대하게 개최되었다. 당중앙, 정무원, 서북국, 변구정부, 제1야전군 및 서북 여러 도시의 기관에서 각기 화환을 보내왔다. 린보취·셰줴자이(謝覺哉)·펑더화이·허룽·왕전·쉬리칭(徐立清) 등 여러 인사들이 전보를 보내 오랜 친구이자 전우였던 차오리루 동지에 대한 애틋한 심정을 전했다.

추도대회에서 중공중앙 서북국 서기 시중쉰은 차오리루 동지의 일생을 높이 평가하면 이렇게 말하였다.

"차오리루 동지가 불행하게도 뜻밖의 사고를 당하여 고인이 되었으니, 당은 한 명의 우수한 당원을 잃었고, 서북 인민은 충실한 공복을 잃었으며, 우리는 친밀한 전우를 잃었습니다."

"차오리루 동지는 20여 년을 하루같이 용맹분투하면서도 당에 그 어떤 대가도 바라지 않았으며, 어떤 어려움에 직면해서도 고개를 숙이고 좌절하지 않았습니다. 당이 부여한 임무를 접수하면 자신을 돌보지 않고 단호한 의지로 반드시 완수했으며, 구체적인 정황에 근거하여 실천에 옮겼습니다. 이것이 바로 그의 우량하고 굳건한 당성

(黨性)입니다. 그는 자신과 동지들에 대해 엄격한 비판과 자아비판을 마다하지 않았으며, 또한 고귀한 학습 정신을 지녔습니다."

왕전 동지는 그를 애도하는 만사(輓詞)에서 이렇게 말했다.

"친애하는 차오리루 동지! 그대는 용감하고 또한 무한한 충성심으로 인민을 위해 복무하여 우리들의 모범이자 본보기가 되었습니다. 남은 동지들은 이를 철저하게 학습하여 그대가 이루지 못한 사업을 계속 이어 끝까지 분투할 것을 맹세합니다."

추모대회가 끝난 후 중국공산당의 우수한 당원이자 걸출한 공산주의 전사인 차오리루 동지의 유체는 서안시 남교 소안탑(小雁塔) 복리(福利) 농장에 안치되었다(이후 남교 열사 능원에 이장되었다).

서북국 시절 쑨줘빈의 활동 *

쑨샤오베이(孫曉北)

1947년 7월부터 1952년 12월까지 내 부친은 중공 감숙성위 부서기, 성위 통전부 부장, 성위 기율검사위원회 서기 등을 역임하셨다.

이제 막 해방된 감숙성은 모든 것이 훼손되고 엉망으로 변해 새롭게 흥기할 날만을 기다리고 있었다. 획기적인 의의를 지닌 승리 덕분에 부친은 자신이 지하에서 목숨을 내걸고 싸웠던 곳으로 다시 돌아왔다. 1937년 8월부터 1939년 6월까지 부친은 중공 감숙공위 서기로 일하면서 난주에 주둔하고 있던 팔로군의 판사처(행정부서, 간칭 팔판(八辦)-역주) 인원들과 함께 감숙성 국민당 통치구의 당조직을 회복하고, 군중을 동원한 항일 구망(救亡) 운동을 전개하는 데 현저한 업적을 남겼다. 팔로군 판사처는 주로 합법적인 투쟁을 주도했고, 공작위원회는 주로 비밀투쟁을 벌였다.

팔로군 판사처에는 당시 세줴자이 · 우슈취안(伍修權) · 펑자룬(彭加倫) 등이 있었고, 공작위원회에는 쑨줘빈 · 류제(劉杰) · 류르슈(劉日修) · 더우즈안(竇志安) · 린커이(藺克義) · 정중위안(鄭重遠) · 우훙빈(吳鴻賓) 등이 일했다.

세줴자이는 당중앙과 마오쩌둥을 대표하여 공작위원회 회의에서 사업을 지도했다. 당시 감숙성 공작위원회는 당중앙의 영도와 세줴자이의 구체적인 도움을 받으며 팔로군 판사처와 긴밀하게 협조하면서 당이 부여한 각종 공작 임무를 완수했다. 3년이란 기간 동안 수

---

* 본문은 쑨야오베이가 섬서인민출판사에서 2008년 12월 출판된 바 있는 《쑨줘빈》에 근거하여 정리한 내용이다.

1938년 난주에서, 쑨줘빈.

많은 공산당원을 배출하고 항일을 선전하는 각종 잡지를 출간했으며, 당원 교육을 강화했다. 결론적으로 감숙성 공작위원회는 3년 동안 감숙 항일 구망 운동의 불꽃을 더욱 활활 타오르게 만들었으며, 당조직의 대오를 더욱 튼실하게 확충했다. (이하 구체적인 내용은 생략한다.)

장더성 서기와 나의 부친은 함께 일했던 동료로 감숙성에서(1949년) 당과 정부 건설에 최선을 다하고, 인민의 본보기로서 인민과 함께 전진했다.

난주(蘭州) 해방 이튿날 부친은 지하당원 회의를 소집하여 그간 지하당 조직과 당원들이 감숙 인민 해방사업을 위해 용맹하게 돌진하여 불후의 공적을 세웠음을 찬양하고, 향후에도 전체 당원들이 맡은 바 자리에서 감숙 건설에 이바지해 줄 것을 당부했다.

부친은 성위·성정부와 협조하면서 성·지(地)·현 등 각급 당정 건설 사업에 매진하여, 각급 영도 간부 7,605명을 선발하고, 소수민족 간부 3천여 명을 배양하여 경제 건설에 필요한 간부 육성을 성공적으로 완수했다.

소수민족 지구에 당을 건설하는 문제에 대해 부친은 소수민족의 특징에 근거하여 지나치게 엄격한 잣대를 대지 말 것을 강조하는 한편, 공산당의 당강(黨綱)과 당장(黨章)을 인정하고 공산당과 함께 가기를 원하는 대표적인 선진 인사들의 경우 당원으로 받아들이는 데 주저하지 말 것을 당부했다. 또한 입당 조건으로 종교적인 신앙을 포기하기를 강요하는 일이 없도록 했다. 왜냐하면 종교는 상당히 복잡한 역사성을 띤 일반 대중들의 신앙 문제이기에 봉건제도가 소멸되었다고 해서 사라질 수 있는 것이 아니기 때문이다. 소수민족의 경제나 문화가 아직 발전하지 않았고, 일반 대중들의 깨우침 역시 상당한 수준에 이르지 않았기 때문에 종교적인 신앙은 향후에도 장기적으로 존재할 수밖에 없다는 것이 부친의 생각이었다. 또한 부친은 소수민족 당원들의 종교적인 신앙 문제는 그들이 입당한 연후 장기간에 걸친 교육을 통해 마르크스·레닌 사상에 대한 수준이나 정치적 각오를 한층 높인 후에 자발적으로 해결할 수 있도록 하는 것이 좋겠다고 생각했다. 실천이 증명하듯이 부친의 이러한 관점은 자못 탁월하고 정확한 견해였다. 그래서 시중쉰과 서북국, 그리고 당중앙 역시 이러한 점을 긍정적으로 간주했다.

토지개혁

감숙성은 1951년 9월부터 1952년 6월까지 기본적으로 토지개혁을 완수하여 대략 2천여 향(鄕: 현이나 구 아래 농촌 말단 행정 구획단위)에서 봉건적 착취의 수단이 된 토지소유제를 완전히 폐지시키고, 경작자가 경지를 소유한다는 이른바 '경자유전'의 원칙에 근거하여 농민들이 토지를 소유하는 제도를 확립했다. 이에 따라 성 전체 농민들에게 1,217만 무의 토지를 분배했다.

토지개혁 과정에서 부친은 직접 임하(臨夏)지구의 토지개혁 시범사업에 참가했다. 다년간 당내에서 '우'를 두려워하는 이들은 많았지만, '좌'를 염려하는 이들은 적었다. 언제나 사람들은 '좌'가 '우'보다 좋다고 생각했다. "군중들이 일어섰을 때 지주를 몇 대 쥐어박는다고 해서 그리 큰 문제가 되는 것은 아니다." 부친은 이에 대해 다음과 같이 언급한 적이 있다. "이런 관점은 능히 이해할 수 있다. 하지만 토지개혁 공작에 임하는 간부들은 자신의 수준을 굳이 농민의 수준으로 끌어내릴 필요가 없다. 길을 걸을 때면 미끄러지지 않도록 미리 예방하고, 차를 몰 때에는 차선을 벗어나지 않을까 염려해야 한다. 우리는 대담하게 군중들을 동원할 것을 강조하지만 마땅히 정책에 따른 정확한 방식이어야지 그릇된 방식, 정책에 위반되는 방식으로 대담함을 자랑해서는 안 된다."

이처럼 관점이나 입장, 정치적 태도가 분명하여 토지개혁에 참여하는 간부들에게 경종을 울렸다. 그렇기 때문에 임하지구의 토지개혁 과정에서 사람들을 핍박하거나 구타하는 일 등은 거의 벌어지지 않았다.

동시에 그들은 소수민족을 동원하거나 그들에 관한 사업을 진행할 때에도 그들의 풍속과 습관 및 종교적인 신앙에 근거하였다. 이는 시중쉰의 지시와 의견에 따른 것이기도 하다. 그는 "먼저 민족의 상층부 및 종교 인사에 대한 통전공작을 한 다음에 군중을 동원해야 한다. 절대로 순서가 뒤바뀌면 안 된다"고 주지시켰다. 이는 소수민족의 경우 그 민족 종교의 상류층을 자신들의 대표로 인식하고 '신성시'하기 때문이다. 그래서 토지개혁을 실시할 때에도 상층부 인사들의 동의를 얻은 후에 대다수 군중들을 대상으로 토지개혁을 실시했던 것이다.

지주의 재산이나 재물을 몰수할 때에도 종교 관련기구는 몰수하지 않았다. 투쟁의 성과물을 분배할 경우 회민(回民) 지주의 가옥은 일반적으로 회민들에게 분배하여 거주토록 했다. 민족간의 갈등을 사전에 방지하기 위함이었다. 부친은 재삼 이렇게 언급하였다. "만약 그들의 사상과 신앙, 풍속과 습관을 존중하지 않는다면, 이는 그 민족을 존중하지 않는 것과 같기 때문에 필연적으로 민족 감정을 상하게 만들 것이고, 종교적인 신앙의 자유를 침해하게 된다. 이는 단순히 민족의 문제가 아니라 정치의 문제이기도 하다."

부친은 일부 '좌'파의 소아병에 걸린 자들을 비판했다. 그들은 종교와 신앙을 봉건제도와 똑같이 취급하여 봉건제도를 소멸시킴과 동시에 종교와 신앙도 없애야 한다고 주장했다. 이런 맹목적인 반종교 정서는 완전히 정치에 대한 무지의 표현일 뿐이었다. 당시 이런 문제가 드러나자 부친은 즉시 단호한 교정 조치를 취해 더욱 큰 착오는 발생하지 않았다.

부친과 장더성이 제시한 의견은 서북국의 동의를 거쳐 토지개혁 재조사 때 명확하게 적시되었다. 이에 따르면 청진사(淸眞寺)·공복(拱北: 중국 이슬람교 선현들의 능묘의 아랍어 음역-역주)·도당(道堂: 중국 이슬람 교단에서 교리를 강습하는 장소)·라마묘(喇嘛廟: 라마불교의 회당)의 토지는 일체 몰수하지 않으며, 이미 몰수한 경우 되돌려 주었다. 이로써 오해가 풀리고, 민족 단결을 촉진하였다.

반란 평정의 교훈

1948년 11월부터 1952년 5월까지 감숙 회족 거주지인 임하(臨夏)·평량서길(平凉西吉)·고란(皋蘭), 그리고 장족 구역인 아목거호 등지에서 전후로 무장반란이 발생했다. 그 가운데 심각한 곳은 반란의 여파가 4,5개 현까지 미쳐 불안에 떨거나 피해를 입은 군중들이 20,30만 명에 이르렀다. 부친은 당시 민족 종교 통전공작을 주관하는 성위의 부서기 겸 통전부 부장을 맡아 성위에서 일련의 사건을 처리하는 데 협조했다. 그는 여러 차례 직접 반란 발생지역으로 가서 사건을 조사하는 한편, 상류층 인사들과 접촉하여 도움을 청하고 일반 대중들을 교육하여 민족 단결을 강화하는 데 역점을 두었다.

반란은 대부분 소수민족 지구에서 일어났기 때문에 처리하는 데 신중에 신중을 기하지 않을 수 없었다. 그래서 사건이 크든 작든 간에 성위는 우선 서북국과 중앙의 동의를 받은 후에야 행동에 옮길 수 있었다. 또한 정치적인 해결이 효과가 없거나 군사적 압력을 넣지 않으면 도저히 문제를 풀어낼 수 없다는 판단이 설 때 비로소 군사 행동에 들어갔다. 군사 행동 이후에도 여전히 정치적 해결을 이어갔다. 당시 부친은 이러한 방침을 다음과 같이 개괄했다. "먼저 권유하고 난 후에 타격하며, 권유 속에 타격을 준비하고, 타격한 후에도 계속 권유한다(先勸後打, 勸中有打, 打後再勸)." 정치적 해결을 위주로 하고, 군사 행동은 보조로 삼아 상호 보완토록 한다는 뜻이다.

서길(西吉) 반란 이후 정책 선전을 통해 해결을 모색하자 일부 저항 세력들이 분분히 투항하고, 속임에 빠져 반란 대열에 참가한 일반 대중들도 대부분 귀가하여 자신의 생활로 돌아갔다. 하지만 우두머리인 마궈위안(馬國瑗) 등은 여전히 완강하게 버텼기 때문에 여전히 인심이 흉흉한 상태였다. 이에 부친은 마전우(馬震武)·마충우(馬忠武)·마지우(馬繼武) 등 종교계 상층부 인사들과 상의하여 마전우가 교주 신분으로 마궈위안에게 "반란은 곧 반교(叛教)나 다를 바 없다"고 고지하고, 누구든 반란의 무리에서 벗어나지 않는다면 나는 그와 양세(兩世) 관계의 소환에서 벗어날 것이라고 하면서 당장 되돌아올 것을 요구했다.

특히 시중쉰은 직접 나서서 나의 부친과 마전우에게 반란 상층부에게 다음과 같이 고지해 줄 것을 요청했다. "오직 현재만 볼 것이며, 과거는 묻지 않겠다. 설사 그가 어제 총을 들고 우리들에게 저항했다고 할지라도 오늘 무기를 내려놓는다면 관대하게 처리하겠다."

"투항하면 죽음을 면할 수 있다"는 정책을 제시한 후, 부친과 마전우는 곧바로 서길탄(西吉灘)으로 들어가 당의 관대한 정책을 제시하면서 마궈위안의 투항을 받아냈다. 이로써 서길 반란도 종식되고, 수많은 대중들 역시 정상적인 생활로 복귀했다.

부친은 여러 차례 반란을 평정한 경험을 총결하면서 이렇게 말했다.

"반란은 일반적으로 민족 상층부 인물과 일정한 관계가 있다. 그렇기 때문에 일반 토비나 반혁명분자의 반란처럼 처리할 수 없으며, 반드시 민족 문제로 간주하여 처리해야만 한다. 필요하다면 특별한 인물을 통해 문제를 해결해야 한다."

예를 들어 회족 지역의 서길 사건이나 장족 지역의 아목거호(阿木去乎) 사건의 경우 모두 회족과 장족 상층부 대표인 마전우와 황정칭이 '위문단' 등의 방식으로 다양한 설득 작업을 한 후에야 비로소 평화로운 해결을 할 수 있었다. 가장 중요한 것은 역시 현지 민족 상류층과 원만한 관계를 유지하고, 아울러 특별히 관대한 정책을 시행하여 마땅히 단결할 사람들은 반드시 단결할 수 있도록 쟁취하는 일이다.

이런 문제 해결은 시중쉰 동지의 정확한 지도와 불가분의 관계에 있다. 시중쉰 동지는 당시 민족 문제의 중요 모순이 민족과 종교 상층부에 존재한다고 보고, 민족 상층부와 종교인들에 대한 통전사업이 선결된 후에 이를 토대로 군중들을 대상으로 민주개혁을 진행해야 한다는 의견을 제시했다. 이는 이론과 실제를 결합하여 원칙성과 융통성을 조화시킨 창견이라고 할 수 있다. 반란 진압과 토지개혁 과정에서 그는 각 민족 각 교파 지도자의 명단을 확보하여 그들과의 관계를 긴밀하게 유지하여 토지개혁을 찬성하는 이들을 적극적으로 보호하는 한편, 반혁명 활동을 집중적으로 타격할 것을 요구했다. 아울러 라마사·청진사·공북·도당의 토지는 그대로 놓아두고, 목축지역의 경우 토지개혁을 선전하거나 악질토호에 대한 투쟁을 언급하지 말고 목축업을 보호하는 데 역점을 두어야 한다는 주장을 제시했다. 이처럼 일부 봉건적인 요소들을 그대로 보전하면서 군중 동원에 유리한 조건을 만들어 대부분의 봉건적인 요소들을 제거하는 책략이 실제에 부합할뿐더러 실천 중에서도 현저한 효과를 얻어 민족 구역의 자치 실행에 좋은 여건을 마련할 수 있었다.

청해에서 치욕을 참아가며 일하다

1953년 1월부터 1954년 6월까지 부친은 중공중앙 서북국 통전부 부부장으로 있으면서 서북 민족사무위원회 제1부주임을 겸직했다. 1954년 7월부터 1958년 3월까지 부친은 청해 성위원회 제2서기 및 성장으로 임명되었으며, 중공 8대 대표로 선출되었다. 청해에서 국민경제 제1차 5개년 계획과 농업사회주의 개조를 완수하기 위해 심혈을 기울였으며, 중요 정책 결정을 통해 탁월한 성과를 거두었다.

부친은 임지에서 당의 민족 정책을 관철하여 민족 모순과 민족 갈등을 해결하는 것이 자신의 가장 중요한 임무라고 생각했다. 1954년 12월, 그는 청해 제1기 인민대표대회에서 전국인민대표대회의 정신을 전달하면서 청해 민족 문제의 현실에 적합하게 중국 헌법에 나오는 민족 단결과 평등에 관한 정책을 부각시켜 발언했다. "단결은 곧 역량이고 행복입니다. 무릇 민족 단결과 평등에 위배되는 정책은 여러 민족 인민에게 불리합니다."

그는 어떤 지역이나 단위(單位)를 방문할 때마다 당원이나 간부들에게 당의 민족 정책을 적극적으로 학습하고, 여러 민족 인민들에게 애정을 갖고 그들을 주인으로 존중하라고 당부했다. 소수민족을 위한 복무는 곧 영광이자 사명이라는 뜻이었다.

그는 종교 사원이나 민족 집단거주지를 방문할 경우 언제나 종교 지도자들과 만나 당의 민족 정책, 종교와 신앙의 자유에 대해 언급했으며, 모든 민족이 평등하게 단결하여 한 가정처럼 화목하게 지내야 한다고 말하였다.

신중국 성립 이후 그는 옥수(玉樹)·해남·과락(果洛) 등에서 성장(省長)으로 있으면서 간부와 종교대표·민주인사가 모두 참여하는 각종 좌담회를 십수 차례 개최하여 당의 민족 종교정책에 대해 설명하고, 그들이 제기하는 문제를 함께 논의하여 사람들이 가지고 있던 여러 가지 오해와 우려를 불식시켰다.

소수민족이 목축을 주로 하는 지역의 경우 사회주의 개조를 어떻게 진행시킬 것인가? 부친은 무엇보다 민족 단결에 유리하고, 평화로운 개조가 가능하며, 생산 발전을 도모하여 인민들의 생활을 개선할 수 있어야 한다는 원칙에서 출발하여 신중하고 완화된 정책을 펼쳐야 한다고 주장했다. 또한 목축업자와 목부를 구분하거나, 쌍방간의 계급투쟁을 조장하지 말고 목축업자와 목부가 공히 유리한 쪽을 택해 낙후된 목축 생산 발전에 유리한 쪽으로 정책을 수립하여 공동으로 실천해야 한다는 점을 강조했다.

"민족지구의 중요 모순은 민족 모순이며, 또한 계급 모순도 포함되어 있다." 그는 당시의 역사 조건하에서 대담하게 이러한 명제를 제시했다. 이는 민족 문제에 대한 심오한 연구에서 비롯된 것이자 그가 정치적으로 대담한 책략을 지니고 있었음을 보여준다.

1957년부터 1958년까지 전국적으로 기풍을 바로잡는다는 뜻의 정풍(整風) 반우파 투쟁이 일어났다. 당시 당내 '좌'적 경향이 횡행한 데다 청해 성위원회 중요 지도자는 자신의 귀에 거슬리는 말이라면 전혀 듣지 않는 인물이었다. 그는 참신한 의견 제시는 물론이고 선의의 비판조차 당과 사회주의에 반대하는 '반당, 반사회주의'라고 몰아세웠으며, "당을 향해 미친 듯이 공격한다"고 비난했다. 그래서 직언을 마다하지 않던 동지들이 그릇되게 우파로 몰리고 말았다.

당시 청해 성위는 부친을 개인적인 영도 공작을 하면서 협의하지 않는다고 비난하면서 "당에 대해 불만을 가지고" "당내에서 분열을 조장하며" "종파주의를 따른다"고 공격했다. 또한 부친이 제기한 "민족 특징에 따라 민족 모순을 처리하자"는 의견을 "민족 모순을 과장하여 계급투쟁을 부인하는 것"이라고 무고했으며, "목축업이 위주인 지역의 경우 사회주의 개조를 현실에 맞게 완화하여 진행하자"는 의견은 "착취 계급에게 당을 양도하려는 뜻"이라고 모함했다. 그들은 부친에 대해 "당을 완전히 배반하고 목축업자와 수령들을 위한 당내 대리인이 되었다"고 말도 되지 않는 비난을 퍼부었다.

1958년 3월 8일, 성위 제2기 5차회의는 부친 쑨줴빈에 대해 극우분자로 판정하여 당적을 박탈하고, 당내의 일체 직무에서 배제시켰으며, 청해성 도서관장으로 직위를 강등시켰다. 이렇게 억울한 누명을 쓰고 20년이란 세월을 견뎌내야만 했다.

당시 특수한 시기에 시중쉰 아저씨 역시 정치적으로 내 부친을 보호할 수 있는 상황이 아니었다. 하지만 부친을 우파로 몰아 당적을 박탈한 후 대우 문제를 논의하는 자리에서 시중쉰 아저씨는 단호하게 이렇게 말하였다. "쑨줴빈은 원로 동지이고 자녀들도 많으니 고급간부 대우를 유지해야 한다." 이렇게 해서 부친은 행정직급으로 13급을 유지할 수 있었다.

정치적으로 타격을 받아 극도로 고통스럽고 힘든 나날을 보내면서 부친의 진정한 친구들이나 전우들 또한 부친을 결코 잊지 않았다. 부친이 곤경에 빠져 주변 사람들이 행여 자신들까지 다칠까 두려워하던 1958년 당시 국무원 비서장을 맡고 있던 시중쉰 아저씨가 북경에서 서녕까지 와서 부친과 서녕 빈관에서 만나기로 약속했다. 상면한 두 사람은 손을 마주잡고 서로의 안부를 물었다.

"시형(習兄), 서쪽에 시찰을 하러 오셨습니까?"

"시찰은 무슨, 오로지 쑨동지를 만나러 왔지요. 요즘 힘든 상황이잖습니까! 무엇보다 건강에 유의하시기 바랍니다. 집안 아이들과 부인, 어르신도 안녕하시지요?"

진심어린 안부 인사에 부친은 절로 뜨거운 눈물이 흘렀다.

장시간 이야기를 나누다가 시중쉰이 불쑥 나이가 몇 살이느냐고 물었다. 부친이 49세라고 하자 시중쉰은 아직 기회가 있으니 모든 것이 깨끗하게 밝혀질 것이라고 하면서 절대로 비관하지 말고 몸조심하라고 당부했다. 부친은 당시 만남에서 시중쉰 아저씨의 후덕한 인품과 남의 고통을 같이 아파해 줄 수 있는 온화한 성품과 격려에 차마 말로 표현할 수 없을 정도로 큰 감동을 받았다.

이외에도 양밍쉬안(楊明軒)·덩바오산(鄧寶珊)·가오커린(高克林)·양쯔웨이(楊子蔚)·시라오쟈춰(喜饒嘉措) 등 부친의 오랜 부하들 역시 도서관으로 와서 부친을 만나곤 하였다. 원로 동지와 전우들의 관심과 격려는 어려운 곤경에 처한 부친에게 큰 위안이 되었다. 나중에 부친은 여러 차례 당시 일을 우리에게 이야기하곤 하셨으며, 이는 우리들에게 많은 교감이 되었다.

만년에 부친은 두 눈을 거의 실명한 상태였다. 2002년 5월 24일, 시중쉰 아저씨가 병환으로 세상을 떠났다는 소식을 듣고 비통한 마음에 눈물을 흘리며 오열을 멈추지 못했다. "어찌 먼저 가셨는고? 나보다 몇 세나 더 젊은 나이에." 뜻을 같이한 동지이자 친형제와 같은 지기(知己)가 이 세상을 먼저 떠나 더 이상 함께 담소를 나누고 의기투합할 수 없게 되었다는 사실에 부친은 말로 표현하기 힘든 상실감을 느꼈다. 그렇지 않아도 지병으로 고생하던 부친은 시중쉰 아저씨의 죽음에 큰 충격을 받아 이후로 제대로 식사도 하지 못하고 말씀도 줄어드는 등 몸 상태가 크게 악화되었다. 결국 같은 해 8월 1일, 부친도 자신의 삶을 접으시고 그토록 그리워하던 당신의 전우 곁으로 떠나셨다. 한평생 힘들고 어려운 삶 속에서도 결코 자신의 뜻을 꺾지 않고 우국우민의 마음으로 자신에겐 항상 엄격하고 남들에게는 관대한 자세를 견지하면서 정기를 곧추세우고 온갖 어려움을 극복하며 살아오신 것을 생각하면 진심으로 큰 감동이 밀려온다. 영원히 우리 마음속 깊이 명심하고 열심히 배워 그대로 실천해야 할 것이다.

제Ⅲ부

거대한 위업

건국 초기 펑더화이의 대서북 개발을 위한 구상과 실천 *

치러슝(祁若雄)

신중국 성립 이후 펑더화이가 중공중앙 서북국 제1서기, 서북 군
정위원회 주석으로 재직할 당시 대서북을 개발하고 건설하는 데 어떤
구상을 했는가에 대해 살펴보는 것도 나름 유익하리라 생각한다.

본문은 펑더화이가 대서북을 개발 · 건설하기 위한 구상과 실천
가운데 몇 가지 중요 문제에 대해 살펴보고자 한다.

1. 조사와 연구를 토대로 경제 발전을 위한 전면적인 규획, 다른 지역에 다른 임무를 부여하다.

대서북은 토지가 광활하고 민족이 다양하며, 자원이 풍부하여
개발 · 건설의 좋은 조건을 갖추고 있다. 하지만 역사적 원인으로 상
당히 빈궁하여 전국 다른 지역보다 경제 발전이 크게 낙후되었다. 동
시에 섬서 · 감숙 · 영하 · 청해 · 신강 등 다섯 개 성은 자연 조건, 인
구 분포, 경제 상황 등이 각기 달라 크게 차이가 난다. 예를 들어 청
해는 고원지역으로 목축이 주된 산업이고, 신강은 도처에 사막이 자
리하여 반농반목(半農半牧)을 위주로 하고 있다. 두 곳 모두 광산자원
이 풍부하다는 특징이 있다. 감숙과 영하는 농업을 위주로 하고 있으
나 자연 조건이 비교적 떨어진다. 다만 농업을 위주로 하는 섬서는 자
연 조건이 비교적 좋고 경제 발전도 상당히 양호하다. 인구 분포면에

---

* 본문은 《중공당사연구(中共黨史硏究)》, 1999년 제1기에 실린 내용을 약간 수정
하였다.

서 청해와 신강은 인구 밀도가 적은 반면 섬서 · 감숙 · 영하는 비교적 조밀한 편이다. 이외에도 신강 · 청해 · 영하 · 감숙 일부 지역은 소수민족이 집단으로 거주하고 있다.

대서북이 지닌 복잡한 지역 상황을 고려하면서 펑더화이는 대서북 개발과 건설을 위해 무엇보다 현지 조사와 연구가 급선무라고 생각했다. 그래서 그는 서북 각 성의 영도자들에게 보다 심도 있는 조사와 연구를 요구하는 한편 스스로 모범을 보였다. 서북에서 펑더화이는 없는 시간을 쪼개어 가며 서북 다섯 성에 관한 지방지 · 역사자료는 물론이고 쭤쭝탕(左宗棠) 문집 등을 두루 살펴보는 한편, 현지 정황을 잘 알고 있는 인사들을 찾아 질문하거나 이야기를 나누면서 서북의 역사와 현황에 대해 이해하려고 애썼다. 다른 한편으로 이전 전쟁 시기에 직접 전선에서 활동하던 것과 마찬가지로 자신이 직접 현지로 가서 조사를 하기도 했다. 예를 들어 1949년과 1950년 두 차례에 걸쳐 신강 현지 조사를 떠났다. 그는 간부들에게 현장에서 직접 보고 체험할 것을 주지시키면서 사무실에 앉아 지시나 명령으로 생산을 지도할 것이 아니라 직접 생산 제일선에서 활동할 것을 강조했다.

다양한 조사와 연구를 통해 펑더화이는 중앙인민정부위원회 제5차 회의에서 다음과 같이 자신의 의견을 제시했다.

"서북의 현재 공작 계획은 각기 다른 정황의 지역에 각기 다른 공작 임무를 분배해야 한다."[1]

그는 이와 관련하여 시중쉰에게 다음과 같은 내용의 전보를 보냈다.

"각항의 공작은 반드시 전반적인(5개 성을 포괄하는) 준비 계획이 있어야 한다. 특히 경제 건설은 생산이나 운송 · 판매면에서 계획적으로 이루어져야 한다. 자튀푸 동지는 즉각 서안 시장, 군관회 공작을

---

1) 1950년 1월 7일, 《인민일보》.

내려놓고 서북 경제 건설 계획에 모든 역량을 투입하시오. 서북에서 전쟁이 끝난 후 재정 지출은 반드시 수입에 맞추어 지출하도록 하고, 은행 발행한 화폐는 가능한 한 생산 발전에 활용하도록 하시오."[2]

평더화이 원수.

1949년 11월 15일, 펑더화이는 1950년 서북지구 경제 건설을 위한 초안을 마련하여 마오쩌둥 주석에게 보고했다. 1950년 8,9월 그는 중공중앙 서북국 상무위원회를 주재하면서 서북지구 경제 건설 3개년 계획 초안을 연구 제정했다. 회의에서 펑더화이는 공업과 광업 관련 기업 배치, 농기계 제작, 석유 및 광물 탐사 등에 대해 구체적이고 명확한 의견을 제시했다. 그는 계획이 아직 완전한 것이 아니라 대략의 윤곽을 그린 것이기 때문에 점차 충실하게 보완할 것을 지시했으며, 전체적인 목표를 정하여 서북 다섯 성과 한 개 시(서안시)에 의견을 구했다.[3]

경제 건설을 위해 조사 연구에 치중하면서 전면적인 규획(規劃: 장기적인 발전 계획)을 세우고, 지역의 차이를 염두에 두고 각기 다른 임무를 부여했다. 이는 펑더화이가 40여 년 동안 대서북을 개발하면서 가장 중요하게 생각했던 문제이다. 또한 이는 서북 다섯 군데 성은 물론이고 전국의 경제 발전을 추진하면서 반드시 준수해야 할 기본 원칙이기도 하다.

---

2) 《펑더화이전》, 당대중국출판사, 1993년판, 388쪽.

3) 《펑더화이전》, 당대중국출판사, 1993년판, 391쪽.

2. 소수민족 간부를 배양하고, 간부의 수양을 제고하는 것이 대서북 개발에서 가장 중요하다.

서북 각성이 잇달아 해방되면서 당의 서북공작 중심을 경제 건설로 전향하기 시작했다. 어떻게 하면 대서북 개발과 건설을 제대로 완수할 수 있을 것인가? 펑더화이는 간부 문제, 특히 소수민족 간부 육성과 간부의 소질 향상이 대서북 개발에서 가장 중요하다고 주장했다. 소수민족 간부 육성은 펑더화이가 특별히 중시하는 문제였다. 1950년 1월, 그는 중앙인민정부위원회 제5차 회의에서 서북은 다민족지구이기 때문에 민족 평등 정책을 견지하고, 여러 소수민족 간부를 대대적으로 육성해야 한다고 강조했다.[4] 2월 3일, 펑더화이는 서북 군정위원회 제1차 행정회의에서 의결하고 정무원의 비준을 거쳐 난주(蘭州)에 민족학원을 설립하여 계획적으로 소수민족 간부를 육성하기로 결정했다. 아울러 서북 각성에 소수민족 간부학교와 훈련반을 설립하도록 요청했다. 또한 일부 한족 간부들이 "소수민족의 신앙 종교나 돼지고기를 먹지 않는 문제, 낙후한 태도로 인해 당원이 되기 힘들다"는 그릇된 인식을 지니고 있는 것에 대해 비판 교육을 실시했다. 구체적인 내용은 다음과 같다. 공산당원은 유물론자로서 무신론을 주장하고 있다. 하지만 구체적인 상황에 대한 분석이 무엇보다 필요하다. 소수민족의 풍속 습관은 오랜 사회, 역사적 조건하에서 형성되었다는 사실을 알아야 한다는 뜻이다. 소수민족 중에서 일부 선진적인 인사들을 선발하여 입당시킬 경우, 현지의 구체적인 정황이나 그들의 각오, 즉 깨우침에 근거하여 과거의 혁명 투쟁 및 현재의 실제 업무를 살피는 것이 중요하다. 이와 전혀 상관없이 신앙이나 종교 문제만 본다거나 돼지고기를 먹지 않는 문제를 내세워서는 안 된다. 장

---

4) 《중국공산당 신강 역사대사기(歷史大事記)》, 신강인민출판사, 1993년판, 21~22쪽.

제스는 돼지고기를 먹지만 혁명에 반대했고, 마부팡은 돼지고기를 먹지 않지만 또한 혁명에 반대했다.[5] 다시 말해, 돼지고기를 먹느냐 안 먹느냐는 혁명에 찬동하느냐 반대하느냐는 문제와 전혀 관련이 없다는 뜻이다.

펑더화이의 노력에 힘입어 1년 사이 서북지구에서 거의 1만 명에 달하는 소수민족 간부들이 육성될 수 있었다. 펑더화이는 간부의 소질을 향상시켜 대서북 개발과 건설에 필요한 인재로 삼아야 한다는 의견을 수차례 개진한 바 있다.

1950년 1월, 그는 서북 군정위원회 제1차 회의에서 다음과 같이 말하였다.

"각급 정부는 노동자 교육, 사회 교육 및 소수민족 교육에 각별하게 주의를 기울여야 한다. 각종 사회개혁이며 건설사업의 필요에 부응하기 위해 계획적으로 재직 간부들을 교대로 훈련시키고, 기술 간부를 배양해야 한다."[6]

8,9월에도 그는 중공중앙 서북국 상무위원회의에서 가능한 빨리 경제 건설에 필요한 새로운 간부들을 배양할 것을 강조했다.[7] 펑더화이는 조선전쟁(6·25 동란)에 참전하기 위해 서북을 떠난 후에도 여전히 간부 육성의 진전 상황에 대해 관심을 표명했다.

1951년 12월 12일, 그는 시중쉰에게 보낸 편지에서 이렇게 당부했다. "이번 겨울과 내년 봄까지 섬서 경내의 토지개혁을 완수한 후, 마밍팡 동지와 상의하여 학식 있고 경험 많은 간부들을 선발하여 단기 훈련을 거친 후 공업 분야로 전향시켜 1953년 전국적인 대규모 경제 건설사업에 투입할 수 있도록 만전을 기하기 바란다."[8] 소수민족

---

5) 《펑더화이전》, 당대중국출판사, 1993년판, 394쪽.

6) 서북국, 《당내통신(黨內通訊)》, 제91기

7) 《펑더화이전》, 당대중국출판사, 1993년판, 391쪽.

간부를 육성하고, 간부의 소양을 향상시키는 일은 지금도 여전히 중요한 과제이다.

3. 인민해방군은 새로운 서북 건설을 위한 중요한 역량이 되어야 한다.

1949년 12월 5일, 중국 인민혁명군사위원회는 인민해방군에게 지속적으로 작전과 군무를 담당하는 것 이외에도 일부 생산 임무를 맡아 전국 인민들이 장기간에 걸친 전쟁의 후유증으로 인한 어려움을 극복하는 데 협조하고, 신민주주의 경제 건설을 강화하라는 지시를 내렸다. 이러한 지시를 대서북 개발·발전 목표와 상응하기 위해 펑더화이는 인민해방군이 새로운 서북 건설을 위한 중요한 역량 가운데 하나가 되어야 한다고 강조했다.

"이렇게 많은 군인들을 전부 국가가 먹여 살린다는 것은 큰 문제이니 마땅히 생산에 참여하도록 해야 한다." "평화 시기에 인민해방군은 어려움 속에서도 분발하여 싸우는 오랜 전통을 계승하여 생산과 건설의 역군으로 새로운 서북 건설을 위한 중요한 역량 가운데 일부가 되어야 한다."[9]

펑더화이의 주관하에 서북 군구는 1949년 12월 27일, 서북 주둔 부대원들에게 적극적으로 생산 건설에 참여하라는 지시를 내렸다.

"전쟁을 수행할 때와 마찬가지로 용감하고 굳세며, 적극적인 책임감으로 대서북 개발의 선봉을 맡는다."[10]

펑더화이는 또한 현지 주둔군에게 변경 지역에서 안심하고 뿌리를 내려 각 민족 형제들과 함께 서북 건설에 매진할 것을 호소했다.

---

8) 당안(檔案) 1-1호 전종(全宗) 1/3호권, 신강 위구르자치구 당안관 소장.

9) 《펑더화이전》, 당대중국출판사, 1993년판, 391쪽.

1950년 1월 펑더화이는 서북 군정위원회 제1차 회의에서 이렇게 지시했다.

"현재 서북 다섯 개 성이 모두 해방되었다. 그들은 현재 동계 정훈에 돌입하였으며, 토비 소탕과 지방공작에 치중하면서 아울러 적극적으로 생산 준비를 하고 있다. 각지의 각기 다른 조건에 따라 황무지 개간, 수리사업, 철도 및 도로 건설 등에 치중하고 상업 행위는 금지한다. 군대의 생산, 건설공작 참가에 관한 마오쩌둥 주석의 지시에 따라 생산 결과에 대한 집단과 개인의 이익을 아울러 고려하여 생산에 따른 상여금의 4할은 생산자 개인 소유로 하고, 나머지는 생산 단위 및 국가 소유로 한다. 신강에 주둔하고 있던 부대의 경우, 10여 만 명이 생산 사업에 참가하여 황무지 60만 무를 개간함으로써 1무당 5말씩 전체 30만 석을 수확하고, 5만 무에 면화를 재배하여 1무당 20근씩 전체 1백여만 근의 면화를 확보할 수 있을 것이다. 섬서·감숙·영하·청해에 주둔하고 있는 40만 이상의 군인들을 생산에 참가시킨다. 그들은 정치적으로 크게 각성된 상태이며, 과거에 생산에 종사한 경험이 있기 때문에 틀림없이 전투에 임하는 것과 같이 용감하게 매진하여 생산 임무를 승리로 장식할 것이다."[11]

1950년부터 인민해방군은 서북 각성에서 대규모 생산 운동에 돌입하여 상당한 성과를 거두었다. 불완전한 통계에 따르면, 1년간 황무지 160여만 무를 개간하고, 19곳에서 수리사업을 전개하여 170여만 무의 경작지에 관개가 가능하도록 만들었으며, 소와 양·돼지 등 16만 8천여 마리를 사육하고, 석탄·금을 채굴했으며, 제지와 목재 공장 등을 세웠다.

또한 10여만 명의 장병을 동원하여 천보와 천란 철도 건설에 투

10) 《펑더화이전》, 당대중국출판사, 1993년판, 392쪽.

11) 1950년 2월 1일, 《신강일보》.

입했으며, 천보 구간에 300여만 입방미터에 걸친 토목공사를 완성했다. 이러한 사실이 증명하듯이 인민해방군은 대서북 개발의 중요한 역량이었다.

4. 경제 건설은 일정 기간 농업과 목축업을 위주로 한다.

서북은 농업과 목축업을 발전시키는 데 좋은 조건을 갖추고 있으며, 실제로 농업과 목축업이 현지 경제에 큰 비중을 차지하고 있다. 통계에 따르면, 신중국 성립 전까지 서북 경제에서 농업이 차지하는 비중은 75%, 목축업은 20% 이상이었으며, 공업과 수공업은 단지 5%에 불과했다. 역사적인 원인 등으로 인해 서북 농업과 목축업은 기반 시설과 생산 조건이 열악하여 자연재해에 취약하고 생산이 불안정하여 거의 하늘에 모든 것을 맡기는 상황이었다. 더욱이 1949년 가을 서북 곳곳에서 재해가 발생하여 50여만 명에 이르는 이들의 생활이 곤란한 지경에 봉착하고, 신구 지역 역시 국민당 반동 통치에 따른 약탈과 억압으로 춘궁기에서 벗어나지 못했다. 이와 동시에 서북 다섯 군데 성이 연이어 해방된 후 국민당 소속 군정 인원을 선별 수용하여 각급 정권을 재조정하면서 군정 인원의 숫자가 1백만 이상으로 크게 늘었다. 이는 전체 인구의 4.5%에 달하는 수치로 생활필수품의 수요와 공급에 차질이 생길 수밖에 없었다. 당시 신강의 상황이 이를 증명한다.

1950년 1월 2일, 펑더화이는 마오쩌둥 주석에게 보내는 전신에서 이렇게 말하였다.

"신강의 식량 부족이 올해 심각한 문제 가운데 하나입니다." "북신강 적화(迪化) 구역에 10여만 명이 주둔하고 있는데, 식량 부족이 대단히 심각합니다. 적화에 남은 식량은 5천 섬으로 1월부터 9월까지 필요한 식량은 15만 섬으로 14만 5천 섬이 부족합니다."[12]

이런 상황이었기 때문에 펑더화이는 서북의 경제 건설에서 일정 기간 중점을 둘 분야가 농업과 목축업이라고 주장했던 것이다.

1950년 1월, 그는 서북 군정위원회 제1차 회의에서 일정 기간내에 서북 경제 건설은 농업과 목축업을 위주로 해야 한다는 점을 거듭 강조했다. 농업 부문의 경우 농민들의 생산 의지와 열정을 드높이고 종자와 농업방식을 개량하며, 수리시설을 회복·발전시키고 삼림과 초원을 보호해 재해를 방지함으로써 중앙인민정부에서 1950년 서북 경제 발전 지표로 제시한 식량 3.3억 근 증산, 피혁과 목화 12만 담(担: 100근) 생산에 박차를 가하자는 내용이었다. 감숙·영하·청해·신강의 목축업 역시 1949년 수준을 넘어서야 한다는 것이 목표였다.

펑더화이의 영도와 서북 각급 인민정부와 전체 인민의 노력을 통해 1950년 말 서북 농업 및 목축업은 크게 발전해 하곡 파종 면적이 1억 무를 넘어서면서 전쟁 이전 수준으로 회복되었으며, 수리 관개 면적도 370만 무로 이전 수준에 이르렀다. 목축업도 이전 수준을 회복하면서 점차 발전하기 시작했다. 농업과 목축업의 회복과 발전은 서북 개발을 위한 물질적 토대가 안정 상태에 이르렀음을 의미했다.

5. 교통 개선은 경제 발전의 선결 조건이다.

신중국 성립 초기 교통 상황이 낙후하여 대서북 개발과 건설이 심각하게 제약될 수밖에 없었다. 펑더화이는 대서북을 개발·건설하는 데 교통 문제를 해결하는 것이 무엇보다 중요하다고 인식하고, 교통 개선이 경제 발전의 선결조건이 된다는 결론에 도달했다.

1949년 12월 29일, 그는 통절한 심정으로 이렇게 말하였다.

12) 구당위원회 판공청 1950년 중앙전보권(中央電報卷, 장기 8호권), 신강 위구르 자치구 당안관 소장.

"신강은 지역적으로 광활하지만 교통 운수가 심각한 문제이기 때문에 내륙에서 도움을 받는 것은 물론이고 신강 내부에서도 식량이 비교적 풍족한 남강(南疆: 신강 남부)의 식량을 북강(北疆)으로 운송하고자 해도 곤란한 점이 적지않습니다. 거의 2천여 리나 떨어져 있기 때문에 식량 한 섬을 신강에 운송하는 데 열 섬에 달하는 군비가 들 정도입니다."[13]

서북의 교통 상황을 대대적으로 개선하기 위해 펑더화이는 무엇보다 철도 개설에 중점을 두어야 한다고 주장했다. 철도 건설이 서북 경제 발전에 가장 중요한 일이라는 뜻이었다. 1949년 11월 15일, 펑더화이는 마오쩌둥 주석에게 보고하면서 천수(天水)에서 보계(寶鷄, 천보)로 이어지는 철도 건설 외에도 "중앙 인민정부 철도부의 재정 도움을 받아 천수에서 난주(蘭州, 천란)까지 철도 개설"을 요청했다.[14] 1950년 1월 2일, 펑더화이는 또다시 마오쩌둥 주석과 중앙에 전보를 보내어 "소련과 중국 합작으로 탑성(塔城)이나 이리(伊犁)에서 적화(迪化)와 합밀(哈密)까지 이어지는 철도 건설 가능 여부를 상의해 줄 것"을 요청했다.[15]

펑더화이의 이러한 건의는 마오쩌둥 주석과 중앙의 동의를 얻었다. 중앙의 지지를 얻어 그는 10만 명에 달하는 군인들을 천보와 천로 철도 건설에 동원하여 서북으로 신강에 이르는 교통망을 확보했다. 건설 과정에서 펑더화이는 직접 공사의 진행 상황을 점검하고 수시로 관계자들과 논의하고 연구하면서 시공중의 여러 가지 난관이나 문제들을 하나하나씩 해결하여 전체 공정이 무난하게 끝날 수 있

---

13) 신강 분국 판공청, 1949년 영구(永久) 16호권, 신강 위구르자치구 당안관 소장.
14) 《펑더화이전》, 당대중국출판사, 1993년판, 389쪽.
15) 구당위원회 판공청 1950년 중앙전보권(中央電報卷, 장기 8호권), 신강 위구르자치구 당안관 소장.

도록 최선을 다했다. 아울러 뤼정차오(呂正操) 부부장과 소련의 전문가를 초청하여 공정 과정을 점검하도록 했다. 펑더화이의 노력 덕분에 1950년 말 서북의 기존 철도망이 완벽하게 복원 수리되었으며, 천보·천란 철도가 순조롭게 개통되면서 당해 연도 전체 토목공사의 4.50%를 완수하기에 이르렀다.

철도 이외에도 펑더화이는 서북 항공 발전에 심혈을 기울였다. 당시 갓 출범한 신중국은 자체 역량만으로 항공 산업을 발전시킬 수 있는 상황이 아니었다. 그래서 그는 1949년 12월 29일 마오쩌둥 주석과 중앙에 이같이 건의했다. "서북은 지역이 광활하여 교통이 불편한 관계로 당의 공작과 지도에 지장이 많습니다. 그러니 소련과 담판하여 아랍목도(阿拉木圖)·적화·합밀을 연결하는 민항을 난주·서안·북경까지 연장하는 협정을 체결하는 것이 바람직합니다." 마오쩌둥 주석과 중앙은 그의 건의를 받아들였다. 중소 양국 정부는 논의를 거쳐 1950년 3월 27일 정식으로 〈중소 민용항공 주식회사 창립에 관한 협정(關于創辦中蘇民用航空股份公司的協定)〉을 체결했다.

펑더화이는 또한 1950년 1월 적군이 파괴한 중요 도로를 복구하는 일에 착수한 것은 물론이고 같은 해 4,5월 수고를 무릅쓰고 직접 눈 덮인 청장고원에 올라 청장 도로 건설을 위한 예비 시찰을 끝냈으며, 곧이어 군인 위주로 인적·물적 자원을 동원하여 대대적인 공사에 들어갔다. 펑더화이는 서북을 떠난 후에도 여전히 서북의 교통망 건설에 관심을 보였으며, 특히 조선에서 관련 분야의 경험을 소개하여 참고하도록 했다. 조선에서 귀국한 후 펑더화이는 저우언라이의 뒤를 이어 중앙군사위원회 일상공작을 주관했다.

오늘날 대서북의 교통 상황은 비록 크게 바뀌었지만, 전국의 다른 지방과 비교할 때 여전히 낙후하여 예전과 마찬가지로 서북의 경제 발전을 제약하고 있다. 이렇게 볼 때 펑더화이가 이미 40여 년 전에 교통망 개선이야말로 서북 경제 발전의 선결조건이라고 단언한 것은 그의 선견지명을 보여주는 좋은 예이다. 이는 현재 대서북 건설에도 중요한 지도적 의의를 지닌다.

6. 외국 자본과 기술을 적극 도입하고 대외무역을 통해 대서북 개발을 앞당기다.

어떻게 하면 대서북을 보다 빨리 개발·건설할 수 있을 것인가? 이는 펑더화이가 서북을 관장할 당시 항시 고민하고 논의하던 문제였다. 그는 조사와 연구, 지속적인 논의와 사고를 거쳐 자력갱생·간고분투(艱苦奮鬪) 외에 적극적으로 외국의 자본과 기술을 받아들이고, 대외무역을 확대함으로써 대서북 개발을 가속화할 수 있을 것이라고 생각했다.

서북은 풍부한 광물자원이 지하에 매장되어 있지만 신중국의 재원이 유한한 관계로 당장 막대한 자금을 투입하여 개발할 수 없는 상황이었다. 이를 누구보다 잘 알고 있는 펑더화이는 국민당 정부 시절 장즈중(張治中)이 소련 정부와 양국 합자회사를 통해 신강의 광물자원을 계발했던 일을 떠올렸다. 외국의 자본과 기술을 도입하여 중외 합작 방식으로 서북의 광물자원을 개발하겠다는 뜻이다. 1949년 12월 29일, 그는 중앙에 다음과 같이 건의했다.

"신강과 소련이 지역간의 경제 합작을 통해 점진적으로 신강 자원을 개발하고자 합니다. 과거 장즈중이 소련측과 중소 합작으로 석유회사 및 희귀금속·유색금속 회사를 설립하는 논의를 한 적이 있으며, 현재 협정 초안이 남아 있습니다. 이를 근거로 두 회사와 즉시 협의를 하는 것이 최선의 방법입니다."[16]

중앙은 그의 제안을 면밀히 검토한 후, 때마침 소련을 방문중인 마오쩌둥 주석에게 보고했다. 마오쩌둥 주석의 동의를 얻어 중소 양국 정부 대표가 1950년 3월 27일, 모스크바에서 정식으로 〈신강에 중소 유색 및 희귀금속 주식회사를 설립하는 것에 관한 협정〉과 〈신강에 중소 석유 주식회사를 설립하는 것에 관한 협정〉을 체결했다.

대서북 경제 발전을 촉진시키기 위해 펑더화이는 대외무역에 최선을 다할 것을 주장했다. 1949년 12월 29일, 그는 마오쩌둥 주석과 중앙에게 신강과 소련 접경지대에서 지역적인 우점을 이용하여 대외무역을 적극적으로 시행하는 것에 관해 보고했다. "신강과 소련 간에 정식 통상을 허가하여 신강의 토산물과 소련의 필수품을 맞교환하는 것이 필요합니다."[17] 1950년 1월 2일, 그는 다시 마오쩌둥 주석에게 전보를 보내 소련과 무역을 통해 식량 2만 톤, 장병 외투 10만 벌, 면옷 20만 벌, 면모 20만 개, 내의 20만 벌과 다량의 면포, 적재량이 4톤 또는 5톤인 트럭 1천 대, 목화씨 10만 킬로그램, 생산 도구 6.5만 건 등을 구매할 수 있도록 허가해 줄 것을 요청했다.[18]

대서북 개발과 건설에 관한 펑더화이의 갖가지 구상과 실천에서 우리는 그의 탁월하고 원대한 식견에 놀라지 않을 수 없다. 비록 그가 창도하고 계획한 여러 가지 방안들이 그의 재임 기간에 모두 실현된 것은 아니지만, 지금까지 대서북 개발을 통해 이룩한 성과에서 그의 구상이 얼마나 과학적이고 합리적인가를 새삼 느끼게 된다.

(집필: 중공 신강 위구르 자치구위원회 당사 연구실)

---

16) 《펑더화이가 마오쩌둥 주석에게 보고한 신강 공작에 관한 여러 가지 문제(向毛主席報告新疆工作各項問題)》, 신강 위구르 자치구 당안관 소장.

17) 《펑더화이가 마오쩌둥 주석에게 보고한 신강 공작에 관한 여러 가지 문제》, 신강 위구르 자치구 당안관 소장.

18) 구당위원회 판공청 1950년 중앙전보권(中央電報卷, 장기 8호권), 신강 위구르 자치구 당안관 소장.

서북 해방전쟁중의 펑더화이와 민족 사업 *

머우후이펀(牟慧芬)

1949년 7월, 내가 속한 중국 인민해방군 제1야전군은 서북에서 부미(扶眉) 전투를 시작으로 대서북 해방을 위한 서막을 열었다.

서북지구는 소수민족이 밀집한 지역으로 특히 중국의 대다수 회족들이 몰려 살고 있다. 단기간 내에 그 지역을 해방시키려면 국민당의 잔여부대를 섬멸하는 것말고도 민족 문제를 제대로 해결하는 일이 시급했다. 펑더화이는 서북 인민해방군 최고사령관을 맡아 당의 민족 정책을 창조적으로 운용하고, 원대한 식견으로 민족 단결을 위한 전략을 마련했으며, 대서북을 해방시키고 변경 지역을 더욱 견고하게 만들어 인민정권을 확립함으로써 민족 평등과 번영을 실현하는 데 탁월한 공헌을 하였다.

1 호마(胡馬) 국민당 군대가 섬감녕 변구로 진격했을 때, 펑더화이는 이미 대서북의 민족 문제를 해결하기 위한 계획과 설계를 마련한 상태였다. 이는 뛰어난 전략가의 넓은 포부와 장기적인 안목을 보여주는 대목이다. 1947년 5,6월 서북 야전군은 청화펌·양마하(羊馬河)·반룡(蟠龍) 등 세 번의 전투에서 크게 이긴 후 농동(隴東)으로 이동하여, 변구를 침범한 영마(寧馬)와 청마(青馬) 부대를 공격하여 수많은 회민 장병을 포로로 잡았다. 전투가 끝난 후 펑더화이 총사령관이 각 부대의 보고를 받을 때 누군가 포로로 잡은 회민 병사들이 한인

---

* 본문은 《천추에 길이 남을 펑대장군(功昭千秋的彭大將軍)-펑더화이의 생평과 사상 연구문집》(당대세계출판사, 1999년)에 실려 있다.

포로와 함께 식사하는 것을 거부하고 있다고 말했다. 그러자 펑더화이는 이에 대해 예리하게 분석하고 다음과 같이 말했다.

"이는 표면적으로 볼 때 일상적인 사소한 일인 것 같지만 사실은 상당히 중대한 문제가 아닐 수 없다. 포로를 어떻게 대할 것인가? 이에 대해 우리 당과 군은 함부로 죽이거나 때리는 일을 불허할뿐더러 욕을 하거나 소지품을 검사하는 일도 불허하고 있으며, 잔류를 자원한 포로는 우대하는 정책을 지키고 있다. 이러한 전통적인 정책은 정확할뿐더러 유효하다. 그러나 서북 인민해방군이 마주하고 있는 적군 가운데 상당수는 '오마(五馬)'의 군대이다. 특히 그 중에서 청해(靑海) 마부팡(馬步芳)의 제82군은 장정 기간에 우리 서로군 포로들을 잔혹하게 살해한 적이 있기 때문에 우리 군대의 보복이 두려워 더욱 완강하게 버틸 것이다. 이러한 현실 정황에 근거하여 포로에 관한 현행 우대 정책을 토대로 회민 포로에 대한 특별한 우대 규정을 마련할 필요가 있다."

펑더화이는 이러한 규정 초안을 당시 서북 야전군 연락부 부장 판밍(范明)에게 맡겼다. 이후 판밍은 회민 포로 장병들을 우대하는 내용의 '특별 수칙'을 초안하여 청진조(淸眞竈: 서북인들이 회족 사람들의 음식점을 지칭하는 말-역주)·종교 활동·통행증·여비 등 구체적인 항목을 마련했다. 초안은 펑더화이의 비준을 얻어 전군에 하달되었으며, 그 즉시 시행되었다.

농동전쟁 당시 화지현(華池縣) 장대(將臺: 지금의 白馬鄕)에서 벌어진 전투에서 영하 마홍빈(馬鴻賓)의 제81사단 제179연대 연대장 마뎬방(馬奠邦)이 아군의 포로가 되었다. 펑더화이 총사령관은 직접 마뎬방을 만나 예로 대우했으며, 그에게 전국 해방전쟁의 형세에 대해 소개하는 한편 당의 민족 정책에 대해 설명했다. 또한 홍군이 장정을 거쳐 영하 동심현(同心縣)에 도착했을 당시 현지 주민들이 이구동성으로 마홍빈을 좋은 사람으로 칭찬하더라고 말하면서 마뎬방을 풀어주며 돌아가서 마홍빈에게 안부를 전해 달라고 했다. 우리 군은 마 덴방이 떠나기 전 그에게 여비와 말을 마련해 주고, 회족 방식으로 연 회를 베풀어 송별했다. 이로 인해 마덴방이 크게 감동한 것은 말할 것 도 없다. 영하로 돌아간 후 그가 그간의 상황에 대해 이야기하자 마 홍빈 역시 감동하여 즉각 중녕(中寧)에 압류하고 있던 18명을 석방했 다. 이후 마홍빈의 부대는 내전중에 군사 행동을 멈추고 기의의 시기 를 엿보았다.

서북의 반동파 마가(馬家) 군벌의 마부팡·하홍쿠이(馬鴻逵)는 일찍부터 소수민족을 이용하여 아군에게 저항하도록 정치 음모를 획 책하면서 공산당은 자신들의 원수라는 생각을 주입시켰다. 그들은 기 만 수법을 통해 편협한 민족정서를 선동하여 "공산당이 들어오면 회 족을 몰살하고 종교를 없앨 것"이라고 선전하였으며, 임하(臨夏) 청진 사에서 "종교(이슬람교)를 보호하기 위해 목숨을 버리고, 목민(穆民: 이슬람교를 믿는 신도들을 말한다)의 서북 군정장관 마부팡을 위해 진 력을 다해 충정을 바치자"라고 공개적으로 선언하는 등 여러 사람들 을 현혹시켰다. 이로 인해 민족지구에서 인민해방군이 진흙탕에 빠져 고전하도록 하기 위함이었다. 하지만 펑더화이 총사령관은 이미 이를 예견하고 있었기 때문에 포로를 우대하는 방식으로 이러한 문제를 해 결하고자 했던 것이다.

부미 전투를 승리로 장식한 후 제1야전군은 승세를 몰아 청녕 이 마(靑寧 二馬: 마부팡은 청해, 마홍쿠이는 영하를 관할하고 있었기 때문에 이들을 합칭하여 청녕 이마라고 부른다─역주) 추격전에 돌입했다. 고관 진(固關鎭) 싸움에서 아군 제1병단은 청마의 기병 제14연대를 섬멸하 고, 부연대장을 비롯한 다수의 병사들을 포로로 잡았다. 청마는 서북 국민당 반동 무장세력 가운데 전투력이 가장 막강한 적군이자 가장 봉건적이고 또한 완고하여 독해가 가장 심한 군대이기도 했다. 포로 에게 당의 민족 정책을 직접 실감하게 하고, 포로들이 자신이 직접 체험한 느낌을 군중들에게 선전하는 것이 반동파의 기만 술책을 깨뜨리는 가장 유력한 방법이었다. 아군은 포로들에 대해, 특히 회민 포로들에 대한 특별 우대 정책에 따라 부상을 당하거나 병든 포로를 치료하는 데 최선을 다했으며, 별도로 취식하는 것은 물론이고 자신들의 방식에 따라 예배하는 것도 허락했다. 교육을 통해 석방된 포로의 경우 모든 이들에게 여비로 은원(銀元) 3전을 지급했다.

아군의 포로 우대 정책은 상당히 좋은 효과를 보았다. 영정현(寧定縣: 지금의 廣河縣) 성 서북쪽 삼자구(三字溝)의 회민들의 경우 해방군이 자신들의 마을로 진입하자 도망치기는커녕 먹을 것을 준비하여 마치 친척을 맞이하는 듯 반갑게 해방군을 맞이했다. 현지 회족 노인 마웨이푸(馬維富)의 다음과 같은 발언은 당시 그들의 심정을 잘 대변하고 있다.

"해방군이 들어오기 전만 해도 마부팡의 병사들이 말하길, 공산군이 들어오기만 하면 회민들을 모조리 죽이고 부녀자들을 겁탈하며 회민들에게 강제로 고기를 먹게 한다고 해서 정말 두려웠지요. 하지만 며칠 전 우리 마을에 마부팡의 기병 제14연대 소속 병사 한 명이 돌아와서, 자신이 해방군과 싸우다 부상을 당했는데 해방군 군의관이 상처를 치료하고 약을 주었을 뿐만 아니라 자신을 놔주면서 오히려 여비까지 주더라는 이야기를 하면서 상황이 달라졌습니다. 그가 말하길, 자신이 직접 해방군을 만나 보니 강제로 민간인들을 징집하거나 돈을 빼앗는 일도 없고, 물건을 살 때마다 돈을 지불하여 백성들과 사이가 좋더라고 하더군요. 며칠 지나 군대가 들어왔을 때 보니 과연 해방군에 대한 소문이 거짓이 아니었습니다."

8월 9일, 펑더화이는 마오쩌둥 주석에게 보고하면서 이렇게 말했다.

"7월 중순 왕즈치(王治歧)의 포로 수백 명을 고향으로 돌려보냈습니다. 최근 청마 포로 1백여 명도 한 사람당 은양(銀洋) 3원을 지급

펑더화이 부총사령관이 전선에서 지휘 작전하던 시절의 사진이다. 무향현 관가노(關家堖) 포병 초소로 적진과 불과 500m 떨어진 곳이다.

하고 모두 돌려보냈는데, 돌아가는 길에 아군이 포로와 회민을 우대한다고 선전했습니다. 그래서 아군이 감숙으로 깊이 진입했을 때 회민들 역시 한인과 다를 바 없이 우리를 환영했습니다. 이후에도 계속해서 회청(回靑)과 임하(臨夏)의 포로들을 석방하여 마부팡이 몇 년 동안 지속해 온 각종 사기 선전을 폭로할 수 있을 것입니다."

마가의 군대에 있다가 해방군의 포로가 된 이들은 대부분 강제

징집되거나, 협박이나 사기에 의해 군대에 들어온 장정들이었다. 해방군이 당의 민족 정책 특히 포로에 대한 민족 정책을 선전하고, 자신들이 직접 체험하면서 그들은 공산당이 제시한 정책의 위대함을 절감했다. 그래서 고향으로 돌아가 자신들이 직접 보고 느낀 점을 주변 사람들에게 알려 마가 집단이 퍼뜨린 각종 유언비어가 허무맹랑한 거짓에 불과하다는 것을 폭로했다.

2 아군은 백성들을 괴롭히지 않았으며, 소수민족의 민족 풍속을 존중하여 청진사에 난입하거나 회민 거주지에서 돼지를 잡는 등 불필요한 일을 하지 않았으며, 회민들의 가재도구를 빌리는 일조차 없었다. 오히려 전사들은 군중들의 여러 가지 어려운 점을 해결해 주었다.

해방군이 민족지구로 들어갔을 때, 펑더화이는 현지 인민 대중들의 풍속이나 습관을 이해하기 위해 제62군 정치위원인 루루이린(鲁瑞林: 감숙 임하 노가구(鲁家溝) 사람이다)을 직접 찾아가 구체적인 이야기를 나누었다. 임하는 회족 집단 거주지이자 국민당 서북 청녕이마, 즉 마푸팡과 마풍쿠이의 오래된 소굴이나 다를 바 없었다. 청녕이마의 대다수 중 하급 군관들은 주로 임하 출신들이기 때문에 그 세력이 상당히 막강했다. 게다가 역사적으로 여전히 회족과 한족 간의 갈등이 남아 있었기 때문에 해방군이 진입했을 때 자칫 잘못하면 적들에게 이용당할 수 있었다. 펑더화이는 자신이 주재한 회의에서 해방군이 회족 지구에 진입했을 때 어떻게 회족의 풍속·습관과 종교 신앙을 존중해야 하는가에 관한 수칙을 제정했다. 내용 중에는 회족 동포와 단결하기 위한 구체적인 규정이 담겼다. 아울러 부대원들에게는 '전투원이자 공작대'라는 자부심을 가지고 일면 전투 태세를 갖추고, 다른 일면으로 신해방구의 군중공작에 최선을 다해 줄 것을 당부했다.

우리 제2병단 4군은 회족 집단거주지인 장가천(張家川) 지구로 진입하여 〈제4군 기율위원회 명령(第四軍紀律委令)〉을 성실히 이행했다. 부대장은 장가천 청진사를 참관하고 작은 좌담회를 개최하여 당의 민족 종교 정책을 설명했다. 병사들은 청진사 문앞에 "종교 신앙 자유, 청진사를 보호하자"라는 표어를 붙이고, 〈중국인민해방군 약법 8장〉 등을 부착했다. 어떤 연대(회민 연대)는 장병들이 직접 나서서 회민들에게 설명하면서 회민들의 의혹과 우려를 불식시켰다. 또 어떤 연대는 투숙하려던 집에 주인이 없자 마음대로 방 안으로 들어가지 않고 노숙을 택했다. 짧은 시간 안에 회민들은 공산당의 소수민족에 대한 정책을 이해하기에 이르렀다. "공산당은 우리를 한 민족으로 간주하고, 우리의 민족 습관을 존중한다. 이제 공산당과 함께 가야만 생업에 종사하며 편안하게 살 수 있을 것이다." 그들은 이구동성으로 이렇게 말하였다. 멀리 회녕(會寧)과 정서(定西)·임하의 일부 회민들은 직접 찾아와 "회민들은 어떤 상황이고" "청진사는 어떻게 되었나?" 등을 물어보고 다녔다. 그들은 해방군이 현지 사람들에게 전혀 피해를 끼치지 않았다는 것을 직접 눈으로 보고서야 크게 안심하고 돌아갔다.

그렇기 때문에 인민해방군이 임하지구로 진입했을 때, 회족과 한족 인민들이 길가로 모두 모여들어 기쁘게 환대했다. 당시 임하로 진입한 선두부대인 1병단 2군 군단장 궈펑(郭鵬), 정치위원 왕언마오(王恩茂)는 펑더화이에게 보낸 전보에서 이렇게 말했다.

"우리 부대가 금일(8월 22일) 14시 임하로 진군하자 한치궁(韓起功)의 잔당들은 모두 순화(循化)로 도주했습니다. 한치궁의 비적들이 금일 도주하자 임하의 인민들이 조직적으로 해방군을 환영했습니다. 삼십리포(三十里鋪)부터 회족과 한족 인민들이 연도에서 우리를 환영했으며, 특히 성 안과 성으로 들어오는 관문에 환영 표어를 붙여 놓았습니다. 인민들은 대오를 이루어 축포를 터뜨리고 박수를 치면서 큰 목소리로 환영의 뜻을 표하였습니다. 이처럼 성대한 환영 인파는 우리 부대가 서쪽으로 진군한 이래로 보지 못한 것입니다."

펑더화이 총사령관 역시 이를 보고 감개무량하지 않을 수 없었다. 그는 즉시 전문을 보내면서 말미에 이렇게 썼다.

"우리 2군이 임하에 도착하자 청해와 영하의 마씨 비적 소굴인 그곳 인민들이 우리 해방군을 향해 이처럼 열렬히 환영했다."

이처럼 펑더화이 동지가 직접 주재하여 제정한 민족 정책은 민족지구 해방에 상당히 긍정적인 작용을 발휘했다.

3 서북 해방을 가능한 빠르게 진전시켜 각 민족 인민의 고통을 덜기 위하여 해방군은 파죽지세로 서북 국민당 반동통치를 종식시켜, 국민당에게 속아 강제로 징집된 민족 장병(회족 출신 장병)들의 유혈을 최소화하기 위해 애썼다. 이는 펑더화이 동지가 당의 민족 정책을 창조적으로 운영하여 민족 종교의 상층부 인사들과 합세하여 그들의 영향력을 최대한 발휘하여 평화로운 해방을 실현했기에 가능한 일이었다. 펑더화이 총사령관의 특별한 관심 속에서 우리 군대는 청해·영하·신강을 해방하면서 현지 국민당이나 군부에 친척이 있거나 비교적 밀접한 관련을 맺은 민족 종교 상층부 인사들과 연계하여 평화대표단을 조직하고, 그들과 함께 해당 지역의 평화로운 해방을 위해 동분서주했다.

청해로 진군했을 때 1병단 사령관인 왕전(王震)은 임하의 진보적인 인사로 마부팡과 친척인 회족 출신 마피례(馬丕烈)와 만나 청해를 해방시키는 데 협력해 줄 것을 요청했다. 마피례는 이전에 청해에서 일하면서 많은 이들과 친분 관계를 유지하고 있었던 터라 청해 해방을 도와 달라는 요청을 쾌히 받아들였다. 마피례의 제의에 따라 마부팡의 숙부인 마량(馬良)과 두 사람의 한족 대표를 함께 초청하여 임하 평화대표단(투항을 권유한다는 의미에서 권항단(勸降團)이라고 부르기도 한다)을 조직했다.

마피례 등은 왕전 사령관을 따라 순화에 도착한 후 황하 북쪽에 마취안이(馬全義)가 이끄는 보병부대가 방어망을 설치하고 있다는 사실을 확인했다. 해방군이 도강하여 북진할 경우 쌍방의 교전으로 인해 불가피하게 인적·물적 손실이 발생할 것이 분명했다. 이에 마피례와 마량은 왕전 사령관의 동의를 얻어 마취안이에게 서신을 보내어, 저항하지 말고 길을 비켜 줄 것을 요청했다. 마취안이는 서신을 받고 자신의 숙부가 보낸 친필임을 확인한 후, 그 이튿날 부대를 철수시켰다.

마피례는 1병단에 앞서 서녕에 도착한 후 상오장(上五莊)·삼각성(三角城)으로 가서 난주 전투에서 패주한 마부팡의 군단장과 사단장을 비롯하여 여러 지휘관들과 접촉하여 그들에게 임하 해방의 상황을 전달하고, 해방군의 형세와 당의 민족 종교 정책 등에 대하여 설명했다. 마피례의 끈질긴 설득 끝에 서장으로 도주할 준비를 하고 있던 장병들도 안심하고 해방군에게 투항하기로 결정했다.

영하로 진군하기 바로 전날 펑더화이 총사령관은 여전히 나와 영하에서 연락하고 있는 지인들이 우리의 공작을 도울 수 있는지 염려하고 있었다. 어느 날 그는 판밍에게 이렇게 말한 적이 있다.

"현재 19병단이 곧 영하로 진군하게 될 것이다. 마훙쿠이와 마훙빈의 부대는 군사력이 막강하다고 하지만, 이미 대세가 기울어지고 대군이 압박하는 상황에서 그들과 잘 이야기한다면 평화로운 해방의 가능성도 적지않다. 자네들이 주도적으로 상대방과 연락하면서 19병단과 함께 작업을 해보는 것이 좋겠다."

이후 난주와 영하의 이슬람교 지도자 가운데 비교적 명망이 높은 궈난푸(郭南浦) 노인이 마서우리(馬守禮)·마지캉(馬季康) 등과 함께 영하로 가서 평화 해방을 위한 권유 작업을 시행하기로 결정했다. 이를 위해 19병단 사령관 양더즈(楊得志), 정치위원 리즈민(李志民)

이 여러 차례 궈난푸의 댁을 방문하여 의견을 물었다. 궈난푸는 흔쾌히 마홍쿠이와 마홍빈을 만나 보겠노라고 대답했다. "나와 그들은 비록 성은 다르지만 동족이자 같은 종교를 믿는 이들이오. 내가 직접 가서 대군(大軍, 해방군)의 회족에 대한 정의(情誼)와 국가와 백성을 위한 종지를 그들에게 전하리다."

9월 6일, 궈난푸를 단장으로 하는 영하 평화대표단이 난주를 출발하여 화가령(華家嶺)·고원(固原)·동심(同心)·중녕(中寧) 등을 거쳐 9월 14일 밤 은천(銀川)에 도착했다. 국민당 제81군의 기의를 권유하는 과정에서 궈난푸가 인솔한 평화대표단은 생명의 위험을 무릅쓰고 차를 몰아 최전선을 넘어 중녕과 은천에서 많은 일을 했다. 81군이 기의함으로써 국민당의 영하 병단군을 와해시키고, 영하 해방을 앞당길 수 있었다. 이후에 펑더화이 총사령관은 축하 전보를 보냈으며, 마홍빈 등도 펑더화이에게 답신을 보냈다. 궈난푸 노인의 노력에 감사하기 위해 19병단 장교들은 '평화노인'이라는 네 글자를 자수로 새긴 비단 깃발을 궈난푸에게 증정했다.

펑더화이 총사령관은 당의 민족 단결에 온 힘을 다했다. 국민당 지방관리나 민족종교 상층부 인사들에 대해 펑더화이 총사령관은 그들이 인민의 편에 서서 인민을 위해 좋은 일을 한다면 언제라도 그들을 당의 귀빈으로 모셨다. 임하 서향(西鄉) 대하가(大河家) 마취안친(馬全欽)은 청말 서북 출신 저명인사인 마잔아오(馬占鰲)의 손자로 누대에 걸쳐 관직을 이어왔다. 우리 군대가 임하를 해방시키자 마취안친이 먼저 왕전 사령관에게 사람을 보내 연락을 취하는 한편 대하가와 순화 등지 소수민족 대중들을 위무하였으며, 양식을 모아 군량으로 제공하고 적군들의 투항을 적극 권유하여 해방군이 황하를 건너 진군하는 데 큰 도움을 주었다. 펑더화이 총사령관은 왕전의 추천을 받아 그를 인민해방군 제1병단 고급참모로 임명했다. 감숙성 하하(夏河) 지역이 평화롭게 해방된 후, 펑더화이 총사령관은 특별히 이전 국민당 하하(夏河) 하랍복릉(河拉卜楞) 보안사령관 황정칭(黃正淸)을 난주로 초청했다. 펑더화이는 황정칭과 밤을 새워 이야기하면서 당의 민족 정책을 반복해서 설명하고, 각 민족이 단결하여 함께 사회주의의 길로 나아가 신중국을 건설할 것을 권유했다. 아울러 황정칭에게 공산당과 함께 일하면서 인민을 위해 복무하는 사상을 바탕삼아 실천 속에서 배우고, 배우면서 실천하자고 당부했다.

영하가 평화롭게 해방되자 마훙빈이 난주로 돌아왔다. 이에 펑더화이는 친히 그를 예방하여 마치 오랜 친구를 만난 것처럼 그와 마주 앉아 담소를 나누었다. 펑더화이는 그에게 군대를 재편성하고 정치에 참여하여 민족 단결을 강화하면서 새롭게 난주를 건설하자고 말했다.

나중에 펑더화이 총사령관은 이렇게 회고했다.

"통전공작, 특히 민족 통전공작을 하려면 무엇보다 겸손하고 신중해야 하며, 그들을 존중하고 그들과 친구로서 마음을 터놓을 수 있어야 한다. 절대로 상대를 능멸하거나 승리자로 자처하며 의기양양해서는 안 된다. 오히려 그들을 상객으로 맞이해야 한다."

해방 이후 그들은 모두 중국공산당의 충실한 벗이 되어 민족단결을 강화하고 신중국을 함께 건설하는 데 누구도 대체할 수 없는 역할을 맡았다. 여기서도 우리는 펑더화이 동지의 민족 단결에 치중했던 정치적 안목을 엿볼 수 있다.

4 아군이 난주성에 도착했을 때 이미 펑더화이 동지는 신강을 평화롭게 해방하는 문제를 심각하게 고려하고 있었다. 7월 23일, 마오쩌둥 주석은 펑더화이 총사령관에게 보낸 전보에서 이렇게 말했다.

"내 생각에 평량(平凉) 전투에서 양마(兩馬: 마부팡과 마훙빈)의 주력군을 섬멸하면 서북의 전세는 기본적으로 해결될 것이고, 이후 감숙·영하·청해·신강 네 성은 기본적으로 진군하여 접수하는 문

황정칭(黃正淸).

제만 남을 뿐이라고 생각하오."

펑더화이 총사령관은 난주가 막 해방되어 정무에 바쁜 상황에서도 중앙의 지시에 따라 빈번히 난주 지역의 신강 소수민족 및 각계 인사들을 접견하고 자신이 직접 당의 민족 정책과 당 중앙의 신강 문제에 관한 정책에 대하여 설명했으며, 아울러 각 방면, 특히 다층적인 민족 단결 방면에서 적극적인 공작을 진행하면서 가능한 빨리 신강의 평화로운 해방을 실현하기 위해 노력하였다.

난주가 해방되고 사흘째 되는 날, 펑더화이 총사령관은 삼애당(三愛堂)에서 난주에 살고 있는 신강 여러 민족 인사들과 만났다. 그 중에는 몽고왕의 아들인 허우루이창(侯瑞昌), 며느리 스루이란(師瑞蘭), 위구르족 상인 아이마이티(艾買提)·와지티(瓦吉提), 난주의 위구르족 종교지도자인 우쓰마이(烏斯瑪依), 그리고 난주에서 휴가중인 타오즈웨(陶峙岳) 부대의 영관급 장교들과 만났다. 펑더화이는 그들에게 신강의 상황을 설명하고 공산당의 여러 가지 중요 정책을 소개하면서 신강을 평화롭게 해방시켜야 하는 이유에 대해 자세하게 말해 주었다. 그 기간에 펑더화이는 판밍에게 '신강연구회'를 조직하도록 했다. 연구회는 펑더화이의 적극적인 지원하에 신강을 평화롭게 해방시키는 데 적지않은 공적을 세웠다. 이와 동시에 쑨줘빈과 판밍에게 아이마이티를 단장, 우젠푸(吳劍夫)를 부단장으로 하여 신강 여란(旅蘭)의 회족과 위구르족 대중들이 함께 참가하는 신강 수군공작단(隨軍工作團)을 결성하도록 했다. 공작단은 9월 중순부터 난주에서 출발하여 1병단 정치부의 영도하에

합밀(哈密)·선선(鄯善)·투르판(吐魯番) 등지로 가서 대대적인 민족
공작을 펼쳐 신강의 정세를 안정시켰다. 이는 신강의 평화로운 해방
의 성과를 더욱 굳건히 하여 민족종교계 인사들을 당의 주위에 결집
시켜 함께 새로운 신강을 건설할 수 있도록 하기 위함이었다. 9월 24
일, 펑더화이 총사령관은 신강 위구르족 여란 동향회에 초청을 받아
참가했다. 그는 위구르족 동포들과 환담을 나누면서 그들이 하루라도
빨리 평화로운 해방을 맞이하기를 기대하고 있다는 이야기를 경청하
고, 그들에게 고향을 평화롭게 해방시킬 수 있도록 도와줄 것을 당부
했다.

평화로운 신강 해방 공작을 하면서 펑더화이 총사령관은 친히
마푸천(馬輔臣 : 국민당 신강 주재 기병 제5군 군단장 마청샹(馬呈祥)의 숙
부)·마전우(馬振武 : 마청샹의 고종동생)·잔푸소우(綻福壽) 등을 평화
대표단으로 삼아 기병 제5군의 일부 가족들을 데리고 신강으로 가서
기병 제5군에 대한 선무공작을 하도록 했다. 마푸천 일행은 1병단 제
2군이 서진하여 장액(張掖)에 도착하자 9월 17일 군중에 있는 마청샹
에게 직접 쓴 서신을 보냈다. 서신에는 인민해방군의 정책과 엄격한
기율에 대한 내용과 더불어 마청샹에게 속히 사람을 보내거나 아니면
직접 나와 해방군을 맞이하라는 내용이 들어 있었다.

10월 초, 마푸천 일행은 평화사절로서 자신들의 임무를 성공리
에 마치고 주천(酒泉)으로 돌아왔다. 주천에서 그들을 기다리고 있던
펑더화이와 왕전은 주천 청진사에서 양을 잡아 만찬을 준비하고, 마
푸천 등을 위한 환영회를 마련했다. 펑더화이는 마푸천을 극진하게
모셨다. 만찬 자리에서 펑더화이는 마푸천이 국민당 기병 제5군 군단
장 마청샹에게 국가와 민족의 대의를 설명하면서 더 이상 저항하지
않도록 함으로써 신강을 평화롭게 해방하는 데 밑거름이 된 것에 대
해 거듭 찬사를 보냈다.

신강이 평화롭게 무혈 해방이 되자 펑더화이 총사령관은 진군

준비를 끝낸 장병들에게 이렇게 당부했다.

"신강 각 민족 인민들에게 각별한 애정을 표시하고, 신강 민족 군대와 단결을 도모하여 민족 정책을 견고하게 집행하라. 소수민족의 풍속과 습관을 존중하여 각 민족 인민들이 스스로 행복한 생활을 영위할 수 있도록 단결하고 도움을 줌으로써 각 민족 인민들이 중화인민공화국이라는 대가정 안에서 우애를 나누고 단결할 수 있도록 하라."

신강에 진군한 인민해방군은 펑더화이 사령관의 지시와 당의 민족 정책을 충실하게 이행했다. 신강에 들어온 후 국민당의 특무와 일부 분열 세력들이 이간질과 선동으로 반란을 일으키기도 했지만, 해방과 평화를 원하는 인민들의 바람과 인민해방군의 신속한 평정으로 국면을 안정시키고 곧바로 내지 깊은 곳까지 들어가 파미르(帕米爾) 고원과 홍기랍보(紅其拉甫) 산 입구에 홍기를 휘날릴 수 있었다. 이로써 전국의 6분의 1에 달하는 신강 전체 지역이 완전히 해방되었다. 해방군이 도착하는 곳마다 각 민족 인민들이 남녀노소를 불문하고 길가로 나와 환영했으며, 이로 인해 진군과 접관(接管), 평화 해방의 목표를 보다 신속하게 달성할 수 있었다.

이러한 모든 것은 우리 당과 군대가 전개한 여러 가지 공작과 불가분의 관계에 있으며, 특히 민족공작의 충실한 이행이 결정적이었다. 대서북을 해방시키는 과정에서 펑더화이는 우리 인민해방군이 제정한 구체적인 민족 정책을 통해 각 민족 인민들을 단결시키고 조국의 통일을 수호했으며, 압박과 착취에 신음하는 수천만의 각 민족 인민들을 구해냈다.

펑더화이 총사령관이 중화민족을 위해, 해방전쟁을 위해 공헌한 업적은 지금도 각 민족 인민들의 마음속에 각인되어 있다.

(집필: 중공 감숙성위 당사연구실 징연처(徵研處))

대서북 시기의 펑더화이 *

허리보(何立波)

해방 초기 대서북 건설을 위한 펑더화이의 장대한 청사진

1935년 중앙 홍군이 장정을 통해 섬북에 도착한 이후로 서북에서 대부분의 세월을 보냈다. 서북 인민들은 힘들고 어려운 전쟁 시기에 인민군대를 지원하는 데 열정과 성의를 다하였으며, 서북 고원이며 산천 곳곳에 자제병(子弟兵)의 족적이 그대로 남아 있었다. 펑더화이는 언제나 군중들과 접하면서 서북지구 인민 생활의 어려움을 누구보다 깊이 체득하고 있었다. 일찍이 전쟁 시기에 펑더화이는 서북의 역사에 대해 관심을 갖고 지방지·역사자료, 심지어 좌종당(左宗棠) 문집까지 두루 섭렵했다. 그는 휘하 장병들에게 항시 "마음놓고 뿌리를 내리라"고 하면서 여러 민족 형제자매들과 함께 대서북을 건설하자고 호소했다.

서북지구가 해방된 후 펑더화이는 곳곳에 남아 있는 전쟁의 상흔을 신속하게 치유하고, 농업과 목축업을 비롯한 산업 생산을 어떻게 회복할 것인가에 대해 고민하고 논의했다. 1949년 9월 27일, 난주에 있던 펑더화이는 서안에서 서북군구 일상공작을 주재하고 있던 서북 군정 정치위원 시중쉰에게 전보를 보내 이렇게 말하였다.

모든 사업에는 반드시 전반적인(다섯 성을 포괄하는) 계획이 필수적이며, 특히 경제 건설의 경우 생산과 운수·판매를 계획적으로 시행해야 한다. 쟈퉈푸 동지(당시 서북국 상무위원회, 서북 재경위원회 주임

---

* 본문은 《당사박채(黨史博採)》, 2008년 제10기에 실렸다.

으로 있었다)는 즉각 서안 시장과 군관회 공작을 넘기고, 서북 경제 건설 계획에 총력을 기울이도록 하라고 지시했다. 펑더화이는 "전쟁이 끝난 이후로 재경 수지를 맞추도록 최선을 다하고, 은행에서 새로 발행하는 화폐는 가능한 한 생산 발전에 사용토록 하라"고 말했다. 일정한 준비 기간이 끝난 1949년 11월 15일 펑더화이는 마오쩌둥에게 1950년 서북지구의 생산, 교통 건설에 대한 기본적인 계획이 완비되었으며, 특히 당시 중국에서 유일한 유전인 옥문(玉門) 유전의 석유 생산이 재개되었다고 보고했다. 보고에서 펑더화이는 이렇게 말했다.

"서북 공업과 농업 생산을 신속하게 발전시키기 위해서는 무엇보다 절검이 필수적이기 때문에 공장과 주택 건설을 제외한 정부 · 당 · 군기관의 건물 신축은 수년 동안 불허할 것입니다. 다만 오래된 건물은 수리하여 방한에 만전을 기하겠습니다."

12월 24일, 펑더화이는 서북 전체 군민들에게 의복과 식량을 절약하고 어려운 상황에서도 더욱 분투해 줄 것을 당부하면서 "현재 당면한 일은 생산 발전을 회복시켜 인민 생활을 개선하는 것"이니 "간고한 노력과 실사구시 정신으로 서북 개발과 발전에 나서자"고 호소했다. 서북지구 건설을 어떻게 할 것인가에 대해 펑더화이는 구체적인 임무를 제시했다.

1950년 1월, 중앙 인민정부 제5차 회의와 서북 군정위원회의에서 펑더화이는 서북지구 공작과 향후 임무에 대해 보고하면서 우리의 임무는 민주 개혁과 생산 발전, 문화 향상을 통해 새로운 서북을 건설하는 것이라고 강조했다. 아울러 그는 목전의 중요 사업은 "잔존하는 토비와 특무를 철저하게 소멸시키고 민주 개혁을 시행하며, 모든 역량을 동원하여 일상적인 절약을 통해 어려운 상황을 극복하여 생산을 회복 · 발전시키는 것"이라고 말했다. 또한 "일정 기간내에 서북지구의 경제 건설은 농업과 목축업이 위주가 되어야 한다"고 재삼 강조했으며, 공업과 광업 생산, 교통 운수 발전에 유념하여 새로운 철도 건설을 준비하자고 말했다.

1950년 9월 24일, 펑더화이는 서북 문예공작자 대표대회에서 새로운 서북 건설 목표를 다음과 같이 제시했다.

"우리의 총임무는 여러 민족 인민들을 단결·교육시키고, 생산력 발전을 저해하는 모든 낡은 제도와 사상을 철저하게 제거하여 번영·부강·진보를 표방하는 새로운 서북을 건설하는 일입니다."

수많은 조사와 연구를 통해 펑더화이는 대서북 개발과 건설에 관한 전면적인 장기 계획을 마련했으며, 각성의 상황에 부합하는 임무를 부여하여 각성의 우세한 부분과 장점을 적극 발휘할 수 있도록 했다.

서북 경제 건설은 일정 기간 농업과 목축업을 위주로 해야 한다

1949년 9월 26일, 난주가 해방되었다. 펑더화이는 향후 대서북을 해방시키는 임무에 대해 이야기하면서 다음과 같이 말했다.

"우리는 또 하나의 계획이 있다. 이는 한 손에 총, 다른 한 손에 곡괭이를 들고, 올해는 신강으로 진군하고 내년에는 황무지를 개척하기 위한 만반의 준비를 갖추는 것이다."

그는 서북 지도를 사람들에게 펼쳐 보이며 이렇게 말했다.

"자, 보시오. 서북은 이처럼 광활한 지역이오! 땅은 크고, 생산물은 풍부하오(地大物博). 하지만 사람이 적고 극도로 빈곤하며 황량하기까지 하오. 우리는 이제 바로 이곳을 건설하기 시작할 것이오. ……대서북을 해방시키고, 대서북을 건설하여 대서북의 면모를 바꾸는 일, 이것이 바로 역사가 우리에게 부여한 임무이자 마땅히 해야 할 임무요."

서북은 농업과 목축업을 발전시키는 데 좋은 조건을 갖추고 있으며, 실제로 농업과 목축업이 현지 경제에 큰 비중을 차지하고 있다.

[왼쪽] 홍군이 장정을 끝내고 섬북에 도착했을 당시 펑더화이.
[오른쪽] 서북 재정위원회 주임. 서북 총공회 주석 시절의 자퉈푸.

통계에 따르면, 신중국 성립 전까지 서북 경제에서 농업이 차지하는 비중은 75%, 목축업은 20% 이상이었으며, 공업과 수공업은 단지 5%에 불과했다. 역사적인 원인 등으로 인해 서북 농업과 목축업은 기반 시설과 생산 조건이 열악하여 자연재해에 취약하고 생산이 불안정하여 거의 하늘에 모든 것을 맡기는 상황이었다. 더욱이 1949년 가을 서북 곳곳에서 재해가 발생하여 50여만 명에 이르는 이들의 생활이 곤란한 지경에 봉착하고, 신구 지역 역시 국민당 반동 통치에 따른 약탈과 억압으로 춘궁기에서 벗어나지 못했다. 이와 동시에 서북 다섯 군데 성이 연이어 해방된 후 국민당 소속 군정 인원을 선별 수용하여 각급 정권을 재조정하면서 군정 인원의 숫자가 1백만 이상으로 크게 늘었다. 이는 전체 인구의 4.5%에 달하는 수치로 생활필수품의 수요와 공급에 차질이 생길 수밖에 없었다. 당시 신강의 상황은 더욱 심각했다.

그래서 펑더화이는 서북의 경제 건설에서 일정 기간 중점을 둘 분야가 농업과 목축업이라고 주장했다. 1950년 1월, 그는 서북 군정위원회 제1차 회의에서 다음과 같이 강조했다.

"일정한 기간 내에 서북 경제 건설은 농업과 목축업을 위주로 해야 한다. 농업의 경우 농민들의 생산 의지와 열정을 드높이고 종자와 농업 방식을 개량하며, 수리시설을 회복·발전시키고, 삼림과 초원을 보호하여 재해를 방지해야 한다. ……감숙·영하·청해·신강의 목축업 역시 1949년 수준을 넘어서야 한다."

서북 군정위원회 농림부가 1950년 봄 목화씨를 배분하는 과정에서 사전 연구와 계획이 미비하고, 구체적인 지도와 심도 있는 검사가 부족하여 결국 관중 일대 십수만 무의 목화밭에 싹이 제대로 나오지 않거나 말라 버리는 현상이 발생하고 말았다. 이로 인해 인민 대중과 국가에 엄청난 손실을 가져왔다. 펑더화이는 이번 사건에 대해 매섭게 비판하고 엄중하게 처리하여 신문에 중요 책임자와 처분 결정을 공표하도록 했다. 이후 펑더화이는 이를 교훈삼아 간부들에게 사무실에 앉아 명령이나 지시를 통해 지도하려고 생각지 말고, 반드시 생산 현장 일선으로 들어가 현실을 확인하고 적절한 지시와 지도를 시행하라고 명령했다.

생산과 건설 과정에서 펑더화이는 특히 군대를 적극적으로 활용했다. 그는 여러 차례 군대는 전투원이자 공작대라는 중공중앙과 마오쩌둥의 지시 사항을 전달했다.

"이렇게 많은 군인들을 전부 국가가 먹여 살린다는 것은 큰 문제이니 마땅히 생산에 참여하도록 해야 한다."

"평화 시기에 인민해방군은 어려움 속에서도 분발하여 싸우는 오랜 전통을 계승하여 생산과 건설의 역군으로 새로운 서북 건설을 위한 중요한 역량 가운데 일부가 되어야 한다."

"이처럼 많은 부대를 전부 국가에서 육성한다는 것은 실로 큰 문제이다. 따라서 마땅히 생산을 해야 한다."

"평화 시기에 인민해방군은 어려움 속에서도 분발하여 싸우는

서북 야전군은 1948년 2월 진격을 시작했다. 사진은 펑더화이가 부대원들에게 작전 동원 보고를 하는 모습이다.

오랜 전통을 계승하여 생산과 건설의 주력군이 되는 것은 물론이고, 새로운 서북 건설을 위한 중요한 역량 가운데 일부가 되어야 한다."

1950년 초 펑더화이는 서안에서 야전군 간부회의를 개최하여 군대를 생산에 투입하는 문제를 중요 의제로 삼았다. 그는 장기간에 걸친 전쟁으로 인민들의 생활이 상당히 곤궁한 상황에서, 중국 인민 해방군은 전투원이자 선전대이며 생산대라는 마오쩌둥 주석의 지적에 따라 군대도 일부 농업 생산에 참여하여 인민들의 부담을 덜어야 한다고 말했다. 또한 전사는 매년 350근의 양식을 생산하고, 간부는 250근을 생산하되 인민들의 논밭을 임대하는 것이 아니라 황무지를 개간하여 논밭을 일굴 것을 강조했다. 아울러 제64군 전원과 제63군 일부 장병은 천보 철도 건설에 투입하기로 결정했다. 1950년 봄 펑더화이는 서북 각성의 검사공작을 시행하면서 재차 전체 간부 및 현지 주둔군 간부들을 소집하여 변경 지역에서 "마음놓고 뿌리를 내리라"고 하면서 각 민족 형제들과 함께 서북 건설에 매진할 것을 당부했다. 그는 계속해서 지금은 바로 우리가 토지의 주인이니 생산에 전념해야 한다고 하면서 한 손엔 총을, 다른 한 손엔 곡괭이를 들고 평상시에는 생산에, 전시에는 전투에 최선을 다해야만 천하무적의 군대가 될 수 있다고 말했다.

펑더화이의 영도와 서북 각급 인민정부와 전체 인민의 노력을 통해 1950년 말 서북 농업 및 목축업은 크게 발전하여 하곡 파종 면적이 1억 무를 넘어서면서 전쟁 이전 수준으로 회복되었으며, 수리 관개 면적도 370만 무로 이전 수준에 이르렀다. 목축업도 이전 수준을 회복하면서 점차 발전하기 시작했다. 농업과 목축업의 회복과 발전은 서북 개발을 위한 물질적 토대가 안정 상태가 되었음을 의미했다.

서북 발전은 교통이 급선무이다

펑더화이는 서북 군정위원회를 맡으면서 조국의 서부 건설과 민족을 연계하는 교통망 건설에 대해 큰 관심을 보였다. 신중국 성립 이후 서북 교통망은 대단히 낙후한 상태였기 때문에 서북 개발과 건설에 막대한 지장을 초래했다. 펑더화이는 대서북을 건설하기 위해 무엇보다 중요한 것이 바로 교통이라는 점을 누구보다 분명하게 인식하고, 교통망 개선이 경제 발전의 선결 조건이라고 단정지었다. 서북을 맡아 다스리는 동안 그는 여러 차례 서북의 낙후한 교통 상황에 대해 중앙에 보고한 바 있다.

철도는 교통에서 매우 중요한 위치를 차지한다. 펑더화이는 신중국 성립 이전부터 서북에서 철도를 건설하는 문제에 대해 신중하게 생각하고 있었다. 1949년 9월 28일, 신강에 진군하는 부대에 하달한 지령에서 그는 이렇게 말했다.

"조국의 변방을 해방시켜 유전을 개발하고, 철도를 건설해야 한다. 이는 경제를 발전시키고 변방을 굳건히 하는 데 지극히 중대한 의의가 있다."

서북 해방 이후에도 펑더화이는 철도 건설 사업이 서북 경제 발전에 가장 중요한 과제라고 생각했다. 만약 동북과 화북 철도 보수가 끝난 후에 서북 철도를 건설한다면 서북의 대규모 개발과 건설은 적어도 20년 늦추어질 것이 분명하다. 그러니 가능한 빠른 시일 내에 서북 철도를 건설해야 한다. 바로 이것이 당시 펑더화이의 생각이었다.

1949년 11월 15일, 펑더화이는 마오쩌둥 주석에게 보고하면서 천수(天水)에서 보계(寶鷄, 천보)로 이어지는 철도 건설 외에도 "중앙 인민정부 철도부의 재정 도움을 받아 천수에서 난주(蘭州, 천란)까지 철도 개설"을 요청했다. 12월 29일, 그는 통절한 심정으로 이렇게 말하였다.

"신강은 지역적으로 광활하지만 교통 운수가 심각한 문제이기 때문에 내륙에서 도움을 받는 것은 물론이고, 신강 내부에서도 식량이 비교적 풍족한 남강(南疆, 신강 남부)의 식량을 북강(北疆)으로 운송하고자 해도 곤란한 점이 적지않습니다. 거의 2천여 리나 떨어져 있기 때문에 식량 한 섬을 신강에 운송하는 데 열 섬에 달하는 군비가 들 정도입니다." 이후 중앙 인민정부위원회 제5차 회의에서 펑더화이는 재차 서북 교통의 낙후와 곤란에 대해 언급했다. 1950년 1월 2일, 펑더화이는 또다시 마오쩌둥 주석과 중앙에 전보를 보내 "소련과 중국 합작으로 탑성(塔城)이나 이리(伊犁)에서 적화(迪化)와 합밀(哈密)까지 이어지는 철도 건설 가능 여부를 상의해 줄 것"을 요청했다. 1950년 3월과 4월 사이에 마오쩌둥은 서북 철도를 적화까지 연장하는 공사는 10년을 초과하지 말고 빠르면 빠를수록 좋다고 지시했다. 펑더화이는 서북 청년 제3기 대표대회 폐막식 연설에서, 현재 문제는 교통망을 확충하는 데 있다고 하면서 철도를 건설하여 공업화의 단단한 토대를 마련해야 한다고 지적했다. 아울러 현재 천보와 천란 철도를 건설중에 있으며, 7,8년 후에는 신강까지 철도를 확충할 수 있다고 하면서 서북은 현재 3개의 간선과 수많은 지선을 건설할 예정이며, 이러한 힘들고 장대한 임무는 바로 여러분 젊은 세대가 이어서 완성시켜야 할 것이라고 말했다.

펑더화이는 서북에서 오랜 기간 전투하면서 서북의 지형과 자연환경에 대해 잘 알고 있었다. 그래서 건설 공정에 관한 기술적인 토론이나 연구에 직접 참여하여 소련에서 초빙한 전문가들과 노선을 논의하고, 현장으로 나가 작업 상황을 살피고, 기술자들과 서로 의견을 교환했다. 펑더화이는 1950년 4월과 5월에 감숙·영하·청해·신강 등 네 성의 건설 현장을 방문했다. 1950년 말 서북의 기존 철도 수리가 끝나 열차가 개통되었으며, 그해 12월 20일 천보 철도 건설이 250일 만에 순조롭게 완공되었다. 천란 철도도 순조롭게 진행되어 1950년 전체 토목공사의 절반이 끝났다. 1952년 9월 29일, 천란 철도가 정식으로 개통되자 마오쩌둥·류사오치·주더·펑더화이 등이 친필로 글을 써서 축하의 말을 전했다.

펑더화이는 공로(公路), 즉 국도를 포함한 도로 건설에도 심혈을 기울였다. 1950년 1월 적군이 파괴한 중요 도로를 복구하는 일에 착수한 것은 물론이고 같은 해 4,5월 수고를 무릅쓰고 직접 눈 덮인 청장고원에 올라 청장 도로 건설을 위한 예비 시찰을 끝냈으며, 곧이어 군인 위주로 인적·물적 자원을 동원하여 대대적인 공사에 들어갔다. 펑더화이는 서북을 떠난 후에도 여전히 서북의 교통망 건설에 관심을 보였으며, 특히 조선에서 관련 분야의 경험을 소개하여 참고하도록 했다. 조선에서 귀국한 후 펑더화이는 저우언라이의 뒤를 이어 중앙군사위원회 일상공작을 주관했다.

청장공로(青藏公路)를 이야기하자면 또 한 사람을 거론하지 않을 수 없다. 그는 바로 서북국 서장공정위원회 조직부장 겸 서북 진장지대(進藏支隊) 정치위원인 무성중(慕生忠)이다. 1952년 1월, 무성중이 북경에서 열린 회의에서 펑더화이를 찾아와 청장공로 건설을 위한 구상을 보고했다. 무성중은 지금처럼 등짐을 지거나 수레를 끌고 서장으로 식량을 운반하지 말고 도로를 건설할 것을 건의했다. 그의 제의는 펑더화이의 생각과 일치했다. 펑더화이는 중국 지도 앞으로 걸어가서 돈황에서 서장 남부까지 손으로 일직선을 그으며 이렇게 말했다.

"여기는 여전히 공백으로 남았소. 멀리 보자면 교통 대동맥이 없을 수 없겠지!"

펑더화이는 반드시 청장공로를 건설하겠다는 결심을 굳혔다. 이는 단순히 군사적 이유뿐만이 아니었다. 무엇보다 더 중요한 것은 형제 민족간의 단결을 도모할 수 있는 길, 민족간의 일심동체로서의 유대를 이어지는 길이라는 점이었다. 그날 펑더화이는 무성중을 데리고 집으로 가서 함께 식사를 하면서 소련 군사대표단이 자신에게 선사한 술을 꺼내어 그를 대접했다. 떠나기에 앞서 펑더화이는 무성중에게 건설에 관한 간단한 보고서를 작성하도록 부탁하고, 이를 저우언라이에게 전달했다.

펑더화이는 청장공로 건설의 가능성을 진지하게 고민하면서 지도 위에 청장공로의 기본적인 노선도를 그렸다. 그가 그린 노선은 한편으로 경제성을 중시하면서 군사 전략적 의의를 구비한 것이었다. 펑더화이는 직접 저우언라이 총리를 만나 청장공로에 대해 보고하고, 이에 필요한 자금을 부탁했다. 이틀 후 펑더화이가 무성중을 사무실로 불러 그에게 말했다.

"총리께서 당신의 보고를 비준했소. 이제 다음은 당신 차례요!"

저우언라이는 청장공로 건설 보고를 비준하면서 먼저 격이목(格爾木)에서 가가서리(可可西里)에 이르는 구간부터 착공하는 데 동의하고, 30만 위안을 경비로 지출하기로 동의했다. 사실 당시 도로 건설 비용으로 볼 때 30만 위안은 기껏해야 도로 5km 정도를 건설할 수 있는 경비에 불과했다. 그야말로 계란으로 바위치기를 하는 것이나 다를 바 없었으나, 당시 무성중에게는 무엇보다 귀중한 돈이 아닐 수 없었다.

펑더화이는 이후 서북 군구에서 많은 인력과 물자를 동원하여 공사에 투입했다. 건설기술자들의 의견을 충분히 청취한 후 펑더화이는 자신이 직접 청장공로의 노선을 확정지었으며, 해방군 위주로 도로를 건설하기로 결정했다. 1954년 12월 25일, 라사에서 청장공로와 강장공로(康藏公路)를 동시에 완공하는 경축식이 열렸다. 장족 동포들은 너나할것없이 집 밖으로 나와 멀리 수백 량의 붉은 깃발로 장식한 차량이 들어오는 것을 보며 뜨거운 눈물을 흘렸다. '펄럭이는 금색의 깃발' '행복의 황금 다리' '오색찬란한 길.' 그들은 청장공로를 이렇게 부르며 기쁨을 감추지 못했다.

나중에 무성중은 펑더화이 이야기만 나오면 언제나 "펑더화이 총사령관님이 없었다면 청장공로도 없었지!"라고 말하곤 했다.

1955년 1월, 무성중이 회의에 참석하기 위해 북경에 갔을 때 시간을 내어 펑더화이를 만나러 갔다. 같이 점심을 먹을 때 펑더화이가 인삼을 넣은 백주를 꺼내면서 무성중에게 이렇게 말했다.

"이건 내가 담근 술이오. 자네에게 몸보신하라고 드리리다."

그는 무성중에게 연거푸 석 잔을 권하며 말했다.

"오늘 철도 건설의 영웅에게 축하주 석 잔을 올리오."

농담 속에 진담이 섞인 말이었다. 무성중이 펑더화이에게 청장공로를 직접 시찰해 줄 것을 요청하자 펑더화이는 흔쾌히 받아들였다. 1958년 10월, 펑더화이가 격이목(格爾木) 시찰길에 나섰다. 비행기를 타고 격이목 찰이한(察爾汗) 염호(鹽湖) 비행장에 착륙할 때 펑더화이는 높다란 염교(鹽橋) 위로 수많은 차량이 줄지어 지나가는 것을 보면 흥분을 금할 수 없었다.

"이 비행장은 참으로 활기차군! 도로도 보통이 아닐세!"

도로 공사에 여념이 없던 노동자들과 군인들이 소식을 듣고 펑더화이를 보러 모여들었다. 그는 사람들에게 손을 흔들며 인사했다.

"동지들, 고생이 많습니다. 여러분들을 위로하기 위해 왔습니다. 사람은 언제나 강인한 정신을 지녀야 제대로 사업을 할 수 있습니다. 여러분들은 세상에서 가장 높은 곳에서 도로를 건설하며 시달목(柴達木)에 새로운 도시를 건설했습니다. 이는 참으로 대단한 일이 아닐 수 없습니다. 동지 여러분! 계속 분투하여 끊임없이 전진합시다."

무성중의 인도로 펑더화이는 청장공로 현장을 살피고, 곤륜산을 올랐다. 고비사막에 백양나무를 심어 주변이 푸릇푸릇한 모습이 눈에 들어왔다. 한때 맹수가 출몰하던 황무지에 새로 지은 숙사가 나란히 들어섰다. 이런 광경을 보면서 펑더화이는 기쁨을 금할 수 없었다.

"도로 건설에 동원된 영웅들이 청장공로를 건설하느라 흘린 노고에 감사드립니다. 당연히 여러분들의 노고를 치하하기에 어찌 한 권의 책으로 다할 수 있겠소."

펑더화이는 시찰을 끝내고 격이목을 떠난 후에도 고원에서 고생하는 이들을 잊지 않고 총정치국에 연락하여 군사원교(軍事院校)를 졸업하는 7천여 명의 졸업생들을 청장고원으로 분배하여 건설 인원을 보강하도록 지시했다.

펑더화이는 서북 항공 발전에도 많은 관심을 쏟았다. 당시 갓 출범한 신중국은 자체 역량만으로 항공 산업을 발전시킬 수 있는 상황이 아니었다. 그래서 그는 1949년 12월 29일, 마오쩌둥 주석과 중앙에 다음과 같이 건의했다. "서북은 지역이 광활하여 교통이 불편한 관계로 당의 공작과 지도에 지장이 많습니다. 그러니 소련과 담판하여 아랍목도(阿拉木圖)·적화·합밀을 연결하는 민항을 난주·서안·북경까지 연장하는 협정을 체결하는 것이 바람직합니다." 마오쩌둥 주석과 중앙은 그의 건의를 받아들였다. 중소 양국 정부는 논의를 거쳐 1950년 3월 27일 정식으로 〈중소 민용항공 주식회사 창립에 관한 협정(關于創辦中蘇民用航空股份公司的協定)〉을 체결했다.

신강에 중소 합자기업 설립을 주장하다

서북에서 신강 지역은 해방도 늦게 되었을 뿐만 아니라 전반적인 형세 또한 상당히 복잡했다. 해방 초기부터 신강의 재정 경제가 심각한 난관에 부딪쳤다. 이런 상황에서 펑더화이는 중앙에 현지 상황을 보고하면서 자력갱생을 토대로 하되 소련의 도움을 얻어 신강을 개발시키자는 의견을 제시했다. 당시 마오쩌둥은 때마침 소련을 방문하는 중이었다. 펑더화이의 상황 보고는 곧바로 당중앙을 통해 마오쩌둥에게 전달되었다. 그는 보고서에서 현재 신강의 가장 심각한 문제는 재정 경제 분야인데, 이는 신강 자체의 재정만으로 당정군(黨政軍)의 지출을 겨우 30% 정도밖에 해결할 수 없기 때문이라고 했다. 또한 그는 지역은 광활한데 교통이 불편하고 식량마저 부족한 상황에서 과거 몇 년 동안 대소 무역을 중지한 상태이고, 내지는 너무 멀기 때문에 결국 생산이 위축되고 경기가 부진한 상황이라고 하면서 만약 신강의 재정 경제 문제를 제대로 해결하지 못한다면 향후 신강에 주둔하는 부대나 민족 단결에 큰 지장을 초래할 것이라고 덧붙였다. "현재 신강의 어려운 점을 해결하고 신강을 제대로 건설하고자 한다면, 제가 생각하기에 소련의 도움이 절실하게 필요합니다." 그는 이렇게 말하면서 구체적으로 소련에서 당장 필요한 기기나 교통수단을 도움받고, 정식으로 통상협정을 맺어 신강과 소련의 지역간 경제 합작을 통해 석유회사와 희귀금속 및 유색금속 회사를 설립하며, 민항을 난주·서안·북경까지 연장할 것을 요청했다.

당중앙과 마오쩌둥은 그의 제안을 면밀히 검토한 후, 1950년 3월 27일 모스크바에서 〈신강에 중소 유색 및 희귀금속 주식회사를 설립하는 것에 관한 협정〉과 〈신강에 중소 석유 주식회사를 설립하는 것에 관한 협정〉〈중소 민항 주식회사 창립에 관한 협정(關于創辦中蘇民用航空股份公司的協定)〉을 정식 체결했다. 펑더화이의 이런 주장은 사실상 지금 우리들이 말하는 외자 도입, 중외합자 기업의 선성이라고 하기에 충분하다. 협정 체결 소식이 전해지자 일부 몰지각한 이들은 중외합자를 중국 주권에 대한 손해라고 주장했다. 하지만 펑더화이는 자신의 제안이 국가 주권에 피해를 주는 것이 아님은 물론이고, 오히려 서북과 신중국의 경제 건설에 도움을 줄 것이라고 확신했다. 그는 협정 체결을 통해 국방을 더욱 견고하게 다지고, 서북을 건설하는 데도 유리하다고 생각했다. "우리가 수출하는 품목은 주로 식량과 면화·석유이다. 신강의 석유를 개발하면 막대한 외화를 절약할 수 있으니 서북 건설과 농공업에도 큰 도움이 된다." "두 가지 중요 협정은 절대적으로 평등을 기반으로 체결되었다. 우리는 단지 땅만 내놓으면 된다." "협정 기간은 30년이다. 30년 후 우리는 간부들을 육성할 것이고, 그때가 되면 모든 것이 우리에게 돌아오고 소련인들은 귀국하게 된다. 어떤 동지들은 지분의 과다에 대해 문제삼고 있지만, 이는 나무만 보고 숲은 보지 못하는 것과 같아 작은 것 때문에 큰 것을 잃게 될 것이니 소견이 지나치게 좁다."

펑더화이는 계속해서 이렇게 말했다.

"중소 민항 협정은 아랍목도(阿拉木圖)에서 이녕(伊寧)·적화(迪化)·주천(酒泉)·난주(蘭州)·서안(西安)·태원(太原)을 경유하여 북경까지 가는 1개 노선만 규정하고 있다. 이는 중국 교통망, 특히 서북 교통에 대단히 유리하다. 무엇보다 서북 교통이 지나치게 불편하기 때문이다. 우리는 출자금 같은 것도 없으며, 단지 비행장만 내놓을 뿐이다. 서북에서 석유를 채굴하기 전까지 민항도 적자를 면치 못할 것이며, 비행기·석유·설비 등도 모두 그들이 마련해야 한다. 중국에 유리한 것은 이 기회에 관련 분야의 간부를 육성하고, 민항 사업을 발전시킬 수 있다는 점이다. 이는 장제스 집단이 미국과 맺은 민항 협정과 근본적으로 다르다. 미국은 어디든지 원하는 대로 운항할 수 있지만, 소련은 고정된 항로만 운항할 수 있다. 만약 새로운 항로를 개척하고자 한다면 반드시 중국 인민정부의 동의를 얻어야 한다.”

이견을 제거하기 위해 당중앙은 별도의 당내 지시를 통해 다음과 같이 강조했다.

“외국 자본을 이용하여 중국의 공업화를 촉진하기 위해 모종의 사업과 외국 자본을 공동으로 경영하거나, 합자회사를 만드는 것이 필요하다. 소련뿐만 아니라 여러 신민주 국가, 심지어 자본주의 국가들과도 적당한 조건에 따라 이러한 합자회사는 물론이고 임대 협정을 맺을 수 있다.”

당중앙은 외자를 도입하고, 중외합자 방식을 통해 신강의 광물 자원을 개발하자는 펑더화이의 주장에 대해 적극 지지하는 한편, 이를 좋은 경험으로 삼아 확대 추진하기로 결정했다.

반부패, 청렴을 창도하다

펑더화이는 특히 모든 간부들에게 전심전력을 다해 인민을 위해 복무하는 사상을 확립하고, 청렴한 작풍을 발양하여 모든 불량한 경향에 반대할 것을 주지시켰다. 도시로 진입한 후 일부 간부들이 자신의 공로를 내세워 오만해지거나 향락을 즐기려는 정서가 싹트고 지나치게 겉치레하여 재물과 인력을 낭비하는 현상이 고개를 들었으며, 소수 인원은 부패의 그릇된 길로 빠져들었다.

이런 상황에 직면하여 펑더화이 총사령관은 적시에 경종을 울렸다. 1949년 4월과 5월 사이에 펑더화이는 중공중앙에 상황을 보고하는 한편, 일부 해결해야 할 문제를 논의하기 위해 잠시 서북 전선을 떠나 북경으로 갔다. 펑더화이가 저우언라이의 사무실을 방문하자 저우언라이가 자리에서 벌떡 일어나 그를 맞이했다. 펑더화이는 저우언라이에게 서북지구의 상황에 대해 상세하게 보고했다. 자연스럽게 화제가 바뀌면서 도시에 먼저 진군한 동지들에 대한 이야기가 나왔다.

펑더화이는 간부들의 사무실에 일반적으로 소파가 놓여 있고, 카펫이 깔려 있으며, 다구와 분재·어항 등이 놓여 있다고 말하면서 우려하는 목소리로 계속 말을 이어나갔다.

"전방 간부들의 생활이나 공작 여건은 여전히 힘들고 고달픈 상황입니다. 제가 말하려는 것은 그들이 이런 모습을 못마땅하게 볼 수 있다는 점입니다. 더욱 중요한 것은 도시에 들어온 동지들이 시골이나 외지에 살고 있는 노동 인민들의 삶을 잊어버리고 그들에 대한 동정심이 옅어질지도 모른다는 것이지요. 내가 느끼기에도 도시에서 살고 있는 이들이 농촌에 대해 낯설게 여기기 시작하고 있는데, 이처럼 짧은 시간에 이런 조짐이 보인다면 향후 시간이 흐른 뒤에는 어떻게 되겠습니까?"

기탄없이 말하는 펑더화이의 의견은 날카로웠고, 당시 상황은 그만큼 심각했다. 저우언라이는 그의 의견을 심각하게 받아들이고 적극 동의를 표시했다.

"좋은 말이오. 적절하게 의견을 제시하셨소. 마땅히 경종을 울려야겠지요. 중앙에서 이 문제를 심각하게 주시하고 있겠습니다. 지금 우리는 전쟁을 수행하면서 적군을 소멸하고, 생산과 건설에 전력을 다해야겠지만 아울러 중요 거점도시를 접수하고 도시공작에 대해 제대로 학습하는 것도 상당히 중요한 일이 아닐 수 없습니다. 농촌의 사정을 해결하게 되면 도시와 농촌의 문제가 동시에 해결될 것이라고 봅니다."

1949년 11월 펑더화이는 1949년 11월 펑더화이 동지가 친히 난주에서 중공중앙 서북국 확대회의를 소집하여 허례허식의 낭비를 반대하는 문제를 제기했다. 그는 각급 영도기관과 간부들은 10년 동안 각별히 절검을 실천하라고 강조하면서 공장이나 다급한 주택 건설 이외에 일반 정부·당·군기관은 수년 내에 건물 신축을 불허한다고 선포했다. 그는 서북 전체 간부들이 모인 자리에서 다시 한번 의복과 음식을 절약하고, 어려운 환경 속에서도 더욱 고군분투하여 당원·간부들이 절검에 앞장서 줄 것을 당부했다. 펑더화이는 서서히 고개를 드는 불량하고 위험한 경향을 직시하고, 이를 적시에 교정하기 위해 간부들에 대한 반복 교육을 통해 우량한 혁명 전통을 발양하고자 애썼다. "청렴하고 소박한 기풍을 철저히 이행하자!" 그는 단호하게 당원 및 간부들에게 낡은 보따리에 숨이 막혀 쩔쩔매지 말고 당장 내려놓을 것을 당부하면서 이렇게 외쳤다.

"개개인이 뭐 그리 대단한가? 만약 노동 인민들에게 의지하지 않는다면 공산당의 영도도 없을 것이고, 마르크스 레닌주의라는 과학적 무기도 존재하지 않을 것이니 우리는 어떤 일도 이룩할 수 없을 터이다."

1950년 1월 하순, 펑더화이는 서북 군정위원회 회의에서 허례허식과 낭비를 엄금한다고 분명히 밝혔다. 예를 들어 손님을 청할 때에도 상차림을 간단히 하면 그뿐이다. 양모가 양에게 나오는 것처럼 모든 경비는 일반 인민들의 돈이기 때문이다. 따라서 인민을 위해 절약하는 것은 너무도 당연한 일이다. 1950년 3월, 펑더화이는 서북 군정위원회 행정회의에서 전후 두 차례에 걸쳐 〈기구를 줄이고, 청렴하고 소박한 기풍을 철저히 이행하자〉 〈허례허식과 낭비를 반대하고, 부정부패를 반대한다〉라는 제목으로 연설을 했다. 여기서 그는 허례허식과 낭비는 절검하여 나라를 세우는 데 방해가 되며, 집단 이기주의는 통일적인 영도에 저항하는 것이고, 유격대 습관은 법제·법령에 저해가 된다고 지적하면서, 만약 혁명 동지들 가운데 이처럼 수치스럽고 가증스러운 습관에 물든 자들이 있다면 이는 인민의 이익을 저해하는 죄악으로 반드시 당의 기율과 국법에 따라 제재를 받을 것이라고 단언했다. 또한 만약 우리가 이를 철저히 반대하지 않는다면, 이는 곧 국민당 반동파의 기풍을 그대로 따르는 것과 다를 바 없다고 말했다. 그는 이렇게 말한 후 "부정부패 엄단, 낭비 금지, 군중에서 벗어난 관료주의 반대"를 모든 정부 인사의 좌우명으로 삼아 충실하게 이행할 것을 당부했다.

펑더화이와 서북국의 결정에 근거하여 1950년 3월부터 서북국과 서북 군정위원회, 서북 군구 당정군민 각 기관과 단체는 좋지 않은 풍조를 반대하는 운동을 전개했다. 5월말 중공 서북국은 간부의 기풍을 정돈하라는 지시를 내리고, 정풍을 보다 명확하고 계획적이며 보편적으로 진행하도록 했다. 9월 초 정풍에 참가한 인원들은 검사공작을 토대로 자신들의 개인 검사를 작성했다. 9월 6일, 펑더화이는 서북구 정풍 좌담회에서 체계적인 총화를 발표했다.

서북국을 관장하면서 펑더화이는 기관 안에 있는 신성(新城) 건물 회의실 동쪽 복도와 연결되어 있는 두 칸짜리 휴게실에서 생활했다. 그곳이 그의 사무실 겸 응접실이자 식당 겸 침실이었다. 서북국 영도 동지들이 그에게 좀 더 큰 방으로 옮길 것을 건의했지만, 그는 듣지 않았다. 공작 인원들이 실내에 수세식 화장실이라도 설치하겠노라 하였지만, 그는 그것마저도 거절했다. 전쟁터에서 오랫동안 고생하면서 펑더화이는 위장병으로 고생이 심했다. 병이 심할 때는 밥조차 제대로 먹지 못했다. 그럴 때면 의사가 물에 달걀 흰자 가루를 달여먹거나 과즙을 마시라고 하였는데, 펑더화이는 의사의 말을 듣고서야 마지못해 그렇게 했다. 당시는 모든 것이 배급제였다. 펑더화이 역시 총무처에서 계산한 대로 배식을 받았으며, 표준을 초과하지 못하도록 했다. 펑더화이는 1년 사계절 모두 군복을 착용했다. 여름이면 얇은 군복, 겨울에는 면으로 누빈 군복을 입었다. 군복만으로 일반 병사들과 차이가 없었기 때문에 모르는 이들은 그가 수십만 군사를 이끄는 위풍당당한 총사령관이라는 사실을 눈치챌 수 없었다.

1950년 10월 1일, 신중국 성립 1주년을 경축하면서 《인민일보》와 서안의 《군중일보》에서 전후로 펑더화이가 쓴 〈신서북 1년간의 공작〉이라는 특약 원고를 실었다. 군사, 재정경제, 정권 건설, 민족 단결, 문화 교육 개혁과 발전 등 5개 분야에서 군정위원회의 그간의 공작을 총결한 내용이었다. 국경절 행사가 끝난 후, 펑더화이는 또다시 향후 3년의 건설 계획을 구체화시키는 문제에 몰두했다. 10월 4일, 중앙에서 특별기를 보내어 그에게 북경에서 열리는 중앙정치국회의에 참가하라고 통보했다. 회의에서 참석자들은 조선을 지원하고 미국에 대항하는 전쟁에 지원군을 파견하는 문제를 논의했다. 중공중앙과 마오쩌둥은 펑더화이가 중국인민지원군을 이끌고 참전할 것을 결정했다. 이후 펑더화이는 중국인민지원군 총사령관으로 압록강을 건너 항미원조, 조국 보위의 영광스럽고 힘든 역사적 중임을 맡았다. 연일 포화가 터지는 전쟁 속에서도 펑더화이는 서북지구의 공작에 대한 관심을 멈추지 않았다. 기회가 닿는 대로 서신을 보내 자신의 관심과 애정을 보였다. 그의 지도와 바람은 서북지구의 영도 간부들에게 큰 격려가 되었으며, 서북지구 공작을 촉진하는 작용을 했다.

(집필: 중공 하북성위원회 당사연구실)

시중쉰의 종교공작 책략 시론 *

리원산(李文珊), 천뎨어우(陳軼鷗)

시중쉰(1913~2002) 걸출한 무산계급 혁명가이자 중국공산당 인민해방군의 탁월한 정치공작 영도자이다. 해방 이전과 해방 초기에 민족종교 업무가 상당히 번다하고 복잡한 서북지구에서 근무했으며, 개혁개방 이후 중앙서기처 서기, 전국인민대표대회 상무위원회 부위원장으로 당의 통일전선과 민족종교 사업을 책임졌다. 그는 종교공작을 맡아 원칙에 충실하면서도 융통성을 발휘하여 당의 종교, 신앙의 자유 정책을 전면적이면서도 정확하게 관철하고 종교와 사회주의 사회가 부응하도록 애썼다. 특히 종교공작에 관한 책략과 방법을 연구하여 공작의 실제와 부합하는 뛰어난 견해를 제기함으로써 당의 종교공작 이론을 더욱 풍부하게 만들었고, 이를 실천에 옮겨 훌륭한 성과를 거두었다.

1. '확고하고 신중한' 방침을 채택하여 민족종교 지구의 복잡한 문제를 해결하다.

종교는 복잡한 사회 현상이기 때문에 종교 문제는 복잡한 사회 문제가 아닐 수 없다. 특히 중국은 종종 민족 문제와 서로 얽혀 있어 상당히 복잡한 양상을 지닌다. 시중쉰은 장기간에 걸쳐 민족종교 문제를 해결하기 위한 공작을 이끌면서 중국의 종교가 군중성, 민족성, 복잡성, 국제성, 장기성 등 다양한 문제를 안고 있다는 점을 인식하

---

* 본문은 《서북민족연구》, 2009년 제1기에서 전재한 내용이다.

고, 단순하게 행정 명령의 방식으로 풀어나갈 것이 아니라 교육과 인도 등의 방식으로 종교 문제를 다루어야 한다고 주장했다. 그래야만 민족종교가 다양하게 얽혀 있는 지역에서 장기적으로 안정과 발전을 촉진할 수 있기 때문이었다. 그래서 그는 종교공작을 맡은 간부들에게 '특별히 신중하고 엄숙하며' '주도면밀한' 공작 태도를 견지하면서 정확한 방법과 책략을 연구하고, 절대로 조급하지 말 것을 당부했다.

당중앙은 《시중쉰 동지 생평》에서 서북공작을 관장할 당시의 시중쉰에 대하여 이렇게 평가하고 있다.

"원칙성과 융통성을 조화롭게 발휘하여 복잡한 민족종교 문제를 대담하고 타당하게 해결하였으며, 일부 소수민족 종교계 인사들과 힘을 합쳐 신생 정권을 더욱 굳건하게 만들고 새로운 사회질서를 세우며, 전쟁의 상처를 치유하고 대규모 경제 건설을 진행하는 데 양호한 토대를 다졌다."[1]

해방 초기 그는 자신이 직접 나서서 온건하고 신중한 이른바 '온진신중'의 방침에 따라 샹첸(項謙)의 귀순을 유도함으로써 민족종교지구의 복잡한 문제를 해결하는 데 모범답안을 제시했다. 1949년 12월, 청해 앙랍(昂拉) 장족(藏族)지구 봉건세습 천호(千户)인 샹첸(項謙)이 마푸팡의 잔당과 결탁하여 이른바 '반공구국군' 제2군을 결성하여 반란을 일으켰다. 당시 중공중앙 서북국 제2서기로 있던 시중쉰은 민족종교지구의 특수성을 고려하여 청해성위 영도자에게 여러 차례 지시 사항을 하달했다. 앙랍의 반란을 정확하게 해결하는 문제는 앙랍 장족 동포의 문제를 해결하는 것과 지대한 관련이 있을 뿐만 아니라, 중국공산당이 청해의 여러 장족지구와 소수민족지구에서 입지를 확고하게 다지고 인민정권을 건립하여 당의 공작을 전개하는 데도 깊은 관계가 있으며, 심지어 감숙 · 사천 및 강장(康藏: 康巴, 藏族) 지역과

---

1) 《시중쉰 동지 생평》, 2002년 5월 31일자 《인민일보》 제4판.

서장 지역에 대해서도 큰 영향을 줄 수 있다는 내용이었다. 그는 군사 준비 태세를 갖춘 후에 정치적 해결 위주로 신중하게 평화적으로 해결해야 한다고 강조하면서, 조급하게 군사 포위작전을 실시하지 말고 신중한 태도를 견지하면서 반복적인 포섭공작을 전개하되, 특히 관대한 정책을 유지하여 평화롭게 해결할 것을 주지시켰다. 앙랍의 귀순공작은 거의 2년 7개월 만에 끝났다. 그 기간에 온갖 우여곡절이 많았지만, 마침내 성공을 거둔 것이다. 마오쩌둥은 이를 높이 평가하면서 농담삼아 그에게 이렇게 말했다.

"중쉰, 자네는 정말 대단하네. 제갈량은 맹획을 7번 잡았다가 7번 놓아 주었다는데, 자네는 제갈량보다 훨씬 대단하단 말일세."[2]

신중국 성립 이후 난제 가운데 하나는 민족종교를 신봉하는 지구에서 토지개혁을 실시하는 방식에 관한 것이었다. 시중쉰은 민족종교지구의 특수한 실정을 감안하면서 신중하게 접근했다. 1952년 서북국 공작을 주관할 당시 여러 민족종교의 상층부 인사들과 협력하여 민족종교지구의 토지개혁에 대한 저항을 줄이고 협력을 강화하기 위해 그는 중앙에 '봉건과 반봉건 연합'이라는 유명한 관점을 제출했다. 먼저 민족종교 상층부 인사들과 협력하며 단결하는 공작을 실시한 연후에 일반 군중들에 대한 개혁을 시작한다는 것인데, 무엇보다 " 평화적인 방법으로, 필요하다면 타협을 통해 군중들이 개혁에 나설 수 있는 유리한 조건을 만들어 일부 봉건적인 요소를 잔존시키면서 대부분의 봉건적 요소들을 제거한다"는 뜻이다.[3] "일부 종교계 인사들에 대해 관대한 양보 정책을 취하여 그들의 토지에 대한 개혁을 유보한다." 이러한 관점은 각 민족종교와 신앙·풍속과 습관을 존중함으로써 "토지개혁에 도움을 줄 수 있는 역량"과 연합한다는 뜻이기도

---

2) 《시중쉰 혁명 생애》, 중공당사출판사, 중국문사출판사, 2005년판, 85쪽.

3) 《시중쉰 문선》, 중앙문헌출판사, 1996년판, 209쪽.

하다. 당중앙과 마오쩌둥은 민족종교지구에서 토지개혁을 시행하면서, 당의 통일전선 사상을 구체적으로 운용하고 더욱 풍부하게 발전시킨 것에 대해 허락은 물론이고 찬사를 보냈다. 정확한 토지개혁 정책과 방침을 통해 서북 다섯 개 성과 170여 개의 현과 시에서 대규모 토지개혁이 차질 없이 진행되었으며, 민족종교계 상층부 인사들과 협력 단결함으로써 대다수 농민·목민들의 이익을 보호하고 신생 정권을 강화할 수 있었으며, 새로운 사회질서를 건립하고 대규모 경제 건설을 진행하는 데 양호한 토대를 만들어냈다.

2. 종교계의 영향력 있는 인사들을 대거 포섭하여 단결·교육시키다.

시중쉰은 일찍이 이런 말을 한 적이 있다.

"애국 통일전선을 발전시키려면 오호사해(五湖四海: 사방팔방), 삼교구류(三敎九流: 삼교는 유교·불교·도교를 말하며, 구류는 유가·도가·법가·음양가·명가·묵가·종횡가·잡가·농가 등 제자백가의 학파를 말한다. 여기서는 온갖 종파를 뜻한다-역주)를 막론해야 하며, 단결할 수 있는 모든 이들을 단결할 수 있도록 해야 한다."[4]

종교공작은 곧 통일전선공작과 다를 바 없기 때문에 광범위하게 종교계 인사를 포섭하여 단결하고 교육하는 것이 최우선이라는 뜻이다. 그는 소수민족 종교계 상층부 인사들이 사회적으로 지위가 높고 사회적 역할이나 영향력이 크기 때문에 그들을 포섭하고, 그들과 협력해야 한다고 생각했다. 그래야만 그들이 중국공산당과 소수민족지구에서 토착종교를 신봉하는 일반 대중들의 교량 역할을 함으로써 간부들이 당원들이 대체할 수 없는 거대한 작용을 할 수 있기 때문이었

---

4) 《시중쉰 문선》, 중앙문헌출판사, 1996년판, 400쪽.

다. 그래서 그는 종교를 신봉하는 소수민족지구의 경우 반드시 종교
계에서 영향력을 발휘할 수 있는 고위층 인사들과 친구 관계를 맺어
야만 군중들 속으로 들어갈 수 있다는 의견을 제시한 것이다.

　　민족종교지구에서 대다수 민중들은 종교에 대한 경건한 신앙심
을 지니고 있으며, 종교지도자들은 신도들에 대해 광범위한 호소력과
특별한 영향력을 발휘한다. 시중쉰은 종교지도자들에 대한 통일전선
공작의 중요성을 거듭 강조하면서 종교지도자들이 자신들의 영향력
을 최대한 발휘할 수 있도록 해야 한다고 주장했다. "민족 사무는 대
단히 복잡하기 때문에 나름의 지식과 학문이 필요하다. 종교지도자들
에 대한 상황을 정확하게 인지해야만 공작에 도움이 된다."[5] 예를 들
어 그는 1982년 서장(西藏) 문제에 대한 서면 지시에서 이렇게 말한
바 있다.

　　"서장 문제의 관건은 달라이 라마와 판첸 라마의 문제로 일종의
종교 문제이다. 또한 이는 달라이 라마와 판첸 라마라는 두 명의 정신
적 영수에 대한 기본적인 인식의 문제이기도 하다. 그들 두 사람에 대
한 태도가 확정되어야만 이에 근거하여 서장지구의 정책과 방침을 내
놓을 수 있다. 그렇지 않으면 사상적으로 혼란을 자초하고 방침도 불
명확하여 정책상의 모순을 야기하여 실책을 범하게 된다."[6]

　　장기간에 걸쳐 시중쉰은 공산당원의 원대한 식견과 넓은 도량
으로 종교계 인사들과 교제하면서 많은 이들과 사귀었다. 예를 들어
장전불교 영수인 제10대 판첸 라마, 시라오쟈취(喜饒嘉措) 대사(大
師), 제6세 공탕창(貢唐倉)・단베이왕쉬(丹貝旺旭) 활불(活佛), 이슬람
교 저명인사인 바오얼한(包爾漢)・마푸천(馬輔臣) 등과 우정을 나누

5) 《시중쉰을 그리며(懷念習仲勳)》, 중공당사출판사, 중국문사출판사, 2005년판,
85쪽.

6) 《시중쉰 혁명 생애》, 중공당사출판사, 중국문사출판사, 2002년판, 337쪽.

었다. 시중쉰은 "정치적으로 단결과 협력, 신앙적으로 상호 존중, 생활적으로 관심과 돌봄, 사상적으로 교육과 향상" 등을 교제 원칙으로 삼았다. 그는 그들과 부단히 만나고 연락하면서 그들이 중국공산당과 사회주의 사회에 대해 정확하게 인식할 수 있도록 도왔다. 그래서 그는 그들의 신뢰와 존경을 얻어 그들을 중국공산당이 장기적으로 협력하면서 신뢰할 수 있는 친구로 만들었다.

시중쉰은 〈친구 교제의 진수(交朋友的眞諦)〉라는 글에서 이렇게 말했다.

"친구와 교제할 때는 겸손하고 진실하게 마음속에 있는 말을 털어놓으며 진심으로 사귈 수 있어야 한다."[7]

시중쉰은 이런 태도로 자신보다 25세나 어린 제10세 판첸 라마와 깊은 우의를 나누었다. 그들 두 사람은 평상시에도 자주 왕래하며 서로의 안부를 물었고, 문제가 생길 때면 서로 무릎을 맞대고 앉아 허심탄회하게 이야기하며 상황을 인지하고 의견을 물었다. 그는 판첸 라마가 중국공산당의 민족종교 정책을 정확하게 인지할 수 있도록 도왔으며, 국가영도자이자 종교지도자로서 이중 신분의 자리를 찾도록 도와주었다. 판첸 라마 역시 시중쉰을 신임하고 존중했다. 이렇게 두 사람은 깊은 우의를 나누었다.

장전불학 대사이자 신중국 성립 이전에 국민정부 몽장위원회(蒙藏委員會) 부위원장을 역임하고, 신중국 성립 이후 전국불교협회 회장, 청해성 부성장이 된 시라오쟈춰는 국민당이 봉호(封號)와 직인을 수여해도 전혀 움직이지 않았지만, 시중쉰이 진심으로 도와주자 중국공산당에 대해 마음을 열고 존중하는 마음을 지니게 되었다.[8] 샹첸의 투항을 도모할 때, 그는 시중쉰의 부탁을 받고 생명의 위험을 무릅쓰

7) 《시중쉰 문선》, 중앙문헌출판사, 1996년판, 427쪽.
8) 《시중쉰 혁명 생애》, 중공당사출판사, 중국문사출판사, 2002년판, 350쪽.

고 세 번씩이나 항겸을 만나 귀순하도록 권유했다. 그의 도움 덕분에 항겸은 오랜 저항 끝에 마침내 투항을 택했다.

3. '좌'적 사상과 우경을 방지하고 극복하다.

종교는 역사적으로 연속성을 지닌 전통 문화이자 현실에 깊이 스며들어 있는 사회의식 형태이다. 특히 일부 소수민족지구에는 보편적으로 만연된 정신 신앙이기도 하다. 중국 공산당원은 무신론자이지만 민중들의 종교 신앙의 자유를 존중하고 보장해야만 한다. 일부 소수 당원이나 간부들은 마르크스가 말한 종교의 본질과 탄생·발전·소멸의 객관적 규율에 관해 정확하게 이해하지 못하고, "종교는 인민의 아편이다"라는 단편적인 발언만 기억하여 '좌'적 사상 경향에 치우치기 쉽다. 마르크스주의 이론가들은 종교 신앙의 자유에 간섭함으로써 일어나는 위험에 대해 이미 경고한 바 있다. 예컨대 레닌은 "종교를 향해 큰 소리로 외쳐 가며 선전하는 것은 우둔한 행동이다"[9]라고 말한 바 있다. 그러나 '문화대혁명' 시기에 극좌 사상이 넘쳐나면서, 당의 종교 정책이 크게 손상을 입으면서 수많은 종교계 인사들이 그릇된 대우를 받는 등 심각한 결과를 초래했다.

개혁개방 이후 시중쉰은 당의 종교 신앙의 자유 정책을 착실하게 실천에 옮길 것을 강조하면서, 관계자들이 '좌'적 사상 경향을 억제할 수 있도록 노력해야 한다고 당부했다. 1985년 그는 전국적으로 종교 정책을 구체화하기 위한 좌담회에서 다음과 같이 말하였다.

"종교와 일부 군중들의 종교 신앙은 우리들의 의지로 바꿀 수 없는 객관적 존재이다. 이에 관한 문제는 반드시 신중하고 정확하게 대처해야지, 간단한 행정 명령의 방식으로 해결해서는 안 된다."[10]

---

9) 《레닌 전집》, 제17권, 인민출판사, 1988년판, 389쪽.

'좌'적 사상을 극복하려면, 사회주의 조건하에서 종교 문제의 장기성·복잡성·군중성·국제성을 충분히 인식할 필요가 있다. 시중쉰은 "'좌'적 사상을 지닌 이들은 종종 당의 종교 신앙의 자유 정책에 대해 회의하거나 부정적인 태도를 취하고 있으며, 당의 종교 정책을 착실하게 관철하는 일을 사회주의 물질·정신 문명과 대립시키고, 종교단체와 신도 및 그들의 정상적인 종교 활동을 무시·억압하거나, 심지어 공격하는 그릇된 방법을 사용하고 있다. 정상적인 종교 문제를 처리할 때 사상면에서 단편적이고 조급하며, 방법면에서 단순하고 조악하다면 결국 좋지 못한 정치적 영향을 초래할 것이다."[11]

또한 종교 문제의 특별한 복잡성으로 인해 일부 종교공작을 담당하는 이들은 힘든 일을 두려워하여 우경화 현상을 내보여 종교를 빌미로 일으키는 불법 행위를 제대로 처리하지 못하는 일도 있다. 시중쉰은 이러한 이들에 대해 "제대로 깨닫지도 못하고, 전체적인 국면을 살피지 못하는 종교계의 몇몇 사람들의 부당한 요구에 끌려다니거나, 종교계 인사들에 대한 사상·정치공작도 제대로 하지 않으며, 종교를 이용한 불법 행위에 대해서도 보고도 못 본 척 방임하여 결국 커다란 혼란과 손실을 초래한다"[12]고 보았다.

시중쉰은 이러한 두 가지 그릇된 사상 경향의 본질을 정확히 간파하여 다음과 같이 말했다.

"좌든지 우든지 간에 표현 형식은 비록 다르지만 실질적으로 당의 종교공작에 대한 영도를 약화시키고 당의 종교 정책의 정확하고 전면적인 실현을 저해하여, 종교를 믿는 신도들은 물론이고 비신자들과도 단절하게 만든다. 이로 인해 종교를 이용하여 불법행위를 저지

---

10) 《시중쉰 문선》, 중앙문헌출판사, 1996년판, 404쪽.
11) 《시중쉰 문선》, 중앙문헌출판사, 1996년판, 419쪽.
12) 《시중쉰 문선》, 중앙문헌출판사, 1996년판, 420-421쪽.

르는 이들에게 기회를 주고, 국외 종교 가운데 적대세력들이 침투할 수 있는 여지를 만들어 준다."[13]

그는 이렇게 말하면서 반드시 법에 따라 종교 사무를 관리하고, 일체의 정상적인 종교 활동을 보장하는 한편 종교라는 허울을 뒤집어 쓰고 불법을 저지르는 행위에 대해서는 단호하게 대처해야 한다고 지적했다. 1982년부터 1984년까지 지속된 이른바 '호한파(呼喊派)'에 대한 투쟁이 그 한 예이다. 공안부의 자료에 따르면, 절강성의 이전 기독교 소군파(小群派) 교도들 사이에서 생겨난 '호한파' 조직은, 외국의 반동 종교 세력의 지원과 찬조하에 광신적인 종교 활동을 선동하고 교도들에게 당과 정부에 저항하도록 부추겼다. 시중쉰은 관련 자료를 살펴보고 여러 차례 서면 지시를 통해 관련부서에서 "종합적인 처리 방안을 연구 제정할 것"을 요청했으며, 이후 관련 회의에서 '호한파' 문제를 해결하기 위한 정책과 조치를 체계적으로 설명했다. "호한파 문제를 해결하려면 반드시 종합적인 대처 방안이 필요하다. 개괄적으로 말하자면, 법률을 최대한 운용하여 악질 우두머리를 단호하게 공격하고, 종교 정책을 성실하게 실현하여 군중공작을 심화시키며 당의 영도를 효과적으로 강화시켜야 한다."[14] 시중쉰은 직접 지시에 따라 성공적으로 문제를 해결하고, 현지 사회 질서와 정상적인 종교 활동을 보호할 수 있었다. 전면적인 소강사회(小康社會) 건설을 앞두고 어떻게 '좌'적 사상과 우적 경향을 방지하고 극복할 것인가? 이것은 또한 종교공작상의 중요 문제이기도 하다.

확고한 원칙과 유연한 책략이 서로 조화를 이루어야 한다는 것이 중국공산당의 중요한 정책 책략 사상이다. 시중쉰은 종교공작을 영도하면서 실사구시 정신과 '노화순청(爐火純靑)'의 영도 예술(마오

---

13) 《시중쉰 문선》, 중앙문헌출판사, 1996년판, 421쪽.
14) 《시중쉰 혁명 생애》, 중공당사출판사, 중국문사출판사, 2002년판, 288쪽.

쩌둥의 발언)로 중국의 종교적 특성을 결합하여 이에 대한 책략을 창조적으로 응용하고 발휘했다. 그가 제시한 사상 관점과 성공 경험은 우리들이 당의 종교공작의 기본 방침을 정확하게 관철하여 종교 분야의 핫이슈나 난점 및 민감한 문제들을 처리하고 종교 관계의 화해를 촉진하며, 종교와 사회주의 사회가 서로 적응하고, 종교계의 긍정적인 요소들을 광범위하게 동원하며, 종교계 인사들과 신도 대중들이 사회 발전에 적극적인 작용을 발휘하도록 하는 데 중요한 현실적 지도 의의를 지니고 있다.

(집필: 리원산, 한산 사범학원 정법과.

천이어우, 중공 조주시 상교 구위원회 당교)

시중쉰과 통일전선 *

류리쥔(劉立軍)

'좌'적 오류를 막고, 변구 토지개혁 과정에서 애국 민주인사를 보호하다

1947년 3월, 장제스 군대는 전선이 길어지자 병력 부족으로 전면적인 공격에서 산동과 섬북의 해방구를 중점적으로 타격하는 전략으로 방향을 바꾸었다. 섬북을 중요 공격 목표로 삼은 장제스 군대를 분쇄하기 위해 중공중앙은 섬감녕과 진수(晋綏) 해방구의 부대를 서북 야전군으로 편성하여 펑더화이를 사령관 겸 정치위원, 시중쉰을 부정치위원으로 임명하여 중요 작전을 지휘하도록 했다. 이후 시중쉰은 펑더화이와 함께 청화폄(青化砭)·양마하(羊馬河)·반용진(蟠龍鎭) 전투를 승리로 장식했다. 같은 해 7월, 근거지에서 벗어나 이동중이던 중공중앙은 섬북 정변현(靖邊縣) 소하촌(小河村) 산록에 있는 양우리 안에서 확대회의를 개최했다. 시중쉰은 당중앙 소하회의의 결정에 따라 전선에서 서북국으로 돌아와 공작 책임을 맡았다.

시중쉰이 서북국으로 돌아온 후 맡은 가장 중요한 임무는, 전국 토지회의 정신과 《중국 토지법 대강》을 정확하게 관철시켜 섬감녕 변구의 토지개혁을 차질 없이 영도하는 일이었다. 1947년 9월, 중국공산당 전국 토지회의에서 《중국 토지법 대강》이 통과되고, 10월 10일 공포되었다. 전국 토지회의 정신을 전달, 관철하기 위해 변구의 토지개혁과 당 정돈 공작을 안배하기 위해 서북국은 변구 간부회의를 소집했

---

* 본문은 《당사문원(黨史文苑)》, 2008년 제13기에 실린 내용을 약간 수정한 글이다.

다. 11월 1일, 수덕현 의합진(義合鎭) 설가거(薛家渠) 앞에 있는 양만(陽灣)의 공터에서 개최되었는데, 지명인 의합을 따서 '의합회의'라고 부른다. 회의에서 참석자들은 기존의 공작을 검토하고, 변구 토지개혁을 철저하게 완수하고, 정당(整黨)을 성실하게 시행하자고 결의하고 구체적인 실시 방안을 연구했다. 중요 내용은 린보취(林伯渠)·허룽(賀龍)·시중쉰 등이 연명으로 서명하여 공포했다. 경험이 부족한데다 심도 있는 조사 연구가 없었기 때문에 구체적인 토지개혁 방안을 제정하면서 변구 안에 있는 노구(老區: 대략 3분의 2를 차지했다)와 신구(新區)의 각기 다른 상황을 구분하지 않고, 일반 지주와 악덕 지주를 명확하게 구분하지 못했으며, 중농·상공업, 그리고 '삼삼제(三三制)' 등 일련의 정책을 제대로 이해하지 못하고, 그저 단편적으로 "빈농을 기본으로 삼고" "토지를 균등하게 분배한다"는 것만 강조했다.

또한 캉성(康生)·천보다(陳伯達)가 진수(晉綏)에서 토지개혁을 실험하면서 심각한 '좌'경 오류를 범하였으나, 전국 토지회의에서 이를 시정하기는커녕 오히려 우경 반대가 중요 내용이 되었다. 이런 배경하에서 의합회의 참가자들은 토지개혁 과정의 '좌'적 경향으로 인해 초래될 수 있는 나쁜 결과에 대해 그다지 관심을 두지 않았다. 회의에서 경제·정치·사상적으로 지주계급을 철저하게 소멸시키되 죽이지는 않고 살아갈 수 있을 정도는 남겨준다는 논의가 있었지만, 여전히 "없애고 없애고 또 없애 토호열신을 완전히 제거하자. 죽이고 죽이고 또 죽여 탐관오리를 모두 죽이자(削削削, 削盡土豪劣紳. 殺殺殺, 殺盡貪官汚吏)"라는 구호가 남발했다. 회의에서 안원친(安文欽)·리딩밍(李鼎銘)·훠쯔러(霍子樂) 등의 이름이 거론되기도 했다. 비록 살상을 금한다는 말이 나오기는 했지만, 회의에 참가한 대표들은 지주를 소멸시키기 위해 '좌'경에 빠질지언정 우경으로 갈 수는 없다고 생각했다. 의합회의에서 '좌'적 경향에 대한 논의가 있었지만 회의에 참가한 이들 대다수는 이에 대해 전혀 주의를 기울이지 않았다는 뜻이다. 회의 내내 시중쉰은 깊은 생각에 빠졌다. '좌'경 정책의 피해자로 숙반(肅反) 과정에서 하마터면 매장될 뻔하였기에 더욱 그러했다. 그래서 회의에서 '좌'적 경향이 노출되었지만 시중쉰은 침묵할 뿐 유보적인 태도를 취했다.

의합회의에서 토지개혁의 구체적인 방침, 계급 구분 등을 제정하면서 현지 상황에 맞춰 노구와 신구를 구별하고, 육형을 금지하며 중농의 이익을 침해하지 않고 상공

중공 서북국 서기, 서북 야전군 부정치위원. 섬감녕 진수연방군구 정치위원 시중쉰.

업을 보호한다는 등의 명확한 규정을 하지 않았다. 게다가 회의에 참가하여 토지개혁의 핵심적인 공작을 맡게 된 이들은 대부분 임시로 조직되어 전문적인 지식이 부족할뿐더러 집체 훈련을 받은 적도 없었다. 그렇기 때문에 그저 눈앞의 성과에 급급하여 정책을 운용하는 데 편차가 심했으며, 일부만 이해하여 실수가 적지않았다. 그래서 일부 지방은 상당히 심각한 정도로 긴장된 분위기가 조성되었다. 불법적인 투쟁, 구타, 고문, 재산 몰수, 심지어 집 밖으로 내쫓는 일이 보편적으로 만연했다. 시중쉰은 이런 상황에 직면하여 걱정이 태산 같았다. 당시 변구참의회 부의장이자 개명한 사신(士紳: 신사, 지방 유지, 명사)인 안원친도 공격 대상이 되었다. '섬서 4명의 원로(陝西四老)' 가운데 한 명인 안원친은 만청 수재(秀才) 출신으로 변구에서 명성이 자자한 개명 사신이었다. 그는 변구에서 공익 사업에 적극적으로 참가하여 학교를 세우고 신문화를 퍼뜨렸으며, 항전 시기에는 팔로군과 협력하면서 항전을 지지했다. 수덕현 참의원, 수덕 경비구 부참의장에 피선되었으며, 섬감녕 변구의 제2,3기 참의회 부참의장을 역임했다.

안원친은 공산당 영도를 옹호하고 토지개혁에 찬성했으며, 실제로 토지개혁 과정에서 300경(垧: 서북지구의 경우 1경은 3무 또는 5무에 해당한다)의 토지를 헌납하기도 했다. 하지만 토지개혁 과정에서 토지와 가옥을 모두 몰수당했으며, 일가 남녀노소 모두 집 밖으로 쫓겨나고 말았다. 이는 의심할 바 없이 변구의 토지개혁 정책을 심각하게 위반하는 일이자 당의 통전정책에 배치되는 일이다. 시중쉰은 이런 정황을 파악한 후 그릇된 방식을 엄격하게 비판하는 한편, 즉각 당의 정책에 따라 시정할 것을 지시했다.

1947년 12월, 중공중앙 확대회의가 미지현(米脂縣) 양가구(楊家溝)에서 개최되어 시중쉰도 참가했다. 회의에서 시중쉰은 자신의 조사·연구에 근거하여 마오쩌둥에게 변구 지역에서 시행하고 있는 토지개혁 상의 문제와 형세에 대해 자신의 관점을 솔직하게 이야기했다. 회의 기간에 개명 신사이자 섬감녕 변구 정부 부주석인 리딩밍이 의합에서 병환으로 세상을 떠났다. 시중쉰은 토지개혁을 하면서 일부 지방에서 정책에 위반되는 일이 자행됨으로써 애국 민주인사들이 피해를 입는 문제를 다시 떠올리며, 린보취(林伯渠)와 함께 마오쩌둥에게 리딩밍 추도회에 당외 인사들, 특히 당시 비판의 대상이 되고 있는 안원친을 변구참의회 부의장 신분으로 참가하여 추도사를 낭독하도록 해달라고 건의했다. 이를 통해 애국 민주인사들의 정서를 위로하고, 그들과 긴장 관계를 완화시키고 개선하고자 함이었다. 마오쩌둥은 즉각 동의하면서 지나치게 과격한 방식으로 개명 신사들에게 피해가 가지 않도록 하고, 마땅히 그들을 보호하라고 지시했다. 이후 서북국과 변구 정부, 그리고 시중쉰의 적극적인 개입으로 수덕현은 안원친에게 몰수한 일부 재물과 가옥을 되돌려 주었다. 마오쩌둥 역시 안원친 등 애국 민주인사를 보호하라는 내용의 전보를 보내면서, 아울러 린보취와 시중쉰에게 자신을 대신하여 안원친에게 사과의 뜻을 전해 달라고 했다. 안원친은 크게 기뻐하며 당과 마오쩌둥의 관심과 배려에 감사를 표시하고 자신의 집으로 돌아갔다. 사흘 후 변구 정부에서 개최한 리딩밍 추도회에서 안원친이 추도사를 낭독했다. 이번 일로 안원친은 물론이고 각계각층의 인사들 역시 크게 만족하며 공산당이 신의와 우정을 중시한다고 여기게 되었다. 시중쉰의 노력으로 당이 통일전선 정책을 엄숙하고 일관성 있게 집행하고 있다는 점이 새삼 증명되었으며, 이로 인해 당의 명망과 위신이 크게 향상되었다. 회의가 끝나고 7일이 지난 후, 시중쉰은 서신을 통해 수덕현을 포함한 여러 현의 토지개혁 과정에서 드러난 문제에 대해 자신이 조사하고 연구한 결과를 중앙에 보고했다. 내용 중에는 토지개혁 과정에서 일어난 지나친 방법에 대한 비판과 시정 건의가 포함되었다. 1948년 1월 19일, 시중쉰은 섬감녕 변구의 최근 공작, 특히 토지개혁 과정에서 '좌'적 편향을 방지하고 극복하는 문제에 관해 재차 마오쩌둥에게 전신을 보냈다. 당시 보고에서 그는 9가지 주목할 만한 문제를 열거하여 마오쩌둥의 지지를 얻었다. 같은 날 시중쉰은 마밍팡과 연명으로 당외 인사들에 대한 신중한 대우에 관한 통지문을 각 분구에 보냈다. 통지문에서 그는 토지개혁 과정에서 '삼삼제'에 참가한 당외 인사는 신중하게 처리하고, 현(縣) 이상에 거주하는 당외 인사들에 대한 처리는 지위(地委)에 의견을 제출하여 서북국의 비준을 얻어야 하며, 현 이하에 거주하는 소학교 교사 가운데 당외 인사는 지위의 비준을 얻은 후에 처리하라고 지시했다. 시중쉰의 노력으로 이후 당외 인사에 대한 심각한 상해나 피해가 더 이상 발생하지 않았다. 이로써 애국 민주인사들에 대한 통전 공작도 비교적 양호한 성과를 거두었으며, 토지개혁에 대한 저항이 줄어드는 대신 당에 협조하려는 믿음이 그만큼 증가했다.

샹첸의 투항을 받아내 반란을 종식시키고, 민족 단결을 굳건히 하다.

1945년, 항전 승리 이후 중공중앙은 서북국 공작을 강화하기로 결정했다. 전면적인 평가와 조사를 통해 서북국 서기를 인선할 당시 마오쩌둥은 서북국 서기는 대중들의 폭넓은 지지를 얻고, 서북의 상황을 누구보다 잘 알고 있는 인물을 뽑아야 한다는 견해를 밝혔다. 당연히 시중쉰이 가장 적합한 인물이었다. 그는 서북에서 태어나고 자랐으며, 그곳에서 오랫동안 전투에 참가하면서 섬감변 혁명위원회 주석 등의 직책을 맡았다. 게다가 시중쉰은 사람이 돈후하여 많은 이들의 존경과 사랑을 받았다. 마오쩌둥의 시중쉰에 대한 인상 또한 변함 없이 좋았다. 1935년, 중앙 홍군이 험난한 장정을 마치고 섬북 근거지에 도착했을 때, 마오쩌둥은 몇몇 마을을 지나다가 담장과 큰 나무 등에 이미 기일이 지난 〈섬감변 소비에트 정부 포고〉가 나붙어 있는 것을 보았다. 포고문은 햇빛에 바래고 비에 젖어 얼룩이 지면서 제대로 보이지 않는 부분도 있었지만 '주석 시중쉰'이란 서명만은 분명하게 읽을 수 있었다. 마오쩌둥이 처음으로 '시중쉰'이란 이름을 기억하게 된 것은 바로 이때였다. 나중에 시중쉰을 직접 만난 마오쩌둥은 '시중쉰 주석'이 너무 젊은 것을 보고 깜짝 놀랐다. 당시 시 주석의 나이는 겨우 22세(만으로 22세)였다.

10년 후인 1945년 10월, '모범 변구의 모범 간부'의 명예를 얻은 시중쉰은 중공중앙 서북국 서기로 임명되었다. 이는 마오쩌둥이 처음으로 임명한 고위급 간부였다. 마오쩌둥은 서북국 서기에 대해 언급하면서 특별히 시중쉰이 젊은 나이에 "군중 속에서 배출된 영수"라고 칭찬을 아끼지 않았다. 시중쉰은 서북국에서 재직할 당시는 물론이고 나중에 북경으로 전근했을 때에도 서북의 형세에 비상한 관심을 기울였다. 서북지구는 지역적으로 광활하고 민족도 다양하여, 한족 이외에도 회족·장족·위구르족·몽고족 등 10여 개 형제 민족들이 거주하는 곳이다. 해방 전에는 경제·정치 및 역사·종교 등 여러 가지 원인으로 인해 복잡한 형세가 지속되었으며, 신중국 성립 이후 일부 제국주의 국가와 국민당 특무들의 선동으로 인해 청해·신강 등지에서 크고 작은 반란이 그치지 않고, 토비들이 횡행하여 무고한 인명 피해가 속출했다. 이로 인해 서북의 평화와 안정이 심각하게 파괴되고 혼란이 지속되었다.

시중쉰은 예리한 안목으로 일찍부터 신강 문제에 주목했다. 그는 현지 조사와 연구를 토대로 신강에 관한 모든 공작은 민족 단결의 토대하에 '신중하고 완화된' 방침에 따라 진행되어야 한다고 주장했다.

"각 민족 상류층 인사들과 종교계 인사들을 받아들여 적극적인 협조를 얻어낸 후에 중요 공작을 시행해야지 절대로 순서가 뒤바뀌면 안 된다."

민족 문제를 해결하는 새로운 사고방식을 통해 서북을 안정시키고 개발하는 데 상당히 좋은 조건이 만들어졌다. 청해 앙랍부락(昂拉部落) 제12대 천호 샹첸이 중앙정부에 귀순한 것은, 시중쉰이 통전 이론을 통해 서북국에서 민족 문제를 해결하면서 첫번째로 얻은 수확이었다. 앙랍부락은 장족의 일파로 첨찰탄(尖扎灘)이라고 부르는 장족 농목축(農牧業) 지역에 거주하면서 '정교합일(政敎合一)'의 정치제도를 가지고 있었다. 앙랍 천호는 본래 토번(吐蕃) 왕조 적열파견(赤熱巴堅)의 후손으로 변잡(邊卡: 국경 초소) 수비와 징세를 위해 서기 5세기 중엽에 적열파견이 공협서달걸(貢葉西達杰)을 이곳에 파견하여 첨찰 황하 양안의 우두머리로 삼았다고 한다. 서기 1657년 청조 순치제가 그의 후손인 조다걸(祖多杰)을 앙랍 천호로 봉하였으며, 이후 직위가 세습되면서 제7대 자손인 샹첸에 이르렀다. 첨찰탄은 북쪽으로 황하가 천연요새처럼 자리하고, 동쪽과 남쪽은 높은 산이 둘러싸고 있으며, 서쪽으로 황하의 송파협곡(松巴狹谷)이 자리하고 있기 때문에 방어하기는 좋지만 공략하기 힘든 요충지였다. 해방 이후 장족 인민들은 공산당과 해방군에 대해 전혀 알지 못하는데다 토비나 특무들이 유언비어를 날조하여 군중들을 선동하는 바람에 저항이 심했다. 제

12대 천호 샹첸은 마부팡과 국민당 특무들의 선동과 협박에 굴복하여 인민정부와 적대적 관계를 공언하고, 인민정부의 영도를 거절했다. 뿐만 아니라 반혁명 무장세력인 '반공구국군' 제2군을 조직하여 반란을 일으켰다. 그들은 황하가 흐르고 산세가 험준한 요충지에 자리하고 있기 때문에 인민정부나 해방군이 자신들을 어쩌지 못할 것이라 여겼으며, 심지어 첨찰탄을 '작은 대만(小臺灣)'이라고 부르기까지 했다. 샹첸은 휘하 1천여 명의 무장세력을 바탕으로 이미 해방된 주변 현 등에 대한 무력도발을 서슴지 않았으며, 인민해방군을 습격하는 일도 있었다. 인민정부는 진상을 정확하게 알지 못하고 있는 앙랍 부락의 대다수 농민·목민들의 단결과 협조를 얻기 위해 끊임없이 설득하고 포섭하면서 인내심을 갖고 그들이 귀순하기를 기다렸다. 하지만 앙랍 천호는 여전히 요지부동이었다. 그가 보기에 인민정부의 인내심은 그저 무능을 증명하는 것일 뿐이었다. 하지만 시대에 역행하는 '마미작 천호'의 행태는 대다수 인민들에게 원망을 살 뿐이었다. 많은 동지들이 인내심을 잃고 군사 수단을 통해 철저하게 해결하여 후환을 없애자고 주장했다. 조급하게 군사작전을 통한 해결을 바라는 분위기를 일소하기 위해 시중쉰은 청해성위원회 서기인 장중량(張仲良)에게 전보를 보내 함부로 군사작전을 하지 말 것을 신신당부했다.

"절대로 독단적으로 군사를 일으키지 마시오. 정치적 와해공작이 아무런 성과가 없을 때 군사 포위작전을 고려할 것이오."

샹첸의 귀순 공작은 1949년 12월부터 1952년 7월까지 장장 2년 7개월이나 걸렸다. 그 기간에 샹첸은 투항하겠다는 의사를 표명하다가 다시 번복하는 등 여러 차례 투항과 저항을 반복했다. 시중쉰이 친히 영도하는 가운데 중공 청해성위원회 통전부장 저우런산(周仁山), 장전불교 대사인 시라오쟈춰(喜饒嘉措: 나중에 중국불교협회 회장을 역임했다)를 비롯해 장족 부락 수령과 사원 활불 등 50여 명이 위험을 무릅쓰고 앙랍으로 들어가 샹첸과 전후 17차례에 걸친 평화회담을 진행했다. 시중쉰은 지속적으로 다음과 같이 여러 사람들에게 당부했다.

"충분히 군사 준비 태세를 갖춘 다음에 정치적 해결 위주의 방침을 견지해야 한다. 무엇보다 신중하고 평화로운 방식으로 해결해야 한다. 샹첸에 대해 반복적으로 포섭 공작을 전개하되, 특히 관대한 정책을 유지해야 한다."

이렇듯 시중쉰은 단순히 샹첸 개인의 문제만 고려한 것이 아니라 당의 통일전선 정책에서 출발하여 장족을 포함한 전체 소수민족의 단결에 유념하고 있었다. 이러한 방침하에서 앙랍으로 진군한 해방군 부대는 엄정한 기율에 따라 추호도 민간의 피해가 없도록 조심하고, 현지 장족 인민의 풍속 습관을 존중했다. 그들은 사원을 보호하고 포로로 잡은 이들을 석방시키는 한편, 와병중인 샹첸의 모친을 치료하고 기아에 빠진 빈곤한 이들을 구제하고 위로하여 반혁명 비적들이 퍼뜨린 유언비어가 날조된 거짓말임을 낱낱이 드러냈다. 샹첸은 우리 당의 민족통전 정책에 감화되어 마침내 1952년 7월 11일 오후 남호가해(南乎加該) 숲에서 나와 인민정부에 투항했으며, 이후로 더 이상 반란을 일으키지 않았다. 당시 서북군정위원회 부주석으로 있던 시중쉰은 크게 기뻐하면서 친히 그를 접견하고 '마지막 천호'인 그를 위해 연회를 베풀며 환대하는 한편, 그가 계속해서 앙랍 천호의 직책을 맡도록 했다. 샹첸은 인민정부의 관대한 은혜에 깊이 감복했다. 중공중앙 초대 통전부 부장인 리웨이한(李維漢)이 마오쩌둥에게 이번 일에 대해 상세하게 보고했다. 그러자 마오쩌둥은 시중쉰을 제갈량과 비교하며 그의 뛰어난 능력을 칭찬하면서 크게 기뻐했다. 이후 마오쩌둥은 시중쉰을 만났을 때 당시 일을 잊지 않고 이렇게 농담처럼 말했다.

"중쉰, 자네는 정말 대단하네. 제갈량은 맹획을 7번 잡았다가 7번 놓아주었다는데, 자네는 제갈량보다 훨씬 대단하단 말일세."

1950년 3월, 장제스가 신강의 안정을 깨뜨리고자 신강의 토비인 우쓰만(烏斯滿)을 '신강 총사령관'으로 임명했다. 우쓰만 등 무장 토비 세력은 도처에서 반란을 선동하면서 토비 잔당과 패잔병들을 모아 잔혹한 학살을 자행하고, 목민 2만여 명을 협박하여 무장 반란을 일으키도록 강요했다. 반란군의 기세가 날로 커져 가면서 천산 남북까지 파급되었다. 우쓰만 무장 집단은 신강과 감숙·청해 세 성이 맞물려 있는 접경 지역에서 학살과 방화를 일삼으며 민족 대립을 선동하여 민족 단결을 파괴해 서북의 사회 질서에 심각한 위해를 가하고, 각 민족 인민의 생명과 재산에 큰 위협이 되었다. 이와 동시에 서북의 형세를 안정시키기 위해 중앙과 서북국은 신강과 서장의 현지 상황을 감안하여 두 곳의 토지 공작을 잠시 늦추고 조건이 성숙되기를 기다려 재개하라고 지시했다.

그러나 신강 구당위원회는 중앙과 서북국의 지시를 제대로 따르지 않고 제멋대로 토지개혁을 실시했으며, 현지 소수민족 및 종교계 중요 인사들을 체포했다. 토비들과 적군 특무들은 이를 기회로 삼아 유언비어를 날조하여 당의 민족정책을 비방하고, 분열을 야기하여 일시에 혼란 상태가 되어 도망자가 속출하는 등 폐해가 심했다. 우쓰만의 반란과 일련의 '좌'적 정책과 그릇된 시행이 겹치면서 그렇지 않아도 복잡한 문제가 더욱더 복잡하게 꼬이고 말았다. 1950년 우쓰만 반란 집단의 우두머리 가운데 한 명인 쟈니무한(賈尼木漢)이 체포되었다. 신강을 관장하고 있는 장즈중의 서신을 접수한 후 중공중앙 서북국의 펑더화이와 시중쉰은 7월 22일 연명으로 신강에 전보를 보내 쟈니무한을 우쓰만과 구별하여 대우하고, 특히 통전 정책을 적절하게 활용하여 쟈니무한을 통해 우쓰만의 잔당을 와해시키고, 귀순자들을 안심시키라고 당부했다. 극단적인 반동 세력인 우쓰만 집단을 고립시킴과 동시에 협박과 속임수에 의해 강제로 동원된 군중들을 복귀시킬 수 있도록 하라는 뜻이었다. 1952년 7월, 시중쉰은 마오쩌둥의 명에 따라 신강으로 가서 민족 갈등을 해결하고, 당의 민족 통전정책을 강력하게 집행하여 신강의 정치 형세를 안정시켰다. 민족 갈등을 해결하는 과정에서 시중쉰은 현지 조사와 연구를 중시하였으며, 이렇게 마련된 그의 제안은 이후 국무원에서 통과된 관련 법규와 정책에 그대로 반영되었다. 예를 들어 〈흩어져 사는 소수민족의 민족 평등 권리 향유를 보장하는 것에 관한 결정(關於保障一切散雜居的少數民族成分享有民族平等權利的決定)〉과 〈지방 민족 민주연합정부 실시 방법에 관한 결정(關於地方民族民主聯合政府實施辦法的決定)〉 등이 바로 그것이다. 시중쉰은 한걸음 더 나아가 입법을 추진하여 각 민족의 평등한 권리를 보장하고 민족 단결을 굳건하게 다지기 위해 나름의 공헌을 했다.

당외(黨外) 지식인 문제를 해결하기 위한 세 차례 지시

문화대혁명 기간에 통일전선은 크게 공격을 받아 거의 마비 상태가 되고 말았다. 극좌 정책의 모함으로 인해 당외 지식인을 포함한 대다수 지식인들이 반대파나 우귀사신(牛鬼蛇神: 소의 머리에 뱀의 몸을 가진 요괴처럼 추악한 인물을 뜻한다. 문혁 기간에는 반대파를 지칭하는 말로 쓰였다—역주)으로 간주되어 자산계급·반동파·학술권위 등 다양한 '모자(帽子: 일종의 딱지, 꼬리표를 뜻한다)'를 강제로 뒤집어써야만 했다.

이는 대다수 당외 지식인들에게 육체적·정신적으로 심각한 피해를 입혔으며, 그들이 사회주의 건설에 이바지하고, 공산당과 진심으로 협력하려는 믿음과 의지를 좌절시켰다. 11기 삼중전회 이후 덩샤오핑은 중공중앙을 대표하여 지식인들이 이미 노동자계급의 일부가 되었음을 선포했다. 대다수 지식인들은 이런 발표를 듣고 사회주의 현대화 건설에 자신들의 역량을 발휘할 수 있게 된 것에 대해 크게 기뻐했다. 신시기로 진입하여 혼란 국면이 잦아들고 정상으로 되돌아오면서 여러 가지 억울한 사건이나 허위 조작 사건, 오심 사건 등, 이른바 '원가착안(冤假錯案)' 등이 시정되고 관련 정책이 구체화되면서 당외 지식인들에 대한 통전공작 역시 점차 회복되어 만족스러운 국면이 전개되었다.

계급 관계의 근본적인 변화와 사회경제가 발전함에 따라 당외 지식분자(지식인)들 문제가 점차 신시기 애국 통일전선의 관건이 되는 문제로 부상했다. 지식인은 중국의 사회주의 현대화 건설에 중요한 역량이다. 당외 지식인들은 역사적으로 우량한 정통을 지닌 지식인 대오로 민주 쟁취나 사회주의 건설에 탁월한 공헌을 했다. 개혁 개방 이래로 과학기술이 급속하게 발전하고, 과학기술 혁명이 날로 새로워지는 상황에서 지식인들은 사회주의 현대화 건설 과정에서 더욱 중요한 존재가 되었다. 하지만 지식인들 가운데 당외 지식인들이 다수를 점하고 있으며, 다른 한편으로 그들, 당외 지식인들이 여전히 막강한 영향력을 발휘하고, 사회적으로 광범위하게 연계되어 있기 때문에 신시기에 진입한 이후에도 여전히 통전 공작의 중요 대상이 될 수밖에 없다. 그러나 '문혁'이 끝나고 얼마 되지 않았을 때는 사상 영역에서 '좌'적 영향이 완전히 일소되지 않은 상황이었기 때문에 많은 이들이 지식인이 이미 노동자계급의 일부가 되었으니 당외 지식인들도 더 이상 통전 대상이 아니라는 인식이 농후했다. 이러한 그릇된 인식이 제멋대로 확산될 경우 통일전선이 크게 수축됨은 물론이고 당외 지식인들에게 또 다른 피해가 우려되는 상황이었다. 1982년 북경의 모 일간지 중요 지면에 지식인은 더 이상 통전 대상이 아니라는 단평이 실렸다. 이는 후야오방(胡耀邦)이 제15차 전국 통전공작회의에서 연설한 내용과 직접적으로 상충하는 내용이었다. 당시 전국 통전공작회의는 당외 지식인들을 제3부류의 통전 대상으로 명시했다. 당이 당외 지식인들을 통전 대상으로 분류한 것은, 당외 지식인들이 보다 적극적으로 능동성을 발휘하여 현대화 건설에서 자신들의 역량을 최대한 발휘할 수 있도록 하기 위함이었다.

북경 일간지에 단평이 나가자 사회적으로 큰 사상 혼란이 야기되었으며, 당외 지식인들에게도 좋지 않은 영향을 끼쳤다. 많은 이들이 전화나 서신으로 중공중앙 통전부에 연락하여 중앙에서 집행하는 통전정책에 변화가 있는지 여부를 물었다. 중앙 통전부는 통전공작을 주관하는 중앙 정치국 위원이자 서기처 서기인 시중쉰에게 보고하고, 당외 지식인들 역시 당의 통전공작 대상이라는 점을 명확하게 밝히는 한편 관련 내용을 설명했다. 시중쉰은 즉각 통전부의 정확한 의견을 긍정하고 해당 신문에 정정 기사를 내줄 것을 요청하라고 지시했다. 하지만 신문사는 정정 기사를 거절하고, 지식인은 노동자계급의 일부로 통일전선의 의존 역량이라고 하면서 노동자 계급 내부에 통일전선이 있을 수 없다고 주장했다. 그들은 또한 교활하게 마르크스·레닌주의 저작과 당의 문건에 노동자계급 내부의 통일전선에 관한 내용이 없다는 점을 강조했다. 이렇게 해서 논쟁이 한층 격렬해졌다.

사상 인식을 통일시키기 위해 1983년 중앙 통전부는 10개 성과 시 관계자들이 모인 통전 이론 좌담회를 개최했으며, 1985년에도 전국 통전 이론 공작회를 열어 당의 통전정책에 대한 보다 분명한 해석을 시도했다. 이후 중앙 통전부는 중공중앙에 보내는 보고서에서 다음과 같이 지적했다.

"통일전선의 기본 문제는 노동자계급 자체의 단결과 통일, 그리고 동맹군 문제이다."

시중쉰은 전후 두 차례에 걸친 보고에서 이러한 관점에 동의했다. 이렇게 해서 원칙적으로 노동자계급 내부의 통일전선에 관한 논쟁이 해결되었다.

시중쉰은 세 차례 지시를 내려 신시기 통일전선의 중요 문제, 즉 당외 지식인들의 통일전선과 노동자계급 내부의 통일전선 문제를 해결했다. 시기적절한 그의 지시에 따라 기존의 오해와 사상적 혼란이 말끔히 제거되어 통일전선의 축소, 심한 경우 퇴보를 미연에 방지할 수 있었다. 이는 신시기 애국 통일전선을 더욱 굳건하게 만들고 확대하며, 통전 이론을 발전시키는 데 중대한 의의를 지닌다.

시중쉰은 이론적인 면에서 당외 지식인에 대한 통일전선 문제를 크게 중시했을 뿐만 아니라 실제 생활에서도 몸소 모범을 보였다. 그는 당외 인사들과 두루 사귀면서 솔직하고 담백한 우정을 나누었다. 장즈중(張治中)·푸줘이(傅作義)·장시뤄(張奚若)·덩바오산(鄧寶珊) 등, 유명한 당외 인사들이 모두 그의 오랜 친구들이었다. 시중쉰은 당외 지식인들의 인격을 존중하고 그들의 생활에 관심을 보였으며, 그들과 간담상조(肝膽相照)하듯이 흉금을 털어놓고 영욕을 함께하면서 막역한 벗이 되었다. 이전 민혁(民革) 중앙 주석이자 저명한 정치가인 취우(屈武) 선생은 시중쉰과 섬서 동향으로 좋은 친구였다. 어느 날 그가 시중쉰을 만나러 왔는데, 만나기가 무섭게 크게 소리쳤다.

"귀부(貴府: 시중쉰의 사무실)는 정말 바다처럼 깊은 곳에 자리한 고관대작의 저택이구려!"

시중쉰이 그의 말을 듣고서 아무리 생각해도 무슨 뜻인지 알 수 없어 몇 번이나 되물었다. 알고 보니 새로 온 경비 병사가 취우가 누구인지 모르고 까다롭게 굴었던 까닭이다. 시중쉰은 즉각 취우에게 미안하다고 말하고, 두 사람은 껄껄 웃었다. 위신칭(余心淸)은 펑위샹(馮玉祥) 장군의 휘하에서 근무한 적이 있는 노장으로 유명한 당외 인사로 개국 기념행사에 참여하기도 했다. 신중국 성립 이후 그는 중앙 인민정부 판공청 부주임, 정무원 민족사무위원회 부주석, 전국 인민 대표대회 상무위원회 부비서장, 민혁 중앙 상무위원 등을 역임했다. 신중국 성립 초기 중앙 인민정부 전례국(典禮局) 국장으로 있을 당시 시중쉰과 함께 일하면서 우정을 나누었다. 이후 '문혁'이 발발하자 위신칭은 조반파에 의해 '우귀사신'으로 지목되어 무자비한 투쟁 대상으로 전락하고 말았다. 온갖 박해와 억압으로 인해 몸과 마음이 지칠 대로 지쳤으며, 인격적으로 온갖 모욕을 당해야만 했다. 1966년, 위신칭은 끝내 자신에게 가해지는 온갖 모욕과 비난을 감내하지 못하고

시중쉰, 마밍팡을 중심으로 서북 5개 성과 서안시 일부 영도자들의 단체 사진. 앞줄 왼쪽부터
자퉈푸, 장더성, 시중쉰, 마밍팡, 양밍쉬안, 마원루이(馬文瑞). 뒷줄 왼쪽부터 왕언마오(王恩茂),
장자푸, 황즈(黃植), 왕펑(汪鋒), 왕스타이(王世泰), 장중량(張仲良), 리징린(李景林), 자오보핑(趙伯平).

자신의 집 후원에서 목을 매달아 자살하고 말았다. 시중쉰의 그의 자
살을 못내 아쉬워하며 비통함을 금할 수 없었다. 언젠가 그는 비서인
장즈궁(張志功: 이후 중공중앙 통전부 판공청 주임을 맡았다)에게 이렇
게 말한 적이 있다.

"위신칭은 당과 함께한 고급 지식인일세. 강직하여 아부할 줄 모
르고, 정말 올바른 사람이지. '선비는 죽일 수는 있어도 욕되게 할 수
는 없다(士可殺不可辱)'고 하지 않았던가! 그가 어찌 그런 모욕을 참
을 수 있었겠는가? 당시 내가 북경에서 그를 이끌어 줄 수만 있었다
면, 아마도 그런 길로 가지 않았을 터인데."

사실 1962년 9월, 제8기 십중전회에서 시중쉰 자신도 이른바 소
설《류즈단(劉志丹)》문제로 인한 무고로 압송되어 조사를 받는 등 힘

든 나날을 보내고 있었다. 위신칭의 운명에 대한 시중쉰의 절절한 심사는 단순한 친구간의 정을 넘어 전체 당외 지식인들에 대한 관심과 애정을 보여주는 것이었다.

이외에도 그는 화교 사무(僑務)에도 관심을 가지고 관련 정책을 착실하게 시행하면서 이후 경제특구를 만드는 데 큰 공헌을 남겼다. 이는 통일전선을 성공적으로 운용하여 개혁개방을 적극 추진하고, 중국 특색의 사회주의 발전을 탐색하는 데 성공적인 사례가 되었다.

1978년 4월 6일, 막 '해방(문혁 기간에 일체의 조직 활동에서 배제되었다가 복권된 것을 말한다—역주)'되어 당의 조직 생활로 복귀한 시중쉰은 채 1개월도 되지 않은 시점에서 중앙의 부름을 받아 광동성위원회의 공작을 주관하게 되었다. 그는 광동 특유의 인문·지리적 장점에 근거하여 광동에 맞는 특별한 정책을 중앙에 건의했다. 이에 덩샤오핑은 그를 지지하고 광동에 특구를 건설하자는 제안에 동의했다. 시중쉰은 홍콩과 마카오 동포를 비롯하여 해외에 산재한 화교들의 애국·애향 정신을 십분 활용하여 자금과 기술, 그리고 설비를 도입했으며, 해외 화교와 홍콩·마카오·대만 동포들에게 조국의 평화통일 사상을 전파했다. 개혁개방 초기 그는 여러 가지 조치를 시행하여 광동의 인력이 타지로 빠져나가는 현상을 해결했다. 또한 화교 공작에 관심을 보이면서 해외 통전공작에 현저한 효과를 얻어 광동의 형세를 안정시키고, 광동의 발전을 촉진했으며, 해외 화교들이 조국에 대한 애정을 가지고 조국과 보다 긴밀하게 연관을 맺을 수 있도록 했다. 이렇듯 해외 통전공작을 중시하면서 광동은 물론이고 국가 전체의 개혁개방과 사회주의 현대화 건설을 크게 촉진했다. 시중쉰은 자신의 방식으로 일국양제, 평화통일에 남다른 공헌을 한 것이다.

(집필: 중공 광동성위원회 당교)

후기

　사오지야오(邵繼堯) 선생님을 알게 된 지 이미 20여 년이란 세월이 흘렀다. 선생님은 풍부한 학식으로 지식을 전달하고 인재를 육성하는 데 평생을 바친 분으로 나의 은사이기도 하다. 그는 침착하고 자신이 넘치며, 말투도 우아하여 사람됨이나 일을 하는 자세면에서 언제나 나의 모범이 되었다. 2008년 초, 팔순의 어르신이 국외에서 오랜만에 서안으로 돌아오셨다. 예전과 마찬가지로 선생님과 사모님을 모시고 지내면서 간만에 선생님이 하시는 이야기를 들었다. 그런데 듣다 보니 선생님의 화제가 주로 서북국 시절의 사람들이나 일들과 깊은 관련이 있으며, 이런저런 이야기들이 서로 중복된다는 것을 발견했다. 나중에 선생님은 더운 날씨에 많은 연세에도 불구하고 한동안 자료를 찾고 기억을 되살리며 이곳저곳을 돌아다니며 옛 친구들이나 지난 사적을 찾아다니셨다.

　선생님 부부는 자녀들을 따라 국외에서 오랫동안 거주하면서 학술 연구에 전념하느라 국내의 동료나 친구들과 거의 연락을 하지 못했다. 물론 매번 잠시 다녀가면서 언제나 염두에 두고 있었지만 지난 몇 년 동안 경제가 발전하면서 도시의 면모가 크게 변화하여 기억 깊은 곳에 자리한 장소나 친구들을 찾는 것이 어찌 말처럼 쉬웠겠는가!

　선생님이 몇 장의 사진이나 책을 들고 아이처럼 웃는 모습을 보일 때나, 서북국에서 함께 일했던 동료 가운데 여전히 건재한 이들을 어떻게 찾았는가를 이야기하면서 환하게 웃는 모습이며 우아한 손동작, 그리고 서북국과 관련한 또렷하고 유창한 이야기를 들으며 나는 감동하지 않을 수 없었다. 또한 선생님이 이미 작고한 영도자나 동료들에 대해 이야기하면서 깊은 한숨을 쉬며 고개를 숙이고 오랜 침묵의 자세를 보여줄 때면 나 역시 마음이 아프고 슬펐다.

온갖 풍파를 겪으면서도 어린아이처럼 깨끗하고 착한 마음은 여전했다. 아직까지 건재한 서북국 출신 원로 간부들의 내심 세계로 들어가서 혈기왕성하던 그 시절의 감동적인 격정의 세월을 듣고 느끼면서 우리는 소박하고 견실하며, 의지와 열정으로 가득 찬 청년들을 마주하고 있다는 느낌이 들었다. 높은 이상을 견지하며 활기차게 앞으로 나아가면서 진취적이고 격앙된 그들의 모습 속에서 당시 특유의 정신적 면모를 보는 것은 그리 어려운 일이 아니었다.

2009년, 나는 서북국 출신 원로들을 탐방하면서 구술 기록 작업을 시작했다.

"서북국에서 일하던 시절은 정말 즐거웠어."

88세의 고령인 스훙(史宏) 여사는 한 손에 지팡이를 쥐고 소파에 조용히 앉아 남편인 황즈(黃植)의 생전 사진을 바라보며 반세기 전 서북국의 찬란한 역정을 이야기하다 돌연 허리를 곧추 펴며 이렇게 말했다. 수척한 그녀의 얼굴은 기쁨으로 들떠 약간 홍조를 띠고 있었다.

81세의 장커(張克) 어른은 우리가 온다는 소식을 듣고 불편한 몸에도 불구하고 부축을 받으며 집 문앞에서 우리를 맞이했다. 큰 키에 굵직하고 시원시원한 섬북 사투리를 들으니 서북국 시절 우람한 몸집에 잘생기고 능력 넘치는 청년이었을 것이라는 생각이 들었다. 2시간 넘게 이야기를 들으니 과연 우리들의 예측이 정확했다.

"서북국은 내가 성장한 집과 같아. 그곳에서 보낸 낮과 밤을 결코 잊을 수 없지. 나는 정말 깊은 애정을 가지고 있어."

장커 어른은 격정적으로 이렇게 말해 주었다. 지금도 그분의 우렁찬 섬북 사투리가 내 귀에 맴도는 것만 같다.

92세의 장전방(張振邦)은 자상하고 예지 넘치는 분이셨다. 그는 우리에게 낙천(洛川) 사과를 맛보라고 건네주시고, 손을 가볍게 매만지며 부드러운 목소리로 서북국이 곤경에 직면했을 당시의 일에 대해 이야기해 주었다. 힘들고 어려운 일도 있었지만 즐겁고 기쁜 일도 적지 않았다. 이야기를 마치고 어르신은 우리가 준비한 방명록에 진지하게 이렇게 썼다.

"잊을 수 없는 세월, 행복한 기억(難忘的日子, 幸福的回憶)."

"나는 서북국 시절에 진정한 기쁨을 얻었어. 나의 진정한 스승은 나의 마음속에 영원히 살아 있지. 나는 영원히 그들을 기념할 거야."

82세의 사오지야오(邵繼堯) 선생은 당의 지하공작자로 나중에 서북국 정책연구실에서 일했다. 그는 학식과 품위를 갖추어 말하는 본새가 평범치 않았으며, 정책이나 이론적 수준이 상당하고 조예가 깊었다. 하지만 이후 장장 26년 동안이나 원통하고 억울한 누명을 쓰고 살아야만 했다. 나는 여러 번 어르신들의 이야기를 들은 적이 있지만 이번처럼 완전한 경우는 없었다. 어르신은 예나 마찬가지로 기품 있고 조용한 말투로 화제를 이끌어 나갔다. 다만 이미 작고한 당시 영도자나 동료들을 일일이 손꼽아 가며 이야기하다가 끝내 말을 끝내지 못하고 오열하고 말았다.

일찍이 질풍노도와 같이 위풍당당했던 그들은 격류와 같은 그야말로 파란만장한 세월을 보냈다. 크고 작은 잡다한 일은 이미 일소에 부쳤지만 서북국 생활을 떠올릴 때면 어르신들은 마치 신념과 이상을 추구하고, 밝은 태양을 찾아 달려가던 시절로 돌아가는 것만 같았다.

서북국은 '삼삼제'를 실행하면서 새로운 형태의 민주제와 민주 정권 건설을 진행했다. 공산당원은 마땅히 당외 인사들과 진정한 합작을 해야 한다고 주장했으며, 실제로 중대한 사정이 생기면 당외 인사들과 함께 상의했다. 마오쩌둥 주석의 말에 따르면, 변구는 민주 항일 근거지로 "자신을 향상시키고 다른 이들을 도와야 하며" "본보기를 보여 전국의 모범이 되어야 한다." 이를 통해 "전국의 민주화를 촉진해야 한다."

서북국은 광범위한 민족 통일전선을 건립하고 유효 적절한 정책을 취했으며, 대한족주의(大漢族主義)에 반대함과 동시에 지방 민족주의에 대해서도 반대 입장을 분명히 밝힘으로써 서북의 형세를 안정시키고, 토지개혁과 비적 토벌과 악질 토호 청산 등 여러 가지 공작을 순조롭게 진행하는 데 굳건한 토대를 마련했다.

서북국은 서로 다른 역사적 조건에 근거하고, 각 지역의 구체적인 실정에 맞게 적절한 대책을 세워 토지개혁을 실시했다. 이처럼 "생동적이고 구체적인 경험"을 통해 "당내 엄중하게 존재하고 있던 마르크스·레닌주의에 반하는 명령주의와 기회주의를 바로잡았다. 의합회의가 끝난 후 적시에 '좌'적 경향을 발견하여 바로잡음으로써 당 중앙과 마오쩌둥 주석의 긍정적인 평가를 얻었다.

서북국은 간부들에 대한 일상적인 훈련을 강조함과 동시에 간부들 자신의 자체 학습과 교육을 강조했으며, 여러 가지 방법을 통해 서북 해방을 맞이하기 위해 대량의 간부를 육성했다.

……

이미 반세기가 훌쩍 지났지만, 이 모든 것이 여전히 우리들을 감동시키고 깨달음을 준다.

서북국을 회상하면 펑더화이 동지가 오랜 기간 서북국 제1서기로 전반적으로 공작에서 보여준 특유의 공헌을 기리지 않을 수 없다. 그는 군사에서 정치, 경제 건설에서 문화 교육, 방침과 정책에서 공작 방법에 이르기까지 나름의 방략과 건의를 내놓지 않은 경우가 없었다. 서북은 특별한 의의를 지닌 민족 문제, 당외 인사와의 단결 문제 등 다양한 문제가 속출했지만 그는 전혀 마다하지 않고 적극적으로 사람들을 이끌었다. 그는 시중쉰 동지를 굳게 신임하고 지지했으며, 시중쉰 동지는 그를 깊이 존중했다. 이것이 바로 서북국의 공작이 제대로 잘 이루어진 중요한 원인이다.

서북국을 생각하면 우리는 시중쉰 동지를 떠올리지 않을 수 없다. 그는 마르크스·레닌주의·마오쩌둥 사상 학습을 중시했으며, 실제에서 출발하여 중앙의 노선과 방침·정책을 서북의 현실과 결합하는 데 능했다. 그는 원칙을 견지하고 실사구시를 추구했으며, 동지들과 인민에게 무사봉공의 정신으로 임했다. 이 역시 서북국이 제대로 공작을 진행할 수 있었던 견실한 토대이다.

서북국을 회상하면 우리는 변구 정부 공작을 주관하던 린보취(林伯渠)와 셰줴자이(謝覺哉) 및 각 부서의 사업을 분장했던 자튀푸(賈拓夫)·리쥐란(李卓然)·장자.푸(張稼夫)·장더성(張德生)·왕펑(汪鋒)·자오보핑(趙伯平) 등 여러 동지들을 떠올리지 않을 수 없다. 서북국 전 조직부 부장인 마원루이 동지는 이렇게 말했다.

"우리는 서로 긴밀하게 협조하면서 일치단결하여 당성(黨性) 원칙을 견지하면서 전반적인 대국을 고려하고 무사봉공의 정신으로 무장하여 각자 업무에서 응분의 성적을 거두었다."

사오지야오 선생님을 방문하여 취재가 거의 끝날 무렵 우리는 서북국의 동지들이 과연 무슨 생각을 하고 있었으며, 고통과 좌절은 없었는지 묻지 않을 수 없었다. 선생이 말했다.

"당시 혁명에 참가한 사람들은 두렵다거나 억울하다는 생각을 해본 적이 없으며, 고통스럽다거나 힘들다는 생각도 들지 않았고, 그처럼 많이 힘들다고 생각한 적도 없었다. 그저 전심전력으로 혁명 사업에 모든 정력을 쏟아부었네. 어떻게 하면 공작 임무를 완성할 것인가를 생각했을 뿐 자신의 모든 것은 마음에 두지 않았지. 이는 당시 서북국에서 활동하던 모든 이들의 공통된 바람이었어."

이는 도대체 어떤 삶의 경지인가? 어렵고 고통스러운 조건하에서 완강한 투쟁을 하며, 온갖 힘들고 어려운 난관을 극복하여 문제를 해결하고자 애썼으며, 동료들 사이에서 우애로 단결하고 혁명과 집체의 이익을 위해 사심 없이 자신의 모든 것을 바쳤다. 사실을 기반으로 진리를 탐구하는 실사구시 정신에 입각하여 과장하거나 공리공담에 빠지지 않고 착실하게 업무에 임했으며, 낡은 것을 버리고 혁신하여 혁명성을 담보했다. 이것이 서북국이 우리들에게 남겨준 재부이자 계시이다.

이러한 감동과 감오(感悟)의 역사는 정신적으로 계승해야할 의의가 충분하다. 90세 고령의 허자이(何載) 어르신은 이렇게 말했다.

"실제에서 출발하여 사실을 기반으로 진리를 탐구하는 실사구시가 바로 서북국의 가장 두드러진 특징이다."

"당의 역사에서 서북국은 결코 매몰될 수 없는 뚜렷한 공헌을 하였다."

서북국은 여전히 우리들의 정신적인 법도이다. 우리는 그 뜻을 계승하고 위대한 전통으로 간주하여 영원히 명심하고 발양해야 할 것이다. 이것이 바로 당시 서북국의 매력이자 지금 우리들이 살아가면서 찾아야 할 해답이다.

중화인민공화국이 건립된 지 60여 년의 세월이 흘렀다. 서북국의 찬란한 역정과 고귀한 경험을 돌이켜보면서 우리는 중국 60여 년의 역사의 의미를 새삼 인식하고, 당의 18대 정신을 착실하게 관철하여 새로운 역사의 기점에서 중국 특색의 사회주의 사업의 새로운 국면을 열어 나가는 당의 위대한 사업을 전면적으로 추진하는 데 중대하고 심원한 의의가 있음을 알게 된다.

지금은 서북국의 여러 어른들도 대부분 고인이 되고 말았다. 이 작은 책자를 출간하기 바로 전에 사오지야오 선생께서 타계했다는 소식을 들었다. 자신도 모르게 울음이 터져 나오고 탄식 속에서 깊은 슬픔에 잠겼다.

서북국을 기념하며!

서북국의 혁명 선열들을 기념하며!

2013년 4월, 스제(石杰)

역자 후기

본서의 원명은 《재서국북적일자리(在西北局的日子里)》이다. '서북국에서의 나날들'이라는 뜻으로 시중쉰과 함께 서북국에서 활동했던 수많은 이들에 관한 이야기이다. 물론 서북국이 하나의 매체가 된 것은 분명하나, 보다 중요한 것은 그곳에서 생활했던 이들의 삶이라는 뜻이다.

중국은 시간적으로 오래되고 공간적으로 방대하여 온갖 만물이 자생하는 지대물박(地大物博)의 나라이자 오랜 세월 분열과 통일을 거듭하면서 지역마다 각기 다른 풍습과 언어, 심지어 여러 민족이 공존하는 나라이기도 하다. 그렇기 때문에 전체를 아우르기보다 일정한 지역 또는 시대를 구분하는 데 익숙하다. 특히 지역적으로 화동(華東), 화북(華北), 화중(華中), 화남(華南), 서남(西南), 서북(西北), 동북(東北)의 7개 지구로 나눈다. 그 중에서 서북은 지금의 섬서성과 감숙성, 청해성, 영하회족자치구(寧夏回族自治區), 신강위구르자치구(新疆維吾爾自治區), 내몽고자치구(內蒙古自治區)를 포함하는 전체 308만㎢의 광활한 대지에 1억이 조금 넘는 인구가 살고 있다. 지리적으로 대흥안령(大興安嶺) 서쪽, 곤륜산과 알킨산맥, 기련산맥 북쪽에 자리하며, 역사적으로 중화문명의 발상지이자 여러 소수민족의 터전이었으며, 천하의 패권을 차지했던 중원의 핵심 지역이자, 주(周)나라는 물론이고 진(秦), 한(漢), 수(隋), 당(唐)에 이르기까지 수많은 조대의 흥성과 멸망을 겪은 곳이기도 하다.

1941년 5월 13일, 중공중앙은 기존의 중앙서북공작위원회와 섬감녕변구 중앙국을 합병하여 중공중앙서북국을 만들고, 서북지구 해방구와 국민당 통치구 업무를 맡겼다. 당시 서기는 가오강(高崗)이다. 정치, 행정구역으로서 서북국은 바로 이때부터 시작된다. 하지만 서북 지역의 공산당원들이 주도하는 혁명 활동은 서북반제동맹군(西北反帝同盟軍), 중국공농홍군 섬감유격지대(中國工農紅軍陝甘游擊支隊) 등의 명칭으로 지속적으로 이루어졌으며, 이를 토대로 1932년 12월 24일 중국공농홍군 제26군이 성립되고 류즈단(劉志丹)이 영도 책임을 맡았다. 1934년 2월 25일 공농병 대표대회가 개최되어 근거지의 최고군사기관인 섬감변혁명군사위원회가 성립했으며, 류즈단이 군사위원회 주석, 우다이펑(吳岱峰)이 군사위원회 위원 겸 참모장에 임명되었고, 시중쉰(習仲勳)이 섬감변 소비에트 정부 주석으로 선출되었다.

1935년 10월, 마오쩌둥이 이끄는 홍군 제1방면군이 368일 동안 총 1만 2천여 킬로미터를 행군하면서 18개의 산맥을 넘고 24개의 강과 6군데 소수민족지구를 통과하여 마침내 연안(延安)에 도착했을 때, 그들을 맞이한 것이 바로 중국공농홍군 제26군이었다. 당시 류즈단과 시중쉰은 모함을 받아 압송된 상태였는데, 마오쩌둥이 연안으로 돌아온 후 석방되어 류즈단은 서북혁명군사위원회 부주석, 시중쉰은 1936년 1월 소비에트 정부 부주석을 맡았다.

서북국은 시기적으로 크게 세 부분으로 나눌 수 있다. 첫째, 1941년 가오강(1941-1945년)과 시중쉰(1945-1949년)이 서기를 맡던 시기. 둘째, 1949년 중화인민공화국이 성립한 후 펑더화이가 중공중앙서북국 제1서기, 시중쉰이 제2서기, 마밍팡(馬明方)이 제3서기로 임명되어 활동하던 시기. 셋째, 1954년 4월 27일 중공중앙이 대행정구(大行政區) 1급 당정기관(인민정부와 군정위원회)을 폐지시키고 1960년 11월 다시 대행정구 중앙국을 회복시킨 후 류란타오(劉瀾濤)가 서기를 맡던 시기부터 1966년 중공중앙서북국이 완전히 폐지될 때까지이다.

본서는 1941년부터 1954년까지 서북국에서 활동했던 사람들의 회고담을 위주로 하고 있다. 서북국을 거친 수많은 이들의 개인적인 삶의 모습을 담으면서, 이를 통해 당시 영도자였던 펑더화이와 시중쉰의 모습을 부각시키고 있다. 개개인의 구술에서 우리는 한때 서북국을 영도했던 두 사람의 모습을 떠올리기에 충분하다. 물론 일부 미화된 부분이 없지 않으며, 비판적인 안목이 부족하다고 말할 수도 있다. 하지만 개인 숭배의 느낌은 전혀 들지 않는다. 오히려 한때 펑더화이·시중쉰과 함께 일했던 서북국 사람들의 구술 속에는 그 두 사람에 대한 애정과 더불어 안타까움이 묻어난다. 그 이유는 그들 두 사람이 억울한 누명을 쓰고 물러날 수밖에 없었던 이유 때문일 것이다.

실제로 시중쉰은 1962년 8월 중국공산당 8차 10중전회에서 캉성(康生)이 소설《류즈단》을 빌미로 삼아 무고하게 '반당분자'의 오명을 뒤집어씌워 하남 낙양으로 하방되었으며, 펑더화이는 1959년 7월 중공중앙 정치국 확대회의(일명 廬山會議) 기간에 마오쩌둥에서 편지를 보내 1958년 '대약진 운동'의 '부과풍(浮誇風, 실속 없이 성과를 부풀리는 풍조)' 등을 비판했다가 우경기회주의자로 지목되어 결국 '반당집단'의 수괴라는 죄목으로 국방부장에서 쫓겨나고 말았다. 또한 '펑더화이, 가오강, 시중쉰 반당집단'의 영향을 받았다는 이유로 수많은 이들이 문화대혁명 기간에 목에 팻말을 달고 조리돌림을 당하는 등 고초를 감내해야만 했다.

다행히 펑더화이는 1978년 11월 중공 11차 3중전회에서 복권되었고, 시중쉰은 1978년 3월 제5차 전국정협상무위원회에 피선되고 이후 중공 광동성위 제2서기, 중공 제11차 중앙위원에 피선되면서 명예를 회복할 수 있었다. 하지만 이미 세월이 흐른 뒤였고, 그간의 억울하고 원통한 마음은 결코 지워질 수 없었다. 아마도 본서에 나오는 많은 구술자들이 보다 빠른 시일 안에 책이 출간되기를 기다린 까닭 역시 바로 이 때문일 것이다.

서북국은 우리들에게 낯선 단어이다. 그나마 관심을 갖게 된 것은 현재 중국공산당 총서기이자 국가주석인 시진핑이 바로 서북국의 서기였던 시중쉰의 아들이기 때문일 것이다. 1953년 시진핑이 태어났을 때, 시중쉰은 북경에서 정무원(政務院, 국무원) 비서장으로 있었다. 이후 중공 제8차 중앙위원 등을 역임하면서 주로 북경에서 생활하였지만 서북국을 잊은 적이 없었다고 할 정도로 서북 고향에 애정을 가지고 있었다. 시진핑 역시 그런 부친의 모습을 보고 자라면서 자신의 고향인 섬서성 부평(富平)을 잊을 수 없을 것이다. 시진핑이 국가주석이 된 후 새로운 실크로드인 일대일로(一帶一路) 정책을 펼치고, 취임 이후 첫 번째 지방 시찰로 부친이 제2서기로 있었던 광동성의 심천·주해·광주 등을 방문하여 개혁 개방을 역설한 것을 보면서, 역자는 시중쉰의 확고한 혁명 의지와 진취적인 개혁 정신이 이어지고 있다는 생각이 들었다. 어쩌면 시진핑이 말하는 '중국의 꿈' 속에 시중쉰의 꿈도 들어가 있지 않을까?

번역을 처음 의뢰받았을 때 제일 먼저 든 생각은 펑더화이에 대한 것이다. 펑더화이는 알다시피 1950년 중공중앙 정치국 확대회의에서 마오쩌둥이 항미원조(抗美援朝, 6·25전쟁)를 옹호하는 발언을 한 후 중국인민지원군 사령관 겸 정치위원으로 압록강을 건너 참전하고, 1953년 7월 28일 중국인민지원군 사령관 신분으로 정전협정에 날인한 당사자이다. 우리 입장에서 볼 때 그는 총칼을 맞대고 싸운 적군의 수장이다. 그리 멀지않은 역사임에도 불구하고 우리는 그에 대해 별로 아는 것이 없다는 사실에 적잖이 놀라고 반성하게 되었다.

본서를 통해 우리는 서북국의 존재와 더불어 현대 중국을 건설하는 데 피와 땀을 흘린 또 다른 부류의 사람들을 만날 수 있다. 그들은 현대 중국 정치 권력의 주류도 아니고, 중앙에서 역사의 조명을 받았던 사람들도 아니다. 하지만 변두리의 삶에 결코 주눅 들지 않았으며, 혁명이라는 자신들의 책무에 누구보다 열정을 쏟았다. 그리고 마침내 시진핑이라는 걸출한 정치가를 통해 국가주석을 배출하는 영광을 얻었다.

서북인의 기질을 한두 마디로 단정할 수 없지만 서북의 중심 도시 가운데 하나인 서안을 '가장 남성적인 도시'로 보는 것처럼 대범하고 강인한 남성성이 특징인 듯하다. 특히 격양된 목소리로 급박하게 내지르는 진강(秦腔: 서북 지방의 지방극)의 노랫소리는 그들의 웅장하고 사내다운 기개를 보여준다. 열정과 의리도 빼놓을 수 없다. 본서를 통해 우리는 그러한 서북인의 모습을 여실하게 볼 수 있을 것이다.

본서를 기획하고 선뜻 번역을 맡겨준 동문선 신성대 사장과 한인숙 주간과의 오랜 인연을 생각한다. 언제나 든든한 우군이 있다는 것은 즐거운 일이다. 지속적인 관심과 격려에 감사드린다.

제주 월두 마을에서, 역자

【저자·역자 소개】

스제(石杰)

대표작가, 중국 시안 위남경제기술개발구 부주임, 경제전문가, 논문 46편, 출판 저서 9권, 최근 〈경제 성장 방식 변화에 따른 정부의 역할〉 등 성부급중대과제연구 20여 편.

쓰즈하오(司志浩)

중국석유대학(中國石油大學) 졸업, 문화창의산업분야 주요 연구, 《문화창의산업개론》(2009년 출판) 제2저자.

심규호(沈揆昊)

1959년 서울생. 한국외국어대학교 중국어과 졸업, 동대학원 문학박사. 현재 제주국제대학교 중국언어통상학과 교수. 전 제주산업정보대학 총장, 전 중국학연구회 회장, 현 중국문학이론학회 회장. 《육조 삼가 창작론》 외 저서, 《중국문예심리학사》《완적집》《중국사상사》《낙타샹즈》《마오쩌둥 평전》《덩샤오핑 평전》 등 70여 권 번역.

유소영(劉素英)

1964년 전주생. 이화여자대학교 중어중문학과 졸업, 한국외국어대학교 동시통역대학원 석사. 현재 제주대학교 동시통역대학원 강사. 《중국문화답사기》《개구리》《일야서》 등 50여 권 번역.